역사 속의 여성 신비가와 존재의 신비

– 생애와 정신 그리고 철학적 비전

이명곤

경북대학교 철학과를 졸업하고, 프랑스 리옹 가톨릭대학에서 토마스 아퀴나스의 「영혼론」으로 석사학위를 받았다. 파리 제1대학에서 「철학사 DEA학위」와 토마스 아퀴나스의 「형이상학적 인간관과 실재론적 영성」으로 '박사학위'를 취득하였다. 예술과 미학에도 관심이 많아 파리 1대학의 예술대학에서 「조형미술(한국화) 석사」와 「미학 DEA학위」를 취득하였다. 귀국 후에는 대구가톨릭대학의 '연구교수'를, 경북대학교에서는 '전임연구원'을 거쳐 현재는 제주대학교 철학과에 재직 중이다. 고 · 중세 철학, 종교철학, 예술철학 등을 맡고 있으며, 2014년에는 〈영남미술대전〉의 '초대작가'로 등단하기도 하였다. 주된 철학적 관심은 '인간학', '신비주의', '영성' 그리고 프랑스의 가톨릭 철학자들의 사상 등이다. 저서로는 『토마스 아퀴나스 읽기』, 『키르케고르 읽기』 외 5권이 있고, 역서로는 『영성의 파노라마』, 『토마스 아퀴나스의 존재의 형이상학』, 『진리론』, 루이 라벨의 『자아와 그 운명』, 가브리엘 마르셀의 『존재의 신비 I』 등이 있다. 발표 논문으로는 「중세 철학에서 내면성의 의미」 외 중세 철학 관련 10여 편이 있고, 「루이라벨의 참여이론과 정신의 역동성」 외 프랑스 가톨릭철학 관련 논문이 총 8편, 키르케고르 관련 논문이 6편, 그리고 예술철학 관련 논문이 5편 정도 있다.

서강학술총서
085

역사 속의 여성 신비가와 존재의 신비

– 생애와 정신 그리고 철학적 비전

이명곤 지음

서강대학교출판부

서강학술총서 085

역사 속의 여성 신비가와 존재의 신비

생애와 정신 그리고 철학적 비전

초판 발행 | 2016년 6월 30일
지 은 이 | 이명곤
발 행 인 | 유기풍
편 집 인 | 우찬제
발 행 처 | 서강대학교 출판부
등록 번호 | 1978년 9월 28일 제313-2002-170호

주 소 | 서울특별시 마포구 백범로 35번지
전 화 | (02) 705-8212
팩 스 | (02) 705-8612

ISBN 978-89-7273-313-3 94160
ISBN 978-89-7273-139-9(세트)

값 38,000원

* '서강학술총서'는 SK SUPEX 기금의 후원으로 제작됩니다.

책머리에

일찍이 아리스토텔레스는 '존재하는 모든 것에는 이유가 있다'고 말한 바 있다. 세상에는 많은 종류의 사람들이 있고, 이들이 모두 나름대로 존재하는 이유가 있다고 한다면, 신비가들이란 어떤 사람들이며, 이들이 존재하는 이유는 무엇일까? 철학자 베르그송은 이에 대해서 "신비가들은 우리가 신을 필요로 하듯이 신도 우리를 필요로 한다는 것을 만장일치로 증명해 보이고 있다."*라고 말하고 있다. 이는 말하자면 신비가들이란 인간과 신의 떼어놓을 수 없는 그 관계성을 증언하는 사람들이라는 것이다. 그런데 신비가들은 철학자들처럼 이론적으로 증명을 하거나, 사회운동가처럼 목소리 높여 외치는 사람들이 아니라, 그들의 삶 자체 혹은 그들의 존재 자체를 통해서 이 진리를 증언하는 사람들이다. 이 책은 이러한 신비가들의 삶과 정신을 연대기순으로 고찰하면서 그 의미를 철학적으로 조명해 보고자 시도하고 있

* 베르그송, 《도덕과 종교의 두 원천》, 김재희 옮김, 지식을 만드는 지식, 2013, 122쪽.

다. 중세부터 현대에 이르기까지 다양한 신비가들의 모습을 가급적 객관적이고 진실에 가깝게 제시하고자 하고 있으며, 나아가 마지막 마무리를 하면서는 감히 앞으로 나타날 신비가들의 모습을 그려보기까지 하였다. 신비가들의 삶과 저작들을 대하면서 나의 머릿속에 늘 맴돌았던 생각과 감탄은 "하느님의 집에는 있을 곳이 많다(요한 14, 2)"는 성경 말씀이었을 것이다. 철학자 헤겔은 신의 섭리는 개인적인 역사뿐 아니라, 인류의 보편적인 역사에서도 발견될 수 있다고 보았다. 인류의 역사에 개입하는 신의 섭리는 항상 인간이 예측할 수 없고 상상할 수 없는 일을 이루고 우리들의 감탄을 자아낸다. 아마도 이 책을 저술하고자 한 이유가 있다면 이러한 감탄을 독자들과 함께 나누고 싶었기 때문이었을 것이다. 신비가들에게 역사하시는 신의 섭리는 항상 인간의 예측을 넘어서기에 미래에 있을 신비가의 모습이 어떠할 것인지도 우리들의 상상을 넘어선다. 그래서 세상이 어떻게 변하더라도 언제나 신의 신성한 섭리에 믿음을 두고 낙관적인 미래를 확신할 수 있는 것 같다. 신비가들은 우리들에게 이러한 낙관적인 확신을 가능하게 하는 살아 있는 증거자들이다. 현대의 철학자들은 현대에서는 더 이상 영웅이나 천재 혹은 성인들이 있을 수 없으며, 나아가 더 이상 거대 담론은 논할 수 없다고들 말한다. 하지만 이는 영성의 역사에 대해 무심[無心]하기 때문일 것이다. 영적인 세계에서는 위대함과 작음, 영웅과 일상인, 천재와 범인 사이의 차이는 없다. 왜냐하면 가장 작은 일도 가장 큰 사랑으로 가장 위대한 일이 될 수 있고, 가장 미소한 자가 신의 섭리로 인해 가장 큰 성인이 될 수 있기 때문이며, 각각의 신비가들의 실존은 이미 그 자체가 거대한 담론을 이야기해 주고 있기 때문이다. 신과 인간 사이의 사랑의 역사란 물리적인 시간을 초월하고 있으며, 신의 현존을 맞이하는 그 순간에 이미 신비가는 세계의 시작과 끝을, 인류의 기원과 궁극적 목적에 대해서 이야기해 주고 있다. 인간 역사에 존재하였던 알려지거나 숨겨져 있는 신비가들은 참으로 많았을 것이다. 이 모든 신비가들에 비하면 여기 제시하는 신비가들은 빙산의 일각에 불과할 것이다. 그리고 앞으로도 무수한 신비가들이 숨겨진 채로 묵묵히 영적인 고독의 길을 걸으며, 영적인 '빅-히스토리(Big-history)'의 한 부분을 차지할 것이다. 바로 이러한 신비가들 때문에 인생은 항상 무언가 신비롭고 경이로운 것으로 다가오게 된다.

여기 제시된 신비가들은 스페인, 이태리, 프랑스, 독일, 네덜란드, 영국 등 다양한 나라의 사람들이다. 당연히 이들이 사용한 언어도 다양한 것이다. 하지만 본인의 짧은 외국어 실력으로는 이러한 여러 가지 외국어 원저를 제대로 읽을 수도 없거니와, 원저를 구입하는 자체가 불가능하기도 하였다. 그리하여 대부분의 신비가들의 저작들을 불어 번역본으로 대신하였다. 어설프게 다양한 외국어 원저를 인용하는 것보다 불어번역본을 사용하는 것이 나로서는 정직한 작업이고 오히려 잘 할 수 있다고 생각하였다. 그렇기 때문에 아마도 본의 아니게 실수를 한 곳도 분명 있을 것이라 생각한다. 독자들의 너그러운 이해를 구하는 바이다. 나의 부족함을 채워 줄 더 많은 연구자들이 신비가들이나 신비주의에 대해서 보다 깊이 있는 연구를 하고, 보다 알찬 내용의 연구서들을 내어주었으면 하는 바람이 간절하다. 그리고 이 책이 이러한 깊이 있는 연구를 위한 계기가 되고 조금이라도 도움이 될 수 있다면, 그 목적을 다한 것이라고 생각한다. 이 책을 저술할 수 있도록 기회를 준 서강대학교에 감사드리며, 어쩌면 나로 하여금 이 작업을 하도록 끊임없이 부추겼을 신의 자비로운 배려에 깊이 감사드린다.

이천십육 년 이른 봄에
제주 아라동 연구실에서
저자 이명곤

일러두기

1. 본문 중 서적은 겹낫표(『 』)로, 논문이나 단체명 등의 제목은 낫표(「 」)로 표기하였다.
2. 외국 서적의 경우 국내에서 출간된 서적이 있는 경우는 가급적 국내 번역서를 사용하였고, 국내 번역본이 없는 서적들은 불어 원저나 불어 번역본을 사용하였다.
3. 인명은 최초 1회(장의 제목)만 자국의 원어(이태리어, 불어, 독어, 스페인어 등)를 병기하였으며, 인명의 한국어 번역은 이미 한국어로 사용되는 인명은 그대로 따랐고 그 외 인명들은 가급적 자국의 발음을 그대로 따랐다. 불어 번역본의 인용문 속에 등장하는 인물들은 그대로 불어식 이름으로 병기하였다.
4. 신비가들이 사용하는 중요한 개념들에 대한 원어를 괄호 속에 병기할 때는 가급적 자국어 원어로 병기하였으나, 불어로 번역된 인용구 속의 용어들은 불어를 그대로 병기하였다.
5. 모든 외국어 저서의 이름과 라틴어 용어들은 '이탤릭체'로 표기 하였고, 저작 소개에서 최소 1회는 자국의 원 제목을 괄호 속에 병기하고자 하였다.
6. 연도나 날짜가 불분명한 경우, 세 가시 혹은 네 가지의 서적을 비교하여 보다 공통된 연도와 날짜를 선택하였다.
7. 이 책에서는 '신'과 '하느님'이란 용어를 동시에 사용하고 있는데, 보다 철학적이고 학문적인 차원에서 말할 때는 '신'이란 용어를, 신앙인으로서의 보다 개별적인 차원에서 말해진다고 생각되는 곳에서는 '하느님'이란 용어를 사용하였다.
8. 각주의 인용 서적에 대한 표기는 이미 한 번 표기한 저서에 대해서는 'Ibid' 혹은 '앞의 책'이란 표기 대신에 저서의 '제목'과 쪽수를 그대로 명기하였다.

목 차

4부 현대 신비가의 실존적 사랑

들어가는 말

현대인의 삶과 존재에 대한 향수

현대인의 삶과 존재에 대한 향수

파스칼은 '인간은 인간을 무한히 넘어서는 존재'라고 보았고, 인간학을 창시한 막스 셸러도 '인간이란 보다 큰 세계로 열려진 X'라고 규정한 바 있다. 현대 과학의 발전이 인간에 대한 어떠한 새로운 사실들을 발견하고, 인간을 어떻게 규정하더라도, 과학이 결코 접근할 수 없고 밝혀낼 수 없는 비밀이 있다면 그것은 인간이 가진 '초월적인 지평'일 것이다. 인간은 참으로 신비이다. 근대의 신비가인 마리아 마달레나는 "인간을 알지 못하면 하느님을 알 수가 없고, 하느님을 알지 못하고는 인간을 제대로 알 수 없다."[1]라고 하였다. 인간은 인간이라는 이유만으로 무한히 신비스럽고 놀랍고 또한 존엄한 존재이다. 아마도 신비가들이 이 세상에 존재하는 이유 중 가장 중요한 의의는 '그들의 존재 자체'가 인간이 소중하고 존엄하다는 사실을 증언하고 있다는 사실일 것이다. 철학자 칸트는 모든 윤리, 도덕의 원

1 빠지의 마리아 마달레나(Marie-Madeleine de Pazzi), *OEuvre*, t. I, trad. par Dom Anselme Bruniaux, Victor Palmé, Libraire-Éditeur, 1873, p. 74.

천이 '인간은 결코 수단이 될 수 없으며, 그 자체 목적'이라는 생각에 있다고 하였다. 이는 인간이 발명을 하고 생산을 하고 학문과 예술을 하며, 종교 활동을 하는 모든 것이 결국 '인간을 위해서'라는 말이다. 그리고 누군가 그에 대한 이유를 묻는다면, 그것은 '인간은 특별한 존재'이기 때문이라고 말할 수밖에 없을 것이다. 이 세상 사람들이 추구하는 그 모든 외적인 선들보다 인간이 더 소중하고 가치 있으며, 어떤 의미에서 한 인간은 전 우주보다도 더 소중한 존재라고 말할 수도 있다. 하지만 어떠한 관점에서 보자면 이러한 인간의 존엄성에 대한 사유는 그 자체 진리이기 보다는 일종의 '반쪽 진리' 혹은 '조건적인 진리'이며, 이러한 사유가 완전한 진리가 되기 위해서는 무언가 요청되는 것이 있다. 그것은 인간이 되어져야 할 진정한 존재가 된다는 한에서 그러하다는 것이다. 다시 말해서 인간은 그 자신 안에 자신을 넘어서는 무한한 가능성, 전 우주보다도 더 소중한 무엇이 될 수 있는 무한한 가능성을 가진 존재이며, 이러한 가능성을 실현한다는 한에서 혹은 최소한 이러한 가능성을 실현하고자 하는 지향성을 지니고 있다는 한에서 절대적으로 소중하고 어떤 의미에서 전 우주보다도 존엄한 것이다. 만일 그렇지 않다면 우리는 히틀러나 연쇄살인범들 혹은 우리가 비판하고 지탄하는 그 모든 사람들도 모두 우주보다도 더 소중한 존재들이라는 모순된 말을 해야만 할 것이다.

진정한 인간, 되어져야만 하는 인간존재의 모습이 어떠한 모습인가? 하는 질문에는 정답이 있을 수는 없을 것이며, 이에 대한 답변은 대답하는 주체가 어떠한 세계관 어떠한 인생관을 가지고 있는가에 따라서 다양할 수밖에 없을 것이다. 플라톤과 같은 사람은 '인간의 이데아'를 제시할 것이며, 불교신자라면 '부처의 모습'을 제시할 것이고, 유교적 이념을 가진 사람이라면 '이상적인 선비상'을 제시할 것이다. 그리고 그리스도교의 정신을 가진 사람이라면 당연히 '그리스도를 보라!'라고 할 것이다. 그런데 만일 누군가 이들 중 어느 것이 진정으로 되어져야 할 인간의 모습인가? 혹은 최소한 어떤 것이 선호할 만한 것인가? 라고 다시 묻는다면, 이 모든 것이 되어져야 할 인간의 모습을 나름대로 반영해 주고 있으며, 무엇이 선호할 만한 것인지는 스스로 이를 이해하고 체험해 보는 수밖에 없다고 해야 할 것이다. 왜냐하면 실존주의자들이 말하고 있듯이 인간으로 존재한다는 조건 그 자체가 특수하고 예외적인 개별적 상황 속에서 존재한다는 말이며, 체험된 진리란 항상 이 개별적인 특수한 상황 속에서 드러나는 것이지, 모든 사람들을 위한 일반적인 진리라고 할 수가 없기 때문이다. 다만 우리는 만일 누군가가 절대적으로 이러한 진리를 추구하고자 한다면 언젠가는 스스로 가장 이상적이고 선호할 만한 그러한 진리에 도달할 수 있을 것이라고 말할 수는 있을 것이다. 우리가 이 책에 제시하는 '신비가'들의 모습들은 각자가 처한 고유한 문화적·역사적 상황 속에서 그들 스스로 이러한 진리를 체험하고 실현하고자 하였던 사람들이다. 물론 이들은 모두 그리스도교의 문화와 역사적 현실 안에서 살다간 사람들이며, 그렇기 때문에 당연히 그리스도교의 옷을 입고 나타나고 있다. 하지만 그렇다고 해서 이들이 그리스도교의 교의나 사상을 전달하는 사람인 것은 아니다. 그들의 본질적인 특성은 사상 이전에, 이념 이전에 직접 삶으로 체험한 것을 詩적인 언어로 전달해 주는 사람들이다. 그래서 오히려 이들의 삶과 체험은 끊임없이 신학자들이나 철학자들로 하여금 새로운 영감, 새로운 사유의 가능성을 제시해 주는 사람들이다.

신비가들은 놀라운 사람들이다. 무엇보다도 그들의 실존 깊숙이에 흔들리지 않고 바위처럼 존재하는 신적 현존과 이에 대한 그들의 절대적인 확신이 놀랍다. 철학자 베르그송은 종교가 건강하게 발전하기 위해서는 '교계제도와 더불어 신비주의가 반드시 균형을 이루어야 한다'고 말하였다. 그 이유를 그는 "교계제도가 부실한 종교는 종교의 사회적 역할을 제대로 수행할 수 없으며, 신비주의가 없는 종교는 그 생명력을 유지할 수가 없고 피부가 딱딱한 파충류처럼 굳어 버릴 것"이라고 하였다. 신비주의가 왜 종교의 생명력일까? 왜냐하면 신비주의란 종교의 지반이 되는 신적 존재와의 직접적인 체험을 말하고 있기 때문이다. 종교는 일종의 문화이고 제도이지만, 여느 문화 여느 제도와 다른 점이 있다면 바로 이 신비주의 때문이다. 신비가들은 본질적으로 이 세계의 근원이요 모든 생명을 살리시는 신적 현존에 대한 갈망으로 살아가는 사람들이어서 그들은 이 세계에 내재하고 인류의 보편역사 속에 섭리하시는 신의 현존과 섭리를 직접 체험하는 사람들이다. 그러기에 그들은 오늘날 여전히 예언자적인 모습을 보여주고 있으며, 이들을 통해서 신의 사랑이 끊임없이 이 세계내로 유입되는 '중개자'와 같은 사람들이다. 이들의 삶을 통해서 이미 계시된 진리들이 끊임없이 새롭게 해석될 수 있고, 새로운 의미를 캐내면서 종교는 끊임없이 자신의 생명력을 가지게 되는 것이다. 신비가들에 의해 언어로 표현된 신비주의는 본질적으로 제도적이고 규정된 언어의 한계를 넘어서고 있기에 그들의 사유와 정신 안에는 놀라운 포용력이 있고, 모든 인류와 세계의 모든 것을 끌어안는 수용력이 있다. 그래서 신비주의에는 종파와 교파를 넘어서서 모든 것을 하나에 수렴할 수 있는 형이상학적 지평이 있다. 이 형이상학적인 지평에서는 굳이 다원주의라는 말을 사용하지 않더라도 다양한 종교, 다양한 문화가 숨을 쉴 수 있는 실존적인 여유가 있고, 모든 생명이 자신들의 근원을 발견할 수 있는 보편적인 생명력이 있다. 조셉 보드는 『신비가(la mystique)』에서 신비가들의 핵심을 다음과 같이 요약해 주고 있다. "신비가들은 일종의 부서짐을 견디어 낸 사람들이다. [……] 신앙인들이 변형될 때, 신비가들은 이 변형에 하나의 의미를 부여하면서 모든 것들을 동시에 절대에로 질서 지운다."[2] 이것이 사실이라고 한다면, 어쩌면 과학기술이 고도로 발달하고 다원주의가 일상이 되어 가는 혼란한 현대사회에서 진정한 종교적인 사람들이 가장 필요로 하는 것이 신비가들일 것이다.

그런데 엄밀히 말해서 신비가[神秘家]는 신비주의자는 아니다. 신비가가 신비주의자일 수 있으며, 신비주의자가 역시 신비가 일 수 있겠지만, 모든 신비가가 신비주의자인 것도, 모든 신비주의자가 신비가인 것은 아니다. '~주의(~isme)'가 암시하고 있듯이, 신비주의가 인간과 신적 존재와의 관계들에 대해 학문적 차원에서 신학적 철학적 개념들을 통해서 사상을 제시하는 것이라면 신비가들은 본질적으로 자신들의 체험을 자신들의 언어인 詩的인 언어로 제시하고 있다. 그렇기 때문에 신비가들의 저작들에는 상징과 비유들이 많고 사상을

2 요셉 베오드(Joseph Beaude), *La Mystique*, Paris, Cerf, 1990, p. 116.

말해 주기보다는 '무엇을 노래하고 있다'는 것이 보다 정확할 것이다. 바로 이러한 열린 실존이 사상과 이념, 그리고 종교적 차이를 넘어선 소통의 가능성을 항상 지니고 있는 것이다. 존재와 인간의 신비를 말해 주고 있는 신비가들의 삶을 접한다는 것은—만일 우리가 이들의 삶을 이해하고 긍정할 수 있는 준비가 되어 있다면—세상에서 가장 놀라운 영혼들을 보는 것이 될 것이며, 가장 집약적이고 가장 밀도 있는 삶을 살고 있는 실존을 보는 것이 될 것이다. 나아가 우리들의 가장 내밀하고 깊은 부분을 자극하여 누구나가 한 번쯤은 느껴 보았을 그 '근원에 대한 향수', 무언지 알 수 없지만 막연하게 느껴 보았던 '영혼의 고향에 대한 향수'를 느끼게 될 것이다. 어느 시인이 '나는 신비 없이는 하루도 삶을 살아갈 자신이 없다'고 할 때의 그 신비를 느끼게 될 것이다. 만일 누군가가 세상의 모든 것에 대해 환멸을 느끼고 권태의 극단에 도달하고 있다면, 신비가들이 체험한 그 신비를 추구하는 것만이 해결책이 아닐까 싶다. 만일 권태의 극단에서 이러한 삶의 신비를 강하게 느끼게 된다면 그 역시 일상을 떠나 산속 깊숙이 혹은 어느 수도원을 찾아 떠나고 싶은 갈망을 가지게 될 것이다. 왜냐하면 이 신비는 삶에서 유일하게 살아 있음을 느끼게 해주고, 삶이 살 만한 것임을 느끼게 해주고, 인생이 가치와 기쁨으로 가득 차 있음을 말해 주고 있기 때문이다. 만일 그가 이러한 신비를 강하게 맛본 후에 다시 일상으로 돌아온다면 그리하여 그 신비적 분위기를 완전히 상실될 때쯤 그가 느끼는 것은 마치 바닷고기가 민물로 떠 내려와 살고 있는 것 같은 '맹맹한 느낌'을 느끼게 될 것이다. 하지만 그럼에도 그는 여전히 삶이 충만하고 풍요로운 가치들로 둘러싸여 있음을, 즉 삶이 신비임을 더 이상 의심할 수가 없을 것이다. 만일 누군가가 자신은 참 불행한 삶을 살고 있다고 느끼고 있다면 어느 '신비가'의 詩를 접해 보라고 말하고 싶다. 만일 그렇게 된다면 그는 그의 불행이 더 이상 불행이 아니라는 것을 느낄 수도 있을 것이다. 왜냐하면 신비가들의 삶이란 세상의 눈에는 매우 불행한 것 같지만, 오히려 세상에서 가장 행복한 사람이라는 역설을 보여주고 있기 때문이다.

신비주의란 가장 무의미하고 가장 보잘 것 없고 가장 하찮은 것들에게도 이루 말할 수 없는 소중한 가치를 느끼게 해주고, 가장 비참한 순간에서조차 어떤 희망과 의미를 가져다주는 역동적인 삶이다. 신비주의는 본질적으로 생명과 희망, 그리고 환희를 노래하는 사유여서 여기에는 세상 사람들이 가장 불행하다고 생각하는 것조차도 하나의 환희와 은총을 가져다주는 서막에 불과하다. 내가 신비가들에 대해 관심을 가진 것은 아직 그리스도교를 알지 못했던 고교시절 아빌라의 데레사라는 성녀의 책을 접하면서였다. 『영혼의 성』을 저술한 유명한 신비가인 아빌라의 데레사는 이 책에서 "하느님은 자신이 사랑하는 영혼에게 보다 많은 고뇌를 허락한다"고 하였는데, 그 말을 듣는 순간 나는 마치 내 영혼 깊숙이 어떤 전율을 느꼈고, 일순간 나의 전 생애를 하나의 완전히 다른 시각으로 볼 수 있을 것 같았다. 이후 나의 인생은 완전히 다른 길을 가게 되었다. 그리고 그 말은 오늘 여전히 내 영혼 깊숙이에 각인되어 있다. 아마도 이 책을 쓰게 된 동기도 바로 여기에 있는 것 같다. 자신이 가진 종교나 철학적인 신념이나 세계관에 상관없이, 누구나가 접할 수 있고 긍정할 수 있는 신비가들의 삶이란 한 사람의 인생을 바꿀 수 있고, 메마르고 건조한 일상의 삶에 이루 말할 수 없는 신비로운 실존의 향기를 가지게 하고, 그 무엇으로도 살 수 없는 존재함과 풍요를 가져다 줄 것이기 때문이다. 여기 소개하는 신비가들은 서구 역사 속에 등장한 여성 신비가들, 정확히는 가톨릭의 여성 신비가들의 삶과 정신에 관한 것이다. 다른 종교 다른 문화에도 신비가들은 많이 있겠지만, 이렇게 가톨릭의 신비가들을 선택한 이유는 이들이 내가 살아온 삶과 정신에 가장 친숙한 것이기 때문이다. 중세와 근대, 그리고 비교적 우리들의 시대와 가까운 현대 신비가들의 삶과 정신을 통해서 우리는 신의 섭리가 역사의 흐름에 따라서 어떻게 다르게 이어져 오는지를 알 수 있을 것이다. 하지만 역사의 흐름과 변천에도 불구하고 이 모든 신비가들의 삶에서 일관되게 관통하고 있는 하나의 불변하는 진실, 그것은 모든 신비가들이 추구했던 삶은 결국 '사랑의 순교자'라는 것이다. 여기서 순교자란 신앙을 증거 하기 위해 목숨을 바친 의미에서의 순교가 아니라, 자신에게 나타난 전혀 다른 삶의 진실, 가장 심오하고 새로운 생의 진실을 포기하지 않기 위해서 자신의 전 생애를 바쳤다는 의미에서 순교인 것이다. 고흐나 슈베르트가 자신의 그림이나 음악을 위해서 전 생애를 바쳤다는 의미에서 예술의 순교자라고 할 수 있듯이, 그렇게 신비가들도 신성한 사랑을 위해서 전 생애를 바쳤다는 의미에서 사랑의 순교자인 것이다. 실존주의자의 선구자인 키르케고르는 진정한 사상가란 자신의 사상을 위해서 목숨을 바칠 수 있는 사람이라고 말한 바 있는데, 이러한 의미에서 신비가들은 진정한 사상가라고도 할 수 있을 것이다. 그것을 위해서 자신의 모든 것을 바칠 수 있고, 전 생애를 확고한 의미로서 살아갈 수 있는 그 무엇을 추구하는 사람이라면 반드시 한 번쯤은 신비가들의 삶과 대면할 필요가 있다. 그리고 이렇게 강렬한 무엇을 추구하지 않는 일상인들이라도, 무료하고 무의미한 삶을 살아가는 현대인들이라면 이 책에서 소개하는 신비가들의 삶과 정신이 자신들의 삶을 새롭게 해줄 신선한 생명을 선사할 것이라 믿는다.

이 책에서 소개하는 신비가들은 중세, 근대, 현대라는 크게 세 가지 시대구분을 통해서 제시하고 있다. 비록 신비가들의 실존이 시대를 초월하여 서로 관통되고 일치하는 부분이 있는 것은 사실이겠지만 그들 역시 구체적인 역사 속의 인물이라는 차원에서 그들이 삶과 실존은 그들이 속해 있던 당시의 시대적 배경과 문화, 그리고 사상적 영향을 강하게 반영해 주고 있기 때문이다. 이 책에서는 '중세의 신비가들'에 대해서는 '신적 현존'이라는 주제를 중심으로 제시하고 있으며, 근대의 신비가들은 '내면성'이라는 주제로, 그리고 '현대의 신비가들'은 '실존적인 사랑'이라는 주제로 제시하고 있다. 이러한 세 가지 주제들은 사실상 모든 신비가들의 삶에서 동일하게 발견되고 있는 것이겠지만, 역사적 흐름과 시대상의 변모에 따라 신비가들의 삶 안에서 가장 부각되고 있는 부분들을 그 특징으로 하여 제시하고자 하였기 때문이다. 그리고 역사 속의 신비가들을 소개하면서 '여성 신비가'들을 선택한 이유는 '신비가'라는 그 의미 자체가 매우 여성적인 특성을 간직하고 있기 때문이다. '남성'과 '여성'이라는 이러한 성적인 구분이 가능한 것인지 하는 물음은 넘어서 모든 문화에는 '남성'과 '여성'을 그 '속성'이나 '기질'을 통해서 구분하고 있는 것을 부정할 수는 없다. 가령 불어에서 '정신(esprit)'에는 남성형의 정관사를 그리고 '영혼(âme)'에는 여성형의 정관사를 붙인다. 여기서 정신의 특성은 '포괄성', '외면성'의 특성을 가지며, '영혼'의 특성은 '깊이' '내면성' 등의 특성을 가지고 있다. 그래서 전통적으로 신비주의자들에는 주로 남성들이, 그리고 신비가들에는 주로 여성들이 많다. 사실 역사 속의 신비가들 중에는 남성들도 많으며, 그 중에서 보다 널리 알려지고 보다 위대한 인물들도 많다. 관상 수도원의 대명사 격인 씨토회의 기원이 되었던 '성 베르나르'나, 아시시의 '성 프란치스코' 그리고 중세의 대표적인 신비주의자였던 '마이스트 에크하르트' 등은 모두 위대한 신비가들이었다. 하지만 이러한 남성 신비가들의 이미지는 내밀하고 숨겨진 실존으로서의 신비가의 이미지보다는 '위대한 사상가'로서의 이미지가 보다 더 강하게 부각되고 있다. 즉 이들에게는 신비주의자로서의 '외면성'이 신비가로서의 '내면성'보다 더 부각되고 있는 것이다. 바로 이러한 이유로 '내밀하고 숨겨져 있는 신비로운 실존'이라는 신비가들의 이미지가 보다 순수하게 드러나고 있는 '여성 신비가'들을 선택하게 된 것이다. 현대로 올수록 양성평등에 대한 요구가 강해지며, 여성들의 사회적 역할이 보다 강조되고 있다. 하지만 이러한 요구들이 '여성들의 남성화'를 의미하는 것은 아니다. 양성평등은 차별화를 없애자는 것이지, 구분을 없애자는 것은 아니다. 여성은 여성 특유의 그 내면성과 깊이 그리고 섬세함을 통해서 남성들이 메울 수 없고 흉내낼 수 없는 그 무엇으로 사회에 기여할 수 있는 것이다. 이러한 차원에서 숨겨진 역사속의 여성 신비가들의 실존을 다시 기억한다는 것은 매우 의미 있는 일이라 할 것이다.

1부

神秘家란 누구인가?

모든 신비가들이 성인인 것은 아니다

신비가들에 대해 글을 쓰면서 가장 먼저 떠오르는 것은 '신비가들이란 어떤 사람들인가?' 하는 일반인들의 질문이다. '신비가[神秘家]'란 말 그대로 '신비'를 자신의 삶으로 혹은 최소한 신비를 숲-삶의 중심으로 살아간 사람들을 말한다. 그렇다면 '신비'란 무엇인가? 여기서 신비란 종교적 의미의 신비이다. 특히 인간이 깊은 종교적인 삶 안에서 가지게 되는 신과 인간의 내밀한 관계성에서 비롯한 그 '신비'를 말한다. 철학자 루이 라벨은 신비를 "어느 정도 분명하나, 어느 정도 전혀 알 수 없는 어떤 것"이라고 규정한 바 있다. 그리고 가브리엘 마르셀은 '신비'란 문제와 달리 "내가 이미 어느 정도 길 위해 들어서 있는 상태"라고 말하였다. 사람들은 누구나 인생을 살아가면서 '신비한 것' '신비로운 것'을 보고 싶어 하고 체험하고 싶어 한다. 왜냐하면 매일 같이 반복되는 따분한 일상을 벗어나는 데에는 '신비로운 것'을 마주하는 것보다 더 나은 것이 없기 때문이다. 너무 분명한 것은 이미 신비가 아니며, 전혀 알 수 없는 것도 신비인 것은 아니다. 신비는 분명 앎과 무지 사이에 있는 그 무엇이다. 그런데 우리가 이 책에서 다루고 있는 신비가들은 단순히 평범한 일상의 지루한 삶을 넘어서기 위해서 새롭고 고상한 삶을 선택한 그러한 사람들은 분명 아니다. 신비가들의 삶에는 분명 일상을 넘어서는 그 무엇이 있겠지만, 일상의 삶을 초월하거나 일상을 탈피한 사람들은 결코 아니다. 오히려 그들은 일상의 평범한 삶 안에 숨어 있는 비밀들, 자연적이고 인간적인 모든 것들 안에 숨겨진 인생의 비밀들을 밝혀주고 사람들이 무심하게 지나치고 하찮게 여기는 작은 것들이 가지는 무한한 의미와 가치를 밝혀주는 사람들, 다시 말해서 일상의 작은 것들에 가장 밀착되게 살아간 사람들이라고 말할 수 있다. 그래서 가장 인간적인 사람을 보고 싶으면 신비가들을 보라고 말할 수도 있다. 하지만 대다수의 가톨릭의 신비가들은 자신들이 체험한 신적 신비를 세상 사람들에게 전달해야만 한다는 강한 사명감을 느낀 이들이다. 바로 이 사명감이 아무것도 아닌 사람들로 하여금 시를 쓰게 하고, 편지를 쓰게 하며, 저술을 하도록 한 것이다. 자신들의 신비적 체험을 세상에 알려 주도록 한 이들의 저작들이 결국 세상에 내재하고 섭리하는 신적 현존을 증거하고 있다는 차원에서 신비가들은 본질적으로 성인들과 다른 사람들이 아니다. 다만 이들 중에는 전혀 성인들에 접근할 수 없는 작은 실존의 소유자들, 심지어 교회로부터 의심받고 단죄 받은 이들도 많다. 토마스 아퀴나스는 "사람들은 선(*bonum*)에 대해서는 단순하고 순수한 욕구를 지니고 있지만, 아름다움(*pulchrum*)에 대해서는 기분이 좋고 알려 주려고 하는 욕구를 지니게 된다."[3]라고 하였는데, 만일 성인들이 가장 위대한 선을 행하고자 한 사람들이라고 할 수 있다면, 신비가들은 가장 아름다운 것을 노래하고자 했던 사람들이라고 할 수 있을 것이다.

신비가들 중에는 성인들이 많다. 모든 신비가들이 다 성인인 것은 아니지만 대다수가 성인으로 인정받는 사람들이다. 그렇다면 성인과 신비가는 무엇이 다른가? 성인[聖人]들, 특히 가톨릭의 성인들은 신의 부르심을 받아 자신들의 가능성을 최대한으로 실현한 사람들이다. 루이라벨은 "성인의 특성은 항상 자기 자신의 절대에까지 이르는 데 있다."[4]라고 하였다. 그러기에 성인이라면 누구나 일반인들이 엄두도 낼 수 없는 위대한 업적을 남긴 사람들이다. 성인들 중에는 위대한 영웅의 모습을 한 사람도 있고, 위대한 학자의 모습을 한 사람도 있고 또 아주 가난하고 보잘 것 없는 모습을 한 사람도 있으며, 심지어 걸인의 모습을 한 사람도 있다. 그렇지만 이들 모두가 시대의 요청에 응답하는 신의 섭리에 따라서 평범한 사람으로서는 불가능한 위대한 일을 해낸 사람들이며, 그러기에 그가 어떠한 모습을 하고 나타나든지, 사람들은 그의 일생을 통해서 성인의 모습을 보고 신의 섭리를 느낄 수가 있다. 그리고 이러한 성인들 중에는 '신비가'의 모습을 한 이들도 많다. 그런데 신비가들 중에는 성인이 아닌 사람들도 많다. 아주 분명한 예로는 중세 철학사에서 '신비주의의 대가'

---

3 토마스 아퀴나스(Aquinatis Thomae), *Summa Theologiae*, I–II, q. 27. a. 1, ad 3. Marietti Editori, 1952.

4 루이 라벨, 『성인들의 세계』, 최창성 옮김, 가톨릭출판사, 1997, 18쪽.

로 등장하는 에크하르트(Eckhart)도 한 수도원의 수도원장이었고 위대한 학자로 존경을 받았으며 많은 제자를 두었음에도 성인이 될 수 없었다. 그가 성인이 될 수 없었던 이유는 물론 그의 사상이 –보다 정확히는 그가 표현한 언어들이 – 당시 그리스도교의 전통적인 교의에 적합하지 않았으며 이단으로 판단되었기 때문이다. 하지만 만일 그가 표현한 언어들이 일종의 '시[詩]'였다고 한다면 '이단'이라는 말은 무의미 해질 것이다. 본질적으로 시적 언어를 통해서 자신들의 신비체험이나 신적 현존에 대한 체험을 제시하는 '신비가들'은 어느 하나의 사상적인 특 속에서 안주하는 사람들이 아니다. 그렇기 때문에 신비가들 중에는 당시에는 이단으로 취급당한 사람들도 많다. 그렇기 때문에 성인과 신비가는 분명 다른 종류의 사람들이라고 해야 할 것이다. 이 책에 소개하는 신비가들 중에도 많은 사람들은 성인이 아닌 사람들이다. 모든 신비가들이 다 성인이 아닌 것에는 여러 가지 이유가 있을 수 있겠지만 그 중 가장 중요한 이유를 들자면 신비가들이란 본질적으로 교회나 세상을 위해서 위대한 업적을 남긴 사람들이 아니라는 점이다. 그들은 어떤 의미에서 교회 안에서건 세상에 있어서건 유명하고 알려진 사람이기보다는 '숨겨진 사람'에 가깝다. 신비가들 중에서는 위대한 영웅의 모습을 하거나 후광이 빛나는 성인의 모습을 한 사람들도 있겠지만 그럼에도 '신비'의 본질은 이러한 '빛나는 것'에 있지 않다. 신비가 '어느 정도 분명하지만, 어느 정도 알 수 없는' 것이듯이 신비가들도 세상의 시선으로 보자면, 어느 정도 알려져 있지만 그럼에도 항상 숨겨진 사람의 이미지로 다가 올 수밖에 없는 사람들이다. 비록 성인으로 추대 받고 세상의 후광을 가지고 있는 사람이라 할지라도 그들이 신비가라고 불릴 때는 이러한 빛나는 후광의 모습이 아니라 오히려 내밀하고 숨겨진 모습을 떠올리게 한다. 물론 우리는 성인이면서 동시에 신비가인 사람에게 있어서 어디까지가 성인의 모습이고 어디까지가 신비가의 모습인지를 정확하게 구분한다는 것은 쉬운 일이 아닐 것이며 어쩌면 이는 불가능할지도 모른다. 하지만 분명한 것은 그들을 성인으로 만든 것과 그들을 신비가이게 한 것은 동일한 것이 아니라는 점이다. 어떤 사람이 신비가라는 것이 신비가라는 이 이유만으로 알려진 그들의 이미지는 진정한 그들의 참 이미지와는 여전히 거리가 있을 수 있다. 그러기에 신비가들에 대한 탐구는 항상 우리에게 새로운 무엇을 제시할 수 있다.

그렇다면 신비가들에게 있어서 성인의 이미지와는 다른 그 어떤 고유한 특징 혹은 고유한 면모는 어디에 있는 것일까? 그것은 신비가들의 삶이란 본질적으로 내면적인 삶을 지향하고 있다는 것과 그들의 깊은 내적인 삶 안에서 신의 현존을 맞이하고 매일같이 신적 현존과의 내밀한 관계성 안에서 살아간다는 것에 있다. 물론 많은 성인들 중에는 이러한 그들의 내적인 삶이 그들의 외향적인 업적들의 근원이었음은 당연한 것이다. 하지만 성인들의 삶이 반드시 이러한 신적 현존과의 내밀한 일치를 전제하는 것은 아니다. 가령 한국의 순교 성인들은 그들의 신앙을 증거하기 위해 생명을 바친 사람들이지, 신적 현존을 깊이 체험한 신비가는 아니다. 성인들은 그 형식이 어떠하든 하나같이 '위대한 모습'으로 다가온다. 하지만 신비가들은 소박하고 은밀한 자들의 모습으로 다가온다. 성인들은 세상에 들어 올려져 만인에게 빛을 발하는 사람들이라면 신비가들은 대부분 일반인들의 시선에서는 숨겨져 있고 알려져 있지 않다. 그런 의미에서 우리가 알고 있는 위대한 성인이자 동시에 신비가인 이들에 대해서 우리가 알고 있는 것은 대개 '성인의 모습'이며, '신비가의 모습'은 숨겨져 있다고 해도 과언이 아니다. 그래서 우리는 이미 우리가 알고 있는 성인들의 모습에서 항상 새로운 것을 발견할 수 있는 여지를 가지고 있는데, 그것이 바로 '신비가'들의 모습인 것이다. 전혀 성인의 모습을 비춰주지 않는 신비가가 있을 수 있겠지만, 전혀 신비가의 모습을 지니지 않는 성인은 있을 수가 없을 것이다. 왜냐하면 어떤 식으로든지 신적 현존에 대한 체험이 전혀 없다면 성인이 된다는 것은 불가능하기 때문이다. 성인들과 달리 매우 작은 자로 매우 소박한 자로서 신비가들이 가진 이미지는 일상을 살아가는 평범한 범인들에게는 보다 더 친근하고 가깝게 느껴지는 사람들인 것은 분명하다.

신비가들은 내면성의 사람들이다

현대의 여성 신비가인 에디트 슈타인(Édith Stein)은 "영혼의 고요는 수천의 언어보다 낫다."라고 말한 바 있는데, 신비가들의 내면성을 이보다 분명하고 간략하게 표현한 문장은 더 이상 발견할 수 없을 것이다. '영혼의 고요'란 무엇을 말하는 것인가? 이는 말도, 어떤 행위도 필요 없이 존재하는 그 자체에서 풍겨나는 '신비적 분위기', 어떤 '영적인 느낌'을 말하는 것으로 통속적이 말로는 '카리스마'라고 할 수가 있을 것이다. 카리스마에도 다양한 종류가 있다. 정치가들의 카리스마가 있는가 하면, 위대한 문호들이나 예술가들이 지닌 카리스마가 있을 수 있으며, 깊은 학식을 지닌 학자들의 카리스마가 있을 수 있다. 심지어는 대기업의 총수들이나 오랫동안 전문 분야에 헌신한 기술자들에게서도 그들만의 카리스마가 있을 수 있다. 이들이 지니고 있는 카리스마는 한 분야에서 평생을 몸담으면서 자신들의 전문적인 일들을 통해서 내면화된 어떤 보이지 않는 실체적 힘을 방산하는 데서 성립하는 것이다. 아마도 맹자의 '호연지기'도 일종의 카리스마를 말하는 것임이 분명하다. 신비가들이 풍기는 카리스마는 그들의 영적인 삶을 통해서 형성된 내면성이 방산하는 보이지 않는 힘이나. 에디트 슈타인이 말하는 '영혼의 고요'는 바로 이러한 내면성의 힘, 내면성이 그들의 육체를 뚫고 외부로 확산되는 그 힘을 말하는 것이다. 이러한 영혼의 고요는 신적 현존을 증거 하는 데 있어서 그 어떤 설교나 강론보다 힘이 있다. 신비가들이 매일같이 내밀한 신의 현존과의 관계성 속에서 살아간다는 차원에서 이들은 사람들 중 가장 친근한 신의 벗이라고 할 수 있으며, 경우에 따라서는 마치 신의 연인 같은 인상을 주기도 한다. 즉 그들은 마치 인간을 사랑하듯이 그렇게 인격적으로 신을 사랑한 사람들이다. 신적 현존과의 이러한 내밀한 일치는 보통 사람들에게서는 느낄 수 없는 '영성의 향기'를 방산하고 있고, 이는 코로 느낄 수 있는 향기가 아니라, 영혼으로 혹은 우리의 실존 그 자체로 느낄 수 있는 것이다. 이러한 신비로운 분위기는 분명 이들의 내면 깊숙이에서 흘러나오는 것이다. 바로 이 향기와 분위기의 진원지가 되는 그 내적인 실체를 철학자들은 '내면성(intériorité)'이라 부르는 것이다. 이러한 신비가들의 '내면성'은 분명 신적 현존과의 관계에서 주어진 것이겠지만 그렇다고 이 내면성이 '은총의 산물'이라고 볼 수는 없다. 인간은 '내적인 기질'을 가지고 탄생할 수 있겠지만, 결코 '내면성'을 가지고 태어날 수는 없기 때문이다. 피아노를 잘 칠 수 있는 기질을 타고날 수 있지만, 베토벤의 소나타를 칠 수 있는 능력을 타고나거나 이러한 기술이 은총으로 주어질 수 없듯이 내면성도 끊임없는 삶의 실천을 통해서 주어지는 것이다. 그리고 정도의 차이는 있겠지만 인간이라면 누구나가 갈망할 수 있고, 누구나가 자신의 내면에 형성할 수 있는 것이 내면성이다. 이러한 측면에서 진정으로 원하기만 한다면 누구나 어느 정도 신비가가 될 수 있다고 하겠다.

이러한 의미에서 신비가들이 세상에 존재하는 의미는 신이 이 세상에 존재하며, 그것도 모든 사람의 내면에 현존하는 신을 증거 하는 것이며, 나아가 신은 모든 사람들, 예외 없이 모든 사람들의 벗이 될 수 있는 그러한 존재임을 증거 하는 사람들이다. 그리고 무엇보다 신이 어떠한 존재인지를 알게 하는 사람들이다. 사실 대다수의 신학자나 중세의 철학자들은 인간은 신이 존재한다는 사실은 알 수 있지만 신이 어떤 존재인가 하는 신의 본질에 대해서는 알 수 없다고 생각하였다. 하지만 신의 본질을 알 수 없다는 말이 신에 대해서 전혀 알 수 없다고 말하는 것은 아닐 것이다. 인간은 유비를 통해서 신에 대한 앎에로 무한히 접근해 갈 수 있다. 신비가들은 진정 우리로 하여금 신이 어떤 존재인지를 알게 한다. 특히 이들은 "신은 사랑이시다 – *Deus caritas est*"라는 성서적 진리를 최후까지 증언하는 사람들이다. 가령, 만일 누군가가 '김씨'나 '이씨'를 꼭 알고 싶은데, 그들이 이미 이 세상 사람들이 아니라고 한다면 어떻게 해야 할까? 다시는 만날 수 없는 사람들을 알기 위해서 가장 좋은 방법은 그들이 직접 써 놓은 일기나 편지 등을 읽어보거나 그들을 진정으로 사랑했던 사람들을 만나보는 것뿐이다. 마찬가지로 신을 알기 위해서는 계시된 진리들 이외에는 신을 진정으로 사랑했던 사람들을 만나보는 수밖에 없을 것이며, 그들이 바로 신비가들이다. 단적으로 말해서 우리는 신비가들을 보지 않고서는 신의 사랑과 인간의 신비를 말할 수 없을 만큼 신비가들은 신의 사랑을 반영하고 있으며, 또한 인간의 가장 깊은 비밀을 보여주는 사람들이라고 말할 수 있을 것이다. 신에 대한 인격적인 사랑은 그 자체 내면적인 사건이며, 가장 내면적인 사건이다. 왜냐하면 신이 이 세상 모든 곳에 현존한다고 해도 가장 탁월하게 존재하는 곳은 인간의 깊은 내면이기 때문이다.

신비가들을 이해하는 데 있어서 염두에 두어야 할 것 중의 하나는 그들은 자신들의 삶 안에 등장하는 알 수 없는 신의 현존을 있는 그대로 수용하고, 느끼는 그대로 간직하고자 하였다는 점이다. 이들은 신적 현존에 대해 자신들이 체험하고 간직하고 있는 것을 왜곡없이 전해 주고자 하였는데, 이 점은 어떤 진실과 순수성에 대해 말해 주고 있다. 신비가들의 이러한 순수성에 대해 조셉 보드(Joseph Beaude)는 다음과 같이 말하고 있다.

> 신비가는 전문적인 저술가가 아니다. 하지만 그들이 말해야만 하는 것들이 그들을 저술가로 만든다. [……] 신비가들의 저술에는, 하나의 논고로서의 구속들이 부여될 때조차도, 항상 그들의 고유한 '자발성(spontanéité, 직접성)'을 간직하고 있다. 신비가들은 그들이 원하는 것을 노래하고 있기만 한다면, 그들의 사용하는 도구들의 성격에는 크게 염두에 두고 있지 않다.[5]

생각해 보자. 인간의 이성을 넘어서는 무한한 존재가 인간 앞에 나타날 때, 어떠한 모습으로 나타날 것인가? 아마도 우리가 상상할 수 있는 그 모든 방식으로 그리고 우리들의 이미지들을 넘어서는 알

5 La Mystique, p. 16.

수 없는 방식으로 나타날 수도 있을 것이다. 그러기에 신비가들의 체험과 이들이 말하는 것들에는 가끔 우리들의 정상적인 믿음이나 교회의 교의를 넘어서는 수용하기 힘든 부분도 반드시 있을 수 있다는 점이다. 이 이해할 수 없고 받아들일 수 없는 것 같은 이들의 체험들은 많은 경우 이들의 삶을 고난으로 몰고 간 이유가 되기도 하였다. 실제로 이들 중에는 자신들의 체험을 부정하지 않았기 때문에 죽음에 처해진 사람들도 있다. 이들이 자신들의 진실을 절대에까지 밀고 나갔다는 그 사실이 이들로 하여금 가끔은 성인이 되게 한 이유도 되기도 하지만 또한 세상으로부터의 외면과 절대적인 고독을 야기한 이유가 되기도 하였다. 그런데 바로 이러한 이해 불가능한 그들의 체험이 오히려 현대를 살아가는 우리에게는 하나의 매력으로 부각되기도 한다. 왜냐하면 이는 무미건조한 현대인의 삶에 가장 필요한 삶의 신비를 보다 더욱 강하게 증언해 주고 있기 때문이다. 이는 우리 역시도 이러한 신비가들의 삶을 살아갈 수가 있으며, 우리들 자신만의 고유한 방식으로 신의 현존을 체험할 수 있다는 가능성을 말해 주고 있기 때문이다.

신비가들의 실존은 어떤 의미에서 보이는 이편 세계와 보이지 않는 저편 세계의 중간에 존재하는 실존이라고 할 수 있다. 그들의 존재는 궁극적으로 이 현재의 삶을 초월한 그 심오한 지평을 지향하고 있다는 차원에서 신비가들의 실존은 참으로 일상인들이 감지하기가 어렵다. 대다수의 성인들이 그들의 삶의 초기에서 그러하였던 것처럼 신비가들의 삶도 일상인과 다를 것이 하나도 없다. 하지만 성인들의 삶이 결국에는 위대한 빛을 발한 것과 달리 신비가들은 고요하게 그리고 침묵 속에서 거의 보이지 않고 알 수 없는 삶을, 그리고 보다 깊은 지평에로 보다 깊이 나아갔으며, 그러기에 그들의 삶과 실존은 거의 숨겨져 있는 것으로 남아 있다. 그렇기 때문에 여기 소개하는 신비가들 외에 수많은 신비가들이 이름 없이, 흔적을 남기지 않고 살다갔다고 말하는 것은 과장된 것이 아니다. 숨겨진 그들의 삶은 많은 경우 '아주 작은 존재'의 모습으로 나타나곤 한다. 그들에게 있어서 세상에 알려지는 것, 위대한 인물이 되는 것은 전혀 안중에 없을 뿐더러 그들은 자신들의 삶의 신비를 간직하기 위해서 의도적으로 이러한 '알려짐'과 '빛남'을 피해 깊은 수도원 안으로 숨어든다. 하지만 이러한 이들의 삶이 '세상으로부터의 도피'라고 할 수는 없을 것이다. 왜냐하면 철학자 버클리가 말하고 있듯이 이들에게 있어서 세상이란 "그들을 둘러싸고 있는 것들의 총체가 아니라, 오히려 그들의 영혼 안에 있는 것의 총체"이기 때문이다. 사실 무엇이 세상이고 어디가 세상인가? 내 마음이 있는 그곳이 세상이고, 내 마음이 가는 그곳이 세상이 아니겠는가? '군중 속의 고독'이라는 말이 있듯이 아무리 내가 속해 있는 곳이라고 하더라도 내 마음이 그곳에 없다면 이미 그곳은 나에게 있어서 진짜 세상은 아닌 것이다. 진정한 나의 세상이란 곧 내가 마음을 두고 있고, 내가 염려를 하고, 내가 의미를 두고 있으며, 내가 그것을 위해 기도할 수 있는 그러한 곳이 아니겠는가? 그렇기 때문에 신비가들은 깊은 수도원의 수방 속에 숨어 있지만 누구보다도 세상에 가깝게 있을 수 있고, 누구보다도 많은 사람의 벗이 될 수 있는 것이다. 신비가들의 실존은 본질적으로 '구체적이고 특정한 세상으로부터 벗어나 있기에, 모든 세상 사람들에게 벗이 되고자'

하는 그러한 실존이었다. 그리고 이들의 이러한 삶의 형식은 곧 '사랑의 삶의 형식'이요, 그것도 신이 세계를 사랑하는 바로 그 방식으로 사랑의 삶을 살고자 했던 사람들이었다. 아마도 이러한 신비가들의 삶을 한 마디로 말하자면 '가장 깊은 내적인 삶을 살았던 사람들'이라고 할 수 있을 것이다. 우리들의 '내면 세계', 그곳은 보고 만질 수 있는 경험적 세계와 볼 수도 만질 수도 없는 초월적 세계, 그리고 이편의 세속 세계와 저편의 신성한 세계가 만나는 장소이며, 이 두 세계가 화해하는 장소이며, 이 두 세계가 하나의 세계로 수렴되는 세계이다. 힐데가르트의 말을 빌리자면 '천국의 가장 끝자락에 위치하는 그 장소'라고 할 수 있다. 그렇기 때문에 이러한 신비가들에게 있어서 삶이란, 세계란 그 자체 하나의 신비로 나타나는 것이다.

신비가는 사랑의 순교자이다

세상의 한가운데서 신성한 빛을 발했던 성인들의 실존과는 달리 본질적으로 신비가들의 실존은 숨겨져 있다. 바로 이 숨겨진 실존의 의미는 일종의 '자기부정'으로서의 사랑이다. 13세기 벨기에의 신비가인 앙베르의 하데비히(Hadewijch d'Anvers)는 "사랑 안에서 無가 되어 버리기, 나는 이보다 더 높은 것을 알 수 있겠는가?"라고 말하였다. 사실 대다수의 신비가들은 '無가 되는 것'에 대해서 말하고 있다. 아우구스티누스는 『신국론』에서 "신을 사랑하여 자기 자신마저 미워하는 나라와 자기 자신을 사랑하여 신마저 미워하는 나라"라는 미래의 두 이미지의 국가를 말한 바 있다. 그리고 실존주의의 선구자인 키르케고르는 "그가 자기 자신을 생각하고 있는 것만큼 그는 덜 사랑합니다."[6]라고 말하는가 하면 또한 "진정한 사랑이란 곧 자기부정의 사랑이다."[7]라고 말하고 있다. 그리스도교의 사랑이 무엇인지를 한 마

6 키르케고르, 『들의 백합 공중의 새』, 표재명 역, 종로서적, 1980, 216쪽.

7 키르케고르, 『사랑의 役事』, 하, 임춘갑 역, 종로서적, 1982, 251쪽.

디로 말하기는 어렵겠지만 이는 '자기 이익을 구하지 않고 사랑하는 사람의 선과 행복을 구하는 아가페적 사랑'에 가장 가까운 것임을 부정할 수는 없다. 그렇기 때문에 크리스천의 사랑에는 세상을 위해서 혹은 타인을 위해서 '자기부정'을 감행하는 사랑의 특성이 가장 잘 드러나고 있다. 아우구스티누스나 키르케고르가 말하는 것이 바로 이러한 크리스천의 아가페적 사랑을 말하고 있는 것이다. 이를 부정하는 크리스천은 어디에도 없을 것이다. 그런데 이러한 너무나 분명한 진리를 실제로 자신의 삶의 원리로 살아가거나 현실 안에서 실천을 한다는 것은 참으로 어려운 것임을 누구나가 체험할 수 있다. 이러한 힘겨운 진실을 신비가들은 액면 그대로 실천하고자 한 사람들이다. 신비가들이 자기 자신을 체념하고 오직 세상의 평화와 행복을 위해서 자신들은 세상의 모든 권리들과 가치들에서 물러나고자 한 것은 세상의 눈에서 보자면 '자기희생'이 되겠지만, 그러나 영성적인 차원에서 보자면 가장 소중한 것을 추구하는 거룩한 행위라고 할 수 있다. 격동기의 16세기를 살았던 스페인의 위대한 신비가이자 성녀였던 아빌라의 데레사는 "하느님을 얻은 이는 아무것도 부족하지 않다. 하느님만으로 충분하기 때문이다."라는 매우 단순하고도 힘 있는 말을 하였다. '모든 것에 물러나 하느님께 자신을 드린다'라거나 혹은 '사랑 안에서 무가 되어 버린다'라는 말은 신적인 것을 소유하기 위해서 세상의 모든 것을 체념하고자 하는 것이며, 이는 결국 신비가들에게 있어서는 '신적인 것을 소유하는 것' 외에 더 소중한 것이 없다는 말이 된다. 이는 믿음을 가지기 위해서 세상의 모든 것을 체념하고자 하는 키르케고르의 '믿음의 기사'가 감행하는 그 행위와 다른 것이 아니다.

어쩌면 당연한 귀결이겠지만 신비가들 중에는 관상 수도자가 대다수이다. 신적 현존을 내밀하게 맞이하는 일은 그 자체 하나의 수도적 삶을 의미하기 때문이다. 그러나 그렇다고 해서 모든 신비가들이 세상을 등진 은수자 같은 사람들은 아니다. 그들 중에는 누구 못지않게 개척적인 정신이 강했고 세상의 반대편까지 여행을 하였던 선교사도 있다. 하지만 그의 삶의 형식이나 모습이 어떠한 것이건 그들의 동일한 공통점, 동일한 목적은 사랑하는 것이 전부였던 사람들이었다. 그들의 사랑은 오직 하느님과 함께하는 사랑이었다. 비록 그들의 삶의 반경이 일반인의 출입이 금지된 관상 수도원의 경내 일뿐일지라도 혹은 지구 저편에까지 여행을 하면서 사랑을 전파한 사람이라고 할지라도 모두가 동일한 사랑을 추구하였고 동일한 사랑으로 죽어간 사람들이었다. 어쩌면 그들은 자신들의 행위가 진정한 사랑인지 아닌지에 대해서는 전혀 고민을 하지 않았던 사람들일 것이다. 왜냐하면 진정 사랑하는 사람이란 자신이 행하는 사랑의 행위가 사랑인지 위선의 행위인지조차 알 수 없다고 하는 그러한 사람이기 때문이다. 왜냐하면 그들은 항상 하느님과 함께 하고 있기 때문이다. 프랑스 뚜르(Tour) 출신의 베네딕도회 수녀였던 '육화의 마리아(Marie de I'Incarnation)'는 캐나다로 건너가 캐나다의 가톨릭교회의 싹이 되었던 선교사이자 신비가였던 사람이다. 그녀는 다음과 같이 말하고 있다.

제가 순수하게 사랑이라고 말하는 것, 그것은 갑자기 하느님께서

> 한 영혼에게 소유되어지도록 허락하시는 것을 말합니다. 여기서 하느님께서는 당신의 매력을 통해서 매우 '내밀한 통교'를 허락하십니다. 하느님을 소유한 이 영혼은 이러한 상황 아래서 오직 하느님만을 향유할 뿐입니다. [......] 영혼은 이 사랑의 심연 안에 완전히 잠겨버리기를 희망합니다. 그리고 마침내는 오직 사랑을 통해 자신을 하느님처럼 변모시키고 사랑하는 하느님만을 볼 수밖에 없을 정도로 이 사랑의 심연에서 자신을 완전히 잃어버리고자 합니다.[8]

하느님의 사랑 때문에 자신을 완전히 잊어버린 사람들, 그들의 삶이 관상이든 활동이든 순교자든 아니든, 하느님의 사랑을 위해서 자신의 전 생애를 헌신한 사람을 우리는 사랑의 순교자라고 부르는 것이다. 이들에게 있어서 세상으로부터 물러나 완전히 잊혀진 채로 은수자가 되든, 혹은 전 세계를 여행하면서 가난하고 버림받은 이들을 위해 헌신하든 결국 그 동기와 목적은 하나이다. 오직 사랑하는 삶을 지속하는 것, 자기 자신이 사랑하는 사람이 되는 것, 그리하여 자신이 존재하는 유일한 목적인 사랑을 실천하는 것이 전부인 사람들, 바로 이러한 이들이 사랑의 순교자인 것이다. 이러한 것이 예외 없이 모든 신비가들의 삶에서 발견되는 공통된 그들의 실존양식이다. 비록 그들이 지닌 재능이나 문화적인 양식이 다르고 그들이 행동방식이나 실천의 양태가 달라도 한결같이 모든 신비가들은 신의 사랑으로 살다가 신의 사랑을 간직한 채 저세상으로 간 사람들이다. 아마도 사랑이라는 말을 신비가들보다 더 순수하고 단순하게 이해하는 사람들은 없을 것이다. 그렇기 때문에 이러한 신비가들의 삶과 정신

8 Thierry Gosset, *Femmes mystiques - époque moderne*, Paris, La table ronde, 1996, p. 74.

을 보고 느낀다는 것은 복잡하고 이기적인 현대인의 정신에 온갖 종류의 이기주의를 정화하는 영혼의 신선한 항생제와도 같은 것이다.

2부

중세의 신비가들과 신적 현존

중세 신비가들의 특징:
신비적 체험과
신적 현존

중세기는 그리스도교의 영성이 싹트고 정립되어 가는 과정의 시기라고 볼 수 있다. 따라서 이 시기에는 여성 신비가들의 영성적 삶의 모습이 매우 약동적이고 빠르게 진보하는 것을 볼 수 있는데, 매우 다양한 방식으로 당시의 시대상과 밀착되어 있고 문화, 정치, 역사적으로 서구 역사에 다양한 영향을 미쳤고 또한 그 영향력은 매우 독특한 것이었다. 이에 비해 실제로 이들의 위치나 영향력에 대한 후대 사람들의 평가는 매우 미미하고 오랫동안 평가절하되어 왔던 것이 사실이다. 따라서 이들 중세 여성 신비가들의 이미지를 재발견하고 가려진 의미를 발견한다는 것은 매우 의미 있는 일이라 할 것이다. 여기서 우리는 빙겐의 힐데가르트에서 시에나의 가타리나까지 5명의 여성 신비가들을 소개할 것인데, 이 중에 특기할 만한 것은 교회에서 인정하는 정식적인 수도자가 아닌 사람들, 즉 베긴(béguin)[9] 및 평신도 여성들의 삶과 정신도 소개할 것이다. 베긴들은 정식으로 가톨릭교회의 인가를 받지 않은 순수 자발적인 수도단체였기에 당시는 이교도의 집단으로 간주되기도 하였다.[10] 가령 우리는 이러한 사람들 중에서 가장 먼저 정식 가톨릭교회의 수도회로 인가를 받은 단체로서 성 프란치스코와 그의 동료들이었을 것이라 추정해 볼 수 있다.

중세의 중기에는 성 베르나르(Bernard de Clairvaux)가 씨토회의 핵심인 '관상적인 삶'에 관한 기초를 정립하고 있었으며, 성 프란치스코가 수도원을 건립하여 성인[聖人]이라는 소문이 나고 있었고, 또 성 도미니크가 막 그의 첫 수도원을 건립한 뒤 '복음의 사람'이라고 칭해졌고, 또 어린 성 토마스가 몬테카시노의 성 베네딕도 대수도원

---

9 중세 중기에 '무브망 베기날(mouvement béguinal)'이 활발하였고, 여기 속하는 이들 중 잘 알려져 있는 사람들은 앙베르의 하데비히, 마흐귀에리트의 포레트 등이다. '무브망 베귀날'이란 종교적인 삶을 갈망하던 중세기의 여성들이 여러 가지 이유로 정식적으로 수도자가 되지 않고, 즉 허원을 하지 않고 '수도적 공동체'의 삶을 행하던 움직임을 말한다. 남자들의 회를 〈베가르회〉라 하고 여자들의 회를 「베긴회」라고 하는데, 불어의 '베긴(béguin)'은 '수건' 혹은 당시 수녀들이 쓰던 끈 달린 모자를 의미하며, 여성형 '베긴느(beguine)'는 이러한 공동체의 여성들 혹은 신앙이 독실한 여성을 의미하기도 한다. 사실 '베긴느(béguine)라는 용어의 기원에 대해서는 약간의 논란의 여지가 되고 있기도 하다. 일반적으로 이 용어는 13세기의 '베가르(bégard)'라는 용어에서 파생되었을 것이라 추정하고 있다. 불어의 '베가르(bégard/bégart)'는 12세기에, 정확히는 1236년경에 사유재산을 전혀 소유하지 않고 오직 탁발을 하면서 종교적인 삶을 영위하던 일종의 수도회의 한 무리들을 지칭하는 용어이다.

10 베긴느들이 일반적으로 이교도로서 간주되었는지, 아니면 특정한 부류들이 이교도로 간주되었는지는 불분명하나 그녀들을 이교도로서 간주하였던 일련의 분위기가 있었음은 분명한 것 같다. 티에리 고세트(Thierry Gosset)는 이에 관해 다음과 같이 말하고 있다. "이러한 움직임들 안에서 여성들의 태도는 [......] 이교도보호(para-hérétiques)라는 용어에서 '이교도'가 '베긴느'를 지칭하고 있다는 데에 매우 큰불만을 드러내었다." Thierry Gosset, '*Femmes Mystiques Époque médiévale*', Paris, La Table Ronde, 1995, p. 8.

에서 그러했던 것처럼 어린 시절부터 수도원에 의탁되어 교육과 종교적 삶을 익히고 있었던 '오블라'들이 많았다.[11] 그리고 부모나 친인척들의 반대로 수도원에 입회하지 못한 젊은 여성들이나 십자군 전쟁으로 인해 과부가 된 사람들이 모여 자발적으로 수도적 공동체를 형성하기도 하는 등 종교적인 분위기가 상당히 풍요롭고 활발한 시기였다.

'베긴'의 움직임에서 특징적인 것은 영적인 찬가들(Cantique des Cantiques-시편)을 많이 산출하였다는 것이다. 아마도 그 이유는 당시 영적 찬가에 대한 주석가로서 서구역사상 가장 큰 영향을 끼친 성 베르나르[12]의 영향 때문일 것이다. 그는 전통적인 가톨릭교회의 가치를 발굴하는 한편 고독과 엄격함이라는 씨토회 수도원의 본질적인 국면을 다시 되찾은 개혁가이기도 하다. 베르나르는 교황과 주교들, 그리고 수도자들과 성직자들, 나아가 왕과 기사들에 이르기까지 유럽의 모든 그리스도 신앙인들에게 그리스도인으로서의 순수성의 회복에 지대한 영향을 미쳤다. 그리고 당시에 유행하던 영적 찬가들에 대한 주석과 이를 통해 씨토회의 정신의적 핵심이 되는 '관상과 수덕적 사랑'에 관한 중요한 저술들을 남김으로써 가톨릭교회의 '마지막 교부'로 불려지는 성인이기도 하다. '베긴영성'의 핵심 주제인 "영적인 결혼" 혹은 "신비적 결혼(mystique nuptiale)" 등의 개념은 구약의 사랑,

11 어린 토마스가 오블라(oblat)로서 나폴리의 베네딕도회에 기거하게 된 해는 1230년이었다. 참조 : M. D. Chenu, *St. Thomas d'Aquin et la théologie*, Paris, Seuil, 1959, p. 6.

12 '성 베르나르(St. Bernard)'는 1090년 프랑스 디죵에서 태어나 후일 끌레르보 수도원의 장상이 된 프랑스의 성인이다.

특히 아가서의 나오는 신적 사랑의 개념과 아주 밀접한 것인데, 영적 찬가는 대다수 이러한 '신적 사랑(caritas)'에 기초하고 있다. 이러한 신적 사랑에 기초한 베긴들의 삶은 성 베르나르가 지향했던 '순수성의 회복'에 많은 영향을 받았으며, 자연히 초기 그리스도인들의 순수한 신앙의 삶을 고수하고자 하는 경향성이 강했다.

중세 중기 이후부터 가톨릭의 교회는 원래의 순수성을 상실하고 부패와 정신적인 추락의 징조를 보이고 있었는데, 그 중의 가장 심각했던 문제는 교회와 국가 정치세력의 교합으로 교회가 정치적인 권력과 막강한 경제력을 소유하였다는 점이다. 이러한 상황 속에서 고독과 영성적인 분위기를 통해서 하느님의 현존에 대한 갈망을 느꼈던 수도자들은 당시의 융성하던 대수도원의 삶보다는 '가난'과 '청빈' '고독'과 '관상'이라는 독자적인 길을 모색하게 되었다. '베긴느'들의 움직임은 바로 이러한 순수성의 회복이라는 움직임의 한 지류로 볼 수가 있을 것이다. 이러한 분위기 속에서 성 베르나르는 유럽 전역을 순례하면서 교회의 개혁에 힘을 쏟았고, 성 프란치스코가 '청빈'과 '순수성'을 모토로 프란치스코회를 건립하였고, 성 도미니크는 또 교육을 통한 신앙의 혁신을 꽤하면서 도미니크 수도회를 건립하게 된다. 후일 성 토마스가 다섯 살 때부터 10년 동안 그의 삶을 보낸 몬테카시노의 대 수도원을 떠나 새로이 탄생한 도미니크 수도회에 입회하게 된 것 역시 이러한 맥락에서 이해할 수 있다고 역사가들은 말하고 있다.

'베긴느'가 아닌 여성 신비가들 중 이름이 알려져 있는 위대한 신비가들은 모두 성녀들이다. 여기서 소개할 여성 신비가들은 빙겐의 힐데가르트, 아시시의 글라라, 시에나의 가타리나이다. '아시시의 성녀 글라라'나 '시에나의 성녀 가타리나' 등은 우리에게 익히 알려져 있는 여성 신비가들이다. 전자는 성 프란치스코의 영적인 자매로서 후일 글라라 수도원의 창립자가 된 성녀이며, 후자는 성인들의 역사에 드물게 볼 수 있는 오상의 성흔(스티그마)을 받은 성녀로 그리고 정치적·종교적으로 크게 활약한 사도적인 성녀로 잘 알려져 있다. 성인으로 불리는 이러한 여성 신비가들에게 있어서는 베긴느들의 영적 찬가보다 훨씬 심오하고 전문화된 신비주의의 형식으로 그들의 영성적인 면모가 드러나고 있는데, 그중 본질적으로 일치하고 있는 점은 '신적 사랑', '복음적 청빈', '정신의 순수성' 등이다. 이 중 가장 두드러지는 점은 '영적 찬가'의 핵심이 되는 신적인 사랑 혹은 신비적인 사랑이다. 성 베르나르의 『영적 찬가에 관하여』 서문에서는 다음과 같이 말하고 있다. "하느님이 나에게 당신의 입술로 입맞추시도다! 그런데, 누가 여기서 말을 하는가? 신부이다. 입맞춤을 원하는 이는 바로 사랑하는 이로다. 우리가 사랑이라고 부르는 이 영혼의 습성은 자연의 모든 선물보다도 더 고귀한 것이다. 특히 영혼이 그 자신의 원리인 하느님에게로 되돌아갈 때는 더욱…" 베르나르의 이러한 영적 찬가에 대한 주석은, 성 아우구스티누스가 그의 고백록에서 보여준 하느님과 영혼과의 관계에 근거하고 있다. 즉 하느님의 현존은 인간영혼의 가장 심오한 내부에 존재하는 것으로 이해하며, 따라서 영혼의 원리 혹은 본질 차체는 '하느님 현존의 장소' 혹은 '신성한 어떤 것'으로 생각하는 것이다. 관상수도회의 핵심이 되는 가장 근본적인 원리는 인간의 의식이 자기 자신의 내면인, 영혼의 깊이에로 집중하는 것이다. 현대 토미스트인 프랑스 철학자 '에매 포레스트(A. Forest)'는, 이러한 영혼의 자기 자신에로의 귀환은 그 자체가 영성적인 실존을 유발(혹은 출현)하는 것으로 이해하고 있으며, 이러한 내적인 삶이 보다 풍요로워질수록 인간의 영성적인 지평 혹은 차원은 그만큼 확장되는 것으로 보고 있다. 이러한 내면성에 기초한 중세 여성 신비가들의 영성은 신적 현존과의 신비적인 결합(la mystique nuptiale)을 통해 본질의 신비주의(la mystique de l'essence)로 나아가는 것이 일반적이다. 그리고 이 과정에서 '초월'은 가장 두드러진 특징 중의 하나이다. 특히 고독 안에서의 초월이란 행동에 대한 포기가 아니라, 하느님으로의 도약을 의미하며, 영혼의 심오한 안식처로의 도약이다. 이러한 영혼의 '자기 자신으로의 귀환[歸還]'의 개념은 자주 '하느님 안에 무가 되어 버리기', '무한한 신성의 대양 속에 자신을 상실하기' 등의 개념으로 나타나고 있는데, 하데비히의 영적인 시집의 일곱 번째 시에서 "나에게 무엇이 도달하였는가? / 나는 더 이상 나에게 있지 않다. / 하느님은 나의 정신으로부터 실체를 삼켜버렸다."라고 노래하고 있으며, 시에나의 가타리나는 "이 표현할 수 없는 사랑인 나의 본성은 도대체 무엇인가? / 이는 불이다. 왜냐하면 너는 사랑의 불꽃 외 다른 것이 아니기 때문이다"라고 적고 있다. '하느님 안에서 무가 되어 버린다'는 이러한 사유는 이후 모든 크리스천 영성의 한 '범형[範形]'이 되고 있다. 아마도 근대의 신비가인 '아빌라의 데레사 성녀'가 쓴 『영혼의 성』은 이러한 범형이 가장 완성된 형태로 나타는 것이라 할 수 있을 것이다.

어쩌면 중세의 신비가들은 신성한 신의 현존이 이 세상에 현존하고 있다는 것을 통찰하고 체험한 가장 최초의 사람들이며, 그것도 신의 현존은 인간영혼의 심오한 곳에서 가장 밀도 있고 탁월한 방식으로 존재한다는 것을 깨달은 사람들이라고 할 수 있다. 기계 기술문명의 과도함 속에서 영적인 영양실조를 체험하고 있는 21세기의 현대인에게 있어서 인간의 실존을 변모케 할 신비주의와 영성에 관한 관심이 그 어느 때보다 절실하다고 한다면 이러한 신비주의와 영성의 기원이라고 할 수 있는 중세기의 신비가들에 대한 탐구는 참으로 의미 있는 것이며, 또한 오늘날의 현대인의 입장에서 새롭게 고찰해 본다는 것도 매우 의미 있는 일이다.

1징

빙겐의 힐데가르트 (Hildegard von Bingen)

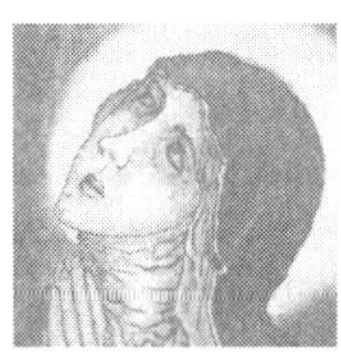

1장

빙겐의 힐데가르트(Hildegard von Bingen)

1. 생애와 업적들[13]

1098년 라인 강변 헤세(Hesse) 지방의 알제이(Alzey)에서 태어난 힐데가르트는 베네딕트 수녀로서, 의사로서, 작곡가로서, 수녀 원장으로서, 신의 뜻을 교회에 전달하는 예언자로서, 그리고 신의 정의를 저버린 당시의 교회에 근본적인 개혁을 주장했던 그 어떤 위인이나 영웅들 못지않은 파란만장한 일생을 살다간 성녀이다. 1179년 81세의 나이라는 당시로서는 매우 장수를 누린 그녀는 시를 쓰고, 찬미가를 작곡하고, 약초들을 연구하여 사람들을 치료하고 그리고 당시 남자 수도원의 부속 수녀원처럼 여겨진 여자 수녀원을 독립시켰으며,

13 힐데가르트의 생애에 관련된 구체적인 일화나 날짜 등의 정보들은 다음의 책들을 참고하였음. Bernard Gorceix, *Hildegard de Bingen - Le Livre des oeuvres divines*, Paris, Albin Michel, 1982. Hildegarde de Bingen, *Les causes et les remèdes*, trad., Pierre Monat, 2005. Régine Pernoud, *Hildegarde de Bingen*, Editions du Rocher, Paris, 1995.

새로운 수도원들을 건립하였고, 신의 영광과 저편 세계의 모습, 그리고 우주의 모습을 환시로 보았던 신비가로서 희귀하고 놀라운 영혼의 모습을 보여주고 있다. 그녀가 남긴 저서들은 『병의 원인과 치유, *Causae et Curae*』, 라틴어와 독일어로 된 300편이 넘는 「서신들」, 그리고 77여 편의 찬미가 악보들 그리고 환시와 계시들이 담긴 3부작의 신학저서 『주님에로 향한 길들, *La Civias*』, 『덕의 삶, *Liber vitae meritorum*』, 『신성한 업적에 관한 책, *De operatione Dei*』 등이다. 특히 신학적 내용을 담고 있는 이 마지막 저술은 후일 "단테의 『신곡』과 니콜라스 쿠자누스의 세계관에 큰 영감을 준"[14] 것으로 매우 중요한 저술이다. 이러한 그녀의 놀라운 업적들의 근원이 되었으며, 그녀로 하여금 종교적인 것과 신비적인 것에 애착하게 만든 것은 어린 시절부터 보아온 환시와 계시였다. 이 환시들은 그녀로 하여금 신의 섭리에 집착하게 하였고, 또한 그녀로 하여금 자신만의 비밀을 오랫동안 간직하게 하면서 아무도 알 수 없는 자신만의 내밀하고 은밀한 삶을 간직하게 하였다. 이러한 그녀의 내밀한 삶은 그녀가 세상 사람들로부터 오해 받고 고독하게 자신의 삶을 이끌어 가도록 한 것이기도 하지만 그녀의 놀라운 업적들의 근원이 되기도 하였다.

그런데 '환시'란 무엇이고, 힐데가르트가 가졌던 환시는 어떤 것들이었을까? 우리는 여기서 그녀의 환시에 대해 말하기 이전에 우선 그녀가 살았던 당시의 시대적 상황에 대해서 간략하게나마 언급하는 것이 도움이 될 것이다. 왜냐하면 신의 섭리란 인류의 보편적인 역

14 Bernard Gorceix, *Hildegard de Bingen*, présentation, p. lviii.

사에 개입하시는 신의 구체적인 뜻을 함의하고 있기 때문이다. 힐데가르트가 탄생할 무렵 유럽에는 첫 번째 십자군의 전사들이 시리아에 머물고 있었으며, 그녀가 탄생한 이듬해인 1099년 7월 15일은 십자군들이 예루살렘을 탈환한 역사적인 날이 되었다. 하지만 잘 알다시피, 한 번의 승리 이후 십자군은 연이어 이슬람의 군대들에게 패하고, 9차례의 원정에서 십자군이 승리한 것은 겨우 두 번뿐이었다. 결국 십자군의 전쟁과 더불어 중세의 그리스도교는 급속하게 몰락해 갔다. 이러한 사실은 십자군 전쟁이 애초부터 성전[聖戰]이었기보다는, 아니면 시작은 성전이었으나 급속하게 타락한 정치적이고 세속적인 인간의 오류였음을 말해 주는 것이라 할 것이다. 무려 200년간에 걸쳐 전 유럽을 황폐하게 만든 두 거대민족 사이의 전쟁은 인간이 상상할 수 없는 끔찍한 비극이었을 것이며, 인간이 상상할 수 있는 온갖 종류의 죄악이 이 전쟁 동안에 저질러졌으리라는 것은 쉽게 생각해 볼 수 있다. 아마도 카인이 아벨을 죽인 사건이나, 소돔의 타락이나, 바벨탑을 쌓은 사건들은 십자군의 전쟁에 비하면 아주 작은 죄악에 불과하였을지도 모를 일이다.

인간들이 끔찍한 전쟁을 계획하고 있을 때, 하느님은 은밀하게 한 영혼에게 다가갔으니 그녀가 바로 힐데가르트였다. 게르만 계통의 한 귀족 가문에서 태어난 힐데가르트는 그 이유를 정확히 알 수 없지만 8살의 어린 나이에 자신의 고향인 알제이를 떠나 헤세 헤나네(Hesse rhénane) 지방의 아름다운 계곡이 있는 나헤(Nahe)로 갔다. 그곳에는 7세기의 아일랜드 수도승이자 선교사였던 성 디시보(St. Disibod)가 건립한 매우 잘 알려진 디시보덴베르그(Disibodenberg)

의 베네딕도 수녀원이 있었는데 그녀는 그곳에서 교육을 받았다. 그리고 14살 때에 이미 수련원생으로 입회를 하였고 얼마 지나지 않아 그곳의 정식 수녀가 되었으며, 1136년 38세 되던 해에는 그곳의 수녀 원장이 되었다. 그녀가 그곳 수녀 원장이 될 때 그곳의 모든 수녀들이 만장일치로 환영하였는데, 그럴 만한 이유가 없는 것도 아니었다. 그녀는 누구보다도 총명하였고, 생각이 깊고 현명하였으며, 수녀들의 기도를 위해 수많은 시를 썼으며, 또한 무려 77곡이나 되는 찬미가를 작곡하여 손수 연주해 주기도 하였다. 이 곡들 중에는 '중세 음악의 앙상블'을 통해서 오늘날 여전히 연주되고 음반으로 제작되고 있다. 그녀는 자연을 관찰하는 탁월한 능력이 있어서 순전히 경험을 통하여 많은 약초들에 대한 지식을 얻었으며, 아픈 수녀들을 치료해 주었다. 그녀의 약초에 대한 지식들은 책으로 출간되어있으며, 오늘날 '피토테라피(Phytotherapie, 약용식물요법)'라는 전문 용어로 학술대회나 세미나를 열고 있다. 그녀는 자신들의 수도원을 건립한 '성 디시보'의 전기를 저술하였으니, 가히 팔방미인이라고 해도 과언이 아니었다. 수녀원의 그 누구도 그녀의 도움을 받지 않은 사람이 없었고, 그 누구도 그녀가 자신들에게 보내준 하느님의 은총임을 믿어 의심하지 않았다.

수녀 원장이 된 이후 그녀가 가장 먼저 시도한 일은 당시 남자 수도원의 부속수도원처럼 존재하였고 모든 것이 남자 수도원의 명령에 의해 움직이든 수녀원을 독립시키는 일이었다.[15] 당시 여자 수녀원

15 힐데가르트가 여자 수녀원을 남자 수녀원으로부터 독립시킨 해는 1150년이라고 기록하

은 너무나도 세속적인 것들에 의해 개방되어 있었고, 수도생활에 필요한 고요와 침묵, 그리고 묵상 등이 절대적으로 필요하였으며, 이를 위해서는 수녀원의 독립이 절대적으로 필요하였기 때문이었다. 그리고 디시보덴베르크의 수녀원을 정화한 뒤 너무나 많은 수녀들이 제대로 수도생활을 하기 어렵다고 판단을 하고 새로운 수녀원을 건립하게 되는데, 1147년에 루페르트스베르그(Rupertsberg)에 수녀원을 건립하였고, 1165년에는 에이빙겐(Eibingen)의 수녀원 건립하였다.[16]

이렇게 그녀가 수녀원의 정화를 갈망한 것은 평생 동안 자신이 보아온 '환시(vision)'와 무관하지 않다. 그녀가 수녀원에 입회한 이후로도 약 30년 동안 혼자만 간직한 비밀이 있었는데, 그것은 곧 그녀가 끊임없이 보고 들은 환시와 계시들이었다. 이렇게 혼자만의 비밀로 간직해 온 것을 세상에 알리게 된 동기는 물론 이를 명하는 신의 음성을 들었기 때문이었다. 그녀는 수녀 원장이 된 지 정확히 5년 후이며, 자신의 43세 되든 해인 1141년에 "네가 본 것과 네가 들은 것을 쓰라!"는 하느님의 목소리를 들었던 것이다. 그런데 그녀는 놀랍게도 자신이 하느님의 은총을 받기 시작한 것은 3살 때부터라고 고백을 하였으며, 환시들과 계시들을 보고 들은 것도 아주 어린 시절부터였음을 고백하였다. 그리고 이러한 환시들은 자신이 수도생활을 하는 내내 함께 하였고, 때로는 환시를 본 후에 정신을 잃고 쓰러지기도 하였다고 하였다. 그럼에도 불구하고 30여 년 동안 아무도 자신

고 있다. 참고: *Hildegard de Bingen - Le Livre des oeuvres divines*, op. cit., 서문(xvii).

16 힐데가르트의 수녀원 걸립에 관련된 정보는 다음을 참고 바람: *Hildegard de Bingen - Le Livre des oeuvres divines*, op. cit, 서문(xviii).

의 비밀을 알아채지 못하게 혼자 간직하고만 있었으니, 이는 그녀에게 고뇌의 원인이자 동시에 남모르는 행복의 근원이기도 하였다. 그리고 하느님의 허락이 있었던 만큼 그녀는 이러한 하느님으로부터의 환시를 진정한 계시임을 교회로부터 인정받고자 하였다. 힐데가르트는 당시 새롭게 십자군 원정을 준비하고 있던 교황 측근이었던 클레르보의 베르나르(Bernard de Clairvaux)에게 이러한 자신의 뜻을 전하는 편지를 전하였다. 하지만 전쟁의 와중에 경황이 없던 베르나르는 이러한 편지에 신경을 쓸 틈이 없었고, 후일을 기약하였다. 그녀는 이를 위해서 다시 6년이라는 세월을 기다려야 했다. 교회가 정식으로 그녀의 신비적인 체험들을 식별하기 위해서 공식적인 조사에 착수한 것은 1148년 1월 13일 교황 에우젠(Eugène) 3세에 의해서 인데, 당시 교황은 독일의 트레베스(Trèves)에서 큰 종교회의를 집전하고 있었고, 회의를 위해 모인 유럽 각지의 주교들과 추기경들, 그리고 신학자들에게 힐데가르트의 환시들이 하느님으로부터 온 진정한 '계시'인지를 조사하게 한 것이다.

여기서 우리는 힐데가르트가 본 환시가 어떠한 성격의 것이었는지 이해할 필요가 있다. 임종 직전에 그녀가 유언처럼 남긴 말 중에는 자신의 환시에 대해 고백하고 있는 대목이 있는데, 그녀는 다음과 같이 말하고 있다.

> 나의 어린 시절부터 70세가 넘는 지금까지 나는 항상 내 영혼 안에 이 빛을 보고 있습니다. 그리고 나는 이 빛을 눈을 통해서도, 육체를 통해서도, 마음의 사유를 통해서도 그리고 어떠한 오감의 작용을 통해서 보는 것도 아닙니다. 그럼에도 불구하고 (내가 이 빛

을 감지할 때) 나의 눈은 열려 있으며, 다른 육체적인 감각도 활동하고 있습니다. 내가 보는 이 빛은 물리적인 빛이 아니며, 태양 빛보다도 무한히 더 빛나며, 나는 이 빛을 높이나 길이나 넓이로 고려할 수가 없습니다. 이 빛은 나에게 살아있는 빛의 그림자라고 말하였습니다. 그리고 마치 태양이나 달이나 별들이 물속에서 반영되듯이 사람들의 글과 담화와 저작들이 이 빛 안에서 나에게 나타났습니다.[17]

그리고 그녀는 이 빛 속에서 환시를 보곤 하였는데 그 때의 심정을 다음과 같이 말하고 있다.

나는 하나의 환시를 보았는데, 그 신비가 매우 깊었고, 이는 나의 몸 전체가 떨리게 될 정도로 나를 뒤흔들어 놓았습니다. [......] 이 빛 안에서 자주는 아니지만 가끔 나는 사람들이 나에게 생명의 빛이라고 부르는 다른 빛을 보곤 하였습니다. 나는 언제 어떻게 이 생명의 빛을 명상(관상, contempler)하였는지 말할 수가 없습니다. 하지만 내가 이 생명의 빛을 관상하는 한, 모든 슬픔과 모든 불안이 사라졌습니다. 이때 나는 전혀 한 늙은 여인처럼 느끼지 않았고, 마치 매우 순진한 소녀가 된 것처럼 느껴졌습니다.[18]

사실 그녀가 영혼 속에서 본 이 빛과 이 빛을 통해서 나타난 환시들이 어떠한 형식인지를 상상한다는 것은 불가능하다. 힐데가르트의 일생을 보여주는 영화에서는 이러한 환시가 어떤 경우에는 마치 초자연적인 현상처럼 어떤 경우에는 꿈을 꾸는 것처럼 묘사되고 있지만, 그 어떤 것도 인간의 감각으로 인지할 수 있는 것이라는 차원에서 힐데가

17 Bernard Gorceix, *Hildegard de Bingen*, présentation, p. xl.

18 Bernard Gorceix, *Hildegard de Bingen*, présentation, p. xli.

르트가 통찰한 그러한 방식이 아님은 분명하다. 어쨌든 이러한 그녀의 환시는 이후 그녀가 3부작으로 저술한 신학적 저술들의 가장 직접적인 근원이 되었다. 즉 그녀는 자신이 영혼의 빛을 통해서 본 그 환시를 그대로 인간의 언어로 옮겨 놓은 것이었다. 대영국의 박물관에 소장된 그녀의 원저들은 세권을 합한 높이가 50cm에 이르고 그 무게도 50kg에 이르는 방대한 저작이며 그 내용들은 토마스 아퀴나스가 신학대전에서 기술한 대부분의 주제들이 하나의 시적인 묘사를 통해서 기술되어 있다. 천국의 모습과 영혼들, 그리고 천사들, 나아가 창조의 다양한 비밀들, 성서 상의 다양한 비유들의 의미와 종말에 관한 성서적 진리에 대한 주석, 인간이 지니고 있는 특수함들, 저편 세계와 지상 세계의 관계, 우주의 모습이나 태양계의 모습, 그리고 지상의 다양한 생물들과 이들의 미묘한 관계들 계절의 변화와 인체의 변화, 나아가 오늘날 현대과학이 관심을 가지고 있는 모든 물질들 안에 있는 신비한 에너지 등 거의 모든 학문적인 지평이 하나의 시적인 묘사를 통해서 나타나 있다.

이러한 놀라운 묘사들이 모두 그녀가 환시라는 형식으로 본 것들을 그대로 언어로 옮겨 놓은 것이다. 신학자들은 이러한 힐데가르트의 환시의 내용을 면밀하게 검토하였다. 그리고 그 결과 교황은 다음과 같은 결론을 내렸다.

> 이러한 초자연적인 선물을 가진 사람이 자신의 재능을 결코 찬양하지 않고 결코 자랑하지 않으려 한다는 것, 그리고 특히 교회의 권위에 완전히 순종하고자 하는 것, 이것이 바로 모든 사랑의 근원인 성령에 대한 진정한 체험의 징표다. 성령에 의해서 주어진 각각의 선물들은 사실상 목자들을 통해서 교회를 훈육하기 위한 것이라는 것

을, 그 진실함을 인정하노라고 교황께서 결론을 내렸다.[19]

힐데가르트의 환시가 하느님으로부터 온 진정한 계시임을 인정하는 것은 이를 계기로 가톨릭교회 안에서 여성들의 사도적 참여의 기회를 확대하는 결정적인 계기가 된다. 왜냐하면 이 결론에 교황은 다음과 같은 결론을 추가하였기 때문이다.

> 따라서 성령께서 교회의 중심에서 거룩하고 용감한 여인들로 하여금 하느님으로부터 받은 선물들을 실현하고 우리들의 공동체와 오늘날의 교회에 영적인 성장을 위해서 개별적으로 헌신할 수 있도록 성령을 청합시다.[20]

이후 힐데가르트의 놀라운 체험을 통해 저술된 신학적 저서들은 마치 당시 시대의 정신을 대표하는 것처럼 여겨졌는데, 힐데가르트의 전기를 쓴 레지네 뻬르누드(Régine Pernoud)는 그녀를 "12세기와 분리될 수 없는 의식(la conscience inspirée du XIIe siècle)"[21]이라고 불렀으며, 그녀의 업적들에 대해서 찬미하고 있다. 그중 우주를 유기체로서 하나로 바라보는 그녀의 환시내용에 대해 다음과 같이 기술해 주고 있다.

> 레오나르도 다빈치보다 3세기나 앞서 빙겐의 힐데가르트는 그녀의 환시를 데생하였다. 우주의 한 중심에서 여섯 개의 팔을 가진 남자의 모습이었다. 그녀는 이 그림을 설명하면서 신의 모든 피조물들

19 출처, VIS 20100901 490.

20 출처, VIS 20100908 500.

21 Régine Pernoud, *Hildegarde de Bingen*, p. 60.

은 우주의 통합적인 한 부분을 차지하고 있으며, 모든 죄는 신에게뿐 아니라, 전 우주에게도 동시에 죄를 짓는 것이라고 설명하였다.[22]

그리고 그녀의 음악적 재능과 의학적 재능 역시도 이러한 신비적인 환시로부터의 직접적인 반영, 즉 사랑의 실천적 결과물이라고 생각하고 있다. 레지네는 힐데가르트의 놀라운 음악적 감각에 대해서 다음과 같이 기술하고 있다.

> 그레고리안 성가의 악보 안에서 '법열(extase)'의 한가운데서 고요함을 유지하는 명상적인 음악은 이를 노래하는 사람으로 하여금 놀랍거나 우연적이거나 간에 새로운 음악의 효과들보다는 훨씬 더 내적인 삶의 진보에로 데려간다.[23]

힐데가르트의 음악을 CD음반으로 발간한 한 음반회사는 이 음반을 소개하는 글에서 다음과 같이 소개하고 있다.

> 힐데가르트에게 있어서 음악이란 인간이 낙원에서 추락하기 전에 가졌던 신성한 학문의 무의식적 차용이었다. 그녀는 아직도 정신적인 실재들과 연결해 주고, 낙원에서의 유배로부터 낙담에 빠져 있는 현대인에게 다시 원 고향으로 되돌아가고자 하는 용기를 주는 유일한 한 사람이었다.

힐데가르트의 음악에 대한 이러한 평은 다소 과장된 면이 있기는 하지만, 그럼에도 불구하고 우리가 부정할 수 없는 점은 그녀의 음악

22 Régine Pernoud, *Hildegarde de Bingen*, p. 87.

23 Régine Pernoud, *Hildegarde de Bingen*, p. 121.

이 그녀의 환시로부터의 직접적인 창작이었다는 점을 감안할 때, 분명 그녀의 음악에는 무언가 신성한 분위기와 천상적인 향기가 스며 있을 것이라는 점이다. 힐데가르트의 모든 저작과 창작물이 오직 자신이 환시 중에 본 것의 직접적인 묘사라는 것은 그녀 스스로가 증언하고 있는데 그녀는『신성한 업적들에 관한 책』서문에서 "내가 쓴 모든 것은 나의 환시 안에서 내가 들은 것 외에 어떤 것도 추가하지 않았으며, 나는 오직 내가 환시 안에서 보고 들은 것을 서투른 라틴어로 계시하는 것뿐"[24]이라고 기술하고 있다.

이러한 그녀의 놀라운 업적과 성성의 결실에도 불구하고 힐데가르트는 8백 년 동안이나 성인으로 인정받지 못하고 다만 사랑의 '순교자'처럼 여겨졌다. 그리고 그녀가 성녀로 인정받게 된 것은 2012년 5월 10일 교황 베네딕도 16세에 의해서인데, 베네딕도 16세 교황은 시성과 더불어 힐데가르트를 시에나의 가타리나 성녀, 아빌라의 데레사 성녀, 그리고 리지외의 데레사 성녀와 함께 4번째의 여성 교회 박사로 인정하였다.

2. 정신과 철학적 사상

1) 환시가: 역동적인 신, 생동하는 세계

힐데가르트는 환시가(visionaire, 幻視家)로 알려져 있다. '환시가'

24 Bernard Gorceix, *Hildegarde de Bingen*, présentation, p. xxxii.

란 '환시(visio)'를 본 사람을 말하는데, 그렇다면 '환시'란 무엇을 말하는가? 신비가들이 본 환시는 인간이 알 수 없는 세계와 인간 그리고 신에 대한 그 어떤 진리를 신이 직접 계시를 통해서 밝혀준 것을 말하는데, 일종의 '환영' 혹은 '이미지'의 형식을 통해서 보여준 것을 말한다. 힐데가르트가 어린 시절부터 줄 곧 보아온 '환시'를 체계적이고 상세하게 기술한 책은 『신성한 업적에 관한 책, *De operatione Dei*』이다. 여기서 힐데가르트는 크게 10부작으로 나누어 환시를 차례대로 기술하고 있는데, 이러한 환시는 가장 흔하게는 '빛나는 이미지'의 모습으로 나타나며, 경우에 따라서는 창공에서부터 신의 음성이 직접 들려오는 방식으로 나타나며 또 어떤 때에는 자신의 영적인 눈에 신비적인 빛으로서 나타나기도 하였다. 여기서 우리는 하나의 질문을 던져 볼 수 있을 것이다. 즉, 힐데가르트가 본 환시들이 진정 신적 현존으로부터 온 것이라고 하더라도 본질적으로 '초-자연적인 이미지'의 형식으로 나타난 환시가 인간의 언어로 묘사 될 때 얼마나 그 '원래의 모습'을 잘 반영할 수 있는가 하는 점이다. 다시 말해서 과연 인간의 언어가 신적 존재로부터 직접 전달된 '초-자연적인 실재'를 얼마나 순수하게 재현할 수 있을 것인가 하는 질문이다. 이에 대해서 우리는 신비가들이 체험한 신성하고도 초-자연적인 실재들은 근본적으로 인간의 감성이나 지성을 넘어서는 것임을 인정하지 않을 수 없다. 그렇기 때문에 힐데가르트 역시 당시에 자신이 지니고 있었던 신학적 철학적 앎들과 자신의 오감을 최대한 발휘하여 우리에게 자신이 본 것을 전달해 주고 있을 뿐이라고 말해야 할 것이다. 사실 힐데가르트 스스로 이를 분명히 밝히고 있다.

> 사랑의 풍요는 매우 숭고한 광채의 번득임을 비춘다. 이 광채는 우리들의 감각에서는 이해 불가능한 방식으로 매우 강렬한 것이며 가장 다양한 주제들에 대한 영혼 속의 앎에 있어서 습관화된 모든 인간의 이해력의 넘어서는 것이다. 우리는 여기서 이를 하나의 상징을 통해서 제시하고자 할 것인데, 이 상징은 우리들의 감각적인 눈이 실제로는 볼 수 없는 것을 믿음 안에서 알 수 있도록 도울 것이다.[25]

힐데가르트가 본 환시들은 '인간 지성의 습관적인 이해력'을 넘어서는 것이며, 그렇기 때문에 있는 그대로를 기술할 수가 없으며 '상징'을 사용할 수밖에 없다는 것은 두 가지 의미를 말해 주고 있다. 힐데가르트의 기술을 있는 액면 그대로 진리로 받아들일 수는 없다는 것이며, 다른 하나는 사람들은 힐데가르트가 묘사한 그 환시들을 토대로 충분히 보다 나은 이미지를 상상할 수 있고, 유추하거나 해석하면서 보다 완전한 진리에로 접근해 갈 수 있다는 점이다. 사실 힐데가르트 역시 자신이 본 것을 제시하기 위해서 당시까지 자신이 심취해 있었던 과거의 사상이나 용어들을 사용하고 있음은 두말할 필요가 없을 것이다. 레지네 뻬르누드(Régine Pernoud)는 힐데가르트의 전기에서 그녀를 "7세기에서 영감을 얻은 정신"[26]이라고 불렀는데, 그 구체적인 예를 인간이 우주의 중심처럼 묘사하고 있는 부분을 들고 있다.

---

25 Hildegarde de Bingen, *Livre des oeuvre divines*, trad. par Bernard Gorceix, Paris, Albin Nichel, 1982, p. 7.

26 Régine Pernoud, *Hildegarde de Bingen*, p. 2.

지구의 원에 사지를 펼치고 있는 인간의 이미지는 힐데가르트의 작품 안에서 제시되었다. [......] 인간이 우주의 중심처럼 고려하고 있는 이러한 이미지는 이미 7세기부터 친숙한 개념이며, 힐데가르트는 이 이미지를 통해서 우주의 모습을 우리에게 계시해 주고 있다.[27]

사실 7세기의 정신이 구체적으로 어떠한 것인가를 질문한다는 것은 애매한 측면이 있다. 왜냐하면 7세기의 정신이라는 것이 단지 7세기 동안에 활동한 신학자나 철학자들의 사상을 의미하는 것은 아닐 것이기 때문이다. 사실 우리가 익히 알고 있는 신학자나 철학자 중 7세기에 활동한 사람은 매우 드물다. 「사상 연표」를 보면 7세기에 활동한 학자로서는 『사물의 본성에 대하여』를 쓴 이시도리우스(Isidorius)와 『영혼론(De Anima)』을 쓴 '꼰페소르(M. Confessor)' 등인데, 이들 역시도 우리들에게 친숙한 이름이 아니다. 따라서 여기서 7세기의 정신이라고 한다면 7세기에 일반적으로 정신적인 지주였던 사상들을 의미할 것이며, 이는 '아우구스티누스'에서부터 6세기에 『존재의 위계』를 쓴 '위 디오니시우스'까지를 포함하는 중세 초기의 일반적인 정신(교부철학의 정신)이라고 보는 것이 타당할 것이다.

환시를 기록한 힐데가르트의 저작 '*De operatione dei*'의 한글 번역으로는 '신의 작용'이라는 의미가 될 것인데, 불어권에서는 가장 일반으로 『신성한 업적에 관한 책(*Livre des oeuvre divines*)』이라 번역되고 있다. 이 책에서 강조되는 것은 '*operatio*'이다. 라틴어의 '*operatio*'는 사

27 Régine Pernoud, *Hildegarde de Bingen*, p. 87.

실 작용이라는 의미도 있지만 '업적', '실행', '에너지' 등의 의미를 가지고 있다. 힐데가르트의 환시에서 가장 본질적인 것이 바로 이 신의 '작용' 혹은 '행위'로서의 의미이다. 그녀가 본 신적 현존에 대한 환시(visio)는 신의 현존은 세계의 중심 혹은 인간의 중심에서 매우 능동적인 힘(force)과 능력(puissance)으로서 나타나고 있다. 그리고 이러한 신적 현존은 '생명(vita)', '업적(opus)', '에너지(vis)', '활력(viriditas)' 등의 개념을 통해 나타나고 있다. 뿐만 아니라 그녀는 이러한 신적 현존을 가급적 보다 실제적으로 묘사하기 위해서 언어적 개념을 통해서 만족하지 않고 자주 시각적인 이미지를 사용하고 있다. 그리고 이 책의 전체를 통해서 그녀는 신적 현존을 묘사하기 위해서 '신성한 생명력(vis divinae)'이라는 표현을 사용하고 있다. 힐데가르트가 단적으로 생명이라고 할 때 이 생명은 항상 '신성한 생명' 혹은 '신의 존재' 그 자체를 의미하고 있다.

> 나는 불타는 생명력, 최상의 생명력이다. 각각의 생명의 불시에 불을 지피는 것은 나다. 나에게서는 그 어떤 것도 죽음의 것이 분출되지 않는다. [......] 나를 통해서 모든 생명이 불타오르고, 시작도 마침도 없이 나는 이 동일하고 지속적이며 영원한 이 생명이다. 이 생명이 곧 신이다.[28]

이러한 생명은 때로는 에너지(énergie)라는 용어로서도 사용하고 있는데, 그녀는 "하느님은 인간을 강하게 하시기 위해서 총체적인 창조의 에너지를 부여하는 것이다. 이 에너지들은 인간에게 일종의 방어막

28 Hildegarde de Bingen, *Livre des oeuvre divines*, p. 6.

의 형식으로 도와주며…"[29]라고 말하는가 하면, 천사들에 대해 말할 때에는 "불의 천사들은 가장 생동하는 에너지를 숨기고 있다. 그 어떤 것도 이들을 뒤흔들지 못한다."[30]라고 말하기도 한다. 생명과 에너지의 개념은 힐데가르트의 10부작의 환시에 거의 지속적으로 등장하고 있는 용어인데, 이러한 사실은 힐데가르트가 환시를 통해서 본 세계와 신의 이미지는 매우 역동적이고, 생동하는 세계임을 의미한다. 그리고 이러한 '신성한 에너지'[31]는 존재하는 모든 것을 관통하고 있는 것처럼 고려하는데, 그녀는 신으로부터 인간에게 부여된 이러한 에너지를 통하여 인간이 "시각을 통해서 피조물들을 알아보고, 청각을 통해서 이들을 통찰하며, 냄새를 통해서 이들을 구별하며, 촉각을 통해서 이들을 다스리며, 맛을 통해서 이들을 양식으로 삼을 수 있게"[32]한다고 말하고 있다. 즉 힐데가르트의 환시에 나타난 세계는 하나의 신적인 에너지가 존재하는 모든 것의 근원이자 힘이 되고 있다. 이러한 관점은 '유기적인 통일체'로서의 세계의 이미지를 매우 강하게 부각시키고 있다. 아마도 이러한 '신적 에너지의 개념'은 후일 스콜라철학에서 주장하고 있는 존

29 Hildegarde de Bingen, *Livre des oeuvre divines*, p. 115.

30 Hildegarde de Bingen, *Livre des oeuvre divines*, p. 145.

31 전 우주를 관통하며 모든 생명체들의 근원적인 생명력이 되는 이러한 신성한 '에너지'의 개념은 떼이야르 드 샤르뎅의 사상에도 동일하게 나타나고 있는 개념이다. "떼이야르는 1931년부터 10년간 사랑을 진화의 에너지로 보는 과학적 현상론의 수립에 몰두하였다. 그는 사랑이야말로 가장 강하고 보편적이며 아울러 가장 신비로운 우주의 에너지라고 말하고 있다. 사랑이라는 우주적 에너지는 본질상 우주 진화의 극점인 오메가가 우주의 각 요소를 끌어당기는 힘이다. 그것은 원초적이고 보편적인 심적 에너지다." 로버트 패리시, 『떼이야르 드 샤르뎅의 신학』, 이홍근 옮김, 분도출판사, 2001, 189쪽.

32 Hildegarde de Bingen, *Livre des oeuvre divines*, p. 115.

재의 개념 즉, 존재하는 모든 것의 근원이자 지반으로서의 신의 존재인 존재자체(*Ipsum Esse*)와 동일한 역할을 하는 것이라고 볼 수 있다.

생명이 끊임없이 변화하고 있다는 이러한 사유는 프랑스의 생철학자인 '베르그송'의 사유와도 일맥상통하는데, 베르그송은 질료를 초월하는 생명을 '선물'이라고 말하고 있다.

> 모든 인간의 형상 안에서 지성은 질료를 자극하는 영혼의 노력을 통찰한다. 이 영혼은 무한히 부드럽고 영원히 움직이며 무게로부터 벗어난 그러한 영혼이다. 왜냐하면 영혼을 산출하는 것은 땅이 아니기 때문이다. 이러한 영혼의 가벼움으로부터 영혼은 질료에 생명을 불어넣는 그 어떤 것을 전달한다. 질료 안에서 질료를 초월하는 이러한 비-질료성, 이는 사람들이 '선물'이라고 부르는 어떤 것이다.[33]

사실 과학적인 철학자로서의 베르그송에게 있어서 생명은 분명 질료를 초월하는 것이기에 질료가 생명의 기원일 수 없다. 그렇기 때문에 그는 이를 '선물'이라고 말하고 있다. 하지만 힐데가르트가 본 환시는 모든 생명은 '생명의 샘' 그 자체인 신으로부터 온다. 그리고 이러한 생명은 끊임없이 진보를 거듭하고 있다. 힐데가르트는 이를 '생명의 진보'라고 말하고 있다.

> 진실로 나는 생명의 샘이다. 나에게는 하나의 음영(그림자, ombre)이 있으며, 모든 피조물을 내포하고 있다. 그리고 이 음영이 불과 물을 통하여 인간을 창조하는 데 모델로서 사용되었다. 내가 불이요 물이며, 생명인 이 물이 곧 나이다. 인간은 그의 영혼 안에 그의 의지에

33 Bergson, *Le rire*, Paris, PUF, 1900, p. 22.

따라서 모든 것을 질서지우는 능력을 지니고 있다. 모든 생명체는 하나의 음영을 가지고 있으며, 살아있는 것은 무엇이나 자신에게서 이 음영을 진보(진화, évoluer)하게 한다.[34]

위에서 힐데가르트가 말하고 있는 신의 생명의 샘에 존재하는 음영(ombre)이 정확히 무엇을 의미하는 것인가를 설명한다는 것은 어쩌면 불가능한 일이며, 또 어떤 관점에서 보자면 무의미한 일이다. 다만 여기서 중요한 것은 모든 생명은 그 생명의 기원이 된 동일한 근원을 가지고 있으며, 이는 다만 근원일 뿐 아니라, 이 근원적인 것 자체를 생명체가 지니고 있으며, 이를 끊임없이 진보(진화)하게 하는 것이 곧 산다는 것을 의미하는 것이다.

이러한 힐데가르트의 사유는 『영적 찬가』에서도 시[詩]의 형식으로 그대로 나타나고 있다.

신성한 영[靈], 생동하는 생명,
이는 모든 것의 동인[動因]이며, 모든 피조물의 뿌리로다!

죄악들을 지워버리면서
상처들을 가라앉히면서
그는 모든 불순함을 순수하게 정화하는도다.

이처럼 그분은 빛나는 생명이요,
모든 것을 일깨우면서 또 일깨우면서
찬미를 받으실 분이로다.

---

34 Hildegarde de Bingen, *Livre des oeuvre divines*, p. 168.

찬미가, N° 15 성령에...[35]

위 찬미가에서는 자신이 본 환시의 내용의 특징들이 잘 드러나 있다. 신성한 영이 가장 먼저 '생동하는 생명'으로 통찰된다는 것과 모든 것을 죄악으로부터 정화하는 것이라는 점은 신성한 생명의 이미지를 아주 잘 드러내고 있다. 특히 이 신성한 생명이 '모든 것을 일깨우는 것'이라는 표현은 참으로 시적이고 음악적인 표현이다. 생명의 특징이 스스로 상처를 치유하고 오염된 것을 정화하고 항상 새로운 싹을 돋게 하는 것이라고 한다면, 이를 '일깨우는 것'이라고 할 수 있지 않을까? 과연 이러한 생명의 일깨움의 힘은 어디에서 오는 것일까? 단순한 에너지의 조합으로 이러한 일깨움이 가능할까? 그렇다고 하더라도 이러한 생명의 에너지의 근원은 어디에 있는 것일까? 성 프란치스코가 작은 새와 하늘의 달을 보며 형제요 자매라고 불렀을 때 그리고 토마스 아퀴나스가 '신은 가장 미세한 것들의 가장 미세한 것까지 돌보신다'라고 하였을 때, 모든 것에 현존하는 그 신적 현존이 바로 '모든 것을 일깨우는' 신적 생명일 수밖에 없는 것이다.

그리고 만일 항상 변화하고 진보(진화)하는 이러한 생명의 법칙을 '진화론'적인 관점이라고 할 수 있다면, 힐데가르트의 진화론은 19세기 사람 다윈이 처음 진화론을 주장한 것보다 무려 8세기나 앞선 것이라고 할 수 있다. 물론 힐데가르트의 신비적 관점과 다윈의 진화론에서 생명의 진보가 가지는 그 원인이나 의미는 완전히 다른 것이다.

---

35 Louange, N° 15 Á L'Esprit saint, 재인용: Thierry Gosset, *Femmes mystique époque médiévale*, La Table Ronde, 1995, p. 15.

진보하는 것에 있어서는 서로 동일한 관점을 공유하고 있겠지만, 그 기원이나 원인 혹은 목적이나 종국점은 서로 완전히 다른 것이다. 생명의 역동성과 신보에 대한 이러한 힐데가르트의 사유는 인간 세상에 대해서도 동일하게 적용되고 있다. 그녀는 모든 인간사가 항상 변화의 과정 속에 있다고 생각하고 있다.

> 새로움이 나타나기 이전에 가끔은 불의가 솟아오를 것이다. 가끔은 전쟁들이 가끔은 기근과 페스트가 나타날 것이다. 그리고 소멸성(mortalité, 죽음)은 다시 한 번 사라지는 것에 봉사할 것이다. 그 어떤 것도 동일한 상태에서 그렇게 오랫동안 지속하지는 못하며 모든 것은 운동 중에 있고, 나타났다가 사라지는 것이다.[36]

'모든 것은 지나가는 것'이라는 이러한 사유는 '잠언서의 저자'나 '성녀 아빌라의 데레사'의 사유에서도 잘 부각되는 크리스천적인 사유이다. 하지만 힐데가르트에게 있어서 이러한 '소멸성'으로서의 지상적인 것의 특성은 새로운 것이 나타나기 위해서 도움을 주는 것이라는 역동적이고 적극적인 관점이 내포되어 있다.

2) 신·인간·세계

힐데가르트의 환시들 중에서 '생명'과 '역동성'이 첫 번째 특성이라고 한다면 그 다음으로 두드러지게 부각되는 것이 신과 인간, 그리고 세계가 가지는 '내밀한 관계성'이다. 이러한 관계성은 세계가 신에

36 Hildegarde de Bingen, *Livre des oeuvre divines*, p. 203.

의해서 창조되었으며, 어떤 관점에서 시간의 역사는 곧 창조의 과정을 의미하며, 인류의 역사란 이러한 창조의 과정을 인간의 편에서 완성해 가는 것으로 요약될 수 있다. 그리고 이러한 신과 인간과 세계의 내밀한 관계성은 존재하는 모든 것이 마치 유기적인 통일체처럼 나타나게 하고 있다. 힐데가르트는 6번째 환시에서부터 이러한 세계 창조의 비밀에 관련된 환시를 말하고 있음을 밝히고 있다.

> 하느님은 당신의 '선[先]-학문(pre-science)' 안에 모든 것을 알고 있었다. 피조물들이 그들의 형상을 취하기 이전에 하느님은 이 형상들을 예견하고 있었고, 시작부터 세계의 마지막까지 어떠한 사건들도 하느님에게 숨겨져 있는 것이 없었다. 지금 보여주는 이 환시는 바로 이를 말하고자 하는 것이다.[37]

하느님의 '선-학문'이라는 것과 형상들을 미리 '예견'하고 있다는 것, 그리고 어떠한 사건도 하느님에게 숨겨져 있는 것이 없다는 표현 등은 의미가 매우 다의적일 수 있고, 뉘앙스가 매우 풍부한 표현들이다. 아마도 선-학문이라는 표현은 학문에 앞서는 신의 지성을 의미하는 것일 것이며, 미리 형상들을 예견하고 있다는 표현은 사실 신의 지성 속에 이미 모든 것들의 형상이 먼저 존재하고 있었다는 스콜라철학자들의 관점으로 해석할 수 있을 것이다. 힐데가르트가 '예견'이라는 말을 사용하는 것은 세계의 역사의 관점에서 볼 때 아직 존재하지 않는 것이기에 신은 미리-알고 있었다는 것을 강조하기 위해서일 것이다. 그리고 모든 세계의 역사가 '신의 계획'이라는 '예정설'의

37 Hildegarde de Bingen, *Livre des oeuvre divines*, p. 143.

의미로 말하는 것이 아니라, 신에게 숨겨져 있는 것이 없다는 표현은 완성에로 향하는 창조의 과정으로서의 세계의 역사가 '인간의 자유의지'에 맡겨져 있기 때문일 것이다. 힐데가르트는 이미 그의 첫 번째 환시에서 '신의 창조사업의 마지막 완성을 인간에게 맡겨 놓았음'을 너무나 분명한 방식으로 말하고 있기 때문이다.

> 이러한 창조가 완성된 이후에 하느님은 인간의 양손에 창조의 완성을 내려 놓았는데, 이는 이와 함께 인간이 하느님께서 창조사업을 기획하신 방식으로 행위 하도록 하기 위한 것이다.[38]

인간이 신의 창조사업을 완성하도록 그렇게 사명을 받은 존재이며, 나아가 하느님과 동일한 방식으로 행위 하도록 하였다는 것은 곧 창조의 완성이 인간의 자유의지에 맡겨져 있음을 말하는 것이다. 그렇기 때문에 인류의 창조 이후부터는 어떤 의미에서 신이 계획한 것이라고 하기보다는 인간의 자유의지가 창조를 완성해 가는 것이며, 그럼에도 불구하고 신은 그 모든 과정을 미리 예견하고 있다고 말하고 있는 것이다. 그래서 힐데가르트는 여전히 신을 '모든 실재를 결정하는 우주의 주관자'라고 말하고 있는 것이다. "모든 실재들을 결정하는 것은 나이다. 나의 최상의 날개가 지구의 궤도를 감싸고 지혜 안에서 나는 우주적인 주관사이다."[39] 성녀는 또한 "신은 당신의 영원한 현존 안에서 시간이 시작되기 이전에 당신의 모든 업적들을 지니고 있

38 Hildegarde de Bingen, *Livre des oeuvre divines*, p. 6.

39 Hildegarde de Bingen, *Livre des oeuvre divines*, p. 6.

었다."[40]라고 말하고 있는데, 사실 이러한 표현들은 후일 스콜라 철학자들의 전형적인 신의 지성에 관한 사유이다. 토마스 아퀴나스 역시 신의 지성에 대해서 말하면서 신의 지성 속에는 모든 것이 탁월한 방식으로, 즉 '창조적 본질(*essentia creativa*)'로서 존재한다고 말하고 있다.[41] 신의 세계창조에 관한 힐데가르트의 사유는 근본적으로 성서적 사유와 일치하고 있지만, 그녀의 찬미가에는 우리가 납득하기 어려운 흥미로운 표현들도 있다.

> 오, 영혼들의 목자이시여!
> 오, 첫 말씀이여 !
> 이를 통해, 우리 모두가 창조되었도다!
>
> 이가 당신의 마음에 들지어다.
> 지금도 이가 당신마음에 들지어다.
>
> 비천함으로부터
> 마음의 산란함으로부터
> 우리를 해방하시기를...
>
> 찬미가, N° 61, 오, 영혼들의 목자여![42]

---

40 Hildegarde de Bingen, *Livre des oeuvre divines*, p. 9.

41 "모든 존재들에 대해서 행위(현실성)인 하나의 지성이 있다 : 이는 신성한 본질인 신의 지성이다. 이 신성한 본질 안에는 근원적으로 그리고 탁월하게 마치 제일 원인처럼 모든 존재(자)들이 창조된 존재(자)들에 앞서 존재한다(praeexistit)." Aquinatis Thomae, *Summa Theologiae*, I, q. 79, a. 2, ad resp.

42 Louange, N° 61 *Berg des âmes*. 재인용: Thierry Gosset, *Femmes mystique époque médiévale*, p. 16.

위 찬미가에서는 일반적으로 우리가 알고 있는 것과는 다른 내용들이 표현되어 있다. 하느님은 첫 인간들, 즉 아담과 하와를 창조하시고 창조사업을 마치셨다고 성경은 전하고 있다. 그런데 힐데가르트는 첫 말씀을 통해서 '우리 모두가 창조되었다'고 말하고 있다. 아마도 이러한 표현은 인간 영혼의 탄생이 신의 창조사업과 무관한 단지 생물학적인 사건은 아니라는 것을 염두에 두고 있는 듯하다. 즉 토마스 아퀴나스가 말하듯 한 인간의 탄생은 비록 '부모의 혈통'이라는 것을 빌려서 탄생하는 것이지만 그의 영혼 그 자체는 하느님으로부터 올 수밖에 없다는 것이며, 따라서 모든 인간들은 결국 하느님의 창조행위 그 자체를 통해서 탄생하고 있다고 보는 것이다. 그리고 두 번째 단락에서 힐데가르트는 우리들의 일반적인 생각에서는 납득하기 어려운 것을 노래하고 있다. 성경에서 세상의 창조를 마치시고 하느님이 바라보신 세상의 모습은 '마음에 드는 보기 좋은 세상'이었다고 말하고 있다. 그런데 힐데가르트는 '지금도 이 세상이 하느님의 마음에 드는 세상…'이라고 말하고 있다. 만일 우리가 '진정 지금의 세상이 하느님의 마음에 드시는 세상일까?'라고 질문한다면 '그렇다'라고 선뜻 말할 수 있는 사람은 거의 없을 것이다. 마찬가지로 십자군의 전쟁이 막 시작되던 시기에 탄생하였고, 십자군의 전쟁이 전 유럽을 피로 물들이든 시기에 평생을 산 힐데가르트에게 있어서 '당시의 세상이 하느님의 마음에 드는 세상'이라고는 결코 말할 수 없었을 것이다. 그렇다면 이러한 힐데가르트의 찬미는 하나의 염원이나 소망의 표현이라고 보아야 할 것이다. 그런데 세계와 역사 전체를 하나로 고찰하는 형이상학적인 시각에서 보자면, 이러한 힐데가르트의 시적 표현은 소망이나 염원이라기보다는 실재에 대한 일종의 묵시적인 혹은 낙관적인 표현이라고도 볼 수도 있을 것이다. 가령 라이프니츠가 초상화의 비유로 예를 들듯이, 세상이나 역사 전체에서 어느 한 부분을 전체로부터 떼어내어 본다면, 세상은 참으로 잘못되어 있고, 부조리하게 보일 것이지만, 전체적으로 혹은 모두 동시에 바라보게 된다면, 조화롭고 아름다운 풍경화나 감동적인 스토리처럼 보일 수가 있기 때문이다. 즉 힐데가르트는 다가올 미래의 세계상을 앞당겨 환시로 보면서 '지금', 즉 시간과 역사성을 초월한 '현재'인 이 지상의 삶이 천국의 그것처럼 하느님의 마음에 드는 세상이라고 고백하고 있다고 볼 수가 있는 것이다.

만일 힐데가르트가 이러한 미래에 대한 낙관적인 비전을 가질 수 있었던 이유가 있다면 그것은 신과 세계와 인간이 결국 서로 긴밀하게 일치된 하나의 유기적인 총체로서 고찰하고 있었기 때문이다. 첫 번째 환시에서 성녀는 이를 다음과 같이 말하고 있다.

> 내가 나의 빛으로부터 물속에 스며든다면 이는 영혼이 육체의 모든 부분에 스며들고, 물이 흐름을 통해 전체의 땅에 스며드는 것과 같은 것이다. [......] 만일 눈에 보이지 않는 생명이며, 우주를 지탱하는 자이며, 생명에 있어서 우주를 일깨운다고 한다면, 이는 하나의 상징인적인 것이다.[43]

신적 현존이 존재하는 모든 것에 스며들어 있고 모든 것을 지탱하고 있다는 이러한 사유는 스콜라철학자들의 '존재(*Esse*)'의 개념에서 전형적으로 발견되는 사유이다. 즉 세상의 모든 존재자에게 있어

43 Hildegarde de Bingen, *Livre des oeuvre divines*, p. 6.

서 존재하는 현실적인 힘(*esse*)은 신의 존재자체(*Ipsum Esse*)로부터 존재를 분유 받거나 혹은 신의 존재 자체에 참여함으로써 가능한 것이다. 그러네 힐데가르트는 이러한 신적 존재가 또한 생명에 있어서 우주를 일깨운다고 말하고 있다. 이러한 표현은 아마도 세상이 존재하는 것이 신적 존재의 힘에 의존할 뿐 아니라, 더 나아가 모든 생명들이 약동하고 생명적인 에너지를 끊임없이 확산시켜 가는 그것 역시도 신적 현존에 의해서라고 하는 것과 같은 것이다.

실제로 그녀는 세계를 통일시키고 있는 바람(le vent)에 대해서 말하고 있으며, 이 바람이 신성한 능력으로부터 발생한 것이라고 말하고 있다. 「두 번째와 세 번째 환시」에서 기술하고 있는 아래의 인용구에는 아주 중요한 내용들이 집약되어 있다.

> 태양은 행성들 중 가장 강력하며, 그의 불길로부터 창공의 전체를 견고하게 하며, 북돋운다. 그의 광채는 지구의 궤도를 비추고, 그의 에너지의 힘으로 동쪽과 남쪽과 서쪽의 큰 바람에 저항하며, 신이 그들에게 부여한 한계들을 넘어서는 것을 막고 있다.
>
> 「두 번째 환시 중에서」[44]

> 만일 네가 상위적인 불길 안에서 창공의 모든 곳을 둘러싸는(ceint), 그리고 바람을 유발하는 하나의 궤도를 본다면, 그리고 일곱 행성을 서로 마주보게 위치하도록 내미는 하나의 바람을 본다면 이는 신성한 능력이 성성(sainteté)으로부터 통일성을 유지하기 때문이다. 이 성성이 유지하는 통일성은 모든 측면에서 있어서 신과 일치

44 Hildegarde de Bingen, *Livre des oeuvre divines*, p. 39.

하고자 하는 인간의 내적인 정신과 마주하는 것이다. 이러한 발산물(exhalaison)은 성령의 신비한 선물들에 대한 불안함으로 어두워지는 인간을 감화시킨다. 그러면 인간은 이러한 불안함을 거두고 다시 일어서며 모든 열성을 다해서 그는 정의로 돌아서는 것이다.

「세 번째 환시 중에서」[45]

위 내용은 직접 본 환시의 내용을 '상징 언어' 혹은 '시적인 언어'를 통해서 묘사해 주고 있다는 측면에서 문자 그대로 이해할 수는 없겠지만 그럼에도 우리는 몇 가지 분명한 사실들을 이해할 수 있다. 위에서 말하는 태양과 지구 그리고 일곱 행성 등은 비록 오늘날 과학이 발견한 태양계의 모습과 정확히 일치하지는 않겠지만 거의 유사하다고 할 수 있다. 그리고 이러한 태양계의 행성들을 질서지우고 통일성을 유지하는 힘이 곧 '신성한 능력'에 의해서라고 말하고 있다. 나아가 태양계의 질서를 유지 시키는 이 신성한 힘은 신과 일치하고자 하는 내적인 인간의 정신이 만나게 되는 그 '신적 현존'이다. 이러한 신적 현존의 힘은 영성적인 삶에서 부딪히게 되는 불안함을 제거하고 영성가로 하여금 다시 정의에로 되돌아서게 하는 힘이 된다. 이러한 힐데가르트의 환시의 내용은 참으로 놀랍다. 왜냐하면 역사상 최초의 망원경의 발견이 1608년 한스 리페르셰이에 의한 것이라고 한다면, 망원경이 발견되기 600년 전에 이미 힐데가르트는 태양계의 모습을 알고 있었다는 것이다. 뿐만 아니라 힐데가르트는 태양계의 모습을 태양을 중심으로 다른 모든 행성들이 배치되고 태양이 다

45 Hildegarde de Bingen, *Livre des oeuvre divines*, p. 55.

른 모든 행성들에 적절한 환경을 제공하고 있다고 말하고 있다. "이 행성들에 둘러싸인 태양은 마치 창공과 세계 전체에 그의 열기와 그의 빛남을 통해서 균형 잡히고 적절한 환경을 제공하는 것처럼 그렇게 계획되었고 고정되었다."[46] 이러한 사실은 지동설을 처음 주장한 16세기의 코페르니쿠스보다도 500년이나 앞서 힐데가르트가 먼저 '지동설'을 주장한 셈이 된다. 그리고 태양계의 모든 생명체들이 사실은 태양의 에너지로부터 생명의 근원을 취하고 있다는 생각도 과학이 거의 발전하지 않은 당시로서는 놀라운 것이다.

나아가 그녀는 지구상의 대륙들에 대해서 말하고 있는데, 그녀는 다섯 번째 환시에서 "나는 다섯 범주로 구분되어 있는 지상의 범주를 통찰한다. 하나는 동쪽에 있으며, 다른 것은 서쪽에 있고, 세 번째와 네 번째는 남쪽과 북쪽에 있으며, 다섯 번째는 중앙에 있다."[47] 라고 묘사하고 있다. 이는 힐데가르트가 독일에 거주하였다는 것을 감안한다면 '동쪽의 것은 아시아 대륙'을 서쪽의 것은 아프리카를 그리고 남쪽과 북쪽은 남미와 북미를 마지막으로 중앙에 있는 것은 호주대륙을 말한다고 할 수 있다. 물론 이러한 것이 현재의 세계전도가 보여주는 지구상의 모습과 정확히 일치하지 않을 수 있지만 거의 흡사하다. 콜럼버스가 아메리카의 신대륙을 최초로 발견한 것이 1492년이며, 마젤란이 최초로 세계를 일주한 것이 1519년~1521년이라는 것을 감안한다면 인간이 이 지구상의 전체적인 모습을 처음으로 감

46 Hildegarde de Bingen, *Livre des oeuvre divines*, p. 37.

47 Hildegarde de Bingen, *Livre des oeuvre divines*, p. 112.

지하기 시작한 것이 15세기 이후라는 말이 된다. 그런데 힐데가르트는 이보다 400년이나 앞서 지구상의 대륙들의 모습을 거의 정확하게 말해 주고 있다. 이러한 힐데가르트의 환시의 결과들이 수백 년이 지난 과학의 시대에 와서 밝혀진 진리들과 거의 일치하고 있다는 것은 그녀의 환시가 진정으로 '신적 현존'에 의한 계시였다는 것을 더욱 뒷받침해주고 있다.

그리고 태양계를 질서지우는 그 '신성한 능력'이 또한 영성적인 삶을 영위하는 영혼들에게 영적인 힘을 북돋아 주는 힘이 된다는 것은 '물리적인 세계'와 '영적인 세계'를 관통하여 이 모두에 질서를 부여하는 하나의 '신성한 능력'을 말해주는 것으로 토마스 아퀴나스가 말하고 있는 '영원법(*lex divinae*)'의 개념과 매우 유사하다. 왜냐하면 토마스 아퀴나스에게 있어서 이 '영원법'이란 '자연적 법칙들'과 인간의 이성적인 법칙들, 그리고 다른 모든 우주의 법칙들이 이 영원법에 참여함으로써 법칙으로서 존재할 수 있는 그러한 영원한 것이기 때문이다.[48] 어쨌든 힐데가르트의 이러한 환시에서 우리가 알 수 있는 것은 우주의 자연적인 현상들과 우주의 제 법칙들이 단지 물질적인 에너지에 의한 것이 아니라, 신성한 능력에 의해서 유지되고 질서를 가지게 된다는 점이며, 또한 이러한 신성한 능력은 인간의 영성적인 삶을 살아가는 힘을 북돋우는 그 신성한 힘과 동일한 것이라는 점이다. 토마스 아퀴나스가 보다 형이상학적으로 이러한 것을 사유하

48 "그것이 어떤 법이든 모든 법칙은, 이 법칙이 올바른 이성으로부터 통찰된 것이기만 한다면, 영원법(lex aeterna)으로부터 흘러나온 법이다." Thomae Aquinatis, *Summa Theologicae*, I–II, q. 93, a. 3, ad resp.

고 있다면, 힐데가르트는 이를 보다 직접적인 이미지로 시적인 방식으로 제시하고 있는 것이다. 어쨌든 힐데가르트가 환시를 통해서 본 '신의 현존'은 가장 물리적인 존재들을 작용하게 하는 에너지의 근원으로서, 모든 생명체들이 약동하고 진보하는 생명현상의 근원적인 힘으로서 나아가 신적 존재를 추구하는 인간정신의 근원적인 힘으로서의 우주의 모든 것을 관통하며 질서지우고 변모하게 하는 유일한 근원적인 힘으로 나타나고 있다. 이러한 '신성한 능력'이라는 실재를 통해서 모든 존재하는 것이 하나의 전체를 이루는 '통일체' 즉 '우주의 유기적인 실체성'이 긍정될 수 있는 것이다.[49] 힐데가르트는 이러한 우주적 비전에 대한 환시를 다음과 같이 제시하고 있다.

> 세계의 형상이 하느님이신 진정한 사랑의 앎 안에서 영원히 존재하고 있다. 이 형상은 스스로 회전하고 있는데, 인간의 본성에 있어서는 불가사의한 것이다. 어떠한 세대도 이를 완전히 소진할 수 없으며, 어떠한 새로움도 여기에 무엇을 추가할 것이 없다. 시초에 신이 이를 창조하였다시피, 시간의 종국까지 이 형상은 지속될 것이다. [……] 이 형상은 시작도 없고 종국도 없다. 어떠한 사람도 이 형상을 완전히 파악할 수가 없으며, 이 형상은 시간을 초월하여 있다. [……] 이 세계의 형상에 대해서 스스로 회전하고 있는 하나의 둥근 구체[球

49 이러한 세계의 유기체성을 뒷받침하는 다른 하나의 근거는 자연의 모든 것이 인간존재 안에 재연되었다는 점이다. 힐데가르트는 인간의 육체와 정신을 설명하면서 마치 동양의 의학처럼 자연의 질서에 대응하는 것으로 설명하고 있는데, 다음의 진술은 대표적인 것이다. "따라서 하느님은 인간 안에 모든 피조물들을 위탁하였다. 하느님은 또한 인간에게 한 해의 다양한 시기들의 질서를 재현하였는데, 여름은 깨어있는 인간에게 해당하고, 겨울은 잠들어 있는 인간에게 해당한다." Hildegarde de Bingen, *Livre des oeuvre divines*, p. 115.

體]보다 더 유사한 것을 제시하지는 못할 것이다.[50]

3) 시대와 역사를 초월한 희망의 예언자

힐데가르트의 환시가 '전 우주'를 하나의 유기적인 존재로 이해할 수 있는 '새로운 세계관'에 대한 비전을 제시해 주고 있다면, 여기서 가장 의미심장한 것은 세계와 인간의 미래에 대한 비전일 것이다. 바로 이 미래에 대한 비전이 그녀로 하여금 '예언자의 이미지'를 가지게 해 주는 것이며, 시대를 초월하여 진리와 신의 정의를 추구하는 영성가들에게 위로와 희망을 주는 메시지가 되고 있는 것이다. 힐데가르트의 예언적 환시의 핵심은 인간의 미래가 신의 처음 계획에 따라서 잘 이루어질 것이며, 이는 곧 영적인 인류가 탄생하고 인류가 천사들과 한 가족이 될 것이라는 것이다. 그리고 이러한 과정 중에서 인류의 도약을 방해하는 어둠의 세력들에 대한 비전과 의인들이 이러한 어둠을 극복하고 마침내 신의 영광을 보게 될 것이라는 묵시록적인 내용이라고 요약할 수 있다.[51]

---

50 Hildegarde de Bingen, *Livre des oeuvre divines*, pp. 20–21.

51 여기서 우리는 힐데가르트의 미래에 대한 예언들이 그 자체로 진리인 것처럼 그렇게 고려할 수는 없을 것이며, 또한 인류의 미래에 관한 모든 예언들이라고도 할 수 없을 것이다. 다만 이러한 예언들은 미래에 일어날 일들 중 어느 특정한 실재들이며, 또한 다분히 비유적이고 상징적인 방식으로 제시되고 있는 예언이라고 보어야 할 것이다. 이러한 관점은 토마스 아퀴나스가 『신학대전』에서 분명히 밝혀 주고 있는 관점이기도 하다. "예언자들이 예언될 수 있는 모든 것을 알 수 있다는 것은 수용할 만한 것이 아니다. 각각의 예언자들은 특수하게 자신에게 계시된 이것 혹은 저것의 한 부분만을 알 뿐이다." Thomae Aquinatis, *Summa Theologicae*, II–II, q. 171, a. 4, ad resp. "신성한 계시는 마치 하나의 장르와 같으며, 여기서 예언은 하나의 불완전한 등급으로 구성된다. [......] 예언은 부분적인 앎, 즉 불완전

힐데가르트의 비전에서 신의 창조계획에서 가장 중요한 점은 인간의 창조에 대한 특별한 의미이다. 그녀는 「아홉 번째 환시」에서 다음과 같이 진술하고 있다.

> 신은 당신이 형성한 당신의 신비로운 비밀(mystère cachés)을 인간 안에 숨겨 두었다. 인간은 사유하는 것에 있어서, 앎을 가지는 것에 있어서, 그리고 행위하는 것에 있어서 신과 유사하게 창조되었다. [……] 이처럼 인간은 신의 경이로운 거주처인 것이다.[52]

인간이 신의 '신비로운 비밀'을 가지고 창조되었다면, 이 비밀은 무엇을 말하는 것일까? 이 비밀은 곧 '신과 유사한 것' 즉 '신의 이미지'를 말하며, 이는 사유와 앎과 그리고 자유의지에 의한 행위 등이다. 바로 이 앎을 통한 자유의지의 행위가 인간으로 하여금 만물의 영장이 되게 한 것이다.[53] 사실 인간이 천사와도 유사하게 될 수 있고 악마와도 유사하게 될 수 있는 것도 모두 자유의지를 가지고 있기 때문이다. 그리고 자유의지의 행사를 위해서는 스스로 판단할 수 있는 앎이 요청되며 그래서 이성적인 존재로 창조된 것이다. 따라서 인간이 신과 유사하게 창조되었다는 사실은 우선적으로 '인간의 본성' 혹은 '인간다움' 그 자체에서 드러난다고 할 수 있다. 하지만 인간이 신을 닮았다는 사실은 보다 고차적인 차원에서 드러날 수도 있다. 그것

한 앎에 불과하다. 신성한 계시의 완성은 천국에서 실현될 것이다." Ibid., ad 2.

52 Hildegarde de Bingen, *Livre des oeuvre divines*, p. 184.

53 "세상을 통하여 신은 스스로 영광스럽게 하셨고, 세상의 피조물들을 통하여 지상의 전체를 다스리도록 하면서 인간을 들어 올리셨다." Hildegarde de Bingen, *Livre des oeuvre divines*, p. 140.

은 인간의 영혼이 가진 특수한 '능력' 혹은 '기질'에 있어서인데, 이는 하느님을 느낄 수 있고 하느님 그 자체를 추구하는 특수한 능력이다.

> 영혼이 육체 안에 있을 동안에 하느님을 느낄 수 있다. 왜냐하면 영혼은 하느님으로부터 왔기 때문이다. [......] 영혼이 그의 작업실(atelier)인 육체를 떠날 때, 그리하여 하느님에게로 나아갈 때, 영혼은 그의 본성과 예전의 육체에 대한 의존을 알게 될 것이다. [......] 따라서 영혼은 지상에서의 이 마지막 날을 고대하며 기다리는 것이다. [......] 영혼이 이 육체를 다시 발견하였을 때는 영혼은 천사들과 함께 신의 영광의 얼굴을 보게 될 것이다.[54]

닮았다는 것은 '유사하다'는 것이다. 그리고 유사한 것은 서로 소통 혹은 교감을 가질 수가 있다. 만일 인간이 하느님과 유사하다면 인간은 어떤 식으로든지 하느님과 '교감'할 수 있어야 할 것이다. 그런데 대다수의 중세 철학자들은 '인간의 영혼'이 바로 '신성한 것'과 유사한 것이라고 생각하고 있다.[55] 왜냐하면 인간의 영혼은 다른 모든 생명체들의 영혼과 달리 '신이 직접 창조'한 것이며, 그러기에 불

54 Hildegarde de Bingen, *Livre des oeuvre divines*, p. 121. 물론 우리는 힐데가르트가 신을 닮은 인간의 모습에 대해서 보다 크리스천적인 교의에 일치하는 내용을 발견할 수도 있다. "영원성(étérnité), 이는 성부(Père)이며, 말씀(Verbe) 이는 성자(Fils)이며, 이 둘을 이어주는 숨결은 성령(Esprit saint)이다. 신은 이를 인간 안에 재현하였는데, 인간은 하나의 육체를 가지고 있고, 하나의 영혼을 가지고 있으며 그리고 하나의 지성을 가지고 있다." Hildegarde de Bingen, *Livre des oeuvre divines*, p. 6.

55 "비록 모든 피조물들 안에 신과 유사한 점을 지니고 있지만, 이 유사한 점이 '이미지'의 형식으로 나타나는 것은 오직 이성을 타고난 피조물에서 뿐이다. 다른 모든 피조물들에 있어서는 이 유사함이 다만 '흔적, vestigium'의 형식으로만 나타날 뿐이다." Thomae Aquinatis, *Summa Theologicae*, I, q. 93, a. 6, ad resp.

멸적인 것이기 때문이다. 힐데가르트는 인간의 영혼이 육체 안에 있을 동안에도 하느님을 느낄 수 있다고 한다. 이는 사실이다. 많은 신앙인들이 각자 하느님의 섭리하심을 자신의 구체적인 삶 안에서 느끼고 있다는 것이 곧 그 증거이다. 하지만 보다 많은 사람들은 하느님을 믿고 있지만 하느님을 느끼지는 못하고 있는 것도 사실이다. 여기서 '느낀다'는 표현이 무엇을 의미하는지 정확하게 설명할 수는 없겠지만 우리는 신성한 무엇을 느끼기 위해서는 신성한 무엇이 있어야 한다고 말할 수 있다.

중세의 신학자나 철학자들은 인간의 영혼의 능력에 대해서 많은 관심을 가지고 있었고, 인간의 영혼의 능력에 대한 무한한 신뢰를 가지고 있었다. 신적 현존을 체험하고 자신의 인생을 이끌어가는 '신적 섭리'를 통찰하는 능력은 특별히 선택된 일부의 사람에게 있어서뿐 아니라, 영혼을 가진 모든 사람들이 영성적인 삶을 의미하는 내면적인 삶을 추구하기만 한다면 체험할 수 있는 것이다. 그렇기 때문에 만일 인간의 영혼이 신의 거주처라고 한다면 이는 선택된 어느 특별한 영혼들에 있어서가 아니라, 모든 인간의 영혼, 예외 없이 모두에게 적용되는 진리인 것이다. 인간이 다른 모든 생명체보다 탁월하고 고상하며 존엄한 이유가 바로 여기에 있는 것이다. 힐데가르트의 인간에 대한 이러한 이해는 「찬미가」에서 역시 동일하게 나타나고 있다.

오! 신성한 심장의 예지의 놀라움이여!
모든 피조물을 이미 모두 알고 있도다!

왜냐하면,

빚어내신 인간의 모습을 하느님이 바라보았을 때,
사람의 형상 안에서
하느님은 당신이 원하신 모든 것을 다 보셨기 때문이라.

사람을 지어내시게 한
오! 놀라운 영감이여!

「찬미가」, N° 60, 오, 찬란한 현존이여![56]

'사람의 형상 안에서 하느님은 당신이 원하신 모든 것을 다 보셨다'는 이러한 고백은 '인간은 소우주이다'라는 파스칼의 고백을 듣는 듯하다. 그러나 인간의 형상 안에서 이미 하느님은 당신의 모든 업적을 혹은 업적의 형상들을 다 보았다고 하는 표현은 파스칼의 비유보다는 훨씬 심오한 의미를 함축하고 있는 듯하다. 여기엔 힐데가르트 특유의 예언자적인 특성을 볼 수가 있는데 그것은 되어져야 할 세상의 모습에 대한 것이다. 인간의 형상은 자립하는 형상, 즉 스스로 성장하며, 되어져야 할 이상적인 상태로 초월을 지향하는 것이라고 성 토마스가 말하였고, 이와 유사한 의미로 베르그송은 '창조적 진화'라는 말을 하였다. 새로운 도덕의 창조, 이것이 자립하는 인간의 위대한 점이며, 이러한 이상적인 상황의 모습을 묵시록에서는 '사자와 어린양이 함께 뛰노는 새로운 세계'라고 표현하고 있다. 예수회의 지질학자이자 신학자인 떼이야르 드 샤르뎅은 역시 역사의 마지막에서 주어질 '새 하늘과 새 땅'에 대한 비전을 말하고 있는데, 이는 인

56 Louange, N° 60. 재인용: Thierry Gosset, *Femmes mystique époque médiévale*, p. 16.

류의 변모와 더불어 온 우주가 새롭게 변모한다는 것을 말해 주고 있다. 힐데가르트는 이러한 세계의 변모를 '시간의 진화(l'évolution du temps)'라는 용어로 말하고 있다.[57] 이러한 미래 세계의 이상적인 모습의 비밀을 인간의 형상 안에 숨겨둔 것으로 바라본 것이 바로 힐데가르트의 환시의 내용인 것이다. 모든 인간이 탄생과 더불어 이러한 비밀을 자신의 영혼 안에 지니고 있다는 것은 '한 인간은 전 우주보다 소중하다'는 크리스천적인 믿음에 대한 분명한 이유를 제시하는 것이라 할 것이다.

하지만 과학기술 문명이 거의 모든 분야를 지배하고 있는 현대인들에게 있어서 중세의 이러한 사유는 마치 신화적인 것처럼 받아들이고 있다. 그런데 신비가의 입장에서 보자면 현대에는 인간의 영혼이 그의 진정한 모습 '하느님을 닮은 그 모습'을 많이 상실하였다고 할 수가 있을 것이다. 마찬가지로 힐데가르트는 그녀의 '일곱 번째 환시'에서 다음과 같은 사실을 말하고 있다.

57 "인간은 천체운동과 보편적인 생명을 조화롭게 움직이게 하는 '시간의 진화(l'évolution du temps)'를 알고 있습니다." Hildegarde de Bingen, *Livre des oeuvre divines*, 4번째 환시. 재인용: Thierry Gosset, *Femmes mystique époque médiévale*, p. 20. 천체의 움직임을 마치 우주에 영양분(에너지)을 공급하는 것으로 생각하고, 시간의 진화가 우주와 생명의 조화로운 질서를 낳는다고 생각하는 사고는 당시로는 참으로 획기적인 사고이다. 토마스 아퀴나스 역시 이와 유사한 사유를 지니고 있었는데 토마스 아퀴나스는 그의 신학대전에서 '천체의 움직임의 궁극적인 목적은 인류를 탄생하기 위한 것이고, 또 인간성의 완성을 위한 것이다'라고 말하면서 미래의 어느 날 인간성이 완성이 되면 이러한 천체의 움직임은 중지되며, 새로운 인간성에 적합한 새로운 형식의 하늘과 땅이 주어질 것이라고 말하고 있다. 진화의 의미를 단순히 생명체의 진보로만 생각하지 않고, 시간의 진화, 즉 혼돈에서 질서에로 정립되어 가는 범 우주론적인 차원에서 보는 시각은 현대 과학적인 신학자 떼이야르 드 샤르뎅에게서도 볼 수 있는 사유이다.

세대와 세대를 거듭하면서 대홍수(deluge) 이전에 비하여 인간들의 힘은 연약해졌다. 땅이 변모하고 인간의 에너지도 마찬가지였다. 인간의 에너지들은 늙은 배신자(루시퍼)에게 복종하고, 늙은 배신자는 예전의 영광을 뱀의 관습으로 변화시켰다.[58]

여기서 힐데가르트가 말하는 대홍수는 '노아의 방주 사건'을 지칭하는 것임이 분명하다. 그런데 노아의 방주 사건을 기점으로 인간이 상실한 힘이란 무엇일까? 말할 것도 없이 이는 '신을 느낄 수 있는 영혼의 힘' 혹은 '신적 현존'을 느낄 수 있는 영적인 힘일 것이다. 힐데가르트는 인간이 이러한 영적인 힘을 상실한 것을 '악의 세력'이 인간의 에너지를 변화시키고 따라서 관습을 변화시킨 때문이라고 표현하고 있다. 이는 논리적으로 당연한 귀결이다. 왜냐하면 '홍수로 인류를 멸하고자 한 이유'가 바로 '인간 세상에 악이 만연하다는 것'에 있었기 때문이다. 인류의 역사를 '선과 악의 투쟁'이라는 이원론적인 시각으로 요약할 수는 없겠지만, 그럼에도 인간성을 파괴하고 인류를 파멸로 이끌어가는 '악마적인 힘'이 인류의 역사에서 끊임없이 존재해 왔다는 것은 부정할 수가 없다. 세상에는 순수하게 인간적인 지평을 넘어서 위대한 업적을 이룬 의인들이나 성인들이 존재해 왔듯이, 순수하게 인간적인 지평을 넘어서는 것 같은 '악업'을 행한 사람들도 많다. 힐데가르트는 이러한 사람들의 문화를 '악마의 사주'를 받아 첫 인간들을 타락하게 한 '뱀의 관습'이라고 상징적으로 표현하고 있다. 이 '뱀의 관습'이란 모든 문화 안에서 자신들의 이익을 위해서 집단적

58 Hildegarde de Bingen, *Livre des oeuvre divines*, p. 157.

으로 뭉쳐 어둠의 문화를 산출하는 모든 이들을 상징하는 용어이다. 힐데가르트는 이러한 어둠의 세력들에 대항하여 세상 마지막까지 하느님이 선생을 일으키실 것이라 예언하고 있다.

> 그들의 잠입을 통해서 그들의 고유한 문화를 각각의 사람들에게 스며들게 한다. 이들은 항상 창조의 나머지 부분 안에 그들의 사악함의 흔적을 남긴다. 그런데 하느님은 이들의 불경함에 대해서 위대한 전쟁을 일으키신다. 인간의 이성으로 그들의 이성에 대립하게 하시는 것이다. 이러한 전쟁은 최후의 심판 때까지 지속될 것이다. 최후의 심판 때, 이들의 혼동은 자신들을 완전히 수치스럽게 할 것이다. 그리고 이러한 혼동을 지배한 사람들은 생명의 평화를 수용하게 될 것이다.[59]

힐데가르트가 본 환시에서 그리스도의 탄생은 어둠의 세력과 싸우는 영적인 자녀들에게 새로운 지평을 열어준 결정적인 사건처럼 나타나고 있다. 그녀는 "만일 아담이 인류를 낳아준 사람이라고 한다면, 그의 본성을 순수하게 간직한 채 육화된 신의 아들을 통해서 영적인 백성이 개화(開花)하였다."[60]라고 말하고 있다. 육의 백성과 영의 백성이라는 이러한 이원론적인 세계관은 아우구스티누스의 『신국론』에서 '두 개의 나라'에 대한 이원론적인 사유와 매우 유사한 것인데, 세계를 그 궁극적인 목적에까지 전체적으로 바라볼 때 부정할 수 없는 크리스천의 비전일 것이다. 힐데가르트는 수도자가 되고자 하는

59 Hildegarde de Bingen, *Livre des oeuvre divines*, p. 134.

60 Hildegarde de Bingen, *Livre des oeuvre divines*, p. 14.

이들이 '수도 허원'을 할 때 행하는 사태를 지칭하는 듯한 영적인 사람들에 대해서 말하고 있는데 다음과 같다.

> 죄악의 기질에서 완전히 벗어나, 성적인 쾌락을 거부하며 부를 포기하면서 신성한 법의 명령을 따라서 가난을 서약하는 사람들은 사랑 안에서 하늘의 부분인 이 유일한 마지막 부분에 동참하게 되는 것이다. 이러한 것이 자비를 통하여 모든 것을 기초하는 신성한 지혜의 업적이다. 이는 하느님이 당신의 자비를 모든 인간에게 실행하신다는 것이다.[61]

정결과 가난을 서약하는 이러한 사람들을 '하늘의 부분인 마지막 부분'에 동참하는 사람들로 표현하는 것은 참으로 신비가다운 관점이다. 토마스 아퀴나스는 『진리론』에서 "하나의 하위적인 본성은 그 자신이 가진 가장 상승된 것(고차원적인 것)을 통해, 보다 상위적인 본성의 가장 하급적인 부분과의 접촉에 들어간다(attingit)."[62]라고 하였는데, 이러한 논리를 통해서 인간과 천사들 간의 교감이 가능한 것으로 보았다. 힐데가르트 역시 지상에서 가장 들어 올려진 실존을 가진 사람들을 마치 천국의 존재들을 이루는 가장 하위적인 부분으로 이해하고 있는 것이다. 이러한 비전은 우리가 살고 있는 이 세계가 저편세계 혹은 천국의 세계와 일정부분 겹쳐있으며, 보다 詩的인 표현을 빌리자면 어떤 특정한 실존의 지평(종교적 실존의 지평)을 살고 있는 사람들은 이미 천국의 시민이라는 것이다. 이와 유사하게 힐데가르트

61 Hildegarde de Bingen, *Livre des oeuvre divines*, p. 128.

62 Thomae Aquinatis, *Questiones disputatae de Veritate*, q. 10, De Mente, a. 1, ad. 5.

는 자신의 마지막 환시인 '열 번째 환시'에서 이렇게 천국의 일부를 이루고 살고 있는 사람들을 천사들이 발견하게 될 때, 천사들이 인간이 가족이 될 것임을 발하고 있다.

> 영성의 씨앗은 신의 은총을 통해서 계시될 것이다. [......] 따라서 진정한 천사는 인간과 연합할 것인데, 인간의 전환(conversion, 회개)을 통해서 새로움(nouveauté)과 성성(sainteté)을 보게 될 때, 인간의 가족이 될 것이다.[63]

이러한 환시는 미래의 어느 순간에 이 지상에 천국의 시민들이 생겨나게 될 것이며, 또한 이들과 서로 교통하게 될 천사들이 이 지상에서 인간들의 가족으로 살게 될 것임을 말하고 있다. 물론 이러한 환시를 통한 예언들이 하나의 상징적인 것으로 받아들여야 할지 문자 그대로 받아들여야 할지는 누구도 분명하게 말할 수가 없을 것이다. 힐데가르트는 또한 지복자들에 대한 환시를 말하고 있는데, 그녀는 "지상의 모든 것을 자신에게로 끌어당기는 지복자(至福者), 정상을 향한 그의 상승에서, 영원한 생명의 기쁨의 한가운데서의 선한 업적들을 통한 그의 교화는 그 어떤 것도 멈추게 할 수 없을 것이다. 지상의 그 어떤 슬픔도, 탐욕들에 대한 두려움도 이를 멈추게 하지 못할 것이다."[64]라고 묘사하고 있다. 여기서 지복자가 실제로 천국에서 지복을 획득한 사람을 말하는 것인지, 이미 이 지상에서부터 지복의 삶을 앞당겨 사는 사람을 말하는 것이지는 불분명하나 이 역시 매우 희

63 Hildegarde de Bingen, *Livre des oeuvre divines*, p. 202.

64 Hildegarde de Bingen, *Livre des oeuvre divines*, p. 57.

망적이고 낙관적인 복된 소식임은 분명하다. 이 지상에서 인간이 추구해야 할 마지막 목적인 궁극적인 목적을 온 마음으로 추구하는 사람들이 성서적 의인의 이미지라고 한다면, 이러한 의인들이 결국 지상의 모든 어둠들을 물리치고 그들의 사명을 완수할 것이라는 것은 크리스천의 믿음을 지닌 자들이 바라마지 않는 염원이기 때문이다.

힐데가르트의 환시 중에 희망적인 다른 하나는 '죽음'에 관한 환시이다. 그녀는 '아홉 번째 환시'에서 육체적인 죽음에 대해서 매우 희망적인 예언을 하고 있다.

> 인간은 역시 정당하게 생명이라는 이름을 가질 것이다. 왜냐하면 정신의 숨결을 통해서 살아가는 한 그는 생명이기 때문이다. 그러나 육체의 죽음을 통하여 불멸성에로 변화할 때, 그는 총체적으로 생명 안에 있게 될 것이다.[65]

인간이 정당하게 '생명'이라는 이름을 가진다는 표현에서 '생명'이란 물리적인 혹은 생물학적인 생명을 의미하는 것은 아니다. 이는 '어둠에 대립하는 빛', '죽음에 대립하는 생명' 혹은 '육체적인 것에 대립하는 영적인 생명'을 의미한다. 우리는 이러한 힐데가르트의 환시의 내용과 매우 유사한 내용을 실존주의자의 선구자인 키르케고르의 저작에서도 발견할 수 있다.

> 사실 죽음 또한 모든 것을 포함한 영원한 생명의 내부에 있는 하나의 사소한 일에 불과하다. 기독교적으로 말하면 살아있는 동안에

65 Hildegarde de Bingen, *Livre des oeuvre divines*, p.184.

> 희망이 있는 것보다 죽음 이후에 무한히 더 큰 희망이 있다. 이 생명은 단순히 인간적인 의미의 생명뿐만 아니라 완성된 건강과 힘으로 가득 차 있는 생명을 의미한다.[66]

죽음 이후에 가지게 될 '총체적인 생명'이라거나 혹은 '완성된 건강과 힘으로 가득 찬 생명'이란 사실 표현만 다를 뿐 동일한 사태를 지칭하는 것이라 할 수 있다. 힐데가르트에게 있어서 인간이 이러한 '빛'으로서의 생명일 수 있는 것은 인간이 정신(지성혼)을 가진 때문이다. 인간이 정신의 숨결을 통해서 살아간다는 표현은 보다 정적인 것을 삶의 의미로 살아간다는 의미로 볼 수 있을 것이며, 따라서 보다 정신적으로 될수록 인간은 보다 많은 생명을 가진다는 것을 의미하고 보다 더 생기 있는 삶을 산다는 것을 의미한다. 그리고 육체적 죽음의 순간에 인간은 총체적인 생명 안에 있게 된다는 표현도 참으로 희망찬 메시지라 하지 않을 수 없다. 인간은 평생 동안 '존재와 비-존재' 사이에서 살고 있으며, 그런 한 항상 '공허와 충만', '불안과 안정', '빛과 어둠' 사이를 오락가락 하는 존재일 수밖에 없다는 것이 실존주의자들의 진실이라면 이러한 갈등상황이 마침내 끝나는 순간이 바로 '죽음의 순간'이라는 말이다. 왜냐하면 '총체적으로 생명 안에 있게 된다'는 것은 곧 '존재의 충만을 획득함'과 같은 의미이기 때문이다. 만일 인간이 '정신적인 숨결로 살아가기만 한다면', 즉 올바른 정신을 가지고 인간답게 살아가기만 한다면 죽음은 우리를 '빛과 생명'에로 인도할 것이라는 희망적인 메시지가 곧 힐데가르트의 환시가

66 키르케고르, 『불안의 개념』, 임춘갑 옮김, 도서출판 치우, 2011, 18쪽.

가진 의미이기 때문이다.

하지만 죽음 이후에 맞이할 이러한 바라마지 않는 상황이 단지 죽음이라는 사건을 거쳐야만 가질 수 있는 것은 아니다. 이러한 생명의 충만은 이 지상에서 이미 시작될 수가 있다. 이에 대한 힐데가르트의 환시 내용은 다음과 같다.

> 참으로 천사는 신의 얼굴 앞에서 영속적이나 인간은 불안정하다. 마찬가지로 인간의 업적은 자주 타락하지 않는가. 천사들의 축복은 결코 이러하지 않다. 하늘과 땅은 그들을 만드신 하느님의 마음을 움직인다. 이들은 신의 영광을 노래한다. 인간은 죽을 존재이기에 예언자들과 천사들에 의해 계시된 신성한 계시를 어둡게 한다. 이것이 어둠의 그림자이다. 그러나 만일 인간이 더 이상 변하지 않도록 불안정함을 떠나게 되면 그는 하느님의 분명함을 보게 될 것이다. 그리고 하느님의 영속성 안에서 앞서 언급한 다윗처럼 될 것이다.[67]

'천사는 영속적이나 인간은 불안정하다!' 단순한 이 한 문장이 천사와 인간을 구별하는 매우 효력적인 문장이며 또한 영적인 인간과 육적인 인간의 차이를 말해 주는 척도이기도 하다. 토마스 아퀴나스는 이성을 가진 존재들로서 천사와 인간을 말하였고, 이들에게 공통적인 점은 –이성이 있다는 그 사실로부터– 자유의지가 있다는 것을 말하였다. 이는 사실이다. 만일 천사들이 자유의지가 없었다면 루치펠은 결코 신에 대립하여 자신들의 위치를 이탈하지 않았을 것이다.

---

67 Hildegarde de Bingen, *Livre des oeuvre divines*, p. 163.

그런데 천사가 가진 자유의지와 인간이 가진 자유의지는 질적으로 차이가 있다. 인간의 자유의지는 나약하고 불안정하여 항상 신의 현존을 주시할 수도 없고, 또 항상 진리와 선에 고정되어 있을 수가 없다. 인간은 본성상 항상 불안하고 자주 오류에 빠지고 자신의 자유의지를 제대로 사용할 수 없거나 자유의지의 남용에 빠지곤 한다. 사실 모든 '후회의 감정'의 이면에는 '자유의지의 외면'이나 '남용'이 도사리고 있다. 하지만 천사들은 다르다. 자유의지의 남용으로 인하여 악마적인 존재가 된 천사들이 아니라면 모든 천사는 본래적으로 진리에 고정되어 있고 항상 선을 실천하는 '완전한 자유의지'를 가진 존재들이다. 천사들의 삶이란 오직 신을 사랑하고 신의 영광을 노래하는 것에 고정되어 있고, 그들은 항상 진리와 선을 위해서 자신들의 자유의지를 사용할 수가 있는 존재들이다. 인간이 '숙고하고' '명상생활'을 하며, '관상의 행위'를 하는 모든 것도 사실 '자유의지의 올바른 사용'이라는 하나의 근원적인 목적을 위한 것이다. "인간이 더 이상 변하지 않도록 불안정함을 떠나게 되는" 그러한 상태란 그의 모든 삶의 의미가 신적 현존에 고정되어 있으며, 오직 신의 뜻을 수행하는 t데 자신의 모든 것을 헌신할 수 있는 일종의 '천사적인 상태'를 의미한다고 할 수가 있다. 비록 죽음의 공포가 자신을 위협한다고 해도 진리와 선을 위해 굳건하게 자유의지를 가질 수 있는 그러한 사람이 바로 '불안정함'을 떠나 '영속성'을 가진 사람들이다. 우리는 이러한 사람들을 '성서적인 의인'이라고 할 수가 있을 것이다. 이러한 의인들이 '하느님의 분명함'을 보게 될 것이라는 표현은 상징적인 표현이며 일종의 시적인 표현이다. 여기서 하느님의 분명함이란 '하느님의 섭리를 분명하게 인지할 수 있는' 의미로 해석할 수가 있을 것이다. 신의 섭리는 인간의 이성적 사유를 넘어서는 것이어서 인간에게는 항상 모호하고 희미하게만 나타난다. 하지만 결코 흔들리지 않는 영성적인 삶을 지속적으로 가진 자들에게 있어서 이러한 희미한 하느님의 섭리는 한층 분명하게 인지될 것이다. 왜냐하면 신의 섭리는 한 개인의 가장 내밀한 삶 안에서 이루어지며, 섭리의 이끄심이 모호한 것은 인간의 실존이 불안정한 것에 있기 때문이다. 만일 이러한 불안정함이 사라진다면 섭리의 이끄심은 보다 분명하게 드러날 것이기 때문이다.

힐데가르트의 마지막 환시인 '열 번째 환시'의 내용은 신적 현존을 추구하는 영성가들과 세상 안에서 신적 진리를 추구하는 성서적 의인들에게 용기와 희망을 주는 내용들로 가득 차 있다. 그중 가장 의미심장한 것을 한두 가지 소개하면 다음과 같다.

> 평화의 고요 속에 침잠하는 사람들은 열매가 가득할 것이다. 어떠한 전쟁도 더 이상 그들을 두렵게 하지 못할 것이다. 왜냐하면 모든 영광을 지니게 되면서 가난은 더 이상 그들을 구속하지 못하기 때문이다. 이들은 모든 선의 근원인 신에게만 모든 영예를 드리게 된다. 휴식과 충만의 시간에 여전히 아직 한 번도 보지 못한 위험들이 뒤따를 것이지만, 이러한 고요 안에 지속적으로 머무는 사람이라고 한다면 어떠한 위험도 두려워하지 않을 것이며, 다가오는 날들은 완전히 다른 날들이 될 것이며, 고통이 가득한 날들은 예언자들의 비탄을 수행하는 날들, 신의 아들의 음성을 붙잡는 날들이 될 것이다.[68]

68 Hildegarde de Bingen, *Livre des oeuvre divines*, p. 203.

여기서 평화와 고요 속에 침잠하는 사람들이란 앞서 말한 흔들리지 않는 안정된 영혼을 가진 사람들을 말한다. 세상 안에서 항상 신의 현존과 섭리의 이끄심에 그들의 의지가 고정되어 있는 사람들, 그래서 그 어떤 세상의 위협에도 자유의지의 올바른 사용을 상실하지 않는 사람들이 바로 평화와 고요 속에 존재하는 사람들이다. 이들에게 열매가 가득할 것이라고 할 때, 이 열매는 사랑의 결실이다. 이들에게 있어서 이 현세적인 삶에 있어서 세속적인 가치들이나 세상 사람들이 쫓는 영예들은 아무런 의미가 없으며 오직 신의 영광과 신적 사랑만을 추구하기에 이들은 세상에서 죽는 것에는 아무런 두려움이나 염려가 없다. 아마도 실존주의자들의 말을 빌리면 이들은 이미 '세상에 대해서 죽은 사람들'[69]이기 때문에 그것이 무엇이든 세속적인 것에 대한 상실은 더 이상 두려운 것이 아니다. 그렇기 때문에 이들은 어떠한 어려움이나 두려운 상황 속에서도 자신들의 사랑의 삶을 지속할 수가 있다. 그렇게 때문에 그들의 삶에서 사랑의 열매가 맺지 않고 지나가는 법이 없다. 그것이 선행이거나, 헌신이거나 혹은 신의 현존을 맞이하는 일이거나 어떠한 형식으로든 이들에게는 매일이 사랑의 삶이며, 사랑의 결실들로 이루어질 것이기 때문이다. 만일 이들이 이들의 복음적 사랑으로 인하여 고통이 가득한 날들을 맞이한다고 할지라도 이러한 고통은 곧 일찍이 예언자들이 맞이한 그 고통, 그리고 그리스도가 십자가상에서 하느님께 드렸던 그 음성과 동일한

69 "기독교적인 용어로도 죽음은 가장 깊은 영적인 비참함을 나타내는 표현이다. 그러나 치료는 죽는 것에, 세상에서 죽는 것에 있다." 키르케고르, 『죽음에 이르는 병』, 김용일 옮김, 계명대학교출판부, 2006, 16쪽.

음성이 될 것이다.

힐데가르트의 환시들 중 숭고하고 장엄한 '초월적인 이미지'들 중 하나를 소개하면서 환시가 힐데가르트의 놀라운 '환시'에 대한 글을 마치고자 한다. 마치 영화「베를린 천사의 詩」에서 보여주는 장엄한 모습을 연상케 하는 이 환시는 미래 어느 날 새 하늘과 새 땅이 도래하였을 때의 모습이거나 아니면, 이 지상의 육체를 떠난 한 영혼이 천상적인 지평에서 본 숭고한 지상의 모습을 그려 주는 것 같은 아름다운 모습이다.

> 바다의 소리와 유사한 목소리의 '연주'가, 목소리의 충만함과 완성을 지닌 연주, 천사들과 인간들의 연주가 신의 영광을 노래하였다.[70]

3. 힐데가르트의 사상에 대한 현대 철학의 비전
– 생명사상과 초현실주의의 이념 –

역사상 최초의 여성 신비가로서 등장하는 힐데가르트는 그녀의 생애가 그러하였듯이 정신에 있어서도 '웅대하고 심오한 모습'으로 나타나고 있다. 아마도 철학적으로 그녀의 정신을 특징짓고자 한다면 '생명사상'과 '초현실주의적 이념'이라고 할 수 있을 것이다. 우주를 존재하게 하고 생명을 탄생하게 하며, 존재하는 모든 것을 존재하

70 Hildegarde de Bingen, Livre des oeuvre divines, p. 145.

게 하고 변모하게 하는 근원적인 힘인 신성한 생명의 힘, 바로 이 생명이 힘이 또한 인간으로 하여금 되어야 할 존재가 되게 하며, 세계의 궁극석인 복적에로 나아가게 하는 그 능력이며, 인간이 단적으로 생명이라고 불릴 수 있는 것도 인간영혼의 능력을 통해서 이 신성한 생명의 현존과 일치할 수 있기 때문이다. 생명이라는 하나의 개념을 통해서 전 우주적인 현상과 인간의 심오한 현상을 모두 이해하고자 하는 이러한 그녀의 정신을 우리는 '생명사상'이라는 것 외에 다른 말로 요약할 수는 없을 것이다. 그런데 이러한 힐데가르트의 생명사상에서 생명의 개념은 현대의 실존주의자들이 말하고 있는 '존재'의 개념과 매우 유사하고, 존재의 개념과 호환될 수 있는 용어이다. 가령 하이데거가 인류의 역사를 '존재망각의 역사'라고 하였을 때, 이 존재는 곧 '대홍수'사건 이후로 인간이 망각해온 그 '신성한 생명의 힘'과 다른 것이 아닐 것이기 때문이다. 즉 힐데가르트는 인류가 문명을 가지기 시작하면서 조금씩 상실해온 그 생명의 힘을 보면서 인류의 역사는 '생명의 힘에 대한 망각의 역사'라고 할 것이기 때문이다. 인류가 기계기술 문명에 의존할수록 인간성이 외소해지고, 모든 인간적인 가치들이 퇴색하고 있는 것은 인간이 존재로부터 멀어지고 생명으로부터 멀어지고 있다는 것이다. 그렇기 때문에 키르케고르는 인간이 현실의 삶에 대해서 느끼는 실존적인 감정을 곧 '권태로움'이라고 본 것이다. 신비주의의 관점에서 보자면 인류의 역사란 '물질문명의 진보와 인간성의 퇴보'라고 말할 수 있을 것이다. 이러한 인간성의 퇴보는 모든 인간적인 가치들의 퇴보를 의미한다. 의미, 자유, 희망, 정의, 평화, 사랑 등 일체의 가치들의 퇴보이다. 이러한 가치들이 사라진 현실이란 외적으로 모든 것이 갖추어지고 물질적인 풍요를 누리고 있지만, 무의미하고, 메마르고, 공허한 내면을 체험하는 그러한 '실존의 권태'를 야기하는 것이다.

힐데가르트의 신비적 체험은 이러한 인간성의 퇴보에 하나의 빛을 주고 있다. 그것은 모든 것을 일깨우고 또 일깨우는 '신성한 생명'이 우리 가운데 있으며, 인간의 영혼의 깊은 곳에 이 동일한 생명의 힘이 잠들어 있음을 말해 주고 있다. 인간이 상실한 그 생명의 힘, 역사를 통해 망각해 온 그 존재의 힘을 우리 가운데서 일깨워 주고자 하는 것이 힐데가르트의 환시의 효력성이라고 할 수 있다. 잠들어 있는 세계와 영혼의 힘을 일깨워 주고자 하는 이러한 정신, 이는 바로 초현실주의가 지향하는 바로 그것이다. 쟝 라크르와(J. Lacroix)는 브르똥의 말을 빌려 초현실주의를 다음과 같이 정의하고 있다. "브르똥은 초현실주의를 세계의 시간적인 측면과 영원한 가치의 만남, 즉 사랑과 자유와 詩'라고 정의했다. 일상적인 현실에 대한 초현실주의의 반항은 세계의 내부 자체에서 세계를 초극하는 하나의 초-현실(sur-réalité)을 긍정하는 데서 비롯된다."[71] 비록 초현실주의가 말하고 있는 세계의 내부에 있는 '초-현실'이 힐데가르트가 말하고 있는 신적 현존으로서의 '생명'과는 동일한 것을 지칭하는 것은 아니라고 할지라도 잠들어 있는 현실을 일깨우고 인간이 망각하고 있는 '현실 이면의 또 다른 세계'에 대해 자각하게 한다는 차원에서 동일한 정신을 가지고 있음을 발견할 수 있다. 쟝 라크르와는 또 다음과 같이 말하고

71 쟝 라크르와, 『현대 프랑스 사상의 파노라마』, 정성진 옮김, 탐구당, 1985, 72쪽.

있다. “종교적인 의식과 초현실주의적 의식은 꼭 같이 ‘존재’의 탐색이고 숭배이다.”[72] 사실 종교에서 말하고 있는 신은 다양한 이름을 가지고 있다. 야훼, 알라, 일자 등은 그 표현이 다를 뿐 동일한 신을 지칭하는 용어이다. 그리고 중세의 철학자들은 이러한 신성한 존재를 ‘존재자체(*Ipsum Esse*)’라고 명명하였다. 인간과 모든 생명체들이 살아가는 이 세계는 분명 눈에 보이고 만질 수 있는 세계와 볼 수도 만질 수도 없지만 보다 생동감 있고 보다 심오한 세계로 이루어져 있다. 신비가들이 추구하고 체험하는 세계는 바로 이 눈에 보이지 않는 신성한 세계의 현존이며, 가브리엘 마르셀 같은 철학자들은 이를 ‘존재에의 추구(le désir de l'Être)’라고 말하고 있다. 아마도 이러한 존재에 대한 추구가 가장 생동감 있고 가장 구체적이며 가장 의미심장하게 나타나고 있는 사람들의 삶이 곧 ‘신비가들의 삶’일 것이다. 이러한 존재에의 추구는 힐데가르트의 환시를 통해서 ‘생명에 대한 추구’로 나타나고 있다. 그리고 이 생명에 대한 추구는 이후 다른 모든 신비가들이 취하게 될 다양한 유형들, 내면성, 영적인 사랑, 신비적 결합, 무[無]에의 추구 등의 구체적인 결실들의 씨앗처럼 나타나고 있다. 그래서 우리는 이러한 힐데가르트의 신비적 체험을 신비가들의 선구자처럼 고려할 수 있으며, 오늘날 여전히 세계와 인간의 진리를 추구하는 사상가들의 영감의 원천으로 고려할 수가 있는 것이다.

72 『현대 프랑스 사상의 파노라마』, 73쪽.

2장

아시시의 글라라 (Santa Chiara d'Assisi)

2장

아시시의 글라라 (Santa Chiara d'Assisi)

1. 생애와 인물

1) 빛에 대한 갈망

모든 성인 성녀들의 특징에는 단순함이라는 것이 있다. '가난의 성모 수녀회'의 창시자이며, 성 다미아노 수녀원의 첫 수녀 원장이었던 아시시의 글라라 성녀 역시 놀라울 만치 단순하고 자신의 신념에 전적으로 투신하는 단순함을 가지고 있었다. 앞서 본 힐데가르트가 위대한 영웅의 모습을 하고 있었다면, 아시시의 글라라는 세상에서 가장 '빈자'의 모습을 한 성녀로 다가온다. 마치 정-반-합의 역사의 변증법처럼 글라라는 자신보다 앞선 첫 여성 신비가와는 전혀 상반된 모습으로 우리에게 다가오지만 역설적이게도 글라라의 '절대적인 가난'은 당시의 그 어떤 위대한 인물보다도 더 숭고한 모습처럼 보인다. 가장 큰 소리를 들을 수 없고, 가장 큰 존재는 볼 수 없다고 하는 도가[道家]의 역설처럼, 글라라는 절대적인 가난을 전 생애를 통해서 실천하고자 하면서 가장 숭고한 성인 중의 한 사람으로 부각되고 있다.

아시시의 글라라는 1193년 혹은 1194년, 7월 16일 혹은 1월 20일에 태어났다는 설이 있으나, 가톨릭교회의 전통에서는 1194년 7월 16일을 글라라의 탄생일로 정하였다. 시기적으로 보자면 글라라 성녀는 스콜라철학의 중기를 살다간 사람이었다. 그리고 그녀의 삶은 당시 시대적 배경과 밀접한 연관이 있다. 중세의 중기는 가톨릭교회의 정신적 일대 쇄신이 행해지던 시대였다. 십자군의 전쟁[73]으로 인해 시민들의 생활이 피폐해지자 하층민과 중산층의 시민들은 귀족들에 대한 불만이 날로 커지고, 이민족의 침입으로 인한 문화적 위기의식을 느끼게 되었으며, 나아가 과학기술의 발전[74]은 전통적인 가르침들에 대한 불신을 가중하였다. 이 중에서도 전쟁의 소용돌이 속에서 불가항력적으로 당해야만 하였던 하층민들의 불만은 가장 심각한 문제였다. 라이나타 수녀가 저술한 『성녀 글라라』에서는 당시의 분위기를 다음과 같이 묘사하고 있다.

> 높은 성벽과 날카로운 첨탑으로 무장하고, 깍아지른 듯 가파른 언덕 위에 서 있는 성채는 마치 폭정의 화신인 양 아씨시와 그 주변을

73 글라라가 탄생한 1193년은 프리드리히 1세의 지휘 아래 〈제3차 십자군〉이 원정을 떠난 해였다.

74 영국의 옥스퍼드에서 활동하며 〈광학이론〉을 저술한 그로스테스테(R. Grosseteste)의 탄생년도는 1175년이며, 〈눈과 뇌의 해부학〉, 〈빛의 방향, 위치, 크기 그리고 반사와 굴절〉 등에 대해 저술한 로즈 베이컨의 탄생일이 1210년이란 것을 감안한다면, 글라라가 성장하던 당시에 이미 상당한 과학적인 진보가 있었다고 추정할 수 있다.

엄하게 내려다보며 감시하고 있었습니다. 이러한 상황 아래 가장 압제받는 농노와 일반 서민은 물론 이제 막 일어나기 시작한 중산 계급의 상인층은 봉건영주와 황제에 의한 억압의 상징이며 과다한 세금과 종군의 의무를 상기시키는 성채를 불만에 가득 찬 얼굴로 올려다보곤 하였습니다. [......] 백성들의 불만은 날로 더해갔습니다. [......] 농노와 일반 백성 역시 불만과 적개심을 영주와 주인에게 공공연히 드러냈습니다. 어느 시대를 막론하고 불만의 씨앗인 굶주림으로 죽어간 가족들의 빈자리를 바라보는 야위고 힘없는 얼굴들에게서 이 현상은 더 뚜렷했습니다. 거듭되는 전쟁이 잘 익은 과일과 추수를 앞둔 황금들판을 순식간에 잿더미로 만드는 횡포가 예사롭게 일어났던 것입니다.[75]

교회 역시도 지배계급에 속하였으며, 십자군의 전쟁이 가톨릭교회가 주도한 것이라 백성들의 교회에 대한 불만도 귀족들에 대한 것 못지않았다. 이러한 상황 아래서 교회는 더 이상 전통적인 방식의 삶을 고수할 수 없었고, 시대의 요청에 응답할 수 있는 새로운 세계관 새로운 삶의 방식을 보여주어야 하였다. 이러한 시대의 요청에 응답하면서 혜성같이 등장한 두 인물이 있는데, 아시시의 성 프란치스코와 도미니크 수도원의 창시자인 성 도미니크였다. 성 프란치스코가 복음의 삶에로 돌아가 '청빈'과 '사랑의 삶'을 기반으로 한 새로운 수도원을 창립하였고, 성 도미니크는 오직 교육을 통해 그리스도인들의 '개명'에 헌신할 교육 수도원을 창립하였다. 이 두 수도원의 공통된 특징은 '탁발 수도원'이라는 것이다. 즉 사유재산을 소유하지 않

75 C. A. 라이나티 수녀, 『성녀 글라라』, 익산 성 글라라 수녀원 옮김, 가톨릭출판사, 2003, 28–29쪽.

고, 평생을 '청빈'하게 살고자 하는 복음의 정신을 실천하는 것이었다. '복음적 가난'이란 단지 재산을 소유하지 않는 다는 것이 아니라, 세속의 모든 짐을 벗고 오직 하느님의 섭리 안에만 의탁하면서 한층 들어 올려진 '大-자유'를 추구하는 것을 말한다. 글라라가 수도자의 삶을 살기로 결심한 것은 바로 이러한 프란치스코의 정신에 감화를 받은 이후였고, 후일 그녀가 창립한 수도원의 이름을 '가난의 성모 수녀회'라는 한 것도 이러한 정신에 의해서였다.

글라라의 시성 조사에 의하면 글라라는 코코라노(Cocorano) 백작의 귀족가문 출신이며, 15세기의 전통에 따르면 쉬피(Scilfi) 백작가문의 출신으로 알려져 있다. 그녀의 아버지 파바로네(Favarone)는 큰 궁전과 성을 소유한 매우 부유했던 사람이었고 기사였으며, 세속적인 영예에 매우 집착이 많았던 사람이었다. 그리고 당시 그녀의 집안에는 무려 일곱 명의 기사들이 상주하였다고 전해지고 있다. 이러한 상황 속에서도 글라라가 종교적인 삶에 매우 민감하고 어린 시절부터 영성적인 자질을 보여주게 된 이유가 있다면 그것은 그의 어머니 오르톨라나(Ortolana) 덕분이었다. 글라라가 성 프란치스코의 정신과 열정에 감화를 받고 복음적 가난에 대한 열정으로 세상을 버리기로 결심하였다고 한다면, 그녀의 이러한 결심은 또한 어머니의 영향이 매우 컸다. 글라라의 어머니 오르톨라나는 로마와 다른 성지로 여러 번 순례를 하였고, 후일 교회로부터 복녀로 인정될 만큼 덕망과 신앙심이 깊은 사람이었다. 그녀는 남편이 죽자 글라라가 설립한 수도원에 의탁해 남은 평생을 수도자적 삶으로 살다가 생을 마감하였다. 글라라의 시성 조사에서는 글라라의 탄생과 이름에 관한 증언도 있는

데, 오라톨라나가 성 미카엘 대천사에게 기도드리기 위해 순례를 떠났고 이후 아기를 가졌으며, 출산에 임박하여 순산의 기도를 드리고 있는데 다음과 같은 음성이 들려 왔다고 한다.

> 두려워마라, 여인아, 너는 안전하게 빛을 낳으리니, 그 빛은 빛 자체보다도 더 밝게 빛을 비출 것이니라.[76]

'빛'을 의미하는 '글라라'라는 이름은 바로 여기에서 기인된 것이다.[77] 다소 전설적인 일화이지만 이러한 예언이 실현되었다는 것은 분명하다. 1252년 교황 인노첸트 4세는 병중에 있는 글라라를 직접 방문하고, 당시 끊임없이 논란이 되었던 '절대적 청빈'을 허락하는 성녀 글라라 회칙을 허락하는 교황칙서를 전달하였고, 무려 150여 수도원이 이 회칙을 받아들였기 때문이다. 빛으로서의 글라라의 이름이 상징하고 있는 것은 곧 시대적 어둠을 제거하고 하느님의 진리를 바로 세운다는 정화를 의미하고 있다. 글라라의 시성조사를 밝혀 주고 있는 한 책에서는 글라라의 존재의 의미를 다음과 같이 요약해 주고 있다.

> 병약한 세상 해가 가면서 거의 질식할 지경에 이르렀듯이, 믿음의 전망도 미궁에 빠져들었고, 윤리의 기초가 흔들렸으며, 힘 있는

76 재속프란치스코 한국 국가형제회, 『아씨시의 성녀 글라라 전기와 시성 조사 증언록』, 이재성, 이상선 옮김, 재속프란치스코 국가형제회 출판부, 2003, 23쪽.

77 라틴어로 'clarae'는 밝음, 환희, 비추는 빛 등을 의미한다. 한국어로는 성녀의 이름이 '클라라'에 가깝지만, 현재 대다수 수도원이나 영세명 등에서 '글라라'로 사용하고 있기에 이에 따랐다.

위대한 업적들이 줄어들었기 때문에 참으로 악습의 타락이 시대적 타락을 뒤따랐습니다. 이때 사람을 사랑하시는 하느님께서 당신의 심오한 자비로 거룩한 수도회를 새로 일으키시어, 이 수도회들을 매개로 믿음도 견고히 하셨고, 윤리의 기강도 다시 잡으셨나이다.[78]

2) 절대적 가난에 대한 투신과 관상의 삶

프란치스코의 영웅적인 행동에 감화를 받은 글라라는 자신도 수도생활을 결심하고 반대하는 부모님을 피해 야반도주를 함으로써 결국 자신의 뜻을 이룬다. 그리고 1212년 4월 말경에 글라라는 산 다미아노(San Damiano) 성당 근처에 있는 막 태동하는 공동체에 기거하기 시작하였는데, 당시 공동체를 이끌어간 사람은 글라라였다. 1214년 글라라는 자신의 원의와는 달리 프란치스코의 권유로 '수녀 원장'이라는 직책을 맡게 되었다. 이후 아시시의 명문가의 여인들이 이 수녀원에 합류하였고, 그녀의 아버지가 임종하자 어머니 역시 이 수녀원에 합류하였다. 전기에 따르면 클라라와 그의 어머니 오르톨라나는 이 수녀원에서 수많은 치유의 기적을 낳았다고 전해 주고 있다. 프란치스코는 베네딕도 수도원의 수도규칙에서 영감을 받아 작성한 '삶의 규칙(Formula vitæ)'을 수도생활의 준칙으로 글라라에게 주었다. 이렇게 하여 '가난의 성모 수녀회(l'ordre des Pauvres Dames)'이라고 불리는 '글라라 수녀회'가 탄생한 것이다. 1216년에 글라라는 교황 이노센트 3세(Innocent III)로부터 '가난의 특권'을 허락받았는데, 이

78 『아씨시의 성녀 글라라 전기와 시성 조사 증언록』, 15쪽.

가난의 특권이란 '절대적인 가난을 지향하는 수도회'를 공식적으로 인정받는 것을 의미한다. 정식으로 수도자의 삶을 걷게 된 이후의 글라라의 삶을 조명해 보면 그녀의 전 삶은 그리스도가 걸었던 길을 타협 없이 뒤따르기 위해서 '절대적 청빈'에 기초한 수도회의 규칙을 마련하는 것과 복음의 정신에 입각한 모범적인 관상 수도회를 세우는 일에 모든 삶을 헌신한 것으로 요약할 수 있다. 그리고 이러한 글라라의 삶은 하느님께서 원하시는 것은 우리가 세상에서 이룬 업적 보다는 우리가 '어떤 상태로 존재하는가'에 더 관심이 있다는 말로 또한 요약할 수 있다.

글라라의 '절대적인 청빈'에 대한 사랑은 놀라운 것이었다. 당시 유럽의 수도원들은 대개 대-수도원으로서 많은 부와 땅을 소유하고 있었으며, 남자 수도원들에게 조차 이미 '탁발'을 하는 일은 거의 없었다. 학문과 신기술들을 거의 독점적으로 보유하고 있던 당시의 대수도원에는 귀족의 자제들이 학문을 배우기 위해서 의탁되었는데, 이러한 아이들을 '오블라'라고 불렀다. 오블라를 두고 있는 귀족들은 토지나 제산 등 거액의 부를 기부하는 것이 관례였다. 대-수도원들은 자신들이 소유한 부를 원천으로 정치, 경제적으로 매우 큰 영향력을 행사하였고 심지어 새로운 왕이 권자를 물려받을 때, 대-수도원에서 축복을 받아야만 그 정당성을 확보할 수 있었다. 이러한 시대적 상황 속에서 절대적인 청빈을 수도원의 고유한 가치로 내세운 다는 것은 시대의 흐름에 반기를 드는 것이었으며, 실제로 탁발이 불가능한 여성 수도자들에게 있어서는 매우 모험적인 일이었다. 하지만 이러한 모험적인 일은 '온 인류를 구원하기 위해 고통의 길을 걸어간 그리스도의 신비'를 간직한 글라라에게는 전혀 두려운 것이 아니었다. 사실 수도원의 초기에 글라라와 그의 동료 수녀들은 프란치스코에 의해서 주어진 매우 근본적인 몇 가지 삶의 원칙들을 제외하고는 그들만의 수도규칙을 가지고 있지 않았다. 그리고 몇 년 후 1219년경 프란치스코가 동방으로 여행을 떠난 사이 수도원의 보호자였던 우골리노(Ugolino) 추기경-후일 그레고리 9세(Grégoire IX) 교황이 된 인물-이 프란치스코 수도회의 핵심들을 포함하지만 성 베네딕도의 수도규칙에 기초한 새로운 수도규칙을 글라라 수도원을 위해서 써 주었다. 그런데 이 새로운 규칙에는 프란치스코의 심장역할을 하였던 '절대적인 청빈'의 조항이 삭제되어 버렸다. 왜냐하면 우골리노 추기경은 탁발을 하는 남자 수도원과 달리 탁발을 할 수 없는 수녀원으로서는 절대적 청빈이 불가능하다고 생각하였기 때문이었다. 이 새로운 규칙이 비록 어떤 관점에서는 매우 엄격하기는 하였기만 수도원 공동소유의 사유재산을 인정하고 있는 것을 발견하였을 때, 글라라는 새로운 규칙이 프란치스코의 창립정신에 위배되는 것임을 지적하면서 용감하게 우골리노 추기경의 의지에 저항하였다. 프란치스코는 그의 형제들에게 한 것처럼 가난한 성모의 수년원에도 어떤 형태로던 사유재산을 소유하는 것을 엄격하게 금지하였기 때문이었다. 후일 교황이 된 이후, 우골리노는 성 프란치스코의 시성 조사를 위해 다시 아시시로 왔으며, 클라라 수녀원을 방문해 다시 한 번, 보다 안정된 수도생활을 위해서 '절대청빈'을 풀 것을 권유하였다. 하지만 클라라는 매우 단호하게 이를 거절 하였다. 그녀는 교황에게 다음과 같이 단호하게 자신의 뜻을 말하였다.

교황이시여, 저는 저의 모든 죄를 면제해 줄 것을 간절히 원합니다. 하지만 그리스도를 따르는 의무를 면제해 줄 것을 원치는 않습니다.[79]

이 세상으로부터의 완전한 이탈이라는 글라라의 영웅적인 행위는 교황의 감탄을 자아내었고, 당시 글라라에게 보낸 교황의 편지에는 이러한 그의 마음이 잘 드러나 있다.

하느님의 종들의 종, 로마 주교인 그레그와가 아시시 교구의 산 다미아노 교회에 머물고 있는 그리스도의 사랑하는 딸들, 글라라와 그의 자매들에게... 오직 하느님에게만 헌신하고자 하는 당신들의 원의가 당신들로 하여금 모든 물질적인 선들을 포기하게 하였음은 분명합니다. 바로 이 때문에 당신들은 당신들이 소유한 모든 부를 팔아서 가난한 사람들에게 나누어 주고 그 어떤 소유물도 소유하지 않은 채, 가난하게 살았던 그분, 길이신 그분, 진리요 생명이신 그분의 모범을 따르고자 원의를 발하였습니다. 비록 아무것도 소유하지 않겠지만, 당신들에게 필요한 것들은 결코 당신들에게 부족하지 않을 것입니다. 왜냐하면 천국에 있는 당신들의 신랑의 오른 팔이 당신들의 연약한 육체를 지지하게 위해서 당신들을 감싸고 있을 것이기 때문입니다. [......] 하늘의 새들을 먹이시고 들판의 백합들에게 옷을 입히시는 그분께서 제때에 당신들에게 양식과 의복을 제공해 주실 것입니다. [......] 당신들이 절대적인 청빈을 요청하였기에, 나는 이 편지를 통하여 가장 최상의 청빈을 원하는 당신들의 요청이 사도적인 은혜로 받아들여졌음을 선포합니다.[80]

---

79 P. Pancratius, *Het privilegie der armoede*, *dans Franc*. leven, XXII, 1939, p. 176.

80 *The Catholic Encyclopedia*, www.khight.org/advent

절대적 청빈이라는 당시로서는 혁신적인 매우 엄격한 규칙은 후일 교황 이노첸티우스 4세(Innocentius IV)에 의해서 다시 한 번 갈등을 겪게 되었으나, 글라라는 여전히 자신들의 수도규칙을 양보하지 않았다. 결국 글라라가 임종하기 이틀 전인 1253년 8월 9일에 교황 이노첸티우스 4세는 글라라 수도원의 '절대청빈'의 규칙을 '가톨릭교회의 가장 소중한 보석 중의 하나임'을 장엄하게 선포하였다. 사실상 글라라 수도원의 규칙은 절대적 청빈이라는 프란치스코의 규칙에 기반하고 있지만, 수녀원의 모든 규칙은 글라라가 수녀 원장으로 있으며 평생 동안 형성한 것이며, 이는 오늘날 까지 전 세계의 글라라 수녀원의 규칙으로 지켜져 오고 있다.

글라라의 청빈은 다만 재산을 소유하지 않는 것만을 의미하는 것이 아니었다. 1215년 사부 성 프란치스코의 원의에 따라 산 다미아노의 수녀 원장이 된 클라라는 1253년 임종 때까지 40년 동안 이 수녀 원장직을 지속하였으며, 새로운 수녀원을 설립하기 위한 이유가 아니라면 단 한 번도 수녀원을 떠나 본 적이 없었다고 전기는 전하고 있다. 이러한 글라라의 모습은 일체의 세속적인 것에서 해방되어 오직 하느님께 숨어드는 '봉쇄수도원'의 상징적인 인물이 되었다고 할 수가 있다. 세상에서 버려졌던 작고 가난한 성당이 글라라의 고독과 침묵, 그리고 절대적 가난을 통해 하느님 안에서의 절대적인 자유라는 성인들의 길을 마련한 거룩한 장소가 되었고, 글라라의 단순하지만 절대적인 신념은 프란치스코가 갈등할 때 가장 큰 힘이 되어 주었다. 그가 유명한 "태양의 찬가"를 작곡하게 된 것도 산 다미아노를 마지막 방문하였을 때였다. 글라라의 삶은 많은 젊은 여성들의 마음에 불을 지폈고 유럽 전역에는 글라라 수녀원이 세웠다. 비록 작은 분량이지만 그녀의 저작들은 당시 유럽교회의 쇄신에 가장 큰 영감을 주었으며, 그녀의 수도 생활은 크고 작은 기적들로 점철되어 있다. 그 중 가장 잘 알려진 일화는 1234년 프레드릭 2세의 군대가 아시시를 침공하였을 때, 성체를 들고 군대를 물리친 이야기이다. 당시 군사들이 산 다미아노 수녀원에까지 들이닥쳤을 때, 글라라는 성체를 높이 들었고, 성체에서는 강렬한 빛이 군대를 향해 퍼져나갔으며, 군사들은 눈이 멀기도 하며 도망갔다는 이야기이다. 그리고 다른 하나의 기적은 교황 알렉산더 4세(Alexandre IV)에 의해 시성된 뒤 성녀의 시신은 산 지오르지오(San Giorgio) 성당에 안장되었는데, 6세기가 지난 1850년에 다시 발견되었을 때는, 옷과 육체는 이미 먼지로 변해 버렸지만 그녀의 골격은 완벽한 상태로 보존되어 있었다고 전하고 있다. 이러한 그녀의 삶은 일체의 세속적인 것에서 물러나 가장 고귀한 보물, 즉 관상의 삶이라는 보물을 획득한 상징적인 사건이 되고 있다. 글라라 성녀로 인하여 가톨릭교회의 역사에 비로소 '절대적 청빈', '세속으로부터의 완전한 이탈을 의미하는 봉쇄' 그리고 '고독과 침묵'이라는 '관상 수도원'의 역사가 시작된 것이다.

2. 저작의 정신과 철학적 사상

글라라의 글들은 빙겐의 힐데가르트에 비하면 매우 빈약한 편이다. 스스로 절대적 가난을 선택한 만큼이나 글라라의 삶은 학자적인 면모보다는 관상가로서의 실천적인 삶을 지향한 것을 고려하면 당연한 일이라고 할 것이다. 그녀의 글들 중 많은 편지들이 소실된 것으로 알려져 있으며, 현재 까지 남아 있는 글들에는 '프라하(Praha)의 아녜스에게 보낸 편지' 네 편, 에르멘트루디스(Ermentrudis)에게 보낸 편지 한 편, 수도규칙, 유언 그리고 축복 이렇게 총 8편이다. 비록 작은 분량의 글이지만 글라라의 글들에는 하느님이 자신에게 보여준 소명과 정신이 집약적으로 잘 드러나고 있다.

1) 절대적 가난에 대한 소명

프란치스코와 마찬가지로 글라라에게 있어서 '가난'이라는 말은 그들의 삶의 핵심이 되고 있다. 그런데 왜 '가난의 덕'이 그들의 정신에 있어서 그렇게 중요한 것이며 본질적인 것으로 보였던 것일까? 당시 교회로부터 인준받지 못했던 프란치스코가 작성한 초기의 수도규칙에는 그 이유가 잘 나타나 있다.

> 주님께서 복음에서 명하십니다. "너희는 주의하여라. 모든 악의와 탐욕을 경계하여라"(루카 12, 15) 또, 이 세속의 걱정과 "일상의 근심에 마음을 빼앗기지 않도록 조심하여라." (루카 21, 36) [......] 실상 우리는 금품이나 돈을 돌덩이보다 더 쓸모 있다고 여기거나 생각해서는 안 되기 때문입니다. 그리고 마귀는 금품이나 돈을 탐하거나 돌보다 더 귀하게 여기는 사람들을 눈멀게 하려합니다. 그러므로 모든 것을 버린 우리는 그처럼 보잘 것 없는 것 때문에 하늘나라를 잃지 않도록 조심합시다. 그리고 만일 돈을 발견하게 되면, "헛되고 헛되며 세상만사 헛되니"(코헬 1, 2) 우리는 그것을 발 아래 밟히는

티끌처럼 여깁시다.[81]

가난은 아무것도 소유하지 않는 것을 말하지만 가난이 소중한 가치인 것은 단순히 아무것도 가지지 않는 상태 그 자체 때문이 아니라, 가난이 가져오는 효과 때문이다. 그것은 사람이란 무엇을 '소유'하게 되면, 그 소유함으로 인해 '탐욕'이 발생하며, 또한 소유한 무엇은 그것의 상실에 대한 근심을 유발하기 때문이다. 즉 부를 가지게 된다는 것은 곧 탐욕과 세속적인 일들에 마음을 빼앗김을 의미하는 것이다. 반면 아무것도 소유하지 않은 '무소유'의 상태는 세속으로부터 자유롭게 되어 우리의 마음을 진정으로 추구해야할 것들, 즉 '천상적인 것들'에 마음을 기울이게 하는 것이다. 이는 '먼저 하느님의 나라를 구하라'고 말한 복음서의 정신을 문자 그대로 실천하기 위한 실천의 한 방편이다. 프라하의 아녜스에게 보낸 글라라의 편지에는 이러한 가난의 효력에 대해서 감탄할 만한 비유로 말해 주고 있다.

> 옷을 입은 사람은 붙잡힐 데가 있어서 더 빨리 당에 내동댕이쳐지기 때문에 알몸인 사람과는 싸움이 되지 않습니다. [......] 그러므로 싸움을 걸어오는 자에게 절대로 지지 않고 험한 길과 좁은 문으로 하늘나라에 들어갈 수 있기 위해(참조: 마태 7, 13-14), 공주님은 옷, 즉 현세의 재물들을 내던지신 것입니다.[82]

그렇기 때문에 '가난'의 의미에서 이 가난은 단지 물질적인 것만

81 『아씨시 프란치스코와 클라라의 글』, 204쪽.

82 『아씨시 프란치스코와 클라라의 글』, 352쪽.

을 의미하는 것이 아니다. 여기에는 '세속의 직위'나 '명예' 등도 모두 포함되는 것이다. 그래서 프란치스코는 이 수도규칙의 6장에서 "아무도 장상이라고 부르지 말고, 반대로 모두가 똑같이 작은 형제들이라 부를 것입니다."[83]라고 말하고 있다. 더 나아가 그는 "천한 사람들과 멸시 받는 사람들 가운데에서, 또한 가난한 사람들과 힘없는 사람들, 병자들과 나병 환자들, 그리고 길가에서 구걸하는 사람들 가운데에서 살 때 기뻐해야 한다."[84]라고 말하고 있다. 프란치스코가 실제적으로 가난하고자 한 이유는 세상의 모든 가난한 자들이 서 있는 그곳에 자신도 동일하게 서고자 하는 것이며, 그럼으로써 그들과 동등하게 형제애를 나누기 위함이었다. 하느님이었지만 완전하게 인간의 처지에서 두신 그리스도처럼, 진정으로 자발적으로 가난한 자들의 처지와 완전히 똑같은 위치에 두고자 하는 이러한 의지는 곧 복음서의 사랑이다.

가난하다는 것은 보잘 것 없고 연약하다는 것을 말한다. 이 가난의 본보기는 곧 하느님이셨지만 가장 연약하고 가난한 인간이 되신 그리스도다. 그리스도의 가난은 가장 위대한 존재가 스스로를 낮추어 가장 가난한 이가 된 자발적인 가난이며, 이러한 자발적인 가난을 가능하게 하는 것이 곧 복음서의 사랑의 힘이다. "프란치스코와 글라라의 관계가 바로 이러한 경우다. 이 둘이 한결같이 눈길을 떼지 않고 바라본 곳은 가난하고 보잘 것 없는 십자가에 못 박힌 예수, 그리

83 『아씨시 프란치스코와 클라라의 글』, 201쪽.

84 『아씨시 프란치스코와 클라라의 글』, 205쪽.

스도였다."[85] 실존주의를 열었고 현대 철학의 선구자였던 키르케고르는 "자애란 전혀 아무것도 할 수 없을 때 가장 뚜렷이 드러난다. 왜냐하면 그때야말로 자애가 무엇인지를 결정적이고도 정확하게 볼 수 있기 때문이다."[86]라고 말한 바 있다. 사랑이 가장 나약하고 무방비 상태에서 가장 나타나는 이유는 사랑이란 근본적으로 '내면적인 사건'이기 때문이다. 사람들은 사랑하는 것 없이도, 사랑의 행위처럼 보이는 몸짓을 할 수 있다. 하지만 아무것도 가진 것이 없는 빈자들에게 있어서는 이러한 일은 불가능한 것이다. 가난한 자는 사랑하는 것 외에 할 수 있는 것이 없다. 따라서 역설적으로 가장 가난한 이의 사랑이 가장 순수하게 보존될 수가 있다. 그래서 "자애로울 수 있다는 것은 돈을 갖고 있다는 것, 즉 줄 수 있다는 것보다 훨씬 더 완전한 것"[87]이라는 키르케고르의 말은 참으로 진실이다.

이처럼 프란치스코에게 있어서 가난이란 내적인 순수성과 복음적 사랑을 상징하는 말이다. 이러한 가난에 대한 프란치스코의 사유는 글라라의 수도 정신에 그대로 수용되고 더욱 공고히 되고 분명하게 된다. 글라라는 가난에 대한 자신의 생각을 아녜스에게 보낸 편지에서 다음과 같이 표현하고 있다.

> 오, 복된 가난이여. 가난을 사랑하고 받아들이는 이들에게 영원한 부(富)를 주리니! 오, 거룩한 가난이여, 가난을 지니고 열망하는 이

85 『아씨시 프란치스코와 클라라의 글』, 324쪽.

86 키르케고르, 『사랑의 役事』, 하, 임춘갑 역, 종로서적, 1982, 190쪽.

87 『사랑의 役事』, 172쪽.

들에게 하느님께서 하늘나라를 약속하시고 의심할 여지 없이 영원한 영광과 복된 생명을 베푸시니라![88]

세상의 것을 포기하고 하늘나라를 차지하고자 하는 것, 이는 어떤 관점에서 보자면 지상에서 인간이 추구할 수 있는 가장 큰 야망이라고도 할 수가 있다. 영원하고 복된 그 생명, 이 생명은 빙겐의 힐데가르트가 말한 모든 생명의 근원이며 생명자체이신 하느님의 생명이다. 이 생명은 하느님의 현존을 수용하고 하느님의 현존으로부터 삶을 영위하는 모든 '수도자'들이 매일같이 필요로 하는 그 생명이며, 어떤 식으로든 세상의 것을 포기한 이들만이 수용할 수 있는 것이다. 동일한 주전자에 찬물과 뜨거운 물을 동시에 담을 수 없듯이 인간의 실존은 결코 세상적인 것과 하느님의 것을 동시에 담을 수가 없다. '누구도 두 주인을 동시에 섬길 수 없다'는 복음적 정신을 글라라는 에누리 없이 실천하고자 하였다. 이러한 글라라의 포기와 자유에 대해서 『작은 형제회』의 한 책에서는 다음과 같이 요약해 주고 있다.

글라라는 진정 모든 것을 떠났다. 가정의 안락한 울타리, 귀족사회의 풍요와 특권, 높은 신분의 혼인, 아버지의 상속 재산, 곤궁한 사람들을 언제든지 도울 수 있는 자유가지 떠났다. 세상을 하직한 상실감에서 올 법도 한 추호의 슬픈 기색도 없이, 오히려 새로운 풍요와 기쁨과 행복에 젖어 들었다.[89]

---

88 「아녜스 편지1」, 재인용: 『아씨시 프란치스코와 클라라의 글』, 327쪽.

89 『아씨시 프란치스코와 클라라의 글』, 327쪽.

만일 가난에 대한 프란치스코와 글라라의 정신에 있어서 어떠한 차이도 발견할 수가 없다면, 그럼에도 우리는 글라라에게 있어서 보다 더 큰 위대함을 발견할 수가 있는데, 그것은 여성으로서 결코 감당할 수 없다고 생각한 이 절대적인 가난을 공적인 '수도규칙'으로 정하고 이를 교회로부터 정식 인가를 받기 위해서 평생을 노력하였다는 그 사실에 있다. 글라라의 가난에 대한 소명이 당시의 교회와 갈등 상황을 유발하였다는 것은 쉽게 짐작할 수 있으며 우리는 글라라에 관한 저술들에서 이러한 사실을 쉽게 발견할 수 있다. '다미아노 수녀원의 자매들이 끊임없이 교회와는 갈등 속에 살았다.'[90]고 말하는가하면, '최소한의 정기적 수입을 확보할 것을 주장하는 교황 그레고리오 9세에게까지 글라라가 단호하게 거부하였다.'[91]고 말하기도 하고, 또 '글라라가 가난에 대해서 말할 때 가장 큰 반대에 부딪혔다.'[92] 고 증언하고 있다. 그녀가 손수 지은 수도규칙은 프란치스코의 가난에 대한 정신을 구체적으로 실천에 옮기는 항목들로 이루어져 있고, 이는 당시 교회가 연약한 여인들로서는 도저히 감당할 수 없는 것이라고 여겼던 내용들이다. 그 일부를 소개하면 다음과 같다.

우리가 주 하느님과 복된 프란치스코에게 약속한 거룩한 가난을 내가 나의 자매들과 함께 지키려고 항상 열심히 애쓴 것 같이, 나의 후임자가 되는 원장들과 모든 자매들도 끝날까지 어김없이 지킬 의무가 있습니다. 곧 직접으로나 다른 사람을 통하여 소유물이나 재산

90 『아씨시 프란치스코와 클라라의 글』, 341쪽.

91 C. A. 라이나티수녀, 『성녀 글라라』, 147쪽.

92 C. A. 라이나티수녀, 『성녀 글라라』, 150쪽.

을 받아들이거나 갖지 않도록 조심할 것입니다. 재산이라고 마땅히 여길 수 있는 것은 그 어떤 것도 안 됩니다.[93]

자매들은 집이나 거처, 그 어떤 것도 자기 소유로 하지 말 것입니다. 그리고 이 세상에서 '순례자와 나그네처럼'(시편 38, 13 ; 1베드 2, 11) 가난과 겸손 안에서 주님을 섬기면서 신뢰심을 가지고 동냥하러 보낼 것입니다. 그리고 주님께서 우리를 위하여 이 세상에서 스스로 가난해지셨으니 부끄러워하지 말아야 합니다. 이것이 바로 지극히 사랑하는 나의 자매 여러분을 하늘나라의 상속자요 왕이 되게 하고, 물질에 가난한 사람이 되게 하면서도, 덕행에 뛰어나게 하는 지극히 높은 가난의 극치입니다.[94]

위 「수도규칙」 제6장의 내용에서 특기할 만한 사항은 재산이라고 할 만한 그 어떤 것도 받아들여서는 안 된다고 하는 사실이다. 당시 대부분의 수도원들이 많은 토지와 땅, 그리고 금전적인 것을 귀족이나 신자들로부터 '후원' 받아서 삶을 유지하였고 그로 인하여 모든 좋은 것들 부, 권위, 학문, 기술 등을 보유하고 있었으며, 이리하여 수도원과 수도자들에 대한 세인들의 존경은 거의 절대적인 것이었다. 이러한 상황 속에서 문자 그대로 그 어떤 것도 재산이라고 할 만한 것을 소유할 수 없다고 하는 이러한 '수도규칙'은 가히 혁명적인 것이었다. 그리고 아래의 「수도규칙 제8장」의 내용에서는 '동냥을 하러 보낸다'는 내용과 '가난의 극치'라는 용어를 발견할 수 있다. 이러한 내용은 단순히 부를 축적하지 않겠다는 의미의 가난, 즉 단지 '여

93 「클라라의 수도규칙 제6장」, 재인용: 『아씨시 프란치스코와 클라라의 글』, 401쪽.

94 「클라라의 수도규칙 제8장」, 재인용: 『아씨시 프란치스코와 클라라의 글』, 402쪽.

분의 것'을 소유하지 않는다는 것을 의미하는 것이 아니라, 문자 그대로 어떠한 소유물도 가지지 않는 '절대적인 청빈'을 의미한다. 이는 수도자에게 있어서 평생을 '탁발' 즉 '구걸'을 하며 생활을 하겠다는 것을 말하며 자매들에게 '동냥을 하러 보낸다'는 말로 분명히 하고 있다. 그리고 이러한 글라라의 결심은 당연히 당시의 기존의 수도원이나 교회의 반대에 부딪히게 되겠지만, 글라라에게 있어서 이러한 절대적인 청빈은 '뛰어난 덕행'과 '하늘나라에 대한 상속'을 보장할 수 있는 가장 확실한 방법이요, 하느님이 자신에게 준 유일한 소명이었기에 어떠한 대가를 지불하더라도 이루어 내어야만 하는 것이었다. 그렇기 때문에 "글라라가 쓴 수도규칙은 자신이 하느님께로부터 받은 카리스마를 지키기 위하여 일생 동안 혼신의 노력을 쏟아 온, 글라라의 눈물겨운 사연이 배어 있는 문헌"[95]인 것이다.

2) 신적 현존에 대한 추구로서의 가난의 의미

아무것도 소유하지 않겠다는 글라라의 정신이 지향하는 것은 무소유 그자체가 아니다. 무소유는 신적 현존 맞이하기 위한 일종의 방편 혹은 조건이다. 카타린느 사베이(Catherine Savey)는 이를 '절대(Absolu)에 도달하기 위한 것'이라는 표현으로 설명하고 있다.

> 우리가 절대에 도달하기 위해서는 단지 우리가 소유하고 있는 것을 포기하는 것에서 성립하는 것이 아니다. 이는 우리를 내적으로 성

95 『아씨시 프란치스코와 클라라의 글』, 322쪽.

장시키는 보다 높은 에너지들에 우리 자신을 열면서이다.[96]

수도자들이 자발적으로 가난을 선택하는 것은 세상의 부 보다 더 소중한 것을 얻기 위해서이다. 이 소중한 것은 곧 영적인 것이며, 신의 현존 그 자체이다. 신의 현존은 곧 우리들 자신의 존재를 깊어지게 하는 가장 강력한 것이다. 인간은 애초에 신을 닮았고, 그러기에 보다 더 완전하게 신을 닮아야 한다. 이는 다시 말해서 보다 더 심오하게 인간적이 된다는 것을 의미한다. 교부 철학자나 스콜라철학자들은 하나 같이 인간의 영혼은 '신성과의 교감의 능력'을 지니고 있다고 말하고 있다. 그래서 세상의 온갖 것들을 포기한 가난한 수도자는 세상의 그 어떤 사람보다 더 인간적이고 더 심오하며 더 생기가 있다. 바로 이들에 의해서 세상 모든 곳에 현존하는 신의 현존이 감지되고 계시되는 것이다. 신성한 그 무엇으로 자신의 실존을 가득 채우기 위해서 세상의 모든 것을 스스로 포기한다는 것, 실존주의자들의 말을 빌자면 진정으로 살기 위해서 세상으로부터 죽지 않으면 안 된다는 것, 이것이 글라라가 절대적인 가난을 추구한 이유이다. 이러한 가난이 그녀에게 보상하는 것은 세상의 부와는 비교할 수 없는 존재의 신비이며, 존재로부터 솟아나는 기쁨이다. "이러한 기쁨의 체험이 없이 자신으로부터 가난해질 수도 없다."[97] 사실 가난의 의미는 무엇을 소유하지 않는 것에 있는 것이 아니라, 소유한 것에 집착하지 않

96 Catherine Savey, *Claire et sa postérité, Auteur d'Un brûlant désir d'aimer*, Éd. du Cerf, 1994, p. 294.

97 C. A. 라이나티수녀, 『성녀 글라라』, 143쪽.

는 내적인 자유에 있다. 라이나티 수녀는 글라라의 전기에서 가난의 의미를 다음과 말하고 있다.

> 소유하기에 급급하여 구차스럽게 손을 내밀며 소유를 위해서라면 별별 수단을 다 동원하는 사람은 많이 소유하였지만 재산에 얽매이지 않은 사람보다 더 가난하지 않습니다. [......] 진정 가난한 사람들에게는 재물을 갖거나 갖지 않거나 마찬가지입니다.[98]

그럼에도 불구하고 글라라 성녀가 끝가지 그 어떤 소유도 허락지 않은 것에는 다른 이유가 있다. 그것은 보다 큰 신적 은총을 원하였기 때문이다. "비워져 갈수록 하느님의 은총이 영혼 안에 점점 번져나가 그분이 활동할 수 있는 공간이 더 많아 질수록, 하느님이 아닌 모든 소유에 대해 영혼은 점점 더 짐스러워"[99] 하기 때문이다. 모든 수도자들이 가난을 서약하겠지만 그렇다고 이들 모두가 '절대적인 가난'을 서약하지는 않는다. 이 절대적인 가난은 글라라의 특수한 소명이었다. 그녀는 보다 깊어지고 보다 더 신적 은총에 목말랐기 때문이었다. 다시 말해서 글라라가 추구한 절대적인 가난은 진정으로 신적 은총에 목말라하고 이로 인하여 자신의 영혼을 조금이라도 구속하는 일체의 것으로부터 자유롭고자 하는 자신의 특수한 소명을 느꼈기 때문이다. 이러한 소명이 그녀로 하여금 자신의 존재 전체를 하느님께 의탁하고 전 생애를 하느님께 봉헌하게 하였던 것이다.

인간이란 무엇인가 소유를 하게 되면 이 소유한 것에 대한 근심

98 C. A. 라이나티수녀, 『성녀 글라라』, 150쪽.

99 C. A. 라이나티수녀, 『성녀 글라라』, 152쪽.

으로 인하여 세상의 일에 집착하게 되고 급기야 스스로 모든 것을 해결하고자 하는 교만에 빠지게 된다. 이렇게 되면 더 이상 하느님의 현존이나 섭리를 볼 수 있는 영적인 눈을 상실하게 되는 것이다. 즉 가난은 하느님의 신성한 계획을 뒤따르고자 하는 모든 영혼들에게 있어서 필수적인 한 덕목이다. 라이타니 수녀는 글라라의 전기에서 이를 다음과 같이 말해 주고 있다.

> 장래에 대한 안전보장책의 강구는 우리를 돌보아 주시는 하느님의 사랑 넘치는 섭리의 배려보다 인간적 수단에 더 의존하고, 넘치도록 안겨주시는 그분의 손길을 뿌리치고 찬밥 한 덩어리나 철지난 시래기 한 웅큼을 더 우선적으로 친다는 것입니다. 이것은 우리 믿음의 본질인, 하느님께의 신뢰를 가늠함입니다. 하느님께 온전히 위탁하는 믿음이 없을 때, 스스로 모든 것을 해결해야 할 필요성이 대두됩니다. 그러나 하느님의 언약을 믿고 바라며 온전히 의탁하는 사람은 곳간에 가득 쌓아둘 필요도 느끼지 않고 내일 일을 걱정하지 않습니다.[100]

그래서 글라라는 제자들을 위해 남긴 유언에서 가난을 말할 때에는 '거룩한 가난'이라고 말하고 있으며, 이러한 거룩한 가난의 길을 걷고자 하는 사람이 매우 적다고 말하고 있다. "생명에 이르게 하고 들어가게 하는 길과 샛길은 좁고, 또 문이 험해서 그 길을 걷고 그 문으로 들어가는 사람은 적습니다."[101] 세속적인 모든 것과 인간적인 걱정들을 완전히 떨쳐버리고 걷는 영혼의 그 자유로움과 가벼움은 진

100 C. A. 라이나티수녀, 『성녀 글라라』, 154쪽.

101 『아씨시 프란치스코와 클라라의 글』, 419쪽.

정으로 체험해 보지 않는 사람들은 상상할 수가 없을 것이다. 이들이 해야 할 일은 매순간 하느님의 현존을 느끼고, 거기서 드러나는 하느님의 뜻을 헤아리며, 주어진 모든 것을 하느님의 의지를 실현하는 데 이용하며 그로서 신의 영광을 노래하는 영혼들이다. 그렇기 때문에 글라라의 절대적인 가난은 '하느님의 섭리에 대한 무한한 신뢰'인 것이다. 라이나티 수녀는 이를 "하늘의 새를 먹이시고 우리의 머리카락까지 세어두신 지존하신 아버지 손 안에 들어 인간적인 걱정일랑 다 떨쳐 버리고 무엇에도 마음 졸이지 않는 고요한 마음"[102]이라고 표현하고 있다.

그렇기 때문에 가난의 길을 걷고자하는 것을 단지 '자기희생'이라는 부정적인 차원에서만 바라볼 수는 없으며, 보다 적극적으로 차원 높은 행복을 추구하는 긍정적인 차원에서 바라보아야 한다. 세상과 세상의 온갖 것을 다 떠나 내적으로 풍요롭게 되고, 모든 소유로부터 자유롭게 되며, 그리하여 어떠한 처지에서도 신의 현존에 밀착됨으로써 그 누구도 앗아갈 수 없는 진정한 행복을 간직하며 사는 것을 의미한다. 그리하여 "가난이란 하느님의 자유와 기쁨과 사랑에 이르는 문"[103]이라고 말할 수 있는 것이다. 글라라가 가난에 대해 말하고 격려할 때 "가장 생기에 넘치고,"[104] "고행의 순간마다 축제와 기쁨에 넘치는 모습"[105]을 보여주는 이러한 역설은 가난이 하느님의 현

102 C. A. 라이나티수녀, 『성녀 글라라』, 145쪽.
103 『아씨시 프란치스코와 클라라의 글』, 341쪽.
104 C. A. 라이나티수녀, 『성녀 글라라』, 150쪽.
105 『아씨시 프란치스코와 클라라의 글』, 341쪽.

존과 영적인 기쁨에 이르게 하는 길이라는 적극적이고 긍정적인 차원을 고려하지 않고서는 이해할 수가 없다. 세상의 모든 근심과 염려들을 내려놓고 오직 신석 현존과 사랑에 관심을 가질 수 있는 자유와 이러한 영적인 자유를 통해 매 순간 신의 섭리에 주목하며 세상의 모든 것을 포옹하고자 하는 이러한 영혼들은 주어진 현재를 가장 충실히 사는 사람들이 이들일 것이며, 키르케고르의 말을 빌자면 '시간 안에서 영원을 선취한 자'들의 삶일 것이다. 라이나티수녀는 '글라라의 전기'에서 이러한 글라라의 절대적인 가난의 의미를 그 무엇도 "이 세상에서 순례자와 나그네로 영적 유랑의 길을 가는 성녀를 방해하거나 붙잡아 두지 못하였다."[106]라고 요약하고 있다.

3) 관상의 의미와 완전하게 존재하기

세상의 모든 좋은 것들을 포기하는 절대적인 가난이 목표하는 것은 사실 가장 고귀한 천상적인 것을 획득하기 위한 것이다. 이는 일종의 교환이며, 가장 탁월한 교환이다. 밭에서 보물을 발견한 농부가 가진 모든 것을 팔아서 그 밭을 사듯이 천상적인 보물을 발견한 사람은 이 보물을 소유하기 위해서 세상의 모든 것을 포기할 수밖에 없는 것이다. 바로 이 천상적인 보물이 곧 '관상(contemplatio)'이다.

> 이 얼마나 크고 찬양할 만한 교환인가! 영원한 것을 위해 현세적인 것을 버리고, 지상의 것 대신에 천상의 것을 받으며, 하나 대신 백

---

106 C. A. 라이나티수녀, 『성녀 글라라』, 155쪽.

배를 받고 복되고 영원한 생명을 얻게 되나니![107]

신비가 글라라가 원하였던 오직 하나의 것이 '천상의 것'이라고 한다면, 이 천상의 보물을 지상에서 앞당겨 맛보는 그 삶이 곧 '관상의 삶'이다. 그래서 "성녀의 모든 말씀은 관상으로 이어지고 관상으로 귀결"[108]되는 것이다. 그런데 '관상'이란 무엇인가? 관상[觀想]에 해당하는 라티어 용어는 'contemplatio'이다. 이 용어는 정관, 명상 등으로 번역되기도 한다. 한글 번역에서는 '관상'이라는 말보다는 자주 '정관[靜觀]'이라는 말로 번역되는데, 정관이 모든 곳에 현존하는 하느님의 현존을 영적인 시선으로 통찰한다는 '행위'의 의미를 강조하는 것이라면, 관상이란 '정관의 행위를 살아가고 있는 삶'이라는 명사적 의미가 부각되는 용어이다. 일찍이 아리스토텔레스는 정관적[靜觀的] 삶을 인간이 가질 수 있는 최상의 상태라고 보았고, 정치적 활동보다 더 차원 높은 것으로 간주하였다. 토마스 아퀴나스 역시 이러한 아리스토텔레스의 사유에 따라 정관적 행위를 "완전한 행위(actus perfecti)"[109]라 말하고 있다. 정관적 행위가 완전한 행위로 보는 것은 가장 탁월한 것을 통찰하는 것이기도 하지만, 지성의 인식활동이 마지막 목적지에 이르는 것이기 때문이다. 아래의 토마스 아퀴나스의 진술들은 정관의 활동이 왜 완전한 것인가를 말해 주고 있다.[110]

107 프라하의 아녜스에게 보낸 편지 1, 재인용 : 『아씨시 프란치스코와 클라라의 글』, 352쪽.

108 C. A. 라이나티수녀, 『성녀 글라라』, 129쪽.

109 Aquinatis Thomae, *Summa Theologiae*, II–II, q. 180, a. 6, c, Marietti Editori, 1952.

110 혹자는 글라라가 프란치스코 수도회의 인물이기에, 프란치스코 전통을 따르는 '보나벤투라'의 정관에 대한 이론을 따라야 한다고 주장할 수도 있을 것이다. 사실 정관에 관한 보

① 정관은 제 사물들을 바라보는 정신(영혼)의 투시적이고 자유로운 시선이다-*quod contemplatio est perspicax et liber animi contuitus in res perspiciendas*-. '명상(*meditatio*)은 이성의 진리를 탐구하는 정신의 시선이다. 사색(*cogitatio*)은 제 사물들을 조사하는 과정이나, 아직은 아무것도 규정된 것이 없는 것을 말한다.[111]

② 정관적인 삶은 그 안에서 결국 모든 행위가 완수되는 진리에 대한 정관이라는 하나의 유일한 행위에서 실현된다. 이러한 최종적인 행위로부터 정관의 행위는 자신의 통일성(*unitatem*)을 획득한다.[112]

③ 우리들의 첫 원리인 신에 대한 사랑은 우리로 하여금 신에 대한 비전(*ipsam visionem*)을 추구하게 한다. 바로 이 때문에 성 그레고리우스(Gregorius)는 '정관적인 삶은 모든 다른 걱정들을 경멸하면서 그의 창조주의 얼굴(*faciem sui Creatoris*)을 보고자 하는 갈망에 불을 지핀다'라고 한 것이다.[113]

나벤투라의 이론은 토마스 아퀴나스의 그것보다 더욱 정교하고 복잡하다. 하지만, 수도자들의 정관의 행위를 학문적으로 체계화 한다는 것은 마치 사랑하는 사람의 심리상태를 학문적인 언어로 체계화 하는 것과 같아서, 체험된 그 실재와 학문적으로 규정된 것을 동일시 할 수는 없다. 학문적인 체계란 실재를 더 잘 이해하는 방편 혹은 도구에 지나지 않는다. 그리고 칸트의 심리상태를 설명하기 위해서 칸트의 제자의 이론을 사용해야 할 이유가 없듯이 글라라의 정관의 행위를 반드시 프란치스코 학파의 사상을 동원할 필요는 없을 것이다. 여기서 토마스 아퀴나스의 사유에 도움을 청하는 이유는 그의 설명이 보다 단순하고 명료하기 때문이다. 보나벤투라의 관상에 관한 이론에 대해서는 다음의 책을 참조바람 : 보나벤투라, 『하느님께 이르는 영혼의 순례기-해설판』, 원유동 옮김, 서울: 누멘, 2012, p. 211.

111 Aquinatis Thomae, *Summa Theologiae*, II-II, q. 180, a. 3, ad 1.

112 Aquinatis Thomae, *Summa Theologiae*, II-II, q. 180, a. 3, c.

113 Aquinatis Thomae, *Summa Theologiae*, II-II, q. 180, a. 1, c.

위 진술 ①에서는 사색, 명상, 관상의 세 가지 인식과정에 대해 말하고 있다. 인간은 먼저 사색을 통하여 어떤 것에 대한 다양한 질문을 던진다. 명상은 이러한 질문들에 대해서 사유에 나타타는 그 답변들(진리들)을 획득하는 단계이다. 그리고 마침내 정관은 존재하는 모든 것의 근원인 제일 원인을 영적인 시선을 통해 통찰한다. 존재의 근원이나 궁극적인 목적이 분명하게 직관되는 것은 정관의 행위를 통해서이다. 그렇기 때문에 인간의 정신이 최종적인 진리에 도달하기 위해서는 감각이나 정신이 파악하는 것보다 더 멀리 나아가야 한다. 이는 또한 기존에 세상이 규정해준 것들을 초월하여 자유로워야 한다는 것을 말해 주고 있다. 이러한 세상으로부터의 초월이 곧 신비가 글라라가 추구했던 '절대적인 가난'의 목적인 것이다. 만일 아주 미소한 들꽃 하나에서 조차 진정으로 신의 현존이나 영광을 통찰하는 사람이 있다면 그의 정신은 이미 관상의 경지에 이른 것이다. 진술 ②에서는 정관이 지속적으로 실행된 영혼에게 나타나는 효과에 대해서 말하고 있다. 정관이 자신의 통일성을 이루면서 완전한 행위가 된다는 것은 세상에 현존하는 신의 존재를 통찰하면서 애초에 신이 질서지워 놓은 초자연적인 질서를 회복한다는 말이며, 바로 이러한 질서에서 비로소 본래적인 자기 혹은 참된 자신의 자아를 획득한다는 말이다. 세상 모든 곳에 존재하는 신의 현존을 진정으로 맞이한 자만이 존재하는 모든 것과 동일한 실존 '공동실존'을 가질 수 있으며, 이럴 때만이 진정 존재하는 모든 것에 대한 '형제애'를 가질 수가 있는 것이다. 진술 ③에서는 정관적인 행위의 최종 목적에 대해서 말하고 있는데, 이는 곧 신비가들이 '신적 일치' 혹은 '신적 합일'이라고 부르는 하느님과 영혼의 완전한 일치를 말하는 것이다. 신의 얼굴을 본다는 표현은 사실 이러한 일치를 상징적으로 말하는 것이다. 정관적 행위의 최종적인 목적, 그것은 신을 만나고 사랑하는 일이다.

정관의 행위를 그 삶의 본질로 취하는 글라라의 관상적인 삶은 사실상 정도의 차이를 달리하여 모든 수도자들이 추구해야하는 것이겠지만, '절대적인 가난'을 통해서 신비가 글라라가 추구한 것은 절대적으로 이러한 관상의 삶을 추구하는 것이었다. 세상의 관점으로부터 자유로워진 글라라의 영혼은 자연의 피조물들을 통해서 하느님의 현존을 통찰하고,[114] 만물들이 지닌 그 애초의 초자연적인 가치를 되찾아 주었다.[115] 그리고 고통과 기쁨, 고행과 축제가 그녀의 자유로운 영혼에 있어서 다른 것이 아니었다. 이 모든 것이 관상적 삶을 위한 한 방편으로 살아간 그녀에게 있어서는 이미 이 지상에서 하느님과 일치한 영혼의 자유만이 있을 뿐이었다. 그래서 사람들은 "그녀는 이 지상에서 이미 천상의 기쁨을 앞당겨 누렸다. [......] 고행의 순간마다 축제의 기쁨에 넘치는 모습을 보였으니..."[116]라고 말하고 있는 것이다. 이러한 그녀의 삶에 있어서 모든 순간들이 하느님과의 일치 안

114 "자연계의 온갖 피조물은 성 프란치스코에게서처럼 성녀에게도 주 하느님을 찬미하라고 권하는 고유한 음성이었습니다." C. A. 라이나티수녀, 『성녀 글라라』, 131쪽.

115 "산 다미아노의 봉쇄 안에서 성녀는 담장 너머의 모든 피조물들을 하느님 안에서 다시 만나고 그분 안에서 삼라만상을 되찾을 수 있었습니다. 숱한 애착심에서 자유로워진 그녀는 그 모두를 하느님이신 맑고 투명한 거울을 통하여 보았으며 이렇게 하느님의 영광을 위하여 창조된 만물의 참 의미, 그 참 가치를 그들에게 되찾아 주었습니다. 온 우주 만물의 참 존재 이유는 오로지 하느님의 영광을 드러내는 데 있음을 성녀는 침묵의 소리로 선포합니다." 위의 책, 131쪽.

116 『아씨시 프란치스코와 클라라의 글』, 341쪽.

에서 조화롭게 통일을 이루었다. 이에 대해 라이나티 수녀는 다음과 같이 말하고 있다.

> 성녀는 매 순간을, 일할 때나 기도할 때나 고통의 순간과 환희의 순간도 하느님을 향하는 관상의 여정, 겸손하고도 지속적인 신비로운 사랑의 체험으로 만들어 갔습니다. 관상의 체험은 성녀로 하여금 무궁무진한 하느님 신비의 심연에 젖어들어 침묵과 담화, 고독과 공동체 생활, 이별과 만남 이 모두를 함께 잇는 참된 삶의 조화를 이루어 주었습니다.[117]

일찍이 중세 초기의 교부철학자들은 신에게 있어는 서로 모순되는 것들조차 일치를 이룬다고 말한 적인 있는데, 이러한 것이 신의 현존을 살아가는 글라라의 삶 안에서 그대로 재현되고 있다. 그녀의 영적인 삶에 있어서는 모든 대립하는 것들이 통일을 이루고 있다. 침묵하거나 담화를 하는 것, 독방에서의 고독이나 공동체 생활, 기쁨과 고통 그리고 만남과 이별 등 모든 것들이 오직 신의 현존을 추구하는 관상하는 영혼의 유일한 하나의 진실이 되는 것이다. 이리하여 '창조주의 얼굴을 보고자 하는 열망'이라는 토마스 아퀴나스의 관상에 대한 정의는 글라라의 삶에 진정으로 실제적인 삶으로서 실현되고 있다. 그녀는 아녜스에게 보낸 편지에서 다음과 같이 말하고 있다. "그대의 정신을 영원의 거울 안에 놓으십시오. 그대의 영혼을 영광의 광채 안에 두십시오. 그대의 마음을 하느님 본질의 형상 안에 두고 관상을 통하여 그대 자신 전부를 그분 신성의 모습으로 변화시키십시

117 C. A. 라이나티수녀, 『성녀 글라라』, 128쪽.

오."[118] 글라라에게 있어서 하느님의 현존은 "왜곡된 정신과 마음을 바로잡는 거울"[119]이요, 자신의 허물을 "깨끗하게 씻어내며 재창조하는 존재"[120]이었다. 하느님의 현존이 곧 '자신의 거울'이라는 표현은 참으로 관상가다운 적절한 표현이다. 키르케고르는 진정으로 하느님에게 가까이 가는 자만이 자신이 얼마나 하느님과 멀리 떨어져 있는지를 알 수 있다고 하였는데, 하느님의 현존을 자신의 거울로 삼는 사람이란 에누리 없이, 일말의 타협 없이 자신의 결함과 장점을 절대적인 지평에서 바라보고 일체의 허물을 제거하고 하느님이 완전한 것 같이 그렇게 완전하게 되고자 하는 사람이다. 자신의 전부를 오직 하느님을 관상하는 그것에 투신하는 영혼은 더 이상 먼 미래의 다가올 영광이나 구원을 희망하지 않는다. 바로 지금 여기에서 신의 현존을 맞이하기 때문이다.

> 글라라의 희망은 지금 그 자리에서다. 바오로 사도처럼 먼 훗날이 아니다. 희미하지 않다. 현재를 비추는 빛이다. 이 거울은 현재와 눈[目] 사이에 놓여 있는 매개체가 아니라, 이 거울은 모든 것을 소멸시키고 난 지금의 현재다.[121]

천국을 앞당겨 산다는 신비가들의 삶이 글라라에게 있어서는 더 이상 상징적인 표현이거나 비유적인 표현이 아니다. 그녀는 배 순산

118 「아녜스의 편지」, 12-13, 재인용 : 『아씨시 프란치스코와 클라라의 글』, 331쪽.

119 『아씨시 프란치스코와 클라라의 글』, 333쪽.

120 『아씨시 프란치스코와 클라라의 글』, 325쪽.

121 『아씨시 프란치스코와 클라라의 글』, 332쪽.

신적 현존의 신비 안에서 충만한 실존으로 거주하였다. 그래서 그녀의 삶은 기쁨 그 자체였다. "존재의 근원에서부터 그녀의 기쁨이 솟아올랐다. 뒤에 남은 그녀의 자매들이 가지는 그녀에 대한 인상은 오직 기쁨뿐이었다. 그녀는 주님 안에서 늘 기뻐했다. 자매들에게 뿜어대는 그녀의 영적인 기쁨은 무엇으로도 방해를 받지 않았고, 언제나 불타올랐다."[122]

오직 하느님과 일치한 글라라의 영혼은 비록 세상과 단절된 수도원의 독방에서 고독하게 머물고 있지만, 그녀는 세상이 외면하는 하느님의 현존을 오롯이 혼자 절대적으로 맞이하고 있다. 그녀는 자신의 존재 그 자체로서 세상을 대신하여 신성한 소명을 이어가며, "무너져가는 하느님의 집인 인류를 다시 일으켜 세우라는 주님의 부르심"[123]에 응답하고 있는 것이다. 그렇기 때문에 세상 모든 것을 떠난 글라라의 삶은 세상 모든 것과 함께하기 위한 유일한 방편이다. 글라라는 고독한 수도원의 독방에서 하느님의 현존을 통해서 모든 인류의 희로애락을 함께하며, 모든 고통 받는 이들의 고통에 동참하고 있는 것이다. 이것이야 말로 바로 '신은 사랑이시다!(*Deus caritas est!*)'라는 성경의 그 사랑을 진정으로 살아가는 한 신비가의 최상의 삶인 것이다. 따라서 신비가 글라라의 관상적인 삶은 결코 실천의 부정을 의미하는 것이 아니다. 이는 키르케고르가 말한 바 있는 "최고의 것을 다 함께 누린다는 뜻"[124]에 있어서 보다 고차적인 실천을 의미하는 것

122 『아씨시 프란치스코와 클라라의 글』, 341쪽.

123 C. A. 라이나티수녀, 『성녀 글라라』, 129쪽.

124 키르케고르, 『사랑의 役事』, 225쪽.

이다. 바로 이러한 관상의 경지에서 비로소 "무한성과 유한성의 통합, 시간적인 것과 영원한 것과의 통합, 그리고 자유와 필연과의 통합"[125]이 진정으로 실현되는 것이다. 글라라의 관상적인 삶은 그 자체가 인류를 위한 기도였다. 이 관상의 기도를 통하여 "산 다미아노의 봉쇄담장이 활짝 열리고 그 안의 성녀와 세상, 온 인류 사이는 뗄레야 뗄 수 없는 깊은 관계가 맺어지며, [......] 하느님 안에서 그분을 통하여 성녀는 봉쇄 안에서도, 아니 바로 그 안에서 누구보다도 인류와 온갖 피조물 가까이에 있을 수 있었고, [......] 한마디로 말해 성녀 글라라의 기도는 하느님으로부터 인간에게로, 또 인간에게서 하느님께로 오가는 사랑의 순환"[126]이었던 것이다. 완전하다는 것은 이러한 것이다. 더 이상 추구하는 목적이 따로 있을 수 없으며, 오직 지금 현재 그의 존재함 그 자체가 곧 목적이 되어버린 그러한 존재, 바로 이러한 존재에 있어서 우리는 완전한 인간의 이미지를 통찰할 수 있는 것이다. 우리는 이를 철학적으로 '완전하게 존재하기'라고 말할 수 있을 것이다. 라이나티 수녀는 이러한 신비가 글라라의 모습을 "아무런 목적도 따로 두지 않고 그저 자유로이 피어오르는 아름다움의 신비"[127]라고 말하며, 또한 "아무도 빼앗아 가지 못하는 기쁨의 비밀을 배운 가난한 동정녀"[128]라고 명명하고 있다.

125 키르케고르, 『죽음에 이르는 병』, 김용일 옮김, 계명대학교출판부, 2006, 22쪽.

126 C. A. 라이나티수녀, 『성녀 글라라』, 「아녜스의 편지」, 앞의 책, 136쪽.

127 C. A. 라이나티수녀, 『성녀 글라라』, 137쪽.

128 C. A. 라이나티수녀, 『성녀 글라라』, 177쪽.

3. 글라라의 정신에 대한 현대 철학의 비전
– 무소유와 존재의 양식 –

절대적 가난과 관상의 삶을 통해서 신비가 글라라가 남겨준 정신적인 유산은 실로 지대하다고 할 수 있다. 철학의 관점에서 보자면 신비가 글라라가 남겨준 삶과 정신은 실존주의가 추구한 '존재의 양식'과 '실존하기'라는 삶의 양태에 대한 추구로 이어진다. 가령 키르케고르와 칼 야스퍼스는 인간으로 존재하는 것, 혹은 인간적이라는 곧 신성한 무엇과 연관되어 있는 것으로 이해하고 있다.

키르케고르 : 인간으로 존재한다는 것은 신성[神性]과 연결되어 있다는 뜻이다.[129]

칼 야스퍼스 : 우리 자신에 대한 존재(das Sein für uns)는 우리 자신인 바, 존재와 불가분의 것이라는 대답이 나오지 않을 수 없다. 존재는 우리들의 존재의 본성을 통하여 존재에 대한 물음을 일으키고 그 물음에 대답하기 때문이다.[130]

인간의 가장 원초적인 모습을 '신성한 무엇을 지니고 있음'으로 보는 것은 그리스도교의 인간관의 핵심이다. 하지만 인간이 지니고 있는 이 신성한 무엇은 고정된 것이 아니라 움직이고 변화할 수 있는 것이다. 인간은 이를 무한히 현실화 할 수도 있고, 무한히 상실할 수

129 키르케고르, 『이것이냐 저것이냐』, 임춘갑 옮김, 도서출판 치우, 2012.

130 칼 야스퍼스, 『철학적 신앙』, 신옥희 옮김, 이화여자대학교 출판부, 1995, 35쪽.

도 있다. 우리는 이를 보다 문학적인 표현으로 '잠들어 있는 신성'이라고 말할 수 있을 것이다. 글라라의 가난과 관상의 삶은 바로 이 '잠들어 있는 신성'을 일깨우고 현실의 삶 안에서 실재가 되도록 하는 것이었다. 칼 야스퍼스는 이러한 신성한 무엇을 '존재(Sein)'라고 표현하면서 우리에게 이를 추구하도록 하는 것이 곧 '존재'라고 말하고 있다. 즉 유신론적 실존주의자들에게 있어서 신을 추구한다는 것은 곧 존재에 대한 관심을 가지는 것이며, 이는 실존하는 것의 의미가 된다. 일반적으로 '존재에 대한 추구'는 '소유에 대한 추구'와 대립하는 것인데, 보다 많이 소유할수록 존재가 빈약해지고 보다 충만하게 존재하고자 할수록 소유하기를 포기하여야 한다는 것을 말한다.

에리히 프롬이 『소유냐 존재냐』에서 말하고 있는 것도 '존재'와 '소유'의 이 대립적인 진실이 곧 인간성의 진리라는 것이다. 프롬은 이 책에서 인간의 본성적인 두 성향을 구분하고 있는데, '소유의 성향'과 '존재의 성향'이다.[131] 그리고 이 두 성향 중에서 보다 원초적이고 궁극적인 욕구는 존재의 양식이다.[132] 소유의 양식은 소유한 것이 나의 실존이 아니기에 상실의 가능성이 있고, 상실에 대한 걱정은 불

131 "인간의 내부에는 두 가지 성향이 있다는 결론을 허용한다. 그 하나는 소유하고자 하는, 자기 것으로 하려는 성향으로서 궁극적으로 살아남고자 하는 생물학적 소망에서 뻗어 나온 힘이다. 다른 하나는 존재하고자 하는, 나누어가지고 베풀고 희생하려는 성향으로서 인간실존의 특유의 조건에서, 특히 타자와 하나가 됨으로써 자신의 고립을 극복하려는 타고난 욕구에서 나온 성향이다. 소유지향, 즉 소유적 실존양식을 조장하는 사회는 인간의 전자의 잠재성에 근거하며, 존재와 나눔을 장려하는 사회는 인간의 후자의 잠재성에 근거한다." 에리히 프롬, 『소유냐 존재냐』, 차경아 옮김, 까치, 2005, 148쪽.

132 "우리 인간은 존재하고자 하는, 뿌리 깊이 타고난 욕구를 지니고 있다." 『소유냐 존재냐』, 141쪽.

안을 야기하면서 항상 보다 더 많이 소유하기를 부추긴다. 이러한 삶의 양식은 우리들의 존재를 빈곤하게 한다. 반면 존재의 양식은 우리의 실존의 일부가 될 수 있는 것을 추구하는 것이기에 상실에 대한 걱정이 없다. 이러한 삶에는 두려움이나 불안이 없고 내적인 평화를 유발하는 것으로 '정신과 내면의 풍요를 가져오는 것이다.[133] 그렇기 때문에 인간적으로 존재한다는 것, 혹은 인간적으로 된다는 것은 곧 '소유에 대한 집착을 버리는 것'을 의미한다. "'존재하기' 위해서 우리는 자기중심주의와 아집을 버려야 하며, 신비주의자들의 표현을 빌리자면, 마음을 '가난하게'하고 '텅 비워야' 한다."[134] 신비가 글라라가 평생을 통해 지켜내려고 한 '절대적 가난'은 이러한 '존재의 양식'을 삶의 원리로 가지고자 한 것 외 다른 것이 아니었다.

에리히 프롬에 의하면 존재양식과 소유양식은 인간의 모든 지평에서 발견되는 것이다. 앎의 지평에서 소유양식의 삶이란 '보다 많은 것을 알고자 하는 것'이며 존재양식이란 '보다 깊이 알고자 하는 것'이다. "존재양식의 지고의 목표는 보다 깊이 아는 것인 반면, 소유양식의 지고의 목표는 보다 많이 아는 것이다."[135] 무엇을 깊이 안다는

133 "만약 나의 소유가 곧 나의 존재라면, 나의 소유를 잃을 경우 나는 어떤 존재인가? [......] 가진 것을 잃을 수 있다는 위험에서 생기는 불안과 걱정은 존재적 실존양식에는 없다. [......] 소유는 사용에 따라서 감소하는 반면, 존재는 실천을 통해서 증대한다. 타들어가지 않는 '떨기나무 불꽃'(출애굽기 3 : 2)은 이 역설을 말해주는 성서의 상징이다. 이성의 힘, 사랑의 힘, 예술적 및 지적 창조력 등 – 이모든 본질적인 힘은 그것을 사용함으로써 불어난다. 베푸는 것은 상실되지 않으며, 반대로 붙잡고 있는 것은 잃기 마련이다." 『소유냐 존재냐』, 152–153쪽.

134 『소유냐 존재냐』, 125–126쪽.

135 『소유냐 존재냐』, 64쪽.

것, 이는 곧 깨달음을 주는 무엇이고, 지혜를 주는 무엇이다. 실존주의에 있어서 '철학함'이란 곧 이러한 깨달음을 주는 것이며, 이는 곧 자신의 실존의 변화를 야기하는 무엇이며, 단순히 아는 것이 아니라 '되어짐'을 의미한다. 내가 곧 진리로 변화하는 변모를 말하다. "진실을 소유하는 것이 아니라, 표면을 뚫고 들어가서 비판적이고 능동적으로 진실을 향해 가급적 접근하는 것이다."[136] 그래서 키르케고르도 "자신의 삶을 실존하지 않으면서 살지 않고 사변 속에서 삶을 영위하는 환상적인 사변에서 떠나라"[137]라고 힘주어 말하고 있는 것이다. 칼 야스퍼스는『철학적 신앙』에서 다음과 같이 진술하고 있다.

> "실존으로서 존재할 때 나는 나 자신의 존재가 초월자로부터 선물로 부여된 것임을 안다. [......] 보다 참다운 의미의 신앙은 초월자를 현실적으로 의식하는 실존의 행위이다.[138]

> 가장 넓은 의미의 신앙은 [......] 항상 하나의 고유한 근원에 의하여 존재하는 것이다.[139]

실존으로서 존재한다는 것은 가장 원초적인 나 자신의 그 무엇으로부터 존재하고자 하는 것이며, 이는 곧 신성과 관계된 그 자아를 자각한다는 것이다. 아우구스티누스가 '나 자신보다 더 깊이 나에게 존재하는 신의 현존'을 자각하였을 때, 나 자신이 곧 신의 선물임

136 『소유냐 존재냐』, 63쪽

137 키르케고르,『관점』, 임춘갑 옮김, 도서출판 치우, 2011.

138 칼 야스퍼스,『철학적 신앙』, 27쪽.

139 『철학적 신앙』, 26쪽.

을 자각하였다. 칼 야스퍼스는 바로 이러한 것을 실제로 의식하는 것이 곧 참다운 신앙이라고 보고 있다. '소유'를 멀리하고 '존재'에 관심을 돌리는 것은 바로 이러한 '나의 고유한 근원'에 나의 실존의 의미를 두는 것을 말한다. 매 순간 나 자신이 아닌 것을 나의 것으로 취하지 않고, 항상 근원적인 나 자신의 모습에 진실하게 남아 있다는 것, 이것이 실존주의에서 말하는 '진지성'이다. 자신의 가장 깊고 심오하고 원초적인 진리, 세상이 줄 수 없는 그것을 간직하고 성장시키기 위해서 세상이 부여한 모든 장식물들로부터 이탈하고자 하는 진지성이다.

철학자 '루이 라벨(Louis Lavelle)'은 이러한 진지성이야 말로 신성과 연관된 인간성의 진리를 실현하는 근본적인 태도라고 보고 있다.

> 진지성(sincérité)은 그것을 통해서 내가 나 자신을 신의 시선 아래에 두는 것이다. 이외에는 진지성이란 어디에도 없다. [......] 내가 신을 향해 돌아설 때, 나에게 있어서 고려할 수 있는 것은 오직 '나인 것(ce que je suis)' 뿐이기 때문이다. [......] 신은 모든 어둠을 꿰뚫고 (과거에) 내가 누구였던가에 대해서 잊게 하고 (현재의) '나인 것'을 계시하는 빛이다. 나에게서 나를 숨기는 자신에 대한 사랑은 겉옷처럼 갑자기 떨어져버리고, 나의 영혼을 투명하게 하는 다른 하나의 사랑이 나를 둘러싸게 된다. [......] 왜냐하면 진지성은 신의 빛 안에서 보는 것만이 아니라, 신의 의지에 적합하게 나를 실현하는 것이기 때문이다.[140]

140 Louis Lavelle, *L'erreur de Narcisse*, Paris, Grasset, 1939, pp. 63–65.

허상이나 가식, 과장이나 위선 그리고 세상이 부여한 자격들 등 '진정한 나 자신'이 아닌 일체의 것으로부터 물러나, 근원적인 나의 모습, 신의 현존 앞에선 나의 모습을 간직한다는 것, 이것이 키르케고르가 생각한 '세상으로부터 죽지 않으면 안 되는 성서적 의인'의 모습이요, 실존적인 진지함의 모습이다. 그렇기 때문에 이러한 '자아실현'의 목적은 지고의 것, 일종의 숭고한 것을 살기 위해 세상을 넘어서는 행위이다. 그렇기 때문에 세상의 시선으로 보자면 이러한 진지한 실존적인 사람은 특별한 목적이 없는 사람, 그냥 자기 자신을 완전히 살고자 하는 사람처럼 보인다. 그래서 사람들은 글라라 성녀의 삶을 "아무런 목적도 따로 두지 않고 그저 자유로이 피어오르는 아름다움의 신비"[141]라고 규정하고 있는 것이다. 아리스토텔레스의 정관에 대한 규정인 '활동의 극상'은 곧 아무것도 하지 않는 것 같지만 최고의 것을 산출하는 신비이다. 이는 칼 야스퍼스의 말에 의하면 그의 실존이 곧 "신의 언어가 나타나는 장소"[142]로 변모한 것을 말한다.

글라라 성녀는 참으로 이 지상에서 기도의 완성을 보여주었다. 이는 가장 순수한 형태의 기도이다. 왜냐하면 칼 야스퍼스에 의하면 기도란 "세속적 요구에서 해방된 순수한 형태로서의 기도는 찬양과 감사와 '주의 뜻을 이루소서'하며 비는 귀의(Vertrauen)에서 완성"[143]되는 것이기 때문이다. 글라라를 성인으로 만든 성성은 위대한 업적이 아니라, 매 순간 신의 뜻에 동의하는 그 일치에 있었다. 세상 그

---

141 C. A. 라이나티수녀, 『성녀 글라라』, 137쪽.

142 『철학적 신앙』, 43쪽.

143 『철학적 신앙』, 앞의 책, 46쪽.

무엇도 의식하지 않고 그것이 신의 뜻이라면 죽음까지도 받아들이는 겸허함이었다. 라이니티 수녀는 이를 “하느님의 뜻을 받아들이고 그 뜻에 자신의 뜻을 맞추어 가는 그 행위이며, 하느님의 뜻이 무엇이든 온전히, 마음으로부터 매순간 거기에 동의하는 것”[144]이라고 말하고 있다. 외적으로 나타나는 무위(無爲)와 고독은 영적으로 가장 다양한 결과를 산출하는 내적인 행위가 되었다. 루이 라벨은 이러한 내적인 행위야 말로 가장 심오한 행위요 가장 풍요로운 결과를 산출하는 행위라고 말하고 있다.

> 가장 심오한 행위는 순수한 현존(pure présence)의 행위이다. [……] 한 존재가 유일한 그의 현존만을 통해서 행위 한다고 말하는 것은 그가 그것을 원하지 않지만 그의 행위의 결과가 다양하게 결실을 맺는다는 것을 의미한다.[145]

세상을 피해 은밀한 수방으로 칩거한 글라라의 행위는 도피가 아니라, 세상 모든 곳에 현존하는 신의 현존을 통해서 가장 효과적이고 가장 유익한 ‘행위성(行爲性)’으로 변하였다. 루이 라벨은 이러한 비가시적이고 내적인 행위야 말로 가장 심오하고 가장 멀리 침투하는 행위라고 말하고 있다.

> 실제적이고 효과적이며 그리고 유익한 유일한 행위성(activité)은 눈에 보이지 않게 실행되는 행위성이다. [……] 가장 심오한 행동은

144 C. A. 라이나티수녀, 『성녀 글라라』, 176쪽.

145 Louis Lavelle, *L'erreur de Narcisse*, p. 77.

역시 가장 숨겨져 있다. 이 행동은 비록 아무런 효과도 산출하지 못하는 것 같지만 그러나 눈에 보이지 않는 빛을 통해서 가장 멀리 침투하는 행위이다.[146]

글라라의 관상의 행위는 신과 이 세상, 그리고 신과 인간을 실제적으로 연결해 주는 중재자의 행위이다. 그런 한 세상에서 가장 가치있는 숭고한 행위였다. 왜냐하면 인간 세상이 진정 필요로 하는 것이 무엇인지를 신보다 더 잘 아는 사람을 없기 때문이다. 너무 큰 소리는 인간의 귀에 들리지 않고, 너무 빠른 속도는 인간의 눈에 보이지 않듯이 신적 현존을 통찰하는 신비가들의 관상의 행위는 인간의 지성에 포착되지 않는다. 그래서 인간의 지성에는 관상의 행위는 무위[無爲]로밖에, 그리고 침묵으로밖에 보이지 않는다. 하지만 영적인 시선에서는 관상의 행위만큼 지속적으로 세상 모든 것 속으로 침투하고 세상 모든 것을 위해서 끊임없이 노력하는 행위도 없다. 글라라 성녀가 모든 상황 속에서 기쁨을 간직할 수 있었다는 것이 이를 증명하고 있다. 진정한 기쁨은 신적 현존을 통해서 세상을 사랑하는 그 사랑의 정서에서 주어지기 때문이다. 에리히 프롬의 용어로는 기쁨이란 '존재적 실존양식'에 동반되는 현상이며, 이는 또한 진리를 간직하고 살고 있는 자만이 가질 수 있는 것이기 때문이다. 프롬은 『존재냐 소유냐』에서 이를 성경의 예를 들어 다음과 같이 말하고 있다.

성경은 여러 대목에서 예수는 자신에게 기쁨이란 존재적 실존양

146 Louis Lavelle, *L'erreur de Narcisse*, pp. 74-75.

식에 부수되는 현상이었음을 밝힌다. 제자들에게 한 예수의 최후의 말씀에는 궁극적 의미에서의 기쁨이 표현되어 있다. '내가 이것을 너희에게 이름은 내 기쁨이 너희 안에 있어 너의 기쁨을 충만하게 하려 함이니라(요한 15 : 11).[147]

일체의 존재 양식을 지양하고 철저하게 존재 양식에 밀착된 삶은 성녀 글라라로 하여금 삶과 죽음의 문제마저도 초탈하게 하였다. 그녀는 제자들에게 남긴 마지막 축복에서 "살아 있는 동안에이나 죽은 뒤에도"[148] 제자들을 위해서 축복할 것이라고 약속하였다. 그리고 죽음을 문전에 둔 마지막 유언에서도 전혀 죽음을 두려워하지 않고 제자들에게 자신이 평생을 지켜온 그 무소유의 삶을 실천해 줄 것을 당부하였다. 에리히 프롬에 의하면 죽음마저도 초월한 글라라의 실존은 세상의 그 무엇도 영원히 소유할 수는 없다는 그리고 오직 영원한 것만을 영원히 소유할 있다는 인생의 근본적인 진리에 대한 깨달음의 결과이며 이를 통한 '존재의 추구'에서 비롯한 것이다.[149] 지상에서의 일체의 소유가 끝장나는 죽음의 순간에 오직 존재양식의 삶만이 죽음이후에도 지속되는 것이기 때문이었다. 글라라 성녀의 존재 양식의 삶을 중세 철학적인 관점에서 말하고자 한다면, 이 세계를 지속적으로 존재하게 하고, 끊임없이 세계의 질서를 보존하는 신의 현존

147 『소유냐 존재냐』, 164쪽.

148 「글라라의 축복」 중에서 : 재인용, 『아씨시 프란치스코와 클라라의 글』, 423쪽.

149 "죽음에 대한 두려움을 극복하는 길은 단 하나밖에 없다. 그것은 석가모니와 예수, 에크하르트 수사가 가르쳐 준 길로서 삶에 집착하지 않는 것, 삶을 소유물로 간주하지 않는 것이다." 『소유냐 존재냐』, 174쪽.

즉 '존재 그 자체(*Ipsum Esse*)'에 가장 가까이 다가간 영혼이라고 할 수 있다. 루이 라벨의 다음의 진술은 마치 글라라 성녀의 존재양식을 정확히 말해 주고 있는 것 같다.

> 진지한 인간은 하늘 아래서 자유롭게 살고자 하는 사람이다. 그는 진리에 도달하기 위해서 그 어떤 것으로도 자신을 가장하거나 하지 않고자 하는 유일한 사람이다. 스스로 만족하지 않고 존재 안에서 가장 내밀하게 자신을 건립하기 위해서 노력하는 사람이다.[150]

우리는 성녀 글라라의 삶과 존재양식에서 에리히 프롬이 말하고 있는 '새로운 인간상'[151]에 대한 이미지를 발견할 수 있다. 그 중 핵심되는 것만 제시하면 다음과 같다.[152]

- 완전히 존재하기 위해서 모든 형태의 소유를 기꺼이 포기할 마음가짐
- 어디에 존재하든 간에 완전히 현존할 수 있는 능력
- 현시된 모든 면에서 삶을 사랑하고 경외감을 느끼는 것. 아울러 신성한 것은 삶과 삶의 생장을 촉진시키는 일체의 것이지, 사물이나 권력, 죽어 있는 것이 아니라는 사실을 깨닫는 것
- 인간의 삶의 최고 목표는 자신의 인격과 아울러 이웃의 인격을 완전히 개화(開花)시키는 것임을 깨닫는 것
- 모든 생명체와 일체감을 느끼는 것

150 Louis Lavelle, *L'erreur de Narcisse*, p. 63.

151 『소유냐 존재냐』, 231-233쪽.

152 에리히 프롬의 '새로운 인간상'에 대한 아래 6가지 요약은 다음의 논문에서 재인용된 것이다. 이명곤, 「아시시의 성녀 글라라의 '가난'과 '관상'의 정신에 관한 철학적 조명」, 『지중해지역연구』, 제17권, 제3호, 지중해지역원 부산외국어 대학교, 2015, 27쪽.

• 운명이 우리에게 허용하는 아득한 목표지점이 어디에 있든간에 끊임없이 성장하는 생명의 과정 속에서 행복을 느끼는 것.

키르케고르는 세상이 어떻게 변하든, 인간의 삶의 형식이 얼마나 바뀌든, 인간의 근본적인 본성의 조건은 변하지 않으며, 최초에 아담이 범한 오류를 모든 인간이 되풀이할 수밖에 없다고 생각하였는데, 이는 실존의 차원에서 틀린 말이 아니다. 변화하는 것은 형식이고 외형이지 그 본질이나 본성이 아니기 때문이다. 따라서 과학기술 문명이 눈을 멀게 할 정도로 발전한 현대에도, 변함없이 2천 년 전의 글라라의 정신과 삶은 현대인들에게 하나의 모델, 즉 '새로운 인간상에 대한 이미지'를 제공하고 있는 것이다. 소유의 양식에서 초탈하여 존재의 양식으로 삶의 방식을 바꾸어, 인간성이 가진 그 심오한 신비, 인간이 가진 변치 않는 존재의 신비를 방산하면서, 인간의 의미와 존엄성을 탁월하게 증언하고 있는 '새로운 인간'의 이미지이다. 물론 모든 철학자가 이러한 진리를 자신의 소명으로 살 수는 없겠지만, 최소한 철학함의 한 이상적인 지표로 고려할 수가 있는 것이다.

3장

앙베르의 하데비히 (Hadewijch d'Anvers)

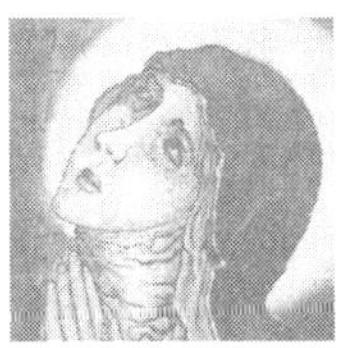

3장

앙베르의 하데비히 (Hadewijch d'Anvers)

1. 생애와 인물[153]

앙베르의 하데비히는 13세기의 플랑드르의 신비가이자 여류시인이었다. 그녀의 삶은 세상 사람들에게 거의 알려진 것이 없는데, 그녀의 탄생이나 죽음의 연도도 정확하게 알려져 있지 않다. 다만 그녀가 13세기의 중간 시기에 살았다는 것만은 그녀의 편지들을 미루어 분명히 짐작할 수가 있는데, 따라서 그녀는 토마스 아퀴나스(1225~1274)와 동시대를 살다간 여성이었다고 말할 수 있다. 그녀가 구체적으로 어떠한 삶을 살았는지에 대한 직접적인 자료들은 거의 볼 수가 없는데, 가장 확실한 사실들은 그녀의 싸인이 적혀 있는 편지들로부터 유추한 것들이다. 이를 근거로 거의 확실한 사실들은 그

153 하데비히의 생애와 저작에 관하여서는 주로 다음의 책을 참조하였음. Charles Juliet, *Hadewijch d'Anvers une femme ardente*, Editions Points, 2012. André Gozier, *Hadewijch d'Anvers, béguine et mystique: Le pavement de saphir*, Editions L'Harmattan, 2010, p. 11.

녀가 베긴이었다는 것과 앙베르(Anvers)[154] 출신이라는 것, 그리고 귀족계급의 자녀였다는 것이다. 어떤 책에서는 그녀가 브라방의 공작 집안의 자녀였다고 말하고 있지만 이 역시 분명한 증거 자료는 남아 있지 않다. 하데비히의 가족이 매우 지체 높은 집안이었다는 사실은 의심의 여지가 없는데, 그 이유는 그녀가 라틴어에 정통하였고, 라틴어와 불어로 된 신학적 서적들에 친숙하였다는 것, 그리고 당시 여성으로서는 매우 힘겨운 많은 여행을 하였다는 것, 나아가 당시로서는 평범한 여성에게는 거의 불가능했던 일, 즉 자신의 저작이 여러 사람들에 의해 필사되었다는 점 등이다. 이러한 일들은 당시로서는 단순히 부자이거나 작은 귀족의 자녀들로서는 도저히 생각할 수 없었던 일이었기 때문이다. 하데비히의 가족들이 어떠한 분위기나 정신적인 배경을 지니고 있었는지는 전혀 알 수 없지만, 그녀의 행적이나 저작들 특히 편지들로 미루어 그녀는 정신적으로 매우 큰 독립성을 지니고 있었는데, 자신의 삶이나 정신에 대해서 매우 잘 인지하고 있었고, 자신의 개인적인 선택에 있어서 절대적으로 자신의 자유의

154 '앙베르스'는 벨기에의 북동쪽에 위치한 지방 이름이자 이 지방의 가장 큰 도시이름이기도 하다. 하지만 일반적으로 하데비히는 네덜란드 사람으로 알려져 있다. 물론 하데비히의 정확한 출신지는 '플랑드르'라는 것이 옳을 것이다. 중세기의 플랑드르 지역은 오늘날 프랑스의 노르 주와 벨기에의 동플랑드르·서플랑드르 주, 네덜란드의 젤란트 주 등을 포함하는 지역이었다. 플랑드르라는 이름은 8세기에 처음 나타났으며, '저지대' 혹은 '물이 범람하는 지역'이라는 의미를 가지고 있으므로 오늘날의 네덜란드에 해당하는 말이 될 것이다. 따라서 하데비히가 네덜란드 사람이라고 부르는 것은 자연스러운 것이다. 어떤 연구자들은 '앙베르스'라는 지명은 하데비히의 출신과 무관하며 오히려 그녀의 활동 무대와 관련된 지명이라고 주장하기도 한다. 하지만 이 또한 근거가 분명한 것은 아니다. 벨기에 발음으로 Anvers는 '앙베르'로 불리며, 네덜란드 사람들은 '안트베르펜(Antwerpen)'이라고 부르고 있다. 본 저서에서는 불어와 벨기에 발음에 일치하는 '앙베르'라는 한국식 표기를 사용하도록 하였다.

지에 따르고 있음을 보여주고 있다. 하데비히가 매우 독립적인 정신을 가지고 있었던 이유 중 하나는 당시 귀족들의 공식적인 언어가 라틴어 인 데 비해서 그녀는 자신의 저작들을 '플랑드르어(flamand)'로 작성하였다는 점이다. 하데비히가 자신의 신비적인 체험을 당시에는 표현할 수 없었던 전혀 새로운 방식으로 묘사할 수 있었던 것도 바로 이 플랑드르어 때문이라고 말하기도 한다.[155]

하데비히가 베긴들 중 한 사람이었다는 것은 분명한데, 우리는 이를 증명해 주는 논문(N. de Paepe)을 발견할 수도 있다. 반면 어떤 사람은 하데비히가 베긴 운동이 시작될 때 중심 인물로 활약하였다고 주장하는 사람도 있다. 그 이유는 하데비히가 자신들의 벗들에게 보낸 편지들에서 이 벗들이란 교회의 정식적인 교계제도에 거주하지 않는 베긴들이었고 편지의 내용에는 베긴들의 공동체를 이끌어 가고 방향을 암시하는 내용들이 포함되어 있기 때문이다. 만일 하데비히가 베긴 운동을 시작한 중심인물이었다고 한다면, 이는 그녀가 주로 혼자 살았음을 말해 주고 있다. 왜냐하면 베긴운동이 시작될 무렵에는 베긴의 공동체들은 거의 형성되지 않았기 때문이다. 물론 베긴 운동이 12세기 말과 13세기 초에 이미 시작되었다고 한다면, 그녀는 분명 어떤 베긴 공동체를 이끌어 가는 책임자 역할을 하였을 것이다. 배긴의 공동체는 정식적인 종교단체로 인정받지 못했고, 가끔은 이교도 집단으로 간주되기도 하였고, 일반인들의 시선에서도 대개는 경멸의 대상이 되기도 하였다. 베긴들에 대한 공식적인 박해는 11세

155 참조: *Hadewijch d'Anvers une femme ardente*, p. 9.

기에 시작되었는데, 베긴들 중 종교재판에 회부되어 사형을 받았던 사람들 중에는 제법 이름이 알려진 유명인들도 있다. 샤를 쥴리엣트와 깜브레의 알레이디스(Aleydis de Cambrai)는 1236년에 죽음을 당하였고, 1310년에는 《단순한 영혼들의 거울, *Miroir des âmes simples*》의 저자인 마그리트 포렛트가 죽음을 맞이하였다.[156] 따라서 하데비히의 삶이 거의 알려져 있지 않고, 그녀의 인물됨에 대해서도 거의 알려진 것이 없는 이유는 그녀가 베긴 운동을 이끈 중심인물 중의 한 사람이었기 때문이라고 짐작해 볼 수 있다. 하데비히의 저작에는 그 신분을 정확히 알 수 없는 사람의 이름을 포함하여 수많은 베긴들의 이름이 등장하는데, 이 중에는 후일 종교재판에 회부되어 죽음을 맞이한 이도 있지만, 그럼에도 하데비히 자신이 종교재판과 결부되었던 적은 한 번도 없었다고 역사가들은 말하고 있다. 아마도 이러한 점에서 그녀는 매우 신중하고 사회적 상황에 대해서도 잘 인지하였고 현명하게 처신하였던 것으로 보인다. 베긴들이 죽음에 처해진 주된 원인은 이들이 이교도들로 간주되었기 때문인데, 베긴들에 대한 박해가 시작될 때, 하데비히는 자신이 이교도가 아님을 주장하기 위해서 "이교도들은 죽음을 통해서 세상에서 사라져야 마땅하다."[157]라고 선언하였다.

역사가들은 그녀가 직접 쓴 수필[手筆] 원본은 오늘날 발견되지 않고 있으며, 가장 오래된 사본이 벨기에의 브뤼셀(Bruxelles)의 한

156 참조: *Hadewijch d'Anvers une femme ardente*, p. 9.

157 *Hadewijch d'Anvers une femme ardente*, p. 8.

수녀원에서 발견되고, 가장 많은 복사본들은 네덜란드어로 된 것이라고 말하고 있다. 하지만 이들 복사본들이 발견되는 장소들은 하데비히의 출신이나 활동무대를 증명해 주는 근거가 될 수는 없다고 덧붙이고 있다. 오늘날까지 우리에게 전해지는 그녀의 저작들은 그녀가 직접 쓴 31편의 편지 글과 74편의 시 그리고 1권의 환시에 관한 책이 있다.[158] 이 저작들은 대략 1240년경에 쓰인 것인데, 편지의 경우는 날짜나 이름을 밝히지 않은 것도 있으며, 시는 45편의 고대 서사시 형태의 시와 '정중한 사랑(amour courtoise)'에서 영감을 얻은 29편의 시로 구성되어 있다. 이 중 환시에 관한 책은 하데비히 자신의 고유한 환시들이라고 보기에 어려운데, 그 이유는 이 환시들의 내용들이 대개 타인의 글들을 참조하여 작성한 것이기 때문이다. 이 중에는 총 107명의 다른 사람들의 이름이 언급되어 있는데, 하데비히와 동시대의 사람 이름도 57명이나 된다. 니콜라스 본 비브라(Nicolas von Bibra)는 그녀가 쓴 환시의 내용들이 순수성을 상실하였다고 비판하기도 하였는데, 이러한 이유로 대다수의 연구자들은 그녀의 영적인 편지와 시들을 그녀의 고유한 텍스트로 사용하고 있으며, 불행히도 환시의 내용들에 대한 연구 자료들은 거의 찾아보기 어렵다. 하데비히는 한 번도 가톨릭교회로부터 '복녀'로 선포된 적이 없으나, 간혹 '복녀 하데비히'라는 표현을 사용하는 자료를 볼 수는 있다고 하나

158 하데비히의 시에 대해서는 그 편수가 연구자들마다 달라서 정확하게 그 숫자를 가늠할 수가 없다. 아마도 어떤 시들은 시 형태의 환시의 내용일 수도 있고, 또 연작의 시를 한편으로 본 사람과 여러 편으로 본 사람이 있기 때문일 것이다. 여기 소개하는 숫자는 그중 가장 많은 숫자를 제시하고 있다.

정확한 출처는 알 수가 없는 실정이다.

그녀가 환시들에서 언급하고 있는 내용들 중(Vis., VI, 2.33)에서 자신이 처음 환시를 본 것은 열아홉 살 때라고 기술하고 있는데, 이로 미루어 그녀 역시 매우 이른 나이에 신비가로서의 길을 갔다고 짐작해 볼 수 있다. 티에리 고세트(Thierry Gosset)는『신비적 여성들』에서[159] '하데비히'가 매우 높은 교양을 지닌 여성이었으며, 자신의 정신적인 양식으로 성 아우구스티누스와 성 베네딕도 그리고 성 티에리의 기욤 등과 같은 영성가들로부터 취했다고 말하고 있다. 그리고 그녀의 우선적인 주제는 다른 신비가들과 마찬가지로 '신적 사랑'이었고, 법열(탈혼, extase)에조차 자주 접근했지만, 그럼에도 그녀가 언제나 권고한 것은 내적인 자유와 겸손이었다고 말하고 있다. 그녀의 우선적인 주제였던 사랑은 '정중한 사랑(amours courtoise)'이라는 말로 표현되고 있는데, 이는 자신이 사랑하는 '하느님과의 일치에 대한 목마름'이라고 말할 수 있다. '정중한 사랑'이라는 표현은 단테의『신곡』에서 중요하게 등장하는 개념인데, 하데비히에게서 영감을 받은 것이라고 볼 수 있다. 단테는 베아트리체라는 실존 인물에 대한 사랑의 성장 과정을 묘사하면서 이 표현을 사용하고 있다. 단테에게 있어서 이 표현은 연인으로서의 남녀 간의 사랑이 아닌 '이상적인 여성'에 대한 동경과 존중을 통한 '선과 진리'에 대한 갈망으로서의 사랑이라고 할 수 있는데, 이러한 이상적인 것에 대한 사랑이 성장하여 결국은 '천국적인 사랑'을 가능하게 하는 것이다. 따라서 초월적인 신의 현존

159 *Femmes mystiques - époque médiévale*, p. 45.

과의 신비적인 일치를 갈망하는 그 사태 자체 혹은 그 과정을 '정중한 사랑'이라고 말할 수 있다. 물론 이러한 사랑은 신적 사랑을 의미하는 완전한 사랑, 현실에서는 결코 획득할 수 없는 아득한 사랑을 기다리는 그 사랑이라고 할 수 있다. 그런데 이러한 기다림이 마냥 기다리기만 하는 것이 아니다. 이 기다림의 과정이 곧 '수행[修行]'을 의미하며, 이러한 과정을 티에리 고세트는 "엄격한 고행가들의 삶에 기초한 한 영성"[160]이라고 말해 주고 있다.

하데비히가 한번 신적 체험을 한 이후 그녀가 이 지상에서 의미를 가질 수 있는 유일의 것이 신적 현존에 대한 목마름 그것뿐이었다. 모든 것이 무미건조하고 자신의 갈망을 채우지 못한 그녀의 갈망은 이 갈망을 포기하도록 하지 못하였고 오히려 이러한 갈망을 심화할 뿐이었다. 아마도 신으로부터 버림받은 것 같은 고통, 희망에 대한 실망들 그리고 의심들, 이러한 것이 평생 그녀의 실존을 채우고 있었을 것이다. 아직 어린 시절에 자신을 감쌌던 그 신비로운 존재는 다시 돌아오지 않는 것일까? 하데비히의 글들에서는 마치 '정적주의'를 연상케 하는 '수동성'이 발견되는데, 우리는 이 '수동성'에 대한 의미를 그녀의 예외적이고 고유한 '신비적 체험'을 고려하지 않고서는 결코 이해할 수가 없을 것이다. 하데비히는 자신의 시와 편지에서 '경탄할 만한 것'이라는 표현을 매우 드물게 사용하고 있으며, 가장 빈번하게 그녀가 말하고 있는 것이 바로 이 길고 지루한 기다림에 대해서이다. 이를 위해서 그녀가 할 수 있는 것은 아무것도 없었으

160 *Femmes mystiques - époque médiévale*, p. 46.

며, 또 아무것도 하지 말아야 했고, 아무것도 바라지 말아야 했으며, 더욱이 갈망하는 것 없이 기다려야 했다. 왜냐하면 그녀가 획득한 이 '수동성'을 파괴하는 것은 무엇이건 자신의 신적 갈망을 무화시키는 요인이 될 수 있었기 때문이었다. 그녀의 이러한 수동성은 부정적인 것이 아니다. 우리는 여기서 십자가의 성요한이 말한 '無에의 추구'라는 보다 차원 높은 영적인 변모의 시기를 발견할 수 있기 때문이다.

그것 때문에 세상에 대한 애착도 생각마저도 없이 하였던 사랑의 열병을 가졌던 이 무모한 베긴, 결코 물러서지 않았던 이 여성은 무엇이 되었는가? 사람들은 그녀의 무모한 그 삶을 금지시켜야만 했던 것일까? 그녀는 자신의 사랑 때문에 박해를 받았던가? 그녀는 자신의 삶을 간직하기 위해서 도망을 다녀야 했을까? 아니면 감금되어야 했던가? 사람들은 이에 대해서 아는 바가 거의 없다. 하지만 그녀의 삶이 평탄하지 않았을 것이라는 것은 충분히 짐작할 수 있다. 왜냐하면 일반적인 사람들은 결코 예외적인 존재들을 좋아하지 않기 때문이다.

2. 저작의 정신과 철학적 사상

하데비히의 정신이나 사상에 대해서는 아직도 많이 알려져 있지 않지만, 믿는 이든 아니든 영성적인 삶을 갈망하는 모든 이에게 그녀의 정신에 대해서 별 거부감 없이 말할 수 있을 것이다. 왜냐하면 그녀에게서는 모든 영성가들이 긍정할 만한 일반성을 발견할 수 있고,

이 보편성은 그녀의 편지글과 시를 통해서 자신이 직접 체험하였던 것들에 대해서 단순하고도 힘차게 표현되어 있기 때문이다. 이 일반성이란 '무한한 존재, 막대한 존재'에 대한 신비적인 사랑이지만, 그녀는 한 번도 신학적인 논의들을 취한 적은 없었다. 그녀가 사랑하였던 이 무한한 존재의 현존은 말할 것도 없이 하느님의 현존을 지칭하는 것이겠지만 그녀는 하느님이라는 이름조차 자주 언급하지 않았다. 다만 자신이 지니고 있는 무한과 막대함에 대한 사랑을 어떻게 더 잘 표현할 수 있을지만을 고민하였다. 여기서 간략하게 제시하고자 하는 하데비히의 정신과 사상은 바로 이 '영적인 사랑'에 집약된 지극히 제한 된 것이다. 이 정신은 크게 두 가지 차원에서 시기적으로 구분될 수 있는데, 하나는 신비가로서의 예비적인 삶에 해당되는 〈자신에 대한 앎〉이라는 차원과 다른 하나는 〈신적 사랑에 불타는 영혼〉이라는 크게 두 가지로, 그리고 이 신비적 사랑에는 다시 '감성적이고 영적 결혼(mystique affective et nuptiale)'의 시기인 첫 시기와 보다 '정관적이고 본질적인 신비주의(mystique spéculative et essentielle)'를 의미하는 두 번째 시기로 나눌 수 있다.

1) 자신에 대한 앎과 근원적인 자기

하데비히는 누구보다 자기 자신에 대해 깊이 이해하였던 지성적이고 현명한 여인이었다. 그녀는 14번째 편지에서 영적인 사랑의 여정을 시작하기 전에 반드시 선행되는 것이 곧 '자기 자신에 대한 앎'이라고 충고하고 있다.

> 만일 당신이 이러한 완성에 도달하고자 한다면 우선적으로 당신에게는 당신을 진정으로 아는 것이 필요합니다. [......] 당신의 의지가 선하든 악하든 당신의 행동 방식이 어떠하든, 당신이 당신 자신을 존중하든 경멸하든 당신으로부터 나오는 모든 것에 있어서 당신을 정확히 아는 것이 중요합니다. 평화로울 때나 고뇌 중이거나 모든 상황에 있어서 평정심을 유지하며 그리하여 당신이 당신을 알고자 하는 추구가 참된 것이어야 합니다.[161]

사랑의 완성에 도달하는 데 있어서 자신을 정확하게 이해한다는 것이 왜 중요한 것일까? 하데비히가 편지를 통해 말하고자 하는 것은 만일 자기 자신에 대한 정확한 이해가 없다면, 그리하여 자신에 대한 환상이나 왜곡된 이미지를 가지고 살고 있다며 이러한 사랑의 완성으로 향하는 여정을 시작할 수 없을 뿐더러 만일 그 길을 가고 있는 사람이라면 결코 여정의 목적지에는 도달 할 수 없다는 것이다. 왜 그런 것일까? 아빌라의 데레사는 제자들에게 '먼저 고통 받지 않았다면 기쁨을 추구하지 말아야 한다'고 말한 바 있는데, 이는 진정한 기쁨이란 시련의 열매라는 것을 말해 주고 있다. 마찬가지로 '진정한 사랑'이란 일종의 시련의 열매이다. 여기서 자신에 대한 앎은 사랑에로 나아갈 수 있는 그리고 모든 훈육이 이루어질 수 있는 지반 혹은 기초라고 할 수 있다. 하데비히가 '자기 자신에 대한 앎'이라고 말할 때, 이 앎은 단지 사회적 자아나 개성들의 특징들을 종합적으로 아는 그러한 피상적인 앎이 아니다. 이 앎은 궁극적으로 자기 자신의 가장 깊은 지반에로 내려감을 의미하며, 이 과정 속에서 만나게 되

161 *Hadewijch d'Anvers une femme ardente*, Lettre 14, p. 63.

는 모든 복잡하고 혼란한 것들을 제거시키며, 이때까지 자기 자신이라고 여겼던 모든 피상적인 것과 환상적인 것을 정화하는 혹독한 자기 정화의 과정을 거쳐서 도달하게 되는 순수하고 고유한 자기 자신의 모습, 즉 하느님 앞에 선 고유한 자기 자신의 모습을 말하는 것이다. 아마도 우리는 이러한 '자기 자신'을 중세 철학자들의 말을 빌어서 '신적 지성 속에 있는 개별자의 이데아'라고도 할 수 있을 것이며, 실존주의자들의 말을 빌어서 '근원적인 자아'라고도 할 수 있을 것이다.

이러한 '근원적인 자기 자신'은 빙겐의 힐데가르트가 모든 것을 절대자의 시선으로 바라보았듯이 그렇게 하느님이 질서 지워 놓은 그 초자연적인 질서 안에 있는 '자기 자신'을 보는 것을 말한다고 할 수 있다. 아마도 이러한 '근원적인 자아'를 발견하게 된다면 그 '자아'는 참으로 소중하고 고상하고 아름다운 것이겠지만, 역설적으로 세상의 가치나 관점에서 우리 자신을 바라보는 것에 습관이 길들여진 일반인의 시선에서는 매우 고통스러운 과정을 거치지 않으면 안 될 것이다. 왜냐하면 '근원적인 자아'를 발견하기 위해서는 이때까지 내가 지니고 있던 일체의 나에 대한 이해를 허상이거나 진정한 실재가 아님을 인정해야 하기 때문이다. 진정한 '자기 자신'에 도달하기 위해서 우리가 제거해야만 하는 것들은 다양한 집착들, 미래에 대한 두려움들, 현실 안의 복합적인 욕망들, 정신적 미숙함들, 거짓이나 왜곡된 진실들, 위선이나 가식들, 허영들, 심지어 죽음에 대한 불안 등 일체의 것을 제거시키는 과정이 될 것이다. 이러한 과정을 불어에서는 '데뿌이어망(dépouillement)'이라고 하는데 이는 '뿌리 뽑기' 혹은 '허물벗기'라는 의미를 가진 '완전한 자기 정화'의 의미가 있다. 대다수의 수도자들이 수도 생활에서 가장 힘겨운 일이 이러한 '자기정화'의 과정이라고 말하고 있으며, 심리 치유를 하는 사람들도 이러한 '자기 정화'의 시간을 환자들이 가장 고통스러워 한다고 말하고 있다. 하지만 이러한 '자기 정화'의 과정을 거치지 않고서는 진정한 자기 자신을 발견할 수가 없고 나아가 완전한 사랑의 여정을 시작할 수가 없는 것이다. 왜냐하면 누구도 이러한 '근원적인 자기 자신'에 이르지 않고서는 진정으로 '존재의 심오함' 즉 '신적 현존'을 만날 수가 없기 때문이다.

불행히도 자기 자신에 대한 앎의 추구에서 발생하는 이러한 정화의 시련에 대해서 하데비히는 우리에게 거의 아무것도 말해 주지 않고 있다. 하지만 우리는 이와 유사한 체험을 하였던 아빌라의 데레사를 통해서 이러한 시련의 모습을 유추해 볼 수 있는데, 아빌라의 데레사는 『자서전』에서 이를 '영혼이 스스로를 찢는 것'이라고 표현하고 있다.

> 내가 설명할 수 없는 영혼의 고통, 억압, 숨막힘, 매우 절망적인 슬픔 [......] 이는 영혼이 스스로를 찢는 것입니다.[162]

아빌라의 데레사는 이러한 시련의 시기, 침묵의 시기, 모든 희망이 사라지고 어둠과 절망이 가득한 시기가 무려 20여 년이나 지속되었다고 말하였다. 이 동안 아빌아의 데레사는 내적인 고통의 반향으로 자주 육체적인 병으로 고생하였다고 고백하고 있다. 십자가의 성

---

162 Thérèse d'Avila, *obiographie*, in OEuvres complètes, v. 1, ch. 33, Paris, Fayard, 1692, p. 232.

요한 역시 이와 유사한 시기를 보냈는데, 그는 자신의 어둠에 대해서 다음과 같이 증언하고 있다.

> 영혼은 내적인 찢어짐의 고통을 당하게 되는데, [......] 영혼이 스스로를 찢고 무(無)가 되는 것은 일종의 필연 적인 것이다. 영혼은 이러한 내적인 파괴를 자신의 실체 그 자체 안에서 체험한다.[163]

아마도 하데비히는 아빌라의 데레사나 십자가의 성 요한이 가졌던 것과 동일한 '영혼의 찢어짐'을 체험하였겠지만, 그러나 그녀가 가졌던 더 큰 어려움은 자신이 가야만 하는 그 길을 안내해 줄 어떠한 모델도 안내자도 없었다는 것에 있었을 것이다. 그녀가 "자신은 아무것도 하지 말아야 한다."고 말했을 때, 이는 바로 십자가의 성 요한이 체험한 그 '어두운 밤'의 시기에서 가져야 할 영혼의 자세를 말하는 것이다. 이러한 '無가 되어 버리기'의 완전한 자기 정화의 시기에 하데비히는 긍정적인 의미를 부여하고 있는데, 그것은 사랑의 업적들에 자신을 완전히 증여하는 시기로 표현하고 있다. 사실 사랑은 주어진 것이 아니라, 자기 자신을 포기하는 작업을 통해서, 우리 자신을 우리 자신에게 가두어 버리는 일종의 자기중심주의(égocentrisme)에 더 이상 포로가 되지 않는 것에서 성립된다. 여기서 '無가 되어 버리기'는 하나의 내적인 힘으로 변증법적인 운동을 이루게 된다. 신비가가 추구하는 無는 존재의 투명함을 발견하기 위한 그야말로 절대

163 St. Jean de la Croix, *La Nuit obscure*, Paris, Seuil, coll. 〈Points Sagesses〉 n° 35, 1984.

적인 무[無]이다.[164] 어떠한 갈망도 어떠한 기다림도 어떠한 두려움도 존재의 투명함을 동요시켜서는 안 된다. 모든 앎과 모든 능력과 모든 원의가 잠들고 영혼은 절대적인 평정을 유지해야 한다. 바로 여기서 '근원적인 자기 자신'을 발견할 수 있기 때문이다. 여기서 영혼은 내적인 휴식은 절대적인 수동성에 도달하게 한다. 이러한 절대적인 수동성에서 그녀는 분열과 다툼과 모순에 봉착하는 것을 멈추게 된다. 자기 자신에게 대립하거나 스스로 파괴하거나 하는 것을 멈추고 에너지들이 응집하고 증가하게 된다. 그의 존재의 무게를 없이 하고 자신의 존재를 시간의 바깥으로 내어 던지고 자신의 존재는 무한한 존재와 하나가 된다. 바로 이 존재의 일치를 통해서 영혼은 '절대적인 수동성' 안에서조차 멈춤 없이 성장하게 되는 것이다. 이러한 것이 흔히 영성가들이 말하는 '영적 고독'이다. 세상의 모든 것으로부터 물러나 오직 가장 깊은 자기 자신과 대면하는 것이다. 앙드레 고지에(André Gozier)는 하데비히의 영적인 고독에 대해서 다음과 같이 말하고 있다. "하느님이 자신을 소유한 곳에서 영혼은 막대한 고독을 맛본다. 정신은 조금씩 거울의 본성을 발견하게 된다. 그의 본질의 투명함이 성부의 얼굴의 모든 아름다움을 수용하도록 허락할 것이나, 이는 고요 속에 머문다는 한에서이며, 그의 신비로운 깊이를 획

164 앙드레 고지에는 이러한 절대적인 무에의 추구를 '광기'라고 표현하고 있다. "그렇습니다. 당신은 이러한 광기를 견딜 수 있습니다. 그 자신을 위해서 그의 존재로부터 그의 삶으로부터 개별적인 자비를 베푼 영혼은 그가 사랑하는 그리스도를 위해서 이러한 광기와 결혼하였습니다. 자기 스스로를 준다는 것, 이는 몇 푼의 돈을 주는 것보다 훨씬 더 큰 것입니다. 사람들이 자기 자신을 주지 않은 한, 아무것도 준 것이 아닙니다. 왜냐하면 그의 삶을 스스로 주는 것보다 더 큰 사랑은 없기 때문입니다. 증오에 차있는, 신성한, 살아있는 당신들의 인격을 제공하십시오." *Hadewijch d'Anvers, béguine et mystique*, p. 22.

득한다는 한에서이다."[165] 영적인 고독 안에서 영혼은 성장한다. 내적이고 실체적인 영혼의 성장은 곧 끊임없이 자신의 근원으로 역류하는 것을 말하며, 마침내 번쩍이고 작열하는 환희의 순간, 즉 사랑의 법열에 도달하게 되는 것을 말한다. 바로 이러한 과정에서 영혼은 끊임없이 자신의 고유한 본질이 아닌 것을 구분해 내고 자신의 근원적인 모습이 아닌 일체의 세속적인 것을 정화시켜 나가야 하는 것이다. 바로 이 과정을 하데비히는 '진정한 자신에 대한 앎'이라고 말하고 있는 것이다.

2) 신적 사랑과 사랑의 일치

하데비히에게 있어서 신적 사랑을 추구한다는 것은 감미로운 것이기도 하지만 고통스럽고 위험한 모험과 같은 것이었다. 그녀에게 있어서 사랑은 자기 자신과 싸우는 것이며, 가끔은 자신을 계시하기도 하는 이 막대한 존재와의 싸움이기도 하였다. 이 사랑은 열정과 용기와 집요함으로 고독함과 시련들을 극복하고자 하는 과감한 결단이 요구되는 긴 여정과도 같았다. 그녀의 첫 번째 시에서는 이러한 사랑의 본질이 잘 드러나 있다.

> [......]
> 열정적인 영혼들,
> 사랑에로 나아가는 영혼들,
> 이들은 순수하고 올바른 사유를 지닌 이들이라네.

165 *Hadewijch d'Anvers, béguine et mystique*, p. 10.

[......]
사랑을 사랑하고자 하는 모든 이들이여,
인내로운 마음으로 모험을 기획하세요!
내가 무엇을 할 수 있을까요, 불쌍한 여인인 내가!
나의 운명을 증오해야 하나요.
살아가는 것을 후회해야 하나요.
나는 사랑할 수도 사랑을 멈출 수도 없어요.
모험과 운명이 상승하면서
잔인하게 나타나네요.

나는 나 자신으로부터 버림받았고
모든 존재들로부터 버림받았네.
이는 참으로 부당한 것이라네.
벗이여,
사랑이 당신에게
눈물을 흘리게 하도록 내버려 두세요.[166]

위 시에서 강하게 부각되는 것은 신적 사랑에 매료된 한 영혼의 기구한 운명이다. '신적 사랑'이라는 이름으로 모든 세속적인 것과 세상의 벗으로부터 자신을 불러낸 신의 섭리에 대해서 순수하게 인간적인 차원에서 매우 '기구하고 잔인한 운명'이라 한탄하고 있는 것이다. 세상의 눈으로 보자면 이는 사실이다. 신적 사랑을 성취하기 위해서는 세상의 온갖 좋은 것을 다 포기해야만 하고 또한 세상에 대한 포기가 필연적으로 신적 사랑을 가져다주지는 않기 때문이며, 나아

166 *Hadewijch d'Anvers une femme ardente*, Poème 1, pp. 20–21.

가 이 신적인 사랑이라는 것도 하데비히에게 있어서는 참으로 고통스러운 기다림의 연속이었기 때문이었다. 다른 한편 우리는 여기서 '신적 사랑에로 불림 받은 운명'에 대해서 너무나 분명하고 확신에 차 있는 하데비히의 정신을 감지하면서 역설적으로 크나큰 위로와 부러움마저 느낄 수 있다. 세속적인 시선에서는 가련한 여인이겠지만 영적인 눈에서는 너무나 고귀하고 사랑스런 여인으로 보이기 때문이다. 아마도 구약성경을 주의 깊게 읽어본 사람이라면 하데비히의 이 기구한 운명에서 사실은 하느님이 약속한 그 새로운 마음과 정신을 통찰할 수 있을 것이다. 우리는 구약성경의 '에제키엘'이 이스라엘 민족에게 전해준 그 '새로움'에 대한 소식을 상기할 수 있을 것이다.

> 그들은 여기로 돌아와서 혐오스러운 것들과 역겨운 것들을 모두 이 땅에서 치워버릴 것이다. 나는 그들에게 다른 마음을 넣어주고, 그들 안에 새 영을 넣어 주겠다. 그들의 몸에서 돌로 된 마음을 치워 버리고 살로 된 마음을 넣어 주겠다(에제, 11, 19).

누구도 두 주인을 섬길 수 없듯이, 세상과 하느님을 동시에 섬길 수는 없다는 이 진실은 하데비히의 운명에서 극명하게 드러나고 있다. 바로 이러한 절대적인 투신을 우리는 '하느님의 신부'가 되도록 불림 받은 모든 이들에게서 발견할 수 있는 영웅적인 모습이다. 만일 '영적 결혼(靈的結婚)'이라는 말이 단지 문학적 비유가 아니라 진정 의미 있는 용어가 될 수 있다면 그것은 바로 이러한 절대적인 투신에서이다. 말 그대로 하느님과 영혼의 '일치' 혹은 '결합'을 위해서 세상적인 그 어떤 것에서도 자유로워야 하며, 하느님적인 것이 아닌 일체의 것에 대해서 일종의 '죽음'을 맛보게 되는 그러한 사건이다. 이것이 바로 성서적 의인의 상징인 아브라함이 체험하였던 그 사건이다.

그녀에게 있어서 하느님을 사랑한다는 것은 말 그대로 절대적인 사랑을 말하며, 일말의 타협이나 중도가 있을 수 없는 그러한 것이었다. 그래서 이 사랑에 가장 적합한 용어가 있다면 그것은 '새로움'이라는 것이다. 하데비히도 이 사실을 잘 알고 있었다. 그녀는 첫 번째 시의 말미에 한결같이 '새로움'이라는 용어로 노래하고 있다.

> 보다 고귀하고 보다 자유로운 사랑에 대한
> 새로운 감각을 하느님은 주시네...
> 하느님 안에서 우리의 삶이 새롭게 되네...
> 새로움 안에서 모든 은총 주시네!
>
> 새로운 미각이 새로운 삶을 주네,
> 신선한 사랑의 맛을 우리에게 주듯이...
> 삶을 새롭게 사는 이들에게
> 특별하고 새로운 보상,
> 이는 사랑이라네!
> 새로운 사랑을 새롭게 알고자 원하는 당신이여,
> 이 새로운 봄날에...[167]

위의 시는 참으로 우리의 영혼을 고무시키는 영적 찬가이다. 이러한 찬가를 부를 수 있는 영혼의 그 모습이 얼마나 고귀한가! 하데비히가 노래하고 있는 이 '새로운 봄날'이란 무엇인가? 그것은 더 이

167 *Hadewijch d'Anvers une femme ardente*, pp. 22–23.

상 세속적인 시선으로 세상을 보지 않고, 새로운 시선 내적이고 영적인 시선으로 세상을 볼 때 다가오는 완전히 새로운 세상을 말하는 것이다. 이 새로운 세상이란 모든 곳에 하느님의 현존이 발견되는 그러한 세계이다. 그녀는 스물네 번째의 편지에서 이를 분명하게 말해 주고 있다.

> 모든 피조물 안에서 하느님을 발견하세요. 하지만 어떠한 사람에게서도 이 하느님의 현존을 수용하려고 하지 마세요. 하느님의 현존은 그분의 단순한 본질로부터의 순수한 충만으로 수용하는 것입니다. [......] 사람들은 그 누구에게도 사랑을 가르칠 수가 없습니다. 하지만 자신들의 덕을 실천하는 것을 멈추지 않는 사람은 누구나 이 사랑을 배우게 될 것입니다.[168]

새롭다는 것은 이 지상의 역사와 관습으로부터 새로운 것을 말하며, 이는 순수하게 하느님적인 것을 의미한다. 그리고 이를 하데비히는 대문자 'A'를 사용하여 '사랑(Amour)'이라고 표현하고 있다. 왜냐하면 하느님은 사랑이시기 때문이다 −*Deus Caritas est*−.[169] 헌 부대에 새 포도주를 담을 수 없듯이, 새롭게 된 영혼은 하느님적인 것이 아닌 세상의 것을 취할 수는 없다. 그래서 하데비히는 '그 어떤 사람들'로부터도 이 하느님의 현존을 수용할 수는 없다고 표현하고 있는 것이다. 아마도 오늘날 여전히 세상 사람들의 출입이 금지된 수도원의

---

168 *Hadewijch d'Anvers une femme ardente*, Lettre 24, pp. 68−69.

169 하데비히는 자신의 詩에서 '사랑(Amour)'이라는 말을 하느님 혹은 신과 동일한 의미로 사용하고 있다. 다만 인간의 사랑과 구분하고자 할 때는 하느님을 대문자 'A'로 시작하는 사랑을, 그 외에는 소문자 'a' 시작하는 사랑이라는 용어를 사용하고 있다.

'경내'가 존재하고 있다는 것은 바로 이러한 '새로움의 장소', 온갖 세속적인 것이 죽음을 맞이하고 신과 영혼의 신성한 일치가 이루어지는 장소를 상징하고 있다고 할 것이다.

그런데 하데비히는 이 사랑을 덕의 실천을 통해서 배울 수 있다고 한다. 아마도 우리는 여기서 하느님 적인 사랑(*caritas*)과 '선[善]'의 관계를 이해할 수 있을 것 같다. 덕의 실천은 곧 선의 실천이다. 만일 하느님적인 사랑과 지상의 여느 사랑과의 차이점이 있다면 그것은 하느님적인 사랑에는 오직 '선의 구추'만이 있지만 지상의 다양한 사랑에는 어느 정도 선과 악이 뒤섞여 있다는 점이다. 끊임없이 선을 실천하고자 하는 한 가지만을 추구하는 사람은 결국 하느님의 사랑을 알게 될 것이다. 사실 악이란 선의 부재(不在)를 의미한다고 중세 철학자들은 말하고 있다. 그래서 인간보다 더 강력한 힘을 지니고 있지만 선이 부재하는 천사들을 악마라고 하는 것이다. 힘이 있지만 그에 적합한 선이 부족할 때, 이는 곧 악마적인 것이다. 따라서 '아무것도 하지 않아야 한다'는 수동성이 '선의 실천의 거부'를 말하는 것은 분명 아니다. 사실 '덕의 실천'이 완전한 것이 되기 위해서는 이것이 보다 '내적인 것'이 되어야 한다. 완전한 소리는 들리지 않고, 완전한 빛이 보이지 않듯이 완전한 행위도 감지될 수 없는 것이다. 완전한 선행이라는 것은 사실 눈에 보이지 않는 것이다. 모든 외적인 행위들이 진정 완전한 선행이 되기 위해서는 일체의 외적인 이해득실을 떠나야 한다. 그렇기 때문에 내적으로 충분한 선이 갖춰지지 않는 외적 행위는 마치 위선처럼 보이는 것이다.

지속적인 선의 실천과 자신에 대한 앎을 추구하는 영혼이 마침내 하느님과 하나 될 때, 이때가 바로 진정으로 사랑(*caritas*)을 알게 되는 때이다. 하데비히는 그녀의 아홉 번째 편지에서 이 '사랑의 합일'에 대해서 묘사하고 있다.

> 하느님은 하느님 자신에게서 그대의 영혼을 지혜의 심오함들 안에 흡수해 버릴 것입니다. 여기서 하느님은 그대에게 하느님이 어떤 분이신지, 당신이 얼마나 온유하신 분이신지를 알려 주실 것입니다. 사랑하는 이 안에서 사랑받는 이의 이 거주처는 얼마나 감미로운지요! 서로가 스며들어 각자는 더 이상 서로를 구별할 수가 없을 것입니다! 이는 공동적이며 상호적인 열매 맺기입니다. 입술과 입술, 심장과 심장, 육체와 육체 그리고 영혼과 영혼에 동일한 감미로운 본질이 이들을 통과하고 둘 모두에게 이러한 기쁨이 가득할 것입니다. 그리하여 하나가 다른 하나를 통해서 둘은 동일한 것이 되어 버립니다.[170]

위에서 하데비히가 말하고 있는 이러한 사랑의 일치는 분명 아빌라의 데레사가 말하고 있는 '법열의 상태'와 거의 동일한 것이다. 그리고 '영혼과 하느님이 동일한 것이 되어 버린다'는 표현은 매우 '에크하르트'적인 것이다. 이러한 법열의 상태를 이해하기 위해서 우리는 아빌라의 데레사가 묘사하고 있는 탈혼의 상태를 상기해 볼 수 있다. 그녀는 이를 감각의 강탈 혹은 유괴, 영혼의 상승, 막대함 등으로 표현하였다. 오직 공허와 지속적인 수동성만이 갑작스러운 탈혼(extase)을 위한 조건이라는 것은 익히 알려져 있다. 탈혼을 체험하기

---

170 *Hadewijch d'Anvers une femme ardente*, Lettre 9, p. 60.

위해서 의도적으로 조건을 형성할 수 있는 방법은 어디에도 없다. 하지만 많은 신비가들은 이러한 상태를 준비하기 위해서 육체적인 고행을 마다하지 않았다. 음식을 절제하고 잠도 절제하며 심지어 스스로 편태를 가하기도 하였다. 이러한 모든 고행의 목적은 하나밖에 없다. 그것은 스스로 자신의 외적 존재를 제어하고 조절하여 '내면적인 행위성'을 극도로 하고자 하는 것이다. 하데비히가 고행을 자신의 수행의 방법으로 삼은 것은 바로 이러한 내적인 행위성을 극대화 하고자 하는 한 가지 의미 외에 다른 것이 있을 수 없다. 외적인 수동성은 곧 내적인 능동성의 의미를 지니고 있다. 하데비히 역시 전통적인 은수자들과 동일한 고행을 가졌던 것인가는 사실 알 수가 없다. 하지만 그녀는 29번째 편지 안에서 두 가지 자신의 비밀을 이야기하고 있다. 그 한 가지는 그녀가 10살이 되자 말자 '사랑에 의해 고통 받았다'는 것이며, 다른 하나는 '먹고 마시고 자는 것에 있어서 여느 사람들과는 다른 습관'을 가졌다는 사실이다. 이를 통해서 우리는 그녀가 단식을 하고 잠을 자지 않는 등 사막의 은수자들과 동일한 고행을 하였다고 이해할 수는 없겠지만 분명 그녀가 금욕적인 생활을 영위하였음을 추측해 볼 수는 있다.

끊임없는 덕의 실천의 마지막에 나타날 이러한 '사랑의 일치'가 필연적으로 주어지는 것인지 혹은 이 역시 하느님의 자유에 달린 것인지에 대해서 하데비히가 말해 주는 것은 아무것도 없다. 다만 중요한 것은 그녀가 이를 위해서 인내롭게 기다렸다는 점이다. 그녀가 자신이 원하는 것을 전혀 얻을 수 없었을 때, 무미건조한 영적 상태가 지속 되었을 때, 마치 십자가의 성 요한과 같은 어두운 밤을 체험하였을 때, 그녀는 자신에 대해서 의심하고 갈등을 느꼈다. 그녀는 두 번째 시[171]에서 "하느님이 나를 포기하신 마당에 어디서 내 행복을 찾을 수 있을까, 다른 모든 사람들보다도 나의 운명이 더욱 나를 옥죄는데, 나의 행복을 어떻게 찾을 수 있을까?"라고 한탄하기도 하고, 또한 자신의 영혼을 "감미로움 하나 없이 고통 받는 능력, 상실과 고문과 황량한 심장"이라고 표현하기도 한다. 하지만 이러한 절망의 상황 속에서도 그녀의 시는 언제나 인내와 희망으로 기다린다고 맺고 있다. 그리고 이 '건조하고 메마른 시기'를 자신의 영혼이 성장하는 시기 혹은 영혼이 치유되는 시기로 받아들이고 있다. 그리고 이를 '진정한 지혜'라고 표현하고 있다.

> [......]
> 시련 안에서 영혼이 성장하는 것을 발견하는 자,
> 이러한 자가 진정한 지혜를 가지게 될 것이니,
> 내가 고통 받는, 이 부족한 지혜를...
>
> [......]
> 폭풍우가 지나간 다음날 맑은 날씨가 돌아오듯이
> 저녁에 화를 내시니, 아침이면 평화가 있으리...
>
> [......]
> 내가 살아갈 힘은 사랑 외에 아무것도 없으니...
> 내 전부는 여전히 사랑뿐이라네.
> 내 고통은 보상 받게 될 것이네!

---

171 *Hadewijch d'Anvers une femme ardente*, Poèm 2, pp. 23–24.

그분의 심오하고 놀라운 샘에서
그분의 심판을 읽게 되리라.
나의 사랑을 남김없이 수용하게 되리니,
가장 높은 곳에서
나의 공복이 채워지리니...

결코 하느님이 자신을 완전히 버리지 않으신다는 것을 믿어 의심치 않았던 하데비히의 신념은 영웅적인 것이다. 그녀의 대부분의 詩들이 이러한 '기다림과 희망'으로 채워져 있다는 것에서 우리는 그녀의 시를 "기다림의 미학"에 대해서 노래하고 있다고 할 수도 있을 것이다. 중세의 역사와 미학 전문가인 곰브리치(Gombrich)는 예술가를 '양 떼들과 분리된 한 마리 양'이라고 표현한 적이 있는데, 영성적인 삶을 영위하기 위해서 이러한 예술가들과 유사한 고독을 가져야 한다는 것은 상식적인 일이다.

3. 영적인 두려움과 완전한 자유

신비가들이란 비록 직접적인 하느님의 현존을 맞이하거나 항상 하느님의 사랑으로 충만하게 살아가는 사람은 아니라고 하더라도, 그들은 자신들의 면전에 항상 하느님의 현존하고 있다는 의식을 가지고 있는 사람들이며, 하느님의 사랑이 자신들에게 함께하고 있다고 의식하는 사람들이다. 그리고 이러한 사람들의 삶의 분위기는 '두려움'과 '자유로움'이라는 일종의 이율배반적인 분위기가 형성되어 있다. 하느님과의 관계성 안에서 나타나는 이러한 두려움을 하데비히는 '고귀한 두려움'이라고 말하고 있는데, 그녀의 8번째 편지에서는 이러한 두려움에 대해서 말해 주고 있다.

> 하느님과 영혼, 이 두 존재 사이에서 숭고한 사랑(la dilection)이 성장하고 있는 만큼, 마찬가지로 사랑 안에는 하나의 두려움이 커지기를 멈추지 않는다. 보다 정확히 말하자면 이 두려움은 이중의 두려움이다. 사람들이 우선 두려워하는 것은 자신이 이러한 매우 큰사랑에 부합할 수 없게 될까 하는 두려움이다. 이러한 사랑의 성장에 충분히 적합하게 성장할 수 없게 되어버리지나 않을까 하는 것이다. 이러한 두려움은 완전히 고귀한 두려움이다. 이러한 두려움은 그 무엇보다도 우리를 진보하게 한다. 왜냐하면 이 두려움은 언제나 사랑의 명령을 따르도록 우리를 준비시키고, 우리를 전적으로 사랑의 질서 아래 두기 때문이다. 이 두려움은 영혼을 사랑(charité)과 영혼이 가장 필요로 하는 정감들 안에서 보호해 준다. 이 두려움은 또한 우리가 깨어나거나 놀라게 될 때, 우리를 겸손하게 해준다. 왜냐하면 이토록 큰사랑을 받을 자격이 없게 될까 두려워하는 것은, 우리들의 인간성 안에서 열정적인 하나의 갈망의 분위기를 야기하기 때문이다. 사랑으로 고통 받는 것보다 더 완전한 담화는 없을 것이다. 왜냐하면, 사랑은 그의 말들이 그의 사랑하는 이에게 충분히 적합한 것이라고 생각할 수가 없고 함부로 말하는 것에 대한 두려움을 지니고 있기 때문이다.[172]

하데비히가 말하는 이러한 두려움은 사실 누구나가 체험할 수 있는 것이다. 마치 1등상을 받은 학생이나 금메달을 획득한 운동선수가

172 *Femmes mystiques-époque médiévale*, pp. 47–48.

앞으로 자신이 이러한 위치에 부합한 삶을 살 수 없을 것 같아서 막연한 두려움을 갖게 되는 것처럼 사람들이 자신의 처지에서 보다 더 큰 무엇을 획득하거나, 자신의 자격에 어울리지 않는 과분한 것을 지니고 있을 때 막연한 두려움을 가지게 된다. 이는 어떤 위대한 사람과 대면할 때 느끼는 감정과 유사하다. 마찬가지로 사람들은 신적 현존에 마주하게 될 때 막연한 두려움을 느끼게 된다. 루돌프 옷토는 『성스러움의 의미』에서 이러한 신적 현존 앞에서 가지는 감정을 "두려운 신비(mysterium tremendum) 혹은 무서운 비밀의 감정"[173]이라고 말하고 있다. 이러한 감정은 또한 신적 사랑이 자신에게 섭리하고 있다는 이 사실을 강하게 느낄 때 사람들은 이러한 하느님의 섭리에 적합한 삶을 살 수 없을 것 같은 막연한 두려움을 가지게 된다. 이러한 두려움은 보다 신중하게 하고, 보다 더 큰 내적인 자세를 가지게 한다는 차원에서 신비가들로 하여금 매우 큰 겸손을 지니게 한다. 그렇기 때문에 '고귀한 두려움'인 것이다.

앙드레 고지에는 이러한 하데비히의 겸손함을 그리스도의 겸손함에 비유하고 있다. "그의 고유한 체험 동안에 영혼은 하느님의 행위를 감지하고, 하느님을 사랑하는 영혼은 자신이 사랑받고 있다는 것을 의심하지 않는다. 따라서 이러한 신비적 체험의 첫 등급은 겸손함이며, 물론 그리스도는 이 겸손함의 가장 큰 모범이다."[174] 신비가들에게 있어서 하느님의 사랑은 세상에 그 무엇과도 비교할 수 없는

173 루돌프 옷토, 『聖 서러움의 意味』, 길희성 옮김, 분도출판사, 1987, 48쪽.

174 *Hadewijch d'Anvers, béguine et mystique*, p. 16.

고귀한 것이어서 자신이 그 어떤 인간적인 위대함을 지녔다고 해도 이러한 인간적인 것은 하느님의 사랑에 비해 아무것도 아닌 것처럼 여겨진다. 그들이 진정 관심을 가지고 있고 염려하는 것은 이 사랑의 관계뿐이다. 그들은 무엇을 하든지 이 하느님의 사랑에 대한 동기뿐이다. 그러기에 그들은 인간적인 시선에서 보자면 지극히 겸손하게 보이는 것이다. 이러한 겸손을 하데비히는 자신의 시[詩]에서 '정신의 가난함'이라고 노래하고 있다.

> 정신의 가난함이란
> 거대한 단순성 안에서
> 어떠한 사유도 가지지 않는 것이라네.
> 끝도 시작도 없고,
> 형상도 방식도 없으며,
> 이성도 감각도, 견해도 사고도 없이,
> 긴장도 앎도 없는 이 단순함이여!
> 어떤 것에도 한정되지 않으며, 한계가 없는 이 단순함이여![175]
>
> [......]
> 우리들 자신의 가장 비밀스런 계시여!
> 우리의 이성도, 감각도 알 수 없느니
> 가장 높은 사랑만이 알 수 있으리![176]

가장 소중한 어떤 것에 골몰하고 있을 때, 이때는 다른 모든 것

175 *Hadewijch d'Anvers une femme ardente*, Poème 10, p. 84.

176 *Hadewijch d'Anvers une femme ardente*, Poème 11, pp. 85–86.

이 사소해지는 것이다. 그래서 이러한 사람들은 단순하게 된다. 자기를 주장하는 것도 억울함을 호소하거나 부당함에 대항하는 것도 모두 잊어버린다. 그래서 겸손하게 보이는 것이다. 반면 하느님의 사랑에 대한 두려움이 없는 사람들은 오직 자신들의 인간적인 덕행만을 고려하기에 자주 교만한 것처럼 보인다. 왜냐하면 보다 더 소중한 것이 없을 때 사람들은 자주 자신들의 행위에 적합한 대우를 받기를 원하고 인정받기를 원하기 때문이다.

두 번째 두려움은 이러한 하느님의 사랑과 섭리를 표현하는 것에 대한 두려움이다. 하느님에 대한 사랑은 한 개인에 대한 내밀한 관계이지만 또한 근원적으로 교회 전체의 일이다. 아니 이는 어떤 관점에서는 인류 전체의 일이다. 하느님에 대한 사랑을 강하게 느끼는 사람은 이 사랑이 본질적으로 하느님적인 것이어서, 사람과 사람 사이의 배타적인 사랑과는 근본적으로 다른 아가페적인 것이다. 그렇기 때문에 이러한 사랑을 어떤 식으로든지 세상을 위해서 자신의 사랑을 말하지 않을 수 없게 된다. 하지만 그 어떤 인간의 언어로도 이러한 하느님의 사랑의 관계를 제대로 표현하거나 묘사할 수는 없다. 아래 詩와 19번째 편지에는 이러한 신적 사랑의 초월성이 잘 드러나 있다.

- 내 노래는 모든 언어들을 넘어서고, 내 노래는 전능한 사랑을 노래하네. 내 노래는 차디찬 심장에는 계시되지 않으리, 내 노래는 사랑을 위해 고통 받지 않는 이에겐 전해지지 않으리![177]

177 *Femmes mystiques- époque médiévale*, p. 56.

• 하느님이 모든 것에서 자유롭게 존재하듯이, 오! 영혼이 하느님 주시는 이 자유에 도달하였을 때, 영혼은 삶도 죽음도 아까워하지 않습니다. 영혼은 오직 사랑(Amour)만을 원할 뿐 더 이상 아무것도 원치 않습니다. 나는 여기서는 시(詩)도 이성도 모두 내려놓아야 합니다.[178]

앙드레 고지에(André Gozier)는 신비가가 하느님의 사랑으로 만족하고 신성한 삶을 영위기 위해서는 이에 대한 사유마저도 포기하여야 한다고 말하고 있다. "만일 영혼이 '하느님인 것'으로부터 그의 기쁨을 획득한다면, 영혼은 하느님만으로 만족할 것이다. 그러나 마침내 신성한 삶이 솟아오를 수 있기 위해서 사유를 이끌어 내겠다는 생각을 멈춘다는 조건이 하에서이다."[179] 모든 사유나 언어 활동이 중지된 이 '무의 심연'에서 신비가가 할 수 있는 것은 무엇일까? 그것은 그냥 머무름이다. 이러한 머무름이 신의 사랑 외에 아무것도 추구하지 않는다는 한에서 더 이상 두려움은 없는 것이다. 아니면 오직 신을 맞이할 수 없다는 것에 대한 한 가지 두려움뿐이다. 신비가의 신적 사랑에 대한 두려움은 어디까지나 심리적인 것일 뿐 그들의 행위를 전체적으로 지배하지 못한다. 왜냐하면 두려움은 사랑보다 크지 않기 때문이다. 신비가들의 영적인 사랑은 결국 이러한 두려움을 모두 넘어서게 한다. 바로 이러한 두려움에 대한 극복은 그들로 하여금 차원 높은 자유에로 안내하게 된다. 이 자유는 하느님에 대한 절대적

178 *Hadewijch d'Anvers une femme ardente,* Lettre 19, p. 66.

179 *Hadewijch d'Anvers, béguine et mystique,* p. 10.

인 신뢰에서 비롯하는 것으로서 하데비히는 이러한 신뢰는 죽음마저도 두려워하지 않는 '고귀한 정념'이라고 표현하고 있다.

• 고상한 신뢰가 지배할 때, 포기는 최상의 완성입니다. 이처럼 나는 당신에게 사랑의 최고의 자유를 일깨우는 것입니다.[180]

• 이러한 두려움은 하나의 자유를 가져다준다. 왜냐하면 영혼은, 그의 갈망 안에서, 모든 것을 잊어버리고 자신의 사랑하는 이에게 불평하고 하소하는 어떠한 것도 느끼지 못하기 때문이다. 이처럼 영혼은 하나의 새로운 아름다움을 발견하게 된다. 이는 정신을 빛나게 하고, 마음을 훈육하며, 양심을 정화하고, 지성에게는 지혜를 그리고 기억들에게는 통일성을 부여하고, 나아가 행적과 말들 안에서 진리를 유지케 하며, 우리에게 어떠한 죽음에 대해서도 두려워하지 않게 하는 고귀한 정념인 것이다. 이러한 것이, 자신을 사랑하시는 이를 충분히 사랑하지 못할까 하는 두려움으로부터, 우리 자신에게서 야기되는 것들이다.[181]

토마스 아퀴나스는 '하나의 보다 큰 덕은 흘러넘치는 방식으로 다른 모든 덕을 산출한다'고 말한 바 있는데, 바로 이보다 큰 덕이 신적 사랑(*caritas*)이다. 하데비히의 완전한 자기포기는 오직 한 가지, 바로 하느님의 사랑을 온전하게 지키는 것이었고, 여기에서 자신의 완전한 자유를 획득한 것이다. 이 완전한 자유는 필요한 모든 덕이 채워지고 더 이상 부족함이 없는 그러한 자유이다. 모든 것을 비우고,

180 *Hadewijch d'Anvers une femme ardente,* Lettre 30, p. 73.

181 Lettre 8, in *Femmes mystiques-époque médiévale*, pp. 47–48.

모든 것을 새롭게 채우는 이 자유는 모든 영성가들이 바라마지 않는 그러한 영성의 정상이다. 참으로 고귀한 교환이다. 신의 사랑을 알지 못하는 사람들이 평생을 자기-자신과 싸우면서 획득해 가는 그 수덕적인 덕들을 신비가는 단 한 순간에 신의 사랑을 수용하면서 가지게 되는 것이다. 이는 확실히 수덕(修德)적 삶의 지름길이 아닐 수 없다. 하데비히에게 있어서 진정 필요한 것은 단 한 가지, 그것은 하느님의 사랑이요, 단 한 가지 열정 그것이 사랑에 천착하는 것이요, 이것이 전부였다. 30번째 편지와 11번째 시[詩]에서는 이러한 '놀라운 교환'에 대해 잘 드러나 있다.

- 가장 높고 가장 빠르게 성장하는 삶은 사랑의 번민과 고통과 분리될 수가 없습니다. 이 모든 것에 있어서 성장하고 충만함에까지 이른 영혼들은 최정상과 일치하였고 되돌아 옴 없이 여기에 남아 있습니다. 여기서는 순수한 섬광이 솟아나고 그런 다음 천둥이 치는 것입니다. 이 섬광은 인지할 수 없을 만큼 단김에 나타나고, 우리 자신인 그것을 계시하면서 우리로 하여금 수천의 은총으로 가득 채우는 사랑의 빛입니다.[182]

- 이 텅 빈 자유로움에서 사랑은 사랑스럽게 모든 것을 포기하리니
  당신 자신의 바깥에서는 아무것도 찾지 말지니![183]

182 *Hadewijch d'Anvers une femme ardente*, Lettre 30, p. 72.

183 *Hadewijch d'Anvers une femme ardente*, Poème 11, pp. 85-86.

3. 하데비히의 정신에 대한 현대 철학의 비전
– 종교철학의 근원적인 감정으로서의 두려움과 영적인 자유 –

하데비히의 정신적 특성을 말해 주는 신에 대한 '고귀한 사랑'은 '두려움'에 기초한 것이다. 이러한 신성한 것에 대한 두려움의 특성은 모든 인간에게 공통되는 것이며, 여기서 자연적인 종교적인 감정이 발생한다. 만일 계시를 전제하지 않는다면 이러한 두려움은 자연종교를 기초하는 가장 근원적인 지반이 될 것이다. 하데비히가 말하고 있는 이러한 두려움은 구약에서 시편의 저자들이 말하고 있는 '두려움'의 특성이 무엇인지를 잘 말해 주고 있다. 이는 계시종교든 자연종교든 모든 종교에는 그 출발점에서 신성한 것에 대한 두려움의 감정이 자리하고 있음을 말하고 있다. 하지만 종교사회학이나 일군의 근대철학자들은 이러한 두려움의 감정에 기초한 종교를 비판하고 있다. 왜냐하면 이들은 종교적 감정의 출발점이 되는 이러한 '두려움'을 인간의 본성적이고 자연적인 감정이 아니라, 마치 독재자가 국민들을 잘 통치하기 위해 의도적으로 야기한 '두려움', 즉 '무서움'이나 '공포'와 같은 것이라고 보기 때문이다. 하지만 하데비히는 영성가들이 신의 현존 앞에서 가지는 '두려움의 감성'은 흄이나, 로크 같은 근대 철학자들이 비판하고 있는 '두려움(공포)'과는 완전히 다른 것임을 알게 해준다.

근대 철학자들이 말하는 이 '공포'는 정치가들이 국민들을 지배할 때 사용하는 일종의 폭력적인 것이며, 이는 두려움보다는 무서움,

즉 공포를 야기하는 것이다. 그리고 근대 철학자들은 이러한 정치적인 원리로 만든 것이 고대나 중세의 종교라고 비판하는 것이다. 물론 이러한 비판은 역사적인 몇 몇 사실을 고려해 볼 때 완전히 부당한 것은 아니다. 하지만 이는 분명 '성급한 일반화의 오류'이다. 역사 속의 몇몇 종교 지도자가 혹은 어느 한 시기에 이러한 일이 있었다고 해서 그리스도교의 본질이나 그리스도교 그 자체가 '두려움에 기초한 종교'라고 말할 수 없다. '기독교적 종교'란 엄밀히 말해 '그리스도가 제시한 사상과 믿음'에 기초한 종교를 지칭하는 것이다. 그리스도가 사람들에게 가르친 것은 '신은 사랑'이며, '인간의 벗'이라는 것이며 결코 두려움의 대상이라고 말하지 않았다. 만일 '두려움에 기초하는 서구적 종교'라고 한다면 이는 그리스도 이전의 '구약의 정신'이라고 할 수는 있을 것이다.

하지만 구약의 정신이 '두려움에 기초한 것'이라고 하더라도, 이를 정치인들이 사용하는 '공포'와 비교한다는 것은 '잘못된 유비추리의 오류'를 범하는 것이다. 왜냐하면 두려움과 공포는 근본적으로 다른 인간의 감정이기 때문이다. 비록 심리적으로 유사한 면이 있겠지만 두려움과 공포는 전혀 다른 것이다. 두려워하는 것은 내가 어떤 것에 대해서 잘 알고 있을 때 발생하는 것이며, 공포는 그 어떤 것을 알지 못하는 것에서 발생하는 것이다. 가령 귀신에 대해서 우리는 두려움을 느끼는 것이 아니라 무서움, 즉 공포를 느낀다. 왜냐하면 그 실체에 대해서 알지 못하기 때문이다. 반면 사랑하는 사람을 잃을 수 있다는 생각은 '무서움(공포)'을 유발하는 것이 아니라, '두려움'을 유발한다. 왜냐하면 사랑하는 사람을 상실한다는 그 사실에 대한 의미나 결과에 대해서 너무나 잘 알고 있기 때문이다. 그리고 두려움은 도덕적 선악의 문제와 관련되고 있지만, 공포(무서움)는 정신적·물리적 폭력과 관계되고 있다. 가령 독재자가 무력으로 위협할 때 느끼는 감정은 '무서움'의 감정이지 '두려움'이 아니다. 그리고 내가 중요한 법을 어기는 것인지 아닌지 알지 못할 때 느끼는 감정은 '두려움'이지 '무서움'이 아니다. 이처럼 어떤 것을 '두려워한다'는 사실은 '앎과 도덕적 가치'에서 비롯하는 것이지만, '무서워한다(공포를 느낀다)'는 것은 '무지와 폭력성'에서 비롯하는 것이다.

따라서 구약성경에서 사람들이 '신에 대해 느끼는 두려움'은 매우 긍정적인 것이다. 이는 유전공학자가 매우 놀라운 유전자 변형기술을 발견하였지만, 그것이 사람들에게 재앙을 초래할지도 모른다는 생각에서 느끼게 되는 도덕적 감정으로서의 두려움과 유사하다. 이러한 두려움은 '유전공학과 유전자 변이'라는 것에 대해서 잘 알고 있는 사람만이 느낄 수 있고, 그 위험성이 보다 클수록 두려움을 크게 느낄 것이다. 그리고 동일한 사태에 대해서 느끼는 두려움의 크기도 그가 양심적인 사람일수록 두려움을 크게 느낄 것이며, 비-양심적인 사람이라면 크게 두려움은 느끼지 않을 것이다. 만일 이러한 두려움이 전혀 없다면, 인간들은 그 어떤 것도 할 수가 있을 것이고, 이는 침으로 위험할 섯이다. 어떤 사람이 어린 시절 매우 존경했던 선생님을 두려워했던 것은 그 선생님을 다른 학생들보다 더 잘 알고 있었고 다른 학생들보다 더 사랑했기 때문인 것처럼, 만일 누군가 신을 두려워한다면 그것은 그 만큼 다른 사람보다 그가 신에 대해서 잘 알고, 더 많이 사랑하기 때문일 것이다. 구약의 정신은 '두려움에 기초한 종교'일 수 있어도, '무서움(공포)'에 기초한 것은 결코 아니다. 두려움을 느낄 수 있다는 것은 육체가 '악성 바이러스'에 대해서 거부감을 가지고 있는 것처럼, 악에 대한 인간의 양심의 거부감으로서 '도덕적인 안정장치'와도 같은 것이다. 두려움은 사람들을 겸허하게 하겠지만, 무서움(공포)은 사람들로 하여금 비굴하게 한다. 이러한 의미에서 인간들이 아무것도 두려워하는 것이 없는 그때가 곧 인류의 종말이 시작되는 때라고 할 수도 있을 것이다.

종교철학자 앙리 뒤메리는 진정으로 종교가 성립하기 위해서는 신이 우리들의 행동의 궁극적인 목표가 될 때라고 생각하고 있다. "절대자가 우리의 행동의 목표인 유일한 이유는 절대자가 우리의 행동의 효과적인 규범이기 때문이다. 생각하는 것과 행동하는 것은 사람들이 자기 자신을 주체로서 인수하고 자신에게 하나의 세계를 부여하기 위해 필연적으로 창조하는 관념이나 가치에 책임을 지는 것이다."[184] 신이 그의 사유와 행위에 있어서 절대적인 규범이 된 사람들이 신비가들이다. 이들에게 있어서 자신들의 행위에 대한 책임성은 곧 '신에 대한 두려움'으로 나타나고 있다. 보다 이들의 행위가 중요하고 큰 의미를 가질수록 이들이 느끼는 두려움은 클 것이다. 하지만 이러한 두려움은 겸손을 야기하고 곧 영적인 자유를 주는 것이다. 왜냐하면 두려움은 보다 내밀하게 신적 현존과 일치하도록 하기 때문이다. 하데비히의 영적인 삶은 '신적 사랑을 위해서 우선 무[無]가

---

184 J. 라크르와, 『현대 프랑스 사상의 파노라마』, 김진성 옮김, 11장, 앙리 뒤메리의 종교철학, 탐구당, 1985, 100쪽.

되고, 그런 다음 완전한 자유로움을 획득하는 영혼의 변증법적인 움직임'으로 요약할 수 있다. 앙드레 고지에는 이를 다음과 같이 요약해 주고 있나. "영혼이 신성의 거울이다 시피, 영혼은 단순하고 순수해야 한다. 따라서 하느님의 이미지를 반사하기 위해서 모든 것이 지워져야 하고, 모든 것이 제거 되어야 한다. [......] 신의 이미지로부터 모든 것이 제거된 정신의 최정상에서 영혼의 시선은 자유롭다. 즉 영혼은 신의 부르심에 대답하기 위한 여유를 가지게 된다."[185] 하데비히의 자유는 적극적인 자유이다. 그것은 단순히 세상의 질서나 관습 혹은 세속적인 가치나 사상으로부터의 자유로움이 아니라, 하느님의 사랑을 전혀 거부감 없이 수용할 수 있고, 언제라도 신적 사랑에 자신을 완전히 상실할 수 있는 그러한 자유로움이다. 이러한 영혼들은 참으로 고귀하다. 이러한 영혼들을 통해서 신적 사랑이 이 세상으로 유입되고 신의 섭리가 세상의 역사에 역사할 수가 있는 것이다. 신성과 인성의 완전한 매개체가 되고 은총의 통로가 되는 이러한 영혼이야말로 우리는 '우주의 보석'이라 말할 수 있는 것이다.

영성적인 삶에 있어서 인간이 가지는 최초의 감정은 신성한 것에 대한 두려움이며, 이는 모든 종교가 그 지반처럼 지니고 있는 것이다. 이는 빛에 대한 두려움이고, 인간성의 위치를 긍정하는 겸손함이며, 보다 신성한 것에로 나아갈 수 있도록 하는 원동력이다. 그리하여 마침내 완전한 영적인 자유로움을 선사하는 것이다. 만일 종교인에게 있어서 악마가 나타난다면 그는 전혀 두려워하지 않을 것이다.

185 *Hadewijch d'Anvers, béguine et mystique*, pp. 9-10.

다만 무서울 뿐이다. 마찬가지로 종교인에게 천사가 나타난다면 그는 전혀 무서워하지 않을 것이다. 다만 두려울 뿐이다. 신성한 것에 대해서 느끼는 인간은 근원적인 감정과 이를 극복하는 영적인 자유는 '종교적 인간(homme de religion)'을 규정해 주는 가장 본질적인 것이다.

4장

노르비치의 쥴리안 (Julian of Norwich)

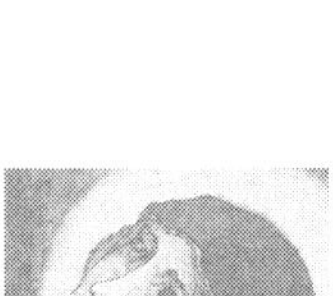

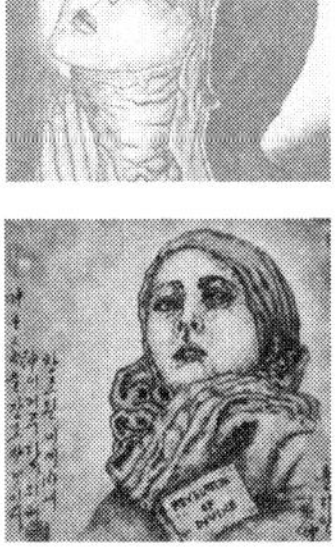

4장
노르비치의 쥴리안 (Julian of Norwich)

1. 생애와 인물[186]

노르비치의 쥴리안은 14세기~15세기를 살다간 영국의 신비가이다. 쥴리안은 영국의 교회로부터 성녀로 인정되었으며, 또한 가톨릭교회 안에서도 존경하는 위인으로 기념하지만 정식으로 시성된 적은 없었다. 사람들은 쥴리안의 정확한 탄생일을 알 수 없지만, 대략 1342년에 영국의 수도 런던 근처에 있는 중요한 지방 도시였던 노르비치에서 태어난 것으로 기억하고 있으며 1416년 74살의 나이로 임

---

186 여기 제시하는 쥴리안의 생애에 관한 내용들은 쥴리안의 저서의 번역서들의 앞부분에 제시된 생애의 부분들을 참조하여 재구성된 것이다. 참조된 책들은 다음과 같다. Julienne de Norwich, *Le livre des révélations*, Présentation et traduction par Roland Maisonneuve, Paris, Cerf, 1992. Julienne de Norwich, *Revelations de l'Amour Divin à Julienne de Norwich*, recluse du XIVe siecle, traduites par Dom G. Meunier, moine benedictin, Maison Alfred Mame et Fils, 1925. Julienne de Norwich, *Julienne de Norwich Écrits Mystiques*, Introduction de Ivan Marcil, Édition du carmel Toulouse, 2007. 바티칸 문서 spirit_20010807, 출처, http://www.vatican.va/spirit/documents.

종하였다고 기억하고 있다. 그녀가 신비가로서의 길을 걷게 된 것은 30세 되던 해인 1373년에 깊은 종교적인 체험을 한 것에서 비롯된다. 당시 그녀는 갑작스럽게 큰 병을 앓게 되었고 이때 일련의 다양한 환시(vision)들을 보게 된다. 하지만 신앙인의 눈으로 보자면 이 병은 갑작스러운 병이 아니라, 쥴리안의 염원이 받아들여진 하느님의 은총이었다. 전기에 의하면 1373년 5월 8일에 쥴리안은 하느님께 3가지 청을 하였다고 한다.[187] 그 첫 번째가 그리스도의 고뇌에 깊이 스며들게 되는 것이었으며, 두 번째 청은 30세 되던 해에 그리스도의 고통에 동참할 수 있는 병을 얻는 것이었고, 세 번째 청은 하느님에 의해 선택된 3가지 상처를 가지는 것이었다. 첫 번째 청원의 목적은 믿음과 사랑 안에서 그리스도의 고통을 더 잘 이해하고자 한 것이었고, 두 번째 청원의 목적은 자신을 정화하고 신의 영광을 위한 새로운 삶을 시작하기 위해서였다. 그리고 세 번째 청원의 목적은 진정한 참회와 하느님에 대한 지속적인 갈망을 가지기 위한 것이었다.

그리고 머지않아 그녀는 심한 병을 앓게 되었는데, 사람들은 그녀가 죽을 것이라고 생각을 하고 병을 앓은 지 3일 만에 종부성사를 주기도 하였다. 그녀의 병은 심해졌고, 부분적인 마비가 와서 그녀는 더 이상 말을 할 수도 없었다. 한 사제가 그녀에게 그녀가 시선을 고정할 수 있도록 십자가를 침대 위에 달아 주었고, 십자가를 바라보는 시선만 자유로울 뿐 모든 사지가 마비되는 전신마비가 쥴리안의 삶

187 이 세 가지 청에 관하여는 다음을 참조 바람. *Julienne de Norwich Écrits Mystiques*, pp. 9-10.

을 암울하게 하였고, 고통은 이루 말할 수 없었다. 하지만 그녀는 하느님을 보다 잘 그리고 보다 깊이 알고자 하였고 이로써 보다 하느님을 더 잘 사랑하고자 하는 염원을 가지고 있었다. 그리고 기적이 일어났다. 어느 순간 그녀의 전신 마비가 완전히 사라졌고 그녀는 사람들과 말을 하고 정상적인 삶을 가질 수가 있었던 것이다. 이 체험은 그녀로 하여금 삶의 근본적인 변화를 야기하였고, 이로 인해 그녀는 일상의 삶에서 물러나 노르비치의 성 쥴리앙 성당(l'église St. Julien de Norwich)의 근처에 기거하며, 수도적 삶을 영위하게 된다. 그녀가 '쥴리안'이라는 이름을 가지게 된 것도 바로 이 성당이 봉헌된 성인의 이름인 '성 쥴리앙(St. Julien)'의 이름을 딴 것으로 추정하고 있다. 여기서 그녀는 고대의 은수자처럼 작은 방 안에서 고독과 침묵, 그리고 기도와 명상, 나아가 신학적 공부에 몰두하게 되었으며, 영적으로 성장하게 된다. 이러한 수도적 삶은 임종 때까지 지속되었다. 점차 사람들이 쥴리안의 성덕을 알아차리게 되고 다양한 종류의 사람들이 그녀에게 조언을 구하기 위해서 그리고 실제적인 도움을 청하기 위해서 다가왔다. 그 중에서 세상으로부터 물러나 하느님과 함께 살고자 하였던 남녀들이 쥴리안에게로 모여들었고 수도자의 삶을 시작하게 된 것이다. 이들 중 기억할 만한 사람으로서는 당시 매우 열정적인 크리스천으로 알려졌던 마르게리 켐프(Margery Kempe)이다. 그는 1413년에 노르비치로 순례를 온 사람으로서 자주 쥴리안을 방문하면서 자신의 영적인 삶에 대해서 조언을 구한 사람이었다. 그는 자신의 편지에서 쥴이안을 '어머니 쥴리안'이라고 적었는데, 이는 쥴리안이 당시 영적인 삶을 위해 모여든 사람들의 스승 노릇을 하였음을 말해 주고 있다. 2010년 10월 1일 교황 베네딕도 16세는 쥴리안에 대해 선포한 말에서 당시의 상황을 다음과 같이 기술하고 있다.

> 하느님과 함께 살고자 세속으로부터 물러난 남녀들이 고통 받고 힘겨워 하는 사람들에 대한 동정과 애정으로 이들을 수용하였다. 이들은 하느님의 벗들로서 자신들이 떠나온 세상은 가지고 있지 않았던 지혜를 지니고 있었으며, 이러한 지혜를 청하는 이들에게 지혜를 나누었다. 따라서 감탄과 존경으로서 나는 이들에게서 평화와 희망의 오아시스였던 수도원을 생각하게 되며, 특히 하느님에 대한 갈망과 기도의 중요성에 있어서 교회를 위한 보석을 형성하였다고 생각한다.[188]

은수자로서의 삶을 사는 동안 쥴리안은 자신이 보았던 환시들의 내용을 저술하였는데, 이 저술에는『신성한 사랑에 대한 계시들(*Révélations de l'amour divin*)』이란 제목이 명시되어 있다. 이 책에는 총 16가지의 환시들의 내용과 이 내용들에 대한 쥴리안 자신의 해석들이 적혀 있는데, 15개의 환시는 병을 얻었을 당시에 본 것이며, 마지막 16번째 환시는 은수자로서의 삶을 시작한 지 15년 만에 새롭게 체험한 것이다. 어떤 문헌에서는 이 마지막 환시가 첫 환시를 본 지 20년 만이라고 증언하기도 하는데, 마지막 환시의 내용은 이전 환시들의 의미를 밝혀 주는 메시지라고 할 수 있다. 그것은 곧 '하느님은 사랑이다'는 내용이다. 저서의 86장에 쥴리안은 다음과 같이 서술하고 있다.

---

188 바티칸 문서 spirit_20010807 in http://www.vatican.va/spirit/documents.

너는 너의 주님이 이해한 것과 이 계시들의 의미를 알기를 원하느냐? 여기서 이해한 것이 사랑이라는 것을 알아야 한다. 누가 이를 계시하였느냐? 사랑이다. 왜 이를 너에게 계시하였는지 아느냐? 사랑 때문이다. 이처럼 나는 우리들의 주님이 사랑이시라는 것을 알게 되었습니다.[189]

쥴리안의 이 계시에 관한 책은 여성에 의해 쓰인 최초의 영어 저서로 알려져 있다. 이 환시들의 내용은 간략하지만 밀도 있게 기록되어 있는데, 수사본의 복사본이 여러 번 되풀이해 전해졌고, 정식으로 책으로 출간된 것은 1670년 돔 세레누스 크레시(dom Serenus Cressy)에 의해서였다. 당시 출간된 책의 내용들을 모아 편집한 사람은 아우구스틴 다비드 베케르(Augustine David Baker, 1575-1641)였으며, 1902년에는 사제 티렐(Tyrrell)에 의해서 런던에서 출판되었다. 토마스 메르톤(Thomas Merton)은 쥴리안을 존-헨리 뉴만(John-Henry Newman)과 더불어 가장 위대한 영국의 신학자로 고려하였으며,[190] 1982년에는 쥴리안의 이름을 딴 수도원이 건립되기도 하였다. 1958년에는 성 쥴리앙 성당이 새롭게 단장되어 성녀 쥴리안에게 헌정되었다. 현재 노르비치의 대성당 외관에는 성 베네딕도의 석상 바로 곁에 쥴리안의 석상이 세워져 있는데, 그 이유는 쥴리안이 베네딕도의 수도 전통을 이어갔다고 보았기 때문이다.

저서를 통해서 드러난 쥴리안의 메시지는 당시로서는 놀라울 만

189 Julienne de Norwich, *Revelations de l'Amour Divin*, chap. 86.

190 *Julienne de Norwich Écrits Mystiques*, p. 7.

치 신선한 것이었다. 그녀의 저서가 가진 역사적 종교적 의의를 이해하기 위해서는 당시의 상황을 이해하는 것이 도움이 된다. 쥴리안이 살았던 시기는 가톨릭교회로서는 가장 고통 받던 시기였다. 교황이 아비뇽으로 물러난 분열의 시기였고,[191] 영국과 프랑스가 백 년 동안이나 전쟁[192]을 치르던 시기였으며, 유럽 전역에 페스트[193]가 창궐하던 암울한 시기였다. 세상의 종말에 대한 사상과 염세주의가 횡횡하고 신앙인들은 교회를 더 이상 신뢰하지 못하였고 유럽 전역에 미래에 대한 회의론이 암울하게 뒤덮고 있었다. 하지만 이러한 혼란의 시기에서도 하느님은 평화와 사랑과 기쁨에로 사람들을 초대하기를 멈추지 않았다. 바로 그중 한 사람이 노르비치의 쥴리안이었다. 당시 그녀가 까닭 없이 겪은 죽음의 고통은 유럽사회가 겪고 있던 그 고통과 다른 것이 아니었으며, 이러한 고통 중에 하느님은 당신의 사랑과 평화를 보여 주신 것이다. 쥴리안에게 있어서 하느님의 신성한 사랑은 당시의 그 어떤 비관적인 정신들보다 더 강력하고 힘이 있는 것이었다. 바로 이러한 하느님의 사랑 안에서 그녀는 5세기 이후 리지외의 데레사 성녀가 가졌었던 하느님의 자비에 대한 전적인 신뢰와 동일한 신뢰를 가질 수가 있었던 것이다.

영적인 시선으로 보자면 쥴리안의 고통은 유럽의 고통에 동참하

191 '아비뇽의 유수'로 알려진 교회의 분열 사건에서 끌레멘스 5세가 아비뇽으로 거처를 옮긴 것은 1309년이었으며, 이후 1377년까지 머물게 된다.

192 '백년전쟁'으로 알려진 잉글랜드와 프랑스 사이의 전쟁은 1337~1453년까지 정확히는 116년 동안이었다.

193 중세기의 페스트는 1300년 초기부터 시작하였는데, 사망자수로는 1348년~1351년 사이의 3년 동안 무려 2000만 명이 희생되었다고 알려져 있다.

는 것이었고 또한 그리스도의 고통에 동참하는 것이었다. 그리고 이러한 고통 중에 하느님은 환시를 통해서 인류에게 위로와 희망을 보여주신 것이다. 여기서 하느님의 사랑은 모든 것을 용서하시고 모두가 구원되기를 바라는 '모성적 사랑'으로 나타나고 있다. 마치 방탕한 자식을 벌하거나 버리지 않고 끝가지 사랑하기를 멈추지 않는 선한 어머니처럼 하느님은 비록 죄 중에 있는 자녀라 할지라도 그들을 결코 잊지 않으며, 세상의 마지막 날 하느님의 자비에 의해 전 우주가 하느님과 다시 화해하며, 모든 것이 다 잘 될 이루어질 것이라는 것이 쥴리안이 본 환시의 메시지이다. 이러한 하느님의 메시지는 마치 이사야 예언서의 메시지를 다시 보는 것 같다. "여인이 제 젖먹이를 잊을 수 있느냐? 제 몸에서 난 아기를 가엾이 여기지 않을 수 있느냐? 설령 여인들은 잊는다 하더라도 나는 너를 잊지 않는다(이사야 45, 15)." 그래서 교황 베네딕도 16세는 그녀의 환시의 내용들에 대해서 "하느님으로부터 사랑받고, 하느님의 섭리에 의해서 보호되고 있다는 확실성에 기초한 낙천주의의 메시지"[194]라고 평가한 것이다. 이러한 메시지는 암울한 역사적·문화적 상황 속에서 불안해 하던 당신의 영혼들에게 큰 희망을 주는 메시지였다. 국가나 사회가 병폐로 물들고 교회마저도 분열되어 모든 것이 모호한 상황 속에서 어디에 희망을 둘지 알 수 없는 영혼들에게 하느님은 자신의 사랑을 보여주신 것이다. 하느님에게 은총을 입은 한 영혼이 이 모든 혼란들 속에서도 절대적인 평화와 기쁨을 가질 수 있으며, 이를 주위에 퍼뜨릴 수 있

194 바티칸 문서 spirit_20010807 in http://www.vatican.va/spirit/documents.

다는 것, 그리고 하느님의 신비로운 섭리가 이 모든 것을 가장 이상적인 방향으로 이끌어 주실 것이라는 확실한 믿음과 희망을 지닐 수 있다는 것이 메시지의 핵심이다.

특히 이 메시지 안에서는 선량한 이들을 당혹하게 하는 세상에 만연한 악과 무죄한 이들의 고통의 의미나 기원에 대한 하느님의 답변이 잘 드러나 있다. 하느님의 신비로운 섭리 안에서 하느님은 세상의 악으로부터 더 큰 선을 야기하시고, 무죄한 이들의 고통으로부터 크나큰 사랑을 야기하시고 결국 하느님의 은총과 자비에 의해서 모든 것이 잘 이루어질 것이라는 희망이다. 만일 우리가 이러한 하느님의 모성적 사랑에 대한 믿음을 간직하고 있기만 하다면 하느님은 우리가 기대한 것 이상을, 하느님이 일찍이 당신의 자녀들에게 약속한 것 이상을 이루실 것이며, 결코 하느님의 자녀들이 실망할 일은 없을 것이라는 것이 노르비치의 쥴리안을 통해 보여주시는 하느님의 자비로운 사랑이다.

2. 저작의 정신과 철학적 사상

1) 신의 모성[母性]

쥴리안이 제시하는 계시의 내용들은 사실 많은 부분은 전통적인 가톨릭 신학을 통해서 알고 있는 내용들이며, 이들의 내용과 별반 다른 것이 아니다. 하지만 그 계시의 방법이나 내용에 있어서 완전히 쥴리안이라는 독특한 영혼의 향기가 배어 있고, 특징적인 것은 눈에 보이지 않는 하느님의 현존의 다양한 방식을 알려주고 있다는 점이다.

하느님으로부터 온 환시들은 다양한 방식으로 쥴리안에게 전해졌는데, 쥴리안은 각각의 환시들을 기술하면서 그 방식을 명기해 주고 있다. 크게 3가지의 방식을 통해서인데 첫 번째가 육체적인 이미지(vision corporelle)를 통해서이고, 두 번째가 영적인 이해(comprehension spirituelle)이며, 세 번째 방식은 영적인 봄(vue spirituelle)이다. 아마도 첫 번째의 방식은 마치 영상을 보듯이 시각적인 이미지를 보는 방식이며, 두 번째 방식은 자신의 지성 안에 형성되어 있는 개념들을 통해서 이해하는 방식일 것이며, 세 번째는 영적으로 직관하는 방식이었을 것이다.

하느님의 현존에 관한 그녀의 환시 내용은 당시로서는 참으로 신선하고 새로운 것으로 나타나고 있는데 그중 몇 가지 예를 들면 다음과 같다. 첫째 그리스도의 현존에 관한 것이다. 그녀에 따르면 십자가 위에서의 그리스도의 고통과 죽음, 그리고 부활에는 시간적 간격이 전혀 없으며, 또한 이 세 가지 현존은 현재 우리들의 고통과 죽음 그리고 부활과 일치한다는 것이다. 시간적으로 엄연히 구분되는 일련의 사건들에 대해서 이러한 동시성을 부여한다는 것은 그것이 정신적인 혹은 영적인 사건일 때 가능한 것이다. 그녀는 그리스도의 고통에 대한 환시를 다음과 같이 묘사하고 있다.

• 이처럼, 나는 십자가 위에서 오랫동안 신음하시는 그리스도와 함

께 살고 있습니다. 왜냐하면 그분의 신성함은 그분의 인성에 그 어떤 인간도 견딜 수 없는 고통을 견딜 수 있는 힘을 주시기 때문입니다. [……] 그리고 이 고통은 죄로 인하여 고통 받는 모든 사람들을 위한 것입니다. 그리스도는 각각의 인간들의 슬픔과 고통을 함께 하십니다. 사랑을 통해서와 마찬가지로 선함을 통해서 그리스도는 이 고통과 슬픔을 나누어 가지는 것입니다.[195]

- 이처럼 진정으로 그리스도를 사랑하는 모든 사람들은 죽음보다도 더 큰 그리스도의 고통을 지속하게 될 것이다. 내가 이렇게 판단하는 것은 나 스스로 그렇게 느끼고 있는 그것을 통해서입니다.[196]

사람들은 "무죄한 이들이 고통 받고 있는 세상을 보시며 하느님은 무엇을 하시는가?"라고 자주 한탄하곤 한다. 하지만 쥴리안을 통해 하느님은 무죄한 이들뿐 아니라 죄인들의 고통에서도 함께 고통 받으시는 분은 곧 그리스도라고 말씀하신다. 여기서 하느님의 모성이 드러나고 있다. 어머니는 자신의 자식들이 고통 받고 있을 때, 함께 고통 받는 사람이다. 하느님은 우리들의 아버지이시지만 동시에 어머니이신 것이다. 쥴리안은 '그리스도의 모성(la maternité du Christ)'에 대해서 여러 군데서 강조하고 있는데, 특히 인류의 구원에 관한 부분에서 더욱 분명히 강조되고 있다. 이교도들과 죄인들에 대한 구원을 의심하고 있는 쥴리안에게 그리스도는 다음과 같이 말씀하신다.

195 *Revelations de l'Amour Divin*, ch. 20, pp. 90–91.

196 *Revelations de l'Amour Divin*, ch. 32. Abrégé, p. 9. in http://vincent.detarle.perso.sfr.fr/catho.

너에게 있어 불가능한 것이, 나에게 있어서는 불가능한 것이 아니다. 나의 약속은 모든 것에 있어서 완수될 것이다. 나는 모든 것을 善에로 되돌릴 것이다. [32장][197]

우주의 마지막 날 모든 것이 애초에 하느님이 생각한 그대로 선하게 끝을 맺을 것이라는 이러한 하느님의 계획은 참으로 희망적이고 낙관적인 것이다. 마치 자식을 사랑하는 무조건적이고 끝이 없는 한 자애로운 어머니처럼 하느님의 세계와 인간에 대한 무한한 모성애는 쥴리안의 환시들의 전반에 걸쳐 나타나고 있으며 매우 신선한 방식으로 계시되고 있다. 첫 환시인 창조에 관한 환시에 대해 묘사하고 있는 부분은 다음과 같다.

우리들의 주님께서 나의 손바닥에 마치 호두알 같이 작은 구체를 보여주셨습니다. 이는 창조된 모든 것을 재현한 것입니다. [......] 나는 이 작은 것 안에서 세 가지 속성을 보았습니다. 첫째는 하느님이 이를 창조하였다는 것이며, 둘째는 하느님께서 이를 사랑하신다는 것이며, 셋째는 하느님께서 이것의 실존을 보존하신다는 것입니다. [......] 절대적으로 모든 것이 하느님의 선하심으로 감싸여 있으며, 그 어떤 것도 하느님의 사랑에 제외된 것은 없었습니다. [......] 하느님의 선량하심은 모든 기도들 위에 있으며, 우리들에게 필요한 최후의 것에 까지 뻗쳐 있습니다.[198]

'하느님의 사랑에서 제외된 것은 없다'는 이 계시는 참으로 하느

197 *Revelations de l'Amour Divin*, ch. 32. Abrégé, p. 9.

198 *Revelations de l'Amour Divin*, 1° révélation, Abrégé, p. 3.

님의 속성, 즉 '하느님은 사랑이시다(Deus Caritas est)'는 그 의미를 잘 드러내주고 있다. 하느님은 사랑 자체이시기에 무엇보다 사랑하시는 것에 있어서 전능하신 분이다. 그렇기 때문에 그 분은 당신 자녀들의 모든 염원들과 필요한 모든 것을 섬세하게 통찰하시고 우리가 바라는 것 이상을 주시는 분이다. 쥴리안은 3번째 계시에서 다음과 같이 말하고 있습니다.

> 이 두 가지 말씀 안에서 내 영혼은 많은 것을 파악하였습니다. 그리스도께서는 우리가 다음의 사실을 아시기를 원하셨습니다. 그 분은 오직 고상하고 위대한 일들에만 관심을 가지고 있는 것이 아니라, 작은 것들, 가장 겸손한 행위들에 대해서도 관심을 가지고 계시다는 것입니다. 가장 미천한 것도 잊히거나 상실되지 않을 것입니다. '모든 것이 다 잘 될 것이다'라는 의미는 바로 이러한 것입니다.[199]

가장 작은 것에도 관심을 가지고 잊지 않는다는 것 역시 모성적인 것이다. 진정한 어머니의 사랑은 섬세하고 깊은 것이다. 자식의 아주 작은 근심이나 원의까지도 세심하게 헤아리는 것이 어머님의 특성이기 때문이다. 그리고 이러한 하느님의 모성이 가장 극단적으로 드러난 것은 그리스도의 피로 인하여 지옥의 영혼들조차도 구원을 받게 될 것이라는 부분이다.

> 이 피는 지옥에까지 퍼져 나갔다. [......] 지옥은 다른 종류의 고통

199 *Revelations de l'Amour Divin*, 3° révélation, Abrégé, p. 4.

이다. 왜냐하면 여기에는 절망이 있기 때문이다. 그런데 구원으로 이끌어주는 모든 고통들 중에서 지옥의 고통은 가장 큰 것이다. 이 고통은 당신의 사랑을 보고자 하는 갈증에서 오는 고통이다.[200]

하느님의 사랑이 지옥에까지 미치고 있으며, 결국 지옥이 영혼들까지 구원에 이르게 될 것이라는 사유는 사실 전통적인 가톨릭신앙의 믿음과는 다른 것이다. 일반적으로 가톨릭의 교리에 의하면 지옥은 '하느님의 정의'를 위해서 존재하는 것이며, 지옥의 고통은 영원한 것이라고 말하고 있기 때문이다.[201] 『신곡』의 저자인 단테도 지옥의 고통은 하느님의 정의에 의한 것이기에 지옥의 영혼들을 동정하는 것 자체가 불경한 것이라고 말하고 있다.[202] 그렇기 때문에 쥴리안을 통한 이러한 계시는 완전히 새로운 것이라고 할 수 있다. 그럼에도 불구하고 이를 이단적인 요소로 고려하기에는 무리가 있다. 왜냐하면 일반적으로 대다수의 현대 신학자들은 지옥에 대한 분명한 판단에 대해서는 보류해야 한다고 생각하고 있으며,[203] 크리스천들이 모

200 *Revelations de l'Amour Divin*, 8° révélation, Abrégé, p. 6.

201 토마스 아퀴나스 역시 지옥의 존재는 하느님의 정의에 의한 것이라고 말하며, 지옥의 형벌은 영원한 것이라고 주장하고 있다. "인간이거나 악마이거나 지옥의 형벌이 하느님의 자비하심으로 그 끝이 있을 것이라는 오리게네스의 주장은 오류다. 그 주장은 성서와 또 하느님의 정의 자체와 반대가 된다." G. 달 사쏘, R. 꼬지, 『성 토마스 아퀴나스의 신학대전 요약』, 이재룡 외 옮김, 가톨릭대학교출판부, 1993, p. 588.

202 "이곳에서는 신의 심판에 동정을 느끼는 것처럼 큰 불경스러움은 없는 것 일세." 이마미치 도모노부, 『단테, 신곡, 강의』, 안티쿠스, 이영미 옮김, 2011, p. 141.

203 "지옥에 관해 우리들의 사유를 전개하기 이전에 무엇이 이에 관한 교회의 정확한 가르침 인지를 질문해 보아야 한다. [......] 유명한 신학자 한스 우르스 본 발타자르(Hans Urs von Balthasar)는 최후의 심판에 대해서 우리들이 사변적으로 논한다는 것은 소용없는 것임을 상기시키고 있다. '미리 성급하게 판단하지 마시오. 주님께서 오시도록 내버려 둡시다. 어둠들의

든 인간이 구원되기를 기원한다는 것은 하느님의 뜻에 적합한 것이라고 보고 있기 때문이다.[204] 다른 한편 하느님이 기계적인 존재가 아니라 인간처럼 자유로운 존재라고 한다면, 애초에 하느님께서 정하신 법칙에 얽매이시지 않고 자유로이 다른 계획을 가질 수 있는 분이시기 때문이며, 지옥의 고통이 하느님을 전혀 볼 수 없는 것에서 주어지는 것이라면 −최소한 합리적인 사유에 의하면−, 이러한 고통은 여전히 하느님에 대한 그리움이나 갈증이 남아 있다는 한에서 주어지는 고통이기 때문이다. 그렇기 때문에 이러한 그리움이나 갈증을 하느님께서 배려하신다는 것은 여전히 하느님의 모성적 사랑에 적합한 것이다. 7번째 환시에서 쥴리안은 기쁨은 영원할 것이지만 고통은 결국 완전히 소멸될 것이라고 말하고 있다.

> 그리고 우리가 기쁨 안에서 가능한 한 지속하고자 하는 것은 하느님의 뜻이다. 왜냐하면 행복은 영원히 지속할 것이지만, 반면 고통은 시간적인 것이기 때문이다. 결국 고통은 無로 환원되고 말 것이다.[205]

비밀을 밝히실 분은 그분이시고, 당신의 계획들을 밝히실 분도 그분이십니다'라고 말하지 않는가!" *Julienne de Norwich Écrits Mystiques*, p. 37.

204 "크리스천들의 진정한 희망은 본질적으로 하느님의 뜻에 의해서 예외 없이 모든 이들이 구원되도록 교회를 통해서 기도하는 것으로 만족하여야 한다." *Julienne de Norwich Écrits Mystiques*, p. 37.

205 이러한 쥴리안의 환시 내용은 논리적인 추론에도 적합한 것이다. 영원한 행복은 행복이 하느님의 속성이기에 가능한 표현이다. 하지만 영원한 고통이란 고통이 하느님의 속성이 아니므로 엄밀한 의미에서는 모순된 것이다. 그리고 지옥이라는 것도 애초에 신이 만드신 것이라면, 시간과 더불어 주어진 것이지, 시간 이전의 영원성은 아닌 것이다. 나아가 하느님과 단절된 것이 지옥이라면 하느님 아닌 어떤 것이 하느님과 동일한 속성을 가진다는 것이며, 이는 모든 것을 포함하는 최고의 존재가 둘이라는 표현처럼 모순된 표현인 것이다. 따라서 엄밀한 논리적인 관점에서 보자면 '영원한 지옥' 혹은 '영원한 고통'이란

지옥의 고통이 아무리 크고 오래 지속되는 것이라고 하더라도 결국 고통은 무로 환원되고 말 것이라는 이러한 계시는 사실 논리적으로 생각하자면 정당한 것이다. 하느님의 속성은 기쁨이며, 죄의 속성은 고통이다. 하느님은 영원하시지만 죄는 영원한 것일 수 없다. 세상에서 영원한 것의 속성은 하느님의 존재 외 있을 수 없다고 한다면, 지옥의 영원한 고통이라는 것은, 하느님께서 당신의 정의를 통하여 영원히 이를 보존하신다는 한에서 가능한 것이다. 하지만 하느님은 사랑이시고, 언제든지 마음먹기에 따라서 이러한 고통을 없앨 수도 있다. 만일 그렇지 않다고 한다면 하느님은 '자유로운 분'이 아닐 것이며, 또한 하느님의 모성적 사랑은 불완전한 것으로 남아 있을 것이다. 따라서 세상 끝날에 하느님의 사랑이 지옥의 고통마저도 무로 돌릴 것이라는 쥴리안을 통한 계시가 참된 것이라는 생각은 충분히 가능한 것이다.

2) 낙관적 세계관과 희망의 메시지

쥴리안이 제시하는 하느님의 계시에서 가장 특징적인 것은 계시의 전체적인 내용이 '낙관적이고 희망적인 분위기'로 가득 차 있다는 사실이다. 앞서 우리는 하데비히의 영적인 여정에서 '하느님의 침묵'과 '끊임없는 기다림'에 대해서 언급한 적이 있다. 쥴리안은 이러한 영혼들에 대해서 이것이 이들에게 필요하기 때문이라고 말하며, 항

표현은 일종의 시적인 표현이며, 과장법을 사용한 것이라 보아야 할 것이다. *Revelations de l'Amour Divin*, 7° révélation, Abrégé p. 5.

상 슬픔을 극복하고 기쁨으로 살아가기를 촉구하고 있다.

> 어떤 영혼들에게 있어서 다양한 상태를 거친다는 것은 좋은 것이다. 어떤 때에는 위로를 주시지만 어떤 때에는 혼자 남겨진다. [......] 하느님은 우리들이 열정적인 시간들에서와 마찬가지로 건조하고 메마른 시간에 남겨져 있는 시간들이 필요하다는 것을 알기를 원하신다. [......] 따라서 하느님께서는 우리가 시련을 겪고 있을 때, 슬픔과 눈물로 보내는 것을 원치 않으시며, 우리가 즉시 이러한 슬픔을 극복하기를 원하신다.[206]

건조하고 메마른 시기에 있든, 충만하고 열정적인 시기에 있든 영성가는 기쁨을 상실하여서는 안 된다는 것은 대다수의 영성가들이 한결같이 말하고 있는 것이다. 위의 쥴리안의 권고는 "항상 기뻐하라!(1데살로니가 5, 16)"는 성경의 말을 연상시킨다. 캘커타의 성녀였던 마더 데레사도 "기쁨은 기도입니다. 기쁨은 힘입니다. [......] 당신의 마음에 슬픔이 엄습해 오더라도 부활하신 그리스도의 기쁨을 한순간이라도 잊지 않도록 하십시오"라고 말하였다. 하지만 슬프고 고통스러운 시기에 여전히 기뻐할 수 있다는 것은 참으로 어려운 일이라는 것은 누구나 체험할 수 있는 일이며, 어떻게 그럴 수 있는지를 이해한다는 것도 쉬운 것은 아니다. 쥴리안은 이에 대해서 아주 분명하고 단호하게 말하고 있는데, 그것은 우리들이 겪고 있는 슬픔과 고통이 곧 우리를 사랑하시는 그리스도의 슬픔과 고통에 일치하고 있기 때문이란 것이다. 그리고 아무리 큰 고통도 그것이 사랑으로 겪는 것이라면

206 *Revelations de l'Amour Divin*, 7° révélation, Abrégé, p. 5.

오히려 하나의 기쁨, 하나의 행복이 된다는 고통과 사랑의 역설에서 이다.

> 나는 그리스도와 우리들 사이에 하나의 밀접한 일치가 있다는 사실을 깨달았습니다. 그리스도가 고통의 제물이 되었을 때, 우리가 역시 거기에 있었다는 사실입니다. [......] 이처럼 우리들의 주님이 우리를 위하여 이 고통을 무화시켰고, 우리들 모두가 주님과 함께 고통을 무화시켰습니다. 우리가 주님의 지복을 함께 나누어 가지는 그때까지 그러할 것입니다. (8환시)

> 우리들의 선한 주님께서 나에게 말씀하셨습니다. "내가 너를 위해서 고통 받는 것에 대해서 너는 만족하느냐?", "예, 그렇습니다. 스승님!" "그렇다면, 네가 이것에 대해 만족하는 만큼 나는 이를 지속할 것이다. 너를 위해서 나의 고통을 무한히 지속하는 것은 나에게 있어서 하나의 기쁨, 하나의 행복, 하나의 만족이다. 내가 여전히 다른 모든 것에 앞서서 이를 지속할 수 있다면 나는 그렇게 할 것이다."[207]

그리스도가 고통을 받을 때 믿는 이들이 거기에 함께 있었고, 믿는 이들이 고통 받을 때 그리스도가 곧 거기에 함께 있다는 것, 그리고 그리스도와 믿음의 사람들 사이의 이 사랑의 일치가 고통을 무화시킨다는 것, 이는 참으로 영적인 사건의 본질적인 것이다. 시간과 공간을 초월하여 두 존재가 하나가 된다는 것, 그것도 무한히 이러한 일치가 지속된다는 것은 참으로 신비적인 사건이며, 영적인 사건이

---

207 *Le livre des révélations*, p. 94.

아니라면 불가능한 일이다. 사랑은 오직 사랑받는 이가 행복하기만을 바라고, 그리하여 그를 위해 대신 고통 받기를 원하며, 대신 죽기를 바랄 만큼 사랑하는 이러한 사랑, 우리는 이보다 더 큰 사랑을 생각할 수가 없다. 쥴리안은 그리스도의 이러한 사랑을 신성의 특성이라고 말하고 있다.

> 내가 이러한 감미로운 환시를 주시하는 동안, 주님은 나에게 그분의 신성의 일부를 밝혀 보이셨습니다. 그런 다음 그분은 다음과 같이 말씀하셨습니다. "내가 얼마나 너를 사랑하는지 보아라. 내가 너를 위해서 죽기 이전에 내가 이를 열렬하게 원할 만큼 너를 사랑하였다. 그리고 내가 고통 받을 수 있을 만큼 모두 고통 받고 난 다음, 지금은 고통들이 하나의 기쁨, 하나의 영원한 행복으로 바뀌었다. 너를 위해서와 마찬가지로 나를 위해서...[208]

하느님이 곧 신성이시고, 신성의 특성이 사랑하는 이를 위해서 죽기를 바랄 정도로 사랑하는 것이라고 한다면, 인류는 인류의 운명에 대해서 걱정할 필요가 없다. 왜냐하면 하느님은 인류를 진정으로 사랑하시기 때문이다. 그 과정이 어떠하든 모든 것이 하느님의 사랑의 섭리에 의해서 잘 이루어질 것이라는 이러한 확신은 하느님의 신성함의 속성을 통해서도 분명한 것이다. 그렇기에 하느님이 어떠한 분이신지를 진정으로 이해하는 영혼에게 있어서 낙관적이지 않다는 것은 생각할 수가 없다. 따라서 신성에 대한 계시를 본 쥴리안이 "無로부터 모든 것을 창조하신 것과 마찬가지로, 성삼[聖三]께서는 선하

---

208 *Revelations de l'Amour Divin*, 10° révélation, Abrégé, p. 7.

지 않은 모든 것을 선하게 끝내실 것입니다."라고 말한다는 것은 충분히 납득할 만한 것이다. 쥴리안이 지닌 세계와 인류의 운명에 대한 이러한 낙관적인 사유는 원죄에 대한 그녀의 환시 내용에서도 잘 드러나고 있는데, 원죄에 대한 의문을 품고 있는 쥴리안에게 그리스도는 다음과 같이 말해 주고 있다.

> 그런 다음 주님은 나의 열정적인 정신 안에 주님을 소유하고자 원의를 심어 주셨습니다. 그리고 저는 죄 이외에는 어떠한 것도 이를 방해하지 못한다는 것을 알았습니다. 만일 죄가 존재하지 않았다면 우리들은 모두 순수하였을 것이며, 하느님이 창조하신 첫 인간들처럼 하느님과 유사하였을 것이라고 나는 혼자 말하였습니다. [......] 나는 예전에 왜 모든 것을 내다보시는 하느님께서 첫 인간들의 죄를 막지 못하였을까 하고 자주 생각하였습니다. 왜냐하면 그랬다면 모든 것이 다 잘 되었을 것이기 때문입니다. [......] 그리스도께서 나에게 답변하셨습니다. 죄가 존재하였던 것은 적절한 것이었다. 그러니 불안해하거나 조급해 하지 말라. 모든 것이 잘 될 것이며, 모든 것이 잘 끝날 것이다.

쥴리안이 품고 있는 의문은 그리스도교의 역사를 알고 있는 사람이라면 누구나 한 번쯤은 가져보았을 의문이다. 하느님은 전능하신 분이니 애초에 원죄라는 것을 발생하지 않도록 하였다면 지금의 인류의 비극은 없었을 것이라고... 이에 대한 그리스도의 답변은 '원죄는 적절한 것이었고, 모든 것이 잘 끝날 것'이라는 것이다. 원죄를 상징적인 사건으로 고려하든 실제적인 사건으로 고려하든 '원죄'를 거론한다는 것은 편치 않은 일이다. 하지만 조금만 더 깊이 더 진지하게 생각해 본다면, 원죄에 대한 의문은 인간의 운명과 세계의 운명을 생각해 볼 때, 피해갈 수 없는 질문이다. 루소는 사회가 있는 곳에는 예외 없이 사회악(社會惡)이 있음을 통찰하였고, 키르케고르는 신과의 관계성이 정립되지 않은 인간은 필연적으로 이기적인 존재일 수밖에 없다고 보았고, 가브리엘 마르셀도 인간을 그 자체 '문제적인 인간'으로 보았다. 이러한 죄와 이기심의 근원이나 그 출발점이 도무지 무엇인지를 생각할 때 우리는 곧 원죄에 대해 생각하지 않을 수 없는 것이다. 하지만 원죄에 대해서 어떠한 해석이나 설명도 그로 인해 과거에 인류가 겪었던 그리고 현재에 인류가 겪고 있는 고뇌와 고통들을 해명하거나 정당화 한다는 것은 불가능할 것이다. 아마도 유일한 하나의 긍정적인 해명이 있다면 그것은 인간이 되어져야 할 것으로 되기 위해서 혹은 궁극적으로 도달해야할 그 목적지로 나아가기 위해서 '원죄'는 반드시 필요하였다는 것이다. 보다 큰 선을 획득하기 위해서 지불해야 할 '지참금'과 같은 것이 원죄이며, 그렇기 때문에 원죄는 '적절한 것'이라고 말해질 수 있는 것이다. 나아가 과거에 그리고 현재에 인류가 겪고 있는 고통은 언젠가 끝날 것이며, 애초에 원죄를 요청할 수밖에 없었던 그 궁극적인 목적은 반드시 실현될 것이라는 것이 쥴리안이 보았던 계시의 답변이다.

결국 암울하고 절망적인 시대적 상황 속에서 쥴리안이 보여준 지극히 낙관적인 역사관과 인생관의 핵심에는 하느님과 영혼의 관계성이 놓여 있다. 이 관계가 지극히 견실한 영혼, 하느님의 현존에 완전히 일치된 영혼에게 있어서 절망적이거나 비극적인 세계관은 있을 수가 없다. 아무리 암울하고 비극적인 상황 속에서도 영혼은 다가올

'목적지'를 생각하며 진리 안에서 평화와 기쁨을 지닐 수가 있는 것이다. 그래서 쥴리안은 "보다 기쁜 것은 사랑 안에서 보다 평온한 것입니다. 보다 평온할수록 진리 안에서 우리가 향유하는 것을 방해하는 모든 것을 멈추게 할 것입니다."라고 말하고 있다. 반면 이러한 영혼에게 있어서 하느님과의 관계성에서 이러한 평화를 구하지 못한다면 진정한 평화는 어디에도 없는 것이다. 그래서 그녀는 또 "만일 우리가 지복의 하느님에 대한 명상(Contemplation) 안에서 평화를 지니지 못한다면, 우리는 슬픔을 지니고, 눈물을 흘리게 될 것입니다(32장)." 라고 덧붙이고 있다. 그리고 "가장 충만한 기쁨은 모든 것에 있어서 하느님을 보는 것에 있습니다."[209]라고 말하고 있는 것이다.

마치 어머니의 품속에 안겨 있는 어린아이가 어머니에 대한 절대적인 신뢰를 가지고 낙천적일 수 있듯이, 세계와 인류의 운명에 대한 쥴리안의 확고한 낙관적인 신념은 그녀가 얼마나 신적 현존과 일치해 있었는가를 말해 주고 있다. 인간과 하느님의 이 관계성을 쥴리안보다 더 내밀하게 느꼈던 사람은 아마도 없을 것이다. 이에 대한 그녀의 통찰은 일찍이 성 아우구스티누스가 통찰한 것보다도 더 심오하고 분명하다.[210] 54장에서 그녀는 다음과 같이 말하고 있다.

---

209 *Revelations de l'Amour Divin*, 13° révélation, Abrégé, p. 9.

210 인간의 영혼 깊숙이 존재하는 신의 현존에 대한 아우구스티누스의 통찰은 환시나 직접적인 계시를 통해서가 아니라, 경험적 체험을 통한 추론에 의한 것이기에, 직접적인 계시에 의한 쥴리안의 통찰보다 불확실한 것이라 할 수 있다. "나는 나의 바깥 모든 곳에서 신을 찾았으나 신을 찾지 못하였네... 그러니 신은 내 영혼 안에 숨어 있음이 틀림이 없으리... 바로 여기서 나는 참된 명상을 통해서 신을 찾아야만 하리." S. Augustini, *Cantique spirituel*, I, str. I, tra. Dom Chevalier O. S. B., éd. Desclée, 1930, pp. 21–22.

주님의 계시에 의하면, 그리스도의 축복된 영혼이 있는 곳에는 모든 다른 영혼들이 함께 있다는 것이 또한 사실입니다. 하느님께서 우리들의 영혼 안에 거주하신다는 사실에 기뻐해야 하며, 나아가 우리들의 영혼이 하느님 안에 거주한다는 사실에 대해서 또한 기뻐해야 합니다. 우리들의 영혼은 하느님께서 세계 내에 거처하시기 위해서 창조되었습니다. 그리고 창조된 영혼 안에 거주하시는 분은 창조되지 않은 하느님이십니다. 우리를 창조하신 하느님께서 창조된 우리들의 영혼 안에 거처하시고, 그리고 창조된 우리들의 영혼은 또한 하느님의 실체 안에 존재합니다. 이 신성한 실체 안에서 '참된 우리 자신'이 될 수 있음을 알기 위해서 우리는 우리의 지성을 잘 보진하여야 합니다.[211]

'인간이 창조된 이유가 세계 내에 신이 거주하기 위해서이며, 그 장소가 곧 인간의 영혼'이라는 사유는 참으로 참신하고 새로운 비전이다. 전통적으로 창조론에서 신이 인간을 창조한 것은 세계를 다스리고 조화롭게 유지하기 위해서이며, 인간을 마치 세계를 조화롭게 유지하는 파수꾼처럼 생각하였다. 하지만 쥴리안에게 계시된 내용은 이러한 것보다 한 차원 높은 것이다. 신이 세계에 현존하시기 위해서 인간을 창조하였다는 것은 인간의 소명이 단지 세계를 다스리는 것에 국한되지 않고 창조된 세계에 창조자가 현존하기 위해서 필요한 매개자로서의 역할을 하고 있다는 것을 말해 준다. 즉 인간은 세계와 신, 유한자와 무한자, 시간적 존재와 무한한 존재 사이의 간격을 매워주는 매개자인 것이다. 그렇기 때문에 우리는 신비가들이야말로

211 *Le livre des révélations*, ch. 54, pp. 182–183.

신과 세계를 이어주는 진정한 교각의 역할을 한다고 말할 수 있다. 그리고 다만 인간의 영혼 안에 신이 존재하는 것이 아니라, 우리들의 영혼이 또한 하느님의 실체 안에 존재한다는 사유도 완전히 새로운 비전이다. 우리는 이러한 사유를 중세 철학자 토마스 아퀴나스가 '신의 지성 안에 모든 개별자들의 이데아가 존재하며, 우리들의 형상이 이에 끊임없이 참여하고 있다.'고 말한 「형상의 이론」[212]을 통해서 형이상학적으로 이해할 수도 있을 것이다. 즉 신의 지성 속에 우리들의 진정한 존재, 창조의 모델로서의 이데아가 존재하며, 우리들의 형상(영혼)이 이에 참여하고 있기에 일종의 유비를 통해 '우리들의 영혼이 신의 실체 안에 있다.'고 말할 수가 있는 것이다. 하지만 쥴리안의 영성적인 직관은 이러한 유비적인 이해를 넘어서는 '직관적인 앎'이다. 형이상학적인 앎이 지성의 논의를 통해서 추론적으로 필연성을 도출하는 앎이라면, 영성적인 앎은 '정관(*contemplatio*)'의 형식을 통해서 체험된 직접적인 앎이다. 그렇기 때문에 계시를 통한 신비가들의 앎을 이성적인 추론으로 합리적으로 설명한다는 것은 무리가 있다. 우

---

212 토마스 아퀴나스는 아리스토텔레스의 『자연학주석』에서 형상이 가장 완전한 것이며, 이 완전함을 통해서 신의 존재에 참여하고 있다고 보고 있다. 그리고 보다 구체적인 근거로서 신의 지성 속에 있는 이상적인 형상(개별적인 이데아)를 들고 있다. "형상은 갈망할 만하고 완전하고 신성한 것이다. 신성하다. 왜냐하면 모든 형상들은 순수한 행위(actus purus)인 신성한 존재에 유사(similitudo)를 통해서 참여하고 있기 때문이다. 사실 각각의 존재자들은 그들의 형상을 지니고 있는 만큼 존재행위 중(est actu)에 있다. 완전하다. 왜냐하면 존재행위는 가능성(potentia)의 실현이요, 선의 실현이기 때문이다. 따라서 갈망할 만한 것이다. 왜냐하면 각자는 그의 완성을 갈망하기 때문이다." S. Thomae de Aquino, *Commentaria in Aristotelem*, *In Physic.*, lib. 1 l. 15 n° 7. "이처럼 지금 현재 창조되는 영혼들은 첫 번째 신의 작품(천지창조) 때에 창조된 특별한 모델들(개별적인 이데아들)에 따라서 (신의 지성 속에) 선재하였다. 이러한 모델들에 따라서 아담역시 창조된 것이다." *Summa Theologiae*, I–II, q. 118, a. 3, ad 1.

리는 계시를 통해서 쥴리안이 통찰한 진리들을 시간과 공간의 개념, 그리고 이성의 합리적인 추론을 넘어선 영적인 이해, 직접적인 직관적 앎으로 받아들여야 한다. 신과 인간 영혼의 일치에 대한 쥴리안의 다음과 같은 영적인 이해는 참으로 실제적이고 확고한 신념처럼 보인다.

> 이 믿음은 참된 신앙과 확실한 신뢰에 일치된 우리들의 존재에 대한 정확한 이해입니다. 즉, 우리는 하느님 안에 있으며, 비록 우리가 볼 수는 없어도, 하느님께서 우리 안에 계신다는 것입니다.[213]

'하느님이 인간의 영혼 안에 있고, 인간의 영혼이 하느님 안에 있다'는 이러한 진술은 물리적 현상으로 생각하자면 모순되어 보이지만 영적인 사건 혹은 정신적인 사건에 있어서는 당연한 것이다. 예를 들어 사랑하는 두 연인의 관계란 서로가 서로 안에 존재한다는 것이기 때문이다. 하지만 쥴리안이 본 신과 인간영혼의 신비적인 관계를 단지 사랑하는 연인들의 심리적 관계처럼 볼 수는 없다. 왜냐하면 이는 엄연한 인간존재의 진실이기 때문이다. 존재의 진실이란 사태의 진실과는 다른 것이다. 사태의 진실이란 상황이 바뀌면 진실도 달라지는 것이지만, 존재의 진실이란 그가 어떠한 존재라는 그것으로부터 즉 그가 인간이기 때문에 가시는 어떤 진실이 인간존재의 진실이다. 그가 착한 인간이건 나쁜 인간이건 그가 현명한 인간이건 무지한 인간이건 혹은 그가 신앙인이거나 비-신앙인이거나에 상관없이 단지

213 *Le livre des révélations*, ch. 54, pp. 182-183.

그가 인간존재이라는 그 사실로부터 가지게 되는 진실이 인간존재의 진실이다. 인간은 인간이라는 이유만으로 그의 영혼이 거주하는 곳은 하느님 안이며, 하느님의 거주하시는 곳은 곧 그의 영혼 안인 것이다. 바로 이러한 이유로 진정한 영성가는 예외 없이 동일한 신의 자녀로 보게 되며, 모두가 동일하게 사랑받아야 할 존재로 고려하는 것이다. 그렇기 때문에 이러한 영혼들이 영원한 고통 속에서 끝나게 된다는 것은 있을 수가 없으며, 그 최후의 순간에는 모든 것이 선으로 잘 끝날 것이라는 것은 논리적인 귀결이기도 한 것이다.

3. 쥴리안의 낙관적 세계관에 대한 현대 철학의 비전

만일 형이상학이 세계를 하나로, 그리고 총체적으로 고찰하는 것이라고 한다면, 노르비치의 쥴리안이 체험한 낙관적 세계관은 세계역사에 대한 형이상학적 체험이라고 할 수 있다. 즉 역사의 시작과 끝을 환시를 통해서 동시에 본 것이라고 할 수 있다. 쥴리안이 본 첫 번째 환시가 '세계를 창조한 신의 창조적 행위'에 관한 것이었다고 한다면, 16번째인 마지막 환시에서는 세계의 마지막 완성, 보다 구체적으로는 한 영혼의 마지막 완성에 관한 것이다. 그녀는 이 마지막 환시를 마치 지금껏 보아온 환시들의 결론처럼 그렇게 보여 주었다고 말하고 있는데 그 내용은 다음과 같다.

• 주님께서는 나의 영적인 눈을 열어주셨습니다. 그리고 나에게 나의 심장의 한가운데 있는 나의 영혼을 보여주셨습니다. 나는 이 영혼이 거의 한계가 없는 가장 광대한 한 세계로 나에게 나타날 만큼 매우 거대한 것으로 보았습니다. 그리고 그 한 중간에 진정한 하느님이시고 진정한 인간이신 주님이 계셨습니다. 그리스도는 우리들의 영혼 안에서 결코 떠나시지 않을 자리를 잡았습니다. 그분에게 있어서 우리는 가장 내밀한 거주처이면서 영원히 거주하실 곳입니다.[214]

• 나의 영혼이 자기 자신에게로 들어갈 때, 영혼은 그렇게 오랫동안 자신을 고려할 수가 없습니다. 영혼의 모든 정관은 행복하게 자신에게 거주하시는 하느님에게 고정되어 있습니다. 왜냐하면 영혼은 매우 높으신 분의 진정한 거처이시며, 가장 빛나는 빛은 주님에 대한 영광스러운 사랑입니다. 이처럼 하느님을 보는 영혼은 하느님의 은총을 통해서 하느님과 보다 더 큰 유사함을 획득합니다. 그리고 영혼은 휴식과 평화 안에서 하느님과 일치합니다.[215]

위 첫 번째 환시에서 쥴리안이 본 것은 마치 인간은 소우주라는 파스칼의 말을 실감나게 보고 있는 것처럼 보인다. 그리고 하느님은 우리 자신의 깊숙한 곳에 존재하신다는 아우구스티누스의 고백이 사실임을 확인하는 것 순간인 것 같다. 자신의 영혼을 거의 무한한 광대한 세계처럼 고찰하고 그 한 중간에 하느님이 계신다는 것, 그리고 이곳이 하느님의 가장 내밀한 거처라고 하는 것, 이것은 확실히 신비주의가 가장 분명한 방식으로 보여주는 인간존재에 대한 최상의 진

214 *Revelations de l'Amour Divin*, 16° révélation, Abrégé, p. 12.

215 *Revelations de l'Amour Divin*, 16° révélation, Abrégé, p. 12.

리라고 해야 할 것이다. 그리고 두 번째 환시에서 영혼이 완전히 하느님과 일치하면서 휴식과 평화를 가진다는 것은 "내 영혼이 하느님 안에서 쉴 때까지 휴식이란 없습니다."라고 말한 아우구스티누스의 그 고백이 결국 현실이 되는 순간을 보는 것이다. 이는 진정 신비주의가 추구한 완결점이라고 할 수 있다. 형이상학적 논리에서 세계를 처음과 마침을 동시적으로 볼 수 있다면, 이 세계 역사를 낙관적인 것으로 귀결하지 않을 수 없다. 왜냐하면 마침이라는 것은 곧 '완성'을 의미하기 때문이다. 라이프니츠가 우리가 살고 있는 이 세계는 있을 수 있는 가장 최상의 세계라고 말한 바 있는데 이러한 진술이 참일 수 있는 이유는 이 현재의 세계가 마침내 완성에 도달하기 위한 과정 중에 있다는 것을 긍정할 때뿐이다. 초상화의 어느 한 부분을 따로 떼어내어 본다면 이상하게 보이겠지만 이 초상화를 전체적으로 보자면 아름다운 한 폭의 그림이 되듯이, 세계 역사의 어느 한 순간을 떼어내어 보자면 세계는 참으로 비극적일 수 있겠지만, 세계 역사를 전체적으로 그 마지막 순간까지를 동시에 고찰하게 되면 세계 역사는 아름다운 '이야기'로 보이는 것이다. 세계에 대한 낙관론적인 시각은 세계를 전체적으로 하나의 역사로 볼 때 가능한 것이며, 이러한 세계의 역사가 신의 섭리에 의한 것이라고 믿는 사람에게 세계 역사가 비극적으로 끝날 것이라는 것은 생각할 수가 없다. 철학적 신앙이란 이러한 것이 아닐까? 즉 현재 내가 처해 있는 그 삶이 아무리 암울하고 비극적인 것이라고 하더라도, 이것이 섭리의 한 부분에 지나지 않는다고 믿기만 한다면 결국 빛과 영광스런 미래가 도달할 것이라고 확신할 수 있으며, 그리하여 그 어떠한 상황 속에서도 항상 희망을 가질 수 있고 항상 낙관적인 미래를 기대할 수 있는 신념이 철학적인 신앙이라는 것이 아닐까?

우리는 이러한 쥴리안의 시선과 정신에서 진정한 영성적인 사건을 체험할 수 있다. 영적인 사건이란 무엇인가? 철학자 루이라벨은 영적인 것(le spirituel)은 시간성을 초월하는 것에서 주어지는 것이라고 말하면서 그 근거를 "시간성은 영원성의 내부에서부터 발생하고 있음"[216]에서 추구하였다. 영원하다는 것은 무엇을 말하는 것인가? 시간적으로 아무리 무한히 지속된다고 해도 그것은 여전히 시간성이지 영원한 것은 아니다. 따라서 엄밀히 말해 영원한 것이란 오직 하나 시간성을 초월하는 것에서 주어지는 것이다. 칼 야스퍼스는 "영혼 불멸은 시간 안에서 부단히 작용하는 길로서 그에게 나타나는 영원 속으로의 무시간적 침잠"[217]이라고 말하였다. 즉 인간의 영혼이 불멸한다는 것은 단지 육체적인 죽음 이후에도 소멸하지 않음을 말하는 것이 아니라, 근원적으로 자신 앞에 나타나는 영원한 존재에 자신을 침잠한다는 그 사실을 말하는 것이다. 영적인 사건이란 바로 이러한 것이다. 근원적으로 영원한 것을 자기 속에 간직하고 있는 정신이 이러한 영원적인 것을 시간성 안에서 자각하고 영원한 존재로 나아가는 것을 말하는 것이다. 인간은 정신 혹은 영혼이라는 것을 가지고 있기에 본질적으로 시간성과 영원성의 사이에 존재하는 존재이다. 우리의 정신은 확실히 시간성 안에 매몰될 수도 있고 시간성을 초월

216 "Le temps se déploie à l'intérieur de l'éternité." Louis Lavelle, *Du temps et de l'éternité*, Paris, Aubier Montaigne, 1945, p. 410.

217 칼 야스퍼스, 『철학적 신앙』, 신옥희 옮김, 이화여자대학교출판부, 1995, 25쪽.

할 수도 있다. 그래서 루이 라벨은 인간의 가장 근원적인 사태를 시간성과 영원성 사이에서 이를 선택할 수 있는 존재로 보았다.

> 영원성 그 자체가 자유로운 행위를 통해서 선택되어져야 한다. 영원성은 항상 동의되거나 거부된다. [......] 따라서 사람들은 매 순간 영원성과 시간 사이에서 선택을 하는 것이다.[218]

사람들이 영원성과 시간 사이에서 매 순간 양자를 선택하여야 한다는 것은 모든 이들에게 진실은 아닐 것이다. 다만 영성적인 삶을 추구하는 사람의 고유한 양태일 것이다. 그런데 우리가 매 순간 영원성을 선택한다는 것은 무엇을 의미하는 것일까? 이는 쥴리안이 그러했던 것처럼 시간적이고 순간적인 상황에서 우리의 정신을 들어 올려 모든 것을 동시적으로, 즉 세계의 시작과 끝을 주시한다는 것이 아닐까? 즉 영성적이 된다는 것은 마치 곧 내가 죽을 것처럼 나를 둘러싸고 있는 모든 시간적인 상황에서 초월하여 항상 근원적이고 궁극적인 것을 주시하는 그러한 삶이 아닐까? 만일 그렇게 될 수만 있다면 우리는 시간성이 우리에게 부과하는 모든 염려와 근심에서 벗어나 항상 마지막에 있을 최종적인 완성을 희망하고 고대하면서 평화와 휴식을 가질 수 있을 것이다. 쥴리안의 환시에서 보여준 계시들은 바로 이러한 영원을 현실에서 살 수 있는 인간존재의 진실, 즉 '영성적으로 될 수 있는 존재'라는 그 진실을 밝혀주는 의미일 것이다.

---

218 『철학적 신앙』, p. 411.

5장

시에나의 가타리나 (Caterina da Siena)

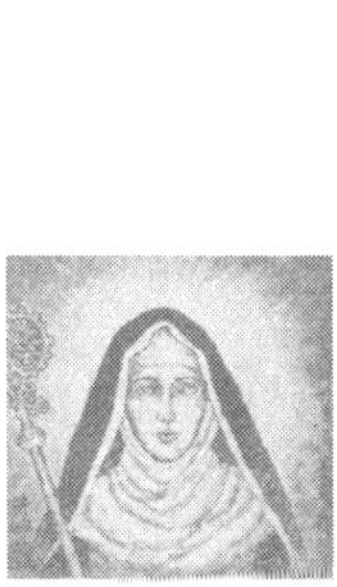

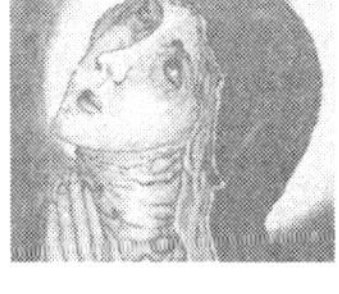

5장
시에나의 가타리나 (Caterina da Siena)

1. 생애와 인물[219]

시에나의 가타리나는 중세기의 마지막 신비가라고 할 수 있다. 중세의 말기는 여러 측면에서 격동기의 시대라고 할 수 있으며, 가타리나의 삶은 유럽의 대변혁, 특히 이탈리아의 변화와 밀접하게 연관되어 있다. 가타리나 베넹카사는 1347년 4월 25일 이탈리아의 시에나에서 탄생하였다. 그날은 종려주일이면서 성모 영보 대축일이었다. 시에나의 부유한 포목상인의 25명의 자녀들 중 24번째로 태어난 가타리나는 당시의 정치적 상황 만큼이나 파란만장한 일생을 보냈다. 6살이 되던 1352년에 그녀는 그리스도에 대한 환시를 체험하였고, 그 후 1년 뒤에는 이미 그리스도를 위해 자신을 봉헌하고 순결

219 여기 소개하는 가타리나 성녀의 생애와 관련된 사건들과 날짜들은 다음의 두 책을 참조하였다. 매리 엔 파툴라, 『시에나의 가타리나의 가르침』, 성도미니꼬 선교 수녀회 옮김, 분도출판사, 1997 & 시에나의 가타리나, 『대화』, 성찬성 옮김, 바오로딸, 2010.

을 서약하였다. 그리고 1380년 33살의 젊은 나이로 세상을 떠나기까지 그 어떤 영웅들 못지않은 치열하고 놀라운 삶을 살았다. 페스트가 만연하던 도시의 한가운데서 병들고 가난한 사람들 사이에서 혼신을 다해 사람들을 치유하였고, 반목과 불신으로 가득했던 교회를 위해 수많은 편지를 쓰고, 사회적 일들에 깊이 관여하여 수많은 사람들을 감화시켰고, 교황을 설득하고 정치가들을 조언하였으며, 환시와 탈혼을 체험하고, 그리고 아무도 모르게 그리스도의 오상의 아픔, 즉 성흔[聖痕, stigmate]을 지녔었고 수많은 사람들을 회개시켰다. 그리고 교회박사라는 칭호를 얻을 만큼 중요한 신비적인 저작을 남겼다. 짧은 일생 동안 자신의 모든 생명력을 세상과 교회를 위해 소진한 참으로 놀라운 영혼이었다. 그녀는 편지글에서 "나의 본성은 불입니다"라고 쓸 정도로 열정적인 사람이었다. 가타리나의 이러한 모습은 일반인들이 감히 근접하지 못할 성인의 모습이며, 분명 신의 섭리에 휘어잡힌 거룩하고 예외적인 영혼의 모습으로 다가온다. 하지만 이러한 그녀의 영웅적인 면모의 이면에는 나약하고 평범한 여느 일반인들의 친근한 벗처럼 참으로 인간적인 모습이 숨겨져 있다.

예외적이고 남모르는 하느님의 섭리를 간직한 가타리나는 일찍이 도미니크회 수녀가 되기를 열망하였지만 부모님과 가족의 반대에 부딪히고 갈등하게 된다. 그럴듯한 가문에 시집을 보내고자 하는 부모님에 맞서 고행과 단식행위를 하면서 자기주장을 하였다. 하지만 그녀의 누이였던 보나벤투라와 난나가 세상을 떠나자 한편으로는 인생의 덧없음을 느꼈고 다른 한편으로는 부모님의 뜻에 부합하는 딸로 살아야 한다는 의무감을 또한 느꼈다. 이럴 수도 저럴 수도 없는 가타리나의 인간적인 갈등은 그녀를 더욱 고행의 길로 인도하였고 급기야 병을 얻어 음식을 삼킬 수도 움직일 수조차 없게 되었다. 그녀는 이때의 병의 체험을 "신비적 죽음"[220]이라고 표현하였는데 기적적으로 병이 낫게 된다. 그녀는 하느님에게로 가고자 하였으나 하느님은 '생환'으로 보답하였다고 고백하였다. 가타리나의 기적적인 생환은 그녀의 어머니로 하여금 도미니크 제3회원이 되도록 허락하였고 가족과의 갈등은 이렇게 매듭 지워졌다. 하지만 당시 얻었던 병은 평생 일상의 일부가 되었다. 가타리나가 28세 되던 해에 그녀의 어머니는 '그녀의 몸이 건강할 때에 비해 반쪽에 불과하다'고 하였는데, 이는 그녀가 평소에 얼마나 건강의 어려움을 안고 살았는지를 잘 보여준다. 그녀는 이후 도미니크회의 재속회원으로 평생을 보내게 된다. 누구보다 많은 벗들과 제자들을 가졌던 그녀는 또한 그 만큼 신의와 믿음을 저버린 벗들로 인하여 괴로워하였고, 수많은 사람들의 칭찬이 있었던 만큼이나 자신을 비방하고 부정적인 시선으로 바라보는 사람들로 하여금 고통 받아야 했다. 그리고 교회의 일치를 위해 헌신한 그녀의 일생의 노력이 실패로 끝나버렸다는 자책감으로 죽음에 임박할 때까지 괴로워하였다. 고통과 고뇌는 가타리나의 일생에서 단 한 번도 멀리 있었던 적이 없었다. 그녀의 저작에서는 자주 '눈물' '삶의 눈물' '눈물에 대한 보상'이라는 말이 언급되고 있다. 그리고 그녀의 편지글 속에는 자주 그리스도의 '피'가 언급되어 있다. "나는 당신에게 소중한 성혈 안에서 이 편지를 씁니다. 성혈 안에 잠기시기

220 『대화』, 12쪽.

를 바랍니다!"라고 편지를 시작하곤 하였다. 그녀가 그리스도의 성혈에 그토록 애착을 가지고 있었던 것은 그만큼 고통과 함께 하였음을 증거 해 주고 있다. 그녀가 오랫동안 오상의 은총을 받았지만 오상의 성흔[聖痕]이 분명하게 드러난 것은 죽음에 이르러서였다고 전기는 말해 주고 있다. 그리고 그녀가 임종하면서 남긴 마지막 말도 "성혈, 성혈, 성혈"이라는 세 마디였다고 한다.

가타리나의 생애가 보여주는 이러한 이중적인 모습은 오늘날의 우리들에게 많은 것을 시사해 주고 있다. 한 번도 정식으로 교육을 받아 본 적이 없었고, 글쓰기를 배우기 시작한 것도 임종하기 3년 전이었다고 한다. 정식으로 수도자가 된 적도 없었던 병약했던 여성의 몸으로 그 누구도 흉내낼 수 없는 영웅적인 봉사를 하였고 정치가들을 설득하고, 분열된 교회의 일치와 평화를 위해 헌신하였으며, 체험의 결실인 중요한 신비적 저술을 남기며 성인이 되고 교회의 박사가 되었다는 것은 하느님의 섭리가 보여주는 놀라움이다. 하느님께서 하시고자 하는 일에 불가능은 없다. 하지만 하느님께서 선택하신 이들의 삶이 마냥 복된 것만은 아니다. 매리 엔 파툴라는 "가타리나의 응답을 보면 그녀 자신이 그 특별한 부르심에 응답으로 응했을 때에 얻게 되었던 기쁨과 고통이 동시에 암시되어 있다."[221]라고 말하고 있다. 하느님의 뜻을 따른다는 것이 세상의 눈에 어떻게 보일 것인지를 알고 있었던 가타리나는 자주 망설였다. 교황이 로마로 와 달라고 하였을 때조차도 그녀는 선뜻 그 뜻을 받아들이지 못하였다. 하지만 그

221 『시에나의 가타리나의 가르침』, 43쪽.

녀는 자신의 의지보다는 하느님의 섭리를 따르기 위해 자신과 싸웠다. 영적인 스승이었던 카푸에 라이몬드에게 보낸 편지에는 이러한 자신과의 싸움이 잘 드러나 있다.

> 나는 믿음이 없어서 항상 하느님의 섭리에 대하여 문을 닫아버리지 않는가? 하느님, 제가 당신의 일을 망치는 도구가 되지 않도록 저를 부수시고 제 마음의 완고함을 깨뜨려 주십시오.[222]

어떤 성인들보다도 활동적이고 사회적 삶 안으로 깊숙이 관여하였던 가타리나는 하느님의 내밀한 은총들에 대해서 세상 사람들로부터 숨겨지기를 원했다. 오상의 성흔이 주어졌을 때도 그녀는 이 성흔이 사람들의 눈에는 보이지 않기를 원했다.

> 오순절에 가타리나는 하이몬드에게 고백했던 그리스도의 성흔들(聖痕, les stigmates)을 받았다. 이 성흔들은 눈에 보이지는 않았다. 왜냐하면 가타리나는 이 성흔들이 사람들에게 보이지 않게 해달라고 기도했기 때문이다.[223]

가타리나는 왜 이러한 예외적인 선물을 사람들에게 보이지 않기를 원했을까? 아마도 그 이유는 스티그마를 기적의 현상으로 이해하기보다는 단순한 영적인 체험으로 이해했기 때문이었을 것이다. 그리고 그것이 무엇이건 영적인 체험은 실천이라는 사랑의 결실을 맺기 위한 것이기 때문이라고 믿었기 때문이었을 것이다. 요아킴 부플

---

222 『시에나의 가타리나의 가르침』, 35쪽

223 Lodovico Ferretti o.p., *Catherine de Sienne, Sienne*, Éditions Cantagalli, 1998, p. 7.

레(Joachim Bouflet)는 이러한 가타리나의 영성에 대해 다음과 같이 말하고 있다.

> 자신의 예외적이고 신비적인 체험이 곧 자신의 사상으로 완벽하게 형성된 것과 마찬가지로 시에나의 가타리나의 삶과 사상은 그녀의 삶이 그녀의 사상의 구체적이고 완전한 실현이라고 할 만큼 불가분한 것이었다. [......] 이러한 일치는 역동적이고 풍요로운 영성적 체험으로 말해지는 하나의 조화로운 통일성을 이루었다.[224]

28살 되던 해인 1375년부터 가타리나는 보다 공적인 삶을 살게 되는데, 도미니크회의 재속회원으로서의 삶을 아무도 흉내낼 수 없을 만큼 충실하게 살았다. 도미니크 회원들은 "설교자"라는 별칭을 가지고 있었는데, 가타리나는 이러한 도미니크회의 기질을 천성적으로 타고난 듯하였다. 그녀는 '누군가 방해하지만 않는다면 며칠 동안 밤새도록 얘기할 수도 있다'고 말하기도 하였다. 특히 그녀는 수많은 사람에게 무수한 편지를 섰는데, 라이몬드에게 보낸 영적인 서한들 외에도 이탈리아 지방의 도시국가들을 약탈하던 영국의 용병들에게 편지를 썼고, 정치적 약속을 저버린 플로렌스 군주에게 질타하는 편지를 쓰는 등 생전에 그녀가 쓴 편지는 무려 400여 통이 된다. 이 편지들은 임종 전에 쓴 『대화』와 함께 가타리나의 영성을 보여주는 중요한 자료가 되고 있다. 가타리나의 공적인 행적들 중에서도 가장 중요한 것은 교회의 평화와 일치, 그리고 독립에 대한 것이었다. 특히 아비뇽에 거주하던 교황의 로마 귀환을 위해 많은 노력을 기울

224 Joachim Bouflet, *les stigmatisés,* paris, Cerf, 1996, p. 35.

였는데, 이를 위해서 그녀는 직접 아비뇽에 있는 교황 그레고리 11세(Grégoire XI)를 만나 설득하였다. 그리고 1376년 9월 교황은 로마로 돌아왔다. 이후로도 그녀는 교황 대사의 역할을 지속적으로 수행하였다. 그레고리 11세 교황의 서거 이후 교회는 분열 양상을 보였고 가타리나는 즉각적인 교황 선출을 보류하고 좀 더 신중할 것을 간언하였지만 곧바로 우르벵 6세(Urbain VI)가 교황으로 선출되었다. 잡음과 어색하게 이루어진 교황 선출 5개월 이후 우르벵 교황을 반대하던 진영이 끌레망 7세를 새로운 교황으로 선출하였고, 이로서 세계사의 역사적 사건인 '교회의 동서 분열'이 초래된 것이다. 가타리나는 우르벵 6세의 교황권이 인정되기를 바랐고 동서 교회의 화해를 위해 혼신의 힘을 다하였다. 하지만 교회의 일치와 평화를 바라는 이러한 가타리나의 노력은 자신의 죽음의 순간에까지 결실을 보지 못하였다. 이러한 사태는 임종 직전까지 그녀를 자책하게 한 원인이 되었다.

임종하기 두 해 전인 1378년에 가타리나는 『대화』를 저술하기 시작 하였는데, 이 책은 그해 10월 9일에서 14일까지 체험하였던 5일 동안의 법열(extase)에 관한 내용이 포함되어 있다.

> 가타리나가 죽기 두 해쯤 전에 '진리'가 천상으로부터 너무나도 선명하게 계시되었고, 그래서 가타리나는 저술을 통해 이를 널리 전파해야 하는 입장에서 비서들더러 항상 대기하고 있다가 자신이 탈혼 상태에 들어갔음을 목도하는 즉시 자신의 입에서 흘러나오는 모든 말들은 무엇이든 받아 적도록 당부했다.[225]

225 『대화』, 23쪽.

이 책을 저술하고 2년 후 가타리나는 바티칸의 교회 안에 있는 자신의 본당에서 33세의 나이로 세상을 떠났다. 비록 글을 쓰는 방법도 잘 알지 못하였고 라틴어도 몰랐지만 가타리나는 교회역사상 매우 중요한 신비적 저작을 남겨주었고, 사람들은 이 책이 현대 이탈리아어를 위해서도 매우 소중한 자료라고 평가하였다. 도미니크회의 제3회원이었던 가타리나는 1461년 교황 피에 2세(Pie II)에 의해 시성되었으며, 1970년 10월 4일에는 교황 바오로 6세(Paul VI)에 의해 아빌라의 데레사 성녀와 함께 교회박사라는 칭호를 수여받게 되었다. 가타리나는 성 프란치스코와 함께 이태리의 공동수호 성인이면서 또한 모든 간호사들의 수호성인이 되었다.

신비가 가타리나는 참으로 예외적인 존재였음이 분명하다. 어떤 의미에서 가타리나는 신비와 더불어 태어나 신비와 더불어 죽은 존재였고, 일생을 기적과 더불어 살다간 사람이라고 해도 과언이 아닐 것이다. 그녀의 존재는 그 어떤 성인들보다 더 분명하고 확실하게 하느님이 인간의 삶에 개입하시고, 하느님이 우리 바로 곁에 계신다는 것을 보여주기 위해 하느님이 내려주신 예외적인 선물처럼 보인다. 하지만 그리스도가 비록 신성을 온전하게 가졌지만 또한 인성을 온전하게 가졌듯이 신비가로서의 가타리나 역시도 온전하게 인간적인 사람이었다. 그녀의 기쁨은 그녀의 고통과 분리할 수 없었고, 그녀의 신비적 삶은 그녀의 인간적인 열정들과 분리될 수 없는 것이었다. 참으로 신비적인 존재였지만 그와 동시에 참으로 인간적인 존재가 가타리나였다. 자신이 사랑했던 사람들에 대한 가타리나의 사랑을 매리 앤 파툴라는 다음과 같이 표현해 주고 있다.

> 우리에 대한 "사랑으로 미친" 하느님으로부터 그녀는 자신이 하느님으로부터 떨어지면서까지도 사랑했던 사람들을 그녀의 삶으로 끌어안는 것을 배웠다. 하느님께서 맺어주신, 그녀가 자신을 내어 주었던 사람들과 그녀 사이의 결합은 죽음도 끊을 수가 없었다.[226]

가타리나가 보여준 세상과 사람들에 대한 사랑은 그리스도가 사람들에게 보여준 그 하느님의 사랑 바로 그것이었다. 33세라는 임종을 맞이한 그녀의 나이가 상징적으로 보여주듯이 아마도 그리스도의 삶과 정신을 가장 모범적으로 보여준 한 사람의 신비가가 곧 시에나의 가타리나였을 것이다. 그녀의 성흔이 말해 주고 있는 것도 바로 이것일 것이다.

2. 저작의 정신과 철학적 사상

가타리나의 저작은 그녀가 공적인 생활을 하면서 쓴 400여 통의 편지글과 임종하기 2년 전에 작성한 『대화』 그리고 그녀의 비서들이 직접 채록한 25편 가량의 기도문이 전부이다. 그 외 다양한 증언록이나 단편집, 회고록 등이 존재하지만 가타리나의 정신을 직접 투영한 것이 적고 그 진위가 확인된 것도 아니다. 『대화』는 가타리나가 5일 동안의 법열(extase) 중에 받은 계시를 기록한 것이어서 특히 중요한 작품이다. 그녀는 5일 동안 무려 500페이지가 넘는 진리의 내용

226 『시에나의 가타리나의 가르침』, 171쪽.

들, 하느님과 인간과 그리고 세계에 대한 진리들을 저술하였다. 가타리나 스스로 이 책을 '나의 책'이라고 불렀다고 하는데 이는 가타리나가 이 책을 매우 소중하게 생각하였음을 말해 주고 있다. 이 책은 가타리나가 우리들을 위해 남겨준 마지막 유산이자 가타리나를 통해서 세상에 준 하느님의 선물인 셈이다.

가타리나에게 있어서 앎에 대한 갈망은 한마디로 말해서 '진리(veritas)'에 대한 앎이다. 그녀는 자신의 저작에서 '진리' '영원한 진리' '온유한 진리' 등의 표현을 자주 사용하는데, 이는 사실상 '하느님에 대한 앎'과 '자기 자신에 대한 앎'이라는 두 가지 의미의 앎과 거의 동일한 용어이다. 일찍이 아우구스티누스는 『독백록』에서 "나는 하느님과 나를 알고 싶다. 그 밖에는 없는가? 전혀 아무것도 없다"라고 말하였고, 『질서론』에서는 "철학의 문제는 두 가지이다. 하나는 영혼에 관한 문제이고 다른 하나는 신과 관련된 문제이다"라고 하였으며, 『고백록』에서는 "세상 어디에서도 신을 발견하지 못하였으니 신은 내 영혼 깊숙이 존재하고 있는 것이 틀림없다!"라고 하였다. 이러한 진술들은 인간이 자기 자신에 대해 안다는 것과 신을 안다는 것은 매우 밀접한 관계가 있으며, 자기 자신을 깊이 안다는 것은 곧 하느님을 아는 지름길이라고 하는 것과 같다. 바로 여기에서 영성[靈性]에 관한 심오한 개념이 발생하고 있다.

1) 자신에 대한 앎과 하느님에 대한 앎

사실 가타리나의 저작에서 볼 수 있는 진리들은 과거의 그것에 비해 새로운 것이 거의 없다고 해야 할 것이다. 진리는 성경을 통해 그리고 예언자들과 성인들의 입술을 통해 이미 모두 주어졌었다. 하지만 그 진리들이 우리들에게 전해 주고 있는 것은 인간의 언어를 통해서이며, 시대의 옷을 입고 전해 준 것이다. 가타리나를 통해서 전해지는 진리는 새로운 모습으로 가타리나라는 한 인격이 지닌 놀라운 개별성을 지니고 전해지고 있다. 그렇기 때문에 이 개별성은 예전에 말해졌던 진리들을 한층 분명하고도 깊은 의미로 다가오고 우리들의 정신을 환기시키고 있다. 가타리나의 저작들은 일찍이 신비가 빙겐의 힐데가르트가 자신의 詩에서 하느님을 "모든 것을 일깨우면서 또 일깨우면서" 빛을 주시는 분으로 묘사한 그것을 증거하고 있는 것 같다. 가타리나가 자신과 하느님에 대한 앎에서 우선적으로 질문을 던지는 것은 '나는 누구인가?' 그리고 '하느님은 어떤 분이신가?' 하는 것이다. 그리고 이 두 질문은 '하느님을 알기 위해, 인간을 알아야 하고, 인간을 알기 위해서는 하느님을 알아야 한다.'는 하느님과 인간의 분리할 수 없는 관계성을 말해 주고 있다.

> 하느님이 우리를 이끌어 내신 모태는 아무 의미 없는 공간이 아니라 바로 하느님 마음의 심연이다. 이 신비를 생각할 때 가타리나는 하느님 안에서, 그리고 하느님 사랑의 반영으로서만 자신의 참된 자아를 발견할 수 있음을 깨달았다.[227]

> 영원하신 하느님 당신의 본성 안에서 저는 제 본성을 깨닫게 될 것입니다. 무한하신 사랑이여, 당신의 본성은 무엇입니까?[228]

227 『시에나의 가타리나의 가르침』, 194쪽.

228 『시에나의 가타리나의 가르침』, 194쪽.

'하느님 사랑의 반영으로만 나의 본성을 알 수 있고, 하느님의 본성 안에서만 나의 본성을 알 수 있다'는 이러한 진술은 '인간은 신을 닮았다'는 그 사실을 분명하게 구체화시켜 주는 진술이다. 인간이 신을 닮았다고 할 때, 그 닮음은 신이 지닌 그 본성의 차원 즉 가장 깊은 신성의 모습과 닮았다고 하는 것이다. 이러한 사유는 인간에 대한 사유를 한층 들어 올린다. 인간이 존엄한 것은 그가 문명과 문화를 지니고 있거나, 윤리 도덕적으로 선한 존재이기 때문이 아니라, 존재론적으로 신성과 연결되어 있기 때문이라고 말하는 것이기 때문이다. 이러한 사유는 "인간으로 존재한다는 것은 곧 신성과 관계하고 있다는 것"이라는 키르케고르의 사유와도 일치하는 것이다. 가타리나는 자신의 저서 여러 곳에서 인간이란 곧 하느님을 닮았고 하느님과 유사한 존재라는 것을 다양한 방식으로 이야기하고 있다.

> 이 순환 속에서, 피조물은 당신의 내부에서 자신의 참된 모습을 발견하게 되는 것입니다. 나는 나 자신을 당신이 주신 존재로서 고려합니다. 당신은 우리에게 영혼의 세 가지 능력 안에서 당신에게 참여하게 하시고, 이로써 당신의 모상(image)과 유사함(ressemblance)을 가지게 하였습니다.[229]

여기서 영혼의 세 가지 능력이란 '감성적', '지성적', '의지적'인 능력을 말하며, 이 세 가지 능력을 성 아우구스티누스나 성 토마스는 하느님의 삼위(성부, 성자, 성령)의 모습에 비유하고 있다. 영혼의 지성적인 능력은 참된 것을 지향하고, 의지의 능력은 선한 것을 지향하

229 「기도서」 중에서, in *Femmes mystiques-époques médiévale*, p. 95.

며, 감각적인 능력은 이러한 지향성을 현실화시키는 데 있어서의 '필연적인 조건'으로 이해된다. 만일 인간이 오감의 능력을 모두 상실한다면, 지성과 의지는 그 작용 동기를 상실하고 마는 셈이다. 따라서 인간이 가진 세 가지 능력을 통해서 하느님께 참여한다는 것은 인간의 감각적인 부분 역시도 하느님과 닮은 부분이며, 어떤 의미에서 신성하다는 것이다. 하지만 평범한 범인들에게 있어서 인간의 모든 것이 신을 닮았다는 이러한 사실을 이해하거나 통찰하기란 쉽지 않다. 그래서 가타리나는 이러한 사실을 인식하거나 발견하기 위해서는 우선적으로 '신성'을 맛본 후라고 말하고 있다.

> 그녀(영혼)의 의지는 오성의 발뒤꿈치를 발뒤꿈치에 바싹 따라붙은 채 나의 영원한 '신성'을 맛보고 알며, 그러는 가운데서 이 신적 본성이 너희 인간성과 결합되어 있음을 발견한다. 그리하여 그녀는 평화로운 바다인 내 안에서 안식을 얻는다.[230]

인간이 신과의 필연적인 관계성을 가지고 있고 인간의 모든 지평이 신성을 반영하는 고귀하고 존엄한 존재라는 것은 이미 그리스도를 통해서, 그리고 많은 성인들을 통해서 말해진 것이다. 그럼에도 이러한 사실을 여전히 다른 방식으로 강조하고 있는 이유는 무엇인가? 그것은 그만큼 인간이 이러한 근원적인 진리를 잊어버리고 산다는 것이며, 그 이유는 자신의 존엄한 본질을 던져 버리고 짐승과 유

230 『대화』, 89장, 257쪽. 사실 이러한 말은 가타리나의 생각이라기보다는 법열 중의 가타리나를 통해서 하느님이 계시하신 말씀이다. 하지만 저술의 자연스러움을 위해 이 책에서는 이러한 계시의 내용들을 마치 가타리나가 독자들에게 자신의 생각을 말하고 있는 것으로 고려하고자 한다.

사한 삶을 살고 있기 때문이었을 것이다. 그래서 이러한 진리를 깨달은 영혼은 행복과 슬픔을 동시에 맛본다고 한 것이다.

> 이것은 최종 상태로서, 영혼은 여기에서 행복과 슬픔을 동시에 맛본다. 그녀가 행복한 까닭은 나와의 합일로 신적 사랑을 체험하고 느끼기 때문이고, 슬픈 까닭은 나의 선과 위대함이 모욕당하고 있음을 알기 때문이다. 그녀는 자신에 대한 앎을 통해 그 선과 위대성을 목격하고 맛본 것이며, 따라서 그녀를 이 최종 단계로 이끌어 온 것은 다름 아닌 자기 인식이다.[231]

하느님의 선과 위대함이 모욕당하고 있음을 본 영혼이 슬픔을 느낀다고 할 때, 무엇이 하느님의 선과 위대함이 모욕당하는 것이며, 또 여기까지 이끌어온 자기 인식이란 무엇을 말하는 것일까? 하느님이 모욕당하고 있다는 사실은 사람들이 신을 부정하거나 신을 대수롭게 여기는 사태는 아닐 것이다. 아마도 그것은 하느님과 닮은 인간, 하느님과 필연적으로 연결되어 있는 인간 자신의 본분을 상실한 그것과 그리고 다른 인간에 대한 그 존엄함을 훼손하는 그 사태에 있을 것이다. 왜냐하면 한 영혼이 자기 자신에 대한 앎을 지속적으로 추구하고 마침내 자신의 본질이 얼마나 숭고하고 인간이란 존재가 얼마나 존엄한 것인지를 진정으로 깨닫게 될 때, 비로소 세상에서 일어나는 일들이 얼마나 끔찍하고 죄스러운 일인지를 알 수 있기 때문이다. 세상이 지니고 있는 근원적인 죄악 그것은 '인간이 얼마나 하느님과 연계되어 있고, 얼마나 신성한 존재인지를 망각하고 있는 사

231 『대화』, 89장, 257쪽.

태' 그것인 것이다.

가타리나의 진리에 대한 인식은 지속적으로 '인간성의 존귀함'에 이어져 있다. 인간이 본성적으로 이기적인 존재이며, 그리하여 자신의 의지를 하느님의 뜻보다 더 중시하고 있다면 그 이유는 보다 깊이 자신을 알지 못했기 때문이다.

> 그런데 영혼이 어떻게 그 자신의 고유한 의지를 벗어버릴 수 있는가? 자유의지의 손과 우리가 거룩한 세례를 통해 받은 빛을 실현시키면서이다. 왜냐하면, 영혼이 빛을 본 것은 바로 빛 안에서이니까. 그런데 어디로부터 영혼은 이 빛을 수용하는가? 오직 빛이신 당신으로부터, 당신은 이 빛을 우리의 인간성의 베일 아래 보여주셨습니다.[232]

키르케고르는 인간은 '하느님-관계'가 형성되지 않는 한 이기심을 버릴 수가 없다고 말한 바 있다. 이와 유사하게 가타리나는 인간이 이기심을 버릴 수 있는 것은 오직 하느님에게서 오는 빛을 수용하면서라고 말하고 있다. 그리고 이 빛을 '인간성의 베일 아래' 보여주었다고 한다. 이는 성 토마스 아퀴나스나 성 아우구스티누스의 인간관에 있어서도 핵심적인 관점이다. 인간성의 베일 아래서 빛을 보여주신다는 것은, 비록 인간이 근원적으로 하느님을 볼 수 있는 -혹은 하느님과 교통할 수 있는- 자연적인 능력을 상실하고 있다고 하더라도, 인간성 그 자체가 신성으로부터 완전히 단절되어 있지는 않다는 말이다. 사람들이 일반적으로 이해하고 있는 '인간성(humanité)'은 말

232 「기도서」 중에서, in *Femmes mystiques-époques médiévale*, p. 86.

하자면 인간이 지니고 있는 깊은 본성, 인간존재의 가장 심오한 신비를 보여주고 있지는 않으며, 이러한 일반적인 인간성의 베일 아래는 신의 모상으로서의 어떤 신성한 빛이 잠정적으로 내재하고 있는 것이다. 신비가들은 이러한 인간존재의 '신비 혹은 깊이에 대한 체험'을 '하느님의 현존에 대한 체험'과 동일시하고 있다. 왜냐하면, 하느님께서 世界內에 현존하고 있다면, 이러한 현존과 가장 유사하게 일치될 수 있는 장소는 바로 인간존재의 가장 심오한 곳, 인간의 영혼일 것이기 때문이다. 즉, 신비가들에게 있어서 인간의 영혼은 하느님께서 가장 실제적으로 현존하시는 장소인 것이다. 바로 이 때문에 아우구스티누스는 '하느님은 내영혼의 깊은 곳에 존재하는 것이 틀림이 없다'고 하였고, 후일 제노바(Gênes)의 가타리나는 하느님께서 인간의 영혼을 창조하시는 이유를 '하느님께서 이 세계 내[世界 內]에 현존하시기 위해서'라고 말하게 된 것이다.

인간이 하느님과 매우 유사하고 본성적으로 닮았으며, 그리하여 어떤 의미로 인간 안에 신성한 것이 있다고 하는 이러한 사실을 인정한다는 것은 교만한 것이 아니다. 가타리나는 오히려 이러한 사실을 인정할 때 비로소 인간이 겸손하게 된다고 말하고 있다.

이러한 자기 자신에 대한 앎은 그 자체 이 지상에서 하나의 참된 겸손처럼 발견된다. 이 겸손은 이 순환의 표면만큼이나 크다. 즉 나 자신(하느님)에게 결합된 너 자신에 대한 앎 만큼이나 큰 것이다. 만일 그렇지 않다면, 이는 시작도 끝도 없는 하나의 순환이 될 수가 없을 것이다: (만일 그렇지 않다면) 여기에는 하나의 시작이 있을 것이다, 왜냐하면 너는 너 스스로를 알기 시작한 시작이 있을 것이고, 마찬가지로 만일 이 앎이 나(하느님)와 연결되지 않는다면, 이 앎은 하나의 모호함 안에서 끝나게 될 것이다. 따라서 '사랑의 나무(l'arbre de la charité)'는 겸손 안에서 영양분을 섭취하고, 자기 자신의 측면에서는 하나의 비밀스런 새싹을 솟아나게 하는 것이다.[233]

위 진술에서 우리는 성녀 가타리나의 독특한 철학적인 사유를 발견할 수가 있다. 고대 그리스 신전에 '너 자신을 알라'라는 명언이 쓰여 있고, 근세의 합리론의 대표자인 데카르트도 그의 철학의 출발점을 '사유하는 나 자신에 대한 자각'에서 출발하고 있으며, 프랑스의 현대 철학자이자 신학자이기도 한 떼이야르 드 샤르뎅(P. T. de Chardin)의 경우도 '세계를 이해하는 인간의 자기에 대한 이해'를 다른 모든 생명체들과의 근본적인 차이점으로 보고 있다. 이처럼 인간에 대한 사유는 '인간 그 스스로에 대해 어떤 앎을 지닐 수 있는' '반성적' 혹은 '주체적'인 특성에 가장 큰 철학적인 무게를 가지고 있다고 할 수가 있을 것이다. 물론 자기 자신에 대한 앎이 무엇을 의미하는가 혹은 자신에 대한 반성적인 행위가 지향하는 근본적인 목적이 무엇인가 하는 것은 철학자들마다 다를 수 있겠으나, 그럼에도 '자기 자신'에 대한 반성적인 앎의 추구는 어떤 의미에서 가장 철학적인 사유의 한 사유방식임이 틀림이 없다. 그런데 가타리나 성녀가 '자신에 대한 앎'을 하느님, 즉 무한자에 연결된 자신에 대한 앎으로 이해하면서, 하나의 근본적인 '겸손'을 상기시키는 것은 실존주의자들이 생각해낸 '초월성'의 개념과 정확히 일치하는 관점이다. 즉 나 자신에

233 『대화』, 10장, in *Femmes mystiques époques médiévale*, pp. 96–96.

대한 이해는 나 자신이 근본적으로 하나의 무한자와의 어떤 관계성 속에 있기에 나 자신의 존재에 대한 '신비'와 '심오함'을 체험케 하고 나아가 인간존재 그 자체에 대한 하나의 '경이로운' 감정을 유발케 하는 것이다. 이러한 '나' 자신에 대한 '초월성'과 '경이'의 감정은 그 근원이 신비 자체이시고 무한자이신 하느님과의 관계성 속에서 기인된다는 점에서 하나의 절대적인 '겸양'을 유발하는 것이다. 왜냐하면 나에 대한 '경이로운 것'에 대한 이해는 이것의 근원이고 이것과 관련된 그 신의 경이로움을 동시에 자각하게 하기 때문이다. 자기 자신에 대한 '초월성'과 '경이'의 감정이 없이는 진정한 하느님에 대한 '초월성'과 경이의 감정도 있을 수 없다는 것은 논리적인 생각이기도 하다.

반면 하느님을 배재한 인간성이 스스로에 대해 생각하게 된다면, 자신의 진정한 모습을 발견할 수 없을 것이며, 결국 신에 대한 진정한 경외감도 가질 수가 없을 것이다. 인간이 지닌 교만 그것은 진정한 신의 신비와 초월성을 이해하는 데서 주어지는 '경외감'을 상실한 그 사태에서 주어진다. 신의 진정한 모습을 이해할 수 없을 때, 인간은 신을 의식할 수 없고 신을 무시할 수밖에 없을 것이기 때문이다. 그렇기 때문에 하느님이 저 멀리 저편세계에 존재하며, 죽은 이후에라야 만날 수 있다고 생각하는 사람은 일종의 '교만'을 가진 사람이다. 이러한 사유들은 인간의 존재가치에 대한 하나의 '절대성', 즉 그 어떤 합리적인 혹은 경험적인 가치에로 환원할 수 없는 '절대적인 가치'를 생각하게 한다. 한 인간이 모든 '유용성'의 차원을 떠나서 인간이기에 절대적으로 '존중'되어질 수 있는 근거는 바로 이러한 '초월성'에 있고, 이는 하나의 유신론적인 '휴머니즘'의 근거가 될 수 있는 것이다.

2) 사랑과 생명의 나무

가타리나의 인간에 대한 사랑과 빈자들과 병자들을 위한 헌신은 자신이 체험을 통해 획득한 인간관에 대한 외적인 표현이라고 할 수 있다. 그래서 그녀의 사람들에 대한 사랑, 특히 하찮고 미소한 자들에 대한 그녀의 사랑이 남달랐던 것이며, 편지를 통해 사람들에게 늘 강조했던 것도 이것이었다.

> 시에나에 남아 있는 사람들에게 가타리나가 보낸 편지를 몇 장만 읽어 보면, 우리는 그녀가 "오래 참고 친절한" 사랑을 얼마나 강하게 부탁하고 있는지 느낄 수 있다. 하찮게 보이는 사람들에 대한 동정과 존경을 배우게 되면, 자비로운 마음은 아무도 낮게 보지 않으며 우리 이웃들의 잘못과 약함보다 우리 자신의 부족함을 살피게 된다.[234]

세상과 사람들에 대한 사랑은 다만 주어지는 것이 아니라, 끊임없이 성장하여야 하는 것인데, 그 뿌리는 신성한 하느님의 사랑이다. 가타리나는 이를 설명하기 위해서 '생명의 나무'라는 회화적 이미지의 비유를 고안하고 있다. 둥근 원 안에 나무가 심어져 있는데, 원은 하느님이고 영혼은 나무이다. 이 나무를 가타리나는 '생명의 나무'라고 표현하고 있다. 생명의 나무에 대한 가타리나의 사유를 몇 가지 소개하면 다음과 같다.

234 『시에나의 가타리나의 가르침』, 168쪽.

① 실제로 이 신적 사랑, 이 참되고 완전한 자애가 없으면 그 영혼은 생명이 아니라 죽음의 열매를 맺게 된다. 이 나무의 뿌리, 이 영혼의 사랑이 성장하는 이 원은 다름 아닌 진실한 자기-지식, 바로 나(하느님)와 하나로 결합되는 그 지식이요...[235]

② 이 나무는 내 이름에 걸맞는 영광과 찬미의 향기를 나에게 피워 올리고, 내가 나무를 창조한 목적을 올바로 수행하면서 마지막에는 자신의 목적지인 나, 영원한 '생명'에 도달할 것이요, 이 생명은 네 동의가 없는 한 누구도 너에게서 빼앗아갈 수 없을 것이다.[236]

③ 만일 영혼이 '신성한 사랑'을 소유하고 있지 않다면, 즉 '완전한 사랑을 위한 사랑'을 지니고 있지 않다면, 이 영혼은 생명의 열매를 산출할 수는 없을 것이며, 죽음의 열매만을 산출할 수밖에 없을 것이다. 따라서 이 나무의 뿌리, 즉 의지는 '자기 자신에 대한 앎' 안에 잠겨야 한다. 왜냐하면 시작도 끝도 없이 마치 하나의 순환처럼 존재하는 나(하느님)와 영혼이 결합을 하는 것은 바로 자신에 대한 앎을 통해서 이기 때문이다.[237]

인용구 ①에서 가타리나가 말하고자 하는 것은 진정한 사랑이 시작되기 위해서는 '자기-지식' 즉 인간의 영혼이 하느님과 일치하고 있다는 혹은 하느님 안에 있다는 이 사실에 대한 깨달음을 가져야 한다는 것이다. 이러한 근본적인 지식이 없다면 결국 인간의 사랑이란 또 다른 '자기사랑'을 의미하는 '이기주의'에로 나아가고 말 것이며,

235 『시에나의 가타리나의 가르침』, 69쪽

236 『시에나의 가타리나의 가르침』, 70쪽

237 『대화』, 10장, in *Femmes mystiques-époques médiévale*, p. 95.

이것이 곧 죽음의 열매이다. ②에서는 이러한 영혼을 창조한 목적이 바로 영원한 생명에 이르기 위한 것, 즉 하느님과 만나고 하느님과 하나 되기 위한 것이라고 말하고 있다. 그리고 이 생명을 가진 자는 자신의 자유의지가 아닌 한 어떠한 것도 이를 빼앗아 갈 수가 없다고 진술하고 있다. 이는 말하자면 영성적인 삶을 영위하는 사람에게 있어서 이 영성은 스스로가 포기하지 않는 한 세상 그 어떤 것도 이를 방해할 수 없는 것임을 말하는 것이다. ③에서는 ①에서 말한 내용을 한 번 더 강조하면서 '신성한 사랑을 소유하는 것' 혹은 '완전한 사랑을 수유하는 것'에 이르지 않고는 올바른 길로 나아갈 수 없으며, 이러한 목적에로 나아가는 것은 또한 '자신에 대한 앎'을 통해서라고 하는 것이다. 이러한 진술은 만일 우리가 신앙인들의 삶에 적용시킨다면 지속적으로 '크리스천의 자기 동일성'에 대한 이해 없이는 결국 신앙인들은 길을 잃고 말 것이며, 궁극적으로 하느님과 일치하는 것에 이르지 않고서는 최종적인 목적지에 이를 수 없음을 말하고 있는 것이다. 결국 자기 자신에 대한 앎이란, 한 영혼의 자신에 대한 앎을 말하는 것이고 이는 '영혼 안에 현존하시는 하느님' 혹은 '하느님이 현존하는 나(영혼의 내면성)'를 말하는 것이다.

3) 섭리에 대한 신뢰

인간의 본질에 대한 가타리나의 깨달음은 인간의 역사에 존재하는 그 어떤 비극적인 일들 앞에서도 낙관적이 되게 한다. 인류의 미래를 예견하며 "모든 것이 다 잘될 것이다"라고 말한 노르비치의 줄리안처럼 가타리나 역시 하느님의 섭리에 대한 절대적인 신뢰를 보여주고 있다. 하지만 가타리나가 발견한 하느님의 섭리에 대한 신뢰는 다만 마지막에 가서 모든 것이 잘 이루어질 것이라는 낙관론이 아니다. 가타리나는 누구보다도 자신이 살고 있는 현재의 세상과 자신을 둘러싸고 있는 사람들의 고뇌와 비극에 애정과 연민을 가지고 있었다. 그녀는 지금 자신이 속해 있는 바로 그 세상의 비극과 불의에 대해 질문을 하고 여기서 다른 하나의 차원의 낙관론을 도출하고 있다.

> 우리의 분노와 고통만 일으키는 비극들을 어떻게 사랑과 경외심으로 받아들일 수 있는가? 성부께서는 가타리나에게 말씀하신다. "그렇지 않다. 어디를 보아도 그들–나의 섭리를 신뢰하는 이들–은 나의 깊고 불타는 사랑을, 가장 위대하고 고귀하며, 참되고 완전한 섭리를 발견할 뿐이다."[238]

현실 안에 만연하는 사회적인 비극들 전염병과 사람들의 불의함들 죄악들 앞에서 가타리나는 이러한 비극 앞에서 어떻게 경외심을 가질 수 있는지 의문을 던지는 것이다. 하지만 하느님은 하느님의 완전한 섭리를 신뢰하여야 한다고 말하고 있다. 인류의 역사가 진정 하느님이 섭리하시는 것이라고 보기엔 인류의 역사에는 비참함이 너무나 많다. 그래서 사람들은 하느님이 존재한다면 왜 세상이 이토록 악한가? 나아가 하느님이 섭리하는 역사가 인류의 역사라면 ... 이라고 또 물을 수 있다. 하지만 여전히 하느님의 섭리하심에 대한 신뢰를 가진다는 것은 어떤 의미일까? 사실 인류의 비극은 하느님이 인간에게 '자유의지'를 완전히 허락하였다는 데에 있다. 따라서 하느님의 섭

238 『시에나의 가타리나의 가르침』, 175쪽.

리를 신뢰한다는 것은 인류에게 자유의지를 준 하느님의 결정을 믿는다는 데에 있다. 그리고 하느님이 인간에게 자유의지를 부여한 그 행위가 사랑의 발로라는 것을 믿는 것에 있다. 나아가 이러한 하느님의 사랑이 결코 철회되거나 변함이 없다는 것을 신뢰한다는 것이다.

> 내가 너희의 선익을 위해 허용하고 베푸는 모든 것들 –영적이거나 현세적인 시련과 위로 모두–은 너희가 내 안에서 성화되고 내 '진리'가 너희 안에서 실현되도록 하는 데 목적이 있었던 것이다. 여기에서 나의 '진리'란 너희가 영원한 생명을 얻도록 하기 위해 내가 너희를 창조 했다는 것이요, 이 진리는 이제껏 내 외아들 '말씀'의 피로 계시된 바 있다.[239]

하느님이 인류를 사랑하시는 한 하나의 비극은 하느님의 사랑에 의해 보다 더 큰 선을 야기할 것이며, 마침내 인류는 그 최종 목적지에 이를 수 있음을 믿는 것이 곧 하느님의 섭리를 신뢰한다는 것이다. 즉 인류는 지금 현재의 온갖 시련들을 통해서 성화되고 보다 더 큰 성성을 산출할 것이라는 사실을 믿는 것이 곧 하느님의 섭리를 신뢰하는 것이다. 가타리나는 이러한 하느님의 섭리에 대한 신뢰 안에서 사랑이 있는 곳에 하느님이 함께 계신다는 이러한 진실을 깨닫고 있다.

> 만일 내가 은총에 있어서 우리를 '다시 창조하시는(recreées)' 당신의 말씀(Verbe) 안에서 바라본다면, 영원하신 하느님 당신이 인간 안

239 시에나의 가타리나, 『대화』, 166장, 561쪽.

에 실현하신 일치(혹은 결합, union)를 통해서, 당신이 우리에게 합당하시고 우리가 당신에게 합당한 것을 봅니다. 만일, 내가 당신을 통해서 빛나게 된 참된 빛을 지닌 영혼 쪽으로 시선을 돌린다면, 나는 이 영혼이 당신에게서 그의 거처를 마련함을 봅니다. 이 거처는 당신의 진리의 가르침을 따르면서, 즉 영혼이 당신 안에서 당신의 빛 속에서 이해한 사랑을 통해서, 일반적으로 그리고 구체적으로 획득된 개별적인 덕들 안에서 마련된 것입니다. 그리고 이 사랑 자체는 당신이십니다.[240]

말씀이 우리를 다시 창조한다는 표현은 매우 흥미롭다. 하느님의 말씀이 세상을 창조하셨다는 사실은 신앙인이라면 누구나 알고 있는 진리이다. 하지만 이 말씀이 우리를 '다시 창조하신다'는 것은 무엇을 의미하는 것인가? 이는 '창조의 지속' 혹은 '새로운 창조'를 의미한다. 철학적을 말하자면 '자연적인 인간의 본성'이 말씀을 통해서 보다 '영성적인 본성'에로 변모해 간다는 것을 의미할 것이다. 말하자면, 인간은 애초에 영적인 존재가 아니라, 영적인 존재가 될 수 있는 혹은 영적인 존재로 되어지는 존재라는 것이다. 이는 우주와 세계의 변화에 끊임없이 개입하시는 신의 실제적인 행위(Verbe)가 인간의 실존에 보다 풍요로운 영성적인 지평을 산출하고, 이러한 영성적인 실존을 통해서 신의 현존이 보다 현실적으로 이 세계 내[世界 內]에 현존할 수가 있음을 말하는 것이다. 보다 영적으로 변모된 영혼들은 곧 이 지상에서 하느님이 거주하시는 거주처가 되고 이들의 사랑이 곧 하느님의 현존이자 현존의 증거가 되는 것이다. 이러한 의미에서 영성

240 「기도서」 중에서, in *Femmes mystiques époques médiévale*, p. 89.

가들 혹은 신비가들의 존재의미는 오늘날의 우리들에게 있어서 미래의 인간적인 삶에 대한 하나의 '메시지'가 되고 있다고 볼 수가 있다. '하느님의 뜻이 하늘에서와 같이 땅에서도 이루어지소서'라는 주기도문의 염원은 이러한 영성가들이 보다 많이 존재함으로 혹은 이러한 영성적인 삶이 보다 일반적인 인간의 삶이 되어짐으로 조금씩 실현되어진다고도 볼 수가 있다. 그리고 이러한 영혼들을 끊임없이 이 세상에 선물처럼 내시는 분이 하느님이시니 하느님의 섭리에 대해서 신뢰를 하지 않을 수가 없는 것이다.

4) 이웃에 대한 사랑과 신에 대한 사랑

가타리나의 영성은 다른 중세의 신비가들에 비하면 참으로 현대적이다. 그녀는 신의 사랑과 섭리를 말함에 있어서 그리고 진리를 말함에 있어서 항상 염두에 두고 있는 것이 구체적이고 현실적인 이 세상에 대한 염려이다. 그녀는 눈에 보이는 이웃들에 사랑이 곧 신에 대한 사랑을 드러내는 것이라고 보았다.

> 나는 네가 완전하든 불완전하든 모든 선이 내 안에서 얻어지고 입증된다는 사실을 알기 바란다. 물론 이것이 얻어지고 입증되는 구체적인 통로는 바로 너희 이웃이다.[241]

이웃에 대한 사랑, 즉 눈에 보이고 구체적인 현실 안에서 우리들의 사랑을 필요로 하는 사람들에 대한 사랑이 곧 하느님에 대한 사랑

241 『대화』, 64장, 190쪽.

이라는 것, 이것이 그리스도가 보여준 진실이다. 가타리나는 이를 체험으로 알고 있었고, 그리하여 자신의 삶은 곧 그리스도의 길을 답습하는 것이었다. 그래서 그녀는 그리스도의 공로만으로는 불충분하며, 그리스도의 그 길을 답습해야만 한다고 말하고 있는 것이다.

> 바로 이와 같이, 나의 위대함이 너희들의 인간성의 땅에까지 낮추어진 것이며, 하나가 다른 하나에게 결합되면서, 이 결합은 길을 다시 마련하기 위한 하나의 교량을 놓았던 것이다. 왜 이 결합이 하나의 길이 되었는가요? 사실상 너희들이 천사적인 본성을 향유하기 위해서이다. 그러나 만일 너희들이 너희들 스스로 나의 아들이 걸어간 사랑의 길을 답습하지 않는다면, 즉 스스로 길이 된 나의 아들의 공로만으로는 너희들에게 있어서 참 생명을 가지기는 불충분할 것이다.[242]

"만일 믿는 이들이 그 스스로 그리스도의 사랑의 길을 걷지 않는다면, 그리스도의 공로만으로 영원한 생명을 얻기에 불충분하다"는 가타리나 성녀의 고백은, 구원에 관한 가톨릭 신앙의 가장 중요한 한 관점을 말하고 있는 것이다. 얼핏 보기에, 이러한 고백은 누구든 회개를 하고 그리스도를 구세주로 받아들이는 이는 그리스도의 공로로 말미암아 구원을 얻게 되리라는 일반적인 그리스도교 믿음과는 일치하지 않은 것 같이 보이나, 조금만 더 깊이 생각해 보면 오히려 보다 정확하고 완전한 구원에 관한 성서적 해석이라고 말할 수 있다. 이는 죄의 사함과 신성에로의 변모라는 하나의 이중적인 구원의 단계를

242 『대화』, 22장, in *Femmes mystiques époques médiévale*, p. 99.

말하는 것이다. 교회에서 세례를 받고 그리스도를 구세주로 받아들인다는 것은, 그리스도의 공로로 원죄와 본죄의 사함을 받는다는 것이다. 그러나 이러한 죄의 사함이 인간의 본성 –즉 죄의 경향성을 여전히 지니고 있는 인간의 불완전함–을 근본적으로 변모시켰다는 의미는 아닌 것이다. 그렇지 않다면, 세례를 받은 이가 계속하여 죄를 짓는 행위에 대해서는 설명할 길이 없다. 세례를 받고 그리스도 신앙인이 된다는 것은 그리스도와의 어떠한 관계 성립, 일치를 가진다는 것이고, 그리스도의 빛이 그의 삶 안에 개입하고 함께 산다는 것을 의미하며, 이러한 빛이 얼마나 열매를 맺는가 아닌가 하는 것은 여전히 자유의지를 지닌 인간의 개인적인 자유의지에 달린 것이다. 따라서 영원한 생명을 의미하는 원래적인 의미의 구원은 그리스도의 사랑의 길을 스스로 걸어가면서, 마치 습관이 제2의 본성이 되듯이, 끊임없이 되풀이되는 사랑의 삶이 나를 점진적으로 사랑으로 변모시키는 '내적인 변모'의 과정을 거쳐야만 하는 것이다. 그렇지 않다면, '구원에 이르는 길은 좁은 문입니다'는 성경의 말은 아무런 의미가 없는 것이 되고 말 것이다.

가타리나는 이웃에 대한 사랑이 왜 필요한 것인지를 다른 방식으로 말해 주고 있는데, 이 방식은 매우 논리적 이기조차 하다.

> 너에게 당부하노니 내가 너를 사랑하는 것과 똑같은 사랑으로 나를 사랑하라. 물론 너는 나 아니면 그렇게 하기가 불가능하니, 이유는 사랑받지 않으면서도 나는 너를 사랑했기 때문이다. 네가 나에게 어떤 사랑을 바치든 간에 너는 내게 빚을 지고 있으며, 따라서 네가 나에게 바치는 사랑은 무상이 아니라 의무에서 나오는 것임에 반해

서 나는 너를 의무에서가 아니라 무상으로 사랑하고 있는 것이다. 그러기에 너는 내가 요구하는 그런 사랑을 내게 바칠 수가 없다. 내가 너를 네 이웃과 함께 쉬이 놓은 이유도 바로 여기에 있으니, 네가 나에게 해주지 못하는 것을 그들에게 해줄 수 있도록 하기 위함이다.[243]

위에서 말하고자 하는 것은 하느님의 인간에 대한 사랑은 무상의 선물이며, 인간의 하느님에 대한 사랑은 의무임을 말하면서, 누구도 이 의무를 다할 수 없으니, 이를 보충하기 위해서는 이웃에 대한 사랑으로 보답한다는 것이다. 아마도 혹자는 인간은 하느님을 사랑해야 할 의무가 있는가? 라고 되물을 수 있을 것이다. 하지만 이러한 질문은 어떤 의미에서는 무의미한 질문이다. 왜냐하면 이를 이해하고 있지 않는 사람에게 이를 설명한다는 것은 마치 한 번도 눈 내리는 풍경을 보지 못한 사람에게 눈 내리는 날의 아름다움을 설명해 주는 것과 같은 것이기 때문이다. 인간이 하느님을 사랑할 의무가 있는가 하는 것은 진정으로 하느님을 사랑하고 있지 않는 사람에게는 그 어떤 설명으로도 무용지물일 것이며, 하느님을 사랑하고 있는 사람에게는 전혀 설명이 필요치 않는 당연한 진리일 것이기 때문이다. 이는 아무도 자식에게 부모를 사랑할 의무가 있는가를 설명할 필요가 없는 것과 같은 것이다. 그리고 진정으로 사랑하는 사람은 사랑하는 대상에 대한 무한한 의무감을 느낀다는 것을 알고 있다. 그를 사랑하기에 그의 행복을 위해서 무엇인가 하고자 하는 것이 사랑의 속

243 『대화』, 64장, 190-191쪽.

성이며, 무엇인가를 해야만 한다는 것이 곧 의무감정이다. 하느님을 사랑하면 할수록 하느님을 위해 무엇인가를 해야만 한다는 의무감정을 느끼는 것은 지극히 당연한 것이다. 하지만 그 어떤 행위도 이러한 의무감을 완전히 충족시킬 수는 없다. 그래서 우리는 진정으로 하느님을 사랑하는 사람은 이웃을 향할 수밖에 없고, 이들에게 "이웃을 사랑하라!"고 명령할 필요가 없는 것이다. 이는 철학자 레비나스가 '신의 초월성'으로 인해 신을 만나기 위해서 이웃에게로 향할 수밖에 없다는 사유와 동일하다. 그래서 성경에서도 '먼저 하느님의 나라를 구하라!'라고 명하고 있는 것이다.

이웃에 대한 가타리나의 사랑은 단지 봉사나 지나가는 사랑이 아니었다. 그녀는 마치 하느님이 인간을 사랑하듯이 그렇게 사랑하였다. 그 사랑은 자신의 영혼의 일부가 되고, 자신의 자녀들이 된 그러한 사랑이며, 영원히 변치 않는 그러한 사랑이었다. 그녀는 자신이 사랑했던 영혼들을 위해서 다름과 같이 기도하고 있다.

> 사랑의 귀한 사슬로 그들을 함께 묶어 주십시오. 그들 중 아무도 제 손에서 빼앗기지 않도록 해 주십시오. 그들은 저의 영혼과 같사오니, 당신께 제 자녀들을 봉헌하며 맡겨 드립니다.[244]

이러한 사랑은 에로스니 아가페니 하는 철학적인 개념으로 환원할 수 없는 사랑 그자체이다. 인간의 영혼을 마치 자신의 신부인 양 사랑했던 구약의 하느님의 사랑이 이러한 것이었다. 이러한 사랑은

244 『시에나의 가타리나의 가르침』, 171쪽

다시 한 번 인간을 사랑한다는 것이 무엇인지 하느님을 사랑한다는 것이 무엇인지를 깊이 느끼게 해준다. 그리고 '사랑하라! 그리고 네가 원하는 것을 하라!'는 아우구스티누스 성인의 말을 실감하게 해준다. 범주나 대상을 초월하고 언어와 개념을 초월하는 사랑 자체의 속성을 말해 주고 있는 것이 가타리나가 보여준 사랑의 의미라고 말할 수 있을 것이다.

5) 예언자의 질책

가타리나가 자신이 속해 있던 당시의 성교회를 개혁하고 정화될 필요가 있음을 강하게 느꼈다고 한다면 그 이유는 그녀가 그만큼 사랑의 순수성에 대해서 강하게 체험하였기 때문이었을 것이다. 당시의 교회는 그리스도가 보여준 그 사랑의 본질적인 속성을 상실하고 있었기 때문이었다. 바로 이 때문에 그녀는 대화를 통해서 당시의 성교회를 질책하는 예언자의 역할을 하지 않을 수 없었던 것이다. 가타리나의 입술을 통해 당시의 교회를 향한 하느님의 질책은 거침이 없다.

나는 세상에 자비를 베풀고자 하니, 너희는 영혼들의 구원을 위해 내게 감미로운 기도의 향기를 끊임없이 피워 올리도록 하라. 나는 너희 기도와 땀과 눈물로 내 신부, 성교회의 얼굴을 씻어 주리라. 내가 일찍이 너에게 보여준 그녀는 마치 나병환자처럼 얼굴이 온통 짓무른 여인의 모습이었다. 그녀가 그렇게 된 것은 이 신부의 젖가슴에서 자양분을 얻고 있는 성직자를 위시하여 그리스도인 전체가 저지른

죄에 있다.[245]

그들이 이런 짓을 하는 이유는 그들 안에 정의라는 진주가 빛나고 있는 것이 아니라 불의라는 돌멩이가 박혀 있기 때문이다. 따라서 그들이 내놓는 것은 하나같이 불의하다. 그들은 은총과 친절이 필요한 이들에게는 보속과 경멸을 선사한다. 그리고 자기들처럼 악마의 지체 노릇을 하고 있는 자들에게는 사랑과 기쁨을 선사하고 수도회의 고위직을 주어 신분을 보장한다. 그들은 소경처럼 살면서 소경처럼 아랫사람들을 다스리고 직책을 배정한다. 만일 생활 방법을 바꾸지 않는 한 그들은 시력을 잃어 마지막에는 암흑 속으로, 영원한 저주로 곤두박질치고 말 것이다.[246]

성교회의 모습을 '마치 나병환자처럼 얼굴이 온통 짓무른 여인의 모습'이라고 표현하고, 성직자나 수도자들을 향해 '불의라는 돌멩이가 박혀 있음'을 말하고 '소경처럼 살고 있음'을 말한다는 것은 만일 이것이 하느님의 계시에 의한 것이 아니었다고 한다면, 사람들로부터 '독성죄'를 범한 괘심한 여인이라고 질타를 받았을 것이다. 우리는 여기서 당시의 성직자나 수도자들이 범한 구체적인 죄악이 무엇인지를 물을 필요는 없을 것이다. 왜냐하면 이러한 것들은 이미 세계사나 문화사를 통해서 끊임없이 들어왔던 것이기 때문이다. 다만 이러한 교회의 오류를 유발시킨 근원적인 이유는 무엇인가? 하고 물을 수는 있을 것이다. 아마도 그것은 '인간이 진정한 자신의 모습'에 대해서 망각하고 있었다는 그것에 있을 것이다. 그리고 크리스천들에게 있

245 『대화』, 86장, 250쪽.

246 『대화』, 125장, 380쪽.

어서는 진정으로 '크리스천이 된다는 것' 즉 크리스천으로서의 '자기 동일성'을 망각한 것에 있다고 할 것이다. 즉 애초에 하느님의 모습을 닮은 신성함을 지닌 존재가 하느님의 향기를 상실하고 '비참함'에 빠져버린 것이다. 이는 파스칼이 말한 '신과 함께하는 인간의 위대함과 신을 상실한 인간의 비참함'이라는 그 진리를 진정으로 살지 못하고 추락해 버린 그것에 있는 것이다.

3. 가타리나의 정신에 대한 현대 철학의 비전

가타리나의 정신에게 가장 부각되는 것은 무엇인가? 그것은 인간으로서의 인간이 가진 '인간성의 진실'과 하느님이 인간에 대해 품고 있는 그 '사랑과 섭리'이다. 그리고 이는 철학적으로 매우 의미심장한 여운을 남겨주고 있다. 가타리나에 의하면 인간성의 진실은 근원적으로 하느님의 본성과 유사하며, 하느님의 신성과 관계하고 있다는 것이다. 그리고 이러한 진리를 깨닫게 되는 것은 '자기 자신에 대한 앎'이라는 긴 과정을 통해서만 가능하다. 그런데 자기 자신에 대한 앎이란 무엇을 말하며, 어떠한 과정을 거쳐서 자신이 신성한 것을 지니고 있다는 것을 알게 되는 것인가? 이러한 질문에 철학적으로 답한다는 것은 곧 '존재의 깊이'에 대해 말한다는 것이며 '내면성'에 관해 말한다는 것이다.

철학자 하이데거는 인류의 역사는 '존재 망각'의 역사라고 말한 적이 있다. 여기서 존재란 언어로 규정할 수 있는 모든 존재자를 초월하면서 이러한 존재자의 근원이 되는 그러한 존재를 말한다. 이 존재는 세계가 존재를 지속적으로 가지기 위해 세계 존재의 지반이 되는 그러한 존재이다. 중세 철학자들은 이러한 존재를 신의 존재 혹은 존재 자체(*Ipsum Esse*)라고 불렀다. 모든 개별적인 존재자들이 없어지지 않고 지속적으로 존재할 수 있는 것이 바로 자신을 지탱하고 있는 신의 존재에 지속적으로 참여하기 때문이라고 말하며, 이러한 이론을 '참여론' 혹은 '분유론(*participatio*)'이라고 불렀다. 세계의 존재를 지탱하는 이러한 존재(*esse*)를 한국어로는 '존재 현실력' 혹은 '존재 행위'라고 번역하고 있다. 이러한 존재 행위는 모든 개념적으로 규정할 수 있고 감각적으로 인지할 수 있는 것을 초월하기 때문에 인간의 지성에 대해서는 절대적으로 초월적이다. 이를 존재의 '초월성'이라고 부른다.[247] 즉 존재의 초월성은 곧 '신의 초월성'을 말하는 것이다. 그런데 토마스 아퀴나스는 영혼이 자기 자신에 대해서 안다는 것은 곧 '자기 자신에게 현존하는 것'을 의미한다고 말한 바 있다. 수업에 참여하고 있지만 그의 의식이 다른 것을 생각하고 있다면, 수업에 현존(現存)하지는 않는 것처럼, 현존이란 그의 의식이 참여하는 대상에 완전히 현실적이어야 한다. 따라서 나 자신에게 완전히 현존한다는 것은 어떤 의미에서 나의 존재를 지탱하고 있는 신의 존재(*Ipsum Esse*)에까지 나의 의식이 내려감을 의미한다. 이러한 나 '자신에게 현존하기'가 실제로 가능할 때 우리는 비로소 '신은 나의 내면 깊숙한 곳에 존재한

247 "모든 개념을 초월하는 하나의 초월적 현실태(acte transcendant)처럼 존재(esse)를 파악하게 허락하는 이 행위 없이, 우리는 토미즘의 지성 안으로 들어갈 수가 없다." J. Rassam, *La Métaphysique de st. Thomas*, PUF, Paris, 1968, p. 5.

다'는 아우구스티누스의 고백을 의미 있는 것으로 수용할 수가 있을 것이다.[248] 영성가인 '이브 라겡'은 『정관의 경로』에서 이러한 현존에 대해 다음과 같이 설명하고 있다.

> 이 현존으로 말미암아 정신은 모든 사물의 가장 은밀한 곳에 스며듭니다. 단 한 번 바라봄으로써, 영혼은 존재하는 모든 것을 보고, 신적 현존이 모든 것 안에 있고, 모든 것이 이 현존 안에 있는 것을 봅니다. 단 한 번의 시선으로, 영혼은 존재의 두 깊이, 즉 구체적인 존재의 깊이와 하느님의 존재의 깊이에서 모든 사물을 봅니다.[249]

나의 깊은 곳으로 내려가 그 밑바닥에서 나 자신의 존재를 지탱하고 있는 신의 현존을 파악한다는 것, 이것이 곧 '존재의 깊이'에 대한 개념이다. 바로 이러한 존재의 깊이에로 내려감이 곧 '자기 자신에 대한 앎'에 이르는 길이며, 이 깊이는 곧 내면성을 의미한다. 이러한 깊은 내면성 안에서 인간의 영혼은 자신에게 현존하는 신적 현존을 파악하고 그 결과로 하느님과의 어떤 "공동-본성(co-natualité)" 혹은 "공동-실존(co-existence)"을 나누어가지게 되는 것이다. 이러한 때에만 신비가 가타리나가 말한 "진실한 자기-지식, 바로 나(하느님)와 하나로 결합되는 그 지식"이 가능한 것이다. 영혼이 이러한 자기

248 "신은 인간의 마음(cor) 깊은 곳에 있으나, 인간의 마음은 신으로부터 멀어져 있다-Intimus cordi est, sed cor erravit ab eo." S. Augustini, *Confessionum,* Lib. 4, Paris, Librairie Garnier Freres, 1950, p. 140. "나는 나의 바깥 모든 곳에서 신을 찾았으나 신을 찾지 못하였네... 그러니 신은 내 영혼 안에 숨어 있음이 틀림이 없으리... 바로 여기서 나는 참된 명상을 통해서 신을 찾아야만 하리." S. Augustini, *Cantique spirituel*, I, str. I, tra. Dom Chevalier O. S. B., éd. Desclée, 1930, pp. 21-22.

249 이브라겡, 『정관의 경로』, 이영직 옮김, 분도출판사, 1976, 84쪽.

이해를 가진다는 것은 하느님의 존재로 우리들의 실존이 열리게 된다는 것을 의미한다. 프랑스의 현대 토미스트인 에메 포레스트(Aime Forest)는 이러한 실존에 대해 "하나의 열려진 특성을 가지게 되며, 지속적으로 새롭게 될 수 있는 가능성을 가지고 있으며, 그들 자신의 저편으로 나아갈 수 있는 가능성을 지니고 있는 것"[250]이라고 표현하고 있다. 이러한 체험은 영성적인 삶을 영위하는 사람들에게 있어서는 그 어떤 감각적인 인식보다 더 참되고 실제적인 사건으로 와 닿고, 다른 어떤 체험보다 더 '리얼'한 체험이다. 이러한 정신은 철학적으로 말해서 세계와 인간의 내부에 존재하는 가장 근원적이고 원형적인 신의 현존을 마주하는 하나의 형이상학적 체험을 하고 있는 것이다. 인간의 자연적인 감각적 인식이나 자연적인 이성의 사유를 초월하지만 부정할 수 없는 신적 현존은 따라서 '초-자연적 실재(the reality supernatural, la réalité sur-maturelle)'라고 할 수 있다. 이를 철학자들은 '존재의 깊이(la profondeur de l'être)에 대한 체험'이라고 말하고 있다.

존재의 깊이를 체험하고 하느님의 현존에 대해 열려 있는 영혼들은 하느님의 속성을 취할 수밖에 없으며 이것이 곧 사랑의 정서이다. 자신의 실존이 사랑으로 가득 차게 되는 영혼들은 그 사랑이 어떤 형식으로든 외부로 흘러넘치게 된다. 가타리나가 그토록 세상과 이웃을 사랑하고자 하였던 것도 바로 이러한 하느님에 대한 체험과 하느님의 속성을 나누어가짐으로써 일어났던 지극히 자연스러운 행위라

250 Forest Aimé, *L'avènement de l'âme*, Paris, Beauchesne, 1973. p. 83.

고 할 수 있다. 그렇기 때문에 가타리나에게 있어서 하느님의 현존을 통찰하는 것 혹은 맞이하는 '관상의 행위'와 '사랑한다는 것'은 하나의 사태에 대한 다른 두 관점이다. 토마스 아퀴나스는 "정관적인 삶은 우리 자신에게 있는 신성한 것(*aliquid divinum est in nobis*)에 관계한다"[251]라고 말하고 있으며, 믿음의 모든 대상들은 우리로 하여금 우리 자신을 초월하는 이 '신성한 것에 대한 향유(*divinam fruitionem*)'를 위해서 존재한다고 말하고 있다.[252] 이 신성한 것에 대한 향유는 곧 하느님과의 일치를 의미한다. 신비가 가타리나가 궁극적으로 말하고자 하는 것도 사실은 참된 인간으로 산다는 것이 이러한 것을 의미하며, 애초에 인간이 창조된 목적이 바로 여기에 있다고 말하는 것이다. 이러한 숭고한 사실을 망각할 때, 인간은 곧 자신에 대해 무지하게 되는 것이다.

---

251 *Summa Theologiae*, II–II, q. 180, a. 8, ad. 3. Marietti, Italy, 1952.

252 "그럼에도 이 믿음의 대상들은 어떤 방식으로든 신에게로 질서 지워져 있다는 차원에서만 믿음의 동의를 얻는 것인데, 즉 말하자면 인간으로 하여금 신성에 대한 향유(divinam fruitionem)에로 이끄는 것을 도와주는 신성의 효과들(divinitatis effectus)로서이다." *Summa Theologiae*, II–II, q. 1, a. 1, c.

3부

근대의 신비가들과 내면성

근대 신비가들의 영성적 특징

이 책에서 근대의 신비가들이란 15세기에서 18세기까지의 신비가들을 말하고 있는데, 제노바의 가타리나와 쟌느-귀용까지를 다루고 있다. 이 시기에 있어서 신비가들의 특징은 '다양성'이라고 할 수 있다. 중세의 신비가들과는 달리 각각의 신비가들은 자신만의 고유한 영적인 여정을 제시하고 있는데, 보다 문학적으로 말하면 '개성'이 뚜렷이 부각되고 있다는 점이다. 이 시기에 있어서 만일 대표적인 한 신비가를 들고자 한다면 '아빌라의 데레사'를 들 수 있을 것이다. 그럼에도 보다 큰 신비가라고 할 수는 있겠지만 전체적인 신비가들의 특성을 대표할 수는 없다. 왜냐하면 각각의 신비가들은 각자 자신이 처한 고유한 상황에서 고유한 개별적인 실존으로 신적 현존을 체험하였고, 어떤 의미에서 각자가 자신들만의 고유한 영성을 보여주고 있기 때문이다. 만일 근대의 신비가들에게 있어서 공통적으로 드러나고 있는 이미지가 있다면 그것은 '정화' 혹은 '순수성'의 이미지일 것이다. '제노바의 가타리나', '아빌라의 데레사', '육화의 마리아', '쟌느-귀용' 등은 모두 '정화' 즉 하느님의 신부가 되기 위해서 필요한 영혼의 모습 혹은 하느님의 자녀로서 응당히 갖추어야 할 크리스천의 모습을 지니기 위해서 자신들의 악습이나 죄악을 정화하고자 하는 강한 의지를 보여주고 있다고 하겠다. 가령 '제노바의 가타리나'의 경우는 자신의 영혼의 죄를 정화하기 위해서 고행의 길을 택했고 신의 섭리는 연옥의 불로 그녀의 영혼을 정화하는 은총을 허락하였다. 아빌라의 데레사는 자신들의 수녀원을 개혁하기 위해서 혼신의 힘을 다하였고, 영적인 여정에 있어서 '정화의 과정'을 매우 중시하였다. 쟌느-귀용(Guyon)은 "우리는 기도하도록 불림 받았습니다. 머리로 하는 기도가 아니라 가슴으로 하는 기도 말입니다."[253]라고 하면서 마음으로부터의 진정성을 강조하였다. 이러한 순수성은 곧 내면성으로 향한다. 철학자 베르그송은 '완전한 신비주의는 완전한 행위'라고 말한 바 있는데, 교회로부터 이단으로 의심받은 쟌느-귀용을 제외하고는 대다수의 신비가들이 '신비와 행동', '내면성과 실천'의 일치를 지향하였는데, 이는 자신들의 내면성이 행위의 근원이 되고 행위를 곧 내면성의 열매처럼 생각하였기 때문이다. 하느님의 신비적 현존을 맞이하기 위해서든지, 행위가 참된 복음적 사랑이 되기 위해서든지, 정화는 반드시 필요한 과정이다. 제노바의 가타리나와 아빌라의 데레사가 신적 현존과 일치하기 위해서 '정화'의 과정을 특히 중요시 하였다면, 육화의 마리아는 참된 사도직과 신비가의 행위를 위해서 정화(appropriation)로부터 시작하였다.

253 Madame Guyon, *Le moyen court*, éd. Millon, 1995, p. 61.

근대 신비가들에게 있어서 다른 하나의 특징은 '내면성'이다. 이들에게 있어서 영적인 삶 혹은 신비적인 삶이란 곧 '내면적인 삶'과 거의 동일시되고 있다. 그리고 이러한 내면성으로부터 진정한 기쁨이 주어지고 있다. 빠지(Pazzi)의 마리아 마달레나의 경우 성령(Esprit Saint)에 관한 놀라운 기술들을 보여주고 있는데, 이를 읽는 이들은 놀라운 행복감과 아름다움을 느끼게 된다. 그녀는 마치 우리들에게 새로운 하나의 보석을 전달해 주고 있는 듯한 느낌을 선사한다. 후반기로 올수록 영성적인 흐름에는 내면성(intériorité)이 보다 부각되고 있으며, 이는 인문주의와 평신도들의 역할이 보다 강조되는 것을 의미하기도 한다. 대다수의 신비가들에게 있어서 기쁨은 '내적이고 신비적인 삶의 고유한 속성'이라고 생각하는데, 빠지의 마리아 마달레나가 "하느님은 슬픔에 찬 가슴을 원치 않으십니다. 하느님은 자유롭고, 기쁨에 찬 마음을 원하십니다."[254]라고 말했을 때, 이를 잘 대변해 주고 있다. 그런데 이러한 내면성이 가장 부각되고 있는 신비가라면 '아빌라의 데레사'에게서 일 것이다. 그녀가 저술한『영혼의 성』의 원 제목은 '*Castillo interior*'인데, 여기서 '*interior*'는 '내면의' 혹은 '내면적인'을 의미한다. 이 책에서 데레사 성녀는 하느님이 거주하는 곳은 한 영혼의 가장 깊은 곳이라고 말한다. 따라서 신비가가 하느님을 만난다는 것은 곧 자신의 가장 깊은 심연에로 내려감을 의미한다. 따라서 내면적인 삶을 전제하지 않고서는 '영성적인 삶'이란 있을 수가 없다. 이러한 내면성에 대한 자각은 거의 대부분의 근대 신비가들이 입

254 *OEuvres*, t. I, p. 428. in *Femmes mystiques-époque moderne*.

을 모아 강조하고 있다. 영적인 삶과 내면적인 삶을 거의 동일시하는 이러한 정신적인 경향성은 자연히 인간의 영혼 그 자체에 대한 중요성을 부각시키고 있다. 다시 말해서 모든 인간은 영혼을 가지고 있다는 그 이유만으로 하느님의 거주처를 가지고 있으며, 모두가 하나같이 소중하고 고귀한 존재들이라는 것에 대한 자각이다. 이러한 생각은 보편적인 인류애로 이어지고 있다. 빠지의 마리아 마달레나는 '한 인간의 영혼은 성모마리아의 영혼을 창조하는 것과 동일한 크기의 사랑으로 신이 창조한다'고 보았는데, 이러한 사유는 인간의 존엄성에 대한, 특히 모든 세상의 가치기준을 넘어 한 인간이 지니고 있는 존엄성이 어디에서 주어지며, 어떠한 크기를 가지고 있는지를 말하는 것이다. 이러한 사유는 '만인평등'의 사유가 사회 전반으로 퍼져나간 근대정신과 무관하지 않다. 육화의 마리아의 경우에는 비록 고독과 침묵을 갈망하는 관상수녀가 되고자 하였지만, 하느님의 소명은 지구 반대편으로 선교를 가도록 명하였다. 그리고 그녀는 거의 문명의 손길이 닿지 않은 캐나다의 원주민들을 위해 평생을 헌신하게 된다. 이와 유사하게 쟌느-귀용은 교육을 제대로 받지 못하고 삶의 무게로 인해 기도나 영적인 여정을 생각할 수 없는 이들을 위해 누구나 쉽게 기도에로 나아갈 수 있는 『손쉬운 방법(*Moyen court*)』이란 책을 저술하기도 하였다.

이러한 다양한 이유로 근대시대에 있어서는 신비적 삶을 추구하는 영적 여정이 수도원이라는 특수한 범주에서 일반 평신도의 범주로 이동하는 모습을 보이고 있는데, 예를 들어 이 책에서 제시하고 있는 5명의 신비가 중에서도 2명이 수녀였으며, 2명은 평신도로서 미망인이었고, 한 명(육화의 마리아)은 아들을 둔 어머니였지만, 미망인이 된 다음 다시 수녀회에 입회하였다. 한 마디로 근대의 신비가들의 영성적인 특성은 보다 인간성 그 자체에 대한 신뢰와 관심, 그리고 보다 일반인들의 일상적인 삶의 영역으로 깊이 침투하고 있는 모습을 보이고 있는 것이다.

1장

제노바의 가타리나 (Caterina da Genova)

1장
제노바의 가타리나 (Caterina da Genova)

1. 생애와 인물[255]

국내에서는 거의 알려져 있지 않는 제노바의 가타리나를 근대를 여는 첫 신비가로 선택한 것은 그녀의 독특한 영성 때문이다. 시에나의 가타리나가 '성교회의 개혁과 정화'를 숙원하였고 이를 위한 예언적인 음성을 남겼지만, 그녀는 숙원을 이루지 못한 채 세상을 떠났다. 그런데 영성의 시각에서 보자면 가타리나의 숙원은 결코 헛된 것이 아니었다. 곧 이어 자신과 동일한 이름을 가진 한 성녀가 '정화'와 '순수성'이라는 소명을 가지고 놀라운 하느님의 섭리를 보여 주었다. 바로 제노바의 성녀 가타리나이다. 일반적으로 제노바의 가타리나를 알고 있는 사람들은 그녀를 『연옥에 관한 書』를 남긴 놀라운 영혼으

---

255 여기 제시하는 가타리나의 생애에 대한 인명, 지명, 날짜 등의 자료들 중 따로 출처를 제시하지 않은 대부분이 다음의 사이트에세 제공하는 100페이지 분량의 전기에서 참조하였음. http://voiemystique.free.fr: Sainte Catherine de Gênes, *La vie*.

로 기억하고 있으며, 이 책은 가톨릭의 신학 역사상 매우 지대한 영향을 미친 중요한 사료가 되고 있다.

가타리나 피에쉬(Catherine Fieschi)는 제노바에서 나폴리 총독의 3남 2녀 중의 막내딸로 태어났다. 그의 가문은 큰 인물들을 배출한 걸출한 가문인데 두 명의 교황(교황 Innocent IV와 Adrien V)과 9명의 추기경, 그리고 2명의 주교를 배출하였다. 그의 아버지 지아코모 피에쉬(Giacomo Fieschi)는 그녀가 아직 어릴 때 세상을 떠났고 그의 어머니 프란체스카(Francesca di Negro)는 깊은 신심과 진지한 가톨릭적인 문화로 자녀들을 훈육하였다. 이러한 어머니의 영향을 받은 그의 누이는 수녀가 되었고, 가타리나 역시 어린 시절부터 종교적인 성향이 두드러졌고 8세에 이미 거친 매트리스 위에서 나무토막을 베개로 삼아 잠을 자는 등 고행과 수도적 삶을 실천하기 시작하였다. 특히 죽은 예수를 안고 있는 성모마리아의 삐에타 상을 볼 때마다 매번 눈물을 흘렸다고 전기는 전하고 있다. "열세 살이 되면서부터 그녀는 이미 수도자적인 삶에 대해 끌리기 시작했고, '산타마리아 델 그라찌에(은총의 성모마리아)' 수도원에 입회할 수 있도록 청하였으나, 당시 수녀원 원장은 그녀의 어린 나이를 고려하여 이러한 청을 거절하였다."[256] 하지만 수녀원에 입회하고자 하는 강한 열망에도 불구하고 그녀는 가족으로부터 결혼을 강요받았고 이러한 갈등을 통해 하느님은 성성[聖性]을 위한 혹독한 시련을 준비하였다. 가타리나는 16세에 지울리아노 아도르노(Giuliano Adorno)라는 제노바의 청년과 결혼을

256 *Femme mystiques-Époque moderne*, p. 15.

하였지만, 가타리나의 종교적 갈망을 전혀 이해하지 못하는 남편은 가타리나에게 엄청난 고통을 안겨 주었다. 오랫동안 중동지방에서 상업과 군 생활을 하다 돌아온 아도르노는 매우 돈을 밝히고 고집이 센 사람이었다. 가타리나는 완고하고 허영기 넘치는 남편으로부터 도피하기 위해서 스스로 세속적인 허영에 파묻히고자 하였다. 남편으로부터의 경멸과 냉혹함을 감수해야 했던 그녀는 어디에서도 위로를 찾지 못한 채 5년의 결혼 생활 동안 너무나 큰 내적인 고통을 받았다.

하지만 1473년 갑작스러운 방식으로 하느님의 은총이 그녀를 휘어잡았다. 3월 20일 은총의 성모수도원에 있는 성 베네딕트 성당 안에서 고해를 하기 위해 무릎을 꿇었을 때, 하느님의 막대한 사랑으로 인해 심장에 상처를 입은 것이다. 그 상처는 그녀의 너무나 비참하고 결함으로 가득 찬 공허한 삶과 이와 동시에 그녀를 거의 피어오르게 하는 하느님의 선하심에 대한 분명한 환시를 통해서 주어졌다. 그녀의 심장은 지금까지 그녀가 이끌어 왔던 공허한 삶과 하느님의 선함으로부터 주어진 자기-자신에 대한 앎으로 각인되었다. 가타리나는 '신성한 본질의 순수성'에 대한 신비적인 계시를 받았던 것이다. 고해를 하지도 않고 고해소를 뛰쳐나간 가타리나는 자기 집의 가장 구석진 방에 숨어들었고 오랫동안 눈물을 흘렸다. 이미 이 순간 그녀는 글로서는 도저히 표현할 수 없는 일종의 신비적인 체험을 하였음을 알았고, 이제 자신이 일생 동안 범한 죄악을 정화하고 신비의 길로 나아가야 함을 알게 되었다. 그리고 곧이어 십자가에서 피 흘리신 모습으로 나타난 주님의 환시를 보았고, 다음과 같은 주님의 음성을 듣게 되었다. "보아라, 내 딸아. 갈바리아에서 흘린 이 모든 피가 너에 대한 사랑 때문이니라, 너의 죄를 속죄하기 위한 것이니라!" 자신에 대한 그리스도의 과도한 사랑을 목격한 가타리나는 자기 자신에 대한 증오와 주님에 대한 사랑으로 가슴에 불이 지펴지는 것을 느꼈다. 그리고 그녀는 "보다 더 세속에 머물수록 보다 더 큰 죄악"이라 외치면서 그리스도의 십자가를 지기로 결심하였다. 며칠 뒤 가타리나는 다시 고해사제를 찾아가 총고해를 하고, 자신이 주님의 길을 따르게 되었음을 알린 것이다.

이러한 계시와 결심은 그녀의 영혼에 깊숙이 각인되었고 이후 그녀는 자신의 죄를 보속하기 위해서 '정화를 위한 사랑'의 빛 안에서 힘겨운 고행의 길을 걷게 된다. 바로 이 고행의 길에서 믿을 수 없는 체험을 하게 되는데, 그것은 연옥에 대한 체험이었다. 연옥의 불길이 그녀의 영혼을 정화하는 놀라운 체험을 한 것이다. 수도원장인 조드(L. Jaud)의 전기에 따르면 이러한 정화의 길에서 23년 동안이나 약간의 식초와 소금을 탄 물 한 컵과 성체만을 영한 채 아무런 음식을 먹을 수 없었다고 한다.

> 성체는 가타리나의 육체와 영혼의 양식이 되었다. 그리고 23년 동안 성체 외에 그녀는 아무것도 먹을 수가 없었다. 그녀는 자신을 집어삼키는 불을 억제하기 위해서 매일 단지 식초와 소금이 첨가된 물 한 컵만을 마실 수밖에 없었다. 하지만 이러한 극도의 절제에도 불구하고 그녀는 매우 양호한 건강을 유지하였다.[257]

---

257 Abbé L. Jaud, *Vie des Saints pour tous les jours de l'année*, Tours, Mame, 1950. in http://voiemystique.free.fr

그리고 이러한 과정 동안 침묵을 지키고 최소한의 잠만 청하였으며, 매일 7시간 동안 무릎을 꿇은 채 기도하였다. 23년 동안 음식을 전혀 먹지 않고 오직 성체만으로 삶을 연명하였다는 것은 도저히 진실이라고 믿기 어렵고 그 진위를 확인할 수 있는 객관적인 자료들이 없지만 그럼에도 우리는 그 가능성을 부정할 수는 없다. 왜냐하면 금세기 마지막 신비가로 알려져 있는 마르트 로뱅(Marthe Robin) 역시 "50여 년 동안 빵 한 조각 물 한 방울 넘기지 못한 채 오직 이따금 모시는 성체만으로 살다가 세상을 떠났기"[258] 때문이다. 가타리나는 자신의 정화의 삶을 위해서 스스로 규칙을 정하였는데, 가장 큰 원칙은 오직 '하느님의 뜻이 이루어지기를!'이란 모토 아래서 행위하면서 결코 '나는 이것을 원한다, 이것은 원치 않는다'는 말을 하지 않기로 하였다는 것이었다.

이후 가타리나는 정화를 위한 고행의 길을 계속 걸었고, 가타리나가 '일치된 삶(vie unitive)'이라고 불렀던 그곳에 도달하기까지 항상 보다 더 주님께 가까이 가고자 노력하였고, 자신을 완전하게 하느님께 맡겼다. 교황 베네딕트 16세는 대중들에게 가타리나에 대해 선포한 연설에서 다음과 같이 말하였다.

> 가타리나는 거의 25년 동안이나 하나의 완전한 방식으로 주님의 손에 자신을 맡겼고, 그 어떤 피조물의 개입도 없이 오직 하느님에게만 훈육되고 인도되었으며, 지속적인 기도와 매일 영하는 성체로 양

258 레이몽 뻬레, 『마르뜨 로뱅의 생애, 십자가와 기쁨』, 역자의 말, 성 요셉 출판사, 1983, p. 1.

식을 삼았습니다. 그녀의 영혼을 돌보기 위해서 하느님께서 그녀에게 사제를 보낸 것은 이후 몇 년이 지나 뒤였습니다.[259]

가타리나는 자신의 신비적인 체험에 대해서 타인에게 말하는 것을 극도로 꺼려 하였다. 특히 자신이 지극히 선한 하느님의 면전에 있다는 그 현실적인 의식으로 인한 자신의 비천함에 의한 겸손으로 더욱 그럴 수밖에 없었다. 가타리나의 영적인 여정이 세상에 알려지게 된 것은 자신의 영적 지도자였던 카타네오 마르보또(Cattaneo Marbotto) 신부에게 고해를 하는 것이 거의 전부였다. 후일 자신이 쓴 '연옥에 관한 서'를 전달한 사람도 마르보토였다. 하지만 가타리나는 은수자처럼 그렇게 고독 속에 머물지는 않았다. 그녀의 내적이며 신비적인 삶은 사랑의 실천이라는 형식으로 드러났는데, 구체적으로는 그녀가 제노바에서 가장 크고 복잡한 병원이었던 팜마톤 병원(l'hôpital de Pammatone)에서 일을 하면서였다. 그곳에서 그녀는 일종의 원목지도를 담당하였는데, 전혀 자신의 내적 상황을 드러내지 않은 채 활달하였다고 한다. 깊은 내적인 실존을 간직한 채 동시에 완전히 활동적인 일에 헌신한 것이다. 하지만 아무리 숨기고자 해도 그녀의 영적인 향기는 바깥으로 풍겨났고 그녀의 주변에는 그녀의 믿음의 삶과 복음적 사랑에 매료된 사람들이 그룹을 이루었고 기도회가 생기게 되었다. 가타리나는 병원의 환자들뿐 아니라 당시 유행했던 페스트 환자들을 방문하여 간호해 주었고, 가난한 이들을 주

259 l'audience générale du pape Benoît XVI, Mercredi 12 janvier 2010. 출처 http://www.zenit.org/fr

기적으로 방문하였으며, 그리고 버려진 고아들을 돌보는 등 수많은 자비의 행위들을 실천하였다. 이러한 가타리나의 영성적인 삶과 복음적 사랑에 감화를 입은 그녀의 남편인 아드르노가 회개하고 프란치스코회의 제3회원이 되었다. 재속 수도자가된 그는 가타리나를 돕기 위해 부유한 집을 버리고 병원에서 기거하였다고 전해지고 있다. 그는 1497년 가타리나가 지켜보는 가운에 세상을 떠났다. 이후 가타리나는 병들고 가난한 이들을 위한 복음적 사랑을 계속하였고, 1510년 9월 15일 임종할 때까지 환자들을 위한 헌신을 멈추지 않았다. 엄밀히 말해 가타리나의 일생에 있어서 성인이라고 할 만한 눈에 보이는 기적적인 일들은 거의 찾아볼 수가 없다. 하지만 그녀에게 있어서 특징적인 것 두 가지는 하느님의 신부가 되기 위해 스스로 평생을 정화의 길을 걸었고, 그 누구에게서도 보기 어려운 내적인 사건들, 즉 하느님으로 자비로부터 온 연옥 불로 자신을 정화하면서 하느님에게로 나아갔다는 사실이다. 그리고 다른 하나는 이러한 신비적인 내적인 삶을 자신을 둘러싸고 있는 가장 가까운 이웃들, 가장 보잘 것 없는 이들에게 복음적 사랑으로 헌신하였다는 것이다. '하느님과 이웃을 위한 완전한 헌신'이라는 복음적 사랑을 평생에 걸쳐 실천한 것이다.

가타리나는 평생 3권의 책을 저술하였는데, 가장 널려 알려진 것이 『연옥에 관한 書(*Le Traité du purgatoire*)』이며 다른 하나는 『영적 담화(*Le Dialogue spirituel*)』이다. 그리고 그리 알려지지 않았지만 자신의 삶의 일부를 적은 『삶(*La vie*)』이다. 사람들은 이 책들에 대해서 '놀라운 생명에 관한 책, 제노바의 가타리나의 사상'이라고 불렀다. '신성한 사랑의 신비'에 기초한 가타리나의 저술은 비록 작은 분량이지만 깊은 신학적 영감을 불러일으켰고, 17세기 프랑스의 영성에 많은 영향을 미쳤다. 가타리나는 1737년에 성인품에 올랐다.

제노바의 가타리나에게서 가장 부각되는 이미지는 아마도 '정화' '순수성'이란 단어일 것이다. 그녀는 스스로 육체를 통해서든, 세상을 통해서든, 악마를 통해서든 혹은 그 어떤 다른 것을 통해서든 내적으로 혹은 외적으로 자신을 괴롭히거나 고통을 주는 것을 가지지 않기로 하였다고 말하였다. 일반적으로 신비가들의 완덕으로의 길이 '회개', '정화', '일치'의 세 가지 단계를 거친다고 한다면, 가타리나가 가장 주안점을 두고 있는 부분은 '정화'라고 할 수 있다. 그녀가 '연옥에 관한 내용'을 저술한 것도 이러한 '정화'의 의미와 매우 밀접한 관련이 있다. 왜냐하면 연옥이란 '천국에도 지옥에도 갈 수 없는 영혼들이 천국에 들기를 바라며 자신의 죄를 정화하는 곳'이기 때문이다. 물론 가타리나에게서 연옥이란 저편세계의 연옥을 의미하는 것이 아니라 자신의 영혼을 정화하는 내면적 사건을 상징적으로 말해 주는 것이다. 제노바의 가타리나에게 있어서 완전한 순수성이란 모든 감각으로부터, 모든 세속적인 영광으로부터, 모든 피조물로 이탈한 것을 말하며, 하느님의 뜻을 따르고자 하는 그녀의 의지는 세상의 그 어떤 이유로도 손상 받을 수 없는 그러한 상태를 말한다. 그렇기 때문에 하느님의 계시와 은총으로 인하여 전체적으로 변모된 그녀의 실존은 기쁨도, 슬픔도, 건강도, 병도, 환희도, 고뇌도 모두 자신을 사랑하시는 하느님의 배려라고 생각하며 오롯하게 수용하였다. 그리고 바로 여기서 그녀는 자신의 모든 기쁨을 발견하였다. 그럼에도 이러한 그녀의 영적인 순수성은 자신을 세상과 분리시키지 않았다. 오히려 그녀는 자신을 둘러싸고 있는 이웃의 누구에게라도 기쁘게 다가갔으며, 한 사람 한 사람을 하느님이 마음과 시선으로 볼 수 있었다. 이러한 의미에서 우리는 어쩌면 가타리나의 삶 안에서 진정한 의미의 근대적 영성을 발견할 수 있다고 말해야 할 것 같다. 오롯이 신성을 지닌 분이었지만 세상에서 가장 낮은 곳으로 임하였던 그리스도처럼 가장 가까이 하느님 곁으로 다가가 있었지만 가장 힘들고 미천한 이들 곁에 평생을 머물렀던 그 복음적 사랑이야말로 중세의 마지막을 장식한 시에나의 가타리나 성녀가 숙원하던 성교회의 모습이었기 때문이다.

2. 저작의 정신과 철학적 의미
- 연옥의 불의 체함과 메시지 -

가타리나가 우리에게 남겨준 저술은 다른 신비가들에 비하면 그 분량 면에서 매우 빈약한 편이다. 가장 중요한 자료로 꼽고 있는 『연옥의 書』는 그 분량으로 보자면 책이랄 수도 없는데, 출간된 번역서들을 보면, 약 20페이지 정도에 지나지 않으며, 『영적 담화』 역시 100페이지를 넘지 않는다. 그럼에도 불구하고 이 책들로 인하여 어떤 이들은 "성녀는 서구 기독교의 가장 영향력이 있는 신비가 중의 한 사람이 되었다."[260]라고 말하기도 한다. 그런데 '연옥'에 관한 내용들이

260 *Femme mystiques Époque-moderne*, p. 17.

왜 그리 중요한 것일까? 사실 연옥에 관한 내용은 개신교에서는 '이단적인 것'이라 하여 그 실체를 부정하고 있다. 흔히 '지성소', '고성소' 등으로도 말해지는 이 연옥에 관한 내용은 성경상의 근거는 희박한 것으로 한 신비적인 영혼을 통해서 하느님께서 밝혀주시는 한도 내에서만 그 실체를 알 수 있을 뿐이다. 당시의 사람들에게 있어서 '연옥'의 이미지는 저편 세계에의 지옥과 천국 사이에 존재하는 장소로 천국에 들기 전에 정화를 위해서 머무는 '장소'처럼 생각하였는데, 단테의 『신곡』에서 묘사하는 연옥은 지상의 장소보다 훨씬 아름답고 완전한 장소처럼 생각하였다. 예를 들어 단테는 『신곡』에서 연옥의 모습을 다음과 같이 묘사하고 있다.

> 그 내부는 절벽이 하얀 대리석으로 뒤덮여 있으며 폴리크릴토스의 조각품들은 물론 자연 그 자체 마저도 초월할 만큼 완전무결하고 휘황찬란한 작품들로 가득 차 있음을 알아차릴 수 있었다.[261]

그리고 단테는 연옥의 영혼들이 불에 타고 있다고 생각하였는데, 그는 "연옥의 불은 괴로움의 원인은 될지언정 죽음의 원인이 되는 것은 아니라네. [......] 털 끝 하나라도 타지 않을 것이니 두려워 말게"[262]라고 말한 바 있다. 연옥 영혼들이 불에 타고 있는 이유는 영혼이 지상에서 범한 죄악의 흔적들을 없애기 위해서이다. 일반적으로 중세 사람들은 인간의 죄는 그 영혼에 흔적이 남고 영혼은 비-물

---

261 단테 알리기에리, 『신곡』, 유빌 옮김, 미리언셀러, 2011, 204쪽.

262 『신곡』, 269쪽.

질적이며 순수하게 정신적인 것이어서 영혼의 악을 지울 수 있는 것은 불에 태우는 것이라고 생각하였다. 그런데 만일 죽음 이후의 세계가 어떠한 것이든 전혀 물질적인 것을 포함하지 않는 영적인 세계라고 한다면 그 곳에 대한 생각은 인간이 어떠한 상상을 동원하더라도 감각적인 이미지로서 제시한다는 것이 불가능할 것이다. 그렇기 때문에 어떤 '아름다운 장소'로서 연옥을 생각한다는 것은 말이 되지 않는다. 그래서 많은 현대인들은 단테가 묘사한 그러한 식의 연옥을 믿지 않는다.

이와 마찬가지로 사람들은 가끔 가타리나가 쓴 『연옥의 書』에 대해서 그 진정성을 의심하곤 한다. 즉 가타리나가 쓴 연옥의 내용들이 진정 가타리나가 연옥을 체험했거나 목격한 사건인가 아니면 단테의 『신곡』에서처럼 일종의 상상력의 산물인가를 묻는 것이다. 이러한 질문들 앞에서 우리가 염두에 두어야 할 한 가지 사실은 가타리나에게 있어서 영적인 체험이란 말 그대로 영적인 것이어서 실제로 눈에 보이는 어떤 신비적인 계시나 환시의 방식으로 나타난 것은 아니라는 사실이다. 즉 가타리나는 직접 환시의 방식으로 연옥의 모습을 목격하였거나 그곳에서 불에 타고 있는 영혼들을 본 것은 아니라는 사실이다. 그럼에도 연옥에 관한 가타리나의 저술은 결코 단체의 『신곡』에서와 같은 '상상력의 산물'이 아니며, 자신의 직접적인 체험에 기인한 것이다. 다시 말해서 가타리나가 연옥의 불이라고 묘사하는 것은 물리적인 불이나 자신이 환영의 형식으로 본 것이 아니라, 자신의 내면에서 혹은 영혼에서 체험한 '내면적인 것'이었다. 『연옥의 書』 19장에서 가타리나는 자신이 말하고 있는 연옥의 정화의 불이 사실은 자신의 영혼 속에서 느낀 것임을 결론적으로 말해 주고 있다.

> 내가 연옥 영혼들에게 적용하였던 성화의 형식은 내가 나의 영혼 안에서 체험한 것, 특히 최근 2년 전부터 체험한 것입니다. 점점 더 나는 이를 분명히 느끼며 보다 분명하게 이를 보고 있습니다.[263]

하지만 처음 시작하고 있는 제1장에서는 가타리나가 마치 직접 자신이 연옥의 영혼들을 보고 있는 듯이 기술하고 있다.

> 내가 이해한 것에 의하면 연옥에 있는 영혼들은 연옥에 있는 것 외에는 다른 선택의 여지가 없었습니다. 왜냐하면 이를 결정한 것은 하느님께서 당신의 정의 안에서 당신의 뜻에 따른 것이기 때문입니다. 이 영혼들은 자기 자신들에게로 되돌아 갈 수도 없었습니다. 즉 이 영혼들은 다음과 같이 말할 수도 없었습니다. "나는 이러저러한 죄를 범하였다. 내가 이 장소에 있는 것은 바로 이 죄악들 때문이다." 마찬가지로 이 영혼들은 다음과 같이 말할 수도 없었습니다. "나는 이러한 죄악을 범하지 말았어야 했다. 만일 그랬더라면 지금 즉시 천국으로 갈 수 있을 텐데..." 마찬가지로 "이 영혼은 나보다 먼저 여기를 벗어날 것이다."라고 말하거나 "나는 이 영혼 보다 먼저 여기를 벗어날 것이다."라고 말할 수도 없었습니다.[264]

처음 시작은 마치 직접 연옥의 영혼들을 목격한 것처럼 진술하지

263 *Traité du purgatoir*, ch., 19, p. 19, in Le R. P. Bruno de J.-M., directeur des Études carmélitaines, *La grande Dame du pur amour*, paris, édition Desclée de Brouwer. 본 인용구의 출처는 출판사와 저자의 허락을 받아 무료로 제공하는 다음의 인터넷 사이트에서 참조한 것이다. http://voiemystique.free.fr

264 *Traité du purgatoir*, ch. 1, p. 3.

만 결국에 가서는 마치 자신이 자신의 내면에서 일어나고 있는 현상을 비유적으로 말한 것처럼 이야기하는 이러한 형식을 통해서 우리는 가타리나가 실제로 어떠한 체험을 하였는지 나름대로 짐작해 볼 수 있다. 그리고 이 책을 번역한 대다수의 역자들이 가타리나의 체험에 대해서 하나같이 말하고 있는 것은 연옥 불을 통한 영혼들의 정화는 사실 가타리나가 자신의 내적인 체험, 일종의 개인적이고 영적인 체험을 마치 직접 연옥을 목격하고 있는 것으로 착각한 것으로 생각하고 있다는 것이다. 즉 하느님의 은총으로 이 지상에서 이미 연옥 불을 통하여 한 영혼을 하느님의 현존에 일치할 만하게 순수하게 정화하는 것이라고 생각하고 있다. 바로 이러한 점이 가타리나의 저술이 영성의 역사에서 가장 독특하고 개별적인 저술이라고 할 수 있는 부분이다. 보다 문학적으로 말하자면 가타리나는 이 지상에서 이미 영적으로 연옥을 체험하고 실제로 연옥의 불로써 자신의 영혼을 정화 하였던 유일하고 예외적인 영혼이었던 것이다.

제1장의 마지막에서 가타리나가 기술하고 있는 것은 연옥 영혼들의 상태인데, 이 영혼들은 '자기-자신에 대한 완전한 이탈' 혹은 '하느님의 뜻에 전적으로 존재를 증여한 순수한 영혼의 상태'를 보여주고 있다.

> 이 영혼들은 오직 하나의 것, 즉 자신들에게 행위 하시는 하느님의 선량함만을 볼 뿐이다. 인간을 하느님에게로 데려가기 위해서 인간에게 행위 하시는 이 자비만을 볼 뿐이다. 그 결과 그들 자신에게

도달하는 그 어떤 선도 악도 그들의 시선을 끌지 못하였다.[265]

하느님의 사랑의 불에 완전히 자신들을 맡기고 '나는'이라고 말할 수조차 없는 완전한 '자기 자신으로부터의 이탈', 이것이 연옥의 영혼들의 상태이다. 사실상 이는 "제노바의 가타리나가 여러 곳에서 이를 말하고 있듯이 이미 생전에 자신이 도달한 '완전한 자기부정'의 그 상태였다."[266] 이러한 절대적인 자기부정과 하느님의 자비에 완전히 의탁하는 영혼의 순수성은 이후 대다수의 신비가들의 정신에서 발견할 수 있는 것이며, 특히 '리지외의 데레사'의 영성에서 잘 나타나는 것이기도 하다. 하느님의 신성한 불로써 자신들의 죄를 정화하고 그리하여 보다 더 하느님의 신성한 빛을 잘 수용하며 지상의 어떤 이들이 지닌 것보다 더 큰 만족과 기쁨을 가지게 된다는 이러한 내용은 그것이 환시의 형식으로 본 것이든 혹은 내면적인 체험의 형식으로 체험된 것이든 하느님의 사랑의 빛을 통해서 자신의 영혼을 정화하는 그 과정과 그 효과에 대해서 말해 주고 있다는 차원에서 신학적으로 혹은 영성적으로 매우 소중한 자료임이 틀림이 없다. 『연옥의 書』는 바로 이러한 영혼의 정화과정과 그 과정 속에서 일어나는 영적인 현상들에 대해서 차례차례 기술하고 있다. 제2장에서 정화의 과정 속에 있는 영혼들이 고통을 느끼기보다는 점진적으로 더 큰 만족감을 가지고 있다고 말하고 있다.

265 *Traité du purgatoir*, ch 1, p. 4.

266 *Traité du purgatoir*, p. 4. 역주 2.

> 천국에 있는 성인들의 그것을 제외한다면, 나는 연옥의 한 영혼이 가지는 만족과 비교할 만한 만족을 발견할 수 있다고 믿지 않습니다. 매일 이 연옥 영혼들에게 행사하시는 하느님의 행위를 통해서 이러한 만족이 상승합니다. 하느님의 이 행위는 이 행위를 방해하는 요소들을 불태웁니다. 하느님의 이 행위를 방해하는 것은 죄의 녹(rouille)입니다. 연옥의 불은 점진적으로 이 녹을 불태우고 영혼은 점점 더 신성한 (빛의) 유입을 발견합니다.[267]

일반인들이 막연하게 가지고 있는 믿음과 달리 연옥의 영혼들이 매일매일 보다 더 큰 만족을 가지게 된다는 이러한 표현은 참으로 희망적인 것이다. 그리고 어떤 의미에서는 논리적이기조차 하다. 이 세상에서 인간을 가장 사랑하는 사람은 하느님일 것이다. 왜냐하면 하느님은 사랑 자체이시니까. 그럼에도 사람들은 하느님을 직접 만난다는 것에 대해서 어떤 두려움을 가지고 있다. 그 이유는 우리가 하느님을 대면할 만큼 순수하지 못하고 죄 많은 인생을 살고 있다고 믿기 때문이다. 바로 이러한 죄에 대한 의식이 사람들로 하여금 점차 하느님과 멀어지게 하는 것이다. 아담이 하느님을 피해 숨은 것도 사실은 자신의 허물이 두려워서였다. 하지만 자의든 타의든 나의 허물들을 모두 불태우고 나를 순수하게 정화시켜 주는 무엇이 있다면 나는 점진적으로 순수성을 되찾을 것이며, 언젠가 하느님과 직접 대면할 만큼 순수하게 될 것이다. 이러한 과정에서 나의 실존에 일어나는 변화를 상상해 본다면 그것은 무엇일까? 그것은 곧 기쁨과 만족, 즉 행복감일 것이다.

---

267 *Traité du purgatoir*, ch. 2, p. 5.

물론 연옥에 있는 영혼들에게 있어서 고통이 없는 것은 아니다. 하지만 이러한 고통은 하느님께서 그들에게 특별한 은총을 베푸는 것에서 비롯된 것이다. 즉 하느님의 빛이 자신들을 비추는 것에서 비롯되는 것이다.

> 다른 한편 이 영혼들에 주어지는 고통은 만일 하느님께서 이를 은총을 통해 밝혀 주시지 않으신다면 어떠한 언어로도 표현할 수 없고, 어떠한 지성도 이를 감지할 수 없을 만큼 극단적인 것이다.[268]

영혼들이 느끼는 고통은 육체적인 고통이 아니다. 육체가 불에 탈 때 느끼는 그러한 고통이 아니다. 이 고통은 마치 한 인간이 어릴 때의 자신의 순수한 모습을 상실하였다는 것을 발견하였을 때 느끼는 그러한 고통처럼 자신의 원래의 모습을 상실하고 죄의 흔적들로 가득한 자신의 모습을 발견하면서 느끼는 일종의 정신적인 고통이다. 어쩌면 그러한 자신의 모습이 하느님의 선하심에 비추어 너무나 멀리 있다고 느끼는 데서 오는 고통일 것이다. 그래서 가타리리나는 다음과 같이 말하고 있다.

> 모든 고통의 근원은 원죄이든, 본죄이든 죄이다. 하느님께서 영혼을 어떠한 죄의 흔적도 없이, 그리고 하느님에게로 데려가는 한 지복적인 한순간과 함께 완전히 순수하게 완전히 단순하게 창조하셨다.[269]

---

268 *Traité du purgatoir*, ch. 3, p. 6.

269 *Traité du purgatoir*, ch. 3, p. 6.

이러한 가타리나의 체험은 결국 가타리나가 지상에서 살면서 별 것 아닌 것으로 생각한 모든 크고 작은 죄로 인하여 어느 순간 자신이 하느님이 원래 주신 자신의 모습과 얼마나 멀리 떨어져 있는지를 훤히 알게 되면서 가지게 되는 고통을 말해 주고 있다. 사실 우리들 역시도 무의식중에나마 우리 자신이 얼마나 하느님과 멀리 떨어져 있는지, 그리고 하느님을 볼 수 없도록 하는 수많은 것들로 채워져 있는지 알고 있다. 하지만 하느님의 빛이 우리 자신을 비추어 주시기 이전에는 이러한 앎이 진정 현실적이거나 실제적인 것이 되지는 못한다. '자기 자신에 대한 앎'이 실제적으로 이루어지기 위해서 하느님의 빛을 갈망해야 하는 이유가 여기에 있다. 아마도 신비가 가타리나가 보여준 이러한 내적인 체험은 당시 성교회가 지니고 있는 가장 큰 과제, 즉 본래의 성스러운 모습을 상실한 성교회의 정화에 대한 상징적인 사건이라고 할 수 있을 것이다. 시에나의 가타리나 성녀의 입술을 통해 '나병으로 문드러진 얼굴을 하고 있는 여인'으로 묘사한 성교회를 연옥의 불로 정화하시겠다는 자비로운 상징이라고 볼 수 있다. 우리는 제노바의 가타리나를 통해서 보여주신 이러한 하느님의 자비에 대해서 감사할 수 있겠지만 그럼에도 아쉬움이 남는다. 이러한 예외적인 은총은 모두에게 있을 수 있는 것은 아니라는 점이다. 연옥불의 체험을 통해서 하느님께로 나아가는 이러한 은총을 누구나가 바랄 수는 없겠기 때문이다.

하지만 노르비치의 쥴리안에게 보여주신 것처럼 하느님의 자비는 어머니의 그것처럼 섬세하다. 우리는 뒤이어 나타날 위대한 신비가 '아빌라의 데레사'를 통해서 어떻게 이 지상에서 영성의 길이라는 다른 하나의 방법을 통해 하느님의 거주처에로 나아갈 수 있는지를 밝혀 주실 것이다.

3. 제노바의 가타리나의 영성에 대한 현대 철학의 비전

제노바의 가타리나가 체험한 '신비적인 체험'은 철학적 지평에서 크게 두 가지 차원에서 매우 의미심장한 사건이라고 할 수 있다. 하나는 철학적 인간학의 차원에서 '초월성'이라는 인간성의 진리에 대한 비전이며, 다른 하나는 절대적 지평에 대한 형이상학적 체험으로서, 특히 유신론적 실존주의자들에게서 잘 부각되는 것이다. 인간의 이러한 형이상학적인 지평에 대한 진리는 '인간은 무엇인가?'라는 질문에서 주어지는 '인간의 자기동일성'에 대한 진지한 반성을 야기한다.

파스칼은 인간에 대해 말하면서 '인간은 인간을 무한히 넘어서는 존재'라고 역설적으로 말한 바 있고, 인간학의 창시자인 막스 셸러는 '인간이란 자신보다 더 큰 세계에로 열려진 X'라고 말한 바 있다. 이러한 진술들은 인간은 본성적으로 세계와 자신을 초월할 수 있는 어떤 초월성을 가진 존재임을 말해 주고 있다. 인간에 관한 이러한 전통적인 종교적 사유들, 특히 그리스도교적 사유는 현대 철학에서 하나의 새로운 철학적 조류를 형성하고 있는데 그것은 유신론적 실존주의자들을 중심을 나타나고 있는 '정신의 철학(La philosophie de l'esprit)'이라는 것이다. 이러한 정신의 철학은 기계기술 문명과 유물론적 사유로 인해 인간성이 추락하고 있다는 것에 대한 반동으로 인간의 가장 근원적인 본질을 '정신'으로 이해하고 보다 정신적인 존재로 되어짐을 촉구하는 철학적 사조이다. 이는 토미스트인 에메 포레스트가 "우리 것을 하자!-faire la notre!"라는 기치 아래 추구된 것이며, 특히 루이 라벨의 사유에서 매우 강하게 부각되고 있는 정신적인 경향성이다. 이러한 정신의 철학에서는 인간성이 가지는 일종의 절대적인 가치를 신과 인간과의 관계성에 두고 있다. 루이 라벨은 "육체가 공간 안에 위치하듯이 영혼은 순수한 정신 안에 위치한다."[270]라고 말하면서 영혼의 개념을 마치 신과의 내밀한 관계성 속에 있는 정신 그 자체를 지칭하고자 하였다. 그래서 그는 "영혼이라는 것은 절대자와 나의 자아 사이의 관계성"[271]이라고 말하고 있다. 인간의 정신 혹은 영혼이 단순히 사유하는 주체가 아니라 육체적이고 감각적인 것을 초월하는 하나의 무엇 혹은 실체로 고려하는 이러한 생각은 가브리엘 마르셀에 있어서는 '정신적인 실재(la réalité spirituelle)'라고 명명되고 있다. 그는 "철학의 내면으로 깊이 들어갈수록 우리는 우리가 추구하는 이 '정신적인 실재(réalisté spirituelle)'를 더욱 더 추구하게 될 것"[272]이라고 진술하였다. 이러한 정신적인 실재의 개념에 대해 루이 라벨은 "우리들 중 각자는 신에 대해서 내재한다(immanent à Dieu)."[273]라고 말하고 있는데, 이는 전통적인 여성

270 Louis Lavelle, *La conscience de soi*, Paris, Grasset, 1951, p. 291.

271 Louis Lavelle, *De l'âme humaine*, Paris, Aubier, 1951, p. 62.

272 가브리엘 마르셀, 『존재의 신비 I』, 이문호, 이명곤 옮김, 누멘, 2010, p. 232.

273 Louis Lavelle, *De l'Acte*, Paris, Aubier, 1992, p. 340.

신비가들이 하나 같이 강하게 체험한 그것이다. 특히 제노바의 가타리나가 '어떠한 죄의 흔적도 없이 완전히 순수하고 창조된 영혼'이라고 말할 때의 인간의 영혼이 바로 이러한 신에 내재하는 영혼의 모습을 대변해 주고 있다.

정신의 철학자들이 현대 문명 속에 매몰된 인간의 영혼을 염려하고 있다는 것은 제노바의 가타리나가 "보다 더 세상에 머무르는 것은 보다 더 큰 죄악!"이라고 외칠 때의 그것과 본질적으로 다른 것이 아니다. 그렇기 때문에 키르케고르도 진리를 진정으로 추구하는 인간이란 곧 자기부정을 통해 하느님과의 관계를 회복하는 것이라 본 것이다. 그는 "하느님에 대한 자기부정의 관계, 즉 자기부정을 통하여 하느님과 관계하는 것이야말로 전부고 [……] 하느님 관계 그 자체야말로 어떤 산물보다도 중요한 것이 되어야만 한다."[274]라고 말하고 있다. 그리고 세상사와 세속적 가치에 매몰된 삶을 '영적인 죽음'이라고 표현하면서 "기독교적인 용어로도 죽음은 가장 깊은 영적인 비참함을 나타내는 표현이다. 그러나 치료는 죽는 것에, 세상에서 죽는 것에 있다"[275]라고 말한 것이다. 세상에서의 죽음이란 표현은 곧 애초에 신이 인간에게 준 그 존엄한 인간영혼의 모습을 되찾기 위해서 세상으로부터 자신의 관심을 절대자에게로 돌려야 함을 말하는 것이다. 아마도 우리는 이러한 정신의 철학자들이 현대 사조에 대해 강한 반동을 야기하고 있는 것을 보면서 1500년 전 제노바의 가타리나가 체

274 키르케고르, 『사랑의 役事』, 하, 임춘갑 역, 종로서적, 1982, p. 244.

275 키르케고르, 『죽음에 이르는 병』, 김용일 옮김, 계명대학교출판부, 2006, 16쪽.

험한 신비체험이 바로 이러한 정신적 갈망을 구체적으로, 그리고 실제적으로 증거 하는 것이라고 말할 수 있을 것이다. 가브리엘 마르셀은 그의『여정의 인간, *Homo Viator*』에서 이러한 갈망의 진원지를 "고향 자체로부터 오는 베일이 벗겨진 신비로운 빛"[276]이라고 표현하고 있다. 인간은 하느님으로부터 오는 이 빛을 어떻게 알 수 있는가? 그리고 이 빛을 수용하기 위해서 무엇을 해야 하는가? 어쩌면 제노바의 가타리나의 삶과 존재는 이 두 질문에 앞당겨 답을 주고 있는 신의 은총이라고 생각할 수도 있을 것이다.

276 Gabriel Marcel, *Homo Viator*, Paris, APGM, 1998, p. 41.

2장

아빌라의 데레사(Santa Teresa de Ávila)

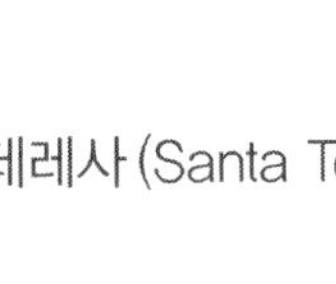

2장
아빌라의 데레사 (Santa Teresa de Ávila)

1. 생애와 인물[277]

주위 사람들로부터 매우 사랑받았고 매력과 탁월한 지성을 겸비한 20세의 한 여성이 스페인의 아빌라에 있는 육화(Incarnation)의 수도원에 입회를 하였다. 그녀는 그곳에서 예수의 데레사(Thérèse de Jésus)라는 이름을 선택하였고, 침묵의 기도 안에서 그리스도와의 우정과 내밀성을 발견하였다. 그녀가 가졌던 신비적 체험들은 놀라운 것이었지만, 그 체험들을 글로 남기는데 또한 탁월한 솜씨를 발휘하였다. 그녀는 자신이 체험한 모든 것을 교회와 후세들을 위해 글로

277 여기 제시되는 아빌라의 데레사 성녀의 생애에 관한 구체적인 자료들은 다음의 책들에서 취해진 것들이다. 아빌라의 데레사, 『천주자비의 글』, 서울 가르멜 여자 수도원 옮김, 분도출판사, 2007 & Emmanuel Renault, *Ste Therese d'Avila et l'expérience mystique*, Tardy Quercy, 1981. 아빌라의 데레사 성녀는 국내에서도 너무나 잘 알려져 있는 인물이라 여기서는 성녀의 생애에 있어서 중요한 사실들을 중심으로 간략히 제시하고자 한다.

남겼는데, 그녀가 남겨준 저작들은 기존의 그 어떤 신비가들보다 심오하고 섬세하며 또한 체계적이다. 하지만 그녀의 업적은 이뿐이 아니었다. 대다수의 신비가들과 마찬가지로 그녀의 깊은 신비적인 체험은 외적 활동으로 이어졌는데, 자신의 수녀원이 기도와 가난과 단순성 안에서 보다 더 그리스도에게 다가갈 수 있도록 개혁을 시도하였다. 사람들은 종종 그녀를 가톨릭의 역사에서 가장 위대한 성녀라고 부르곤 하였다. 사람들은 그녀를 '성녀 아빌라의 데레사'라고 불렀다.

1515년 3월 15일 스페인의 카스틸리아의 아빌라에서 부유하고 신심 깊은 가정에서 태어난 데레사는 어린 시절 이미 경건한 종교적 삶에 젖어 있었다. 7살에 순교자가 되면 바로 하느님께로 갈 수 있을 것이라 믿고 오빠와 함께 무어인들이 사는 살아망카로 떠나기 위해 가출하였으나, 삼촌에 의해 다시 집으로 돌아왔다. 그리고 순교를 위해 다른 나라로 갈 수 없다는 것을 알자 이번에는 은수자 놀이를 시작하였다. 성녀는 당시의 추억을 『천주 자비의 글』에서 다음과 같이 회상하였다.

> 하느님을 위해 순교할 수 있는 나라에 갈 수 없다는 것을 알자, 우리는 곧 은둔자의 생활을 하려고 결심했습니다. [……] 하느님께서 그렇게 어린 시절에 베풀어 주셨던 은총을 지금에 와서 생각할 때, 그저 깊은 감동에 젖을 뿐입니다.[278]

데레사의 아버지는 데레사가 16세 되던 해에 아빌라에 있는 아

278 『천주자비의 글』, 13쪽.

우구스티누스 수도원에 의탁하였고 데레사는 그곳에서 18세까지 일종의 하숙생으로 기거하게 된다. 이후 그녀는 진정한 하느님의 사랑을 위한 개인적인 야망을 가지고 수녀가 되기로 결심하였다. 데레사는 가르멜 수녀원을 선택하였으나 그의 아버지는 반대하였고 데레사는 다시 한 번 가출을 하게 되었다. 데레사가 장엄하게 자신의 허원을 발하게 된 것은 22세 때였다. 수녀원에 입회한 지 얼마 되지 않아 병을 얻게 된 데레사는 완쾌를 위해 베세다(Beccedas)에 머물게 되고, 이 기간 동안에 프란치스코 학파의 오수나의 프란치스코의 저작들을 읽게 되는데, 이는 데레사 자신의 영적인 향방에 많은 영향을 미치게 되었다.

1534년에 데레사는 수도원의 성상을 통해 채찍질 당한 그리스도의 이미지에 대한 환시를 보게 되는데 이는 그녀의 다양한 신비적 체험에 있어서도 중요한 사건이 되었다. 당시의 자신의 심정을 데레사는 다음과 같이 적고 있다. "그것은 상처투성이인 그리스도를 표상하는 것이었는데, 우리를 위해 곤욕을 참아 견디신 주님의 모습이 너무도 잘 나타나 있었습니다. 그래서 그것은 본 나는 내 넋의 맨 밑바닥부터 뒤흔들릴 듯한 강렬하고 경건한 열정을 느꼈습니다. [......] 너무나 격심한 슬픔에 짓눌려 내 마음은 산산이 부서지는 듯 했습니다."[279] 그리고 6년 후 그녀는 지옥에서 고통당하는 영혼들의 환영을 가슴 아프게 체험하게 되었고, 이는 자신의 구원과 영혼들의 구원을 위해서 더 이상 지체하지 않고 매진하여야 함을 절감하게 하였다.

279 『천주자비의 글』, 77쪽.

데레사는 무엇보다 자신들의 수도규칙을 진지하고도 엄하게 준수하여야 함을 깨달았다. 데레사는 당시의 체험을 다음과 같이 회상하고 있다.

> 어느 날 내가 기도 중에 있을 때, 어떻게 일어났는지 알 수 없었지만 갑자기 내가 지옥의 한가운데 있는 것을 발견하였다. 나는 악마들이 나를 위해서 그곳을 마련하였음을 주님께서 보여주시려는 것을 알아 차렸다. [……] 그 체험은 매우 짧았지만 내가 여러 해를 산 뒤에도 그 장면을 결코 잊을 수가 없었다. [……] 내가 체험한 그것을 표현하려고 시도하거나 이해하려고 시도하는 것은 불가능하였다. 당시 내 영혼 안에는 불이 있었는데, 이 불을 규정하거나 기술하는 것은 나의 능력 밖이었다.[280]

1562년에 데레사는 아빌라에 작은 성 요셉(San José) 수녀원을 건립하였는데, 엄격한 전통적인 가르멜의 규칙을 따르기 위해서였다. 이때부터 그녀의 사명이 시작되었고 데레사라는 이름이 세상 사람들에게 알려지게 된 것도 이때부터였다. 데레사라는 이름이 보다 더 잘 알려지게 된 것은 것은 그녀가 하느님으로부터 받은 특별한 은총들 덕분이었는데, 1565년에 성 요셉 수도원에서 사람들이 보는 가운데 '법열(탈혼)'을 체험하였다. 그녀는 자서전에서 당시의 체험을 다음과 같이 얘기하고 있다. "어느 날 우리 수노원의 주보 축일을 맞아 귀부인들이 참석하여 한창 강론을 하고 있는데 이 일이 일어났습니다. 모두들 급히 서둘러 내 주위에 모여들어 몸을 눌렀는데 그것이 황홀

280 *Ste Therese d'Avila et l'expérience mystique*, p. 159.

경에 이른 것임을 눈치채지 않을 수 없었습니다. 그래서 나는 이렇게 외적으로 드러나는 은총은 주시지 마십사고 주님께 열심히 애원했습니다."[281] 1567년에 데레사는 후일 강한 영적인 형제애를 가지게 될 한 젊은 수도사를 만나게 되었는데, 그는 '십자가의 성요한'이었다. 수녀원을 개혁하고자 하는 그녀의 의지에 용기를 준 것도 십자가의 성요한이었다. 오늘날 '맨발의 가르멜'이라고 부르는 수도원들이 모두 데레사 성녀가 당시 새로 건립한 개혁 수녀원들이다. 안락함과 세속적인 기쁨들에 습관이 된 수녀들의 저항과 그 외 온갖 어려움들이 있었지만, 하느님의 기적적인 도움들로 인하여 데레사는 자신의 사명을 주저함 없이 실행해 나갔다. 데레사는 자신이 할 수 있을 만큼 더 많은 개혁 가르멜 수녀원을 건립하고자 하였고, 스페인 전역에 17개의 수녀원을 점진적으로 건립해 갔다. 하지만 이러한 행동적인 모습 아래에 감추어진 데레사 수녀의 모습은 누구보다 고요와 침묵, 그리고 관상적인 삶을 갈망하는 사람이었다. 데레사는 "하느님을 뵙고 싶은 이 열렬한 소망은 나로 하여금 다른 온갖 것을 모조리 잊게 합니다. 이 사막, 고독(고요)은 이승의 어떠한 동반자보다도 영혼에게 매력 있는 것입니다."[282]라고 말하고 있다. 아마도 그녀의 이러한 내적인 삶과 깊이가 없었다면 그녀의 영웅적인 개혁 행위는 불가능하였을 것이다. 사실 데레사 성녀에게 있어서 관상적인 삶과 수도원의 개혁이라는 행동적인 삶은 동전의 양면과 같은 것이다. 다른 앞선 신

281 『천주자비의 글』, 197쪽.

282 『천주자비의 글』, 184쪽.

비가들과 마찬가지로 하느님을 뵙기 위해 세상을 완전히 잊어버리고자 하는 갈망은 데레사에게 있어서 그 무엇보다 간절한 소망이었다.

> 나는 하느님을 뵙고 싶은 소망에 죽을 지경이었고, 죽음이 아니고선 어디서 이 목숨을 구해야 할지 몰랐습니다. [......] 아무것도 내게 만족을 줄 수 없었고 나는 이제 내 안에 있을 수가 없었습니다. [......] 이런 사랑의 큰 열정을 체험해 보지 못한 사람은 그것이 어떤 것인지 이해할 수 없을 것입니다.[283]

그녀에게 인생에 있어서 유일한 고통은 하느님이 자신의 영혼에 부재(不在)한다는 것이었다. 그녀는 "영혼 역시 하느님의 부재[不在]가 낳는 쓰라린 상처를 괴로워함에..."[284]라고 말하는가 하면, "하느님께서 영혼에게 상처를 주는 그 방법과 영혼이 받는 큰 고통은 어떠한 말로도 충분히 찬양하고 표현할 수가 없습니다."[285]라고 말하고 있다. 그녀의 자서전이 말해주는 것을 보면 아마도 데레사 성녀보다 매 순간순간을 하느님의 현존을 갈망하고 모든 일에 있어서 내밀하게 하느님께 밀착되어 있는 사람은 없을 듯하다. 그렇기 때문에 하느님은 누구보다도 심오하고 다양한 방식으로 데레사 성녀에게 신비적 은총을 허락하였을 것이다. 그녀는 천사가 하느님의 사랑을 상징하는 금화살을 들고 자신의 심장을 찌르는 것을 체험하였고, 자주 탈혼을 체험하였으며, 하늘 문이 열리는 것도 체험하였고, 하느님께서 직접 그녀의 영

283 『천주자비의 글』, 282쪽.

284 『천주자비의 글』, 283쪽.

285 『천주자비의 글』, 283쪽.

혼에 말을 건네시는 것도 자주 체험하였다. 아래 인용문들은 이러한 체험을 데레사 성녀가 직접 기술하고 있는 부분들이다.

> 나는 긴 금화살을 손에 든 천사를 보았습니다. 그 화살 끝에는 조금 불이 붙어 있었던 것같이 생각됩니다. 그는 때때로 그것은 내 심장을 통해 오장육부까지 꿰뚫었습니다. 그리고 화살을 뺄 때는 내 내장마저 다 빼간 것 같았으며, 나를 하느님의 위대하신 사랑으로 온통 타오르게 하였습니다. [......] 이건 육체적인 고통이 아닙니다. 영신적인 것입니다.[286]

> 이 황홀의 영광은 참으로 큰 것이었습니다. 그래서 성신강림 축일의 대부분을 너무도 놀랍고 멍한 중에, 어떻게 해야 옳은지 또한 왜 내가 이렇듯이 큰 은총과 은혜의 대상이 될 수 있는지 알 수 없는 가운데 있었습니다.[287]

> 어느 날, 예수회의 어느 학원 성당에 있었는데, 이 수도원 수사들이 영성체를 할 때 그들의 머리 위에 호화찬란한 하늘지붕을 보았습니다. 이런 일은 두 번 있었습니다.[288]

> 누가 말하는지는 모르겠습니다만 다음 말씀을 들었고, 그가 바로 진리 자체라는 것을 알았습니다. [......] "아 내 딸아! 진정으로 나를 사랑하는 자는 어찌 그렇게도 드문지! 만일 나를 사랑한다면 나는 내 비밀을 감추지 않으리라. 너는 나를 진정으로 사랑한다는 것이 무엇인지 알고 있느냐? 그것은 내 마음에 들지 않는 것은 모두 거짓이라

286 『천주자비의 글』, 285쪽.

287 『천주자비의 글』, 395쪽.

288 『천주자비의 글』, 420쪽.

는 걸 깨닫는 것이다."[289]

빈번하게 체험한 이러한 다양한 신비적 체험들은 데레사를 더욱 하느님의 현존에로 이끌었고, 그녀가 저작한 『영혼의 성』과 『완덕의 길』은 모두 이러한 은총의 한가운데서 작성된 것이다. 데레사는 1582년 10월 4일 67세의 나이로 세상을 떠났다. 그리고 1614년 4월 24일에 교황 바오로 5세에 의해 복녀로 선포되었고, 1622년 5월 12일에는 교황 그레고리우스 15세로부터 성녀로 선포되었다. 그리고 1627년에는 교황 우르벵 8세로부터 스페인의 주보성인으로 칭하게 되었고, 1970년에는 교황 바오로 6세가 시에나의 가타리나와 함께 성녀 데레사를 교회의 박사로 선포하였다.

데레사 성녀의 일생은 그 자체 참으로 놀라운 기적인 것 같다. 그리고 가톨릭 역사상 가장 위대한 성녀라고 추앙받는 것이 전혀 어색하지 않을 듯하다. 교황 바오로 6세가 데레사 성녀를 교회의 박사로 선포하던 때, 성녀에 대한 감탄은 이를 충분히 증명해 주는 듯하다.

> 우리는 우리들 앞에 예외적인 한 여인을 보고 있습니다. 수녀로서 겸손과 고행과 단순성으로 무장하였으며, 그녀의 주위에 인간적인 생명력의 불꽃과 영적인 역동성의 빛을 비추었습니다. 그리고 개혁가이자 수도회의 창립자로서 역사적이고 놀라운 위업을 달성하였으며, 저술가로서 얼마나 천재적이고 풍요로운 저술을 남겼습니까. 그리고 영적인 스승으로서 비교할 수 없는 정관적인 삶을 보여주었습니다. 얼마나 위대합니까! 얼마나 유일합니까! 얼마나 인간적입니까!

289 『천주자비의 글』, 422쪽.

얼마나 사랑스러운 모습입니까![290]

성녀 데레사의 삶은 하느님의 향기와 기적이 완전히 사라져 버린 것 같은 현대를 살아가는 우리들에게 참으로 감미로운 영혼의 샘물을 길어주는 것 같다. 데레사 성녀의 '자서전'인 『천주 자비의 글』은 수많은 사람들에게 진리에 대한 열망을 유발하였는데, 그 중에는 독일의 여성 철학자이자 가톨릭의 성녀인 '에디트 슈타인'이 있다. 유대인이자 현상학의 창시자인 후설의 제자였던 그녀가 자신의 미래에 대해서 갈등하고 있을 때, "바로 이것이 진리이다!"라고 외치며, 가르멜 수녀가 되기로 결심한 것은 밤을 새워 데레사 성녀의 전기를 단숨에 읽고 난 다음이었다. 아마도 사람들은 데레사 성녀의 일생을 보고 있노라면 "하늘은 의인을 비처럼 내려다오!" 하는 옛 성가집의 구절이 생각날 것이다. 데레사 성녀는 제노바의 가타리나 성녀와 마찬가지로 우리에게 인간을 향한 하느님의 자비가 얼마나 큰 것인지, 그리고 우리는 그것에 대해서 얼마나 무지한지를 깨우쳐 주는 것 같다.

2. 저작의 정신과 철학적 사상

아빌라의 데레사 성녀는 생전에 많은 글을 남겼는데, 그 중 단행본 형식의 저술로는 4권을 남겼다. 이 4권 중 1권은 자서전에 해당하

290 *Homélie du Doctorat de Ste Thérèse d'Avila* par Paul VI, 27 septembre 1970 – Basilique Saint-Pierre de Rome.

며, 나머지 3권은 모두 영성과 신비적 삶에 관한 것이다. 그녀의 정신이나 사상을 이해하는 데는 이 4권으로 충분할 것이다. 우선 '자서전'에 해당하는 『천주 자비의 글』은 1562년~1565년에 집필된 것이다. 하느님의 은총과 지비가 어떻게 자신을 이끌어 왔는지를 잘 보여주는 책이다. 그리고 『완덕의 길(*Camino de perfección*)』은 1569년~1576년에 동료 수녀들의 요청으로 작성된 것인데, 기도와 묵상을 잘 할 수 있도록 길잡이가 되는 글을 써달라고 부탁한 것이다. 하지만 데레사 성녀는 이러한 요청보다 훨씬 깊이 있는 영성의 정상을 향해 나아가 과정에서 발생하는 전반적인 진보의 과정을 아주 잘 설명해 주고 있다. 『영혼의 성(*Castillo interior*)』은 가르멜의 수도사제인 그라티엥 신부(Père Gratien)의 요청으로 1577년에 작성된 것인데, 가르멜의 모든 수도자들을 위한 것이었다. 여기서 데레사 성녀는 영성의 길을 다양한 방을 가진 성[城]에 비유하여 작성한 것이다. 아마도 데레사 성녀의 가장 대표적인 작품으로 꼽을 수 있는 책이다. 『하느님의 사랑에 대한 사유들(*Conceptos del amor de Dios*)』은 1566년~1574년 사이에 작성된 것인데, 구약 성경의 「아가(*Cantique des Cantiques*)」를 묵상하면서 쓴 글이다. 여기서는 묵상 기도나 일치의 기도를 갈망하는 영혼들에게 길잡이를 제공하고 하느님이 주시는 내적인 평화에 대해서 주로 다루고 있다. 이외 단편적인 묵상글, 시[時]들, 편지글들, 훈화집, 기도 및 찬양에 관한 글, 개혁 가르멜의 구성에 대해서 등 많은 단편들을 썼다. 프랑스의 Cerf 출판사에서는 1955년에 아빌라의 데레사 전집을 1권 1341페이지, 그리고 2권을 2441페이지, 도합 무려 3782페이지 분량의 책을 출간하였다.

1)『영혼의 성』과 데레사 영성

①『영혼의 성』의 집필 동기

데레사 성녀의 저작들 중에도 가장 잘 알려져 있는 것은『영혼의 성』이다. 이 책은 1577년에 작성된 것으로 영적으로 매우 완숙한 경지에 이른 때에 작성된 것이다. 이 책은 성녀가 자신의 영적인 여정을 다양한 방법으로 재현한 것인데, 사실 영성적인 삶을 추구하는 모든 이들을 위해서 그 궁극적인 목적지에 이르기까지, 그 조건은 무엇인지, 그 과정과 준비들은 어떤 것인지, 어떻게 성령의 인도하심이 이루어지는지 하는 것들을 비유와 담론, 그리고 논의를 통해서 체계적으로 제시해 주고 있다. 이 책은 한 영혼이 하느님에게로 나아가는 내면적인 여정에서 발생하는 내적인 변화와 영적 사건들에 대해서 다루고 있다는 차원에서 내면적인 현상을 기술한 심리적인 저술에 해당한다고도 볼 수 있다. 신학자나 영성가들은 신에게로 나아가는 영혼 안에서 발생하는 변화와 과정을 '비유'나 '유비'를 통해서 기술해 주고 있는 저작들 중에 이보다 더 탁월한 책을 발견할 수 없다고 말하곤 한다. 사실 이 책을 저술하게 된 동기 중 하나는 자신이 쓴『자서전』이 교회로부터 의심을 받게 되자, 이를 해명하기 위해서 보다 분명하고 섬세하게 자신의 영적인 여정에 대해서 기술하였다고 말하는 이들도 있다. 하지만 전기에서는 데레사 성녀가 쓴 모든 책은 수녀 원장과 동료 수녀들의 요청에 의해 작성되었음을 말하고 있다. 그 이유가 무엇이든 이 책의 저술 동기가 스스로의 원의로 작성되지 않은 것만은 분명하다. 데레사는 서문에서 "나에게 순명을 요구하는 명령들 가운데 지금 쓰고 있는 기도에 관한 것처럼 어려운 일도 드물 것입니다. 첫째, 이 일을 위한 머리나 마음을 주께서 내게 주신 것 같지 않고 머리가 왱왱거리고 힘이 없는지 억지로 써야 할 것마저 여간 벅차지 않기 때문입니다."[291]라고 시작하기 때문이다. 하지만 그 이유야 어찌 되었던 결과론적으로 이 책은 영적인 삶을 추구하고자 하는 모든 이들에게 그 길잡이 역할을 하기 위해서 하느님이 성녀의 삶을 통해서 내려준 만인을 위한 '선물'이라고 할 수 있다. 이 책은 비록 문학서의 형식으로 제시되고 있지만, 한 영혼이 신에게로 나아가는 내면적인 현상을 아주 상세하고 체계적으로 기술하고 있다는 차원에서 탁월한 신비주의의 저술이라고 할 수 있다. 신비적인 체험이란 신과 인간영혼 사이에서 일어나는 것으로 이를 인간의 이성적인 언어들로 분명하게 묘사한 것은 불가능하다. 따라서 이 책의 대부분이 '비유'와 '상징'으로 시작하고 있다는 것은 당연한 것이다. 이러한 비유와 상징들은 또한 전문적인 신학적·철학적 지식이 없는 이들로 하여금 영적인 삶에 있어서의 '내적인 현상들'을 잘 이해할 수 있도록 도와주고 있다. 마치 씨앗이 싹트고, 줄기와 잎이 자라고, 꽃이 피고 열매가 맺는 것처럼 영적인 여정의 각 각의 단계를 유기적이고 체계적으로 잘 설명해 주고 있어서 한 탐험가의「탐험기」를 읽는 것처럼 흥미진진하다.

②『영혼의 성』의 내용과 평

이 책의 내용은 자신이 영적인 삶을 시작하면서 체험하고 겪었던

291 예수의 데레사,『영혼의 성』, 최민순 옮김, 바오로딸, 2009, 19쪽.

다양한 사건들을 일종의 문학적 추상을 통하여, 7단계로 나누고, 각 단계들에 있어서 벌어지는 내적인 사건들을 비유나 상징들을 통하여 설명해 주고 있다. 마치 위대한 예술작품을 창조한 예술가가 그 작품이 탄생하기까지의 과정을 단계별로 나누어 상세하게 설명해 주고 있는 것과 같다. 물론 그 최후의 목적은 영혼과 신적 현존과의 완전한 일치이다. 아래 「7단계의 내용」[292]은 그 핵심을 요약한 것이다.

- **제1궁방**(1단계): 이 방에는 독충과 벌레들이 득실거린다. 독충과 벌레는 물론 상징적인 존재들이다. 인간의 영혼이 신에게로 나아가려고 결심할 때, 이를 방해하는 결정적인 요소들을 독충과 벌레로 상징한 것이다. 따라서 이 방에서는 영성적인 삶을 결심하고 나아가려고 하자마자, 부딪히게 되는 일상의 잡다한 잡념들, 걱정거리들이 될 것이다. 여기서는 이러한 독충과 벌레들을 어떻게 쫓아버릴 수 있는지에 대한 지혜를 알려 주고 있다.

- **제2궁방**(2단계): 이 단계에서는 결정적인 방해 요소는 없지만 여전히 영적인 삶에로 나아가는 데 방해하는 작은 걸림돌들에 대해 설명해 주고 있다. 성녀는 이러한 요소들을 '작은 독충들' '작은 벌레들'이라는 상징을 사용한다. 영적인 길을 가는데 있어서 가로막는 결정적인 장애물들이 사라졌다 하여도 여전히 '갈등의 요소'들이 남아 있으며, 이러한 요소들은 순전히 개인의 내적이고 심리적인 요인들이다. 이러한 방해 요소들을 어떻게 극복할 수 있는지를 잘 설명해 주고 있는 단계이다.

292 이상 제시하는 7단계의 내용 요약은 본인이 한 국내 논문에 기재한 서평 「아빌아의 데레사의 '영혼의 성'」에서 인용한 것임을 밝힌다. 인용 출처 : 『지중해지역연구』, 제16권, 제3호, 지중해지역원 부산외국어대학교, 2014, 118-129쪽.

• **제3궁방**(3단계): 이 단계에서는 영적인 삶에로 나아가는 모든 장애물이 없어지고 내적인 평정을 유지한 상태를 가진 단계이다. 영적인 삶을 위한 다양한 신앙이나 애덕(愛德)에 대한 원의가 솟아나시만 그럼에도 불구하고 여전히 권태를 느끼는 단계이다. 마치 대기권을 벗어나기를 앞둔 우주선이 보다 큰 중력을 느끼듯이 여전히 영적인 삶에로 나아가는 데 어려움을 가지는 단계이다. 이 단계에서는 보다 영적인 내공을 쌓기 위해서 '시련'이 주어지기도 하는 단계이다. 성녀는 여기서부터 보다 전문적으로 관상적 기도의 제 방법들에 대해서 알려 주고 있다.

• **제4궁방**(4단계): 마치 대기권을 벗어난 우주선이 전혀 중력의 힘을 받지 않고 작은 에너지로 자유롭게 활공하듯이 영적인 삶을 영위하게 되는 단계이다. 새로운 깨달음을 얻기도 하고, 신비한 경험을 하기도 하며, 일종의 천국적인 기쁨을 맛보기도 하는 단계이다. 도덕적으로 매우 고양되고 사랑하고자 하는 열망을 가득 채우는 단계이다. 바로 이 단계에서 추리와 추론을 초월하는 진정한 의미의 '관상(觀想, *contemplatio*)'이 이루어진다.

• **제5궁방**(5단계): 이 단계에서는 영적인 삶의 궁극적인 목적인 신적 존재와의 신비적인 일치가 이루어지는 단계이다. 그리스도의 신비와 현존이 드러나는 순간이며, 인간적인 한계들이 완전히 극복되면서 오직 사랑으로서 모든 것을 해결할 수 있다는 심정적인 변화가 이루어지는 단계이다. 성녀는 이 단계의 영혼을 누에상태를 벗어나 나방이 된 비유로서 묘사하고 있다.

• **제6궁방**(6단계): 이 단계에서는 신적 사랑으로 깊은 상처를 받은 영혼이 엑스타즈(extase, 탈혼)을 통해서 신과의 합일이 이루어지고 여러 가지 현시가 보이기도 한다. 다양한 신비적인 은총들이 주

어지며, 오직 신만을 사랑하고자 하며 모든 세상의 일들로부터 물러나고자 하는 단계이다.

- **제7궁방**(7단계): 영적인 삶의 궁극적인 목적이 이루어지는 단계이다. 성녀의 언어로 말하자면 비로소 '완덕'이 성취되는 순간이다. 신적 존재와의 충만한 일치가 이루어지고 신의 현존(présence)이 자신에게 살아 있으며, 마치 자신의 영혼이 신적 존재와 결혼한 것처럼 느껴지는 단계이다. 오직 신의 의지에 자신을 온전히 바치고자 열망하는 단계이다. '천국을 앞당겨 사는 삶'이 진정한 의미를 가지는 단계라고 할 수 있다.

이상의 내용들은 특별한 문체나 스타일, 혹은 특정한 사상적 체계를 염두에 두고 있지 않고 자유롭게 기술된 것이나, 그럼에도 문학, 철학, 신학의 내용들과 체계들을 포함하고 있는 탁월한 책이다. 언어로 표현할 수 없는 초월적이고 신비적인 현상들을 비유나 상징을 통해서 알기 쉽게 잘 묘사해 주고 있다는 차원에서 탁월한 문학서이며, 감각과 정신, 그리고 이성과 영혼 등의 인간의 내면적인 능력들 사이의 관계, 인간의 초월적인 것에 대한 갈망과 본성의 저항 등에 대해서 잘 분석하고 이들 사이의 관계성을 잘 정립해 주고 있다는 차원에서 놀라운 철학서이다. 그리고 인간의 영혼이 신적인 현존과의 관계성과 그 긴장에 대해서 잘 설명해 주고 있다는 차원에서 신학서이다. 그렇게 때문에 한 번 이 책을 읽기 시작한 사람은, 마치 철학자 에디트 슈타인이 그러했던 것처럼, 마지막까지 읽지 않고는 좀처럼 손에서 놓을 수 없는 그러한 책이다. 물론 전혀 종교적인 것이나 인간의 영혼 등에 대해서 관심도 없고 믿을 수 없는 실증주의자들의 정신을 삶의 진리로 살아가는 사람들에게 있어서는 공허한 판타지와 같이 여겨지겠지만, 최소한 인간성에 대한 신뢰와 깊은 존엄을 긍정하는 사람이라면 누구나 한 번쯤 접해 볼 만한 책이다. 유용성이나 효용성과 무관하게 세계 역사에서 다시 볼 수 없는 유일하고 독특한 이 책이 어쩌면 '인간이 사는 인생'이라는 것이 얼마나 신비롭고, 무한한 의미를 가진 것인지 알게 해주는 정신적인 보석이 될 수도 있을 것이다.

③『영혼의 성』이 가진 현대적 의의

사실상 인간의 영혼을 세상의 무엇에 비유한다는 것은 매우 어려운 것이다. 영혼은 어떤 대상이나 사물화 할 수 있는 것이 아닌, '생명의 원리'이자 '다른 모든 것을 이해하게 하는 빛'이기 때문이다. 하지만 데레사 성녀가 인간의 영혼을 '성[城]'에 비유한 것은 당시 시대적 배경에는 가장 적절한 것이다. 인간이 자신의 영혼 혹은 자신의 영적인 삶에 대해서 자각하고 이를 추구할 수 있는 것은, 특히 영혼이 하느님과 어떤 관계를 지니고 있는 것이라는 사실을 느낄 수 있는 것은 눈에 보이는 외부 세계로부터 우리들의 관심과 시선을 내면에로 이행해야 하는 '명상적인 삶' 혹은 '관상적인 삶'이 요청된다. 하지만 삶의 무게에 짓눌려 살아가거나 세속적인 가치관에 매몰되어 있는 대다수의 일반인들에게 이러한 내면적인 삶으로의 방향 전환은 매우 어렵다. 이러한 사정을 데레사 성녀는 당시 대다수의 일반 백성들이 성곽의 바깥에서 매우 열악한 조건 속에서 살아가고 있으며, 성안에 무엇이 있는지, 성안의 삶이 어떠한지를 전혀 모르고 살아가는 것에 비유한 것이다.

영적인 삶이란 성채 안으로 들어가서 성채의 가장 중심부에 존재하는 왕의 방에까지 도달하는 과정처럼 묘사하고 있다. 즉 말하자면 인간의 정신이나 관심이 자신의 내면의 세계로 방향을 전환하고 내면으로 깊숙이 나아가다 보면, 언젠가는 인간 영혼의 한 중심에 현존하시는 하느님의 현존을 만나고 일치를 이루게 된다는 것이다. 이러한 내면으로의 길은 7단계를 거치게 되는 데, 성녀는 이를 7궁방으로 묘사하면서 각각의 방에서 일어나는 현상들을 비유로서 설명하고 있는 것이다. 사실 이 책이 문학적인 비유로서 쓰였다는 차원에서 이 책은 크리스천 신학의 가장 심오한 부분을 말하고 있지만 가장 보편적이고 누구나가 공감할 수 있는 것이라고 할 수 있다. 이 책의 원제목도 "*Castillo Interior*"인데, 사실 이는 『내면(*Interior*)의 성』을 의미한다. 영혼이라고 하면 영혼의 그 실체를 믿지 않는 사람들도 많겠지만, 인간에게 내면세계가 있다고 한다면 누구나가 동의할 수 있을 것이다. 키르케고르와 같은 실존주의자는 인간이 믿음을 가진다는 것은 곧 '내면성'을 가지는 것과 같은 것으로 보았고, 존재론적으로 '죄' 혹은 '죄성'이란 '내면성을 외면하는 것'으로 보았다. 왜냐하면 이 지상에서 신이 명백하게 현존하는 곳은 오직 인간의 깊은 곳에서이며, 따라서 내면성을 외면하는 것은 곧 신을 외면하는 것과 같기 때문이다.

아빌라의 데레사 성녀는 인간이 신을 닮았다는 그 진리는 곧 인간의 영혼이 신성한 어떤 것이라고 이해하고 있다. 다만 인간이 탄생 시에 지니고 있는 그 '하느님과의 닮음'이란 성장하는 무엇이고, 완성해야 할 무엇이라고 본 것이다. 성장과 완성에 있어서 다양한 방법이 있을 수 있고, 다양한 유형이 있을 수 있다고 한다면, 성녀 데레사가 제시하는 방법은 매우 직접적이고도 빠른 길, 즉 지름길을 안내하고 있다고 할 수 있다. 왜냐하면 이는 어떤 의미에서 수많은 오류의 길들을 단김에 뛰어 넘고 영혼이 세상으로부터 눈을 돌려 직접 자기 자신의 내면으로 깊숙이 나아가는 '정관의 방법'을 취하고 있기 때문이다. 가톨릭의 역사에서는 이러한 일을 전문적으로 선택한 이들을 '관상수도자'라고 부르고 있다. 그렇게 때문에 이 책은 일차적으로 '가르멜의 수도방식'을 선택한 사람들을 위한 것이고, 다음으로 모든 관상수도자들을 위한 것이다. 만일 오늘날 평신도 영성이라는 것이 보다 활성화되고 일반 신자들도 이러한 영성의 길을 걷는 것에 있어서 동일한 소명을 지니고 있다고 한다면, 이 책은 신을 추구하고, 자기 영혼의 완성을 지향하는 모든 이들을 위한 책이라 할 수 있다.

나아가 비록 종교를 가지고 있지 않을지라도, 인간의 운명이 '내면세계를 가지는 것'이며 이를 완성하는 것에 있다고 믿는 모든 이들에게 이 책은 탁월한 길잡이 중 하나가 될 수 있을 것이다. 특정한 종교적 도그마와 무관하게 인간의 운명이란 '자기 자신의 내면을 완성하는 것'이라고 믿고 이를 직접 추구했던 철학자로서는 프랑스의 현대 철학자 '멘 드 비랑(Maine de Biran, 1766~1824)'이 있다. 그는 순수하게 자신의 내면세계에서 일어나는 영적인 현상들을 심리적이고 현상학적인 방식으로 분석하면서 인간이 어떻게 초월적인 것과 관계하고 이를 완성해 가는가를 탐구하였다. 하지만 멘 드 비랑 역시 최후적으로 이러한 신적인 현존을 긍정하지 않고서는 결코 인간의 내면성의 문제가 완전하게 해결되지는 않는다고 결론을 내리고 있다.

현대를 살아가는 이들에게 있어서 『영혼의 성』이 가진 몇 가지 장점들을 들자면 다음과 같다. 첫째, 이 책은 특정한 종교적 도그마를 전제한 학문적인 서적이 아니라, 데레사 성녀가 직접 체험한 사실들을 현상학적이고 문학적인 방식으로 기술하고 있다는 점이다. 이는 특정 종교에 대한 거부감을 가지는 이들에게조차도 별 선입견 없이 이 책을 접할 수 있다는 일반성 혹은 보편성을 가지고 있음을 말한다. 두 번째, 이 책에서 제시하는 진리들이 신학자나 철학자들이 추론과 사변을 통하여 체계화한 것이 아니라, 한 개인이 직접 경험하고 체험한 자신의 내밀한 내적인 삶을 드러내주고 있다는 차원에서 진정성과 공감성에 있어서 탁월한 효력을 지니고 있다고 볼 수 있다. 그리고 한 신비가가 이룬 위대한 업적들이 자신이 체험한 내적인 삶에서 그 원동력을 가질 수 있었다는 차원에서, 이 책을 통해서 성녀 데레사의 삶을 추체험하는 모든 이들이 자신의 현실에서 탁월한 업적을 이룰 수 있는 영적인 에너지를 길어낼 수 있다는 점이다. 즉 이 책은 사람들로 하여금 삶에 생기와 활력을 불어넣어 주는 힘을 가진 책이다.

2) 시와 묵상 글을 통해 나타나는 데레사의 영성

영성이라는 말은 매우 포괄적으로 사용되고 있다. 이 말은 라틴어의 스피리투알리따스(*spiritualitatis*)에 기원된 것인데, 영어로는 스피리츄엘리티(Spirituality), 불어의 스피리뛰알리떼(Spiritualité)라고 부른다. 이는 일차적인 의미로는 육체적인 것에 대립하는 정신적인 것을 의미하지만, 일반적으로는 종교적 삶에 있어서 영적인 것을 중심으로 이루어지는 삶 그 자체, 혹은 사상이나 정신을 말한다. 그렇기 때문에 불교 영성, 기독교 영성, 이슬람 영성 등의 말이 자연스럽게 사용될 수 있다. 더 나아가 한 종교 안에서 어떤 특정한 집단이나, 특정한 인물의 삶 혹은 정신을 또한 영성이라고 말할 수 있다. 가령 베네딕도 수도회의 영성, 프란치스코 학파의 영성, 가르멜 영성, 아우구스티누스 영성, 아빌라의 데레사 영성 등이 그것이다. 아빌라의 데레사는 가르멜의 성녀이며, 동시에 '맨발의 가르멜의 창시자'이다. 그러한 의미에서 아빌라의 데레사 영성은 일반적인 '가르멜 수도회의 영성'을 대표하는 한 사람이기도 하지만, 특수하게 위대한 한 신비가로서의 독특한 자기만의 정신을 가지고 있다는 차원에서 '데레사 영성'이라는 말을 자연스럽게 사용할 수도 있다. 이러한 영성은 그녀의 대표적인 저작들에 잘 드러나겠지만, 오히려 짧은 묵상 글이나 시 등에서 보다 단순하고 분명하게 드러나기도 한다.

그녀의 대표저작에서 『완덕의 길』은 주로 묵상기도를 하는 방법이나 태도 등에 관한 것인데, 여기서는 데레사 성녀의 영성이라고 할 만한 것이 잘 부각되고 있다. 이 책에서 드러나고 있는 데레사 성녀의 영성의 특성을 몇 가지로 정리해 보면, '단순성', '순수성', '중단 없는 열정', '하느님에 대한 절대적인 신뢰' 등이다. 물론 이러한 특성들은 서로서로 연결되면서 하나의 전체적인 통일성을 잘 이루고 있다. 우선 데레사 성녀의 정신에서 나타나는 단순성이란 영성적인 삶이란 선[善]을 추구하고 하느님의 현존을 추구하는 것 외 다른 어떤 목적이 있을 수 없으며, 따라서 하느님을 추구하는 영혼의 자아만이 문제가 될 뿐 그 어떤 다른 것도 끼어들 수 없음을 말하는 것이다. 그녀는

"아무리 높은 관상이라도 그 기도는 '나를 앎'으로써 시작되고 끝나야 한다는 것을 명심하십시오."[293]라고 말하고 있는데, 이 나에 대한 앎이란 자신이 부족하고 하느님의 시선에 비춰지는 자신을 말한다. 이러한 이들은 결코 핑계를 대거나, 자기합리화를 할 수가 없다. 비록 부당한 일을 당해도 하느님만 아시면 그만이기 때문이다. 그래서 이러한 단순성은 철저한 '자아부정 혹은 자기이탈'을 전제한다고 말하고 있다.

> 여러분 스스로 변명을 하지 않으면 대신 밝혀 줄 이가 없을 성 싶습니까? [......] 하느님께서는 여러분을 변호해 줄 사람을 마련하실 터이고, 그렇지 않으실 때에는 그럴 필요가 없기에 그러실 것입니다. [......] 처음이 어렵지 주님의 도우심만 있으면 이런 자유와 자아부정, 자아이탈을 얻을 수 있으리라고 나는 믿습니다.[294]

이러한 단순한 정신은 덕을 쌓고 선한 것을 추구하는 것이 곧 영혼이 하느님에게 나아가는 것, 길이라고 말하고 있다. 자아부정이란 보다 진보하기 위해서 항상 현재의 자신이 부족하고 자신은 진리에서 저만치 멀어져 있다는 것을 긍정하는 것이다. 이는 달리 말해서 보다 덕을 갖추고, 보다 선하게 되고, 이로써 보다 하느님께 가까이 나아가는 것을 멈추지 않는다는 것이다. 그래서 그녀는 "덕에 힘씀이 없이는 묵상도 매우 어렵다는 점"[295]을 강조하고, 또한 "한 번 선에 맛

---

293 예수의 데레사, 『완덕의 길』, 최민순 옮김, 바오로의 딸, 2008, p. 280.

294 『완덕의 길』, 134쪽.

295 『완덕의 길』, 138쪽.

들이기 시작하면, 이 일은 틀림이 없다고 보기 때문에 전력을 다하여 여기에 매달리게 된다."[296]라고 말하고 있다. 이러한 그녀의 단순함은 '세상의 허망함과 불순함, 그리고 하느님의 영원함과 진실됨'에 대해서 분명하고도 확고한 신념을 가지게 한다. 사실 이 지상의 삶이 한갓 지나가는 것이라고 생각하고, 인간의 영혼이 지향해야할 궁극적인 목적에 대해서 말하고 있는 것은 대다수의 종교에서는 마치 근본적인 출발점과도 같고, 플라톤이 소크라테스의 입술을 빌려 강조한 것이기도 하다. 하지만 이러한 생각이 체험을 통해 너무나 분명하게 드러나고 있는 곳이 데레사 성녀의 영성에서이다. 그녀는 이에 관해 한두 구절로 말해 주는 다음과 같은 시를 지었다.

> 아무것도 너를 불안케 하지 못하게 할지니,
> 모든 것이 지나가도 하느님은 변치 않으시니,
> 인내는 모든 것을 성취할 것이라.
> 하느님을 모시고 사는 자, 부족할 것 하나 없으니,
> 오직 하느님만으로 충분하리라![297]

성경에서는 '누구도 두 주인을 섬길 수 없다(마태, 6, 14)'고 말하고 있는데, 데라사의 삶은 이러한 성경의 진리를 너무나 극명하게 보여주고 있다. 그녀는 하느님을 추구하는 영혼에게 있어서, 하느님이 아닌 이 세상이란 '질식할 만한 것'이라고 표현하고 있다.

296 『완덕의 길』, 128쪽.

297 Thérèse d'Avila, *Œuvres complètes*, t. 1, Paris, Le Cerf, 1995, p. 1243.

하느님의 사랑, 하느님을 애타게 바라는 바람이 자꾸 커져서 마침 내 인간본성이 견디다 못해 죽어버린 사람이 있습니다. [......] 즉, 이 물에 빠져든 영혼은 세상이 질식할 것만 같아 하느님 안에서 살게 된다는 것이니...[298]

그리고 또 다음과 같은 시를 지었다.

나의 영혼이여, 어디에서 너는 너를 찾고 있는가?
나에게서이다. 너에게서 그러해야만 하는 것처럼,
너에게서 나를 또한 찾아야 한다.[299]

여기서 성녀 데레사는 마치 하느님께서 자신에게 말하는 것을 받아 적는 듯한 투로 하나의 시를 쓰고 있다. 이 시에서 데레사 성녀가 말하고자 하는 것은, '하느님'께서는 우리 자신의 영혼 깊숙한 곳에 계신다는 것을 말하고자하는 것인데, 이는 일찍이 성 아우구스티누스가 "하느님은 우리 자신의 내부에, 우리 자신보다도 더 깊게 존재하신다."고 고백했을 때의 그것과 동일한 하나의 영감에 기초하고 있다. 이러한 하느님의 현존에 대한 비전은 영성적인 삶이 본질적으로 '내적인 혹은 내면적인' 삶임을 말해 주고 있다.

인간이 본성적으로 나의 이익을 추구하고, 선을 추구하는 데 있어서 나약하고, 덕스러운 것을 지향하는 데 게으르다. 그래서 성경에서는 '원죄'를 말하고 있는 것이다. 반면 인간의 영혼은 이러한 본성

298 『완덕의 길』, 160쪽.

299 Thérèse d'Avila, *des Poésies*, trad. O. Bournac, éd. Lethielleux, 1912. in *Femmes mystiques - époque moderne*, p. 50.

에 반대하여 나아가고자 하는 빛과도 같은 것이다. 그래서 자신의 영혼을 염려하는 사람은 누구나 하느님을 추구할 수밖에 없다. 그 어떤 대가를 치르고라도 영혼은 하느님을 추구하고 하느님과 일치하여야 한다. 이는 영혼이 하느님을 추구할수록 더욱 분명해지는 진실이다. 인간의 본성이 지닌 허망함과 하느님의 진실함이 대비되는 이러한 진리를 깊이 깨달은 사람은 하느님 이외 그 자신의 생각이나 행위의 기준이 되는 것이 없다. 그래서 오직 하느님만이 목적이 되는 이러한 단순성을 가지게 되고, 세상에 대한 온갖 편견이나 오해에도 전혀 흔들림 없는 내적이고 영적인 평화를 간직할 수가 있는 것이다. 세상 사람들이 모두 자신을 비난하여도 만일 오직 하느님만을 의식하는 영혼이라면 고뇌할 것이 전혀 없다. 그래서 그녀는 "온 세상이 우리를 죄준다 한들, 주님 앞에 죄가 없다면 그까짓 게 다 무엇이겠습니까?"[300]라고 반문하고 있다.

데레사 성녀는 인간의 영혼이 체험하는 신비적인 체험 혹은 하느님의 현존에 대한 체험이 매우 심오하고 풍요로우며 섬세한 것임을 강조하고 있다. 이는 보다 생명이 고차적으로 될수록 보다 더 섬세하고 더 많은 능력과 기능을 가진다는 것에서도 당연한 것이다.

사랑하는 나의 영혼이여,
나에게서 너의 흔적을 찾기 위해서는
너의 사랑이 어떠한 화가도 지니지 못하였던 것과 같은
그러한 충분한 능력을 지녀야 한다.

300 『완덕의 길』, 133쪽.

그의 그토록 놀라운 재능에도 불구하고,
그는 이토록 섬세한 흔적들은 그려내지는 못할 것이다.[301]

영혼이 신에 대해 체험한 것을 표현하기 위해서 화가들의 상상력을 뛰어넘는 상상력을 지녀야 한다는 것, 그리고 어떠한 놀라운 재능도 이러한 섬세한 영혼의 체험들을 그려내지 못한다고 말한다는 것은 사실상 영적인 체험이란 이미 감각적이고 이성적인 언표가 불가능한 초월적인 지평의 사건들이기 때문이다. 다시 말해서 인간의 이성적인 언어를 통해서 아무리 섬세하게 이러한 체험들을 표현하여도 여전히 '실재'는 아니라는 것을 말한다. 이는 신비가들에게 있어서 신적인 체험은 이성의 추론이나 언표를 초월하는 '직접적인 앎'을 의미하는 것이다. 따라서 신비가들이 시나 문장을 통해서 보여주는 체험의 표현은 '직관'의 이후에 주어지는 반성을 통해서 상징적인 언어들로 재구성된 것이다. 그녀는 한 영혼의 영성의 길에 있어서, 하느님의 계획에 대한 생각을 다음과 같은 놀라운 시를 통해 잘 표현해 주고 있다.

사랑은 너를 매우 아름답게 창조할 것이다, 아름다운 영혼을...
왜냐하면, 너에 대해서 내 마음은
하나의 열정적인 초안(portrait)을 지니고 있기 때문이다.[302]

신이 한 영혼에 대해서 '초안', 즉 '밑그림'을 지니고 있다는 표현

301 *Femmes mystiques - époque moderne*, p. 50.

302 *Femmes mystiques - époque moderne*, pp. 50–51.

은 매우 재미있는 비유이다. 여기서 우리는 일종의 신의 자유를 감지할 수 있다. 화가가 비록 그림을 그릴 때, 우선적으로 그려낸 '밑그림'이 있다고 하더라도 처음 계획한 초안에 구속되어 자신의 마음대로 그림을 그릴 수 없는 것이 아니라, 항상 새롭게 수정되고 자신의 마음에 드는 방식으로 그림을 그려나가듯이 한 영혼에 대한 신의 계획도 항상 변화되고 수정될 수 있다. 하느님의 계획이 어떻게 이루어지고 어떻게 변화할 것인가 하는 것은 곧 하느님의 자유와 영혼의 자유가 얼마나 일치하는가 하는 것에 달려 있다고 볼 수 있다. 물론 데레사 성녀는 근본적으로 하느님의 무한한 능력을 철저히 신뢰하고 있다. 그녀는 영성의 길에서는 "누구의 도움도 아쉬울 것 없이 다만 하느님만 계시면 되는 것입니다."[303]라고 말하는가 하면, 하느님의 뜻이 있다면, 이미 이루어진 것이나 다름없음을 굳게 믿고 있었다. "'되어라'고 하시는 말씀 한마디로 세상이 되었으니, 당신께는 '뜻하심'이 곧 '하심'인 것입니다."[304] 하느님에 대한 절대적인 이러한 신뢰는 그녀의 여러 저작들에서 가장 부각되는 것이기도 하다. 결국 그녀에게 있어서 세상에서 영원한 것, 구원을 갈망한다는 것은 곧 영혼의 하느님에 대한 사랑을 추구하는 것 외 다른 것이 아니다.

사랑에 잠겨있는 마음은 행복하다.
오직 하느님에게만 그의 사유를 두고 있는 자 행복하다.
하느님을 위해서 창조된 모든 것을 포기하는 자,

303 『완덕의 길』, 131쪽.

304 『완덕의 길』, 140쪽.

하느님한테서 자신의 영광과 만족을 발견하리.
그의 모든 원의가 하느님에게 있으니,
이처럼 그는 기쁨 안에서 바다의 폭풍우를 지나가리라![305]

사람이 무엇을 진정으로 사랑하게 되면, 그 사랑이 변함없이 성장하는 한 두려울 것도 아쉬울 것도 없다. 이 사랑 안에는 인간성이 요청하는 모든 것을 포함하고 있기 때문이다. 한 인간에 대한 사랑도 이렇게 될 수 있을지는 아무도 장담할 수 없겠지만, 최소한 하느님에 대한 사랑은 이러한 것을 보장한다. 그래서 세상의 폭풍우가 어떠한 것일지라도 하느님을 깊이 사랑하는 자는 기쁨을 가지고 이를 지나갈 수가 있는 것이다. 하느님에 대한 사랑 때문에 당하는 그 어떤 아픔이나 고뇌도 시간이 해결해 줄 것이다. 그래서 데레사 성녀는 "사랑으로 견디는 아픔은 씻은 듯이 낫는다는 것은 정말입니다."[306]라고 말하고 있는 것이다.

3. 아빌라의 데레사의 정신과 현대 철학의 비전

오늘날 신앙인이건 아니건 '영혼의 구원'이라는 전통적인 용어를 사용하기를 매우 꺼려하고 있다. 왜냐하면 현대인들은 더 이상 '영혼

305 Thérèse d'Avila, *Œuvres complètes*, t. 1, p. 1233.

306 『완덕의 길』, 138쪽.

과 육체'라는 이원론적인 사유를 선호하지 않으며, 눈에 보이고 구체적인 감각적인 실재에 대한 긍정, 그리고 현실 세계 속의 다양한 구체적인 문제들에 보다 많은 의미를 두고 있기 때문이다. 신앙인들마저도 먼저 하느님을 추구하기보다는 '공동체에 참여하고 함께하기'를 보다 강조하는 시대가 현대 시대이다. 물론 이러한 생각은 '눈에 보이는 형제를 사랑하는 것이 곧 하느님을 사랑하는 것'이라는 성서적 진리를 대변하는 것이기는 하지만, 그리스도인에게 있어서 궁극적인 목적은 – 그것이 비록 낙원과 비슷한 모습을 하고 있다 할지라도 – 이 지상의 어떤 삶은 아닐 것이다. 그렇기 때문에 영혼에 대한 관심과 영혼의 구원이란 문제는 진정한 그리스도인이라면 결코 무시할 수 없고 외면할 수 없는 문제이기도 하다.

사실 영혼이라는 개념은 그리스도교의 전유물인 개념이 결코 아니다. 철학의 역사 속에는 영혼에 대해서 규정하고 다루고 있는 수많은 철학자들을 볼 수 있다.

전통적인 인간영혼의 개념과 유사하거나 변형한 경우	
데카르트, 라이프니츠	육체적 실존과 구별되는 정신 혹은 지성과 동일한 대상
베르그송	생명을 야기하는(유지하는) 원리로서 지성 혹은 정신과 동일한 대상
헤겔	한 인간의 고유한 개별적 특성을 표상으로 나타내는 능력 혹은 고유성 그 자체
푸코	인간의 육체적 행위(특히 도덕적 행위)를 판단 구속하는 능력 혹은 원리

307 이 도표의 내용은 다음 논문에서 인용한 것임: 이명곤, 「생명의 원리로서의 영혼의 이해에 관한 중세의 두 지평」, 『중세 철학』, 제11호, 한국중세 철학회, 2005, pp. 204–205.

전통적인 인간영혼의 개념에 대해 비판적인 입장	
칸트	영혼에 대한 이성의 적법한 논의의 불가능성
비트겐슈타인	영혼의 언어들(주관적이고 내적인 언어)은 학문적인 언어로 환원 불가능함
꽁트	전통적인 개념의 영혼이란 가공의 것이며, 전혀 실재가 아님

영혼의 개념에 관한 현대 철학자들의 견해[307]

이상의 도표에서 볼 수 있는 것처럼, 인간의 영혼에 대한 개념은 다양한 철학자들 사이에서 각기 나름대로 사용되고 있으며, 현대 철학자들 중에서도 전통적인 개념을 그대로 따르는 사람들이 많다. 전통적으로 '인간이 무엇인가?'라는 질문은 철학적 질문의 한 축을 이루었고, 이는 결코 완전하게 해결되거나, 없어질 질문이 아닐 것이다. 인간이 인간답게 산다는 것은 일차적으로 '인간이 무엇인가?'라는 물음에 답이 될 수 있는 인간의 존재론적인 진리가 주어져야만 한다. 철학자들은 누구도 여기에 대해서 확실한 신념을 가지고 답을 주지 못한다. 왜냐하면 그들의 지성적인 답변들은 항상 지성이 접근 가능한 영역에서만 분명한 답을 줄 수 있을 뿐이기 때문이다. 그래서 인간학의 창시자인 막스 셸러도 "인간이란 자신보다 더 큰 세계를 향해 열려 있는 X"라고 하였다. 신비가들의 영적인 체험은 이러한 의미에서 철학자들이나 과학자들이 접근하지 못하는 유일한 인간의 영역을 계시해 주는 사람들이라고 할 수 있다. 이러한 관점에서 아빌라의 데레사가 『영혼의 성』에서 밝혀 주고 있는 실제로 체험된 사실들과 현상학적 방식으로 묘사된 다양한 내용들은 철학자들의 '자아에 대한 명상'에 크나큰 영감을 제공하고 있으며, 인간이 무엇인가?라는 질문에 가장 본질적이고 인간적인 응답을 제공해 주고 있다 할 수 있다. 그리고 세상 모든 것이 변하여도 진리는 변치 않는다는 이러한 고전적인 사유, '영원의 철학(*philosophia perrnis*)'이 가진 정신에 대한 확고한 신념을 부여하고 있다.

3장

빠지의 마리아 마달레나 (Maria Maddalena dei Pazzi)

3장

빠지의 마리아 마달레나 (Maria Maddalena dei Pazzi)

1. 생애와 인물[308]

빠지의 마리아 마달레나(1566-1607)는 맨발의 가르멜이라 불리는 개혁 가르멜이 아닌 전통적인 옛 가르멜의 수녀로서 그녀의 저작과 영성은 17세기 플로랑스(Florence)[309]의 사회에 큰 영향을 미친 신비가이다. 1669년 교황 클레망 9세에 의해서 시성되었으며, 축일은

308 마리아 마달레나는 프랑스어로는 '마리 마들렌느'로 불린다. 여기 제시하는 마리아 마달레나의 생애에 관한 제 정보들 중 따로 출처를 밝히지 않는 정보들은 다음의 두 자료를 참조하였다. 전기인 Gianfranco Tuveri, *La sainte flamme sur les pas de sainte Marie-Madeleine de Pazzi*, éd. de Parole et Silence, 그리고 http://voiemystique.free.fr 사이트에서 제시하는 정보들.

309 플로랑스는 이태리의 '피렌체'의 불어식 발음이다. 플로렌스로 불리기도 하는 르네상스의 발생지 중 하나이다. 이후 이 도시의 이름을 오늘날 일반적으로 알려진 '피렌체'로 통일하였다.

5월 25일이다. 마달레나는 16세에 가르멜에 입회하였다. 마리아 마달레나는 수도명이며 어린 시절 이름은 가타리나였다. 1566년 4월 2일에 빠지에서 3남 1녀의 두 번째 자녀로 태어났다. 그녀는 10살에 첫 영성체를 하였는데 이때 수도원에 들어갈 수 있도록 청하였다. 어린 시절부터 종교적 감수성이 남달랐던 그녀는 로시(Rossi)와 블랑카(Blanca) 두 명의 예수회원으로부터 영적인 지도와 고백사제로서 도움을 받을 수 있었다. 그녀는 첫 신비적인 법열(탈혼)을 12살에 체험하였는데, 이러한 종교적 성향으로 인해 꼬르톤(Cortone)에 있는 한 프란치스코 수녀원에서 교육을 받게 되었다. 여기서 그녀는 성 프란치스코를 그녀의 정신적인 스승으로 그리고 글라라 성녀를 자신의 영적인 변호사로 생각하였다. 하지만 그녀의 부모는 이러한 가타리나의 종교적인 소명을 반대하였고, 2년 이후 딸을 혼인시키기 위해 자신의 집으로 데려갔다.

가타리나는 결혼을 거부하였고 자신의 아버지에게 "수녀가 될 수 없다면 차라리 나의 머리를 사형집행인에게 바치겠다"[310]라고 말하였다. 그녀의 부모는 결국 가타리나가 가르멜의 수녀원에 입회하는 것을 허락하였다. 수도생활을 절대적으로 희망하였던 가타리나의 행동은 이미 어린 시절부터 예상된 것이기도 하다. 그녀는 신성한 것에 대한 티고난 친근성이 지니고 있었다. 특히 기도에 대한 그녀의 자발적인 갈망은 천성적인 것이었다. 그녀가 그녀의 어머니에게 정신적인 기도의 방법에 대해서 알려 달라고 요청한 때는 단지 9살 되던 해

---

310 *La sainte flamme sur les pas de sainte Marie-Madeleine de Pazzi*, p. 41.

였다. 그녀의 어머니는 그녀에게 고해신부에게 갈 것을 권유하였고, 고백신부는 사제 가스파르 로아르트(P. Gaspard Loarte)의 책을 읽을 것을 권유하였다. 그리고 약 30분 정도 자신이 읽은 것에 대해서 생각하며 시간을 보낸 뒤 그녀의 어머니에게 다음과 같이 말하였다고 회상하고 있다.

> "나는 내가 읽은 것에 대해서 생각해야 한다는 것을 알고서 그곳에 머물렀습니다. 그리고 하느님께서 나에게 행위 하시도록 내버려 두었습니다. 하느님께서는 당신의 자비로 당신의 마음에 드시는 것을 저에게 주었습니다. 어머니도 아시다시피 하느님께서는 순수한 마음을 가진 이들 안에서 즐거워하시는데, 그것은 이들이 (하느님의 일 외에) 다른 생각을 지니고 있지 않기 때문입니다. 사실 저는 기도 중에 내가 수녀원에 들어가는 것을 제외한다면 다른 생각은 전혀 하지 않았습니다. 그리고 수녀원에 가겠다는 생각 역시도 하느님의 의지를 수행하기 위한 것이었습니다. 왜냐하면 내가 수녀가 된 것은 그 어떤 다른 것을 위해서가 아니라 바로 이것 때문이었기 때문입니다."[311]

이후 어린 가타리나는 매일 아침 1시간을 기도하면서 보냈고, 가끔 자신의 어머니가 집을 비울 때는 침실 뒤쪽에 마련한 작은 기도실 안에 칩거하여 기도로 시간을 보냈다고 회상하고 있다. 가타리나는 자신의 마음속에 나타나고 자신을 내면적으로 훈육하시는 것처럼 보이는 하느님의 목소리를 듣는 것에만 신중하였고 이를 놓치지 않으려고 애를 섰다. 그녀는 오직 자발적으로 하느님의 현존에 목말라하였고 오직 스스로 터득한 기도를 통해서 내적으로 성장하였다. 그

311 *Les Quarante jours*, Introduction 5, in http://voiemystique.free.fr

녀가 읽은 대부분은 복음서였고, 14살이 되면서는 성 아우구스티누스의 『명상록』을 읽기 시작하였다. 가타리나는 1582년 11월 27일에 16세의 나이로 가장 오래된 가르멜의 하나인 「천사들의 성모마리아(Sainte-Marie-des-Anges) 수녀원」에 입회하였다. 가타리나가 그 수녀원을 선택한 이유는 당시 매일 성체를 영할 수 있는 특권을 가진 매우 드문 수녀원이었기 때문이었다. 수녀가 된 가타리나는 마리아 마달레나라는 수도명을 선택하였다.

아직 수련자였던 마리아 마달레나는 심각한 병을 얻게 되었는데, 동료 수녀들은 마달레나가 혹시 죽지 않을까 걱정을 하여 아직 수련기가 끝나지 않았음에도 허원을 하는 것을 허락하였다. 하지만 마달레나는 죽지 않았고 오히려 40일 동안의 황홀경(ravissement)을 체험하였다. 「천사들의 성모 수녀원」에는 당시 거의 80명의 수녀들이 수도생활을 하고 있었는데, 그들 중 다수는 매우 높은 영성적인 자질을 지니고 있었다. 수녀 원장이었던 에반젤리스타 델 지오콘도(Evangelista Del Giocondo)와 그녀의 비서이자 친구였던 파시피카 델 토바글리아(Pacifica del Tovaglia) 등이 대표적인 수녀들이었다. 1586년에서 1589년까지 3년 동안 마리아 마달레나는 당시 수녀원을 빈번하게 방문하던 젊은 여성들을 지도하는 일종의 성소 담당자의 역할을 하였으며, 1589년부터는 수련자들을 양성하는 일을 맡았다. 그리고 1604년에는 수녀원의 부수도원장이 되었다.

그녀는 기도와 묵상에 자신을 투신하면서 지속적으로 자신을 교정해 가는 극단적인 고행의 삶을 영위하였다. 그녀는 가난한 이들에 대한 큰 염려를 지니고 있었고 사제들과 교회의 영적인 쇄신을 위해서 지속적으로 기도하였다. 참회의 의미로 그녀는 5년 동안 부활절 이외에는 최소한의 빵으로만 식사를 하였다.

그녀는 큰 신비적인 은총을 부여받았고 깊은 '법열(extase)'을 체험하였지만, 1585년에서 1590년까지 5년 동안의 긴 영적인 메마름을 견디어 내어야 하였다. 동료 수녀들은 마리아 마달레나가 여러 번 완전히 법열 중에 있으면서도 일상의 일들을 어려움 없이 수행하였다고 전하고 있다. 그녀는 자신의 영적인 체험에 대한 저술을 남겨주었고, 생전에 이미 수많은 기적들이 일어났는데, 이 기적들이 그녀의 이름을 유명하게 하였다. 그리고 사후에 역시 그녀와 관련된 기적들이 일어났다. 오랫동안의 고행과 지속적인 수행은 그녀의 임종 3년 전부터 매우 심각한 병을 앓게 하였고 1607년 5월 25일 41세의 나이로 세상을 떠났다. 그녀의 시신은 수녀원의 교회 묘지에 안장되었다. 나폴레옹 1세의 지배 하에서 수녀들이 수녀원을 떠나서 새로운 수녀원으로 이주하게 되었다. 이때 그녀의 시신 역시 새로운 수녀원으로 이장하기 위해 발굴되었는데, 놀랍게도 시신이 부패하지 않고 남아 있었다. 그녀의 시신은 엄밀하게 말해서 부패하지 않은 것이 아니라, 갈색으로 굳어져서 석화되어 있었고 전체의 육체가 그대로 보존되어 있었다. 현재는 그녀의 시신이 당시의 모습으로 도시가 내려다보이는 언덕에 위치한 피렌체의 가르멜 수녀원에 안치되어 있다. 성녀 마리아 마달레나는 오늘날 피렌체 사람들에 의해 매우 큰 공경을 받고 있다.

이미 살아생전에 마달레나는 동료 수녀들과 플로랑스 사람들로부터 마치 성녀처럼 간주되었고, 임종한 지 4년 후인 1611년에 시복식을 위한 조사가 시작되었다. 1626년 3월 8일에 교황 우르벵 8세(Urbain VIII)로부터 시복되었고, 1669년 4월 28일에는 교황 끌레망 9세(Clément IX)로부터 시성되었다. 그녀의 시신은 오늘날까지 부패하지 않은 채 남아있다. 우리시대의 피렌체의 신학자이자 신비주의자였으며 '하느님의 자녀들 공동체(Communauté des Fils de Dieu)'의 창시자였던 사제 바르소티(don Divo Barsotti)는 까레지(Careggi)의 수녀들을 마지막으로 방문하였을 때, 성녀 마리아 마달레나에 대해서 다음과 같이 선언하였다.

> 성녀 마리아 마달레나는 우리들을 위해서 사랑의 사명을 살았습니다. 바로 이 때문에 나는 나 자신의 고유한 인격과 생 세르지(Saint Serge)의 모든 공동체를 성녀에게 의탁하는 것입니다. 성녀는 우리를 사랑하였고, 우리들의 구원자였으며, 나 자신의 길의 빛이었습니다. 우리는 이를 무한히 감사하고 있습니다. 우리들이 이 지상에서 이러한 생동하고 심오하며, 완벽하게 신성한 체험을 가질 수 있었다는 것은 결코 생각할 수 없었던 것이었습니다.[312]

성녀 마리아 마달레나의 삶은 다양한 사건들을 통해서 부각되지는 않는다. 그녀는 비교적 단순하고 숨겨진 가르멜의 일상들을 평생 동안 이끌어갔고 동일한 이태리의 성녀였던 시에나의 가타리나에 비하면 매우 소박하고 단조로운 삶을 살았다. 하지만 신비가로서의 마달레나는 가타리나 성녀의 마지막 예언자의 목소리에 응답하면서 모든 하느님의 백성들을 회개로 부르는 보편적 교회의 성녀였다. 이 회

312 D. Barsotti, *Riflessioni* (2005, 07, 12), transcription, Careggi, 2005.

개는 잘못을 질타하는 견책의 의미가 아니라 각자의 마음의 문을 두드리는 성령 앞에서 각자가 이 선물에 문을 열도록 하는 그러한 회개이다. 1595년 5월 1일 반젤리스타(Vangelista)라고 불리는 한 수도 원장으로부터 주어진 다음의 증언은 매우 아름답다.

> 나 반젤리스타 수녀는 영원한 아버지를 경외하며 오늘 1595년 5월 1일 다음과 같이 추억하고 있다. 마리아 마달레나 수녀는 하느님에게 당신의 보다 큰 영광을 위하여 당신의 하녀가 아닌 당신의 신부가 될 것을 약속하였다. 이 약속은 하느님의 마음에 드는 것이었으며, 그녀의 재능에 하느님의 보다 큰 도움을 야기하는 것이었다. 그녀는 하느님과 함께 완전히 헐벗은 채 길을 갈 것을 약속하였고 오직 하느님의 목소리와 하느님의 소리에 귀기울이는 자들의 말만을 들을 것을 약속하였다. 어떤 것에 대해서 그녀가 의심을 가질 때, 그녀는 우선적으로 그리스도의 조언을 구하였고 그런 다음 그녀의 눈과 그녀의 장상들에게서 발견되는 가장 겸손한 영혼들의 목소리에 귀를 기울였다.[313]

어떤 사람들은 마리아 마달레나의 영성적인 특징에 대해서 고통에 주안점을 두고 있지만, 만일 우리가 그녀의 저술들 그 자체에만 집중한다면 그녀의 영적 특성은 주님과의 혼인의 일치로부터의 신비적 깊이에 있음을 알 수 있다. 이 일치는 '순수한 사랑'으로 풍요롭다. 즉 하느님의 신부가 가지는 그 놀라운 사랑의 특성인데, 마달레나는 자주 '죽음'이라는 말로 표현하곤 하였다. 마달레나는 성체성사로 신성

313 Promessa (1595, 05, 01), in *Miscellanea Santa Maria Maddalena*, Archives de Sainte-Marie-des-Anges, 1.4.I A.2.

화된 그리스도의 성혈 안에 뿌리내리고 성령의 숨결로 은총을 입은 이 파스카적 사랑을 체험하였고, 이 사랑으로부터 여인의 연약한 말이 복음의 힘과 일치되어 솟아날 수 있었다. 이 모든 것으로부터 부패하지 않은 온전한 육체가 겸손하게 증언하고 있으며, 피렌체의 「천사들의 성모 수녀원」에서 공경 받고 있으며, 오늘날 여전히 수녀들의 기도에 현존하면서 공경 받고 있다. 사람들은 피렌체와 보편적인 교회를 위해서 이 숨겨진 보석이 다시 발견되어야 한다고 생각하고 있다. 돈 바르소티(Don Barsotti)는 어느 날엔가 성녀 마리아 마달레나가 교회의 박사로 알려질 것을 희망하고 있다. 전 세계에서 온 수많은 순례자들이 그녀의 육체 곁에서 그녀를 만나고 그녀의 목소리에 귀를 기울일 필요가 있음을 그리고 그녀의 소명을 완수할 필요가 있음을 느끼고 있다. 성녀 마리아 마달레나의 서거 600주년을 맞아 피렌체의 대주교인 엔리오 안토넬리 추기경(le Cardinal Ennio Antonelli)에게 보낸 교황 베네딕도 16세의 편지에서는 성녀가 어떠한 인물인지를 전체적으로 잘 요약해 주고 있다. 그 중 중요 부분들만 발췌하여 제시하면 다음과 같다.

> [......] 1585년 오순절에서부터 삼위일체 축일까지 8일 동안 놀라운 법열을 통해서 하느님은 마리아 마달레나에게 계시와 지성 안에서 신비적 앎의 정상을 허락하셨습니다. 단지 19세의 나이로 구원의 신비와 성모의 자궁 안에서의 말씀의 육화, 그리고 성령의 강림에 대해서 알게 되었던 놀라운 밀도 있는 체험이 그녀에게 주어졌습니다. 그리고 내적인 정화를 위해서 5년이라는 긴 시간이 뒤따랐습니다. 이 기간 동안 당신의 신랑이신 하느님은 은총의 감정을 제거하시고

마치 사자 굴에 있었던 다니엘처럼 여러 가지 시련과 유혹의 손길에 내버려 두었습니다. 교회의 개혁을 위해서 그녀의 열정적인 헌신은 바로 이러한 맥락에서입니다. [......] 시에나의 가타리나처럼 마달레나는 교황과 추기경들에게, 그리고 주교나 다른 사제들에게 교회의 쇄신을 위해 추구하는 청원의 편지를 쓰지 않을 수 없었습니다. 이 편지들은 법열 중에서 구두로 말해진 것을 받아 적은 것인데, 어쩌면 한 번도 발송되지 않았을 수도 있겠지만, 그럼에도 하느님 말씀에 대한 성녀의 열정을 증거 해 주는 것입니다. [......] 마리아 마달레나 수녀는 성체를 통한 하느님과의 일치에 대한 남다른 선물이 있었는데 이는 항상 보다 깊이 내면화 하는 것이었고, 오늘날 여전히 모든 수도 공동체에게 '어머니'처럼 모범이 되고 있습니다. 그녀의 순수한 사랑은 신랑이신 그리스도에게 충만하게 일치된 열려진 마음을 갖기 위해서 십자가상의 헐벗은 고통을 나누기까지 싸웠습니다. 임종하기 전의 3년은 마리아 마달레나에게 있어서 진정 갈바리아의 고통이었습니다. 생명의 소멸이 분명하게 나타났고 마들렌느 수녀는 공동체의 활동적인 삶에서 조금씩 물러났습니다만, 이는 항상 하느님의 사랑을 위해서 헐벗은 고통에 동참하면서였습니다. 그녀는 1607년 5월 25일에 있었던 죽음의 순간까지 육체적으로 영적으로 극심한 고통으로 속죄 받았습니다. 오후 3시경 그녀의 생명은 멈추었지만, 하나의 특별한 기쁨이 온 수도원을 가득 채웠습니다. [......] 부패로부터 벗어난 그녀의 육체는 끊이지 않는 순례자들의 목적이 되었고, 성녀가 살았던 그 수녀원은 오늘날 피렌체 교회의 세미나 장소가 되었습니다. 여기서 성녀는 마치 수장처럼 사람들을 축복하고 있으며, 성녀가 기거하였던 그 수방은 침묵 안에서 아직도 성녀의 현존을 감지할 수 있는 작은 성당이 되었습니다. [......]

바티칸으로부터 2007년 4월 29일[314]

314 출처: http://voiemystique.free.fr

가톨릭 전통에서 ‘가르멜’이란 이름은 수도자의 상징처럼 여겨지고 있다. 구약시대 선지자 엘리야가 가르멜 산에서 은수자로 수도생활을 한 전통을 이어받아 가장 일반적으로 알려진 ‘관상의 수도적 삶’을 살아가는 수도원이 ‘가르멜 수도원’이다. 성녀 아빌라의 데레사가 개혁한 이후 ‘맨발의 가르멜’이라는 개혁수도원이 있다면, 빠지의 마리아 마달레나는 성녀는 개혁이전의 전통적인 가르멜 수녀원의 대표적 성녀이다. 이러한 의미에서 마리아 마달레나의 생애와 정신은 가장 전통적이고 근원적인 가톨릭 수도자의 이상적인 모습을 보여주고 있다고 할 수 있을 것이다.

2. 저작의 정신과 철학적 의미

1) 저작들

마달레나가 저술한 저작들은 크게 4 종류로 분류된다. 첫 번째는 법열의 체험에서 주어진 4권의 책이며, 두 번째는 수련자들을 위한 『영적인 권고, Avis spirituelle』, 세 번째는 기도 및 전례적인 내용들 그리고 마지막으로 서한들이다. 법열의 체험에서 저술된 4권의 책은 40일 간의 영적인 체험을 기술한 『40일, *Les Quarante Jours*』, 8일 동안의 성령에 대한 체험을 기술한 『성령의 8일, 계시와 빛, *Les huit jours de l'esprit saint : Révélations et lumières*』, 5년 동안의 메마름과 시련에 대해 기술한 『사자 굴에서의 5년, *Cinq ans dans la fosse aux lions*』, 그리고 예수그리스도의 수난에 대한 환시를 본 예수의 고통에 관한 3가지 법열, *Les trois extases de la passion de Jésus*』이 그것이다. 이러한 저작들은 마들렌느의 영적인 여정의 과정과 일치하고 있는데, 그 단계는 크게 세 가지 단계들로 나누어진다. 첫 시기(1584~1585)는 그리스도의 수난에 대한 비전을 비롯하여 일련의 법열의 시리즈에 의해 이끌어지는 시기로서, 그리스도의 수난사에 대한 환시, 첫 스티그마(stigmates, 오상의 흔적), 가시관의 체험, 그리스도와의 신비적인 결혼(mariage mystique avec Jésus) 등이다. 두 번째 시기(1585년 5월~1590년 6월)는 폭력적이고 유혹적인 하나의 큰 시험에 해당된다. 그리고 마지막으로 세 번째 시기(1590~1607)는 사자 굴에서 해방되면서 시작된다.

마리아 마달레나의 영성적인 특성을 한마디로 말하고자 한다면, 그것은 가르멜의 전통적인 영성을 잇고 있으며, 또한 세상으로의 창문을 이어주고 있다고 할 수 있다. 만일 아빌라의 데레사가 내적인 삶을 통해서 영혼과 하느님의 내밀한 일치를 강조하면서 세속으로부터의 이탈과 성화를 강조하였다면, 리지외의 데레사 성녀는 세상 사람들의 구원에 대한 열정으로 가르멜의 비밀스런 창을 세상으로 열어준 세상을 향한 복음적인 사랑을 강조하였다고 할 수 있다. 그리고 빠지의 마리아 마달레나는 이 두 위대한 신비가들의 사이에서 이 둘을 잇는 일종의 징검다리라고 해도 과언이 아니다. 마리아 마달레나의 저작 『40일』을 불어로 번역한 역자는 서문에서 이러한 마달레나의 영적인 특성을 다음과 같이 요약해 주고 있다.

사제 짐메만(P. Zimmermann)은 전통가르멜의 수녀들 중에서 빠지의 마리아 마달레나가 개혁가르멜의 성녀 아빌라의 데레사의 자리를 차지하고 있다고 말하고 있다. [......] 우리는 성녀 마리아 마달레나에게서 가르멜의 영성의 지속성을 발견하고 있다. 1582년 아빌라의 데레사가 세상을 떠났는데, 동일한 해에 마리아 마달레나가 피렌체의 수녀원에 입회하였다. [......] 만일 마리아 마달레나가 가르멜의 수녀원들로부터 그리고 동료수녀들로부터 매우 사랑받았다고 한다면 그 이유는 수세기를 통하여 전해내려 오던 가르멜의 가장 심오한 가치들이 마리아 마달레나에게서 육화되어 나타났기 때문이다. 이 가치들은 정신적으로나 행동적으로 미리 정립된 모델이 없이, 보다 덜 내성적이고 덜 심리학적인 방식으로 살아 있는 신의 신비를 제시해 주었다. 가르멜은 하나의 동일한 운동 안에서 사랑과 정관을 일치시키며 그리스도의 심장의 비밀스런 방안에서 멈추어서는 안 되며, 영혼들의 구원에 대한 열정적인 갈망을 통해서 세상으로의 창문을 열어야 한다.[315]

그녀는 타고난 신비가처럼 보인다. 즉 하느님의 현존에 대한 목마름과 영적인 일치에 대한 갈망이 천부적으로 주어져 돋보이고 있다. 그녀의 첫 저작으로 꼽히는 『40일』은 1584년 5월 27일부터 40일간의 체험한 그녀의 법열에 관한 것이다. 이때 그녀의 나이는 겨우 18세였고, 수녀원에 입회하여 수련자 시기를 보내고 있었다. 당시 마달레나는 이름 모를 중병을 앓았고 치유에 대한 모든 희망을 상실하고 죽음을 기다리고 있을 때였다. 하지만 그녀는 7월 14일 그리스도의 고통에 대한 환시를 체험한 이후 기적적으로 생환하였고, 오히려

315 *Les Quarante jours*, Introduction 12, in http://voiemystique.free.fr

죽음을 기다리던 이 시기에 그녀는 하느님의 현존과의 영적 일치라는 놀라운 체험한 것이다. 이러한 법열의 체험 이후에 마달레나에게 일어난 일들에 대해서 그녀의 장상은 다음과 같이 기술하고 있다.

> 병이 회복되고 마달레나는 다시 수련자의 위치로 돌아갔습니다. 그녀는 이때까지와 다르게 아주 작은 것들에 있어서도 수련자들을 위한 규칙들을 기쁘게 지키고자 하였고, 모든 것에 있어서 순명의 정신을 보여 주었습니다. [......] 마달레나는 하루에도 몇 시간씩이나 법열(extase)과 정관(contemplation)에 몰입해 있는 것을 본다는 것은 놀라운 것이었습니다. 그리고 일상의 상태에로 되돌아온 그녀는 매우 친근하게 말을 하였는데, 이때는 법열 중에 하느님과 함께 담화하던 그 사람과 다른 사람 같았습니다. 왜냐하면 하느님과 담화할 때의 그녀는 매우 친근하지만 위대한 다른 무엇을 지니고 있었기 때문입니다.[316]

법열 중에서 마리아 마달레나가 지녔던 위대한 그 무엇이란 분명 신적 사랑(charité)의 특성이다. 토마스 아퀴나스는 신적 사랑은 이 사랑으로부터 다른 모든 덕들이 흘러넘쳐서 한 영혼을 완성한다고 말한 바 있다. 한 인간의 영혼이 실제로 신을 만났을 때, 발생하는 것이 법열(extase)이며, 이 법열의 순간에 영혼이 위대하게 보일 수밖에 없는 이유는 바로 이러한 것에 있다. 그녀의 모든 저작들은 바로 이러한 위대한 순간들에 대한 체험을 글로써 표현한 것이며, 그녀가 말하고 있는 모든 영적인 권고들은 곧 자신이 직접 체험한 것으로부터

---

316 *Les Quarante jours*, Introduction 8, in, http://voiemystique.free.fr

말해지는 것이어서 힘이 있다.

2) 『40일의 법열』

마리아 마달레나가 기적적으로 생환한 뒤 가장 먼저 저술한 『40일』에는 그녀가 자신의 영혼이 어떻게 하느님의 현존과 일치를 이루고 있는지를 기술해 주고 있는데, 그 몇 가지를 소개하면 다음과 같다.

- 첫날, 1584년 5월 27일: 삼위일체 축일 날 아침, 나의 허원을 발하면서 나는 나의 감각의 사용이 완전히 제거되면서 나를 하느님에게 결합시키는 관계에 대한 앎과 이해를 향해서 이끌려갔다. 나는 세 가지 관계를 통해서 내가 삼위일체와 연결됨을 알게 되었다. 이 세 가지 관계는 나의 소명에로 나아가게 하는 세 가지 원의였다. 첫 번째 원의인 정결을 통해서 나는 순수성 자체이신 영원하신 아버지와 연결됨을 알 수 있었다. 이 관계는 나에게 있어서 마치 내 영혼이 하느님과 계약을 하는 것처럼 나타났는데, 이는 순수한 영혼들이 수용하는 하느님에게 있어서의 적합성을 통해서 맺게 되는 가장 내밀한 관계처럼 보였다. 이 관계는 마치 더 이상은 절대로 하느님으로부터 분리될 수 없는 그러한 내밀한 관계처럼 보였다. [……] 이 관계는 나에게 있어서 매우 소중한 것으로 보였는데 그 위대함도, 영혼의 하느님과의 일치도 결코 인간의 언어로서는 표현할 수 없는 것처럼 보였다.[317]

- 둘째 날, 1584년 5월 28일: [……] 나는 하느님이 모든 인간의 영혼을 성모마리아의 영혼을 창조할 때와 동일한 사랑으로 창조하였다는 것을 보았습니다. [……] 하지만 나는 피조물들이 이 사랑을 알

317 *La sainte flamme sur les pas de sainte Marie-Madeleine de Pazzi,* p. 52.

지 못함을 알 수 있었습니다. 그리고 이들은 자신들의 모든 힘으로 하느님을 사랑하지 못함을 알 수 있었습니다. [......] 나는 매우 크고 측정 불가능한 이 사랑을 보았고 그 어떠한 피조물도 이를 이해할 수가 없다는 것을 알았습니다. 그리고 이 사랑을 직접 맛보지 않은 누구도 이 사랑에 대해서 최소한의 생각도 가지 수 없을 것 같다고 생각되었습니다. 그리고 그토록 큰 사랑을 보면서 나는 매우 힘차고 격렬하게 "사랑, 사랑" 하고 외치게 되었습니다. [......] 하지만 피조물들이 이 사랑에 대해서 거의 관심을 가지고 있지 않다는 것을 보면서 나는 매우 큰 고통을 느끼지 않을 수 없었습니다. 그 결과 나는 뜨거운 눈물을 흘리지 않을 수 없었고, 가슴 깊이 고뇌하지 않을 수 없었습니다.[318]

- **셋째 날, 1584년 5월 29일:** 화요일 아침 성체를 영하고 난 뒤, 나는 영혼의 세 가지 능력을 생각하였습니다. 그리고 피조물들의 지성은 하느님에 의해서 하느님과 그 분의 선함을 이해하도록 창조되었음을 보았습니다. 그럼에도 이 지성들은 이 세상의 물질적인 좋은 것들을 추구하고 이해하는 데 완전히 몰입하고 있는 것을 보았습니다. 그런 다음 나는 하느님의 자비와 주님의 고통, 그리고 하느님이 주신 선물들과 은총들을 추억하라고 창조된 기억을 보았습니다. 하지만 이 기억 역시 영혼에게 해로운 사물들에 대한 추억에 잠겨 있었습니다. 나는 또한 하느님의 뜻에 적합하고 그 뜻에 일치하라고 창조된 의지를 보았는데, 하지만 이 의지 역시 이 세상의 좋은 것들을 추구하느라 하느님의 뜻과는 매우 멀리 떨어져 있고 지상의 것에 매우 밀접하게 집착하고 있는 것을 보았습니다. 이 의지들은 그들의 눈멈에 대해서 고통 받지도 못하며 피조물들의 은혜를 저버림에 대해서 무감각하였습니다. 그리하여 나는 사랑의

318 *La sainte flamme sur les pas de sainte Marie-Madeleine de Pazzi*, p. 57.

도약 안에서 외쳤습니다. "더 이상 지상의 것이 아니다, 더 이상 지상의 것이 아니다, 지상의 그 어떤 것보다 크신 하느님만으로 충분하도다!" 나는 여러 번 이 말을 반복하여 외쳤습니다.[319]

• 11번째 날, 6월 6일 수요일: [......] 나는 나의 수호천사가 매우 빨리 가고 있는 것을 보았는데 이 천사가 나에게 거의 반 이상이 연결되어 있음을 보았습니다. 나는 내가 살아갈 날들이 얼마 남지 않았다는 것을 알아차렸습니다. 그럼에도 나는 죽음도 삶도 원하지 않았고 다만 나에게 하느님의 의지가 이루어지기를 바랐습니다.[320]

• 15번째 날, 6월 10일: [......] 나의 사랑스런 딸이여 이러한 것이, 자신의 육적인 고향과 멀리 떨어져 있는 낙원을 향하여 끊임없이 길을 가야만 하는 영혼과 함께 행위 하는 나의 행동방식이다. 외관상 푸른 숲으로 뒤덮혀 있는 큰 함정들과 이 세상의 위험들에 대해서 무지하면 만일 영혼이 이들에 대해서 알지 못한다면 쉽게 여기에 빠져버릴 것이다. 30년 동안이나 이 길을 걸어온 나로서는 이러한 위험들을 잘 알고 있다.[321]

• 30번째 날, 6월 25일: 나는 갑자기 완전히 하느님과 일치한 나를 보았습니다. 마치 죽은 것처럼 모든 감각이 제거되었고 나는 아무것도 인지할 수가 없을 정도로 변모되었습니다. 만일 이때 어떤 사람들이 불더미에 나를 넣어버린다 해도 나는 아무것도 느낄 수 없었을 것입니다. 나는 당시 내가 죽었는지 혹은 살아 있는지, 혹은 내가 내 육체 안에 있는지, 내 영혼 안에 있는지, 내가 지상에 있는

319 *Les Quarante jours* in http://voiemystique.free.fr

320 *Les Quarante jours.* in http://voiemystique.free.fr

321 *Les Quarante jours.* in http://voiemystique.free.fr

지 천국에 있는지조차 알지 못했습니다. 나는 당시 완전히 하느님의 영광 안에서 오직 하느님만을 볼 수 있었는데, 하느님은 스스로 순수하게 자신을 사랑하시고, 스스로 총체적으로 당신 자신을 아시고, 스스로에 대해서 무한히 가능하십니다. [......] 내가 당시 하느님과 하나가 되어 있었기 때문에 더 이상 나를 발견할 수가 없었습니다.[322]

위의 기술들에는 신비주의자들이 체험하는 그 심오한 순간들과 크리스천 영성이 집약적으로 나타나 있다. 첫째 날의 체험에서는 한 인간의 영혼과 신적 현존이 일치를 이룰 때 그 사건이 얼마나 위대하고 소중한 것인가를 보여주고 있으며, 둘째 날에서는 하느님이 한 인간의 영혼을 창조한다는 것이 무엇을 의미하는 것인지를 말해 주고 있다. 모든 인간이 하느님의 무한한 사랑의 결실로서 창조된다는 이러한 진술은 참으로 숭고한 무엇을 말해 주고 있다. 그리고 이를 이해하지 못하는 영혼들을 보면서 눈물을 흘리고 있다. 이는 일찍이 시에나의 가타리나가 '자신을 진정으로 안다는 것은 자신을 하느님의 사랑의 반영으로 생각하는 것'이라는 그 진술의 이유를 말해 주고 있다. 셋째 날 마달레나는 인간이 지성을 가진 이유에 대해서 하느님을 이해할 수 있기 위해서라고 말하면서 이를 이해하지 못하고 세상의 것들에 집착하여 눈먼 영혼들에 대해 괴로워하고 있다. 열한 번째 날에는 자신이 수호천사와 매우 긴밀히 연결되어 있음을 보면서, 이를 마치 죽음의 전조처럼 착각하고 있다. 하지만 더 이상 죽고 사는 것

322 *La sainte flamme sur les pas de sainte Marie-Madeleine de Pazzi*, p. 62.

은 아무런 문제도 되지 않음을 느낀다. 열다섯 째 되는 날은 그리스도의 음성을 듣는데, 인간의 운명이란 육체적인 고향, 즉 이 세상을 떠나서 낙원을 향해 끊임없이 길을 가야 하는 것이라고 말해 주고 있다. 그리고 삼십일 째 되는 날은 마리아 마달레나가 하느님과 완전히 합일되었을 때 자신이 느낀 하느님의 모습과 자신의 상태에 대해서 묘사해주고 있다.

신이란 절대자요, 무한자며 초월자이기에 유한한 인간의 정신이 신의 무엇인가를 말한다는 것은 사실 불가능하다. 그럼에도 불구하고 신과 하나 된 영혼이라면 최소한 인간성의 지평에서 즉 인간적 삶의 그 유형에 유비적인 의미로 이를 말할 수는 있을 것이다. 마리아 마달레나는 '신은 스스로 순수하게 자신을 사랑하는 자'이며, '스스로 총체적으로 자기 자신을 아는 자'이며, '자기 스스로에 있어서 무엇이건 가능한 자'라고 말하고 있다. 이러한 신의 속성들에 대한 이해는 분명 인간의 삶에 비추어 일종의 유비로서 말하고 있는 것이겠지만, 인간이 완성을 향해서 나아가는 데 있어서의 일어나는 변화를 이해하는 데 매우 유용한 점이 있다. 즉 완성된 인격이란 자신을 사랑하는 데 있어서 순수하게 사랑한다는 것이며, 자신을 아는 데 있어서 총체적으로 아는 것이며, 또한 자기 자신에 있어서만큼은 모든 것이 가능한 그러한 상태의 영혼을 말하는 것이다. 이러한 것들은 인격적인 성숙에 대한 철학적 반성에 대한 매우 흥미롭고 유용한 영감을 유발하는 내용들이다. 그리고 인간이 신의 모상으로 창조되었다는 이 성서적인 진리가 구체적으로 무엇을 의미하고 있는지를 말해 주고 있는 대목이다.

3) 『영적 권고』

마리아 마달레나의 다른 중요한 저서로는 『영적인 권고』를 들 수 있다. '영적인 권고(Avis spirituelle)'란 말 그대로 자신과 동일하게 영성의 길을 걷고자 하는 모든 이들을 위해서 주는 조언들이며, 그리고 동료 수녀나 수련자들에게 관상수도자로서 특히 가르멜의 수녀로서 가져야 할 삶의 자세나 정신, 그리고 행위양식에 대한 권고이다. 그렇기 때문에 자칫 이 책을 도덕적인 훈화 정도로 생각할 수도 있다. 하지만 이 책은 비록 훈화의 형식으로 되어 있다 할지라도, 이러한 정신이 단지 율법적인 것이 아니라, 하느님과의 일치를 실제로 체험한 한 경험자의 자신의 체험으로부터 주어진 것이라는 점에서 매우 힘이 있고 또 훈화들 안에서 인간의 삶과 진리에 대한 심오한 신학적, 철학적인 사유도 추론해 볼 수 있다. 이 책에서 말하고 있는 내용들 중 몇 가지를 주제별로 제시하면 다음과 같다.

• 종교적인 삶의 의미

종교(religion)는 사도적 학교를 재현해 주는 신성한 장소입니다. 이는 즐거움의 낙원이며, 하느님의 정원이며, 그리고 하느님 시선의 열매입니다.[323]

아주 작은 것일지라도 종교적인 모든 것을 당신이 할 수 있는 가장 큰 헌신으로 하십시오. 가장 작은 행위일지라도 하느님의 작품이

323 Sainte Marie-Madeleine de Pazzi, *Avis spirituel : Tous les devoirs et toutes les vertus de la vie religieuse*, trad. Jean-Antoine Sollazzi, Clermont-Ferrand, Librairie catholique, 1865. p. 2. 이하 본문 인용구의 괄호 속의 페이지 수는 모두 이 책의 것이다.

라고 생각하면서 하십시오.[p. 5]

가장 작은 실천일지라도 열정적으로 하십시오. 만일 이렇게 말할 수 있다면, 사실상 종교에 있어서 작은 것이라고는 하나도 없습니다! [p. 18]

당신의 (종교적) 사랑(charité)으로 모든 피조물들을 사랑하면서 모든 사람들을 포옹하십시오. 하지만 어떠한 집착이나 무질서한 감정도 배제하고 오직 하느님께서 이들을 사랑하시기에 그리고 하느님께서 당신이 이들을 사랑하기를 원하시니, 그렇게 하십시오.[pp. 78–79]

여기서 종교라고 표현하는 것은 일반적인 종교적인 삶을 말하는 것도 되겠지만 사실상 수도적 삶을 말하는 것이라고 해도 무방하다. 불어에서 종교적 삶(la vie religieuse)이란 곧 수도자의 삶을 말하며, 종교인 혹은 종교적인 사람을 의미하는 헐리지외즈(la religieuse)는 곧 수녀를 말하기 때문이다. 어쨌든 빠지의 마리아 마달레나에게 있어서 종교적인 삶에서 핵심이 되는 것은 하느님의 섭리를 실천하는 것이다. 여기서는 크고 작은 것이 없으며, 오직 순수하고 큰 사랑으로 하는가 하는 것만이 문제가 된다. 종교인들이 사랑을 실천하는 것은 오직 하느님의 그 사랑, 즉 하느님이 사랑하시기에 사랑하는 것이며, 이는 분명 일반인들의 세속적인 것과는 다른 가치의 전도를 말하고 있다.

• 하느님과의 관계성

3가지 서원이라는 형식으로 당신이 하느님과 맺은 계약을 통해서 당신의 영혼은 하느님과 내밀한 일치를 가지게 되었습니다. 만일 이를 통해서 가지게 될 당신 영혼의 존엄성을 알게 된다면, 당신은 마치 가난한 시골 여자가 위대한 왕과 결혼을 한 것처럼 그렇게 행위하게 될 것입니다. [p. 48]

당신의 정신이 항상 하느님에게 관심을 가지도록 하십시오. 바로 여기에 지상에서의 지복이 달려 있습니다. 그리고 이는 결코 혼란스럽게 되지 않는 방법입니다. 왜냐하면 자신의 시선이 하느님에게 고정되어 있는 영혼은 하느님께서 결코 혼란스러운 것을 원치 않으신다는 것을 알기 때문입니다. [p. 139]

우리들의 주님께서 영원으로부터 질서 지워 놓은 것을 받아들이십시오. 제 사태들이 그렇게 도달하는 것은 당신의 보다 큰 선을 위한 주님의 뜻입니다, 비록 지금은 당신이 이를 전혀 알지 못하더라도 그렇습니다. [p. 104]

수도자들은 정결, 순명, 가난이라는 3가지 허원을 통해서 정식으로 수도자가 된다. 마달레나는 이를 하느님과의 맺은 계약이라고 말하고 있다. 사실이 그러하다 모든 종교적인 영역에서 무엇을 약속한다는 것은 곧 하느님과의 약속이다. 그리고 이러한 약속을 통해서 하느님과 관계성을 가지게 된다는 것은 참으로 존엄한 일이다. 모든 약속은 의무를 부여하는 일종의 짐이겠지만, 또한 그 약속이 누구와 그리고 무엇을 약속하는가에 따라서 약속은 약속이 유발하는 그 관계성으로 인하여 우리를 매우 고상한 존재로 들어 올린다. 그리고 만일 우리가 하느님과의 이 관계를 결코 저버리지 않는다면, 우리의 일상에서 어떠한 일이 발생하더라도 영혼의 평정을 유지할 수 있을 것이다. 왜냐하면 종교적인 시선에서 보자면 하느님과의 이 관계성 이외에 보다 중요한 것은 없을 것이기 때문이다. 마치 험난한 파도가 30초 간격으로 쉬지 않고 내려치는 갯바위 위의 따개비가 바위에 단단히 뿌리 내린 그 관계성으로 인하여 전혀 요동하지 않고 고정되어 있는 것처럼, 하느님과의 관계성이 확고한 영혼은 세상의 그 모든 세파들 속에서도 전혀 흔들림이 없이 평온을 유지할 수가 있는 것이다.

그런데 마달레나는 우리에게 발생하는 모든 일들이 마치 하느님께서 영원으로부터 그렇게 계획해 놓은 것처럼 말하고 있다. 그리고 이러한 일들이 모두 우리 자신들에게 보다 큰 선을 위한 것이라고 말하고 있다. 이러한 관점은 얼핏 보기에는 매우 일방적이고 낙관론처럼 보인다. 그 수많은 비극들, 우리를 절망에 빠뜨리게 하는 사건들이 사실은 하느님이 계획해 놓은 것이며, 우리들의 선을 위한 것이라고 믿기는 어렵기 때문이다. 그런데 이러한 사유는 일종의 예정설을 말하는 것인가? 그렇지는 않을 것이다. 여기서는 앞서 말한 가치의 전도를 전제하지 않으면 도저히 이해할 수 없다. 진정으로 종교적인 인간에게 있어서 이 세상에서 궁극적으로 중요한 것은 아무것도 없기 때문이다. 모든 것은 지나가는 것이며, 진정으로 중요한 것은 곧 우리의 영혼이 되어져야 할 존재로 변모하는 것 한 가지뿐이기 때문이다. 하느님이 모든 인류에세 바라는 궁극적인 한 가지가 있다면 그것은 곧 모든 인류가 예외 없이 구원에 이르는 것이기 때문이다.

• 시련과 비움

그리스도의 고통에 대한 묵상은 영혼을 살찌우게 하고 그의 사랑에 취하게 할 것입니다. 하지만 만일 여기서 신성한 음식과 음료를 취하고자 원한다면 이는 우선 자기 자신의 비움, 자기 사랑의 무화라는 마음의 순수성으로 접근해야 합니다. [pp. 56-67]

진정한 덕이란 그것이 하느님으로부터 오든지, 혹은 피조물들로부터 오든지, 혹은 사탄으로부터 오든지 항상 혼란의 시련을 거쳐야 하는 것임을 확신하고 있기에, 이러한 시련이 없이는 진정한 덕은 있을 수가 없다는 것을 확신합니다. [pp. 106-107]

철학자 파스칼은 '항상 건강하고 항상 풍족한 것 보다는 가끔 아프고 가끔 궁핍한 것이 정신의 건강을 위해서 훨씬 낫다'고 말한 바 있다. 이는 바로 신비가 마달레나가 말하고 있는 덕을 위해 필요한 것이기 때문이다. 시련은 받아들이는 이가 그것을 어떻게 받아들이는가에 따라서 무의미한 고통으로 끝나버릴 수 있고, 또 그것을 통해 진정 나의 영혼을 도약하게 하는 계기가 될 수 있다. 인생에 있어서 모든 고난과 시련들이 곧 자신의 비움을 야기하고 보다 순수하게 자신의 영혼을 정화하는 시기를 위한 것이라는 것이 마달레나가 고통과 시련을 받아들이는 의미이며, 그리스도의 고통을 묵상하는 이유도 바로 여기에 있다고 생각하고 있는 것이다.

• 거룩한 고독

만일 당신이 침묵의 감미로움을 맛보지 못한다면, 하느님의 것들을 맛본다는 것은 불가능합니다. 그렇지 않다면 당신은 항상 불안할 것입니다. 왜냐하면 당신의 언어가 수천의 어려움을 야기할 것이기 때문입니다. [p. 90]

당신은 왜 당신이 그렇게 자주 불안해하는지 알고 있는가요? 그 이유는 당신은 하느님을 위한 사랑을 전혀 가지고 있지 않기 때문입니다. [p. 51]

땅위의 음식의 감미로움으로부터, 이를 만드신 창조주의 무한한 감미로움을 맛볼 수 있도록 당신을 승화시키십시오. [p. 142]

꼭 필요한 경우가 아니라면 결코 내적인 헌신에 대해서 말하지 마시기 바랍니다. 나의 비밀은 나만의 것이라고 성 프란치스코와 성 베네딕도는 말하지 않습니까! [p. 175]

당신의 갈망이 하느님을 보는 것이 되게 하고, 당신의 두려움은 하느님을 상실하는 것에 있게 하며, 당신의 고통은 하느님을 향유하지 못하는 것에 있게 하십시오. 그리고 당신의 기쁨은 당신을 하느님에게로 이끄는 모든 것들에 있게 하십시오. 그렇게 된다면 당신은 평화 중에 살게 될 것입니다. [p. 183]

예로부터 침묵과 고독은 모든 수행자들에게 있어서 빼놓을 수 없는 덕이라고 생각하였다. 마리아 마달레나는 침묵을 우리의 정신이 내면으로 향하고 하느님의 것을 맛보기 위한 전제조건처럼 고려하고 있다. 그리고 고독이란 자신이 하느님을 위해서 헌신한 것을 비밀스럽게 간직하는 것이라고 생각하고 있다. 참으로 참신한 사유이다. 사실 진정한 고독이란 혼자 머무는 것을 의미하는 것은 아니다. 우리가 진정 고독하다고 할 때, 이는 나의 내밀한 비밀이나 마음속의 일들을 말할 수 있는 사람이 아무도 없을 때이다. 그런데 역설적으로 이러한 자신의 비밀스러운 것들을 말할 수 있는 사람이 아무도 없다면, 오직

한 분 하느님에게만 말할 수 있게 되는 것이다. 바로 그렇기 때문에 보다 하느님과 깊은 관계를 원한다면 세상으로부터 고독하지 않으면 안 되는 것이다. 물론 우리는 이를 하느님과 관계하기 위해서 세상을 멀리한다는 이원론적으로 생각할 수는 없다. 다만 우리들의 내밀한 영적인 사정을 결코 세상 사람들은 완전히 이해할 수가 없기 때문에 오직 하느님에게만 말할 수 있는 것이다. 그리고 이러한 '세상이 이해하지 못하는 비밀'을 간직하는 것이야 말로 영적인 삶의 핵심이 되는 것이다. 그래서 마달레나는 내적인 평화의 비밀을 오직 하느님을 상실하는 것에만 두려움을 가지는 것이라고 생각하는 것이다.

• 무화[無化]

당신의 수련이 당신-자신의 무화(無化)에로 이르기를 바랍니다. 그리고 이러한 '무화의 행위'가 자기 자신을 쓸모없고 혐오할 만한 존재임을 알게 하고, 이러한 상태에 존재하는 것이 당신 마음에 들기를 바랍니다. [p. 117]

죽음에 이르기까지 당신들을 겸손하게 하고 자신을 변화시키는 일을 멈추지 마시기 바랍니다. [p. 178]

어떤 의미에서 하느님께서는 우리들이 존재하는 방식으로 자신을 낮추십니다. 말하자면 우리가 하느님을 일상적으로 우리 자신에게 함께 하시는 것으로 발견할 수 있다는 것입니다, 마치 하느님께서 일상적으로 당신 앞에 존재하고 있는 우리 자신을 발견하듯이 말입니다.[324]

---

324 *Femmes mystiques-époque moderne*, p. 60.

나의 영[靈]은 지상에로 내려가면서 땅바닥에 닿을 때까지 결코 내려가기를 멈추지 않는 빛과도 같다. 이 영[靈] 또한 오직, 그들의 無의 한 중심에서 발견되는 그러한 영혼들 안에서만 휴식을 취할 뿐이나.[325]

겸손하다는 것의 의미, 자신을 낮춘다는 것의 의미를 하느님이 우리들과 관계하기 위해서 우리들이 존재하는 방식으로 낮추신다는 비유를 드는 것은 참으로 명쾌한 비유이다. 수도자에게 있어서 자신을 낮춘다는 것은 단지 겸허해짐을 의미하는 것만은 아니다. 이는 자신이 그야말로 아무것도 아니며, 티끌과도 같다고 생각하는 것에 있다. 왜냐하면 진정 하느님과의 관계성 속에 사는 사람은 하느님 앞에 나선 자신의 모습이 그렇게 보여질 수밖에 없을 것이기 때문이다. 완전히 빈 마음, 바로 여기에서 하느님이 자유롭게 활동하실 수 있다는 것은 신비가들에게 있어서 부정할 수 없는 진실이다.

• 의도의 순수성

외관에 있어서 보다 작으나 의도의 순수성에 있어서 보다 큰 행위들이 보다 확실하고 유용한 것입니다. 왜냐하면 작지만 순수한 의도의 이 행위들이 보다 하느님의 마음에 들고 또 악마에게는 보다 숨겨져 있기 때문입니다. [p. 118]

하느님 앞에서 우리를 위대하게 하는 행위들은 숫자나 크기가 아닙니다. 그것은 의도의 순수성입니다. 이러한 순수성과 함께 한 작은 하나의 행위는 하느님의 시선에 위대하게 보이는 것입니다. 인간적

325 *Femmes mystiques-époque moderne*, p. 69.

인 목적을 위해 행한 위대한 행위도 하느님 앞에서는 작은 것일 뿐입니다. [p. 128]

오직 하느님에게만 알려져 있는 영적으로 부요하는 하나의 비밀스러운 지반을 가지도록 항상 노력하세요. 다시 말해서 피조물들에게는 숨겨져 있는 어떤 비밀스러운 고통을, 한두 가지 고통을 말입니다. [p. 123]

만일 우리가 우리 자신이 한 모든 일들에 있어서 하느님의 마음에 들고 하느님의 영광을 드러내고자 하는 의도를 가지고 있기만 한다면, 항상 하느님을 생각할 수 없다고 하더라도 우리는 항상 하느님에게 일치될 수가 있는 것입니다. [p. 140]

당신들이 다른 사람들이 하는 큰일들을 할 수가 없으니, 순수성으로 하느님을 사랑하는 가장 큰일을 하도록 하시기 바랍니다. [p. 153]

의도의 순수성은 사실 모든 영성가들이 하나같이 말하고 있는 것이다. 하느님은 무한하신 분이시다. 무한자에게 있어서 양이나 수를 논한다는 것은 무의미하다. 그렇기 때문에 하느님이 고려하시는 것은 곧 내적인 의도이고 정신적인 것이다. 의도가 순수하다는 것은 곧 그것이 무엇이든 그 행위의 동기가 순수한 사랑으로 하였다는 것을 말한다. 그리고 마달레나는 아무도 알지 못하는 비밀스러운 고통을 한두 가지는 가지기를 권고하고 있다. 왜냐하면 아무도 알지 못한다는 것은 곧 하느님만이 아신다는 것을 의미하기 때문이다. 이것이 곧 우리 자신과 하느님 사이의 관계를 돈독하게 할 것이라는 말이다. 매순간 우리의 행위가 하느님의 시선을 의식하지는 못하더라도 우리의 삶이 전체적으로, 그리고 궁극적으로 하느님이 보시기에 좋은 그러한 삶을 지향하고 있다면, 항상 하느님과 함께 할 수 있다는 것, 이것이 곧 삶에 있어서의 순수성을 말하는 것이다. 순수성은 곧 마음속에 거짓이 없다는 것을 말한다. 허영이나 위선이나 거짓이 없이 진실하다는 것, 이것만으로도 우리는 하느님이 보시기에 가장 위대한 삶을 살 수 있다는 것이다.

• 영적인 것의 고귀함

만일 당신이 은총 중에 있는 한 영혼의 아름다움을 보았다면, 당신은 더 이상 하느님에게 영혼들 외에 아무것도 요청하지 않게 될 만큼 이 영혼을 매우 사랑하게 될 것입니다. [p. 152]

창조된 모든 것들 안에서 하느님의 섭리와 지혜를 발견하고 이 모든 것들 안에서 하느님을 찬미하시기 바랍니다. [p. 174]

나는 나의 이웃 안에서, 세상의 모습뿐만 아니라 하늘의 모습을 보아야 하지 않겠습니까? 나는 내 이웃 안에서 매우 거룩하신 三位의 이미지를 보아야 하며 천사들과의 유사함을 보아야 합니다. 이 이미지는 순수성의 한 부분을 소유하고 있고, 그들의 행복을 나누도록 불림 받은 지복자[至福者]들과 유사함을 지니고 있습니다. 세계가 피조물들의 모든 요소를 포함하고 있는 것처럼, 우리는 우리들의 이웃 안에서 인간을 위하여 행한 하느님의 모든 행위가 포함되어 있음을 봅니다.[326]

토마스 아퀴나스는 '아름다움'은 사랑을 유발하는 동기가 된다고

326 *Femmes mystiques-époque moderne*, pp. 63–64.

하였다. 그런데 아름다움의 종류도 다양하다. 감각적으로 아름다운 것이 있고, 정신적으로 아름다운 것도 있으며, 나아가 영적으로 아름다운 것도 있다. 그런데 신비가 마달레나에게는 '은총 중에 있는 한 영혼의 아름다움'은 세상의 그 어떤 아름다움보다 뛰어나다. 왜냐하면 그 영혼은 신의 신성함과 사랑을 반영해 주고 있기 때문이다. 그리고 이러한 영혼들을 사랑하게 되면, 그 어떤 다른 것을 원치 않게 된다. 이는 사실이다. 최소한 영성적인 것을 추구하는 영혼에게는 그렇다. 흔히 오랜 수도생활에서 세속적인 삶으로 물러난 사람들이 체험하는 것이 마치 바닷물에서 민물로 온 것처럼 밋밋하고 무의미한 것을 체험하는데, 이는 영적인 삶에서 그가 체험한 것의 그 밀도 있는 존재의 충만을 어디에서도 발견할 수가 없기 때문이다. 하지만 사실상 하느님의 시선에서 보자면 이 세상에서 하느님의 사랑을 반영해 주지 않는 것이 아무것도 없다. 그 중에서도 개개의 영혼들이 모두 하느님의 사랑의 반영이기에 이 영혼들 안에서 하느님의 모습을 볼 수가 있다. 그리고 어떤 의미에서 존재하는 모든 것 안에서 이러한 신적인 사랑을 볼 수가 있어야 한다. 이러한 사람이 진정한 신비가이고 영성가인 것이다.

• 신의 보편적 사랑

> 성령의 숭고한 침묵은 모든 이들의 외침을 듣습니다. 성령께서는 항상 부동[不動]하시며 또 항상 움직이고 계십니다. [......] 그분의 막대하고 통찰력 있는 지혜는 모든 것을 알고 모든 것을 들으며, 모든 것 속으로 스며들지만, 그럼에도 아무것도 듣지 않으시며, 아무것도 듣는 것 없이, 영혼들의 가장 깊은 마음속에서 속삭이는 말들을 모두

이해합니다. 연민과 함께, 겸손하게 된 이들에게로 기울며, 그들의 낮춤을 통하여 그들을 높이시며 [......].[327]

성령께서는 하나의 조용하고 평화로운 생기와 함께 영혼들 안으로 스며들며, 하나의 불안한 슬픔과 함께 이 영혼들을 떠나십니다-만일 우리가 성령께서 영혼들을 떠난다고 표현할 수 있다면 말입니다-. 왜냐하면, 우리들의 이 떠남을 유발하지 않는다면, 성령께서는 결코 스스로 우리를 떠나시지는 않으시기 때문입니다. [......] 어쩔 수 없이 힘겨운 일을 맡은 이들, 그리고 세상의 멸시를 받는 이들, 세상으로부터 마치 짐승의 무리처럼 취급되고 있는 이들이 성령의 초대를 받고 있는 것입니다. 이와 반대로 지상의 좋은 것들을 소유하기 위해서 악과 결탁하고 뭉쳐진 이들은 그들의 지복과 마지막 날의 선을 이 거짓된 선으로 대신하고자 합니다. 세상은 어리석게도 이들을 행복하다고 말합니다.[328]

사람들은 신적인 사랑 혹은 종교적 사랑이라는 말을 자주하고 있다. 라틴어에서는 이를 '까리따스(*Caritas*)'라고 하고 불어에서는 샤리떼(charité)라고 한다. 그런데 이러한 사랑은 단지 자기희생적인 아가페적인 사랑을 의미하는 것은 아니다. 신적 사랑을 의미하는 이 까리따스의 가장 일반적인 이해는 '보편적 사랑'이라고 할 수 있다. 다시 말해서 부모의 아가페적 사랑, 연인간의 사랑, 우정을 의미하는 친구 간의 사랑, 나아가 사세지간의 사랑, 선배의 후배에 대한 사랑 등, 사랑이라는 이름을 가진 모든 것에 적용 가능한 그러한 보편적인 사랑이다.

327 *Femmes mystiques-époque moderne*, p. 65.

328 *Femmes mystiques-époque moderne*, pp. 66-67.

왜냐하면 마리아 마달레나는 하느님의 막대한 통찰력과 지혜로 '모든 것을 알고 모든 것을 들으며, 모든 것 속으로 스며들고' 그래서 '영혼들의 가장 깊은 마음속에서 속삭이는 말들을 모두 이해하며' 이들에 대한 연민을 지니고 있기 때문이다. 그 어떤 이유도 없이 오직 사랑하시는 분이시기에 즉, 당신의 본질이 '사랑'이시기에 존재하는 모든 것을 사랑하는 것이 곧 신적인 사랑이다. 그리고 우리 스스로 성령을 떠나지 않는다면 결코 우리들을 떠나지 않는 이러한 사랑은 순수한 사랑이다. 신적 사랑이라고 해서 일방적이지는 않다. 사랑의 가장 큰 특성은 '자유의지'이기에 만일 우리들의 동의가 없다면 성령도 우리 자신에게 머물 수가 없다. 오직 이러한 사랑만이 마지막 까지 우리들의 존재의 의미로 남을 것이다. 마달레나가 말하고 있는 '마지막 날의 선'은 바로 이 신적 사랑이다. 그 외 모든 것은 지나가는 것에 지나지 않는다. 성서적 의미의 사랑이 무엇을 의미하는 것인지, 가장 단순하게 말해 주고 있는 것이 마달레나가 말하고 있는 '보편적인 사랑'일 것이다.

3. 마리아 마달레나의 영성과 현대 철학의 비전 – 인간 존엄성의 보편적인 지반 –

사실 마리아 마달레나의 사상이나 정신은 달리 주석을 달 필요성이 거의 없다. 왜냐하면 그만큼 단순하고 순수하며 누구나 이해할 수 있는 보편성을 가진 것이 그녀의 특징이기 때문이다. 그럼에도 불구하고 한두 가지 의미를 산출하고자 한다면 현대 철학자들이 비-인간화된 사회, 특히 인권이나 사회정의의 문제와 관련된 '인간의 보편적인 존엄성'에 관해서이다.

토마스 아퀴나스는 인간의 영혼은 정신적인 형상이며 그 자체 개별적인 형상이기에 결코 부모로부터 유전될 수가 없으며, 매 순간 영혼이 탄생할 때 신의 창조가 전제된다고 보았다. 마리아 마달레나 역시 인간의 영혼은 신이 창조한다고 보고 있다. 그런데 마리아 마달레나는 여기서 한 발짝 더 나아가 한 인간의 영혼은 성모마리아의 영혼을 창조하는 것과 동일한 크기의 사랑으로 신이 창조한다고 보았다. 가톨릭의 전통에서 성모마리아는 모든 인간들 중에 가장 신의 은총을 많이 받은 사람이며 인간성의 완성처럼 고려되고 있다. 그런데도 마리아 마달레나는 모든 인간의 영혼이 성모마리아와 동일한 신의 사랑으로 창조된다고 말하고 있다. 신학자들은 가끔 '왜 신은 어떤 영혼들에게는 보다 많은 은총을 베풀고 어떤 영혼들에게는 보다 작은 은총을 베푸는 것인지 하는 신의 사랑의 불공평성'에 대해서 질문을 던지곤 한다. 그리고 이에 대한 답변은 대개 세 가지로 요약된다. 하나는 '신의 자유'를 말하는 것이며, 다른 하나는 총체적인 섭리에서의 고유한 역할을 말하며, 마지막으로는 창조된 것에 있어서 다양성의 필연성을 말한다. 만일 신이 모든 이에게 공평한 사랑을 주어야 한다면 신은 더 이상 자유로운 존재가 아닐 것이며, 인류의 역사를 하나의 유기적인 총체로 볼 때, 모든 이들에 주어지는 다른 은총은 결국 전체 인류의 구원의 역사를 위한 것이기에 불공평한 것이 아니라는 것이다. 그리고 이상적인 사회가 아닌 현실의 사회에서는 개별적이고 다양한 존재들이 존재할 수밖에 없으며, 따라서 은총의 다양성 역시 창조된 존재자들이 존재하는 필연적인 조건이라고 답하는 것이다.

하지만 이상의 사변적인 도그마로 해명하는 것은 보편성의 차원에서 무엇인가 불완전하다. 왜냐하면 오늘날 절실히 요청되는 인간의 존엄성은 보편성의 차원에서이기 때문이다. 현대사회에서 사람들은 인간의 존엄성에 대해서 요구하고 있다. 모든 인간은 인간이라는 이유만으로 존엄하다고 할 수 있는 어떤 보편적인 지반이 필요한 것이다. 만일 이러한 지반을 확보할 수가 없다면, 모든 자유 민주국가 헌법에서 명시하고 있는 인간으로서의 보편적인 권리는 희망사항이지 현실이 되지는 못할 것이다. 바로 이러한 보편성으로서의 인간의 존엄성은 가브리엘 마르셀이 인간에 대한 새로운 반성에서 목표한 것이다. 그는 『인간성에 반항하는 사람들(Les hommes contre l'humain)』에서 "철학의 첫 번째 사명 혹은 유일한 사명은 집단으로부터 인간을 방어하는 것, 즉 현대 사회에 만연하는 비-인간적인 것에 대한 유혹으로부터 방어하는 것"[329]이라고 말하면서, 이러한 비극이 발생한 원인을 "더 이상 인간을 신의 피조물(le creature de Dieu)로 인정하지 않고자 하는 것에서 기인된다."[330]고 보고 있다. 왜냐하면 제 존재자들을 진정으로 이어주는 것은 이 존재자들을 초월하며 이들을 포괄하고 있는 차원의 무엇과 연결될 때에만 가능하다고 보고 있기 때문이다. 그리고 그는 이러한 인간성의 회복을 인간의 근원적인 진

329 Gabriel Marcel, *Les hommes contre l'humain*, Edition Universitaire, 1991. p. 157.

330 *Les hommes contre l'humain*, p. 157.

리에 대해서 밝히는 데서 주어진다고 보고 있다. 하지만 그는 이 진리는 체험의 대상이며 말해질 수 있는 것이 아니라 은유적으로 "이 세상에 오는 모든 사람들을 비추는 빛(la lumière éclairant tout venant au monde)"[331]의 의미로만 말할 수 있다고 생각하고 있다. 그리고 인간이 진정 인간일 수 있는 것은 바로 이러한 빛에 의해서 인간의 존엄성이 충만하게 드러날 때뿐이라고 말하고 있다. 나아가 그는 이러한 빛은 관념적인 사변으로서 가능한 것이 아니라, 오직 구체적인 체험을 통해서만 가능하며, 그러기에 철학자의 의무는 인간성에 대립하는 집단성의 허상과 개개인이 지니고 있는 이 집단성의 메아리를 고발하는 것이라고 말하고 있다.

> 이러한 고발들은 인간성에 대립하는 집단(la masse contre l'humain)에 대한 것, 혹은 집단성의 메아리에 지나지 않는 개개인의 의식이다. 그런데 철학자는 이 집단성이 거짓이라는 것을 알고 있다. 철학자가 고발하는 것은 이 집단성에 있고, 그가 증언하여야 할 것은 '보편적인 것을 위해서(pour l'universel)'이다.[332]

인간의 진정한 진리를 밝혀줄 이 빛은 철학자가 체험할 수 있는 것이 아니라면, 그것은 바로 신비가들이 체험한 그 빛일 수밖에 없다. 철학자들이 증언해야만 하는 그 보편성, 모든 인간이 동일하게 고귀하고 소중하다는 그 인간의 절대적인 존엄성을 밝혀줄 빛은 바로 신적 사랑에 대한 체험이다. 매 순간 인간의 영혼을 동일한 크기

331 *Les hommes contre l'humain*, p. 160.

332 *Les hommes contre l'humain*, p. 165.

의 사랑으로 창조하는 신의 창조적 행위를 이해하는 것 외에 이러한 인간의 존엄함의 '보편성'의 지반은 어디에서도 찾아볼 수가 없다. 사실 우리는 신의 사랑이 불공평하게 주어지는 것이 필연적이라고 변호할 필요가 없다. 어떤 의미에서 이는 관점의 차이에 지나지 않는다. 마리아 마달레나는 어떤 이에게는 더 많은 은총을 주고 어떤 이에게는 적은 은총을 준다는 이 판단 자체를 매우 세속적인 생각이라고 할 것이다. 신의 사랑에 크고 작은 것은 없다. 사랑은 많음과 적음을 초월하는 순수한 것이기 때문이다. 또한 어떤 것이 존재한다는 것 자체가 이미 무한한 신의 사랑의 힘에 의해서 가능하기 때문이다. 그렇기 때문에 마리아 마달레나는 이웃 안에서 '하늘의 모습'을 보아야 하고, '거룩한 삼위[三位]의 이미지'를 보아야 한다고 말하고 있는 것이다. 이는 레비나스가 진정한 인간의 관계성을 회복을 위해서는 말하고 있는 다음과 같은 언명과도 일치하고 있다. "신에게로 다가가는 것, 이는 하나의 징표가 아니며, 흔적을 추적하는 것이 아니다. 이는 신의 흔적 안에 존재하는 타인들에게로 다가가는 것이다."[333] 우리들의 이웃들 안에 존재하는 신의 이미지는 다만 '흔적'으로 나타날 수 있고, 또 하느님의 모습 그 자체로 나타날 수도 있다. 이 모든 것은 우리들의 얼마나 우리의 내면에 존재하는 하느님과 밀접한 관계성을 유지하는가에 달려 있을 것이다. 하지만 분명한 것은 모든 인간의 영혼에 존재하는 신성한 신의 이미지를 긍정할 수 없다면, 그리고 우리들 각자가 신의 절대적인 사랑의 결실이라는 것을 긍정하지 않는

333 E. Levinas, *Autrement qu'être ou au-delà de l'essence*, Paris, LGF, 1990. p. 202.

다면 인간존엄성의 절대적인 지반은 어디에서도 발견할 수가 없다는 사실이다.

4장

육화(肉化)의 마리아 (Marie de l'Incarnation)

4장
육화(肉化)의 마리아 (Marie de l'Incarnation)

1. 생애와 인물[334]

마리-귀야르(Marie Guyart)는 1599년 10월 28일 프랑스의 뚜르(Tours)에서 제과점을 경영하던 플로랑 귀야르(Florent Guyart)와 쟌느 미쉘레(Jeanne Michelet)의 4번째 자녀로 태어났다. 1617년 17세[335]의 나이로 재단사인 끌로드 마르텡(Claude Martin)과 결혼하였으나, 1619년 6개월 된 아들을 두고 끌로드 마르텡은 세상을 떠나고 말았다. 19세에 미망인이 된 마리-귀야르와 재혼을 하고자 하는 사람들

---

334 여기 제시하는 '육화의 마리아'의 생애의 사건들과 구체적인 날짜 등은 모두 다음 4권의 책을 참조하였다. Dom G. Oury, *Marie de l'Incarnation*, Les presses de l'université Laval, Québec, 1973. Marie de l'Incarnation, *Ecrits spirituels et historiques*, Paris-Québec, I & II, éd. de Dom A. Jamet, 1929, Marie de l'Incarnation, *Correspondances*, Solesmes, éd. de Dom G. Oury, 1971.

335 한국의 나이로는 18세이겠지만, 외국에서는 탄생 후 1년이 지나야 1세이므로 통상 한국의 나이보다 1살이 늦다. 여기서는 일반적으로 외국어 원저의 나이를 그대로 표기하였다.

이 많았지만 그녀는 모두 거절하고 하느님의 사랑을 선택하였다. 그녀가 그리스도에 대한 환시를 처음 본 것은 7살 때였으며,[336] 수도생활에 관심을 가진 것은 14살 때부터였다. 하지만 결혼 생활을 원하는 부모님의 뜻을 거역할 수가 없었다. 결혼 생활 중에도 마리아는 신앙과 관련된 경건한 책들을 읽으며 종교적 삶을 이어갔다. 그리고 하느님은 그녀의 삶 안에서 자신을 나타내 보이셨다.

20세 되던 1620년 4월 24일 그녀는 평생 잊지 못할 신비로운 체험을 하게 되는데, 길을 가던 중에 저항할 수 없는 힘이 그녀에게로 깊숙이 다가왔고 그녀는 길의 한가운데서 걸음을 멈추었다. 그리고 갑자기 그녀의 영적인 눈이 열리고 그녀는 자신의 모든 결함들과 불완전함들을 너무나 분명하게 보았다. 이와 동시에 그녀는 유혈이 낭자한 그리스도의 얼굴을 환시로 보게 되었다. 그녀는 당시 수녀원의 성당이었던 페이양(Feuillants) 성당에서 들어가 그곳에 있는 한 수녀에게 고해를 하였다. 이때의 경험을 마리-귀야르는 '나의 전향(ma conversation)'이라고 불렀다. 이후 그녀는 사업을 하고 있었던 그녀의 누이의 집에서 집안일을 하면서 기거하였으나, 수도생활에 대한 그녀의 갈망은 더욱 커져갔다. 1631년 1월 25일, 마침내 그녀는 12살 된 아들 끌로드를 누이에게 부탁하고 뚜르(Tours)의 「위르쉴린 공동체(La communauté Ursulines)」에 입회하였다.[337] 마리-귀야르는 수도

336 *Ecrits spirituels et historiques*에는 7살 때에 그녀가 본 그리스도의 환시와 그리스도의 초대에 대한 체험이 기술되어 있다. p. 160 참조.

337 이 공동체는 당시 유럽의 여러 나라에 있었던 것으로 삶의 양식은 여느 수도원과 동일하지만, 지역에 따라서 순결 서원만 하는 곳도 있고, 청빈, 순명의 서원을 모두 하는 곳도 있었다. 그리고 규정된 수도복이 정해지지 않은 곳이 많았다. 그리고 이미 다른 수도회에

명으로 '육화의 마리아'라는 이름을 택하였고, 1634년에는 이 공동체의 부원장이 되었다.

수도생활의 초기에는 세상 모든 이들을 위해서 복음을 선교하고자 하였던 리지외의 데레사 성녀처럼 육화의 마리아 역시 세상 모든 이들을 위해서 주님의 말씀을 전하는 꿈을 가지고 있었다. 하지만 그녀에게 있어서 세상 사람들을 위한 선교란 애초에는 오직 수도원 안에서 기도에 전념하는 것으로 생각하였다. 그녀는 단 한 번도 자신의 수도원의 문밖을 나간다는 생각을 하지 못하였다. 하지만 하느님의 이끄심은 너무나 분명하게 드러났다. 1635년 1월 초, 기도 중에 있는 육화의 마리아에게 "새로운 프랑스(la Nouvelle-France)"에 대한 환시가 보였다. 육화의 마리아는 당시의 상황을 다음과 같이 고백하고 있다. "이 모든 것이 나의 정신에 주어졌습니다. 매우 고통 받고 있는 새로운 프랑스였습니다. 나는 이곳에 가서 그리스도와 성모님의 집을 지으라는 소명을 받았고, 이 장소에 대해서 매우 강한 연민과 관심을 가지게 되었습니다."[338] 하지만 이 '새로운 프랑스'가 어디를 말하는 것인지 매우 모호하였다. 1년이 지난 어느 날 자신의 침대에서 반쯤 잠든 상태에서 하느님의 목소리가 들려왔다. "내가 너에게 보여준 그 장소는 캐나다이다. 너는 여기에 가서 그리스도와 성모님의 집

가입한 수도 성직자들도 이 회의 회원으로 활동한 사람들이 있는데, 특히 예수회 회원들이 함께 활동하는 경우가 많았다. 이에 대해서는 *Marie de l'Incarnation* (pp. 163-173)을 참조 바람.

338 *Correspondances*, p 43.

을 마련하여라!"[339] 이리하여 1639년 거의 40세가 된 마리-귀야르는 캐나다로 선교를 떠나는 새로운 소명을 가지게 되었다. 육화의 마리아는 펠트리 부인과 그들의 후원자, 그리고 세 명의 간호사들과 함께 성 요셉 호를 타고 장장 3개월의 여행 끝에 퀘벡(Québec)에 도착하였다. 그때는 1639년 8월 1일이었다.

퀘벡에 도착한 육화의 마리아는 함께 온 사람들에게 자신들의 사명을 분명히 하였다. "우리가 해야 할 첫 번째 일은 이 땅을 껴안고 우리들의 삶을 하느님께 봉사하기 위해 그리고 불행한 원주민들을 위해 소진하는 것이다."[340] 마리아와 일행들은 그곳에서 '수도원을 건립하고', '주민들의 일상을 돌보며' 그리고 무엇보다 프랑스와 미국에서 이주한 어린 '소녀들을 교육하는 데 전념하였다. 이 모든 일들을 위해서 그녀는 퀘벡의 '위르쉴린 공동체'를 건립하였다. 1645~1650년경까지 당시 미국 북동부의 아메리카 인디언 종족인 이로쿠와(Iroquois)족이 캐나다의 인디언들을 상대로 전쟁을 일으켰고, 캐나다의 인디언들이 대학살을 당하는 사건이 발생하였다. 당시 위르쉴린 공통체와 관련된 많은 사제들, 특히 예수회 사제들이 순교를 당하였고, 위르쉴린의 수도원도 화재로 불타버렸다. 프랑스에서는 많은 사람들이 육화의 마리아가 화를 당하는 것을 염려하여 디종으로 돌아올 것을 권유하였다. 당시의 캐나다의 상황으로는 육화의 마리아가 프랑스로 돌아가는 것이 유일한 해결책이라고 생각한 것이다. 하

339 *Correspondances*, p. 316.

340 *Marie de l'Incarnation*, p. 329.

지만 그녀는 이러한 권유에 대해 다음과 같이 편지를 썼다.

> 만일 우리가 죽는다면, 그리하여 우리들의 피가 죽임을 당한 인디언-크리스천들의 피와 함께 흐른다면 기뻐하십시오. [......] 예수 그리스도를 위해서 피를 흘릴 수 있기 위해서는 아직 더 많은 덕을 쌓아야 할 것입니다. [......] 아무리 내가 이러한 순교자들과 비슷하게 보인다고 할지라도 나는 아직은 이러한 순교의 영광을 누릴 자격이 없습니다.[341]

그녀는 혼란의 공포 속에서 굳건하게 버티었고, 이듬해에 다시 새 수도원을 건립하였다. 그리고 그녀는 새로 건립한 수도원의 장상이 되었다. 이후 육화의 마리아는 32년간 퀘벡에서 젊은 여성들의 교육과 성숙한 가톨릭 문화를 형성하는 데 지대한 공헌을 하였고, 특히 프랑스 사람들은 아메리카에 새로운 프랑스를 건립한 장본인이라 칭송하고 있다.

퀘벡에서 그녀는 프랑스에 남겨진 그의 외아들을 위해서 거의 평생 동안 서간을 주고받았는데, 어머니의 끊임없는 복음적 사랑에 감화를 받은 '끌로드' 역시 베네딕도 수도자가 되었다. 결혼을 하였고 아들을 둔 한 어머니가 오롯이 신의 사명을 수행하기 위해서 자신을 내어던지고 마침내 성인의 품에 들 수 있었던 경우도 매우 예외적인 경우이며, 우리는 여기서 모든 것이 가능한 신의 놀라운 섭리의 힘을 확인할 수 있다. 이러한 놀랍고도 예외적인 일이 가능한 것도 하느님의 섭리에 대한 그녀의 절대적인 신뢰로 인한 것이다. 육화의 마리아의

---

341 *Marie de l'Incarnation*, p. 516.

전기 작가인 돔 우를리(Dom G. Oury)는 이를 다음과 같이 기술하고 있다.

> '오! 하느님 만일 당신이 나의 아들을 돌보아 주시기만 하신다면, 저는 참으로 가장 비참하게 순교자가 되고 싶습니다'라고 그녀가 말하였고, 하느님은 그녀에게 끌로드에 대해서는 걱정할 것이 하나도 없다고 대답하셨다. '주님의 성령이 하느님께서 그 아이를 돌보시니 나 스스로를 괴롭힐 필요가 전혀 없다고 말씀하였습니다. 이 신성한 약속으로 인해 나의 마음에 평화가 시작 되었습니다'라고 그녀는 고백하였다.[342]

평생 동안 자신의 아들에게 보낸 서간은 '육화의 마리아'라는 자신의 이름이 의미하듯 세상을 위해 온전히 헌신한 행동가로서의 그녀의 사상과 영성의 핵심을 잘 보여주는 저작이 되고 있다. 그녀는 1672년 4월 30일 72세의 나이로 자신이 반평생을 사랑해온 퀘벡에서 평온하게 세상을 떠났다. 사후 300여 년이 지난, 1980년 6월 22일에 교황 바오로 2세에 의해서 복녀로 선포되었고, 2014년 4월 3일에 프란치스코 교황에 의해 시성되었다. 축일 날은 4월 3일이다.

2. 저작의 정신과 철학적 의미

행동가로서의 육화의 마리아는 다른 신비가들에 비해 글로 남긴

---

342 *Marie de l'Incarnation*, p. 177.

저작들이 거의 없는 편이다. 그녀가 직접 쓴 것으로는 대개가 서간들인데, 일종의 공적인 훈화의 형식으로 쓰여 진 『영적인 글들(*Ecrits spirituels*)』과 주로 아들 끌로드에게 보낸 개인적인 편지글인 『서간집(*Correspondances*)』, 그리고 이외 주로 자신의 공동체를 위해서 작성한 다양한 단편들을 모은 『영적인 관계들(*Les Relations spirituelles*)』이 전부이다. 하지만 그 분량은 매우 많은 편이어서 전기를 쓰기 위해 이러한 글들을 전집으로 출간할 때, 총 6권의 분량으로 출간되었다. 현존하는 다양한 버전의 전기는 모두 이 구체적인 자료들을 통해 저술된 것들이다.

육화의 마리아의 정신이나 영성적인 특성을 이해하기 위해서 그녀의 저작들을 살펴본다는 것은 두세 가지 측면에서 매우 의미 있는 일이다. 첫째 육화의 마리아는 우리가 알고 있는 가장 최근의 성녀이면서, 그녀의 삶 역시 교회의 사회적 참여를 강하게 요청하고 있는 현대적 요구에 잘 응답하고 있는 현대적인 신비가의 이미지를 담고 있기 때문이다. 이 현대적 신비가의 모습이란 곧 '행동하는 여성'의 이미지이다. 대부분의 신비가들이 사실은 관상수도자들이었다. 이들은 세상과 단절된 수도원의 경내 안에서 그들의 내면적인 삶을 통해 신적 현존과 일치되고 인간성의 심오한 진리를 증거 한 사람들이라고 할 수 있다. 하지만 육화의 마리아는 지구의 반대편까지 나아간 선교사였다. 그리고 가장 보잘 것 없고, 비-문명화된 이들과 함께 하면서 그들을 위해 전 생애를 헌신한 사람이었다. 두 번째는 결혼하여 아들까지 둔 여성이 관상수도자가 되고 나아가 성인품에 오른, 불가능 것을 가능하게 한 예외적인 여성이라는 점이다. 마지막으로 '육화의 마리아'라는 그녀의 이름이 말해 주듯이 신성한 신적 신비가 세상의 가장 비천한 이들 안에서 구체적인 사랑으로 결실을 맺게 되었다는 것인데, 이는 곧 '사회적 신비가'의 한 범형[凡形]이 되고 있다는 점이다.

1) 행동하는 여성

일반적으로 하느님의 섭리가 한 영혼을 부를 때, 불림 받은 이에게는 하나의 일반적인 형식이 주어진다. 이는 삶의 형식에 대한 이중성으로 우선적으로 자신의 내면적 삶을 시작한다는 것과 이러한 내면의 삶이 불행한 세상에 대한 연민으로 이어진다는 것이다. 왜냐하면 이러한 것이 진정한 사랑의 특성이기 때문이다. 이러한 관점에서 육화의 마리아는 하느님의 섭리가 이루어지기에 가장 적합한 본성을 타고났다고 말할 수 있다. 가난하고 사랑이 필요한 사람들에 대한 연민과 애착은 그녀의 타고난 본성이었기 때문이다. 그녀 스스로 이를 다음과 같이 고백하고 있다.

> 나는 가난한 이들을 좋아했을 뿐 아니라, 이들과 함께 할 때 가장 즐거웠다. 이들은 내가 그들에게 가지고 있는 연민보다 더 큰 나에 대한 동정을 가지고 있었다. [......] 나는 당시의 시간들이 주님께서 가난한 이들을 위해서 보류하신 시간이라고 생각하였다. 사람들이 나의 사랑을 거부했을 때, 나는 가장 마음이 아팠다.[343]

343 *Ecrits spirituels et historiques*, p. 180.

마음이 선량하다는 것, 그리고 천성적으로 사람들을 사랑하는 기질을 가지고 있다는 것은 그녀가 가진 가장 큰 보물이었고, 이는 하느님의 섭리가 이루어지기 위한 터전이었다. 그녀의 전기 작가인 '돔 우를리'는 "그녀의 마음의 선량함은 사람들이 그녀에 대해서 '사랑을 실천하기 위해서 태어났다'라고 할 만큼 매우 자연스러운 것이었다."[344]라고 평하고 있다. 바로 이러한 사랑의 실천이야말로 그녀에게 있어서 가장 우선적인 것이었고, 그 무엇보다 소중한 것이었다. 관상 수도자의 삶을 꿈꾸며, 그녀가 영성의 길을 선택하였을 때, 하느님은 그녀에게 지구 반대편의 미개척지인 오지로 가라고 명하였다. 이 모순된 것 같은 소명에 대해 그녀가 전혀 주저함 없이 기쁘게 받아들일 수 있었던 것도 바로 이러한 사랑의 실천이 그녀의 몸에 배인 때문이었다. 깊은 관상적 삶에서 가장 힘겨운 원시림의 원주민들에게 주님의 복음을 전하는 예외적인 사명을 받았을 때, 그녀는 전혀 고통스럽지 않았다고 말하고 있다. "그녀는 이러한 예외적인 소명에 순명하기 위해서 그녀가 고통을 받는다고 생각한다는 것은 불가능하다고 고백하였다."[345] 그녀의 마음속 깊이 존재하고 있는 하느님과의 내밀한 소통은 그녀가 어떠한 외적인 상태에 있더라도 영혼의 평화를 가질 수 있게 하였고, 그리하여 하느님의 계획이 무엇이든 기쁘게 수용할 수 있었다. "하느님은 가끔 내적인 말들(les paroles intérieurs)을 통해 육화의 마리아를 방문하곤 하였다. 이는 매우 고통스러운 상태에서도

344 *Marie de l'Incarnation*, p. 15.

345 *Marie de l'Incarnation*, p. 177.

그녀의 영혼의 가장 깊은 평화를 훼손하지 못하게 하였다. 그녀는 부드러운 환대로서 하느님의 계획들을 위해 자신을 포기하였다."[346] 그녀의 행동하는 여성으로서의 이미지는 결국 언제 어디서나 어떠한 상황 속에서도 하느님에 대한 깊은 사랑을 간직한 관상가의 그 모습에서이다. 그녀가 그 어떤 외적인 일도 할 수 있다는 것은 역설적으로 그 어떤 상황 속에서도 하느님에 대한 그녀의 사랑을 간직할 수 있다는 것을 의미하는 것이다.

> 우리들의 선하신 주님께서 나에게 건강을 허락하셨습니다. 그래서 저는 캐나다에서 다양한 업무를 수행할 수 있게 되었습니다. 이는 시간적인 일들입니다. 하지만 혼란 중에 나에게 진정으로 휴식을 주는 것, 그것은 하느님께서 모든 곳에 계신다는 것입니다. 하느님을 현실적으로 사랑하는 것을 방해하는 그 어떤 (외적인) 일도 있을 수 없다는 것입니다.[347]

결국 우리는 육화의 마리아에게 있어서 관상가로서의 마리아의 모습과 행동가로서의 마르타의 모습은 불가분하게 일치되어 있음을 볼 수 있다. 그녀에게서 침묵과 내적인 평화 중에 깊이 묵상에 잠겨 있는 마리아의 모습을 제거해 버린다면, 끊임없이 사랑을 실천하는 마르타의 모습도 사라지고 말 것이다. 그녀는 자신의 내밀한 갈망에 대해 다음과 같이 말하고 있다. "나는 마침내 죽음을 준비하기 위해서 휴식을 생각합니다. 내가 이를 말하면 사람들은 웃습니다. 왜냐하

346 *Marie de l'Incarnation*, p. 205.

347 *Correspondance*, pp. 588-589.

면 사람들은 저에게서 마치 행동을 사랑하는 한 사람을 보기 때문입니다. 나는 이를 기쁨도 슬픔도 없이 말하고 있습니다."[348] 매일같이 열정적으로 행동하는 모습의 이면에 그녀의 마음속 깊이 항상 갈망하고 있었던 것, 그것은 주님 안에서 깊은 휴식을 가지는 것이었다. 이 모순된 것 같은 사태는 '육화의 마리아'라는 독특한 인격이 지니고 있는 예외적인 모습이다.

2) 순수성에 대한 추구

일반적으로 신적 현존과의 일치를 추구하는 신비가들은 반드시 정화의 과정을 거친다. 그리고 이 정화의 과정은 영혼이 신과의 일치를 이루기 위해서 신의 현존에 적합한 순수성을 회복하는 것으로 나타나고 있다. 육화의 마리아에게 있어서 이러한 순수성은 점진적이며 다양한 방식으로 이루어지는데, 그 본질적인 측면은 하느님 앞에서 자신의 '무성[無性]'을 자각하는 것으로 나타나고 있다. 그녀는 "당시 '나는 아무것도 아니지만, 전부이신 그분에게 고유한 존재이다(je suis le rien, propre pour le Tout)'는 이 비전이 나의 정신에 각인되어 있었다"[349]라고 말하고 있다. 무한한 신적 현존 앞에서 자신은 먼지와도 같이 아무것도 아님을 자각하지만 그럼에도 하느님에게 자신은 고유한 존재, 즉 세상에 하나밖에 없는 소중한 존재로서 자각하고 있는 것이다. 하느님이 아니라면 자신은 세상에서 존재 의미도 없겠지

348 *Correspondance*, p. 638.

349 *Marie de l'Incarnation*, p. 186.

만, 하느님으로 인해 자신이 빛을 발하고 무언가 위대한 존재임을 느끼게 되는 것이다. 그녀는 또 "내가 전부이신 그분에게 고유한 존재라는 것을 안다는 것은 나의 영혼의 상승을 유발하였다. [......] 이는 또한 내가 나를 낮추는 행위를 더 많이 하게 하였다."[350]라고 말하고 있다. 하느님에게 고유한 존재라고 느끼는 이 확신, 그리고 이를 자각하는 것으로 인해 더욱 자신을 낮추는 행위를 많이 하게 되는 이러한 것은 진정 복음서의 덕이다. 세례자 요한은 그리스도의 위대하심을 미리 알고서 "그분은 더욱 커지셔야 하고, 나는 더욱 작아져야 한다(요한 3: 30)"라고 외쳤다. 아마도 신의 위대함을 진정으로 체험한 사람이라면 누구라도 이렇게 외칠 수밖에 없을 것이다.

육화의 마리아에게 있어서 순수성의 회복이 구체적인 방식으로 나타나는 다른 한 국면은 '자신의 죄에 대한 자각과 회개'이다. 이러한 회개는 '내적인 빛의 은총'으로 주어지는데, 이에 대해 그녀는 다음과 같이 말하고 있다. "다른 어떤 성찰도 없이 나의 모든 죄가 갑자기 나의 눈앞에 나타났고, 이와 마찬가지로 내가 하느님으로부터 받은 모든 은총들이 갑자기 나타났다."[351] 그리고 또 다른 곳에서는 다음과 같이 기술하고 있다.

> 가끔 나는 다양한 이유로 내가 완전히 변화하는 상태의 변화를 보았습니다. 여기서 나는 내가 영성의 길을 가도록 하느님에게 불림을 받은 이후 지금까지 내가 범한 모든 잘못, 모든 불완전함, 모든 불순

350 *Marie de l'Incarnation*, pp. 186-187.

351 *Ecrits spirituels et historiques*, p. 327.

함을 보게 되었습니다. [......] 이 길을 아시는 분은 오직 하느님의 정신뿐이며, 이 불순함들을 부셔버릴 수 있는 것은 매우 밀도 있고 섬세한 당신의 불과 당신의 전능한 힘뿐이십니다. 하느님께서 이를 원하실 때 그리고 이러한 작업이 당신의 마음에 드실 때, 이는 천둥보다도 더 강력한 일종의 연옥이 됩니다.[352]

가끔 사람들은 자신의 죄와 결함들을 없이 하려고 엄청난 고뇌와 함께 노력하고 있다. 그런데 자주 사람들은 이러한 정화의 노력을 하느님 없이 스스로 하려고 하면서 오류에 빠지곤 한다. 사실상 크리스천의 관점에서 보자면 근본적으로 나약한 본성과 죄의 경향성을 가진 인간으로서 스스로 순수한 존재가 되려고 노력한다는 그 자체가 일종의 교만이다. 육화의 마리아는 우리에게 정화의 올바른 길을 보여주고 있는데, 그것은 곧 하느님께서 은총으로 손수 우리에게 이러한 정화를 감행하시도록 한다는 것이다. 그 누구도 억지로 회개를 할 수는 없을 것이다. 진정한 회개란 하느님이 원하시는 때에 하느님이 원하시는 방식으로 이루어지는 것이다. 회개는 우리 자신이 하느님에게로 다가가는 방식이라기보다는 하느님께서 영혼들의 마음을 얻기 위해서 내려주시는 은총이다. 즉 회개의 진정한 의미는 인간이 스스로 깨끗한 사람이 되고자 욕구하는 것에 있는 것이 아니라, 우리의 마음이 하느님에게로 향한다는, 하느님께서 우리의 마음을 얻으시고자 한다는 그것에 있다. 육화의 마리아는 이를 위해서 하느님이 사용하시는 '감탄할 만한 고안'에 대해서 말하면서 자신을 가장 크게 감동

352 *Ecrits spirituels et historiques*, pp. 378–379.

시키는 일들이라고 말하고 있다.

> 나의 마음을 가장 크게 감동시킨 것은 나의 마음을 얻기 위해서 하느님께서 사용하신 '감탄할 만한 고안(l'invention admirable)'이었습니다. 말하자면 그것을 통해서 당신 스스로 나를 들어 올리시고 나를 이끌어 가시는 그분의 놀라운 빛들 혹은 말씀들입니다. 이는 매우 부드럽고 매우 개별적인 사랑으로 나를 은총의 길들로 인도하시고, 나의 견해로는 이러한 이끄심은 하느님 작품들 중에서 최고의 것이라 생각됩니다.[353]

그리고 이러한 하느님의 작품들이 자주 반복될 때, 어느 순간부터 그녀는 일상을 '하느님에게서 호흡하는 방식'으로 살게 되었다고 고백하고 있다. "내가 식당에 들어섰을 때, 복음의 낭송은 나의 감각을 멈추게 하고, 하느님에 대한 지속적인 관심 안에 있게 하였다. [……] 나에게 있어서 이는 강렬하고 열정적인 방식으로가 아닌 나의 마음에서 부드럽고 신중하게, 그리고 하느님에게서 호흡하는(aspirant à Dieu) 방식으로 이루어졌다."[354] 하느님에게서 호흡한다는 표현은 매우 문학적인 표현이지만 순수성을 회복한 신비가들의 삶의 방식을 아주 적절하게 표현하고 있는 것 같다. 비록 실제로 하느님과의 존재론적으로 영적인 일치를 가지지는 못하였다고 하더라도 매 순간을 숨을 쉴 때마다 하느님을 생각하고 하느님과 함께하고자 하는 영혼, 밥을 먹을 때도, 사람들과 대화를 할 때도, 길을 가다

353 *Marie de l'Incarnation*, p. 251.

354 *Ecrits spirituels et historiques*, p. 336.

가 낯선 사람을 만났을 때도, 어떤 중대한 결정을 할 때에도 하느님과 함께 하고자 의식하는 영혼, 자신은 아무것도 아니어서 오직 하느님께서 모든 것을 하시도록 마음의 문을 하느님께 활짝 열려져 있는 영혼의 모습이 어떻지를 생각한다는 것은 그 생각만으로 마음이 흐뭇해진다. 이러한 그녀의 일상적인 삶은 그것이 무엇이건 하느님의 뜻이면 전혀 주저함 없이 수용할 수 있는 마음의 자유를 가지게 한 것이다. 그녀는 "하느님께서 나를 지구의 극단으로 보내고자 하신다면, 나의 나라는 바로 이곳이 될 것입니다."[355]라고 말하고 있다. 그리고 이 고백을 실제로 삶 안에서 현실이 되게 하였다. 그렇기 때문에 육화의 마리아에게 있어서 세상에서 가장 중요한 일은 한 영혼이 완전히 하느님에게 속하게 되는 일이었다. 아들 끌로드가 수련기를 마치고 허원을 할 당시 육화의 마리아는 그 기쁨을 편지로 전하였는데, 편지글 중에서 다음과 같이 다름과 같이 기술하고 있다. "당신은 신성한 수도 허원을 통해서 완전히 하느님에게 속하게 되었다는 것을 믿을 수 있습니다. 나의 마음은 생전에 내가 접한 그 어떤 소식보다도 더 큰 위안을 가지게 되었습니다."[356] 근본적으로 연약하고 죄의 경향성을 타고난 이기적인 한 인간이 세상의 것을 완전히 벗어 버리고 온전하게 하느님의 사람으로 된다는 것, 이것이 육화의 마리아가 늘 생각했던 '순수성'의 의미였던 것이다. 그리고 이러한 순수성의 회복이 되는 것을 본다는 것은 세상 그 어떤 것보다 더 기쁨과 위

355 *Ecrits spirituels et historiques*, p. 50.

356 *Marie de l'Incarnation*, p. 369.

로를 주는 것이었다. 이러한 그녀의 정신은 죽음에 이르기까지 한결같이 지속되었는데, 임종하기 전 큰 병에 고통을 당하면서도 그녀는 자신의 고통을 그리스도의 고통에 일치시키면서 세상의 그 어떤 것보다 현재 자신이 당하는 고통이 사랑스러운 것이라 생각하고 받아들이고 있다.

> 나의 처지는 매우 양호합니다. 왜냐하면 십자가들은 곧 주님의 즐거움이기 때문입니다. 나는 나의 큰 병으로부터 결코 벗어나길 원치 않습니다. [......] 이 십자가들은 매우 사랑스럽고, 이 고통들은 지상의 그 어떤 보석들이나 감미로움들보다도 더 소중합니다. 가장 순결한 이들보다 더 소중한 것입니다.[357]

3) 사회적 신비가

이 세상에는 부정할 수 없는 두 가지 역사적인 흐름이 있다. 하나는 순수하게 인간의 역사이고 다른 하나는 신의 섭리 혹은 하느님의 사랑의 역사이다. 그런데 관상과 활동의 긴밀한 일치는 이 세상 안에서 인간사적 삶의 지평과 신성한 초월적인 삶의 지평에 대한 일치의 비전을 가능하게 한다. 우리는 세상의 모든 일들을 순수하게 인간적인 관점에서만 바라볼 수도 없지만, 또한 모든 것을 신의 섭리라는 관점에서 바라볼 수도 없을 것이다. 따라서 하나의 역사적 사건에는 항상 순수하게 인간적인 관점에서 바라볼 수도 있는 여지도 있고, 이 동일한 역사적 사건에 대해서 신의 섭리적 관점에서 바라볼 수도

357 *Correspondance*, p. 790.

있다. 그런데 만일 누군가 어떤 일들이 순수하게 인간적인 일들이며, 또 어떤 일들이 하느님의 사랑의 섭리로부터 온 것들일까? 이를 판별하는 어떤 기준이 있는 것인가? 라고 묻는다면, 그 식별의 기준 역시 매우 주관적이고 모호할 수밖에 없다고 해야 할 것이다. 왜냐하면 어떤 의미에서 하나의 사건이나 사실이 신의 섭리인가 아닌가 하는 문제는 이를 바라보는 주체의 조건에 달린 문제이기 때문이다. 예를 들어 하나의 큰 선행을 한 사람에게 있어서 이 '선행'의 의미가 순수하게 인간적인 것인가 아니면 하느님의 섭리와 관련된 것인가 하는 것은 그가 가진 믿음이나 영성적인 삶의 내면적인 조건에 전적으로 달려 있을 것이기 때문이다.

육화의 마리아에게 있어서 가장 큰 관심사는 자신의 영성적인 삶이 항상 사회적 관심사와 연결되기를 바랐다. 그것은 곧 선의 실천이었다. 그녀는 아들 끌로드에게 보낸 편지글에서 개별적이고 내밀한 기도가 선의 실천을 유발할 것이라고 말하고 있다.

> 다른 어떤 것도 생각하는 것 없이, 영혼을 하느님에게 연결해 주는 기도(Oraison)는 이 기도가 덕의 실천을 강화해 줄 때 매우 좋은 것입니다. 왜냐하면 현실적인 기도 안에서 우리가 이러저러한 덕을 생각하지 않겠지만, 그럼에도 실천이 하느님으로부터 올 때 여러 가지 기회들이 기도의 효력을 나타낼 것이기 때문입니다. 공동의 기도에서 그러한 것보다 훨씬 더 강하게 개별적이고 내밀한 기도 안에서 선에로의 경향성이나 운동을 하느님께서 영혼 안에 유발할 것이기 때문입니다.[358]

358 퀘벡에서 아들에게, 1655년 10월 12일자 편지글 중에서

그리고 이러한 선의 실천에 대한 갈망은 그녀의 정신을 전 세계를 품에 안는 보편적인 사랑을 간직하게 하였다.

> 나의 육체는 우리들의 수도원에 있었습니다. 하지만 그리스도의 정신에 연결되어 있었던 나의 정신은 수도원에 갇혀 있을 수 없었습니다. 그리스도의 정신은 정신에 있어서 나를 인도로 일본으로 아메리카로 그리고 동방과 서방세계로 나아가 사람이 살 수 있는 모든 곳으로, 제가 볼 때 이성적이고 그리스도의 정신에 속하는 모든 영혼들에게로 데려갔습니다.[359]

그리고 그녀는 실제로 지구 반대편의 비-문명화된 원시림으로 갔고 그곳 원주민들을 위해 평생을 헌신하였다. 이러한 그녀의 행동은 단지 믿음과 실천의 일치를 의미하는 것은 아니다. 그것은 이 세상의 사회들에서 발생하고 있는 일들이 신의 신성한 섭리의 역사 안에서 이루어지고 있다는, 모든 인간사의 일들이 하느님의 섭리와 무관하지 않다는 어떤 강한 내적인 혹은 실존적인 느낌에 의한 것이다. 그래서 다른 그녀가 세상사에 대한 시선은 다른 사람들과 달랐던 것이다. 1663년 퀘벡 지역에는 엄청난 지진이 일어나 재앙이 시작되었다. 그 재앙은 40일간 지속되었고 너무나 많은 사람이 목숨을 잃었다. 이러한 재앙은 그녀로 하여금 자신의 내적인 비움을 한층 강하게 하였다. "나는 나 스스로를 비우고 세상의 모든 것으로부터 물러나는 행위를 이토록 철저하게 감행해 본 적이 없었습니다. 당시 나는 하느님께서 심판을 하신다는 감정을 지울 수가 없었습니다. 이 감정은 어

359 *Marie de l'Incarnation*, p. 254.

떤 위대한 것을 찬미하고 축복하도록 하는 마음을 가지게 하였습니다."[360] 하나의 재앙을 단지 자연재해로 본다는 것은 '우연한 불행' 이외의 아무것도 아니다. 하지만 이를 하느님의 심판으로 본다는 것은 다른 의미를 창출하게 된다. 선과 악, 의로움과 불의함, 그리고 인간의 운명에 대해서 생각할 수 있게 하는 것이다. 이는 마치 '온난화 현상'을 단순한 기후의 변화로 볼 수도 있지만, 인간의 탐욕과 부-도덕함의 결과로 인한 자연의 분노로 볼 때, 보다 큰 의미를 가지게 되는 것과 같다.

퀘벡의 지진을 겪은 후 그녀는 하느님 앞에서 전혀 다른 모습으로 나서게 되었다. "육화의 마리아는 우리들의 눈앞에서 일어나고 있고 모든 사람들을 위협하는 처벌을 하도록 한 사람들의 죄악의 속죄자가 되고자 한 것이다."[361] 아마도 무신론자의 입장에서 보자면 이러한 생각 자체가 일종의 자아도취라고 하겠지만, 신앙인의 눈에는 이러한 일은 거룩한 것이다. 왜냐하면 이러한 속죄자로서의 나섬은 곧 신 앞에 나선다는 것을 의미하기 때문이며, 신과 인간의 새로운 관계 정립의 한 형태가 되기 때문이다. 리지외의 데레사가 어린 시절에 한 불행한 사형수의 이야기를 알고서 그 사형수를 살려만 준다면 자신은 하느님의 사람, 즉 수녀가 될 것이라고 약속하였는데, 그 다음날 그 사형수가 사형을 면하게 되었다고 한다. 신앙인이 아닌 사람이라면 누구도 이러한 사형의 면제가 한 어린이의 신과의 약속의 결과라

---

360 *Marie de l'Incarnation*, p. 561.

361 *Marie de l'Incarnation*, p. 561.

고 믿지는 않을 것이다. 신앙인일지라도 이러한 사실을 믿지 못하는 사람도 분명 적지 않을 것이다. 그런데 중요한 것은 어린 데레사의 기도 덕분에 사형수가 살게 되었는가 아닌가 하는 것이 아니다. 어쩌면 본질적인 것은 이러한 것이 아니다. 중요한 것은 하나의 사회적인 현상 안에서 하느님과의 어떤 관계성을 유발하는 그 무엇을 발견하게 하는 영적인 시선이다. 진정한 신비가에게는 이 세상에 발생하는 그 어떤 일들도 하느님의 섭리와 무관한 것은 아무것도 없을 것이기 때문이다. 세상 그 어떤 것도 인과와 업[業]의 사슬에서 벗어나 있는 것은 없다고 생각하는 불교신자처럼, 한 신비가는 세상의 그 어떤 일도 신의 시선을 비켜가는 것이 없기에 자신에게도 무의미한 것이 아니라고 보는 것이다. 사회적 현상의 모든 일들을 하느님의 섭리의 시선으로 보고 인간사 안에서 발생하는 구체적인 다양한 인간의 불행들을 모성으로 껴안고자 한 것, 이것이 바로 '육화'의 진정한 의미일 것이다.

그녀는 인간사회 안에서의 하느님의 현존을 '정의와 덕'이 존재하는 모든 것 안에서 보았다. 그리하여 누구보다 사회적 정의의 덕행의 실천에 대해 고민하였다. 행동가로서의 그녀의 모습은 곧 사회 안에 하느님의 정의를 실현하는 방편이었다. 아들 끌로드에게 보낸 편지에는 그녀의 이러한 정신이 잘 드러나고 있다.

> 하느님께 대한 순명이 당신에게 요구하는 사명의 흔적은 바로 이러한 것입니다. 이러한 사명이 당신으로 하여금 당신이 추구하는 일들에서 정의를 사랑하고 다른 덕들을 사랑하게 하는 것입니다. 그러나 불행히도 누가 이 지상의 일들을 교정해 가면서 불순함을 제거하

려고 하겠습니까? 누가 자주 가시들을 만지면서 이 가시에 찔려 고통 받고자 하겠습니까? 나의 친애하는 아들이여, 바로 여기에 나의 고통의 주제가 있습니다. 왜냐하면 사람들이 볼 수 있는 하느님의 현존은 그토록 많은 수치심으로 지나가 버리는데, 이를 접하지 않기가 불가능하기 때문입니다. 하지만 하느님께서 이들을 사랑하지 않으시고 내버려 두시는 것은 차라리 잘된 일입니다. 왜냐하면 이들로 인하여 고통당하는 것은 보다 큰 덕의 기회를 주는 것이기 때문입니다.[362]

자신의 영혼의 내밀한 삶이 구체적이고 현실적인 사회 안에서 실제로 눈에 보이는 방식으로 열매를 맺게 하고자 한 이러한 육화의 마리아의 정신을 우리는 '사회적 신비주의(Mysticisme social)'라고 부를 수 있을 것이다. 이러한 사회적 신비주의의 입장에서 보자면 매일 벌어지고 있는 이 세상사는 곧 신의 신성한 섭리가 구체적으로 실현되는 장소이며, 여기서 그 어떤 것도 신의 섭리와 무관한 것은 없는 것이다.

1665년 여름 그녀가 열병에 시달리고 있을 때, 건강은 급속히 나빠졌고 식욕을 완전히 잃었다. 그녀는 거의 모든 활동에서 물러나게 되었다. 하지만 아들 끌로드에게 쓴 편지에는 놀라운 말을 하고 있다. "그런데 이 모든 것이 나에게는 과거에 비해서 마치 장미들 같이 보인다. 나는 지팡이의 도움을 받아서 집안을 걷고 있다. 나는 여전히 소임에 임하고 있지만, 4시의 새벽기도에는 참석하지 못하고 있다. 왜냐하면 이 시간에는 내 병이 나에게서 자신의 소임을 하고 있

---

362 퀘벡에서 아들에게, 1659년 10월 11일자 편지글 중에서

기 때문이다."[363] 자신에게 일상의 삶을 박탈하고 고통만 유발하는 병에 대해서 병이 자신의 소임을 다하고 있다는 표현은 참으로 재미있는 표현이다. 그리고 여기서 우리는 '그 어떤 것도 신의 섭리와 무관한 것은 없다'고 믿는 그녀의 정신을 다시 확인할 수 있다. 그리고 그것이 무엇이건 하느님의 섭리 안에 순종하는 모든 것은 거룩한 것이라는 그녀의 정신을 발견할 수 있다.

육화의 마리아의 시성식을 앞두고 뉴만 추기경(cardinal Newman)의 그녀의 존재 의미에 대한 찬가는 참으로 아름답다.

> 나는 오직 나만이 될 수 있고 나만이 할 수 있는
> 그것을 위해서 창조되었습니다.
> 나는 하느님의 계획들 안에서 그 어떤 다른 사람이 차지할 수 없는
> 오직 나만이 차지할 수 있는 그 자리를 가지고 있습니다.
> 부자이거나 가난하거나, 사람들로부터 존경을 받거나 경멸을 받거나,
> 하느님은 나를 아시고 나의 이름을 위해 나를 부르십니다.
> 하느님은 당신을 위해 하나의 일을 맡기시려고 나를 창조하셨습니다.
> 하느님은 그 어떤 다른 사람에게도 맡기지 않은
> 하나의 작품을 나에게 맡기셨습니다.
> 하느님의 계획들을 완성하기 위해서
> 어떤 식으로든지 나는 하느님에게 필연적인 존재입니다.

363 *Marie de l'Incarnation*, p. 555.

3. 육화의 마리아의 정신과 현대 철학의 비전
– 인격주의와 사회적 신비주의 –

육화의 마리아는 아마도 우리로 하여금 우리들의 시대를 더 잘 알 수 있도록 도와주며, 우리에게 새로운 희망의 불을 지펴 주고 있다고 말할 수 있다. 현대 시대에는 그 어느 때보다도 '사회적 참여'가 요청되는 시대이며, 종교의 사회적 책임에 대해 고민이 깊어지는 시대이다. 관상과 활동의 완전한 일치를 지향한 그녀의 삶은 이러한 고민에 한 줄기 빛을 가져오면서 인간의 내적인 삶과 사회에 대한 책임성이라는 이중의 진리를 잘 보여주고 있다. 특히 그녀의 삶과 정신에 번득이고 있는 것은 철학적인 용어로 '인격주의(le Personnalisme)'라고 하는 것이다. 인격주의는 프랑스 철학자 엠마누엘 무니에(Emmanuel Mounier)가 고유한 사상으로 발전시킨 것으로 크리스천 영성이 어떻게 이러한 사회적 요청에 올바르게 부합하는가를 보여주고 있는 사상이다. 그는 우리들의 영성적인 특성이 사회성 안에서 결실을 맺기 위해서는 '인격화되기(personnalisation)'가 우선적으로 전제된다고 생각하였는데, 그는 "개별성(l'individualité)은 흩어짐이며, 인격(la personne)은 통합성이다."[364]라고 말하였다. 이러한 인격에 대한 그의 사유는 진정한 사회적 행동이란 결코 대중의 철학적 신념으로 실현될 수 없으며, 각자가 깊은 내적인 삶 안에서 일종의 사명으로 받아

---

364 Emmanuel Mounier, *Manifeste au service du personnalisme*, paris, éditions du Seuil, 2000, p. 71.

들일 때만이 가능하다고 보았다.

> 오직 개별적인 인격자만이 그의 구원에 대해 책임이 있으며, 사라져 버린 정신(esprit)에 정신을 가져오는 사명을 다시 취할 수 있다. 대중이란 오직 필요한 환경적인 조건들만을 형성할 뿐, 결코 창조적일 수가 없다.[365]

그 어떤 경우에도 '소명' 혹은 '사명감'이 대중적인 집단의식으로부터 주어질 수는 없다. 대중은 개별자로 분리되는 순간 마치 부서진 벽돌의 모래알처럼 무기력하고 나약하기 짝이 없다. 하지만 개인의 개별적이고도 깊은 내적인 체험으로부터 주어진 사명감은 대중과 분리되어도 전혀 흔들림이 없다. 하지만 한 개인이 지닌 소명이 소명인 한 여기에는 '공동체'와의 긴밀한 정신적인 유대를 필연적으로 가정하고 있다. 왜냐하면 소명이란 그것을 위해 자신의 삶을 헌신하는 그 공동체를 위한 것이기 때문이다. 바로 여기에 영적인 삶에서 공동체와의 필연적인 정신적인 유대가 있다. 크리스천에게 있어서 이러한 정신적인 유대는 그것이 민족이든, 지역사회든, 종교적 집단이든 동일한 신의 자녀로서의 공동체성에 기인한다. 사실 크리스천의 시각에서 하나의 행동이 진정한 행동이 되기 위해서는 영성적인 동기로부터 출발하여야 하고, 나아가 그 궁극적인 목적도 영성적인 것이 되지 않으면 안 된다. 그렇기 때문에 진정한 행동가는 진정한 관상가여야 한다. 그리고 이러한 관상가의 모습을 엠마누엘 무니에는 '인격

365 *Manifeste au service du personnalisme*, p. 63.

(personne)'이라고 불렀다. 이 인격에는 한 개인의 개별적인 조건들, 사회 문화적인 지반들, 그리고 영적인 지평의 제 관계들이 모두 통합되어 있는 그러한 존재이다. 이러한 통합된 존재의 행동은 결국 궁극적으로 인간의 사회 역사적인 제 사건들을 하나의 영적인 질서에서 통합하는 것을 의미한다. 프랑스의 국민으로서, 한 아이의 어머니로서, 한 공동체의 일원으로서 나아가 소명을 부여받은 하느님의 사도로서 육화의 마리아는 이 모든 것을 자신의 내밀한 영적인 삶에 통합시켰다. 그리고 자신이 존재하고 있는 사회의 사회적 불행과 고통을 완전히 자신의 것으로 받아들였다. 바로 이러한 것이 '인격'이라는 것이다. 그렇기 때문에 인격의 의미 안에는 영성적인 것과 사회적인 것, 내적인 삶과 도덕적 실천이 나아가 자신이 몸담고 있는 인간사회의 전체적인 의식과 매우 긴밀한 연대성을 유지하고 있다.

> 사회 구성원들이 인간적이라는 의미를 취할 수 있으며, 이들의 자유와 재능들이 서로 협력하는 것은 개인들을 인격화 하면서이다. [......] 영성적인 방법의 기술을 추구한다는 것과 행위의 조건과 분리하여서는 안 되며, 우리로 하여금 내적인 정화와 도덕적인 표현을 겹치게 하여야 한다. 가치 있는 행동은 각각의 의식이 전체적인 의식과 그 백성의 총체적인 드라마를 통해서 성숙한 것뿐이다.[366]

육화의 마리아가 모든 것 안에서 추구한 것은 결국 하느님의 섭리를 이루는 것이었다. 그녀는 마지막까지 그의 아들에게 바란 것이 그가 하느님의 사람이 된다는 그것에 있었다. 단순히 아들의 행복을

---

366 Emmanuel Mounier, *Le personnalisme*, Paris, PUF, 1961, p. 91.

바라는 것이 아니라, 그가 인간의 궁극적인 사명인 영적인 실재를 추구할 수 있도록 바랐고, 그것을 기뻐하였다. 그리고 그녀의 사회적 참여에는 항상 '정의와 덕'에 기초해 있었다. 자신이 속해 있는 사회의 정의와 행복에 대한 염려는 육화의 마리아의 영성적 삶에 본질적인 '영적인 실재'를 이루고 있다. 엠마누엘 무니에는 오늘날 모든 영역에서 이러한 '영적인 실재'를 지향하는 것만이 새로운 사회적 질서를 기초할 수 있다고 역설하고 있다.

> 노동과 산출을 넘어서는 무엇을 지향하는 일만이, 유용성을 넘어서는 어떤 것을 지향하는 학문만이, 즐거움을 넘어서는 어떤 것을 지향하는 예술만이, 결국 각자를 자기-자신을 넘어서는 것에로 데려가는 '영성적인 실재(réalité spirituelle)'에 헌신하는 인격적인 삶만이 죽은 과거의 무게를 털어버리고 진정으로 새로운 질서를 기초할 수가 있는 것이다.[367]

우리는 육화의 마리아의 삶과 정신에서 철학자 엠마누엘 무니에가 그려내고 있는 '인격주의'라는 개념에 가장 일치하는 구체적이고 이상적인 한 인물을 발견할 수 있다고 생각할 수 있다. 다만 철학자로서 무니에가 사회적 행동과 실천이 어떠한 방향으로 지향되어야 하는가를 고민하였다면, 신비가로서의 육화의 마리아는 내적이고 영적인 삶이 어떻게 사회적 실천에로 올바르게 나아가야 하는가를 고민하였다고 할 수 있다. 이 두 사람에게 차이점은 서로의 출발점이 다르다는 것이며, 공통점은 이 두 다른 지평을 하나로 통합한다는 그

367 *Manifeste au service du personnalisme*, p. 23.

것이다. 그리고 이러한 노력들 안에서 발견되는 것은 곧 '인간의 존엄성과 인격의 고양'이다.[368]

영성적인 삶과 사회적 실천의 일치를 '인격'의 개념을 통해서 이루어내는 이러한 철학적 사유는 '사회적 신비주의'라는 새로운 개념을 가능하게 한다. 이는 사회적 현실에서 발생하고 있는 모든 사건들, 모든 사태들에 대해서 영적인 시선으로 보다 구체적으로는 신비가의 시선으로 바라볼 수 있다는 것을 의미한다. 엠마누엘 무니에는 사회적 사건들을 바라보는 두 관점을 '정치적인 지축'과 '예언적인 지축'이라고 말하면서 완성된 행동은 이 두 가지 지축을 모두 가지고 있는 것이라고 보고 있다. "그런데 대중의 삶에 충격을 주는 것이라는 현재 통용되고 있는 행동이라는 의미는 '정치적인 지축'과 '예언적인 지축'의 균형을 다시 회복하고 이 둘 사이의 보다 내밀한 관계성의 지반을 가지지 못한다면 존재할 수 없을 것이다. 완성된 행위의 인간은 이러한 이중의 지축을 가지고 있는 사람이다."[369] 물론 영성가의 입장에서 사회적 사건들에 대해서 영적인 시선을 통해 바라볼 수 있겠지만, 이를 정치적인 관점에서 바라본다는 것은 쉬운 일이 아니다. 하지만 사회적 사건들에 대해서 역사적, 민족적, 정치적인 관점, 즉 순수하게 사회적인 관점에서 바라본다는 것도 그 행동의 효력성을 위해서는 매우 중요한 것이다. 그럼에도 영성가는 정치인들의 근심과

---

368 "그런데 인간이 무언가 고안을 하고 조직을 구성할 때, 만일 이러한 행위 안에서 자신의 존엄성과 동료애와 유용성을 넘어서는 고양을 전혀 발견할 수 없다면 결코 만족할 수 없을 것이다. 오직 이러한 조건 아래서만 인간은 무언가 조직을 구성하는 것이라고 심리학자들은 말하고 있다." *Le personnalisme*, p. 93.

369 *Le personnalisme*, p. 97.

는 언제나 다른 것이다. "만일 예언자가 효력성에 대해서 무관심하지 않다면, 그럼에도 그는 이 효력성을 마치 정치인들처럼 그렇게 계산하지는 않는다. [......] 어떠한 행위도 효력성에 대한 근심을 완전히 무시하거나 영성적인 삶의 관계를 완전히 무시하지 않는다."[370] 사회적 제 사건들에 있어서 항상 '영성적인 삶의 관계'를 염두에 두고 주시하고 근심을 저버리지 않는 정신, 그리고 이러한 인간 사회의 다양한 불행과 고통들에 있어서 항상 신의 섭리를 발견하고자 하는 정신, 바로 이러한 정신이 '사회적 신비주의'라 불릴 수 있는 것이며, 육화의 마리아의 삶과 정신에서 우리가 길어낼 수 있는 하나의 빛인 것이다. 이러한 '사회적 신비주의'에 대한 요청을 우리는 엠마누엘 무니에의 다음과 같은 예언적인 목소리에서 잘 감지할 수 있다.

> 신의 정치(théocratie)도 자유주의(libéralisme)도 아닌, 초월성(transcendance)과 육화(incarnation)의 엄밀한 이원성에로 복귀해야 한다. [......] 크리스천이즘의 위기는 크리스천의 동일성에 대한 역사적 위기만이 아니라, 보다 포괄적으로 서구 유럽 사회에 만연하는 종교적 가치들의 위기이다.[371]

370 *Le personnalisme*, pp. 96–97.

371 *Le personnalisme*, p. 121.

5장

잔느-마리 귀용 (Jeanne-Marie Guyon)

5장

쟌느-마리 귀용 (Jeanne-Marie Guyon)

1. 생애와 인물[372]

흔히 귀용 부인(Madame Guyon)[373]으로 널리 알려져 있는 이 신비가의 어릴 적 이름은 쟌느 마리 부비에(Jeanne-Marie Bouvier)였다. 그녀는 1648년 4월 13일에 프랑스의 몽따르지(Montargis)의 한 유복한 집안에서 태어났다. 그녀의 어린 시절에 대해서는 잘 알려진 바가

---

372 여기 제시하는 쟌느-귀용의 생애에 관한 구체적인 사건들과 날짜들은 다음 3권의 책을 참조하였다. 일종의 『자서전』 격인, Madame Guyon, *La vie de Madame Guyon par elle-même* (Paris, Dervy Livres, 1983 & Chez Jean de la Pierre, 1720)를 주로 참조하였고, Madame Guyon, *Le moyen court* (Paris, Jérôme millon, 1995)와 Madame Guyon, *Écrit sur la vie intérieure* (Paris, Arfuyen, 2012)의 서문에서 보충하여 참조하였다.

373 통상 귀용 부인(Madame Guyon)으로 알려진 이 신비가의 어릴 적 이름은 '쟌느-마리 부비에'였으며, 결혼 이후에는 "쟌느-마리 귀용"이 되었다. 미망인이 된 이후에는 통상 '귀용 부인'으로 알려져 있는데, 이는 "부인(Madame)"이라는 호칭이 프랑스에서는 매우 높은 존칭으로 사용되고 있기 때문이다. 하지만 한국적 상황에서 '부인'이라는 호칭은 신비가나 학자적인 사람을 지칭하는 의미가 부각되지 않으므로, 이 책에서는 원래 이름인 쟌느-마리 귀용 혹은 간단히 '쟌느-귀용'이라고 칭하였다.

없지만 자서전에서 묘사하는 것을 보면 17세기 후반의 지방 여성의 사회적 상황에 따른 비참하고 힘겨운 삶을 살아야 했다. 오직 장남만을 생각하는 어머니 밑에서 가족의 관심에서 배제되었고, 교육을 전혀 받지 못하였으며 게다가 병약하였다. 그녀는 자신의 어린 시절에 대해서 스스로 "나는 나쁜 것들로 이루어진 천 조각이었다."[374]라고 고백하고 있는데, 그 이유는 병약한 건강 때문이었다. 그녀는 "나는 위험할 정도로 지속적으로 아팠다."[375]라고 말하고 있는데, 매우 구체적으로 묘사해 주고 있다. 그녀는 "저녁에 나는 안색이 매우 좋았습니다. 하지만 아침에 일어나면 얼굴이 부어 있었고, 보라색 멍이 여기저기 보였습니다."[376]라고 말하는가 하면, "나는 한 때 완전히 장님이 될 것 같았습니다. 왜냐하면 나의 목과 나의 입술에, 그리고 나의 잇몸에 수두로 가득 차 있어서 국물을 삼킬 수도 없었고, 그 어떤 음식도 심하게 고통 받지 않고서는 먹을 수가 없었기 때문이었습니다. 내 육체는 마치 나병환자의 그것과 같았습니다."[377]라고 말하고 있다. 이러한 병약한 육체는 그녀로 하여금 매일을 고통과 함께 살아가도록 하였다. 그녀는 이미 어린 시절부터 고통을 견디는 것에 익숙해져 있었던 것이다.

하지만 다행히도 잔느 부비에는 아직 어린 소녀였을 때, 4년 동안 수녀원에 맡겨져 나름 훌륭한 교육을 받을 수 있었다. 수녀원에서

374 Madame Guyon, *La vie de Madame Guyon par elle-même*, p. 22.

375 *La vie de Madame Guyon par elle-même*, p. 23.

376 *La vie de Madame Guyon par elle-même*, p. 31.

377 *La vie de Madame Guyon par elle-même*, p. 122.

의 생활은 그녀로 하여금 수녀가 되기를 희망하게 하였다. 하지만 그의 부모는 그녀가 수녀가 되는 것을 반대하였고, 거의 강제적으로 결혼을 준비시켰다. 그의 아버지 끌로드 부비에는 일종의 법률 조사관이었는데, 자신의 딸을 매우 부자였던 쟈크 귀용(Jacques Guyon)과 정략결혼을 시키고자 계획하였다. 당시 쟌느는 16세였고 남편이었던 귀용은 무려 22세나 연상인 38세였다. 결국 이렇게 하여 소녀 쟌느는 귀용부인이 되었다. 당연히 결혼 생활은 불행할 수밖에 없었다. 결혼 이후의 그녀의 결혼 생활에서의 십자가는 병약한 육체로 인한 고통 그 이상의 것이었다. 그 십자가는 '정신적이고 도덕적인 것'이었다. 그녀는 후일 결혼 생활 동안 눈물이 마를 날이 없었다고 고백하였는데, 그러한 불행한 결혼 생활 중에서도 5명의 자녀를 낳았고, 그 중 2명의 아들과 1명의 딸이 살아남았다고 전해지고 있다. 하지만 이러한 고통의 나날들이 그녀에게 모두 나쁜 것만은 아니었다. 그녀는 이러한 일상에서의 고통들을 자신이 져야만 할 '십자가'로 여겼던 것이다. 즉 십자가를 지는 것이 곧 자신의 일처럼 생각하게 되었던 것이다. 그녀는 어린 시절 수년원에 있을 때 이미 "나는 나의 삶의 분야에서 작은 십자가를 하나 더 얻게 되었다."[378]라고 고백하였기 때문이다.

그녀가 내적인 삶에 대해서 눈을 뜨게 된 것은 결혼 생활 2년차인 18세 되던 해에 프란치스코 수도자였던 아르크앙쥐 앙귀에랑(Archange Enguerrand)을 만나면서였다. 쟌느-귀용이 애타게 갈망

378 *La vie de Madame Guyon par elle-même*, p. 33.

하고 있는 그 무엇에 대해 그는 다음과 같이 말하였다. "당신은 당신 안에 가지고 있는 것을 당신의 바깥에서 찾고 있습니다. 하느님을 당신의 마음에서 찾고자 하는 것에 습관을 들이십시오. 그러면 당신은 하느님을 찾게 될 것입니다."[379] 이 말은 마치 번개를 맞은 듯 그녀의 가슴 깊숙이 파고들었고, 쟌느-귀용은 이를 "감미롭고 깊은 상처, 결코 치유 받고 싶지 않은 영혼의 상처"[380]라고 묘사하고 있다. 이후 그녀는 고향마을의 베네딕도회의 수녀 원장이었던 제네비에브 그랑제 수녀에게 인도되었고, 제네비에브 수녀는 쟌느-귀용을 사제 베르또(Bertot)에게 소개하였다. 베르또 사제는 노르망디의 종교적인 도시인 캉에 있었던 신비가들 그룹의 일원이었는데, 후일 파리의 몽마르뜨의 수도원의 고해 신부가 되었다. 이때부터 베르또 사제는 쟌느-귀용을 신적 사랑의 길로 인도하였다. 28세 되던 해에 그녀의 남편이 병으로 죽자 쟌느-귀용은 많은 재산을 물려받은 미망인이 되었다. 하지만 34세 되던 해에 자신의 전 재산을 세상에 기부하고 제네바로 떠났다. 다른 모든 신비가들에 있어서처럼 '버리고 떠나기'를 실천한 것이다. 우리는 이러한 쟌느-귀용의 행위를 영성적인 시각으로 이해해야만 한다. 12년 동안의 결혼생활에서 그녀는 힘겨운 가족관계 속에 고뇌하였지만 자신의 의무라고 생각한 '영적인 삶'을 포기하지 않았다. 그녀는 자서전에서 자신과 유사한 부인들에게 "사람들은 당신들이 하느님의 현존을 전혀 상실하지 않는다는 것을 볼 것입니다."[381]

379 *La vie de Madame Guyon par elle-même*, p. 78.

380 *La vie de Madame Guyon par elle-même*, p. 78.

381 *La vie de Madame Guyon par elle-même*, p. 96.

라고 쓰고 있다. 다시 말해서 한 번 영성적인 삶을 알고 난 뒤부터 결혼생활 중에서도 잔느-귀용은 결코 이를 포기하지 않았다는 것이다. 이는 육체적인 결혼 생활이 신적 현존과의 신비적인 결합에 있어서 거의 영향을 미치지 못한다는 것을 증언하고 있는 잔-노엘 비아르네(Jean-Noël Vuarnet)의 진술에서도 잘 드러나고 있다.

> 모든 금지된 것을 넘어서면서 신비적인 언어는 무한한 향유를, 최소한 감성적인 희열을 열어준다. 이는 하느님을 신랑으로 만나기 이전에 자신들의 남편들 사이에서 헤맸던 여성 신비가들이 잘 알고 있었던 것이다. 이 여성신비가들 중에는 안젤(Angèle), 아카리 부인(Madame Acarie), 그리고 귀용 부인(Madame Guyon)이 있다.[382]

평범한 가정주부로서 한 남편의 아내로서 그리고 세 아이의 어머니로서 이러한 영성적인 삶을 영위하였다는 사실은 성직자나 수도자가 아닌 평신도들에게는 하나의 큰 위안과 희망을 주고 있다. 즉 하느님을 만나고 하느님의 현존을 추구하는 고귀한 삶이 우리에게도 가능하다는 희망을 주고 있는 것이다. 하지만 평범한 일반인들에게 있어서 영성적인 삶을 추구한다는 것은 쉬운 일이 아니다. 모든 일이 다 그러하듯 보다 가치 있는 무엇을 획득하기 이해서는 무엇인가를 희생하지 않을 수 없고, 매우 비싼 대가를 지불해야만 한다. 이는 잔느-귀용에게 있어서도 마찬가지였다. 그녀는 소중한 일상을 파괴하는 쓸모없고 화를 유발하는 말들을 하도록 부추기는 것에 염증이 났는데, 이때의 상황을 다음과 같이 고백하고 있다. "어느 날 격분으로

382 Jean-Noël Vuarnet, *Extases féminines*, Arthaud, 1980, p. 15.

인하여 고통스러워 나는 나의 혀를 잘라버리기 위해 칼을 집어 들었습니다. 나로 하여금 쓸모 없는 말들을 강요하는 사람들에게 더 이상 말을 하지 않아도 될 수 있기 위해서였습니다. 만일 하느님 당신께서 이를 멈추어주시지 않았다면 나는 정말 그렇게 하였을 것입니다. 오 나의 하느님!"[383] 그녀가 남편이 죽고 혼자되었을 때에도 세속적인 삶의 잡스러운 일들, 다양한 가정적인 의무들, 모임들, 불필요한 잡담들 그리고 고독과 침묵의 부재(不在)는 쟌느-귀용으로 하여금 자신의 영적인 자유를 위한 갈망을 가로막는 큰 장애물들이었다. 그렇기 때문에 영혼의 자유를 획득하기 위해서 세속적인 모든 부를 포기하고 낯선 고장으로 떠난 쟌느-귀용의 행위는 자신의 영적 여정을 완수하기 위한 필연적인 과정처럼 보인다.

쟌느-귀용이 제네바 근처에 도착하였다는 소식은 그곳에의 작은 도시인 젝스(Gex)의 한 수녀원에 알려졌고, 그 수녀원은 쟌느-귀용에게 프로테스탄 출신의 자녀들의 훈육을 위해 세워진 교육원의 원장이 되어 줄 것을 제안하였다. 하지만 쟌느-귀용은 이를 거절하였고 레만 호수 근처의 작은 도시 또농(Thonon)으로 이주하여 고독하게 자신만의 영적인 여정을 계속하였다. 대다수의 베긴들과 마찬가지로 세상사로부터 물러나 모든 것으로부터 이탈하여 미래에 대한 어떠한 보장도 석성노 없이 완전히 자유로워 진 쟌느-귀용은 지금까지와는 전혀 다른 영적인 체험을 하게 된다. 그것은 침묵 안에서의 하느님의 현존에 대한 충만함이었다. 그녀는『자서전』에서 "당시 나

383 *La vie de Madame Guyon par elle-même*, pp. 57–58.

는 하느님의 매우 큰 충만함 속에 있었다. 당시 나는 말하는 것을 잊은 채 자주 침대에 있었거나 누워만 있었다."[384]라고 말하였으며, 또 다른 곳에서는 "이는 마치 나의 깊숙한 곳에서부터 흘러나오는 것 같았고, 전혀 나의 머리로는 헤아릴 수가 없는 것이다. 지금까지 나는 이러한 방식으로 글을 쓰는 것에 익숙하지 않다. ... 나는 가끔 하루 종일 단 한마디도 하지 않고 침묵 속에 보내곤 한다."[385]라고 기술하고 있다. 이러한 체험이 그녀로 하여금 『격류(Torrents)』를 저술하게 하였다. 그리고 그녀 스스로 '고요한 기도(prière silencieuse)'라고 부른 새로운 형식의 '영적인 일치'가 가능하다고 믿게 되었다.

이후 그녀는 튀렝(Turin)과 베르세이(Vercei)를 여행하면서 이태리의 정적주의자들도 알게 되었다. 그런 다음 다시 그로노블로 돌아와 다양한 성직자와 수녀들, 그리고 평신도들과 만나면서 영적인 담론을 이어갔고 그녀의 주 저작인 『손쉬운 방법(Moyen court)』, 『성서해석』 등을 저술하였다. 이 시기에 그녀의 고해신부는 라콤브(Lacombe)신부였는데, 그는 쟌느-귀용을 통해 '침묵의 기도'라는 것을 습득하였다고 말하고 있다. "나는 귀용부인의 상태를 내가 느끼는 방식으로 배울 수 있었다. 나는 무의식적으로 하느님이 원하시는 상태에 도달하고 있음을 알 수 있었다. 조금씩 조금씩 나는 침묵 중에서만 하느님께 말하는 상태에 도달하였다."[386]

38세 되던 1686년에 쟌느-귀용은 다시 파리로 돌아왔다. 파리

---

384 *La vie de Madame Guyon par elle-même*, p. 409.

385 http://madameguyon.fr/GUYON/madameguyon.html

386 http://madameguyon.fr/GUYON/madameguyon.html

에서 그녀는 베르또 사제를 중심으로 닫혀진 자신의 영적인 여정을 더 멀리 나아가고자 하였다. 하지만 1687년 8월 27일에 그녀의 저작들이 이단으로 단죄 받고 이듬해인 1688년 1월 29일에는 감옥에 갇히는 신세가 되었다. 다행히 생-퀴르(Saint-Cyr) 성당의 젊은 여성들의 훈육을 담당하였던 멩뜨농(Maintenon) 부인의 중재로 귀용부인은 같은 해 9월에 자유를 되찾았다. 멩뜨농 부인은 인맥이 매우 넓었는데, 그 중에는 후일 깜브레(Cambrai)의 주교가 될 페넬롱(Fénelon)이 있었다. 귀용부인이 페넬롱(Fénelon)을 알게 된 것은 이때였다. 쟌느-귀용은 페넬롱과 매우 긴밀한 사이를 유지하였고 자신의 영적인 상태를 알려 주는 수많은 편지를 쓰게 된다. 심리학자 칼 융을 전공한 에티엔느 뻬로(Étienne Perrot)는 이 두 사람의 관계가 일종의 정신적인 치료사와 환자와의 관계였다고 생각하였는데, 쟌느-귀용의 편지들이 페넬롱의 영적인 안내자 역할을 하였다고 본 것이다. 반면 도미니크 트롱(Dominique Tronc)은 이 두 사람 사이의 관계를 자연적인 신비주의를 전달하는 일종의 영적인 공동체로 생각하였다. 하지만 1695년 10월 27일에 뚜렷한 혐의점도 없이 쟌느-귀용은 다시 체포되었다.

아마도 그녀에 대한 구체적인 의심은 '정적주의(quiétisme)'였을 것이다. 왜냐하면 1689년에 스페인의 유명한 정적주의자였던 몰리노스(Molinos)가 로마교회로부터 이단으로 단죄 받았고, 이후 정적주의는 가톨릭교회의 경계의 대상이 되었으며, 쟌느-귀용의 고해신부였던 라콤브신부가 몰리노스의 친구였다는 소문이 나돌았고 그 역시 결국 체포되었기 때문이다. 정적주의는 '수련을 통해 영혼의 절대적 평정'을 추구하였던 스토아 철학의 이념이었는데, 가톨릭교회는 이를 가톨릭의 정신에 일치하지 않는 이단으로 간주하고 있었다. 이단으로 몰린 라콤브 신부는 잔느-귀용을 체포한 것은 자신에 대한 불리한 증언을 하게 하기 위한 것이라고 생각하였는데, 그는 당시의 사정에 대해 다음과 같이 진술하고 있다.

> 10년 전부터 여전히 하나의 고통이 존재하고 있다. 그녀의 정신은 보다 나약해지고 그토록 많은 고통으로 인해 거의 상실의 지경에 이르렀다. 하지만 그들은 그녀로부터 나를 무고하는 그 어떤 말도 얻어내지 못하였다. 그녀는 현재 평온하게 살고 있으며, 그녀의 모든 마음으로 하느님께 봉사하고 있다.[387]

하지만 라콤브 신부의 생각과는 달리 잔느-귀용이 체포된 이유는 보다 복잡한 상황에 연유한 것임이 분명하다. 몰리노스와 라콤브 신부의 단죄는 그녀의 단죄로 이어진 가장 큰 원인이었겠지만, 여기에는 보다 복잡한 이유가 있었다. 남성 위주의 사회에서 여성이 남성들을 인도하면서 문화적 질서를 뒤흔들었으며, 또한 수도원에 입회하기를 거부하면서 영성적인 삶을 영위하고 수도자나 성직자들을 이끌어가는 지도자 역할을 하고 있었기 때문이다. 그리고 그녀의 인도를 받은 이들 중에는 프로테스탄 신앙인들도 많았다. 그리고 이들의 모임은 공적이기보다는 항상 비밀스러운 모임을 통해 이루어졌다. 더욱이 생-술피스(Saint-Sulpice) 수도원장이었던 트롱송(Tronson)에 의해 의도치 않게 잔느-귀용에게 붙여졌던 '여성 지도자(Dame

---

387 http://madameguyon.fr/GUYON/madameguyon.html

directrice)'라는 이름은 더욱 교회의 의심을 샀다. 그리고 무엇보다 "진리이나, 허가되지 않은(la vérité et non l'autorité)" 것을 실천하고 사람들에게 선파한 혐의를 받고 있었다. 이 모든 의심들은 그녀를 감옥으로 데려가기에 충분하였다. 그녀의 진실한 지지자였던 페넬롱은 극단적인 상황으로 치닫는 것을 막기 위해서 그녀의 신비적인 체험과 내적인 삶에 대해서 변호하고자 하였으나, 이는 불가능한 일이었다. 그리고 모든 신비가들이 그러했듯이 잔느-귀용 역시 그 당시 자신에게 주어진 질문들에 대해서 거짓을 말할 수가 없었고, 감금을 회피하기 위해서 교활한 수를 쓰거나 애매한 질문들을 회피하거나 하지 않았다. 그녀에게는 매 순간이 그리고 자신이 만나는 모든 사람들이 하느님으로부터 온 순간과 사람들이라 여겨졌고, 고백신부의 충고에 전적으로 순종하였다. 이러한 그녀의 진솔함은 왜 그녀가 마치 스스로 감옥의 삶을 택한 것 같이 보이는 것이지를 알 수 있게 하였다.

한 번은 자살을 생각하고 있는 한 수감자에게 자신의 생각을 말해 주었는데, 여기서 감옥 생활에 대한 그녀의 의미가 잘 드러나고 있다.

> 오직 하느님의 사랑과 하느님의 뜻에 모든 것을 포기하는 것만이 존재할 뿐입니다. 만일 이것이 없다면 위로도 없이 사람들이 주는 이 시련의 기간들은 우리들을 절망으로 던져버릴 것입니다. [......] 한 번은 사람들이 나에게 부시부시한 지하 감옥을 보여주었습니다. 나는 그들에게 그곳이 매우 아름답다고 말하였습니다.[388]

잔느-귀용은 8년 동안 두세 군데의 감옥으로 옮겼고, 마지막에

388 http://madameguyon.fr/GUYON/madameguyon.html

는 바스티유 감옥에 감금되었다. 그녀가 다시 자유의 몸을 되찾은 것은 55세 되던 해인 1703년 3월 24일이었다. 쟌느-귀용은 이후 14년 동안 나머지의 인생을 내적인 삶을 위해 헌신하였고, 블루아(Blois)에서 가톨릭 신자와 프로테스탄 신자를 모두 포함하는 영성적인 단체를 형성하였다. 특히 가정을 잃은 영국과 스코틀랜드 아이들은 그녀를 '어머니'라고 불렀다. 이 마지막 시기에 그녀는 자신의 영적인 여정의 가장 심오한 부분들을 말해 주고 있는『내적 삶에 대한 글(Écrits sur la vie inteéieure)』을 남겼다. 이 마지막 저작은 "오랫동안 숨겨져 있었던 보석과 같은 것"[389]이었는데, 그녀가 죽기 한 해 전인 1716년에 출간될 수 있었다. 신비가 쟌느-귀용은 1717년 6월 9일에 69세의 나이로 평화롭게 세상을 떠났다.

2. 저작의 정신과 철학적 사상

1) 저작들

쟌느-귀용의 저작들은 모든 신비가들의 저작들의 특성이 그러하듯이 실제로 체험된 것을 기술하였다는 것에 그 장점이 있다. 철학자 베르그송은 이를 다음과 같은 비유를 통해 잘 말해 주고 있다.

> 귀용 부인(Madame Guyon)에게는 우리를 속이지 않는 실재의 음

389 *Écrits sur la vie intéieure*, p. 10.

향이 있다. 이는 한 나라를 여행하고 이에 대해서 이야기하는 여행자의 이야기로서 실제로 가보지 않고 이 나라에 대해서 이야기하고 재구성하는 것과는 확실히 다른 것이다.[390]

잔느-귀용이 자신의 체험을 글로 쓰기 시작한 것은 그것이 곧 하느님의 뜻이었다고 말하고 있는데, 글을 쓰지 않으면 병을 앓아야 했다고 고백하고 있다. 그녀의 저작들은 크게 6가지이다. 가장 먼저 저술된 책은 1682년부터 집필된 『격류들(*Les torrents*)』인데, 이 책의 원제목은 『영적인 격류』(*Les torrents spirituelles*)이다. 두 번째 저술된 책 1685년경에 저술된 『손쉬운 방법(*Moyen court*)』인데, 이 책의 원 제목은 『간단한 방법 그리고 기도하는 매우 손쉬운 방법』(*Moyen court et très facile de faire oraison*)이었다. 그리고 세 번째 저술된 책은 '자서전'이라고 할 수 있는 『스스로 작성한 귀용 부인의 생애』(*La vie de Madame Guyon écrite par elle-même*)이다. 사실 이 책은 가장 오랫동안 쓰여진 책인데, 처음 저술을 시작한 1682년부터 1709년까지 집필된 것으로 알려져 있다. 4번째 저술된 책은 1684년경에 저술된 『성서해석』인데, 신구약을 아우르면서 자신의 내적인 삶을 이해하는 방편으로 쓰여진 것이다. 5번째 책은 자신의 영성적인 체험의 정수를 보여주고 있는 가장 마지막에 저술된 책은 매우 긴 제목을 가지고 있는 책인데, 원 제목은 『내적인 삶을 응시하는 다양한 주제에 대한 영적이고 크리스천적인 담화』(*Discours chrétiens et spirituels sur divers sujets*

390 Berson, *Rapporté dans la Préface de Jean Guitton à Mgr Jacques Martin*, Le Masson, 1974, pp. 10-11.

qui regardent la vie intérieure)이다. 이 책은 통상『내적인 삶에 대한 글』(Écrits sur la vie intéieure) 혹은 단순히『영적 담화』(*Discours spirituel*)로 알려져 있다. 저술이라고 할 수는 없겠지만, 사후에 모아서 출간된 다양한 서간집 모음인『서간들』(*Correspondance*)이 있다. 이 서간들은 주로 사제 페넬롱에게 보낸 것이 주를 이루고 있는데, 당시 처해 있던 쟌느-귀용의 외적 내적 상황들에 대해 잘 알 수 있는 열쇠가 되는 글들이다.

2)『손쉬운 방법(*Moyen court*)』

이 책은 시기적으로 두 번째로 쓰여진 책이지만, 그 내용 면에 있어서 첫 번째의 책인『격류들(*Torrents*)』보다 앞서 먼저 읽을 수 있는 책이다. 왜냐하면『격류들(*Torrents*)』이 영성의 길로 나아간 영혼들이 겪게 되는 다양한 사태들에 대해서 비유를 들어 설명한 것이라면,『손쉬운 방법(*Moyen court*)』은 영성에로 나아가는 일종의 예비단계로서의 기도하는 방법 혹은 하느님의 현존을 추구하는 방법에 대해서 말하고 있기 때문이다. 이 책에서 쟌느-귀용은 제목 아래에 다음과 같은 긴 설명을 붙여 놓았다.

> 모든 사람들이 매우 손쉽게 실천하고 이를 통해서 짧은 시간 안에 하나의 높은 완성에 도달할 것이니!

제목에 대한 이러한 설명은 이 책을 쓴 목적에 대해서 말해 주면서 또한 그 내용이 무엇인지를 가늠하게 해 준다. 이 책의 서문에서 쟌느-귀용은 기도하는 손쉬운 방법에 대해서 저술하게 된 이유를 다음과 같이 말하고 있다. "어떤 것을 할 때 부딪히는 어려움은 이를 성공하는 데 있어서 절망감을 유발하면서 이를 추구하고자 하는 시도를 앗아간다. 그런데 매우 획득하기 쉬운 것을 제시하면 사람들은 즐겁게 할 수 있고 열정을 가지고 이를 추구할 수 있다. 이러한 이유로 순 쉬운 방법의 이 길을 우선적으로 마련하지 않을 수 없었다."[391] 그리고 책을 시작하기 전에 일종의 화두로 창세기의 말을 인용하고 있다. "너는 내 앞에서 살아가며, 흠 없는 이가 되어라(창세, 17, 1)." 쟌느-귀용은 영성의 길을 간다는 것, 혹은 신적 현존을 추구한다는 것은 선택된 특별한 이들이 걷는 것이 아니라, 하느님을 진정으로 알게 된 모든 사람들이 필연적으로 걷게 되는 길이며, 따라서 인간성의 운명처럼 그렇게 생각하고 있다. 이러한 사실은 평신도로서의 자신의 어떤 사명감을 잘 보여주고 있다고 할 수 있을 것이다.

이 책의 1장의 제목은 「모든 이는 기도하도록 불림을 받았다」라고 되어 있는데, 1절에서 다음과 같이 시작하고 있다.

> 모든 사람들은 기도(oraison)하는 데 있어서 고유하며, 거의 대부분의 사람들이 기도를 위해서 불림을 받지 않았다고 생각하는 정신을 가지고 있다는 것은 큰 불행이다. 우리들은 모두는 마치 모든 사람들이 구원을 위해 불림 받은 것처럼 그렇게 기도하도록 불림을 받았다. 기도란 마음의 감화와 사랑 외에 다른 것이 아니다. 하느님을 사랑하는 것, 하느님에게 시간을 드린다는 것은 절대적으로 필요하다.[392]

391 *Moyen court*, pp. 18–19.

392 *Moyen court*, p. 21.

여기서 잔느-귀용이 말하는 기도란 특별한 의미를 가지고 있다. 리지외의 데레사는 기도를 '하느님과의 대화'라고 말한 바 있는데, 잔느-귀용에게 있어서는 보다 넓은 의미로 '신적 현존과의 교감의 상태'라고 말할 수 있을 것이다. 이러한 신적 현존과의 교감의 상태를 그녀는 '마음의 기도'라고 표현하고 있는데, 이에 대해 다음과 같이 묘사하고 있다.

> 이는 전혀 머리로 하는 기도가 아닙니다. 왜냐하면 인간의 정신은 매우 제한적이어서 만일 우리가 어느 하나를 생각한다면, 다른 것은 생각할 수가 없기 때문입니다. 따라서 이 기도는 정신의 모든 일들에 대해서도 중단되지 않는 '마음의 기도(oraison du coeur)'입니다. 이 기도는 오직 하느님에 대한 정감이 중단된 때만이 중단될 수 없는 기도입니다. 일단 한 번 하느님과 하느님의 그 부드러운 사랑을 맛보고 나면 이것 이외에 다른 것을 맛본다는 것은 불가능한 것입니다.[393]

하느님의 현존을 깊이 체험한 잔느-귀용은 하느님을 알고 만나는 사실이 모든 이에게 얼마나 중요한 것인지를 깊이 느낄 수 있었다. 그녀는 1장 5절에서 '인간은 인간을 무한히 초월하는 존재'라는 파스칼의 말을 연상케 하는 말을 남기고 있다. "하느님은 우리 자신보다 더 많이 우리 자신에게 존재합니다. 하느님은 우리들이 당신을 소유하고자 하는 것보다도 더 많이 우리 자신에게 당신을 주기를 원

393 *Moyen court*, p. 23.

하십니다."[394]

24개의 작은 장들로 구성된 이 책에는 다양한 명상(묵상, méditation)의 방법론과 글을 읽지 못하는 사람들을 위한 기도, 그리고 하나의 방법에 충분히 익숙해졌을 때 보다 높은 단계의 기도를 하는 방법에 대해서 말하고 있다. 그리고 '자신에 대한 포기'가 의미하는 것과 그 방법들, 그리고 고통 받고 있을 때, 이를 수용하는 방식과 태도에 대해서도 자신의 체험을 바탕으로 아주 쉽게 설명해 주고 있다. 이렇게 '덕에 관하여', '변모에 관하여', '내적인 전향'과 '신비의 의미', 그리고 '하느님 현존 앞에서 단순한 기도', '영적인 휴식' 등 영성적인 길에서 필연적으로 만나게 되는 사태들에 대해서 설명하고 있다. 이러한 설명들은 신앙인이라면 익히 알고 있는 것도 있을 수 있고, 또 여기서 참신한 새로움을 발견할 수도 있다. 이러한 것들이 비록 한 개인이 개별적인 체험에서 비롯된 것이기는 하지만 거의 대부분의 경우에 쟌느-귀용은 성경의 구절을 인용하고 있다. 가령 기도가 '하느님 앞에서의 마음의 열림'이라고 설명을 할 때에는 "하느님 앞에서 제 마음을 털어놓고 있었을 따름입니다."(1사무 1, 15)라는 사무엘의 어머니의 말을 인용하고 있으며, 정적주의로 의심 받고 있는 부분인 '행위를 멈추고 하느님이 행위 하시도록 자신을 비우는 것'에 대해서도 "너희는 멈추고 내가 하느님임을 알아라."(시편 46, 11)는 성경 구절을 인용하고 있다. 대부분의 중요한 내용들에 있어서 이렇게 성경의 구절을 인용한다는 것은 자신이 저술하고 있는 내용들이 교회의 가르

394 *Moyen court*, p. 23.

침과 다르지 않다는 것을 보여주고자 하는 의지의 반영이라고 볼 수 있다.

이 책의 제목이 암시하듯 영적인 여정에서 발생하는 사태들을 설명하기 위해서 쟌느-귀용은 다양한 예를 들어 설명하는데, 24장 4절에서는 영적인 여정에 오른 사람들이 그렇지 않은 사람들보다 더 큰 어려움을 가지게 되는 이유를 금속이 '순수한 황금'이 되는 과정을 통해서 설명하고 있다. 즉 황금을 포함한 쇠가 순수한 황금이 되기 위해서 여러 번 불에 달구어져 점차 불순물이 제거되고 순수한 황금이 되어가는 과정을 영혼이 하느님과 일치하기에 충분한 순수한 모습으로 정화되는 것으로 설명하고 있다. 이러한 설명은 '하느님은 당신이 사랑하시는 영혼들에게 더 많은 고통을 허락하신다'는 아빌라의 데레사 성녀의 말에 대해 그 이유를 설명해 주는 것 같이 명쾌하다. 이 책은 분명히 신학적 지식이나 전문적인 기도 방법을 배우지 못한 일반인들이나 영성에 있어서 초심자들에게 매우 유용한 책이라고 할 수 있으며, 이는 쟌느-귀용의 열린 마음과 모두를 감싸안고자 하는 하느님의 그 보편적인 사랑을 대변해 주는 것이라 할 수 있다.

3) 『격류들(*Torrents*)』

이 책은 쟌느-귀용이 고향을 떠나 레만 호수 근처에 은둔하면서 저술하게 되었다. 책의 내용은 하느님을 추구하는 영혼의 영적인 과정에 대해서 계곡 격류의 이미지를 빌려 저술한 것이다. 아마도 알프스 산맥에서 출발하여 레만(Léman) 호수에 도착하는 그곳의 계곡들을 보면서 쉽게 이러한 구상을 할 수 있었던 것으로 보인다. 그 비유는 산의 꼭대기에서부터 시작한 계곡의 물줄기가 다양한 과정을 거쳐서 바다에 도달하는 그 모습을 영혼이 신의 대양에 도달하는 과정에 비유하여 설명하는 것이다. 사실 이 책의 주제들은 『손쉬운 방법(*Moyen court*)』에서 다루고 있는 것들과 크게 다르지 않다. 다만 보다 전문적이고 깊이 있게 그리고 보다 진보한 영성가들을 위한 것이라고 할 수 있다. 이 책이 정식으로 출간된 것은 1704년 이후부터였는데, 1712년, 1720년 다시 재출간되었다. 이 책은 쟌느-귀용이 직접 체험한 영적 체험을 서정시 형식으로 전달해 주고 있는데, 그 내용이 매우 구체적이고 쉽게 이해할 수 있는 방식으로 저술되어 있다. 가령 「하느님에게로 다양한 영혼의 귀환(*Divers retours de l'âme à Dieu*)」이라는 제목을 가진 1장의 1절의 내용은 다음과 같다.

> 매우 일찍 하느님이 한 영혼을 건드셨다. 그리고 영혼의 (하느님으로의) 귀환은 참되고 진실되었다. 고백과 회개를 통한 첫 번째 정화 이후에 하느님은 당신에게로의 특정한 귀환을 허락하셨고, 보다 완전한 하느님과의 일치를 가능하게 하셨다. 그리하여 영혼은 자신이 세상의 기쁨들과 하찮은 일들을 위해서 창조된 것이 아니라는 사실을 느낄 수 있었다. 그리고 자신 안에 하나의 중심, 하나의 궁극적인 목적을 가지고 있음을 느낄 수 있었다. 바로 이 중심에로 귀환하여야 한다고 스스로 의무를 부여하면서 이 영혼은 이 중심이 아닌 어떤 곳에서도 진정한 휴식을 취할 수 없음을 알게 되었다.[395]

395 *Torrents*, ch. 1, a. 1. 여기 인용하는 『격류들(*Les torrents*』의 인용구들은 다음의 사이트에서 제공하는 원문을 참조한 것이다. http://madameguyon.fr/GUYON/madameguyon.html.

위의 진술은 신비가 쟌느-귀용의 신비적 삶의 동기나 이유, 그리고 그 궁극적인 목적에 대해서 아주 간략하게 요약해 주고 있다. 그리고 이 책이 어떠한 내용을 담고 있는지를 말해 주고 있다. 여기서 특징적인 것은 하느님의 현존과 일치하고자 하는 영성적인 삶이 곧 내적인 삶과 일치하고 있다는 말이다. 왜냐하면 영혼이 귀환해야 할 하느님의 현존은 곧 영혼의 한 중심이기 때문이다. 그리고 이 책은 하느님이 현존하는 영혼의 중심에로 나아가는 영혼이 거쳐야 할 과정과 그 과정에서 발생하는 일들에 대해서 말하고 있다는 것임을 알 수 있게 한다. 가령 영성의 길에서 필수적으로 거쳐야 할 정화의 과정에 대해서 그녀는 '느린 정화 혹은 신비적 죽음이 신성한 삶으로 인도한다'고 말하면서 이를 다음과 같이 기술하고 있다.

> 이 죽음의 단계는 극단적으로 긴데, 하느님께서 특별한 영혼들을 위해 특별한 계획을 지니고 있지 않는 한, 20년 혹은 30년 동안 지속하게 됩니다. 여기서 하느님은 영혼의 가장 깊은 곳에까지 그의 불순함을 찾으시는데, 이 불순함은 자기-자신에 대한 고유한 사랑(l'amour propre de soi-même)의 결과입니다. 하느님은 영혼이 이러한 이기적인 사랑에서 떠나기를 원하십니다. 예를 들어 더러움으로 가득한 스펀지를 하나 집어 보세요. 이를 당신의 마음에 들 때까지 씻으세요. 당신은 스펀지의 바깥은 쉽게 깨끗하게 하겠지만, 그 내부를 깨끗하게 하지는 못할 것입니다. 만일 내부를 깨끗하게 하고자 한다면 스펀지를 힘께 쥐고 내부의 것을 쥐어짜야만 할 것입니다. 바로 이와 같이 하느님은 한 영혼을 정화하시는 것입니다. 하느님은 이 영혼을 매우 힘겹고 고통스러운 방식으로 쥐어짤 것이며, 그 영혼이 보다 깊이 숨기고 있는 것들로부터 벗어나게

하는 것입니다.[396]

이러한 비유는 참으로 흥미롭고 구체적인 것이다. 많은 사람들이 하느님과의 일치라는 영성의 길로 나아가지만 대다수는 그 길이 매우 어렵고 힘든 일임을 알고 있다. 특히 그 길에서 만나게 되는 '자기 자신의 사랑'에 대한 비움은 가장 힘겨운 일이다. 자기 자신의 의지를 모두 비우고 오직 하느님의 뜻을 추구한다는 것, 이는 후일 쟌느-귀용이 하느님 안에서의 '절대적인 무화(無化)'라고 말하는 그것이다. 쟌느-귀용이 말하는 '정화'의 의미란 사실 '자기-자신에 대한 고유한 사랑' 즉 '이기적인 사랑'을 버리고 자신의 실존의 속속들이 하느님에 대한 사랑과 하느님의 뜻을 실천하고자 하는 '신성한 사랑(charité)'으로 가득 채우는 것을 말한다.

6장 1절에서는 두 번째 단계로 나아가는 영혼들이 범하는 오류들에 대해서 말하고 있는데, 이에 대해서 다음과 같이 설명하고 있다. "산의 완만한 경사를 발견한 격류는 두 번째 등급의 믿음 안에서의 수동적인 길을 발견한 영혼들이다. 이 산에서 매우 고요했던 영혼들은 여기서 매우 강하고 휴식 중에 있다. 그리고 다시 산을 내려가는 것을 생각하지 않는다. 하지만 경사의 부족과 기울기의 부족으로 하늘로부터 내려온 이 물줄기는 땅 위에서의 휴식 중에 부패하기 시작하는 것이다."[397] 가르멜의 위대한 신비가였던 십자가의 성요한은 영성의 길을 '가르멜 산의 정상을 오르는 등산'에 비유하여 설명한 바가

396 *Torrents*, ch. 7, a. 5.

397 *Torrents*, ch. 6, a. 1.

있는데, 그에 비해 쟌느-귀용은 산을 내려오는 계곡물에 비유하고 있다. 이러한 비유는 곧 쟌느-귀용의 개인적인 특성을 말해 주고 있다고 할 수 있다. 그것은 '수동성'이라는 것이다. 자신의 의지를 비우고 오직 하느님의 섭리와 뜻에 완전히 의존하는 한 '빈-영혼'의 특성이다. 하지만 그럼에도 불구하고 이러한 비유에서는 매우 역동적인 어떤 것을 느낄 수 있다. 흐르는 계곡물은 결코 바다에 도달할 때까지 쉬지 않는다는 것이다. 그리고 점진적이고 완만하게 궁극적인 목적지로 흘러가는 것이다. 흐름을 멈춘다는 것, 그것은 곧 물의 부패를 의미한다고 쟌느-귀용은 말하고 있다.

본성적으로 감각적이고 세속적인 영예를 추구하며, 이기적이고 시기심 많고 허영에 가득찬 한 인간의 영혼이 하느님의 현존과 사랑으로 충만하게 되는 영적인 상태에로 나아가는 길은 참으로 힘겨우며 점진적인 것이다. 하지만 보다 하느님의 현존으로 자신의 실존을 채울수록 이러한 영적인 힘은 생동감이 있고 강해진다. 쟌느-귀용은 이 책의 마지막 장인 9장 5절에서 이를 격류의 비유를 들어 설명하고 있다. "영혼이 자신을 비우는 작업이 매우 천천히 그리고 단계적으로 이루어지는 만큼, 영혼이 풍요롭게 되고 생동감을 되찾는 것은 조금씩 이루어진다. 영혼이 보다 하느님에게서 자신을 상실할수록, 그의 힘은 보다 커진다. 격류가 보다 자신을 바다에 상실할수록 이 격류는 보다 커지고 보다 막대해지듯이..."[398] 그리고 9장 6절에서는 쟌느-귀용의 고유한 특성인 '하느님 안에서 무(無)가 되어 버리기'라는 그

398 *Torrents*, ch. 9, a. 5.

상태를 다음과 같이 설명해 주고 있다.

> 이 신성한 삶은 영혼에게 매우 자연스러운 것으로 변합니다. 영혼이 더 이상 아무것도 느끼지 않는 만큼, 더 이상 아무것도 알지 않는 것인 만큼, 영혼은 하느님으로부터 아무것도 보지 않고 아무것도 이해하지 않고, 아무것도 구분하지 않습니다. 여기엔 더 이상 빛도, 앎도 없습니다. 하느님은 더 이상 이전의 어떤 구분되는 것처럼 나타나시지 않습니다. 그것이 아니라면 영혼은 더 이상 존재하지 않고 하느님이 있을 뿐입니다. 영혼은 오직 하느님 안에서만 살기 때문입니다.[399]

위의 대목은 마치 하느님과의 일치를 이룬 뒤 '나는 신이 되었다'라고 외쳤던 신비주의자 '에크하르트'의 외침을 생각나게 한다. 강물이 바다에 도착하여 바닷물과 뒤섞일 때, 더 이상 강물과 바닷물이 구분되지 않고, 강물은 더 이상 존재하지 않으며, 오직 바닷물만이 존재하듯이 그렇게 영혼이 하느님과 하나가 되었을 때, 위의 표현과 달리 더 잘 표현할 수는 없을 것이다. 물론 이러한 표현들이 이 지상의 영혼들에게 적합한 것인지 혹은 가능한 것인지 하는 것은 오직 하느님만이 아실 뿐이다. 어쨌든 영혼과 하느님과의 일치를 지향하고 그 최고의 단계에 대해서 설명해 주고 있는 이러한 저술은 가히 영성적 삶에 있어서 최고의 순간들을 체험한 영혼의 기록이라고 할 수 있을 것이다.

399 *Torrents*, ch. 9, a. 6.

4) 『자서전(*La vie par elle-même*)』

생애를 말하면서 이미 언급하였듯이 이 책은 잔느-귀용이 여러 번 교정해 가면서 영성의 길로 나선 뒤 거의 평생을 쓴 책이다. 자신의 삶에 대해서 글을 쓰면서 여러 번 다시 교정을 하면서 평생을 썼다는 것은 이 책이 자신의 삶에서 일어난 사건들에 있어서 '그 실재(réalité)'에 가까이 가고자 노력하였다는 것을 말해 준다. 이러한 노력은 영성적 삶에 있어서 '삶의 실재'에 대한 의미심장한 뜻을 내포하고 있다. 옛 속담에 '과거는 고정되어 있지 않다'는 말이 있는데, 이미 발생한 과거의 사실도 지금 현재 내가 체험하고 있는 사태들에 따라서 다른 의미로 와 닿기 때문이다. 가령 '불행한 삶의 연속'이라고 생각했던 자신의 어린 시절이 어느 순간 그것이 곧 미래를 준비하기 위한 '시련'이며 따라서 신의 섭리의 한 부분이고 일종의 '은총'이라고 판단할 수 있는 것은 충분히 영적인 삶이 성숙한 미래에야 가능한 것이다. 그렇기 때문에 자신의 삶의 과정 속에서 이해할 수 없는 사건들은 항상 미래에 가서야 그 실재를 분명히 파악할 수 있는 것이다. 생애 부분에서 이미 자서전의 내용에 대해 언급한 바 있으므로 여기서는 그녀의 삶의 마지막 부분에서 자신이 느끼는 자신과 하느님에 대한 내용을 소개하고자 한다. 그녀는 이 책의 마지막 페이지며, 「단순하고 다양화 될 수 없는 상태」라고 제목을 붙인 「3부의 21장 1절」에서 다음과 같이 말하고 있다.

최근의 시간들 동안 나는 나의 견해로서는 말할 수 있는 것이 거의 없거나 혹은 전혀 없다. 왜냐하면 나의 상태는 단순하고 다양화 될 수 없게 변하였기 때문이다. 이 상태의 지반은 하나의 깊은 무화[無化, anéantissement], 여기서는 이름을 붙일 그 무엇도 발견되지 않는다. 내가 아는 모든 것은 하느님은 무한히 거룩하며, 정의로우며, 선하며, 행복하다는 것이다. 그분은 자신에게 모든 선을 포함하고 있으며, 나는 모든 비천한 것들을 포함하고 있다. 내 아래에는 아무것도 볼 수 없으며, 나보다도 더 자격이 없는 것은 아무것도 없는 것 같다. 나는 하느님께서 나에게 세상을 구원할 수 있을 만한 은총을 허락하였음을 알고 있으며, 어쩌면 나는 무상으로 이 모든 것을 지불하였다고 생각한다. 왜냐하면 나는 어쩌면 나에게는 선도 악도 아무것도 자립하지 않는다고 말할 수 있을 것이기 때문이다. 선한 것은 하느님에게 있으며, 나는 하느님께 아무것도 드릴 것이 없다. 보는 것도 없이, 다양할 것이 아무것도 없는 항상 동일한 상태 안에서 내가 무엇을 말할 수 있을 것인가? 왜냐하면 내가 지니고 있는 메마름은 가장 만족하는 상태와 동일한 것이기 때문이다. 막대함 안에서 모든 것을 상실하였고 나는 더 이상 원하는 것도 사유하는 것도 없다.[400]

위의 내용은 잔느-귀용의 영성적 특징이 집약되어 있는 부분이라고 할 수 있다. 하느님의 현존 안에 완전히 자신을 상실하고 선도 악도 초월하여 더 이상 원하는 것도 사유하는 것도 없다는 표현은 '정적주의'라고 의심 받을 수 있는 내용이다. 하지만 스토아 철학식의 정적주의와 잔느-귀용의 이러한 최고의 상태는 엄연히 구분된다. 영적인 수련을 통해서 절대적인 평정의 상태에 도달하는 것과 하느님의 현존 안에 자신을 상실한다는 것은 엄연히 다른 것이기 때문이다.

400 *La vie de Madame Guyon écrit par elle-même*, p. 257.

무엇보다도 쟌느-귀용은 신의 섭리에 대한 절대적인 신뢰가 있었다. 이 마지막 장의 후반부에서는 하느님을 진정으로 만난 한 신비가의 절대적인 신뢰를 알 수 있는 대목이 발견된다.

> 나는 그 무엇에도 주의하지 않습니다. 모든 것이 잘 될 것이기 때문입니다. 이러저러한 것을 말해야 할 것을 기억하고 신중해야 한다고 사람들은 나에게 무엇인가를 말합니다. 하지만 나는 즉시 이를 잊어버리고 조심하지 못합니다. 사람들은 이러저러한 것을 말해야 한다고 무엇인가를 나에게 말해 줍니다. 그렇지 않으면 사람들은 이를 잘못 해석한다고 말입니다. 그리고 나에게 나는 너무 단순하다고 말합니다. 하지만 나는 단순하게 되는 것 외에 달리 할 수가 없습니다. 오! 육체적인 신중함이여, 나는 당신을 그리스도의 단순성에 반대되는 것으로 파악합니다.[401]

아마도 자신이 정적주의로 의심을 받으면서 심문을 받을 당시를 회상하면서 쓴 듯한 이 부분에서 그녀는 자신의 절대적인 단순성에 대해서 말해 주고 있다. 단순하다는 것에는 여러 의미가 있겠지만 여기서 쟌느-귀용은 그리스도의 그 단순성, 즉 사랑하는 이를 위해서 자신의 목숨을 바치는... 자신의 이익을 구하지 않으며, 아무도 미워하지 않고 그냥 사랑하는 것에 자신의 생명을 바친 신성한 단순성 그것이다. 오직 자신의 마음속에 있는 진실을 말할 뿐이며, 그것이 무엇이든 하느님의 섭리의 일부라 믿고 자신에게 다가오는 모든 상황을 받아들이는 것, 자신에게는 오직 하느님만으로 충분하다는

401 *La vie de Madame Guyon, écrit par elle-même*, p. 260.

신비가의 핵심, 바로 이것이 그녀가 취한 유일한 행위이다. 이러한 신비가의 태도는 자신의 전 생애의 일들을 설명해 주는 행위의 동기인 것이다.

5) 『내적인 삶에 대한 글(*Écrits sur la vie intéieure*)』 또는 『영적 담화(*Discours spirituel*)』

이 책은 그녀가 감옥에서 풀려난 뒤 프랑스인과 외국인 가톨릭 신앙인과 프로테스탄 신앙인 등 다양한 사람들과 영적인 모임을 가지고 서로의 체험을 교환하면서 작성한 글이다. 따라서 가장 성숙하고 정제된 내용을 담고 있다. 대부분의 저서들이 수감되기 이전의, 즉 37세 이전의 글들인데 비해 이 책은 그녀가 감옥에서 풀려난 뒤에 작성된 유일한 책이다. 그녀의 사후에 여전히 교회로부터 의심을 받고 있는 상태에 있었기에 이 책은 오히려 외국에서 보다 활발하게 전파되었고, 프랑스의 가톨릭교회가 이를 가톨릭의 신앙에 일치하는 것으로 인정해 준 것은 거의 2세기가 지난 1907년에서였다.[402] 이후 정신 분석학자인 헨리 들라크루아(Henri Delacroix), 철학자 베르그송(Henri Bergson), 역사가 헨리 베르몽(Herri Bermont), 그리고 영성 역사가인 루이 꼬녜(Louis Cognet) 등에 의해서 다시 이 책들이 소개되기 시작하였다.

대다수의 책들이 직접 체험한 사실들을 기록하는 형식의 내용이

402 Madame Guyon, *Écrits sur la vie intéieure*, Arfuyen, 2012, p. 8. 여기 제시되는 『내적인 삶에 대한 글』에 관한 내용들과 인용구들은 모두 다음의 책을 참조하였다.

라면, 이 책은 '체험에 대한 반성'과 추상작업을 통한 학문적인 정립이 돋보이는 책이다. 그렇기 때문에 쟌느-귀용의 신학적, 철학적 사상의 윤곽을 이해하는 데 매우 유용한 책이다. 가령 이 책의 1장 1절에서는 '내적인 삶'에 관련된 저술가들에 대해서 산의 정상에서 등산로를 내려다 보고 있는 사람의 비유를 통해 말해 주고 있다.

> 이들은 마치 높은 산의 정상에서 거기로 안내해 주는 다양한 길들을 보는 사람과 같다. 이들은 매우 멀리 떨어져 있는 이 길들이 조금씩 다가오는 것을, 그리고 마침내 하나의 유일한 지점에 도착하는 것을 기쁘게 바라보고 있다. 이는 마치 매우 멀리 떨어져 있던 선들이 눈에 보이지 않게 서로 접근하다가 마침내 하나의 중심점 안에서 서로 만나는 것과 같다.[403]

위 비유에서 산의 정상은 물론 신비가들의 궁극적인 목적인 '신적 현존과의 일치'를 말하는 것이며, 다양한 길들은 그 목적에로 나아가는 다양한 방법론 혹은 다양한 정신을 말하는 것이다. 이는 영성의 길에 있어서 다양성을 말하는 것이다. 그리고 쟌느-귀용은 이 영성의 길에 들어선 수많은 영혼들이 왜 이 길을 포기하고 마는가에 대해서 설명해 주고, 그 원인 중 하나인 사람들의 교만과 어리석음에 대해서 질책하고 있다.

> 성경에 "인간에게 자신을 의탁하는 인간은 불행하다!(예레, 17, 5)" 고 쓰여 있음에도 불구하고, 그들은 하느님보다는 사람들을 따르는

403 *Écrits sur la vie intéieure*, p. 23.

것은 좋아한다. 오직 자신들의 길에만 있는 사람들은 그들이 걷고 있는 길만을 알 뿐이며, 이 길만을 안내할 뿐이다. 이들이 궁극적인 목적에 매우 멀리 떨어져 있기 때문에 (무지로 인하여), 무자비하게 다른 모든 길들을 단죄하고 자신들의 길이 가장 최상의 길이라고 생각해 버린다.[404]

책의 시작 부분에 이러한 비판적 시각으로 시작한다는 것은 아마도 당시 광범위하게 퍼져 있었던 이단적인 사유에 대한 단죄사건들을 염두에 두고 있는 듯하다. 이외 이 책에서는 신비가들의 영적인 여정에서 발생하는 사태들에 대해서 다양한 비유들을 명쾌하게 설명해 주고 있는데 이는 쟌느-귀용이 다른 여러 가지 신비적인 저술들에 대해 습득하였음을 말해 주고 있다. 가령 2장에서는 두 종류의 신비가에 대해서 하늘에서 직접 태양 빛을 받는 이슬과 지상의 풀잎에 맺힌 이슬을 들어 신비가들의 양태를 분류해 주는가 하면, 5장에서는 하느님의 현존을 추구하는 일에 투신한 영혼의 비유를 바닷물에 던져진 조약돌에 비유하고 있다. 일단 바다에 던져진 조약돌처럼 특별한 다른 방해요소가 없다면 영혼은 "한순간도 멈추지 않고 스스로 멈출 수 있는 능력도 없이 무한한 심연을 향해 나아갈 것이며"[405] 그 사랑의 무게가 무거울수록 보다 빨리 하느님의 깊은 심연에로 나아가게 될 것이라고 설명하고 있다.

쟌느-귀용을 연구하는 연구자들 사이에 매우 잘 알려져 있는 하

404 *Écrits sur la vie intéieure*, pp. 24-25.

405 *Écrits sur la vie intéieure*, p. 74.

나의 비유가 있는데, 이는 사랑과 겸손에 대해서 설명해 주는 '평형 저울의 비유'이다. 5장의 마지막 부분에서 잔느-귀용은 이 비유를 사용하고 있는데, 핵심을 요약하면 다음과 같다. 영혼은 평형 저울처럼 한쪽에는 신에 대한 사랑의 무게를, 그리고 다른 한 쪽에는 겸손을 담고 있는데, "보다 영혼의 사랑의 무게가 클수록 영혼은 보다 자신을 낮추며"[406] 저울의 한 쪽이 올라갈수록 다른 쪽은 내려갈 수밖에 없음을 설명하고 있다. 따라서 완전히 하느님과 일치한 영혼은 자신을 '아무것도 아닌 無'에 비유하게 되는 것이다. 그래서 그녀는 "오, 無여! 너는 아무것도 아니다. 그럼에도 너는 사랑의 모든 무게를 지니고 있구나!"[407]라고 외치고 있다. 사랑과 겸손의 이 비례적인 특성은 이 책의 여러 곳에서 언급되고 있는데, "우리들의 비천함이 무엇인지 분명히 보면서 우리들은 점점 더 우리 자신을 낮추며 우리들의 사랑은 보다 순수해지고 보다 강해지는 것이다."[408]라고 말하는가 하면, 13장에서는 "인간은 가난하고, 헐벗고 가진 것이 아무것도 없다. 그는 다른 이에게 좋은 것이라고는 아무것도 가지고 있지 않다. 이 다른 이가 곧 신(神)이다. 인간은 오직 경멸할 만할 뿐이다. 하지만 신은 사람들이 판단하는 것처럼 판단하지 않으신다."[409]라고 말하고 있다. 겸손에 대한 잔느-귀용의 사유는 특히 성화(聖化)와 관련된 부분에서 부각되고 있는데, 이는 모든 것이 하느님의 업적이며, 영혼은

406 *Écrits sur la vie intéieure*, p. 74.

407 *Écrits sur la vie intéieure*, p. 74.

408 *Écrits sur la vie intéieure*, p. 29.

409 *Écrits sur la vie intéieure*, p. 162.

이에 비해 아무것도 아니라는 점을 부각시키는 대목들이다.

> 하느님이 장애물들을 제거하시는 한에서 하느님은 이 영혼들에게 다가오시고 이 영혼들과 결합하시는 것이다.[410]

> 이 영혼들은 거룩하게 되고자 하지 않는다. 다만 하느님께서 이 영혼들 안에서 그리고 이 영혼들을 위해서 거룩하신 것이다.[411]

이 책에서는 믿음에 대해 얘기하고 있는 부분도 흥미롭다. 신학자 암브로시우스는 믿음에 대해서 "알지 못하기에 믿는다"라고 하였고 아우구스티누스는 "알기 위해 믿는다"라고 하였다. 그리고 토마스 아퀴나스는 "믿기 위해 알고자 한다"라고 하였다. 하지만 잔느귀용은 이 모든 것을 아우르면서 또한 더 많을 것을 말해 주고 있다. 그녀는 "우리가 믿음이라고 부르는 것은 분명 하나의 모호하고, 비밀스럽고, 침투적인 하느님에 대한 한 앎이며, 이 믿음은 우리로 하여금 하느님이 우리에게 활동하시도록 문을 여는 것이다. 왜냐하면 하느님은 이러한 권한이 있으시기 때문이다"[412]라고 말하고 있다. 믿음은 앎을 포함하고 있지만, 완전하지 않은 앎이며, 나아가 하느님과 인간의 관계를 회복해 주는 실제적인 힘이다.

제7장에서는 두 종류의 성성(sainteté) 즉, 의로운 일을 하여 그 결과로 거룩하게 된 영혼들과 하느님께서 그들의 영혼 안에 계시기

---

410 *Écrits sur la vie intéieure*, p. 53

411 *Écrits sur la vie intéieure*, p. 175.

412 *Écrits sur la vie intéieure*, p. 52.

에 거룩한 영혼들에 대해서 설명하고 있는데, 여기서도 흥미 있는 비유로서 설명하고 있다. 전자는 마치 돌이나 메달 등의 표면에 튀어나오게 새겨진 것이라면 후자는 돌이나 쇠에 깊이 각인된 것으로 표현하며, "이 후자가 진정한 성성(véritable sainteté)"[413]이라고 말하고 있다. 이러한 방식으로 두 종류의 믿음, 믿음과 정관의 관계, 사랑의 다양한 특성들, 선택받은 영혼들의 다양한 길들, 영성의 길에서의 시련의 의미들 등에 대해서 차례차례 설명해 주고 있다. 이 책은 분명 영성의 길로 접어든 모든 영혼들을 위한 하나의 탁월한 길잡이가 되는 자료임이 분명하다.

3. 쟌느-귀용의 신비사상과 현대 철학의 비전

1) 초월적인 존재에 대한 실재성과 보편성

모든 신비가들의 정신에는 하나의 공통되는 점이 있다. 그것은 무한한 존재이자 존재의 근원인 신의 현존과 인간의 영혼이 일치를 이루고자 하는 것이다. 그리고 이러한 신의 현존과 영혼의 일치를 그 무엇보다 우선적인 과업으로 여겼고, 이를 위해 자신들의 전 실존을 투신하였다는 것이다. 다만 그 차이점이 있다면 이러한 일치를 이루는 과정에서의 그 방법론이나 그들이 결과론적으로 산출한 열매의 다름에 있을 것이다. 그렇기 때문에 신비가들의 저작이나 사상에서

413 *Écrits sur la vie intéieure*, p. 95.

나타나는 가장 큰 특징 중의 하나는 그들이 말하는 것이 곧 그들의 삶의 실재였다는 것이다. 가급적이면 실재에 머물고자 하는 것, 그리하여 체험된 실재를 상상하거나 재현된 실재로 환원되는 것을 거부한 것이 곧 쟌느-귀용의 정신에 두드러지는 점이다. 삐에르 파쉐(Pierre Fachet)는 이를 다음과 같이 기술하고 있다.

> 쟌느-귀용의 위대한 노력은 체험들과 초-자연적인 사태들이지만 이미지로 환원되지 않는 체험을 고려한다는 데에 있다. 그녀의 저작들은 이러한 사태들을 환기시키기 위한 과제를 제시하는 것이 아니라, 이러한 사태들을 재현이 불가능하다는 것을 주장하고 있다. 이는 지속적으로 주장되고 있으며, 동시에 언어적으로 항상 거리를 유지하고 있다. 다만 각자가 스스로 이러한 체험을 추구하면서 참조하라는 것이다. [......] 쟌느-귀용이 말하고 있는 '자기-자신'이란 일종의 추상적인 것이지만 이해하기 위한 것이 아니라, 보편적인 체험의 대상이며, 비-개별화 할 수 있는(de-persommalisante) 것이며, 그녀가 자주 쓰는 용어로는 '공허(vide)'에 해당하는 것이며, 그럼에도 불구하고 확인(identification)이 가능한 것이다.[414]

사실상 철학적 의미에서 어떤 사상을 이교적인 것이라고 단죄하는 것은 하나의 주류적인 도그마를 상정하고 단죄 받는 사상은 비-주류라는 것, 즉 소수의 의견이라는 것이다. 하지만 사상 혹은 철학적 체계라는 것은 '체험된 실재'에 대한 지성의 추상화를 의미한다. 신의 현존은 그 자체 이미지와 지성의 이해를 무한히 초월하는 실재

414 Pierre Fachet, '*Madame Guyon et l'individu moderne*', in Madame Guyon, éd. de Jérôme Millon, 1997, p. 204.

로서 인간이 세계나 신에 대해서 이해한다는 것은 어디까지나 이미지와 상상력을 통해 무엇인가 인간의 지평에서 실재와는 다른 무엇인가를 구현한다는 한에서 가능한 것이다. 쟌느-귀용이 스스로 단죄의 위험을 무릅쓰고 '체험된 실재'에 절대적으로 천착한 것은 체험된 실재와 재현된 실재 사이의 거리감을 수용할 수 없었기 때문이다. 즉 자신이 직접 체험한 그 실재를 왜곡하지 않고 보존하고자 하는 일종의 내적인 순수성의 발로였던 것이다. 이러한 정신은 신을 무엇이라고 말하면 이미 신의 실재가 아니기에 신에 대해서는 '~이 아니다'는 식으로 말하여야 한다는 부정신학의 정신과 일맥상통하는 데가 있다.

하지만 우리는 쟌느-귀용의 이러한 체험된 실재에 대한 순수성에서 일종의 진정한 '보편성'을 발견할 수 있다. 보편적이라는 것은 예외 없이 모든 것에 동일하게 적용되는 그 무엇을 의미한다. 순수한 물이 모든 인간에게 도움을 주는 보편적인 음료가 될 수 있는 것은 이 물에 그 어떤 것도 첨가되지 않았기 때문이다. 만일 그것이 무엇이든 어떤 영양소가 첨가된다면 이미 이 영양소를 필요로 하지 않는 사람에게는 좋은 음료일 수가 없다. 이와 마찬가지로 인간의 영혼이 보편적인 이해의 원리가 될 수 있는 것은 미리 영혼에 쓰여진 것이 아무것도 없기 때문이다. 쟌느-귀용이 영적 여정에서의 '다양성'을 매우 강조하고 또한 '無化'를 강조 한 것은 언어를 통한 체계화는 그 자체 이미 어떤 특정한 길이나 체험들을 배척하게 되는 배타성을 지닐 수밖에 없기 때문이다. 그렇기 때문에 역설적으로 진정한 보편성은 '신적 현존의 실재'에 대한 절대적인 초월성을 긍정하는 데서 주어진다. 그 어떤 것도 가장 이상적인 신적 현존에 대한 재현이라고 인정하지 않고, 신성한 실재에 대한 체험은 항상 새롭게 주어질 수 있다고 보는 것이다. 여기서 실재의 진정성을 보장하는 것은 오직 '직접직으로 체험된 것' 뿐이나.

쟌느-귀용의 이러한 정신은 철학자 베르그송에게 있어서 곧 '형이상학적 노력'으로 이해되고 있다. 베르그송에게 있어서 형이상학이란 직접적이고 즉각적인 직관을 통해 실행되는 사물에 대한 일종의 '절대적인 파악과 앎' 그 자체를 말한다. "만일 실재에 대한 상대적인 앎을 소유하는 대신에 절대적으로 소유할 수 있으며, 이 대상에 대한 견해들을 가지는 대신 이 대상 자체에게 위치하는 방법이 있다면, 그리고 해석이나 상징적인 재현을 위해서 이 대상을 분석하는 대신에 이 대상을 직관할 수 있는 방법이 있다면, 바로 형이상학이다. 따라서 형이상학은 상징들을 넘어서는 학문이다."[415] 그리고 그는 "이러한 직관은 철학자로 하여금 그 자신의 고유한 사고와 일치하게 할 뿐 아니라, 나아가 모든 철학자들의 사고들 사이에서 일치를 이룰 것"[416]이라고 말하고 있다. 형이상학이 직관을 통한 대상에 대한 직접적인 파악이며, 그런 의미에서 일종의 '절대적인 앎'이라는 것은, 하나의 대상에 대해서 일면만을 고찰하거나, 대상의 이질적 측면들을 부분적으로 분리하여 고찰하는 것이 아닌 대상을 '있는 그대로' 혹은 '전체적으로' 고찰한다는 것을 의미한다. 이미 주어진 학문적인 체계를 넘어서 '체험된 실재'를 통해 끊임없이 '세계와 인간과 신의 실재 그 자

415 Bergson, *La Pensée et le Mouvement*, Paris, PUF, 1934, p. 181.

416 Bergson, *L'évolution créatrice*, Paris, PUF, 1907, p. 240.

체'에 다가선다는 것, 이것만이 진정한 보편성을 가능하게 하는 것이다. 이러한 보편성은 베르그송이 형이상학적인 노력을 통해 추구하였던 바로 그것이다.

> 베르그송의 도덕에 대한 연구는 신비가들을 참조하기에 이른다. 마치 그가 생물학을 연구하면서 과학자들을 참조하였듯이. 사람들이 체험(experience)이라고 말하는 것에 대한 정보를 최대한 확보하여야 한다. 그는 '체험에 대한 앎 이외에 다른 근원은 없다'라고 '종교와 도덕의 두 가지 원천'에서 말하고 있다. [......] 오랫동안 과학적 체험들을 숙고한 뒤에, 베르그송은 종교적인 체험들을 숙고하기 시작하였다. 동일한 방식과 동일한 정신으로 이 종교적 체험들을 접하지만 그러나 완전히 새로운 노력을 구가하고 있다. [......] 어떤 의미에서 베르그송의 철학에는 종교적 철학이라는 것이 있을 수 없으며, 나아가 크리스천의 철학이라는 것은 더욱 없다. 그에게는 다양한 체험들을 주의 깊게 관찰하고, 그만의 고유한 직관과 고유한 방법론으로 과학에서, 예술에서, 역사에서 그리고 종교에서 제공하는 제 요소들을 통합하면서 설립한 하나의 유일한 철학적 체계가 있을 뿐이다.[417]

물론 우리는 이러한 통합적인 노력을 일종의 '학문에 있어서의 전체주의'를 지향한다고 볼 수 있겠지만, 그럼에도 불구하고 실재에 대한 새로운 체험에 대해 항상 열려 있다는 차원에서 '학문적 전체주의'와는 근본적으로 다른 것이다. 특히 여기서 신비가들의 체험은 닫힌 사회를 열어제치는 가장 효력적인 것이다. "베르그송에 의하면 진

417 Marie Carieu, *Entre Madame Guyon et Rousseau*, in *Madame Guyon*, édition de Jérôme Millon, Grnoble, 1997, p. 192.

정한 신비주의자는 그 근원에서 '생의 도약'을 발견하고 닫혀진 우리들의 사회의 막다른 골목을 열어제치는 사람"[418]이기 때문이다.

쟌느-귀용이 보편성에 대한 정신은 기도에 대한 그녀의 구체적인 삶에서도 잘 드러나고 있다. 그녀는 모든 이들이, 예외 없이 모든 일들이 기도를 하는 데 불림을 받았다고 말하고 있으며, 또한 누구나 언제든지 할 수 있는 '보편적인 기도'를 배워야 한다고 주장하고 있다.

- 우리는 모두 기도하는데 고유하다. 거의 대부분의 사람들이 기도하기 위해서 불림을 받지는 않았다고 생각하는 것은 경악할 만한 불행이다. 우리 모두는 구원을 받기 위해 불림을 받았듯이, 우리 모두는 기도하는 것에 불림을 받았다. 기도(l'oraison)란 마음의 감화(affection du coeur)와 사랑 외에 다른 것이 아니다. 하느님을 사랑하고 하느님에게 관심을 가지는 것, 이는 절대적으로 필요하다.[419]

- 따라서 당신들은 모든 시간에 할 수 있고, 외적인 일들을 멈추게 하지 않는 기도를 배워야 합니다. 왕자들, 왕들, 고위성직자들, 판사들, 군인들, 어린이들, 예술가들, 노동자들, 여자들, 병자들, 이 모든 사람들이 할 수 있는 기도를 말입니다.[420]

가톨릭(catholic)이란 '보편적'이란 의미이다. 진정한 보편성은 그 누구도 예외일 수가 없고, 그 어떤 것도 배척이 대상일 수 없다는 것,

418 *Entre Madame Guyon et Rousseau*, p. 194.

419 *Moyen court*, p. 21.

420 *Moyen court*, p. 23.

그것은 오직 '신적 사랑'에서만 주어질 수 있는 특성이다. 그렇기 때문에 내가 '사랑하는 자'로 변화되는 것 외에 진정한 보편성을 획득할 수 있는 방법이 없다. 그래서 가장 보편적인 기도는 '신의 현존에 감화를 받은 영혼의 보편적인 사랑'인 것이다.

2) 정화와 순수성의 의미

초월적이고 근원적인 존재에 대한 체험은 우리들이 체험하고 있는 현실의 다양한 사태들, 기쁨들, 고통들, 가치들, 관습들 등 모든 규정된 것들을 상대화 시키고 새롭게 바라보고 새로운 의미와 가치 창출하는 데 매우 용이하다. 이는 인간성이 지닌 창조의 능력을 말해주고 있기도 하다. 하지만 이러한 창조성을 가지기 위해 전제되는 것은 '순수성'이다. 쟌느-귀용은 매우 자주 정화라는 말을 사용하고 있다. 하지만 쟌느-귀용이 사용하는 이 '정화(purification)'라는 용어가 무엇을 의미하는지는 매우 모호하다. 인간이 가진 죄의 경향성을 제거한다는 의미도 될 수 있고, 도덕적으로 이기적인 경향성을 없앤다는 것이 될 수도 있고, 감각적이고 세속적인 것에 천착하는 감각적 기질을 없앤다는 것이 될 수도 있다. 나아가 체험된 것을 언어를 통해 왜곡하지 않는다는 의미가 될 수도 있다. 하지만 쟌느-귀용이 가장 즐겨 인용하고 있는 갈라디아서의 사도 바오로의 말은 이 모든 것을 포괄할 수 있다: '더 이상 내가 살지 않고, 내 안에서 그리스도가 살고 있습니다(갈라, 2, 20).' 신의 현존과 하나 된 영혼이 가진 다양한 특성 중 가장 부각되는 것은 '순수성'이다. 왜냐하면 절대자와 일치된 영혼은 절대적인 것을 추구하며 그 어떤 타협이나 거짓도 용납할 수가 없기 때문이다. 스스로에게 절대적으로 결백하고자 하는 것, 이것이 진정으로 신적 존재와 하나 된 영혼의 기질이다.

이러한 순수한 영혼에게서만 세계는 그 신성한 모습, 있는 그대로의 실재의 모습을 제공해 줄 수 있다. 중세 철학자들은 하나같이 세계의 존재 그 자체가 신의 존재(*Ipsum Esse*)에 의해서 지탱되고 있으며, 그렇기 때문에 신의 현존이 부재하는 곳을 상상할 수는 없다고 보았다. 그런데 누가 자연과 세계에, 그리고 인간의 영혼에 현존하는 신의 모습을 통찰할 수 있는가? 루이 라벨은 그것은 곧 '순수성'을 회복한 영혼이라고 한다. 그리고 베르그송은 기존의 모든 선입견이나 견해들로부터 절대로 자유롭고 전혀 새롭게 세계와 사물들을 바라볼 수 있는 영혼에게는 더 이상 예술이 필요 없을 것이라고 한다. 왜냐하면 이 영혼은 매 순간 영혼의 전율을 가질 수 있기 때문이다. 아마도 철학자들의 이러한 사유들은 신의 현존을 상실한 현대인들의 모습을 우회적으로 비판하고 있는 것이라고 할 수 있다. 온갖 세속적인 가치와 학문적인 성과들에 길들여진 인간의 영혼은 더 이상 세계를 신의 현존의 장소로 볼 수가 없고, 이 지상에서 신과의 일치를 지향하는 영성의 길을 추구하지 않는다. 그래서 현대인에게 필요한 것은 '영혼의 정화'이다. 영적 저자인 '시로얀(E. M. Cioran)'은 이러한 정화의 길을 '위대한 고독'이라고 표현하고 있다.

> 내가 아직 나로 하여금 신에게로 접근하도록 하는 그것에 대해서 생각하고자 시도한다면, 나는 (현대의) 사람들이 포기한 그 (영성의) 높은 곳에 대한 막연한 연민을 느낄 수 있다. 사람들은 이 위대한 고독(grand esseulé)을 위해서 무엇인가 해야 할 것이다. 신에 대해 연

민을 가진다는 것, 피조물의 극단적인 고독을 가진다는 것…[421]

쟌느-귀용은 이러한 정화의 과정이 참으로 길고 힘겨운 길이라는 것을 직접 체험을 통해 알고 있다. 하지만 이러한 정화의 과정이 가져오는 그 결과물은 참으로 감미로운 것이다. 그것은 곧 '순수성의 회복'이요, 곧 '순수한 사랑'이다. '자기-자신에 대한 사랑'이 아닌, 일체의 모든 것을 사랑하는 '순수한 사랑'이었다. 이는 곧 보편적인 사랑이다. 그녀는 이러한 정화의 과정 중에, 어떤 학문적인 체계화의 필요성이나, 교회의 공식적인 견해로부터 인정을 받고자 희망하지 않았다. 왜냐하면 그녀에게 있어서는 세상의 빛보다는 차라리 어둠 안에서 걷는 것이 오히려 신적인 빛을 더욱 밝게 하였기 때문이다.

> 이처럼 우리들의 보다 유리한 점은 어둠 안에서 걷는 것이다. 왜냐하면 가장 어두운 밤에 비치는 빛은 한낮에 비치는 빛보다 천 배나 보다 밝을 것이기 때문이다.[422]

3) 새로운 인간상과 절대적 자유

에밀 시로얀은 "인류의 역사는 하나의 신성한 드라마이다."[423]라고 말한 바 있다. 그 이유는 인류의 역사를 '창조의 지속'처럼 생각하고 있기 때문이다. 신비가로서 쟌느-귀용에게 하느님은 바로 이러한

---

421 E. M. Cioran, *Des larmes et des saints*, Paris, Éd. de l'Herne, 1986, p. 90.

422 *Écrits sur la vie intéieure*, p. 29.

423 *Des larmes et des saints*, p. 91.

새로운 창조를 계속하시는 분이며, 이는 인간의 잃어버린 자유를 되찾아주는 것으로 이해하고 있다. 그녀는 이를 시편의 구절을 인용하면서 말해 주고 있다.

> 인간은 그의 무(無) 안에서 하느님이신 그의 아버지에게로 인도되면서 하느님이 주셨던 자유를 회복하며, 하느님이 그를 새롭게 창조하시는 것이다: *당신의 숨을 보내시면 그들은 창조되고 당신께서는 당신의 얼굴을 새롭게 하십니다.* (시편 104, 30) 하지만 이 새-창조(recréation)는 더 이상 인간의 능력이 아니며, 인간이 사용하는 것이 아니라 하느님의 능력이시며 하느님의 의지인 것입니다.[424]

새로운 창조와 자유의 회복은 잔느-귀용의 마지막 귀결점이라고 할 수 있다. 그런데 잔느-귀용이 말하는 이 자유의 의미는 무엇인가? 이 자유는 하느님의 섭리에 자신을 완전히 맡겨 버리고, 자신의 삶의 유일한 의미가 신적 현존에 있기 때문에 세상의 그 어떤 불행이나 고통으로부터도 영혼이 영향을 받지 않는 상태를 말한다. 『내적인 삶에 대한 글』의 15장에서 그녀는 새로워진 영혼의 자유에 대해서 다음과 같이 설명하고 있다.

> 나는 다음과 같은 것들에 대해서 말해야만 한다. 나의 나머지 삶에 그리고 외적인 일들에 하느님께서 나에게 고통을 허락하신다면, 이는 쓰디쓴 고통이 아니며, 내적인 고통들이 아니며, [......] 내 영혼에 어떠한 인상이나 자국을 남기지 못할 것이다. 영혼이 어떤 지속성을 통해서 '자기-자신'으로 남아 있는 한 영혼은 손상을

424 *Écrits sur la vie intéieure*, p. 186.

입고 제 흔적들을 남기고 [......] 영혼이 이 지속성을 벗어나 변화된다면, 그리고 그의 근원적인 존재(Être original) 안에서 순수한 물이나 유동체처럼 끊임없이 흘러나온다면 그 어떤 것도 손상을 입힐 수 없고 모든 것이 지나가 버릴 것이며, 어떠한 흔적도 남기지 않을 것이다.[425]

이러한 쟌느-귀용의 자유의 의미는 어떤 측면에서는 불교에서의 '무아(無我)'나 영혼의 절대적 평정을 추구하는 '정적주의(quiétisme)'와 매우 유사한 측면이 있다. 자기-자신을 완전히 벗어난다는 차원에서 '무아'이며, 또한 그 어떤 외적인 상황 속에서도 영혼이 전혀 영향을 받지 않는다는 차원에서는 '정적주의'와 유사하다. 하지만 쟌느-귀용의 사유에서는 '무아'나 '정적주의'에서는 볼 수 없는 근본적인 차이점이 있다. 그것은 이러한 무아나 평정의 원인과 목적이 완전히 다르다는 것이다. 불교의 무화에서나 정적주의에서는 이러한 상태의 원인이 전적으로 이를 추구하는 주체에게 있으며, 또한 그 목적 역시도 '도달된 상태' 그 자체에 있다. 하지만 쟌느-귀용에게 있어서는 그 원인도 '근원적인 존재'로서의 신에게 있으며, 그 목적 역시 신적 현존과의 완전한 일치에 있다. 즉 이 최고의 상태에서 자신이 중심인가, 아니면 신이 중심인가 하는 것에서 근본적인 차이점이 있는 것이다. 그리고 불교의 무화의 상태에서는 자신을 규정할 수 있는 무엇이 완전히 소멸되어 있겠지만, 쟌느-귀용의 정신은 여전히 '신의 자녀', '신의 신부'라는 자기 동일성을 간직하고 있다. 정적주의에서는 자신

---

425 *Écrits sur la vie intéieure*, pp. 179-180.

의 영혼의 평화를 깨뜨리는 일체의 외적인 일들을 부정하겠지만, 쟌느-귀용의 정신에서는 그것이 무엇이건 신의 뜻이라면 생명이라도 바칠 수 있을 것이다. 쟌느-귀용이 말하는 자유는 이러한 의미에서 보다 적극적인 것이다. 그것이 무엇이건 신의 뜻에 절대적으로 일치되어 있다는 것, 그리하여 신의 뜻을 따르는 데 있어서 절대적으로 자유로울 수 있다는 것이다. 쟌느-귀용은 이러한 자유는 삶과 죽음에 있어서도 동일하게 유효하다고 말하고 있다.

> 이 새롭게 된 영혼에게서는 하느님께서 자신을 사용하시던지 혹은 다른 사람을 사용하시던지 다를 것이 없으며, 그 어떤 것에도 준비가 되어 있으며, 아무것도 아닌 것이 되는 것에 준비되어 있다. 이는 삶과 죽음에 있어서도 마찬가지이다.[426]

그 무엇이라도, 그것이 비록 죽고 사는 문제라고 하더라도, 신의 뜻에 따를 준비가 되어 있는 이러한 자유는 그래서 '절대적인 자유'라고 말할 수 있는 것이다. 물론 우리는 이러한 자유의 의미가 성경에서 말하고 있는 새로운 인간의 그 '자유'에 대한 유일한 해석이라고 할 수는 없을 것이다. 왜냐하면 성경의 하느님은 결코 자신의 뜻에 절대적으로 순명하는 수동적인 인간을 원하지만은 않을 것이기 때문이나. 사랑은 단순히 신의 뜻을 따르는 것 이상이기 때문이다. 사랑은 신의 뜻을 따르는 것과 신에게 자신의 선한 원의를 발하는 것을 모두 포함하기 때문이다. 하지만 그럼에도 불구하고, 성경적 의미에

426 *Écrits sur la vie intéieure*, p. 187.

서 보자면 자기 자신을 완전히 비운다는 이러한 '무화'의 정신은 진정한 선을 실천하는 조건이라고 해야 할 것이다. 즉 쟌느-귀용의 정신에서 나타나는 '수동성'은 보다 높이 뛰어오르기 위해 자신을 움츠리는 개구리처럼, 보다 큰 선을 실현하기 위해 우선 신의 섭리에 완전히 자신을 증여한다는 긍정적인 의미로 바라보아야 한다는 것이다. 사랑을 실천하기 이전에 우선 '에고이즘'을 의미하는 자기-자신에 대한 사랑을 완전히 비운다는 것, 그리하여 자신의 삶을 오직 신의 뜻과 섭리에 증여한다는 것, 이는 곧 새로운 인간상을 의미하며, 모든 건강한 영성적인 삶의 조건이라고 할 수 있을 것이다.

4부

현대 신비가의 실존적 사랑

현대 신비가들의 특징

헤겔은 "철학이란 시대의 딸"이라고 말하였다. 이는 인간의 정신이란 결코 자신이 처해 있는 '시간과 공간'을 완전히 초월할 수가 없으며, 어떤 식으로든지 자신이 살고 있는 그 시대의 문화적, 환경적 영향을 받고 있다고 말하는 것이다. 하지만 이러한 것이 100% 올바른 생각은 아니다. 철학은 시대의 딸이기도 하지만, 또한 다음 시대의 싹이기도 한 것이기 때문이다. 프랑스혁명이나, 공산주의 혁명 등 역사적인 사건들의 이면에는 이것의 계기가 되었던 정신적 신념이나 철학적 사상이 뿌리처럼 자리 잡고 있다. 신비가들 역시 마찬가지다. 현대의 신비가들은 '현대 문화'라는 그 특성과 어떤 식으로든지 매우 밀접하게 연관되어 있다. 아마도 가장 일반적인 현대 신비가들의 특징을 몇 가지 들자면, 우선 신비가들의 영적인 특성들이 매우 개별적이고 다양하다는 것이며, 근대 신비가들의 정신을 보다 심화시키고 있다고 볼 수 있다.

현대의 신비가를 소개하면서 첫 번째 신비가로 선택한 사람은

'리지외의 데레사 성녀'이다. 리지외의 데레사의 소명은 성녀 스스로가 말하고 있듯이 "영혼들에게 '나의 작은 길(ma petite voie)'을 마련"[427]해 주는 것이었다. 이 작은 길은 아주 작은 일상의 일들에서 아무도 봐주고 인정해 주지 않아도 매일을 사랑으로 살아가는 것'이며, 가장 작을 일들에서 가장 큰 사랑으로 행하는 것에 있다. 즉 어린아이부터 노인에 이르기까지 누구나 의지만 있다면 실행할 수 있는 보편적인 하느님으로의 길을 마련하는 것이었다. 이러한 보편성은 교황 피에 11세(Pape Pie XI)로 하여금 "현대 사회에서 가장 위대한 성녀"라고 선포하게 한 것이다. 두 번째로 선택한 '삼위일체의 엘리사벳 성녀'는 삼위일체라는 그 이름처럼 하느님의 현존에 대한 해명을 '성부, 성자, 성령'의 삼위의 관계성 안에서 탁월하게 해명하고, 자신의 전 실존이 이 삼위일체의 관계성 안에 용해되는 다분히 고전적인 영성의 특성을 띄고 있다. 그래서 그녀는 스스로 자신의 영성을 "*Laudem Gloriæ*" 즉 "영광의 찬미"라고 불렀다. 그럼에도 그녀는 자신의 영적인 여정을 설명하면서 '내면적인 심연(notre abîme intérieur)', '정신의 고독(solitude de l'esprit)' 등 상당히 현대의 형이상학자나 실존주의자들이 즐겨 사용하는 개념들을 통해 해명해 주고 있다. 그리고 그녀는 자신의 영적인 여정을 통해 초월적 세계에 대한 일깨움을 야기하고, 신적 현존의 추구를 통해 '인격에 대한 무한성의 개념'을 일깨우고 있다. 가장 전통적인 개념을 통해 가장 현대적인 것을 일깨우고 있는 것이다.

427 Thérèse de Lisieux, *Œuvres complètes*, Cerf, 1992, p. 1050.

반면 세 번째로 선택한 에디트 슈타인은 크리스천의 영성을 '현상학'이라는 대표적인 현대 철학의 방법을 통해서 새로이 정립하고 있는 여성 철학자이다. 현상학을 전공한 여성 철학자로서, 가장 독실한 유대가정의 자녀로서 가톨릭의 수녀가 된 에디트 슈타인은 그리스도의 고통에 대한 깊은 체험과 이 고통 안에서 사상과 민족을 뛰어넘어 인류를 감싸고자 하였다. 에디트 슈타인은 아우슈비츠 수용소라는 현대인의 비극의 가장 상징적인 장소에서 가장 숭고한 그리스도의 사랑을 보여준 신비가였다. 그리고 네 번째로 선택한 시몬느 베이유는 여성 철학자이자 비종교인으로서 그리스도교적 박애를 탁월하게 실천한 신비가이다. 철학교사로서, 노동자로서, 저술가로서, 참전용사로서, 저술가로서 그리고 신비가로서 그녀의 삶은 모든 것의 모든 것이 되고자 하였다. 그녀는 그리스도교적 사상에 매우 깊이 다가갔지만 그럼에도 제도적인 종교의 범주에 들어가지 않고 스스로 "그 누구도 배신하거나 저 버릴 수 없었다."고 말하면서 묵묵히 자신의 길을 갔다. 그녀는 "교회가 감싸안지 않으려 하는 현실과 함께 하기를 선택함으로써, 베이유는 교회 밖의 기독교인으로서 가난한 자, 모욕 받는 자, 신을 부정하는 자들까지를 감싸안으려 했다."[428] 에디트 슈타인과 시몬느 베이유는 비록 그 삶의 형식에 있어서 서로 다른 길을 갔지만, 가장 고통 받는 이들의 곁에서 그 고통을 함께하며, 그리스도가 가졌던 그 고통을 자신들의 고통으로 함께하고자 했던 측

428 시몬느 베이유, 『중력과 은총 – 불꽃의 여자 시몬느 베이유의 사색 1』, 윤진 옮김, 사회평론, 1999, p. 8.

면에서 공통되고 제도적인 범주나, 교의적 도그마를 넘어서 모든 이들을 품고자 했던 측면에서 가장 현대적인 모습을 띤 신비가들이라고 할 수 있을 것이다.

마지막으로 선택한 마르트 로뱅은 신비가에 대한 기존의 모든 이미지를 넘어서고 있는 예외적인 인물이다. 마르트 로뱅은 누구도 부정할 수 없는 기적적인 삶을 평생 동안 살면서 가장 밀도 높은 신비적인 삶을 산 사람이다. 그녀는 50년 동안 오직 성체만을 영하면서 삶을 연장하였고, 전신마비로 오직 침대에 누워있어야 했지만 누구보다 많은 사람들을 영접하면서 수많은 기적과 감동을 선사한 인물이었다. 그녀에게 있어서 고통은 곧 그리스도의 고통에 일치하는 방편이었으며, 그것을 통해 신의 섭리가 빛을 발하는 장소였다. 마치 포도가 발효되면서 열을 발산하듯이 그렇게 고통을 통해서 신성한 향기를 전 세계로 발산한 마르트 로뱅은 역사상 가장 비참한 상황 속에서 가장 신비롭고 강렬한 사랑의 빛을 선사한 신비가라고 할 수 있다. 이렇게 현대의 신비가들의 모습은 마치 그리스도가 점진적으로 다시 육화(incarnation)하고 있는 듯한 인상을 주고 있다. 신성한 신의 영기가 신비가들의 실존을 통해서 가장 깊고 가장 미소한 것에 이르기까지 강렬하게 다시 재-탄생하고 있다는 것을 증거 해주는 것이 현대의 신비가들의 모습이라고 할 수 있다.

1장

리지외의 데레사 (Thérèse de Lisieux)

1장

리지외의 데레사(Thérèse de Lisieux)

1. 생애와 인물[429]

마리 프랑수와 데레사 마르텡(Marie-Françoise-Thérèse Martin)이라는 긴 이름을 가진 한 소녀가 1873년 1월 2일에 프랑스의 바스-노르망디(Basse-Normandie)의 알랑송(Alencon)에서 태어났다. 그의 아버지 루이 마르탱(Louis Martin)은 시계 제조업자였고 어머니 젤리 게랭(Zelie Guerin)은 독실한 가톨릭 신자였다. 그래서 데레사는 태어난 지 이틀 만에 알카송의 성모 성당에서 세례를 받았다. 데레사 마르탱은 9명의 자녀 중 막내였기에 데레사에 대한 어머니의 사랑은 지극하였다. 매우 병약하였던 데레사는 태어난 해에 1년 동안 알

429 리지외의 데레사 성녀는 '소화 데레사성녀'로 매우 널리 알려져 있으므로, 여기서는 핵심 사안을 중심으로 간략하게 제시하고 있다. 구체적인 지명, 인명, 날짜 등에 대한 것은 다음의 책을 주로 참조하였다. Thérèse de Lisieux, *Œuvres complètes(전집)*, Paris, Cerf, 1992.

카송의 동쪽 지역에 있었던 작은 도시인 세말레(Semallé)의 한 간호사의 집에서 머물러야 했으며, 1년 만에 건강을 회복한 뒤 다시 부모님의 집으로 돌아왔다. 어린 데레사는 가끔은 인내심이 부족하고 화도 내곤 하였지만 매우 밝고 활발하였다. 성실한 부모님 밑에서 데레사는 아무런 어려움 없이 자랐다. 하지만 데레사가 4살 되던 해[430]에 어머니 젤리가 유방암으로 세상을 떠난다. 어머니의 죽음은 어린 데레사에게 엄청난 시련이었고, 데레사는 그의 언니 '폴린느(Pauline)'를 마치 두 번째 어머니처럼 선택한다. 어머니의 죽음은 데레사의 성격에도 큰 영향을 끼쳤는데, 이때부터 데레사는 자주 눈물을 흘렸다고 한다. 1877년에 아버지 마르탱과 다섯 딸은 리지외(Lisieux)의 뷔소네트(Buissonnets)에 이사를 가게 되는데, 이는 임종한 어머니 젤라의 오빠 이시도르 게랭(Isidore Guérin) 가족이 그곳에 살고 있었기 때문이었다.

그런데 1882년에 어린 데레사가 두 번째 엄마로 선택하였던 폴린느가 리지외의 가르멜 수녀원에 입회하게 되었다. 데레사는 두 번째로 엄청난 심리적인 동요를 가지게 된다. 이 때문에 데레사는 몇 달 지나지 않아 심각한 병을 앓게 된다. 전 가족이 데레사의 건강을 위해 기도하였다. 그런데 작은 기적이 일어났다. 1883년 5월 13일에 어린 데레사가 웃고 있는 성모상을 보았는데, 그때 그녀의 병이 나았다. 이후 어린 데레사는 성모님에 대한 사랑이 남달랐다. 14살 되던

430 번역된 책에 따라서 데레사가 어머니를 여의던 때를 '3살에' 혹은 '4살이 채 안 되어서' 혹은 '4살에' 등으로 되어 있다. 이러한 것은 모두 서구 유럽국가들의 나이와 한국의 나이가 동일하지 않기 때문이다. 한국에서는 태어나면 1살이지만, 서구 유럽에서는 태어난 뒤 1년이 지나야 한 살이 되기 때문이다. 따라서 프랑스의 나이는 한국나이보다 한 살이 적다. 여기서는 모든 나이를 한국의 나이로 명시하였다.

해에 데레사는 자신도 가르멜 수녀원에 입회하기를 원하였다. 아버지 마르탱은 어린 소녀의 감상적인 생각으로 여기고 15세가 되면 허락할 것이라 약속하였다. 그런데 데레사의 가르멜 수녀원 입회를 결정적으로 결심하게 하는 사건이 벌어진다. 1886년 성탄 때에 데레사는 생애 최초로 신비체험을 하게 된다. 그리스도의 현존을 맞이하였던 것이다. 데레사는 이때의 체험을 '나의 회개의 밤(la nuit de ma conversion)'이라고 불렀다. 그리고 이때의 결심은 자신의 평생의 소명이 되었다. 데레사는 자서전에서 이때의 사건을 다음과 같이 기술하고 있다.

> 1886년 성탄의 밤은 나의 소명(la vocation)에 있어서 결정적인 것이었습니다. 이는 사실입니다. 하지만 보다 정확하게 표현하기 위해서 나는 이때를 '나의 회개의 밤'이라고 불러야 할 것입니다. 하느님 그 자체의 감미로움이 빛을 발하는 이 거룩한 밤에 예수님은 나를 위하여 사랑으로 나를 강보에서 벗어나게 하고 어린 시절의 불완전함을 벗어나게 해 주었습니다. 그분은 나를 변모시켰고, 그 결과 저는 더 이상 나 자신을 추구하지 않았습니다. 만일 이때의 변화가 없었더라면 나는 여전히 세상에 남아 있었을지도 모릅니다.[431]

영혼에 각인된 사건은 시간을 초월하는 법일까, 이때의 일은 데레사 성녀가 임종하기 몇 주 전에 원장 수녀와의 마지막 대화에서 다음과 같이 생생하게 상기하고 있다.

431 Thérèse de Lisieux, *Œuvres complètes(전집)*, p. 559.

오늘 제가 나의 지나간 과거의 삶을 생각하였습니다. 옛날 성탄 때에 제가 행한 용감한 행위에 대해서 말입니다. 그리고 쥬디스(Judith)[432]에게 전해졌던 찬양이 내 기억 속에 떠올랐습니다: "당신은 대장부 같은 용기로 행동하였고, 당신의 심장은 굳셉니다." 많은 영혼들이 이렇게 말들을 합니다. 하지만 저에게는 이러한 희생을 완수할 만한 힘이 없었습니다. 그러니 제가 행한 것들이 어떻게 가능했겠습니까? 하나의 큰 노력! 선하신 하느님께서 행동하는 용기를 주시는 이 첫 번째 은총을 결코 거절하지 않으셨습니다. 이후 마음이 굳세어지고, 저는 승리에 승리를 거듭하였습니다.[433]

1886년 성탄 때의 회심은 그녀에게 세상 사람들에 대한 사랑과 과 영혼의 구원을 위해 자신을 바치고 싶다는 열망에 사로잡히게 하였고, 이를 위해서 가르멜 수녀가 되고자 하는 원의를 확고하게 굳히게 된다. 가르멜로 가는 일이 하느님의 부르심이라는 생각이 너무나 분명하게 드러난 것이다. 데레사는 아버지의 허락을 받아 리지외의 가르멜의 문을 두드린다. 하지만 아직 15살이라는 어린 나이는 입회를 허락지 않았다. 가르멜에서는 데레사가 21살이 되기를 바랐던 것이다. 하지만 데레사의 신념은 꺾이지 않았다. 그녀는 자신의 불타는 열망을 가지고 아직 6년을 더 기다려야 한다는 사실을 받아들일 수 없었다. 그리하여 1887년 데레사는 언니 셀린느와 아버지 마르탱 이렇게 셋이서 로마로 순례를 떠나게 된다. 교황에게 허락을 얻기 위해

432 구약에 나오는 부유한 유다인 과부로 아시리아의 장군 홀로페르네스(Holofernes)를 유혹하여 그의 목을 자르고, 느부갓네살의 군대로부터 베툴리아(Bethulia)를 구한 매우 용기 있는 여인이다.

433 *Œuvres complètes*, p. 1085.

서였다. 실제로 교황을 만났고, 교황 레오 8세(Pape Léon XIII)는 "하느님의 뜻이 있다면 입회하게 될 것"이라고 말하였다. 비록 교황의 허락을 받지는 못하였지만, 이때의 체험은 그녀의 믿음을 더욱 다지는 계기가 되었다. 즉 자신의 고유한 의지를 실행하는 것이 아닌, 하느님의 뜻을 이룬다는 믿음이었다. 그녀의 사명은 보다 굳건하게 되었고, 세상에 대한 어떤 진리를 반성하게 된 것이다.

1888년 4월 9일 데레사는 드디어 16살이라는 어린 나이로 가르멜에 입회하게 된다.[434] 그리고 그 다음 해에 데레사는 가르멜의 수도복을 입을 수 있었고, '아기 예수의 데레사 수녀(sœur Thérèse de l'Enfant Jésus)'라는 이름을 얻게 된다. 1894년 어머니 수녀인 아녜스(Mère Agnès)의 요청으로 데레사 수녀는 자신의 어린 시절의 추억에 대한 글을 쓰기 시작하였다. 이 작업은 1897년 임종하기 전까지 계속되었는데, 『한 영혼의 역사(*Histoire d'une âm*)』라는 제목으로 임종 후 1년만인 1898년에 출간되었다. 1896년 사순시기 때부터 데레사 수녀의 건강에 위기가 오기 시작하였는데, 객혈의 증상을 보였다. 의사는 목의 동맥이 파열된 것이라고 진단하였지만, 이때 데레사는 자신의 죽음이 임박했음을 예감하였고, 이 힘든 시기를 '자아포기의 시기'라고 불렀고 또 '믿음의 밤'이라고 불렀다. 1897년 9월 30일 저녁 무렵 "저는 죽지 않습니다. 저는 이제 진정한 삶에로 나아갑니다."[435]라는 유언을 남기도 숨을 거두었다. 당시 그녀의 나이는 25세였다.[436]

---

434 프랑스의 나이로는 15세이다.

435 *Œuvres complètes*, *Offrande à l'Amour Miséricordieux*, p. 601.

436 프랑스의 나이로는 24살이다.

가르멜에 들어오면서부터 데레사는 세상을 위해 자신의 삶을 내어준 그리스도의 사랑을 자신도 가질 수 있기를 원했다. 그녀는 이를 위해서 하느님에게 완전히 의탁하였고, 자기 자신을 포기하기 위해서 점점 더 작아졌다. "데레사의 작은 길"로 알려져 있는 그녀의 영성은 영적인 어린이의 길이라고 할 수가 있는데, 이것이 데레사 수녀가 사람들에게 전달하고자 원했던 메시지였다. 대부분의 성인 성녀들의 삶은 아무도 흉내낼 수 없는 영웅적인 것이었다면, 데레사 수녀의 삶은 누구나가 할 수 있는 '작은 길'이었다. 1886년 데레사가 자신의 진정한 소명에 대해서 "나의 소명, 그것은 사랑입니다."라고 말한 바 있는데, 이 사랑은 아주 작은 것을 가장 큰 사랑으로 행하는 그것이었다. 어떤 관점에서 보자면 이 사랑에는 크고 작은 것이 없으며, 때를 가리지 않는 것이었다. 마치 하느님의 사랑이 이 세상이 지속하는 한 계속 주어지듯이 그렇게 모든 사건 모든 일상에서 사랑하는 것이 전부였던 그러한 삶을 살고자 한 것이 데레사가 깨달은 소명이었다. 그리고 이러한 소명은 하느님의 그 사랑에 대한 답변이었다.

그렇기 때문에 생전에 아무도 그녀의 이러한 위대한 소명에 대해서 알지 못했다. 왜냐하면 사랑은 자신을 드러내지 않는 것이었고, 모든 이들 중에서 가장 낮은 자리를 원하는 그러한 것이었기 때문이었다. 하지만 데레사의 이 '작은 길'은 교황 피에 11(Pape Pie XI)세로 하여금 "현대 사회에서 가장 위대한 성녀"라고 선포하게 하였다. 1923년에 시복된 된 데레사 수녀는 1925년에 시성되었고, 1927년에는 '모든 선교사들의 보호 성녀'로 그리고 1944년에는 '프랑스의 두 번째 수호성녀'가 되었다. 그리고 그녀의 임종 100주기였던

1997년 10월 19일, 교황 요한 바오로 2세는 데레사 성녀를 "교회박사(Docteur de l'Eglise)"로 선포하였다.

2. 저작의 정신과 철학적 의미

리지외의 데레사 성녀는 스스로 '작은 자'라고 불렀던 만큼 그녀의 눈에 띄는 업적은 거의 없는 편이다. 그녀가 쓴 책은 아녜스 원장수녀의 요청으로 쓴 '자서전'이 전부이며, 이외 편지글들, 그리고 수녀원에서 연극을 위해 만든 작은 희곡 한 편, 여러 편의 시들, 그리고 사람들에게 보낸 편지글들이 전부이다. 하지만 그녀가 위대한 것은 오히려 눈에 보이지 않고 숨겨져 있던 것들 때문이었다. 『한 영혼의 역사(*Histoire d'une âme*)』라는 이름으로 출간된 그녀의 자서전은 크리스천의 삶과 하느님과의 관계에 대해 자신이 이해한 것과 이러한 영성이 어떻게 발전하였는지를 보여주는 전기이다. 이 작은 한 권의 책은 프랑스에서 놀라운 성공을 거두었고 이후 가톨릭교회가 존재하는 전 세계로 번져 갔으며, 35개의 다른 언어로 번역되었고, 오늘날 현대의 가톨릭 신앙인들의 정신에 가장 친근하고 가장 사랑받는 성인의 이야기가 되었다.

1) 작은 것의 위대함

리지외의 데레사는 한국에서 '소화(小花) 데레사'로 불린다. 그녀의 영성의 특성을 보여주는 상징적이 용어가 '작은 꽃'이다. 실제로 데레사는 그리스도가 자신에게 가르쳐준 첫 번째 지혜가 작은 것의 위대함이었다고 고백하고 있다. "장미의 화려함이나, 백합화의 결백함으로 인해서, 오랑캐꽃의 향기나 들국화의 순박한 매력이 없어지지 않는다는 것을 알게 되었습니다. 예수님의 정원같이 영혼의 세계도 이런 것입니다."[437] 영혼의 세계는 물리적인 세계가 아니라, 정신적인 세계이다. 여기서 크고 작은 것은 외적인 규모나 양에 있지 않다. 오직 마음의 크기가 진정한 크기인 것이다. 소화 데레사 성녀는 이를 잘 알고 있었다. 그녀는 하느님께서 자신으로 하여금 큰 성녀가 되도록 부르시고 계신다고 느꼈고 이에 기꺼이 응답하였다고 말하고 있다. "그분은 제 영광이 사람들의 눈에 드러나지 않고 오직 큰 성녀가 되는데 있다는 것을 이해시켜 주셨습니다. [......] 저는 항상 '큰 성녀'가 되겠다는 한 결 같이 대답한 자신을 느끼고 있습니다."[438] 큰 성녀가 되지만 사람들의 눈에 드러나지 않게 된다는 것은 무슨 의미일까? 위대한 무엇이란 더 많은 세상 사람들이 인정하는 것이 아닌가? 이러한 모순된 것 같은 일이 바로 영적인 세계의 일이다. 즉 데레사는 아주 어릴 적부터 이미, "참된 위대함이란 이름에 있는 것이 아니라, 영혼 안에 있다는 것"[439]을 깨달았던 것이다. 그리고 이것이 바로 복음서가 말하고 있는 사랑이라는 것을 알게 되었다. 그녀는 '사랑의 비밀'에 대해 다음과 같이 말하고 있다.

437 리지외의 데레사, 『성녀 소화데레사 자서전』, 안응렬 옮김, 가톨릭출판사, 1987, 16쪽.

438 『성녀 소화데레사 자서전』, 84쪽.

439 『성녀 소화데레사 자서전』, 144쪽.

> 아! 만일 연구하는 데 평생을 바친 학자들이 제게 와서 물어보았다면, 열네 살 먹은 애가 그들의 학문으로 알아내지 못했던 비밀, 완전함의 비밀을 알고 있는 것을 보고 틀림없이 놀랐을 것입니다. 그 비밀을 알려면 영혼이 가난해야만 하는 것이 아닙니까![440]

"사랑은 시기하지 않고, 자랑하지 않고, 교만하지 않으며…(고린 1, 13:1-4)"라는 복음서에서 말하는 그 사랑은 너무나 분명하고 단순한 것이어서 누구나 알 수 있다. 하지만 그럼에도 데레사 성녀는 이를 비밀스런 무엇으로 생각하고 이를 알기 위해서는 '영혼이 가난해져야' 한다고 말하고 있다. 여기서 데레사 성녀는 매우 실존주의적인 정신[441]을 지니고 있다고 할 수 있다. 복음서의 사랑을 진정으로 아는 사람은 복음서의 사랑을 진정으로 자신의 삶으로 살고 있는 자이다. 누구도 수영을 해보지 않고 수영이론을 익혔다고, 수영을 안다고 할 수는 없다. 복음서에서 말하는 사랑을 자신의 삶의 원리로 살고 있는 자가 사랑을 진정으로 아는 자이고 곧 영혼이 가난한 자이다. 그렇기 때문에 이러한 삶을 진정으로 살아보지 못한 사람에겐 사랑은 이해할 수 없는 무엇, 비밀과도 같은 것이다. 이러한 데레사 성녀의 생각은 그녀가 로마로 순례를 갈 때의 심정에서도 잘 나타나고 있다. 그녀는 세상의 화려함 속에 감추어진 악을 생각하며 다음과 같이 말하고 있다.

---

440 『성녀 소화데레사 자서전』, 125쪽.

441 키르케고르는 '자신이 알고 있는 것' 혹은 '자신이 되고자 원하는 것'이 실제로 자신의 모습이 되고자 하는 것을 실존주의의 핵심으로 고려하였다.

악은 감각이 없는 물건에 있지 않고 부정한 마음속에 있는 것이니까, 순진하고 곧은 영혼은 아무 데서도 악을 발견치 않는다는 것을 저는 경험하지 못했기 때문에, 더욱이 악이라는 것을 도무지 모르는 제가 그것을 알게 될까봐 겁이 났습니다.[442]

악을 알게 될까봐 겁이 났다는 것은 단지 악이 무엇을 말하는 것인지를 이성적으로 이해하는 것을 의미하는 것이 아니다. 진정으로 악이 무엇인지 안다는 것은 악을 체험하고 악이 주는 고통과 환멸 후회 등에 대해서 깊이 느껴 본 사람을 의미한다. 사실 영혼이 순결하다는 것은 이러한 것을 말한다. 악이 만연하는 세상의 한가운데서도 전혀 악에 물들지 않고, 항상 선한 의지와 지향을 가지고 사는 영혼이 곧 순결한 영혼이다. 가령 토마스 모어 같은 사람은 이러한 영혼의 순결을 지키기 위해서 자신의 생명마저도 내어 던진 의인이었다.[443] 순결한 영혼들은 세상의 시선을 두려워하지 않는다. 오직 하느님만을 의식하고 있기 때문이다. 데레사 성녀가 어린 시절부터 추구하였던 '성덕[聖德]'은 바로 이러한 것이었다. 오직 하느님만이 아시고 세상에는 숨겨져 있는 영혼의 선업들을 완벽하게 실행하는 것이 그녀의 목표였다. 큰 것이 아닌, 일상의 작은 것들에서 보이지 않는

442 『성녀 소화데레사 자서전』, 147쪽.

443 영국의 국왕 헨리 8세가 왕비와 이혼을 하고 후궁과 정식 결혼을 하고자 하였으나, 로마교회가 허락지 않자 '수장령'을 반포하여 자신이 영국교회의 수장이 되고자 하였다. 당시 대법관이었던 토마스 모어(More, Sir Thomas)는 이에 반대하고 사표를 제출하였으나, 반역자로 체포되었고, 끝까지 자신의 신념을 굽히지 않고 사형을 당하였다. 이후 그는 모든 공직자들의 수호성인이 되었다. 참조 : Denis Huisman, *Dictionnaire des Philosophes*, Paris, PUF, 1993, pp. 2048-2049.

작은 사랑의 행위들에서…

> 천주께서는 진실된 영광이란 길이 없어지지 않는 것이고, 그것을 얻기에는 훌륭한 사업을 이루는 것이 필요하지 않고 자신을 감추고 덕을 행하여서 바른손이 하는 일을 왼손이 알지 못하도록 해야 한다는 것을 제게 알려 주었습니다.[444]

우리는 여기서 키르케고르가 평생을 걸쳐 고심했던 '단독자'의 개념이 데레사 성녀는 이미 어린 시절부터 실천하고 있었음을 볼 수 있다. 그녀에게서 인간의 궁극적인 목적이 바로 이러한 순결한 영혼의 모습을 회복하는 것이라고 보았다. 그녀에게 영혼의 구원이란 바로 이러한 영혼의 모습을 회복하는 것이며, 가르멜의 성소가 바로 여기에 있는 것이라고 생각하였다. "영혼을 구하기로 된 소금을 보존하는 것을 목적으로 하는 우리의 사명은 얼마나 아름답습니까!"[445] 세상 그 누구도 아무도 알아주지 않아도 선하고 올바른 것을 행하며, 하느님이 기뻐하실 일을 한다는 것은 참으로 쉬운 일이 아니다. 누구나 한두 번쯤은 이러한 선업을 행할 수가 있겠지만, 이러한 것을 자신의 삶의 원리나 형식으로 가진다는 것은 일반인으로서는 도저히 흉내내기 어려운 것이다. 데레사는 이러한 삶을 자신의 평생의 과업 즉 '소명'으로 생각한 것이다. 데레사는 그리스도의 위대함은 바로 이러한 숨겨져 있는 비밀스런 사랑의 업적에 있다고 보았다. 그래서 겸손해지고, 자신이 無인 것을 알지 못하는 사람은 그리스도의 사랑에 대해

444 『성녀 소화데레사 자서전』, 83쪽.

445 『성녀 소화데레사 자서전』, 145쪽.

서 알 수가 없다고 말하고 있다. 사제 훌란(le père Roulland)에게 보낸 편지에서 데레사는 다음과 같이 쓰고 있다. "오! 나의 형제여, 그리스도의 선함과 자비로운 사랑이 얼마나 크신지요! 이러한 보석을 맛보기 위해서는 겸손해져야 하고 자신이 無임을 알아야 한다는 말은 사실입니다. 그리고 많은 영혼들이 원하지 않는 것이 바로 이것입니다."[446]

그녀는 참으로 용감하고 위대한 성녀였다. 그녀는 그리스도가 그러했던 것처럼 아주 나약하고 보잘 것 없는 이들을 위한 위대한 사랑의 업적을 이루었다. 그것은 누구나가 하느님의 집으로 나아갈 수 있는 순 쉬운 길, 아주 작은 길, 그리고 세상의 끝나는 날까지 이어질 그 길을 마련하는 것이었다. 임종하기 전에 그녀가 한 고백은 진정 '작은 것의 위대함'을 느끼게 해주고 있다.

> 나는 내가 곧 휴식에 들어갈 것을 느낍니다... 그런데 특히, 나는 내 사명이 곧 시작될 것임을 느낍니다. 영혼들에게 '나의 작은 길(ma petite voie)'을 마련해 주면서 내가 하느님을 사랑한 것처럼 그렇게 (사람들이) 하느님을 사랑하게 하도록 하는 것입니다. 만일 선하신 하느님께서 나의 원의를 들어주신다면, 나의 하늘(mon Ciel)이 세상에 선을 행하기 위해서 세상의 마지막 날까지 이 지상으로 내려올 것입니다.[447]

---

446 *Œuvres complètes*, p. 619.

447 *Œuvres complètes*, p. 1050.

2) 순수한 사랑, 열린 실존

리지외의 데레사 성녀는 타고난 신비가라고 할 수 있다. 그녀의 영적인 영역에서의 앎은 모두 하느님으로부터 직접 깨달음을 얻은 것인데, 철학적으로 보자면 직관적이고 직접적으로 체득한 앎이다. 그녀는 인간의 언어란 영적인 삶에 있어서의 다양한 일들을 묘사하거나 전달하는 데 매우 취약함을 다음과 같이 말하고 있다.

> 밖에 내놓기가 무섭게 향기를 잃는 물건이 있으며 또 세상의 말로 옮겨 놓자마자, 그 은밀하고 신비로운 뜻을 잃어버리는 마음속의 생각이 있습니다.[448]

그렇기 때문에 자신의 내면에서 일어나는 일들을 사람들에게 설명한다는 것이 매우 어렵다는 것을 잘 알고 있었고, 자기 자신에 대해서 자신이 누구보다도 잘 알고 있었다. 그녀가 15살의 어린 나이로 가르멜의 문을 두드린 것은 철없는 어린 아이의 감상주의가 전혀 아니었다. 그녀는 자신의 행위에 대해서 "주께서 매우 급히 부르셔서, 비록 불꽃을 건너가야 한다 할지라도, 예수께 충실하기 위해서 저는 그렇게 할 지경이었습니다."[449]라고 말하고 있다. 그리고 하느님의 현존에 대한 그녀의 느낌은 항상 '사랑'이었다. 그녀는 "나는 나의 가슴속에서 알 수 없는 도약들을 느낍니다. 가끔은 마치 내가 진정한 사

448 『성녀 소화데레사 자서전』, 91쪽.

449 『성녀 소화데레사 자서전』, 125쪽.

랑의 전달자를 가지고 있는 것처럼 여겨집니다."[450]라고 말하고 있는데, 이는 하느님은 사랑이시라는 그 하느님의 본질을 가장 순수하게 느끼고 있다는 것이 된다. 그녀가 그렇게 자신의 생명을 던져 세상을 사랑하고자 한 그 숭고한 마음이 곧 하느님이 데레사에게 매우 가까이 계신다는 것을 증거하고 있다. 즉 데레사에게 있어서 진정한 사랑 안에 있는 자는 곧 하느님 안에 있는 자이고, 하느님 안에 있는 자는 진정으로 사랑을 충만히 느낄 수밖에 없다. 그렇기 때문에 자신이 품고 있었던 그 숭고한 사랑에 대해서 실현 가능성을 의심한 적이 없다. 왜냐하면 그녀에게 있어서 사랑을 느끼는 것, 그 자체가 곧 하느님의 현존을 의미하는 것이며, 이는 하느님에 대한 절대적인 신뢰를 유발하기 때문이다.

> 나는 항상 위대한 성녀가 되겠다는 과감하고 동일한 신뢰를 느낍니다. 왜냐하면 저는 잘하는 것이라고는 아무것도 없는 저의 장점들을 염두에 두고 있지 않고, 덕이시고 성성[聖性] 그 자체이신 그분께 희망하고 있기 때문입니다. 바로 그분께서 나의 연약한 노력들을 포옹하시면서 나를 당신에게까지 들어 올리실 것입니다. 그리고 당신 자신의 무한한 장점들로 저를 덮으시고 저로 하여금 성녀가 되게 하실 것입니다.[451]

우리는 데레사 성녀의 이러한 모습을 통해서 우리가 하느님에게 얼마나 가까이 있는가 하는 것의 척도를 손쉽게 얻을 수 있다. 그것

450 Guy Gaucher, *Histoire d'une vie, Thérèse Martin*, Paris, Cerf, 2015, p. 66.

451 *Œuvres complètes*, p. 120.

은 곧 우리 자신들이 지니고 있는 '세상과 인간에 대한 그 사랑'이다. 내가 사랑을 충만하게 가지고 있다면 하느님과 매우 가까이 있는 징표이겠지만, 만일 내 마음이 미움이나 시기심이나 이기적인 생각으로 가득하다면 나는 그만큼 하느님의 현존과 멀어져 있는 것이다. 물론 우리가 죄 중에 있더라도 하느님은 전혀 우리를 떠나시지 않겠지만, 우리의 정신에 혹은 영혼이 하느님적인 것을 상실하면서 하느님과 멀어진다는 것은 부정할 수 없다.

항상 하느님의 현존과 함께 한다는 것, 이는 또한 매우 침착하고 안정된 내적인 평화를 유발한다. 이러한 평화는 사람들로 하여금 매사에 매우 신중하고 현명하게 처신하게 한다. 어린 데레사가 동료 수녀들에게 보여준 이러한 현명한 처신들의 일화는 많지만 한두 가지를 소개하면 다음과 같다. 데레사의 아버지 마르탱이 일종의 뇌질환을 겪으며 병원을 다닐 때였다. 마을 사람들 사이에서 '마르탱 씨가 미친 것 같다'는 소문이 퍼졌고, 그 소문은 수녀원에까지 전해졌다. 한 수녀가 짓궂게도 이 소문을 데레사 수녀에게 이야기하면서 사실인지를 물었다. 그러자 데레사는 화를 내지 않고 "만일 아버지 마르탱이 미쳤다고 한다면, 이는 그의 모든 딸들이 수녀가 되고, 특히 그토록 사랑했던 막내딸이 수녀가 되었는데, 당연한 일이 아닐까요?"[452]라고 침착하게 반문하였다고 한다. 마찬가지로 자신에게 명백하게 잘못한 자매에 대해서 그녀를 비판하는 대신에 "제 눈에는 잘못으로 보이는 것이라도 그 자매의 마음가짐으로 인해서 그것이 덕행

452 *Histoire d'une vie, Thérèse Martin*, p. 100.

이 될 수도 있으리라고 저는 생각합니다."[453]라며 관용을 보여주었다. 일상에서의 이러한 작은 희생은 그녀에게는 모두 큰 사랑의 결실이었다.

데레사 성녀는 자신이 하느님의 사랑을 알고 난 뒤 거의 한순간도 이러한 하느님의 사랑에 대해서 멀어진 적이 없다고 고백하고 있다. 이러한 데레사 성녀의 실존은 비록 아무도 볼 수 없었고 감지할 수도 없었지만, 그 누구보다도 영적으로 위대하고 포괄적인 것이었다. 진정한 사랑이라면 사랑의 그 특성상 포괄적이 될 수밖에 없다. 왜냐하면 그 사랑의 범주에 제외되는 사람이 아무도 없기 때문이다. 그녀는 비록 작은 가르멜의 수방에서 살았지만 세상 모든 것을 품고 있었다. 그녀는 이에 대해 다음과 같이 말하고 있다.

> 저는 군인, 신부, 학자, 순교자 같은 다른 성소도 느낍니다. [......] 제 사랑과 생명이신 예수여! 이 모순을 어떻게 하면 조화시키겠습니까? [......] 천주께로 확실히 가기 위해서는 애덕이 가장 훌륭한 길이라는 것을 설명해 주십니다. 마침내 저는 안정을 찾았습니다. '애덕'이 제 '성소'의 열쇠를 주었습니다.[454]

세상에서 가장 작은 관상수도원의 수방에서 가장 넓은 마음을 지니고 세상 모든 사람들을 품고자 한 그 사랑이 그녀로 하여금 "모든 선교자들의 수호성인"이 되게 한 것이다. 형제를 사랑한다는 것이 반드시 형제에게 눈에 보이는 도움을 주는 것만을 말하는 것이 아니며,

---

453 『성녀 소화데레사 자서전』, 264쪽.

454 『성녀 소화데레사 자서전』, 227-229쪽.

함께 한다는 것이 반드시 같은 시간과 공간 안에서 있다는 것을 의미하는 것도 아니다. 영적인 세계란 눈에 보이지도 시간에 구애 받는 것도 아니다. 우리의 정신 안에, 영혼 안에 우리가 사랑하는 모든 형제들을 품을 수 있고, 그들과 함께 할 수 있다. 바로 이것이 영적인 의미의 사랑이며, 하느님이 보시는 것은 외적인 행위가 아니라, 그것의 원인이 되는 그 내면의 모습이다. 철학적으로 이러한 실존을 '열린 실존'이라고 한다. 열린 실존은 가장 미워하는 존재조차도 자신의 사랑의 실존 안에 깊이 품을 수 있는 그러한 실존이다. '원수를 사랑한다는 것'은 힘겨운 의무가 아니라, 진정한 사랑을 가진 자라면 그럴 수밖에 없는 사랑의 진실이다.

데레사 성녀는 자신에게 베푸시는 하느님의 넘치는 사랑이 어디에서 기인한 것인지를 알 수 없다고 말한 적이 있다. 하지만 그 이유는 간단한 것이다. 이러한 사랑의 진리를 깨닫고 평생의 소명으로 살아갔던 것이 데레사였기 때문에 하느님은 그녀에게 그토록 넘치는 사랑을 주었던 것이다. 왜냐하면 세상 누구도 이러한 절대적인 사랑을 원치 않았기 때문이었다. 하느님이 베푸시는 그 사랑에 대해 데레사는 다음과 같이 고백하고 있다.

> 나는 사랑으로 불탔습니다. 그리고 나는 이 열정이 만일 일분일초라도 더 지속된다면 죽지 않고서는 견디지 못하였을 것이라는 것을 느꼈습니다.[455]

---

455 *Œuvres complètes, Offrande à l'Amour Miséricordieux*, p. 1026.

임종하던 전날 밤 지극히 힘든 고통이 찾아왔을 때, 이를 염려하여 밤을 새워 곁을 지키던 동료 수녀들에게 데레사는 다음과 같이 말하였다. "이 고뇌는 그 어떤 위로도 포함되어 있지 않은 완전히 순수한 것입니다."[456] 순수한 고뇌란 어떤 고뇌일까? 왜 위로가 포함되지 않는 고뇌가 순수한 고뇌일까? 무엇을 위로한다는 것은 고달픔을 어느 정도 잊을 수 있도록 따뜻하게 한다는 것이다. 즉 고뇌를 들어주는 그 무엇도 가지지 않는 것을 순수한 고뇌라고 한다. 아마도 십자가에 달린 그리스도의 고통이 이러한 것이었을 것이다. 그 누구에게도 위로 받지 못하는 순수한 고통은 그래서 그리스도의 사랑의 무게를 더욱 부각시키는 것이다. 아마도 키르케고르의 말을 빌리면 '세상으로부터 죽는' 그러한 의인의 순수성을 말함이다. 자신의 지극한 고통을 그리스도의 고통에 일치시키고자 한 데레사 수녀의 거룩한 마음을 대변하는 것이 바로 이 마지막 순수한 고뇌였을 것이다.

마지막 죽음을 맞이하면서 데레사 수녀는 마리-곤자그 원장 수녀(Mère Marie de Gonzague)에게 죽음을 맞이할 수 있도록 영적인 준비를 해 달라고 부탁하였다. 원장 수녀가 '평생을 겸손하게 살아 왔으니 이미 준비되어 있다'고 말하자 데레사는 "그렇습니다. 저는 오지 진리만을 추구한 것 같습니다. 그렇습니다. 저는 마음이 겸손한 것이 무엇인지를 알 것 같습니다."[457]라고 되뇌었다. 완덕이라는 것은 여러 가지 의미가 있겠지만, 데레사 수녀에게 있어서 이 완덕은 마지

456 *Œuvres complètes*, p. 1144.

457 *Œuvres complètes*, p. 1145.

막까지 자신의 소명을 완전히 다 하는 것이었고, 그것은 곧 그 누구도 의식하지 않고 오직 하느님만을 의식하며 자신의 생명을 사랑하는 것에 헌신하는 일이었다.

3. 리지외의 데레사의 정신과 현대 철학의 비전
– 시간과 영원, 활동과 존재의 일치 –

철학자 루이 라벨은 "성덕[聖德]은 활동과 상태로서 이 두 면은 성덕과 분리될 수 없다."[458]라고 말한 바 있다. 아마도 성인들 중에서도 활동과 상태가 완벽하게 일치를 이루었던 사람이 리지외의 데레사 성녀일 것이다. 그녀에게 있어서 사랑한다는 것은 곧 사랑으로 존재한다는 것이었기 때문이다. 현대 철학에서는 과거의 철학이 분리하여 생각하였던 존재함과 행위함(행동함)의 문제를 새로운 차원에서 추구하는 철학자들이 있는데, 대개는 이 둘을 일치시키고자 하는 노력을 다른 주제로 전환하여 시도한 이들이다. 이 다른 문제는 곧 시간과 영원 사이의 관계성에 대한 정립이다. 즉 시간과 영원의 일치가 곧 유비적으로 행위와 상태의 일치를 야기하는 것이다. 왜냐하면 전통적으로 행위는 시간성 안에서 발생하며, 존재함이란 곧 행위의 멈춤에서 주어지는 것이기 때문이다.

영원성에 대한 철학적 추구를 감행한 현대 철학자로는 프랑스 철

---

458 루이 라벨, 『성인들의 세계』, 최창성 옮김, 가톨릭출판사, 1997, p. 49.

학자 장 귀똥(Jean Guitton)을 들 수 있다. 루일 라벨은『자아와 그 운명』에서 철학자 장 귀똥의 사유를「시간과 영원성」이라는 주제로 소개하고 있다. 장 귀똥은 "절대적으로 사유하는 것은 자기 자신에 대해서 사유할 필요가 없는 것이다."[459]라고 말하고 있는데, 이 말이 함의하고 있는 것은 '영원성'에 대한 추구는 자기 자신에 대한 무화[無化]에서 주어진다고 하는 것이다. 즉 본질적으로 시간적인 존재인 인간은 영원성을 수용하기에 부적절하고 이 둘은 마치 모순된 것처럼 존재하기 때문이다. 그렇기 때문에 영원성을 수용하거나 영원성과 일치하는 문제는 시간적 존재로서의 자신을 무화시키는 것 외 다른 방법이 없다.

영원성에 대해 진지하게 추구한 최초의 철학자로는 희랍의 마지막 철학자 '플로티노스'를 꼽을 수 있을 것이다. 그는 시간 안에 침잠한 영혼을 불행한 영혼으로 보고 있으며, 영혼의 목적은 시간성을 넘어서서 영원한 것으로 나아가는 것이라 본 최초의 철학자였다. 시간 안에 침잠하고 있는 영혼이 불행한 이유는 말할 것도 없이, 변화하는 세계란 고통을 가져다주기 때문이다. 이러한 사유는 철학적으로 볼 때 순수하게 형이상학적인 문제로서 인간의 운명에 대해서 그 처음과 끝의 총제적인 과정에 대해 반성할 때 중요한 문제로 부각된다. 소크라테스, 플로티노스, 아우구스티누스 같은 철학자들이 어떤 식으로든 이러한 문제에 답하고자 노력한 사람들이며, 사실 아우구스

459 Jean Guitton, *Le Temps et l'éternité, chez plotin et chez saint Augustin*: 재인용, 루이 라벨, 『자아와 그 운명』, 이명곤 옮김, 누멘, 2008, 183쪽.

티누스에 오면 상당히 현대적인 감각으로 이 문제가 등장하고 있다. 아우구스티누스는 플로티노스처럼 시간을 부정적이고 극복해야 하는 것으로 보지 않고, 과거와 미래는 아직 존재하지 않는 것으로, 그리고 실제로 존재하는 것은 현재뿐이며, 영원히 지속되는 현재를 보았다. 그리하여 영원성이 드러나는 것은 곧 현재의 시간, 즉 영원한 현재라는 방식으로 드러난다고 보았다. 이후 많은 신학자나 철학자들은 우리가 영원성의 흔적을 발견하는 것은 곧 시간성의 내부라고 보았고, 쟝 귀똥의 사유에서도 "교회의 고유성은 진실한 신앙인들의 의식 안에 매 순간 '시간 안으로의 영원성의 하강'을 다시 산출하는 것이지만, 이는 시간을 철폐하는 것이 아니라 오히려 시간을 '영원화' 하는 것"[460]으로 정립되고 있다.

시간을 영원화 한다는 것은 곧 신학적으로 말하자면, 신의 현존이 육화(incarnation)되는 것을 말한다. 현 세상을 부정하는 것이 아니라, 현 세상 안에 신의 현존을 받아들임으로써 이 현 세상을 신성한 것으로 변모시키는 것이다. 즉 시간과 영원의 문제는 현대 철학자들에게 세속의 세상인 현 세상과 초월적인 세계인 신성한 세계의 문제가 환원된 것이며, 결국 철학적으로 말해 구원이란 세계 안으로 스며든 영원성이 "개인성을 파괴하는 것이 아니라, 오리혀 개인성을 완성시키는 것이다.[461]" 여기서 우리는 영원성이 개인성을 완성시키는 이 사태를 불완전하고 한계를 가진 한 영혼이 신적 현존과 일치하면

460 『자아와 그 운명』, 186쪽.

461 『자아와 그 운명』, 187쪽.

서 신성으로 변모되는 것으로 이해할 수 있을 것이다. 이러한 일치를 이루었던 이들이 곧 신비가들이다. 신비가란 그들의 실존을 통해서 인간성과 신성, 그리고 시간과 영원이 완전히 일치를 이루었던 사람들이다. 마찬가지로 이러한 일치는 우리로 하여금 이 시간적인 세계가 단죄할 만한 것이거나, 부정되어야 하는 것이 아니라, 신의 현존이 거하는 신성한 장소로 이해해야 하는 것이다. 그리고 무엇보다 이러한 일치가 한 개인의 영혼에 있어서 실제로 발생되어야 한다. 바로 여기에 소화 데레사의 영성의 철학적 의미가 가장 진지하게 부각되고 있다. 영원성이 단지 인류의 역사라는 거대한 흐름 안에 섭리라는 형식으로 참여하는 것이 아니라, 말 그대로 시간의 전 과정에 참여하고 일치하는 것이다. 이는 말하자면 신의 신성한 현존은 일상의 가장 하찮은 것에까지 하강하여야 하며, 매 순간 일치하여야 한다. 이러한 것이 가능한 영혼은 오직 매 순간을 신의 현존과 함께하는 영혼일 뿐이며, 자신의 존재가 곧 신적 사랑으로 변한 그러한 존재이다. 바로 이러한 존재를 우리는 '리지외의 데레사 성녀'에게서 발견하는 것이다. 우리는 리지외의 데레사 성녀를 통해서 진정 영원성이 시간성 안에 하강하고 시간성을 영원화시켰다고 말할 수 있을 것이다.

2장

삼위일체의 엘리사벳(Elisabeth de la Trinité)

2장
삼위일체의 엘리사벳(Elisabeth de la Trinité)

1. 생애와 인물[462]

흔히 삼위일체의 엘리사벳으로 알려진 이 가르멜 성녀는 프랑스에서는 '디종의 엘리사벳'이라고 알려져 있기도 하다. 사람들에게 너무나 잘 알려져 있는 가르멜의 두 성녀 '아빌라의 데레사와 리지외의 데레사'에 비하면 상대적으로 잘 알려져 있지 않은 이 성녀는 그럼에도 성숙한 자신만의 영성을 가지고 가르멜 영성의 한 축을 이루고 있다. 21세에 수녀원에 입회하고 26세라는 매우 젊은 나이에 임종한 '엘레사벳'은 불과 5년이라는 짧은 수도생활을 마치고 세상을 떠났

462 여기 소개하는 인명, 지명, 날짜 등에 대한 구체적인 정보는 다음의 3가지 서적에서 주로 참조하였다. Hans Urs Von Balthasar, *Elisabeth de la Trinité et sa mission spirituelle*, trad. par A. H. Jeanne, Paris, Seuil, 1959 & M. M. 필리퐁 신부, 『삼위일체의 복녀 엘리사벳 그 생애에서 본 영성』, 부산 가르멜 여자 수도원 옮김, 서울, 가톨릭 크리스챤, 2006 & Philippe Ferlay, *Paix et silence, Au désert avec Élisabeth de la Trinité*, paris, Cerf, 2010.

다. 짧은 수도생활에도 불구하고 가장 가르멜적인 특성을 간직하였고, '삼위일체의 엘리사벳'이라는 그 이름이 암시해 주듯 하느님의 현존에 가장 내밀하게 접근해긴 신비가의 이미지를 보여주고 있다.

엘리사벳은 1880년 프랑스의 부르즈(Bourges) 근처에 위치해 있는 아보르(Avord)에서 태어났으며, 2살 때 디종(Dijon)으로 이사를 갔다. 엘리사벳은 어린 시절부터 세상의 고통을 맛보게 되었는데, 7살 때에 할아버지를 여의고, 곧바로 아버지마저 여의게 된다. 할아버지와 아버지의 갑작스러운 죽음은 엘리사벳에게 큰 고통이었다. 남은 가족은 어머니 카테즈(Elisabeth Catez, 1880~1906)와 2살 아래인 동생 마그리트(Marguerite)뿐이었다. 세 가족은 생-미쉘 성당 근처로 이사를 갔다. 그런데 하느님의 섭리인지, 자신들의 집 가까이에 가르멜 수녀원이 있었다. 카테즈 부인은 두 아이를 데리고 자주 성당과 수녀원을 방문하였고 엘리사벳은 매일 성당의 종소리와 수녀님들의 기도소리를 들으며 성장하였다. 엘리사벳이 가르멜의 수녀가 되기로 결심한 것은 11살이 되던 해인 1891년이었다. 그날은 첫 영성체를 하던 날이었고, 영성체 이후에 어머니는 습관처럼 엘리사벳을 데리고 가르멜 수녀원을 방문하였다. 수녀 원장이 엘리사벳을 보고 "하느님의 집(la maison de Dieu)"이라고 말하였고, 이 말에 엘리사벳은 너무나 놀랐으며, 그 의미는 영혼 깊숙이 새겨졌다. 사실 "엘리사벳"은 헤브루어인 '엘리사바(elîsaba)'에서 파생된 것인데, 이는 "하느님은 충만함이시다"는 뜻이다. 따라서 원장 수녀는 단순히 엘리사벳의 이름의 의미를 해석하였다고 볼 수도 있고, 혹은 엘리사벳의 영혼을 통찰하면서 하느님의 섭리를 꿰뚫었다고도 할 수 있다. 어쨌든 원장 수녀의 이 말이 엘리사벳에게 하느님의 신부가 되도록 불을 지핀 것이다. 천성적으로 단순하였던 엘리사벳은 바로 어머니에게 자신도 가르멜 수녀가 되고 싶다고 말하였다. 하지만 어머니 카테즈는 너무나 설익은 엘리사벳의 성소를 염려하며, 충분히 성숙할 동안 성소를 보류하도록 하였다. 엘리사벳은 어머니의 충고에 순종하였으나, 자신의 일기장에 "별로 중요하지 않다. 나는 내적으로는 가르멜 수녀가 될 수 있어!"라고 적었고, 다른 곳에서는 "오 가르멜! 너는 언제 나에게 너의 문을 열어줄 것인가?"[463]라고 적고 있다. 그리고 엘리사벳은 이후 일상의 삶을 마치 수녀가 된 것처럼 그렇게 살았는데, 그녀의 일기장에는 다음과 같이 적혀있다.

> 오늘은 나의 주된 결함들을 주님을 위해 희생하는 큰 기쁨을 가질 수 있었다. 하지만 이는 나에게 매우 힘겨운 것이었다. 나는 이에 대해 나의 나약함을 알고 있다. 내가 나의 결함들을 내버려 둘 때, 나는 내 혈관에서 피가 끓는 것 같았고 내 존재가 반항하는 것 같았다. 하지만 주님께서 나의 마음속에 계셨고, 나는 그분에 대한 사랑으로 모든 것을 인내할 수 있었다.[464]

소녀시절의 엘리사벳은 감수성이 뛰어나고 예술적 재능이 탁월하였다. 이러한 그녀의 재능을 알아본 어머니는 엘리사벳에게 피아노를 배우게 하였고, 엘리사벳은 또래들 중 누구보다 뛰어난 천부적

463 *Les Souvenirs*, chapitre 2, L'appel divin. 출처: http://elisabeth-dijon.org

464 Michel-Marie Philipon, op, *La doctrine spirituelle d'Élisabeth de la Trinité*, Paris, Desclée de Brouwer, 2007, p. 24.

인 음악적 재능을 나타내었다. 13살 되던 해에 엘리사벳은 디종 음악원(Conservatoire de Dijon)의 피아노 부분에서 대상을 차지하게 된다. 누구보다 음악적 재능이 뛰어났던 엘리사벳은 잠시 예술에 대한 열정으로 갈등하였으나, 가르멜 수녀가 되고자 하는 그녀의 깊은 소망은 한 번도 의심해 본 적이 없었다. 이유는 알 수 없었지만, 어머니 카테즈는 엘리사벳이 수녀가 되기 위해서는 21세가 되어야 한다고 생각하였다. 엘리사벳에게 기다림은 매우 큰 고통이었으나 또한 고통의 인내는 신앙의 성숙을 가져다주었다고 고백하고 있다. 마침내 21세 되던 해인 1901년 8월 2일에 엘리사벳은 가르멜에 입회하게 된다.

가르멜에서 엘리사벳은 그녀의 세례명을 그대로 수도명으로 간직하였다. 다만 삼위(la Trinité)라는 말을 첨가하여 '삼위의 엘리사벳(Elisabeth de la Trinité)[465]'이라고 불렀다. 한국어로는 '삼위일체의 엘리사벳'이라 부르고 있는데, 성부, 성자, 성령의 삼위일체를 상징하는 이 용어는 엘리사벳의 영성적인 특성을 잘 드러내 주는 이름이다. 그녀는 자신의 내면에 항상 삼위이신 하느님이 함께 살고 계신다고 느꼈기 때문이다. 가르멜에서 그녀가 수도생활을 한 것은 비록 5년밖에 되지 않았으나, 그녀는 가장 밀도 있고 신성한 삶을 영위하였다. 그녀가 가장 애호한 것은 복음서였는데, 특히 사도 바오로의 정신에 매료되었다. 여기서 그녀는 가장 애호한 라틴이 언어를 발견하

465 엘리사벳의 수도명인 '삼위일체'라는 말은 언어적으로는 의역된 것이다. 불어의 원이름인 'Elisabeth de la Trinité'에서 'Trinité '는 '삼위'라는 뜻이며, 삼위일체는 'Unité de la Trinité'이다. 하지만 일반적으로 국내에서 '삼위일체의 엘리사벳'이라고 사용하고 있으므로 이 이름을 따르기로 하였다.

였는데, "로뎀 글로리에(*Laudem Gloriæ*)" 즉 "영광의 찬미"이다. 이는 엘리사벳 자신이 곧 "하느님의 영광의 찬미"가 되고자 하는 의지를 담고 있는 말이다. 이후 엘리사벳은 편지를 쓸 때 마치 자신의 별칭처럼 "*Laudem Gloriæ*"를 사용하였다. 이름이 암시해 주고 있는 엘리사벳의 영성적 특징은 매우 전통적이고 고전적이라고 말할 수 있다. 이에 대해서 한스 우르 폰 발타사(Hans Urs Von Balthasar)는 그녀의 삶의 핵심을 다음과 같이 요약하고 있다.

> 그 정신에 있어서 엘리사벳의 삶은 여전히 크리스천의 본질적인 특성을 간직하고 있다. 순수한 내면성의 징표 아래, 자기 자신에게서 세 위격인(trois Personnes) 신의 현존을 발견하고, 그 신비로운 빛 아래서 살아가며, 신의 영광을 획득하기 위해서 자신을 상실하는 것, 그리고 내면의 위대한 침묵으로 타인들을 신의 영광에로 인도하는 것이다.[466]

모든 신비가들이 하느님의 현존에 다가서고 하느님과의 신비로운 일치를 지향하였는데, 삼위일체의 엘리사벳 역시 마찬가지다. 하지만 삼위일체의 엘리사벳에게서 부각되는 특성은 단순성에 있고, 이 단순성은 곧 신성한 본질에 가장 깊게, 그리고 가장 순수하게 다가섰다는 것을 의미한다. 하지만 엘리사벳 역시 처음 수련기 동안에는 넘어야 할 장애가 있었는데, 그것은 인간에 대한 애착이었다. 그녀는 누구보다도 그리고 자기 자신보다도 더 사랑했던 말가리다라는 자매가 있었다. 당시 엘리사벳이 말가리다에게 보낸 편지에는 엘리

466 *Elisabeth de la Trinité et sa mission spirituelle*, p. 8.

사벳의 열정이 잘 드러나고 있다.

> 가장 사랑하는 자매여, 우리는 절대 헤어지지 말아요. 만일 네가 좋다면 토요일의 영성체를 너는 나를 위해 나는 너를 위해 하도록 해요. 그것은 우리들의 계약이 되어 '영원한 결합이 될 테니까, 이렇게 하면 말가리다를 바라보실 때 주님은 엘리사벳도 보시게 될 거야. [......] 네가 아플 때 나는 그 어느 것도, 죽음까지도 우리를 떼어놓을 수 없다는 것을 느꼈단다.[467]

하지만 어느 순간 그녀는 하느님의 자리에 한 인간이 놓여 있음을 발견하였고, 살을 도려내는 아픔과 함께 친구를 떠나보내어야 했다. 그녀는 말가리다에게 편지를 섰다. "사랑하는 말가리다, 나는 네게 밝힐 것이 있단다. [......] 그래서 만일 좋다면 앞으로는 정원에서 보내던 시간을 이젠 함께 주님 곁에서 지내요. 이것이 너를 슬프게 한 것은 아닌지?"[468] 그리고 이후 엘리사벳은 자신의 마음속에 하느님 이외 그 어떤 것도 첫째가는 것이 없었다. 이러한 철저한 이탈 행위는 말가리다로 하여금 "나는 엘리사벳이 가 버리는 것을 느꼈습니다"라고 고백하게 하였다. 이후 엘리사벳의 수도생활의 목적은 오로지 '엘리사벳', 즉 삼위일체께서 사시는 '하느님의 집'이 되는 것이었다. 가르멜에서의 자신의 소임이 무엇인가를 묻는 한 부인에게 보낸 편지에서 이러한 엘리사벳의 수동생활의 목적이 분명하게 드러나고

---

467 1901년 말가리다에게 보낸 편지 중에서, 『삼위일체의 복녀 엘리사벳 그 생애에서 본 영성』, p. 29.

468 1901년 말가리다에게 보낸 편지 중에서, 『삼위일체의 복녀 엘리사벳 그 생애에서 본 영성』, p. 30.

있다.

> 가르멜 수녀의 생활은 아침부터 밤까지 또 밤에서 아침까지 언제나 계속되는 하느님과 합일하는 것입니다. 만일 주님이 우리 수방이나 복도를 채워 주시지 않으신다면 얼마나 공허를 느끼겠습니까! 하지만 모든 것을 통해서 우리는 주님을 보고 있습니다. 말하자면 우리는 자신 안에 주님을 소유하고, 또한 우리의 생활은 앞서 맛보는 천국이기 때문입니다.[469]

5년이라는 짧은 수도생활 중 3년 동안은 이렇게 하느님을 향한 순수성을 회복하는 정화의 시기였다. 그리고 나머지 2년은 영성의 최고 정상에 이르기 위해서 마지막 장애물인 자아[自我]를 극복하는 것이었다. 그리고 이 마지막 과정은 대다수의 신비가들이 그러하였듯이 지극한 고통, 즉 그리스도의 갈바리아 고통에 참여하면서 이루어졌다. 그녀의 지상에서의 마지막 해인 1906년은 참으로 고통과 은총이라는 신비적 사랑의 극치를 보여준 해였다. 사순시기에 심한 위장병으로 발작을 일으켰던 엘리사벳은 "나는 성 요셉께서 금년에 나를 데리러 오실 것을 알고 있었습니다. 그리고 이처럼 벌써 오셨습니다."[470]라고 말하였다. 그녀의 죽음을 예감한 수녀 원장은 병자성사를 청했고, 이후 그녀는 다시 생명을 되찾았다. 하지만 엘리사벳은 이미 지상의 삶에 마음을 두지 않았다. 그녀는 편지글에서 당시의 심정을

469 1904년 S부인에게 보낸 편지 중에서, 『삼위일체의 복녀 엘리사벳 그 생애에서 본 영성』, p. 33.

470 『삼위일체의 복녀 엘리사벳 그 생애에서 본 영성』, p. 35.

다음과 같이 밝혔다.

> 이 지상에서 이미 저의 천국이었던 삼위일체 안에 이제 막 몸을 맡기려는 생각은 저의 영혼을 이루 헤아릴 수 없는 기쁨으로 채워줍니다. 또 다시 지상에 돌아옴은 얼마나 괴로운 일인지요. 아름다운 꿈에서 깨어나 바라보는 지상은 얼마나 추하게 보이는지요.[471]

하지만 이러한 소생은 '하느님의 영광을 위한 것'이라고 생각하였고, 그녀는 지상에 머무르는 나머지의 삶을 오직 '영광의 찬미'라는 이름으로만 살기로 결심하였다. 이때부터 삼위일체의 엘리사벳 수녀는 세상의 모든 일에서 완전히 초탈하여 영원 안에서 세상을 사는 영혼이 되었다. 그녀와 친밀하게 지냈던 자매들은 그녀가 이미 성녀가 되었음을 알아 차렸다. "그녀가 가버리는 것을 느꼈습니다. 우리는 이제 엘리사벳을 따라 갈 수 없었습니다. 그녀는 이미 피안의 사람이 되었습니다."[472] 육체가 소멸해 감에 따라 엘리사벳의 영혼의 빛은 더욱 빛났고, 파괴되어 감에 따라 더욱 큰 기쁨을 보여 주었던 엘리사벳의 삶은 이미 지상에서 천국이 시작되고 있음을 증언하는 가장 큰 징표였다. 엘리사벳의 삶이란 존재하는 그 자체로 저 영원한 진리를 증거 하는 가장 전통적이고 가장 모범적인 신앙인의 모습을 보여주었다. 그리스도와 완전히 하나 된 영혼으로 고양되어 이 영혼 안에서 일체의 것이 조화를 이루며, "신적이자 동시에 인간적인"[473] 그러한

471 한 사제에게 보낸 편지 중에서, 『삼위일체의 복녀 엘리사벳 그 생애에서 본 영성』, p. 36.

472 『삼위일체의 복녀 엘리사벳 그 생애에서 본 영성』, p. 37.

473 『삼위일체의 복녀 엘리사벳 그 생애에서 본 영성』, p. 39.

영혼이 된 것이다.

자신의 지상에서의 마지막 시기를 지극한 육체적인 고통과 이루 말할 수 없는 기쁨이라는 이율배반적인 상황 속에 놓여 있던 엘리사벳은 괴롭지 않는가를 묻는 동료 수녀에게 "창자를 도려내는 듯한 손짓을 하며 얼굴이 일그러졌으나" 또한 "이내 명랑하고 가장 아름다운 미소를 짓고" 있었다. 그해 10월 15일 발레 신부와의 마지막 만남이 있었고, 발레 신부는 그녀를 보며, "이처럼 뛰어나게, 이다지도 영신적으로 아름답게 만드신 하느님의 파괴의 손길에 경탄하였다."[474] 모든 성인의 축일 아침 열 시경, 수녀원의 모든 이들이 모인 가운데 엘리사벳은 자매들에게 그간의 모든 잘못에 용서를 구한 다음과 같은 말을 남기었다.

> 모든 것은 지나갑니다. … 생애의 마지막에는 사랑이 남습니다. … 모든 것은 사랑으로 해야 합니다. … 끊임없이 자기를 잊어버리면서요. 주님께선 우리가 자신을 잊는 것을 아주 좋아하십니다. 아, 나도 늘 그렇게 했더라면 좋았을 것을…[475]

사실 사랑이란 하느님의 고유한 본질이자 곧 하느님의 이름이다. 하느님이 삼위일체로 현존하시는 것은 곧 사랑의 본질이 나타나는 모습이다. 사랑이란 다양성 안에서의 일치를 야기하는 것이기 때문이다. 엘리사벳은 병자성사 이후 소생한 뒤 자신의 변화에 대해서 더욱 더 천국을 가까이에서 느끼면서 동시에 동료 자매들에 대한 지극

474 『삼위일체의 복녀 엘리사벳 그 생애에서 본 영성』, p. 42.

475 『삼위일체의 복녀 엘리사벳 그 생애에서 본 영성』, p. 43.

한 사랑에 휩싸였다고 고백하였다. 그녀는 생의 마지막 해 동안보다 더 깊이 동료 수녀들을 기도 안에서, 그리고 사랑 안에서 감싸안았던 적이 없었다고 말하고 있다.

이후 9일 동안 극심한 고통을 견디었고, 11월 9일 금요일 새벽에 숨을 거두기 직전에 엘리사벳은 8일 동안 감겨 있던 눈을 떴고, 얼굴이 빛났으며, 감동한 듯 천장을 응시하였다. 침대 곁에서 무릎을 꿇고 기도하던 원장 수녀는 그 모습이 "천사와 같이 아름다웠다"고 증언하였다. "나는 빛에로 사랑에로 생명에로 나아갑니다"는 마지막 말을 남기고 엘리사벳은 숨을 거두었다.

삼위일체의 엘리사벳의 삶은 마치 음악의 천재들이 영감에 의해 감탄할 만한 즉흥곡을 작곡하듯이 그렇게 하느님께서 내신 놀라운 영혼인 것 같다. 11살에 '하느님의 집'이라는 말에 매료되어 가르멜 수녀가 되기로 결심하였고, 그 생각을 21살 때까지 간직하다가 가르멜의 수녀가 되었다. 3년 동안의 정화의 과정을 거치고 마지막 2년을 자아의 극복과 극심한 고통을 통해 영성가들의 최고 목표인 하느님과의 완전한 일치를 이루면서 자신의 존재가 곧 하느님의 영광을 찬미하는 존재로 그렇게 증언하고 세상을 떠났다. 19세기의 말미에 태어나 20세기의 시작까지 살다간 현대적인 신비가로서는 이례적이고, 매우 전통적인 가톨릭 영성의 핵심을 보여준 작은 보석 같은 영혼이다. 아마도 우리는 삼위일체의 엘리사벳을 통해 하느님의 섭리하심의 오묘함에 감탄하는 것 외 달리 무어라 말하기가 어려울 것 같다.

2. 저작의 정신과 철학적 의미

평범한 가르멜의 한 수녀로서 그리고 5년이라는 짧은 수도생활을 하다 간 엘리사벳은 다른 신비가들과는 달리 저작을 하지는 않았다. 하지만 사후에 그녀가 수녀원의 삶에서 보낸 수많은 편지들과 담화내용들, 그리고 특히 피정을 하면서 작성한 작은 단편들을 근거로 작은 전기를 작성하여 『엘리사벳 수녀의 생애』라는 책을 출간하였고, 이를 프랑스 전국에 있는 가르멜 수녀원으로 보냈다. 이 작은 전기는 매우 호의적인 반응을 보였고, 원장 수녀는 엘리사벳에 관한 보다 포괄적인 저작을 『추억(*Souvenir*)』이라는 제목으로 출간하였다. 이 책은 1909년에 1500부를 인쇄하였는데, 출간하자 말자 매진되어 다시 2만 5천 부를 인쇄하였다. 1935년에는 8만부가 팔렸으며, 1956년에는 10만 부가 팔리는 등 가히 베스트셀러라고 할 수 있는 놀라운 반응을 보였다. 이후 비록 엘리사벳이 직접 쓴 책은 아니지만, 생전의 엘리사벳의 일기와 편지들 그리고 다양한 대화와 단편들의 내용들을 토대로 '삼위일체의 엘리사벳'이라는 이름으로 저술된 다양한 책들이 출간하게 되었다. 그 대표적인 것을 들면 사제 필립퐁(Père Philipon)에 의해 출간된 『영적인 글(*Ecrits spirituels*)』, 사제 콘라드 드 메스테(Père Conrad De Meester)의해 출간된 『스스로가 말하고 있는 삼위일체의 엘리사벳(*Élisabeth de la Trinité racontée par elle-même*)』과 『팡세(사유, *Pensées*)』 1부와 2부, 로존의 프랑수와(Françoise de Lauzon)에 의해 출간된 『내적 침묵의 길(*Chemins vers le silence intérieur*)』, 그리고 파트릭- 마리 페보트(Patrick-Marie Févotte)에 의해 출간된 『사랑을 위한 사랑(*Amour pour Amour*)』 등이다. 그리고 1991년에는 파리의 Cerf 출판사에서 1112페이지 분량의 전집을 출간하였다. 이 전집에는 『믿음 안의 천국(*Le Ciel dans la foi*)』, 『우리들 사명의 위대함(*La grandeur de notre vocation*)』, 『사랑하도록 내버려 두세요!(*Laisse-toi aimer*)』 등의 제목으로 다양한 글들이 모아져 있다.

엘리사벳의 글들은 대개가 성경에 대한 묵상인데, 특히 사도 바오로의 정신에 많은 영감을 받은 것이다. 이외 빠지의 마리아 마달레나, 아빌라의 데레사 그리고 성 아우구스티누스의 글들을 많이 인용하고 있다. 그녀의 정신에는 전통적으로 내려오는 크리스천 영성의 본질에 매우 일치하고 있지만, 그럼에도 자신의 깊은 묵상을 통해 독특한 자신만의 감각과 이해력을 보여주고 있다. 다양한 이름의 저작들이 사실은 거의 유사한 내용들로 구성되어 있기 때문에 여기서는 몇 가지 주제별로 발췌하여 소개하자 한다.

1) 겸손의 존재론적 지평

삼위일체의 엘리사벳이 천성적으로 지니고 있는 하나의 장점은 겸손함이었다. 수녀원에 입회한 후 동료 자매들과의 담화를 마치고 동료 수녀들은 엘리사벳에 대해 다음과 같이 말하였다. "그녀는 참으로 매력적인 선물들을 가지고 있어! 사실이야 그녀의 모든 것이 매력적이야, 그녀가 이 매력에 대해서 완전히 무지한 것처럼 보이는 것 때문에 더욱 그래!"[476] 그리고 처음으로 엘리사벳을 담당하였던 고백

476 *Les Souvenirs*, ch. 1. Premières anneés 중에서. 제2장에서 인용된 삼위일체의 엘리사벳

사제는 그녀에 대해서 다음과 같이 말하고 있다. "지속적인 열정이 하나의 단순하고도 규칙적인 경건함을 야기하였다. 이는 '그녀의 초자연적인 것 안에서는(danx son sur-naturel)' 매우 자연스러운 것이었다."[477] 엘리사벳은 놀라운 매력을 지니고 있었으나, 자신은 이에 대해서 전혀 의식하지 못하고 있는 듯하였고, 보통 사람들에게는 볼 수 없는 신성한 것에 대한 지속적인 열정을 가지고 경건한 삶을 지니고 있었지만, 그녀에게 있는 이 초자연적인 것으로 인해 오히려 자연스럽게 보이는 그러한 사람이었다. 즉 그녀에게 있어서 겸손함이란 의도적으로 자신을 낮추는 그러한 행위가 아니라, 바로 그녀의 본성으로부터 자연스럽게 흘러나오는 어떤 경향성이었던 것이다.

엘리사벳이 겸손에 대해 기술하고 있는 내용들은 일반적으로 사람들이 전혀 생각하지 못한 매우 심오한 의미를 담고 있다.

- 만일 누군가 자신의 (존재의) 지반을 발견하였다고 말한다면 이는 겸손 안에서 잠겨 있다는 것을 의미한다. 나는 이를 결코 거짓으로 말하지 않는다. 그런데 나에게는 겸손 안에 잠긴다는 것은 곧 하느님에게 잠기는 것처럼 보인다. 왜냐하면 하느님은 심연의 지반이시기 때문이다. 바로 이 때문에 사랑에 있어서와 마찬가지로 겸손은 항상 더 성장할 수 있는 것이다.[478]

- 겸손한 사람은 무너뜨릴 수는 없는 평화를 소유하고 있으며, 누구

의 저작들 중 출처가 제시되지 않고, 책의 제목만 제시된 모든 자료들은 파리의 Cerf 출판사에서 발간된 『전집』에서 출판사의 허락을 얻어 프랑스 디종의 가르멜 수녀원이 다음의 사이트에서 제공하는 자료들을 사용하였다. http://elisabeth-dijon.org

477 *Les Souvenirs*, ch. 1. Premières anneés.

478 *Le Ciel dans la foi*, Neuvième jour, Deuxième oraison, p. 37.

> 도 겸손한 사람을 '혼란스럽게' 할 수는 없다. 왜냐하면 그는 누구도 그곳까지는 찾을 수 없는 그러한 심연(abîme) 안에 잠겨 있기 때문이다. 그는 또한 겸손한 사람은 하느님 앞에서이 그의 미소함의 감정 안에서 가장 큰 삶의 감미로움을 발견한다고 말하였다.[479]

일반적인 언어의 사용에서 겸손함이란 타인 앞에서 자신을 내세우지 않고 낮추는 것을 말한다. 그런데 엘리사벳이 말하고 있는 겸손이란 자신의 존재의 지반을 발견하고 이 지반에로 잠기는 사람의 '존재론적인 특성'을 말하고 있다. 영성적인 삶이란 내면적인 삶이고 이 내면적인 삶은 바로 자신의 내면 깊숙이 거주하는 존재의 지반에로 내려감을 의미한다. 따라서 논리적으로도 내면 깊숙이 내려가는 사람은 바깥으로 자신을 드러내지 않는다. 그래서 겸손하게 보이는 것이다. 그렇기 때문에 영성가의 본질적인 특성은 곧 겸손함이며, 이는 영성이 보다 깊어질수록 보다 커지는 것이다. 우리는 여기서 잔느-귀용이 보다 영성이 깊어질수록 보다 겸손하게 된다는 것을 말하기 위해 사용한 '평형저울의 비유'를 보고 있는 듯하다. 영성가나 신비가들은 그들의 내면적인 삶의 숨겨진 특성으로 인하여 타인들의 시선에서 숨겨져 있고, 이로 인해 그들은 결코 타인들의 시기나 경멸 등에 의해 존재론적으로 타격을 입지 않는다. 그렇게 때문에 이들은 '파괴할 수 없는 평화'를 간직할 수가 있는 것이다.

엘리사벳은 성모마리아의 순수성과 선택받은 삶에 대해 묵상하면서 성모의 특징을 겸손함에 두고 있는데, 그 이유를 역시 내면적인

479 *La grandeur de notre vocation*, ch. 2.

삶에 두고 있다.

- 최근 몇 개월간 묵상한 성모마리아의 출생과 주님의 알림 사이에서 깨달은 성모의 태도는 내적인 삶을 영위하는 영혼들의 모델이 되고 있는 것 같다. 왜냐하면 이들은 '바닥이 없는 심연의 바닥(au fond de l'abime sans fond)'에서 내적인 삶을 살도록 하느님이 선택한 이들이기 때문이다.[480]

- 성 아우구스티누스는 우리들에게 두 가지 도성이 있다고 말했다. 하느님의 도성과 나의 도성이 그것이다. 첫 번째 것이 커짐에 따라서 두 번째의 것은 작아지게 될 것이다. 하느님의 시선 아래서 믿음으로 사는 영혼은 그리스도가 복음서에서 말하는 이 '단순한 시선' 즉 '의도의 순수성'을 가질 것이며, 이러한 영혼은 오직 하느님만을 지향할 것이다. 이러한 영혼은 역시 겸손함 안에서 살 것이다. 이 영혼은 그 자신의 관점에서 이 선물들을 인정하게 될 것이다. 왜냐하면 겸손함이란 곧 진리이기 때문이다. 하지만 이 영혼은 성모마리아가 그러했던 것처럼 이 선물을 자신을 위해서 사용하지 않고 오직 그 근원이신 하느님에게 모두 데려갈 것이다.[481]

'바닥이 없는 심연의 바닥'이라는 표현은 존재하는 모든 것에 내재하는 신의 존재를 지칭하기 위해 중세의 신비주의에서 전형적으로 사용하는 표현이다. 바로 이러한 무한한 심연에 뿌리를 내리는 영혼들이 곧 '영성가'이고 '신비가'이다. 자신의 위대함을 전혀 드러내지 않는 '내면적인 삶'이 곧 영성가의 삶이며, 이러한 영혼은 끊임없이

480 *Le Ciel dans la foi*, Dixième jour, Première oraison, n° 40.

481 *La grandeur de notre vocation*, ch. 4.

자신을 비우고 자신의 존재를 하느님의 현존으로 채운다. 이들의 삶의 동기와 행위는 오직 하느님의 뜻을 이루는 것 외 다른 것이 없다. 바로 이것이 겸손함의 의미이고, 이러한 겸손함은 신의 섭리를 이루기 위해 선택된 모든 영혼들의 존재의 속성에서 드러나는 특성이다.

2) 존재의 중심이자 심연인 하느님

엘리사벳이 체험한 하느님은 무엇보다 먼저 아우구스티누스 성인이 말하듯 우리들의 내면 깊숙이 숨겨진 하느님이다. 그리고 이 하느님은 우리들 존재의 '지반' '심연' 등으로 나타나고 있다. 비록 그녀가 말하고 있는 하느님이 아우구스티누스 성인이 말하는 하느님과 동일한 하느님일지라도 아우구스티누스가 신학적 차원에서 어떤 필연성을 통해 말하고 있다면 삼위일체의 엘리사벳은 체험된 것을 통해 너무나 생생하고 실제적으로 말하고 있기에 힘이 있다.

- 하느님은 진정으로 숨겨진 하느님이십니다. 그럼에도 하느님의 의지는 우리의 시선이 당신에게 고정되기를 원하시고, 우리가 당신이 거주하시는 그곳에 거주하기를 원하시고, 우리가 사랑의 일치 안에 머물기를 원하십니다. 말하자면 우리들이 곧 하느님의 음영(l'ombre)이 되기를 원하십니다.[482]

- 당신을 모든 사람, 모든 것에게 제시하기 위해서 저에게 머무십시오. 이 심연 안으로 항상 더 깊이 침투하십시오. 진정으로 침묵이란 바로 여기에 있습니다. 여기서 하느님 당신은 영혼에게 말씀하

482 *Le Ciel dans la foi*, première jour, Première oraison, 1.

시기 위해 영혼을 일깨우시는 것입니다.[483]

• 이 심연(abîme)에 도달하기 전에, 영혼은 이미 자신의 중심(son centre)이신 하느님에게 있습니다. 하지만 영혼은 이 중심의 가장 깊은 곳에 있지는 않습니다. 왜냐하면 영혼은 항상 보다 멀리 나아가고자 하기 때문입니다.[484]

• 만일 우리가 우리들의 중심의 가장 깊은 곳에 있다면, 우리는 하느님에게 있는 것입니다.[485]

비록 인간이 의식하지는 못할지라도, 인간의 중심에는 신이 존재하고, 신이 곧 인간의 중심이다. 하느님을 향해 나아가고자 하는 영혼은 이미 하느님에게 있지만, 그럼에도 그 심연은 무한히 깊어서 끊임없이 하느님에게로 나아가는 것이다. 그리고 하느님 역시도 이러한 영혼의 심연 안으로 침투하신다. 내면, 심연, 깊이 등 엘리사벳에게 있어서 하느님의 체험은 신비가들의 가장 본질적인 정수를 보여주고 있다. 그리고 이러한 체험은 가르멜의 영성의 핵심인 고독과 침묵 등에 대해서 아주 잘 설명해 주고 있다.

• 영혼을 하느님에게 결합하게 하는 것은 사랑이니 만큼, 이 사랑이 보다 더 커지면 영혼은 보다 하느님에게로 심오하게 들어가며, 보다 더 하느님에게 집중하며 자기 자신에게 집중합니다. 영혼이 오직 하나의 사랑(하느님에 대한 사랑)의 등급을 소유하고 있다면 이

483 *Le Ciel dans la foi*, Première jour, Deuxième oraison, 3.

484 *Le Ciel dans la foi*, Deuxième jour, Première oraison, 4.

485 Philippe Ferlay, *Paix et silence, Au désert avec Élisabeth de la Trinité*, paris, Cerf, 2010, p. 52.

영혼은 이미 그의 중심에 있는 것입니다.[486]

• 그런데 무엇이 하느님이 우리에게 요청하시는 이 하강(내려감)인가? 혹은 무엇이 우리들의 내면적인 심연(notre abîme intérieur)의 깊이로 더욱 내려가는 것인가? 이 행위는 외적인 것들을 외적으로 분리하는 것이 아니라, 하느님이 아닌 모든 것으로부터 물러나는 일종의 정신의 고독(solitude de l'esprit)인 것이다.[487]

자신의 존재의 중심이 하느님이시고, 또한 하느님에 대한 단 하나의 사랑을 간직한 단순한 영혼은 참으로 거룩하고 힘이 있어 보인다. 인간이라면 누구나 자신의 내면에 하느님을 중심으로 간직하고 있다. 하지만 이를 찾아 세상 모든 것에 대한 애착을 넘어 나아갈 수 있다는 것, 즉 '정신적인 고독'을 가진다는 것은 참으로 어려운 것이다. 단지 외적인 세계에 대해 물러나는 것이 아니라, 정신적인 것 안에서도 하느님적인 것이 아닌 모든 것으로부터 물러나고자 하는 정신적인 고독은 참으로 숭고해 보인다. 그렇기 때문에 자기 안에서 하느님을 발견한 사람은 세상 모든 것보다 더 위대해 보인다. 우리는 이러한 엘리사벳의 정신에서 "세상이 허무한 것이라는 것을 깨닫지 못한 사람은 누구라도 허무한 사람이다"[488]는 파스칼의 말이 무엇을 의미하는지를 분명히 알 수 있게 된다.

---

486 *Le Ciel dans la foi*, Deuxième jour, Première oraison, 4.

487 *Le Ciel dans la foi*, Deuxième jour, Deuxième oraison, 7.

488 Pascal, *Pensées*, Paris, GF-Flammarion, 1976, 164-36, p. 95.

3) 본성과 영적인 눈

플라톤이 영원한 이데아의 세계에 대한 깨달음을 위해서는 감각적인 것을 넘어 정신적인 것을 지향해야만 한다고 주장하면서, 진리를 통찰하는 내면의 눈을 떠야 한다고 말한 바 있다. 이 내면의 눈은 크리스천에게 있어서는 곧 '영혼의 눈'이며, 이 영혼의 눈을 뜬 사람에게는 모든 것이 역전되어 보인다. 그 중 하나가 우리들의 본성이 죄 중에 있다는 것이며, 이는 교정되어야 하는 것임을 말하고 있다. 삼위일체의 엘리사벳에게 있어서 이 영혼의 눈은 자연적인 것을 넘어 초자연적인 것에 천착하도록 하고 있다. 우리들의 중심에 계시는 하느님의 현존 역시 이러한 초자연적인 것에 대한 감각을 지니지 못한다면 공허한 말에 불과할 것이다.

- 본성(la nature), 이는 가끔 참으로 힘겨운 것이다. 만일 내가 본성에 머물러 있다면 나는 고통 안에서 오직 나의 비겁함만을 느낄 뿐이라는 것을 확신할 수 있다. 그런데 이는 인간적인 시선이다. 나는 매우 빨리 믿음의 빛 아래서 내 영혼의 눈(l'oeil de mon âme)을 뜨게 되었다. 이 믿음은 나에게 나를 파괴하고 나를 천천히 소멸케 한 것은 사랑이라고 말했으며, 그리고 나의 기쁨은 막대하고, 나는 마치 제물처럼 하느님에게 제공하였다고 말하고 있다.[489]

- 영혼의 이상적인 삶에 도달하기 위해서는 초자연적인 것 안에서(dans le surnaturel) 살아야 한다고 믿는다. 다시 말해 결코 '본성

489 *La grandeur de notre vocation*, ch. 8.

적으로(naturellement)' 행위 하지 말아야 한다는 것이다.[490]

• 나의 기쁨은 나의 고뇌에 비례하여 커졌다![491]

영성적인 삶에서 지성이나 이성적인 숙고가 필요한 이유는 바로 우리가 매 순간을 우리들의 본성적인 경향성을 초극하여야 하기 때문이다. 우리들은 우리들의 본성을 극복하고자 할 때, 이루 말할 수 없는 어려움을 느낀다. 경우에 따라서는 세상 전체를 거슬러 싸우는 것처럼 느낄 때도 있다. 그래서 세상 안에서 영성적인 삶을 영위하고자 하는 자는 필연적으로 고뇌를 동반할 수밖에 없다. 하지만 진정 영혼의 눈을 뜬 사람은 고뇌가 클수록 기쁨도 크게 느낀다. 왜냐하면 이 영적인 고뇌야말로 자신이 눈에 보이는 세상에서 물러나 영적인 세계에로 더욱 나아갔다는 것을 말해 주기 때문이다.

4) 사랑의 초월성과 불멸성

모든 신비가, 모든 신앙인에게 있어서 '사랑'이라는 말은 본질적이고 궁극적인 것이다. 왜냐하면 세상의 시작도 하느님의 사랑이며, 그 마지막도 하느님의 사랑이기 때문이다. 그렇기 때문에 세상의 그 어떤 사랑도 사랑 자체는 아니다. 진정한 사랑은 하느님을 지향하는 것에서 주어신다. 삼위일체의 엘리사벳은 이러한 사랑의 본질에 대해서 아주 단순하고 밀도 있게 말해 주고 있다.

---

490 *La grandeur de notre vocation*, ch. 8.

491 *La grandeur de notre vocation*, ch. 13.

• 사랑, 이는 하느님을 피조물에게까지 매력을 가지게 하고 데려오게 하는 것이다. 그런데 이 사랑은 감각적인 것에 대한 사랑이 아니라, 죽음처럼 강력한 것이며, 그 어떤 거대한 물도 꺼지 못하는 불꽃과 같다.[492]

• 이 영혼은 자신에게서 피조물들이 무엇을 하던지 하느님에게로 나아가는 사랑의 단순한 경향성(une simple pente d'amour)을 발견한다. 이 사랑의 경향성은 지나가는 것들에 있어서는 정복 불가능한 것이다. 왜냐하면 이 사랑의 경향성은 이러한 피조물들을 초월하여 하느님을 향해 나아가기 때문이다.[493]

• 그들의 감옥으로부터 자유로워진 영혼들은 그 어떤 피조물도 그들에게 방해물이 되거나 장애요인이 되지 못하며 신성의 대양 안에서 항해한다.[494]

• 주님에게 도달하면서 넓혀진 영혼의 능력은 장애물들을 통과하여 도착하고 있는 그분의 막대함 안으로 나아가기 위하여 자기 자신으로부터 뛰쳐나간 것 같다. 여기에는 다음과 같은 현상이 주어진다. 우리들의 지반에서 하느님을 수용하면서 우리들에게 오고 있는 분은 하느님 자신이시다. 그리고 하느님이 하느님(Dieu contemple Dieu!)을 정관하신다. 지복이 이루어지는 하느님이![495]

'사랑은 하느님을 피조물에게까지 데려오게 하는 매력'이라고 표

492 *Le Ciel dans la foi*, Troisième jour, Première oraison, 9.

493 *Le Ciel dans la foi,* Troisième jour, Deuxième oraison, 11.

494 *Le Ciel dans la foi*, quatrième jour, Première oraison, 13.

495 *Le Ciel dans la foi*, Cinquième jour, Première oraison, 17.

현한 것은 참으로 참신한 표현이다. 그리고 이 사랑이 본질적으로 신적인 것이기에, 세상의 그 어떤 지나가는 것들도 이 사랑을 방해할 수는 없다는 표현은 참으로 힘이 있다. 그리고 우리들의 지반에서 하느님을 받아들이며, 우리들에게 오고 있는 분 또한 하느님이시라는 표현도 매우 신비적인 표현이다. 우리들 안에서 하느님이 하느님을 정관하신다는 것은 전형적인 신비주의적인 표현이다. 이는 사도 바오로가 '더 이상 내가 살지 않고...'라고 말할 때, 그 의미를 너무나 분명하게 깨닫게 해주고 있다. 다시 말해서 내가 진정한 사랑을 알고 간직할 때, 이미 나의 사랑은 하느님의 사랑이라는 것이다.

• 하느님은 우리들이 매우 가난하다는 것을 아신다. 그러나 하느님은 이것을 전혀 염두에 두지 않고 어떠한 이유도 없이 우리에게 섭리하신다. 하느님은 우리에게 그분 스스로의 계획을 이루신다. 우선 당신의 사랑으로 우리들의 사악함, 결함들, 죄들을 불태우신다. 그리고 당신이 순수한 우리들을 보실 때, 모든 것을 삼킬 것 같은 독수리 같은 열림이 도달한다. 하느님은 당신의 생명과 교환하시기 위해 우리들의 생명을 불태우신다. 우리들의 생명은 사악함이 가득하고 하느님의 생명은 은총과 영광이 가득하다. 오직 우리가 우리 자신들의 생명을 포기한다는 한에서 이 모든 것이 우리들을 위해서 준비된 것이다.[496]

• 사랑은 그 자체에서 그 대상을 야기한다. 우리들은 우리들 안에서 주님을 야기하고 주님은 주님 안에서 우리들을 야기한다. 그러니 사랑의 내면성(l'interieur de l'amour) 안에서 우리 자신을 우리 자

496 *Le Ciel dans la foi*, Cinquième jour, Deuxième oraison, 18.

신의 너머로 데려갑시다![497]

- 우리는 하느님이 우리를 위해 지니고 있는 사랑을 알고 있으며, 이를 믿고 있다. 우리들의 믿음의 위대한 행위가 바로 이것이다. 이는 하느님의 사랑에 대해 사랑으로 보답하는 것이다.[498]

신과 인간 사이의 관계, 정확히 하느님과 인간 영혼의 관계란 곧 사랑의 관계이다. 이 사랑은 두 존재가 서로 하나 되는 것을 의미하지만, 인간의 죄성이 이를 불가능하게 한다. 그렇기 때문에 하느님의 사랑은 먼저 인간의 불순한 삶을 불태우시고, 영광 가득한 하느님의 생명으로 채우신다. 이러한 엘리사벳의 사유는 매우 단순하지만 영성적인 삶의 핵심을 잘 보여주고 있다. 자신에 대한 극복은 바로 이러한 신적 생명으로 자신을 채우기 위해서 신성과 일치할 수 없는 모든 죄악들, 불순함들을 제거하는 것을 말한다. 그리고 이는 하느님의 사랑으로 하느님이 직접 하시지 않는다면 우리들의 노력만으로는 불가능한 일이다. 그것이 어떠한 삶의 형식을 지니고 있던지 영성적인 삶은 바로 이러한 하느님의 은총에 자신을 귀의하는 것이다. 사랑은 사랑으로만 보답할 수 있다는 것은 이러한 의미이다. 하느님의 사랑이 우리들에게 이루어지기 위해서 유일한 하나의 방법, 그것은 하느님을 사랑하여 하느님적인 것이 아닌 모든 불순함들을 포기한다는 것에 있다.

497 *Le Ciel dans la foi*, Cinquième jour, Deuxième oraison, 18.

498 *Le Ciel dans la foi*, Sixième jour, Première oraison, 19.

5) 사랑의 불공평성

사람들은 가끔 하느님께서 어떤 영혼들은 보다 더 많이 사랑하시고 어떤 영혼들은 그렇지 않은 것에 대해서 불공평하다고 불평하곤 한다. 이에 대해서 삼위일체의 엘리사벳은 아주 명쾌하게 답변해 주고 있다. 자신이 어머니라고 부르던 원장 수녀에게 엘리사벳은 다음과 같은 편지를 보냈다.

- 매우 사랑하는 어머니, 당신의 영혼에 대해 지니고 계신 하느님의 계획을 제가 어떤 확실성으로 이해하는가 하는 것을 만일 당신이 아신다면 좋겠습니다. 이것이 나에게 드러나는 것은 마치 거대한 빛 안에서이며, 만일 저 위에서 나의 차례가 된다면 당신의 영혼을 사제직으로 채울 것입니다. 하느님의 작품이 당신에게 이루어지는 것에 저를 관여하게 하는 것은 하느님의 사랑입니다. [......] 어머니, 하느님께서 다른 모든 사람보다도 더 당신을 사랑하는 것을 그냥 내버려 두십시오. 이는 모든 것을 설명하며, 영혼이 놀라지는 않도록 할 것입니다. 하느님께서 당신을 사랑하시도록 내버려 두십시오.[499]

- 그런데 당신이 오직 무너지고, 싫증나는 것만을 느낄 때라도, 만일 당신이 하느님께서 당신에게 행위 하시고 그럼에도 하느님이 당신을 사랑하시고 있다는 것을 믿고 있다면 당신은 하느님 마음에 드십니다. 왜냐하면 하느님의 사랑은 자유롭고, 하느님은 당신에게서 스스로를 찬미하고자 하시기 때문입니다. 하느님께서 당신을

499 *Laisse-toi aimer*, ch. 3.

사랑하시도록 내버려 두십시오.[500]

인간이 가장 자주 범하는 죄악인 시기와 질투는 매우 자연적이고 본성적인 것이지만 그럼에도 하나의 죄악이다. 왜냐하면 이는 엄밀히 말해 하느님의 사랑의 불공정성을 질타하는 것과 같기 때문이다. 시기와 질투는 좋은 것, 탁월한 것, 뛰어난 것 그리고 사랑을 많이 받은 것에 대해서 인정하거나 찬미하는 대신 불평하고 질책을 하는 행위이다. 그런데 사실상 이 모든 좋은 것들의 근원에는 하느님의 섭리가 있다. 신비가의 눈에는 우연한 것이란 존재하지 않기 때문이다. 그러니 시기와 질투는 근원적으로 하느님의 섭리와 행위에 대한 불평이다. 원장 수녀에게 보낸 그녀의 편지는 바로 이러한 점을 부각시키며, 자신이 다른 사람들보다 더 많이 하느님으로 사랑받는 것에 대해서 전혀 개의치 말고 하느님이 사랑하시도록 내버려 두라고 촉구하는 것이다. 하느님의 사랑은 오직 하느님의 자유에 달려 있다. 그렇기 때문에 내가 사랑 받을 자격이 없다고 느낄 때에도 하느님의 사랑을 거부해서는 안 된다. 사랑받고 사랑한다는 것은 그에 어울리는 자격을 요구하는 일이 아니다. 결코 이해할 수 없는 신비 중의 하나는 하느님의 무조건적인 사랑이다. 다만 이를 수용하는가 하지 않는가 하는 것만이 인간의 자유의지에 달렸을 뿐이다.

6) 영광의 찬미

하느님의 은총 혹은 사랑은 그것이 하느님의 완전한 자유에 의한

500 *Laisse-toi aimer*, ch. 6.

것이라는 차원에서 곧 '선물'이라는 형식으로 주어진다. 그런데 사실은 영혼의 눈으로 보자면 이는 단순한 선물이 아니다. 엘리사벳은 하느님이 우리에게 베푸시는 은총은 사실상 이미 창조 이전에 하느님의 실체 안에 있었던 우리들의 그 모습에 적합한 무엇을 주시는 것이다.

- '만일 네가 하느님의 선물이 무엇인지 안다면...' 하고 그리스도께서는 한 사마리아 여인에게 말씀하셨습니다. 그런데 무엇이 하느님의 선물이란 것일까요? 이는 하느님 자신 이외에 다른 무엇이겠습니까?[501]

- 하늘나라에서는 각각의 영혼이 하느님의 '영광의 찬미(louange de gloire)'입니다. [......] 다시 말해서 그의 이해는 하느님의 이해이며, 그의 의지는 하느님의 의지이고, 그의 사랑은 하느님의 사랑 자체입니다. [......] 바로 이것이 제가 말한 하나의 완전한 영광의 찬미입니다![502]

- 영광의 찬미, 이는 믿음과 단순성 안에서 하느님에게 고정되어는 있는 영혼입니다. 이는 모든 것인 그분이 비추는 자입니다. 이는 마치 하느님께서 그 안에서 흘러나오시고 번져나가는 '지반이 없는 심연(un abime sans fond)'과 같습니다.[503]

하늘나라에서 각각의 영혼들은 곧 하느님의 '영광의 찬미이다'는 표현은 하늘나라에서 각각의 영혼이 하는 일은 자신에게 가장 적

501 *Le Ciel dans la foi*, Dixième jour, Première oraison, 38.

502 *Le Ciel dans la foi*, Dixième jour, Deuxième oraison, 42.

503 *Le Ciel dans la foi*, Dixième jour, Deuxième oraison, 43.

합한 위치에서 자신만의 모습으로 하느님을 찬미한다는 것을 말하고 있다. 그리고 이는 다른 말로 각각의 영혼은 하느님의 삶의 한 부분이라는 것이다. 토마스 아퀴나스는 '성인들에게 있어서는 하느님 안에 있는 형상이 곧 그들의 삶'이라고 한 바 있는데, 정확히 이러한 의미이다. 즉 천국에서는 애초에 하느님이 생각하신 그 창조적 형상에 각각의 영혼들이 완전히 일치하고 있다는 말이다. 하느님의 선물이 하느님 자신이라는 표현도 이러한 것을 함의하고 있다. 하느님의 선물은 하느님 자신을 주시는 것이며, 이는 하느님 안에 있는 창조적 형상으로서의 나의 이데아를 주시는 것이다. 하느님의 사랑은 나를 가장 나답게 하는 무엇이다. 세상의 자아가 아닌, 하느님 안에 있는 이상적인 인격으로서의 나의 자아를 말하는 것이다. 누구도 하느님과 완전히 일치하지 않고서는 타인이나 자신을 판단할 수 없는 이유가 여기에 있는 것이다.

7) 창조와 일치

이상의 삼위일체의 엘리사벳의 사유는 하느님의 창조에 관한 그녀의 사유에 근거해 있다. 하느님의 창조는 마치 예술가의 창조행위와 유사하게 무엇을 창조하기 이전에 당신의 존재 안에 이상적인 형상으로 존재하고 있었던 것이다. 하느님 안에만 존재하던 형상들이 눈으로 보고 만질 수 있는 감각적인 모습으로 나타난 것이 곧 창조의 의미이다. 신학자들은 이를 하느님의 '자유의 결과' 또는 '사랑의 결과'라고 보고 있다.

• 거룩한 삼위일체는 우리들을 당신의 이미지에 있어서 만드셨습니다. 이 세계가 창조되기 이전에 하느님의 가슴속에 있던 우리 자신들의 영원한 형상에 따라서 만드신 것입니다. [......] 아직 무(無)로부터 나타나지 않았던 모든 종류의 피조물들은 영원히 하느님에게 있었고 하느님이 당신 자신에게서 이를 보시고 이를 관상하였습니다. 우리들 없이 하느님 안에서 있던 우리들의 형상들은 하느님의 영원한 삶이며, 우리들을 창조하신 원인입니다.[504]

• 우리들의 창조된 본질은 그의 원리와 결합하기를 요청합니다.[505]

• 하느님의 은총을 수용하고자 하는 우리들의 경향성은 우리가 그것을 통해 하느님에게로 움직이게 되는 내적인 통일성(l'intégrité intérieure)에 달려 있습니다.[506]

만일 나 자신의 존재 이유가 하느님 안에 있는 나의 영원한 형상 때문이라고 한다면, 나의 존재는 그 무엇과도 비교할 수 없는 존엄함을 가지고 있다. 그래서 일찍이 시에나의 가타리나 성녀도 진정한 자아란 '나 자신이 곧 하느님 사랑의 반영'이라고 고려하는 그것이라고 말한 것이다. 창조된 '현재의 나'와 그 원인이 되는 '하느님 안의 나의 형상' 사이에는 무한한 거리가 있겠지만, 그럼에도 "결과는 어떤 식으로든지 원인과 유사한 무엇을 지니고 있다"는 형이상학적인 원리에 의해 '현재의 나'와 '하느님 안의 나' 사이에는 불가분의 어떤 유사성이 있다. 바로 이 때문에 모든 창조된 피조물은 하느님을 그리워하

504 *Le Ciel dans la foi*, Septième jour, Première oraison, 22.

505 *Le Ciel dans la foi*, Septième jour, Première oraison, 23.

506 *Le Ciel dans la foi*, Septième jour, Deuxième oraison, 24.

는 것이다. 엘리사벳은 보다 강하게 단지 그리워하는 것이 아니라, 결합하고자 한다고 말하고 있다. 이 결합을 가능하게 하는 것이 곧 '은총'이다. 그리고 이 은총을 수용할 수 있는 능력은 우리들의 '내적인 통일성(l'intégrité intérieure)'에 의해 주어진다. 철학자 플로티노스가 그렇게 생각한 것처럼, 만일 창조의 궁극적인 목적이 창조하신 분과의 일치에 있다고 한다면, 내적인 통일성을 통해서 하느님의 은총을 수용하고자 하는 것은 곧 신의 창조행위에 동참하고 협조하는 것이다. 신비가 엘리사벳은 이 내적인 통일성이 구체적으로 무엇을 의미하는지는 말하지 않고 있다. 아마도 이를 탐구하고 분석하는 것은 철학자의 몫이 될 것이다.

8) 영성의 최고 정상인 단순성

어떤 것이 단순하다는 것은 복잡하지 않다는 것이며, 이 어떤 것에 다른 무엇이 첨가되어 있지 않다는 것이다. 그런데 삼위일체의 엘리사벳이 말하는 단순성이란 의도의 단순성으로서 무엇을 하든지 그 의도가 오직 '하느님을 지향하는 것' 혹은 '하느님의 뜻을 실천하는 것'에 있을 뿐 그 어떤 다른 것도 섞여 있지 않을 때를 말하는 것이다. 그리고 이는 모든 덕들의 근원이며, 영성적 삶의 지반이라고 말하고 있다.

> 단순성은 덕들의 원리이자 목적이며, 덕들의 빛남이며 영광이다. 단순한 의도(intention simple)란 오직 하느님만을 지향하는 것을 말하며, 모든 것을 하느님에게로 데려가는 것을 말한다. 인간을 하느

> 님의 현존 앞에 위치시키는 것은 바로 이 단순한 의도이다. 영혼에게 빛과 용기를 주는 것은 바로 이 의도의 단순성이다. 영혼으로 하여금 지금 그리고 최후의 심판 때에 두려움을 비우게 하고 자유롭게 하는 것은 바로 이것이다. 이 의도의 단순성은 내적인 경향성이며, 모든 영성적인 삶의 지반이다. [......] 모든 영적인 삶들, 그들의 모든 덕들은 단순성 안에서의 신성한 유사함(la ressemblance divine)에 달려 있으며, 지고의 높이에서 주어지는 그들의 최고의 휴식(repos suprême) 역시도 단순성 안에서 이루어진다.[507]

사실 '단순하다'는 말에는 여러 가지 의미가 함의되어 있다. 단순한 것에는 부정적인 의미도 있는데, 어떤 것을 깊이 생각하지 않고 마음 가는 대로 결정하거나 행동할 때에도 단순하다고 하고, 복잡한 현실의 상황을 고려하지 않고 무조건 원칙을 주장하는 사람도 단순하다고 한다. 긍정적인 의미로 단순하다고 할 때는, 자신의 실수나 결함을 복잡한 논의로 정당화 하지 않고 솔직하게 시인할 때 혹은 자신의 득실을 고려하지 않고 주저함 없이 올바른 것을 지향할 때 단순하다고 한다. 영성적인 삶에서 단순하다는 것은 영성적인 삶의 근본적인 목적이나 지향에 대해서 충실하여 무엇을 하든지 이 근본적인 지향을 가지고 결정하고 행위 하는 것을 말한다. 그것은 곧 모든 것을 하느님의 뜻을 실천한다는 의도로서 실행하고, 모든 것에 있어서 하느님의 영광을 드러내고, 모든 것을 하느님에게로 데려가기 위한 동기로 결정하고 행위 하는 것을 말한다. 이러한 것이 삼위일체의 엘리사벳이 생각하는 단순성의 의미이다. 이러한 단순성은 결국 철저

507 *Le Ciel dans la foi*, Sixième jour, Deuxième oraison, 21.

한 '자아의 비움'을 전제하는 것으로 철학자 키르케고르의 용어로서는 '세상에 대해서 죽는 것'을 의미한다. 이러한 경지의 단순성을 가진다는 것은 최소한 범인으로서는 결코 쉽게 획득할 수 있는 것이 아니며, 영성적인 삶의 최후에 주어지는 결과이다. 그래서 단순성의 척도는 곧 영적인 단계의 척도이기도 한 것이다.

3. 삼위일체의 엘리사벳의 사상과 현대 철학의 비전 – 인간성의 심오한 진리와 초월의 철학 –

삼위일체의 엘리사벳의 정신에서 가장 부각되는 것은 아마도 인간은 자신 안에 하느님을 지니고 있으며, 이 하느님을 향해 내적으로 나아가는 삶을 살아야 한다는 것이다. 그리고 이러한 내면에 존재하는 신에게로 나아가 신과의 일치를 이루는 것은 이 지상에서는 결코 완전하게 이루어질 수 없으며, 그래서 인간은 천국을 그리워하는 것이다. 사실 이러한 진리는 가장 가톨릭적인 전통, 특히 신비주의 전통에 충실한 것이다. 하지만 그럼에도 엘리사벳의 정신에 나타나는 독특한 그 무엇은 신의 거주처인 자신의 가장 깊은 내면으로 내려가는 영혼의 움직임과 끝이 없는 심연에서 영혼에로 다가오는 신의 현존이라는 이 두 역동적인 운동의 긴장감이 매우 현실성 있게 와 닿는다는 점이다. 그 이유는 물론 학문적인 사변으로 이해하는 것이 아닌, 생생히 체험된 자신의 진실을 말하기 때문이다. 그리고 이러한 자신의 삶을 통한 체험은 우리에게 오래된 철학적 전통의 지혜를 상기시키고 있다. 그것은 소크라테스 이후로 몽테뉴나 파스칼의 저작들에 잘 나타나고 있는 '철학적 지혜, 즉 철학이'란 곧 '죽음을 준비하는 것'이라는 전통적인 사유이다. 플라톤은 죽음에 관한 스승 소크라테스의 말을 자신의 저작 여러 곳에서 들려주고 있는데, 특히 파이돈에서 가장 분명하게 제시하고 있다.

- 철학(지혜에 대한 사랑)에 옳게 종사하여 온 사람들은 모두가 다름 아닌 **죽는 것과 죽음을 스스로 추구하고 있다는 것**을 다른 사람들이 실은 모르고 있는 것 같으이...[508]

- 심미아스, 진실한 **철인이란 언제나 죽음에 다가가며** 어느 누구보다도 죽음을 두려워하지 않는 자일세.[509]

철학자가 죽음을 두려워하지 않고 스스로 죽음을 추구한다는 것은 무슨 연유에서 인가? 그것은 진리를 추구하는 철학자는 이 세계의 혹은 인간성의 가장 깊은 진리 혹은 최후의 진리를 알고 있기 때문이다. 그 최후의 진리란 인간이 존재하는 궁극적인 목적은 이 세상의 어떤 것이 아니라는 것이다. 이 현세란 지나가는 것이며, 오히려 진정한 삶은 죽음 이후에 다가오는 그 세계인 것이다.

> 영혼이 지혜에 대한 사랑으로 말일세. 그래서 영혼이 신적이며 사멸하지 않고 영원한(언제나 있는: aei on) 것과 동류의 것이기에,

508 플라톤, 『에우티프론, 소크라테스의 변론, 크리톤, 파이돈』, 박종현 옮김, 서울: 서광사, 2003, 287쪽.

509 플라톤, 『파이돈』, 최현 옮김, 범우사, 2010, 32쪽.

그것이 무엇을 이해하게 되면 어떤 교제를 희구하는지 알아야만 하네.[510]

인간의 영혼이 신적인 것, 혹은 불멸하는 것과 동류이며, 그러기에 죽음 이후에 영혼이 나아가야 할 세계에서 올바른 삶을 살기 위해서는 이 현세의 삶에서 지혜를 추구하고 영혼의 삶에 적합한 삶의 방식을 깨닫게 되는 것이 곧 소크라테스가 생각한 지혜를 사랑하는 철학함의 의미였다. 소크라테스는 이러한 진리를 위해서 스스로 죽음을 껴안았고, 이후 철학의 역사에서 이렇게 분명하게 이원론적인 세계를 주장하거나, 이를 철학적 탐구로 삼은 사람은 아무도 없었다. 중세에 와서 이러한 이원론적인 진리는 학문적으로 다루어지기보다는 신비가들의 실천적인 삶으로 증거 했을 뿐이며, 마이스트 에크하르트 역시 신적 현존과 합일되는 인간의 신비적인 내적인 현상을 자신만의 언어로 제시하였을 뿐이었고, 비-주류로서 남아있었을 뿐이다.

만일 우리가 소크라테스가 주장한 진리를, 이 현세의 삶이 아닌 현세를 초월한 영원한 것에 대한 추구라는 차원에서, "초월의 철학"이라고 부를 수 있다면, 오히려 이러한 초월의 철학은 현대 철학에서 다시 등장하고 있음을 볼 수 있다. 이를 제시하고 있는 철학자는 프랑스의 현대 철학자인 아메데 뽕소(Amédée Ponceau)이다. 쟝 라크르와(Jean Lacroix)는 뽕소의 초월철학에 대해서 다음과 같이 소개해 주고 있다.

510 플라톤, 『국가·正體』, 박종현 역주, 서광사, 2007, 611d, 646쪽.

> 코기토는 반성적인 동시에 도덕적 규정에 따라 각자가 자기 자신의 운명을 인수하는 것 내지는 모든 사람들이 서고 주체가 되어야 한다는 의무로 해석되기 때문에, 구성하고 가치를 부여하는 모든 의식의 근원적인 원천, 즉 **인격적인 신의 인식에 도달**하게 마련이다. 소크라테스에서 출발하여 말브랑슈(Malebranche)와 파스칼의 성찰을 거친 이 전투적인 사상은 성 바오로에게로 다시 소급된다. "뽕소는 신이 우리에게 꾸었던 꿈을 우리에게 드러내 보였다고 나는 생각한다"라고 라벨은 적고 있다.[511]

"신이 인간에게 꾸었던 꿈"이라는 표현은 참으로 시적인 표현이다. 이를 신학적 혹은 철학적으로 말하자면 신이 세계를 창조하면서 인간에게 부여한 소명이라고 할 수 있을 것이다. 그렇다면 아메데 뽕소는 이를 어떻게 보았는가? 그것은 인간의 영혼(마음)이란 자신을 낳고 세계를 낳는 것이며, 이 새로운 세계는 '감동을 주는 인간의 세계'이다. "마음이라는 것은 자기 자신으로서 있는 것이 아니라, 자기 자신을 낳고 세계를 낳는 일에 전력하는 것이다. [......] 냉정한 인간의 세계를 감동한 인간의 세계로 바꾸는 것은 이러한 의식의 방향 전환 없이는 불가능할 것이다."[512] 이 감동한 인간의 세계에 대한 가장 모범적인 예는 바로 자신의 내면 깊숙이 그 최후까지 내려가면서 신적 현존을 맞이하였던 삼위일체의 엘리사벳의 내면세계였다. 자신의 근원으로 내려가기 위해 끊임없이 현 세계에 대한 집착을 부정하고, 자기 자신을 無의 경지에까지 초월하고자 하였던 그 세계이다. 이 세계

511 쟝 라크르와, 『현대프랑스 사상의 파노라마』, 김진성 역, 탐구당, 1985, p. 40.

512 『현대프랑스 사상의 파노라마』, 초월의 철학: 아메데 뽕소편, p. 38.

에서 그녀는 더 이상 자신을 둘러싸고 있는 것들에 대한 의미를 상실하고, 피안의 세계로부터 오는 빛과 향기를 방산하였다. 현 세상의 자신을 소멸하면서 근원적이고 궁극적인 자기를 완성해 간 엘리사벳의 실존은 이 세계와는 다른 새로운 세계, 인간이 이 지상에서 추구하는 그 모든 것을 넘어서는 다른 하나의 궁극적이고 절대적인 가치, 인간성의 최후의 가치인 그 진리를 증거 한 것이다. 아메데 뽕소의 초월의 철학이 궁극적으로 지향하는 것은 바로 이것이다. 이 지상에서 우리가 가졌던 그 모든 의미들의 집합체인 '자아'를 소멸함으로써 '인격(*persona*)'을 완성하는 것이다.

> 아무도 나를 사랑하지 않더라도, 그 누구든 비록 조금이라도 나에 관해 묻지 않을 때일지라도 사실상 어느 누구에 대해서도 이미 내가 존재하지 않을 때일지라도, 여전히 나는 존재하는 것일까? 이것은 궁극적인 회의나 절망을 의미하는 것이 아니라 해탈(détachement)을 향해 초월을 다시 초월하는 것을 의미하고 있다. [......] 모든 발전의 건너편에 자아의 소멸(effacement)이 있고, 인격은 이 소멸을 통해 신비스럽고도 최종적으로 완성된다.[513]

물론 우리는 "아메데 뽕소가 말하고 있는 이 완성된 인격이 삼위일체의 엘리사벳이 말하고 있는 '삼위일체로서의 하느님'과의 합일을 의미하는가?"라는 질문을 던질 수 있다. 하지만 철학자로서의 뽕소는 완성된 인격이 가지는 구체적인 사태에 대해 구체적인 언어로 말하지는 않는다. 왜냐하면 철학자로서 초월적 진리는 결코 말이나 언

513 『현대프랑스 사상의 파노라마』, p. 41.

어로 기술될 수 있는 성격의 것이 아니기 때문이다. 하지만 분명한 것은 아메데 뽕소가 말하는 완성된 인격은 결코 이 지상의 그 어떤 가치들도 아니다. 그것은 세상의 모든 것을 초월하고자 하는 니체적 초인의 모습도 아니다. 왜냐하면 이러한 해탈의 노력마저 초월하는 것이기 때문이다. 라벨의 말처럼 '신이 인간에게 꿈꾸었던 그것'이라고 한다면 가장 근접하는 것이 신비가들의 자신의 무화(無化)를 통해 신적 합일에 대한 추구일 것이다.

여기서 우리는 인간성의 진리에 대한 분명한 하나의 위치를 발견할 수 있다. 인간은 그가 영혼을 지니고 있다는 그 이유로, 이 세상보다 무한히 크다는 것, 철학자들이 인간에 대해서 사유한 그 모든 것들을 무한히 넘어서는 그 무엇을 지니고 있다는 것이다. 엠마누엘 무니에는 이를 '인격(*persona*)'이라고 말하면서 '신을 받아들일 수 있는 것'이며, 따라서 '비-우주적인 것'이라고 말하고 있다.

> 인격이 아무리 우주 속에 뿌리를 내리더라도 인격에 무한에의 욕구를 유발시키는 탈출(émergence)로 인하여, 존재를 받아들이는 것, **신을 받아들이는 것**이라고 말함으로써 규정될 수 있었던 잠재적 성질로 인하여 인격은 비우주적(acosmique)이다. [......] **인격이 절대나 무한을 모색하기 때문에** 인격은 인격이 뿌리를 박고 있는 생물학적인 것과 사회적인 것을 넘어서서 사기창조의 중심, 개관적 세계의 방향을 다시 정하는 중심이 될 수 있고...[514]

인간은 세계와 인간의 진리에 대해서 사유하면서 주어진 이 질료

514 『현대프랑스 사상의 파노라마』, 인격주의: 엠마누엘 무니에 편, p. 118.

적인 세계와 피와 살을 가진 육체적인 인간에 대해서 다양한 의미를 부여해 왔다. 우리들의 삶을 지탱하는 너무나 명백한 조건들인 감각적인 것과 물리적인 것들에 대해서 긍정하고 가치를 부여하기 위하여 참으로 많은 노력을 기울여 왔다. 그리고 이는 참으로 찬탄할 만한 이성의 노력이라 하지 않을 수 없다. 하지만 다른 하나의 시선, 새로운 사고의 전환은 항상 가능하지 않을까? 그것은 우리의 정신 혹은 영혼은 이 모든 것들보다 더 숭고하고, 따라서 이러한 것들과 벗하는 것이 아니라는 소크라테스적인 사유도 반드시 필요하지 않을까? 그러기 위해서 우리가 그토록 천착하는 이 물질적인 세계에서 잠시 물러나, 우리 자신의 진정한 진리에 대해 사유할 수 있는 고독이 필요하지 않을까? 영성적인 저자인 시오랑은 이를 미켈란젤로의 예를 들어 명쾌하게 질문하고 있다.

> 미켈란젤로는 "나는 다른 사람들이 그것 때문에 죽는 그것으로부터 살고 있다."라고 말하였다. 고독에 대해서 이것 외에 더 이상 첨가할 것이 없다. [......] 세계란 하나의 핑계에 불과하다. 우리는 사고해야 할 무엇이 필요하고, 우리는 이 세계라는 것을 반성의 대상으로 선택하였다. 마찬가지로 사유는 이 세계를 (실재성을) 부정할 하나의 기회를 가지지 못하고 있지 않는가?[515]

우리가 실재의 세계라고 확고하게 믿고 있는 이 세계 – 좋은 직장과 안정된 경제적 수입, 미래를 보장하는 보험들, 충분히 넓은 아

515 E. M. Cioran, *Des larmes et des saints*, trad. par Sanda Stolojan, éd. de l'Herne, 1986, pp. 120–121.

파트, 웰빙의 삶, 훌륭한 승용차, 세상 사람들의 인정과 충분한 인간관계, 과학적 기술들, 건전한 사상, 인정받는 신앙생활 등 현대인들이 하나같이 지향하는 좋은 것들 – 이러한 세계를 추구하며 우리의 모든 에너지를 탕진하는 대신에 한 번쯤 이 모든 것들이, 사실은 다만 지나갈 뿐인 것들, 진정한 실재에 대해서는 허상이나 최소한 도구적인 것에 지나지 않는다고 그렇게 생각해 볼 수는 없을까? 단순히 그렇게 생각해 보는 것이 아니라 진지한 삶의 의미로 그렇게 숙고해 볼 수는 없는 것일까? 왜냐하면 "세계로부터의 분리(détachement)는 신에게 천착(attachement)하는 근본적인 조건"[516]이라는 것은 부정할 수 없기 때문이다. 모든 이들이 진정한 세계라고 그렇게 확고하게 믿고 있는 것들로부터 한 발짝 물러난다는 것, 그리하여 이 모든 것들을 초월하는 보다 진정한 세계, 영적인 세계를 묵상하고자 한다는 것, 이것은 신비가들이 '내적인 고독'이라고 말하는 것이다. 우리들의 육체와 정신이 몸담고 매일의 삶의 장인 이 구체적이고 경험적인 세계에 대해 물러남을 의미하는 이러한 내적인 고독은 초월철학과 영성적 삶에 있어서 지반이자 그 첫 출발점과도 같은 것이다. 한 씨토회 수도자는 성모마리아의 사명을 영혼의 사명에 비유하면서 이 영혼의 신을 소유하고 사랑하는 영혼은 '내적인 고독' 안에서라고 말하고 있다.

> 성모마리아의 사명의 신비를 우리에게 보여주는 각각의 상징은 내적인 고독(solitude intérieur) 안에서 신을 사랑하고 소유하는 영

516 *Des larmes et des saints*, p. 114.

혼의 상징이기도 하다.[517]

하지만 이러한 내적인 고독이 반드시 현 세상의 가치를 부정하거나 멀리한다는 것을 의미하지는 않을 것이다. 삼위일체의 엘리사벳이 이 세상에 대한 모든 의미를 상실하고 피안의 세계에 거주한 것 같았던 생의 마지막 해에 오히려 동료 수녀들에 대한 가장 큰 사랑으로 기도 안에서 껴안을 수 있었다는 것은 이러한 점에서 매우 의미심장한 것이다. 모든 개인적인 의미를 상실한 그 순간에 가장 큰 사랑으로 다가설 수 있다는 것, 이는 어쩔 수 없는 한계를 지닌 인간으로서의 양면성이라 할 수 있다. '절대적인 초탈과 절대적인 관심'이라는 모순된 것 같은 이 양면성은 오직 신적 사랑이라는 이름으로만 가능한 것이다. 한스 발타샤는 이를 다음과 같이 묘사해 주고 있다.

> 육화의 사명은 우리에게 매 순간 건전한 상식을 간직하도록 가장 모순되는 조건들을 함께 껴안을 것을 의무지우고 있다. 이 모순된 조건들이란 세상에 대해서 책임성을 떠안는 동시에 세상에 대해 죽는 것을 말하며, 일상의 삶들을 구제하기 위해서 일상의 삶을 부정하는 것을 말하며, 죄 안에서 고통스러워하면서 동시에 새로운 인간 안에서 기뻐하는 것이다. 진정한 가치를 오직 내면성에 두지만 그럼에도 이 내면성에 보편적인 삶을 획득하기 위해서 우리 자신을 자연 안으로 방산하는 것이다. 그리고 의존성으로서의 우리 자신의 '아무것도 아님[無]'과 자유로서의 우리들이 왕임을 깨닫는 것이다. 이는 모든 것을 넘어서 실제로 경험하고 있는 상황들 중에서 어떠한 상황도 실체적으로 모순되는 것으로도, 인간의 체험 안에서 결

517 Un Chartreux, *Amour et silence*, éd. du Seuil, 1951, p. 107.

정적으로 해결할 수 있는 것으로 수용할 수 없음을 말하고 있는 것이다.[518]

세상의 부조리함과 무의미함, 인간의 본성에 대한 철저한 실망, 그리고 사회적 존재로서의 가식적이고 불의한 환멸스런 것, 이 모든 것들에 대해 절망하지만 그럼에도 이를 사랑하고 껴안지 않을 수 없는 것, 이해할 수 없는 모든 것을 이해하고자 하고, 모든 것을 질서지우고자 하고, 신비를 측정하기 위해서 모든 것을 하고자 끊임없이 노력하는 이러한 삶의 긴장은 피할 수 없는 인간의 운명이다. 전통을 무너뜨리려는 혁신적인 종파주의나 과거의 인간들에 대한 부동의 추종이나 사실 어느 것도 더 나을 게 없다. 인류의 역사가 신의 섭리의 의지 안에 놓여 있다고 믿는 한은 항상 인간의 그 나약하고 무능함을 신 앞에 고백하지 않을 수 없고, 끊임없이 이 모든 것을 초월해 가는 도약은 언제나 필요한 것이다.

---

518 *Elisabeth de la Trinité et sa mission spirituelle*, p. 18.

3장

에디트 슈타인 (Edith Stein): 십자가의 데레사 베네딕트

3장

에디트 슈타인(Edith Stein): 십자가의 데레사 베네딕트

1. 생애와 인물[519]

에디트 슈타인은 1891년 10월 12일 독일령의 브로슬라우(Breslau)[520]에 살고 있었던 독실한 유대인 가정에서 11명의 자녀들 가운데 막내로 태어났다. 에디트가 태어난 날은 유대인들에게 있어서는 가장 큰 축제의 날인 '속죄의 날'이었는데, 이날의 의미는 마치 그

519 여기 제시하는 인명, 지명, 연도, 날짜는 다음의 문헌들을 참조하였고, 가급적 이들 중에서 공통된 것을 선택하였다. 장 드 파브레그, 『성녀 에디트 슈타인』, 대구 가르멜 여자 수도원 옮김, 가톨릭출판사, 2012. 수자와 카오리, 『에디트 슈타인 사랑과 진리의 불길』, 최경식 옮김, 분도출판사, 2003. Edith Stein, *Le scret de la croix*, trad. par Sophie Binggeli, Paris, Cerf, 1998. 그리고 다음의 프랑스의 인터넷 사이트 http://www.vatican.va/news_services/liturgy/saints의 에디트 슈타인 소개. 그리고 인명 지명 등의 외국어 한글 번역은 보다 원어 발음에 가까운 것을 따랐다.

520 현재 이곳의 지명은 브로츠와프(Wroclaw)로 폴란드 영토이다.

녀의 마지막 생애를 예견하는 징표와 같았다. 그녀의 아버지는 목재 상이었으나 에디트가 2살 되던 해에 병으로 사망하였고 독실한 유대교 신자였던 홀어머니 아래서 자랐다. 그녀의 어머니 아우구스트(Auguste Siein Courant)는 매우 종교적이었고 적극적이며 실천적인 성격의 소유자였다. 특히 유대교에 대한 그녀의 애착은 후일 에디트 슈타인이 가톨릭으로 개종하고 가르멜 수녀가 되었을 때, 이를 끝까지 지지할 수 없게 만든 원인이기도 하였다. 아직 어린 에디트는 매우 자발적이고 주체적인 성격이었고 합리적이고 학구적인 소녀였다. 그녀의 이러한 성격은 유태인들의 신앙이나 기도방식에 대해 회의를 가지게 하였고, 더 이상 기도를 할 수 없게 하였다.

우수한 성적으로 고등학교를 졸업한 에디트 슈타인은 1911년 브레슬라우 대학에 진학하였고, 독일어, 역사, 그리스어 외에 심리학과 철학을 공부하기 시작하였다. 이 중에서도 철학은 당시 그녀의 진정한 관심사였다. 그리고 그녀는 여성들에 관한 문제들에 대해서도 매우 관심이 많았는데, 당시 '여성의 투표권을 위한 프러시아 협회(Association Prussienne pour le Droit des Femmes au Vote)'에 가입하기도 하였다. 브레슬라우 대학에서 후설의 『논리학 연구』를 읽으면서 에디트는 그의 강의를 듣고 싶어 했다. 1931년 철학자 후설의 강의를 듣기 위해서 에디트는 괴팅겐(Gôttingen) 대학으로 갔다. 에디트 슈타인이 후설의 사상에서 매력을 느꼈던 것은 "모든 철학 체계를 넘어 체험된 실재와 삶의 구조 한가운데로 가려는 의지였다."[521] 하지

521 『성녀 에디트 슈타인』, 56쪽.

만 이 삶의 구조 한가운데서 결국 발견하게 될 것이 하느님의 현존이라는 것은 아직 예감하지 못하였다. 괴팅겐에서 에디트는 후설의 제자이자 개인 조교 역할을 맡았으며, 그의 지도 아래 철학박사 논문을 쓰게 되었다. 당시 후설은 진리에 대한 그의 새로운 개념으로 인하여 대중으로부터 매우 관심을 받고 있었다. 그의 제자들은 세계에 대한 인식에 있어서 후설의 태도를 칸트식의 주관적인 인식에서 벗어나 '구체적이고 객관적인 세계'로 되돌아오는 것처럼 보았다. 그가 주창한 현상학은 의도한 것은 아니었지만 많은 학생들로 하여금 크리스천의 믿음을 가지게 하는 데 도움을 주었다. 괴팅겐에서 에디트는 인간학의 창시자였던 막스 셸러(Max Scheler)의 강의도 듣게 되는데, 개인적으로 후설보다 더 깊은 존경과 친밀감을 가졌다고 고백하고 있다. 물론 막스 셸러에게 매력을 느꼈던 것은 그의 학문적인 성향이나 인격적인 차원도 있었겠지만 그의 종교적인 성향 때문이었다. 막스 셸러는 자주 수도원을 방문하며 피정을 하고 평소에도 매우 내면적인 평화를 간직한 신앙인이었다.[522] 막스 셸러의 정신은 그녀로 하여금 가톨릭 사상으로 눈을 돌리게 하였다. 하지만 미래의 학문적인 영역을 위해서 그녀는 여전히 후설의 현상학에 머물러 있었다. 1915년에 교사가 되기 위한 국가 자격시험에 합격하였으나, 아직 전문적인 직업을 위한 노력은 하지 않고 있었다.

그러던 중에 1차 세계대전이 발발하였고, 그녀는 세계대전이라는 비극 앞에서 자신만의 삶을 살 수가 없었다. 그녀는 철학공부를

522 막스 셸러의 종교적인 삶에 관해서는 다음을 참조 바람. 『성녀 에디트 슈타인』, 63–65쪽.

잠시 중단하고 간호학을 공부하였으며, 오스트리아의 군대 병원에서 간호사로 활동하기 시작하였다. 여기서 그녀는 무수한 수술에 참여하고 수많은 젊은이들이 죽어가는 것을 보았다. 간호사로서의 일은 1916년 군대병원이 문을 닫을 때까지 계속되었다. 이후 그녀는 후설이 새로 부임하게 된 프라이부르그(Fribourg)로 갔으며, 1917년에 그곳에서 박사학위를 받게 되었다. 그녀의 박사학위 논문의 주제는 「감정이입의 문제에 관하여 혹은 공감에 의한 직관(Einfühlung)」이었다. 그녀는 박사학위 논문의 마지막에서 다음과 같이 적고 있다. "그들의 인격에 예기치 않은 변화를 겪은 사람들 중에는, 이것이 곧 하느님의 자비라고 믿는 사람들이 있다."[523] 무엇이 그녀로 하여금 이러한 결론을 내리게 하였는가? 전쟁 전 에디트는 괴팅겐에서 후설의 개인 조교로 있었던 아돌프 라이나흐(Adolph Reinach)와 친밀한 우정을 나누었다. 그를 진정으로 존경하였고, 그를 만나는 순간들이 괴팅겐에서 가장 행복한 순간이었다고 할 만큼 그를 순수하게 흠모하였다. 1917년 아돌프 라이나흐가 전쟁에서 사망하자 라이나흐 부인은 젊은 나이에 과부가 되었다. 남편의 유고집을 정리해 달라는 청을 받고 그녀를 만났을 때 에디트는 이 젊은 과부에게 무엇을 말해 주어야 할지 망설였다. 그런데 놀라운 것은 라이나흐 부인의 태도였다. 프로테스탄 신자였던 라이나흐 부인은 젊은 남편의 죽음 앞에서 절망하거나 좌절하지 않고 신앙 안에서 자신의 슬픔을 정화하고, 남편의 죽음은 곧 하느님의 부르심이라고 믿었고, 지금은 하느님의 진정한 평화 안

523 출처: http://www.vatican.va/news_services/liturgy/saints

에서 휴식하고 있을 것이라고 굳게 믿고 있었다. 에디트는 라이나흐 부인에게서 진정한 위로와 평화를 느낄 수 있었다. 에디트는 그 만남에 대해서 처음으로 '십자가와 신성한 자비'에 대해 눈을 뜨게 한 사건이라고 고백하였다. 그녀는 이 만남에 대해 다음과 같은 편지를 썼다. 이 편지에는 그녀의 결정적인 회심과 개종에 관한 비밀을 간직하고 있다. 또한 자신의 박사학위 논문의 말미에 썼던 그 말의 의미를 말해주는 것이기도 하다.

> 나의 계획에 있지 않았던 것들은 신의 계획에 있었습니다. 나는 인생에 있어서 다음과 같은 깊은 확신을 가지게 되었습니다. 하느님의 시선에서 볼 때, 우연은 존재하지 않습니다. 나의 전 생애에 있어서 아주 작은 일들에까지 이미 하느님의 신성한 섭리의 손길이 드리워져 있었으며, 하느님의 절대적으로 분명한 시선 앞에서 이 섭리는 완벽하게 통일성을 이루었습니다.[524]

그리고 예수회의 노타 신부(Jan Nota)에게 다음과 같이 말하였다.

> 그때 나는 십자가가 그것을 짊어지는 이에게 주는 신성한 힘에 처음으로 접한 것입니다. 그리스도의 구원적 수난에 의해서 태어난 교회가 죽음의 가시를 쳐부수는 현실을 생전 처음으로 이 눈으로 확인했던 것입니다. 그건 내 불신앙이 무너지고 유대교가 후퇴하고 그리스도가 나를 압도한 순간이었습니다. 그때에 참으로 십자가의 신비 안에 계시는 그리스도가 나타나셨던 것입니다.[525]

---

524 출처: http://www.vatican.va/news_services/liturgy/saints

525 『에디트 슈타인 사랑과 진리의 불길』, 71쪽.

위의 고백은 아직 가톨릭 신앙인은 아니지만, 그녀가 내적으로는 완전히 그리스도교로 전향하였음을 말해 주고 있다. 1918년 가을에 에디트는 후설의 조교를 그만두었는데 이는 그녀가 회심을 한 이후 처음으로 독립적으로 자유롭게 자신의 학문적인 영역을 개척하고자 한 때문이었다. 1921년 여름 에디트 슈타인은 몇 주 동안 베르그차베른(Bergzabern)에 머물며 휴가를 보내게 되었는데, 같은 후설의 제자였던 헤트비히 마르티우스(Hedwig Conrad-Martius) 부부의 농장에 기거하였다. 이들 역시 크리스천이었는데, 농장의 서재에는 적지 않은 종교적인 서적들이 있었다. 어느 저녁 날 에디트 슈타인은 그곳에서 아빌라의 데레사 성녀의 자서전을 발견하였다. 그리고는 밤을 새워 그 책을 읽었다. 책을 모두 읽고 난 다음 에디트 슈타인은 다음과 같이 되뇌었다. "이것이야말로 진리다."[526] 그리고 망설이지 않고 인근 성당으로가 사제를 만나 세례를 받고 싶다고 말하였다.[527] 그리고 후일 그녀는 다음과 같이 되뇌었다. "지금까지 진리를 향한 탐구는 나의 유일한 기도였다."[528]

1922년 1월 1일 에디트 슈타인은 베르그차 베른 성당에서 데레사라는 세례명으로 세례를 받았다. 그리고 2월 2일에는 스피르 주교(l'évêque de Spire)에 의해 견진성사를 받았다. 이후 에디트는 바로 고향으로 달려가 자신의 어머니에게 이 사실을 일렸고, 어머니의 비난하는 모습은 에디트의 첫 십자가가 되었다. 두 모녀는 서로 껴안고

526 『성녀 에디트 슈타인』, 83쪽.

527 『에디트 슈타인 사랑과 진리의 불길』, 103쪽.

528 『성녀 에디트 슈타인』, 89쪽.

하염없이 눈물을 흘렸다. 이러한 사정을 잘 알고 있는 마르티우스 부인은 에디트에게 위로의 편지를 보냈는데, 편지글 중에는 다음과 같은 구절이 있었다. "나는 두 이스라엘의 딸과 함께 살고 있습니다. 이 두 이스라엘의 딸들 모두에 대한 저의 진심어린 성실성은 변치 않을 것입니다."[529] 이후 에디트는 매주 어머니에게 편지를 보냈으며, 더 자주 어머니와 유대교의 성전을 방문하기도 하였다. 하지만 종파를 넘어 두 모녀는 하느님 안에서 서로 깊이 의지하였고 서로의 고통 안에서 영적인 친교를 깊이 하였다. 에디트의 개종은 유대교에 대한 부정이라기보다는 하느님을 향한 자신만의 길을 선택한 일종의 방법론처럼 생각하였다. 그녀는 비록 유대교를 떠났지만 자신의 가족과 유대민족을 깊이 사랑하고 있었다. 에디트는 세례를 받은 이후 더 자주 고향에 머물며, 여기서 신약성경과 키르케고르의 저작들 그리고 로욜라의 이냐시오 성인의 영신수련에 관한 책들을 읽곤 하였다.

1926년 에디트는 다시 후설을 방문하였으며, 자신의 새로운 신앙심에 대해서 얘기를 나누었다. 그리고 그에게 다음과 같은 편지를 남겼다. "매번 제가 직접적으로 영향을 줄 수 있는 것이 불가능하다고 느낄 때마다, 고유한 종교적인 희생에 대한 저의 특성이 더 강해지고 있음을 느끼고 있습니다."[530] 에디트 슈타인은 이후 바로 가르멜 수도회에 입회하기를 희망하였지만 당시 그녀의 영적 지도신부였던 슈빈트(Schwind) 신부는 이러한 에디트의 생각에 반대하였다. 학

529 출처: http://www.vatican.va/news_services/liturgy/saints

530 출처: http://www.vatican.va/news_services/liturgy/saints

문적인 자질이 뛰어난 그녀가 관상 수녀원에서 기도하는 것보다는 세속에서 평신도로서 할 일이 너무나 많다고 생각한 때문이었다. 최소한 관상생활 이전에 교회를 위해 보다 많은 일들을 해주기를 원하며 기다리기를 권했다. 에디트는 1931년 부활절까지 스피르(Spire)의 성 막달레나 여자 고등학교에서 독일어와 역사를 강의하였고, 스피르의 도미니크 수녀원의 수녀들을 위해 세미나를 열기도 하였다. 에디트는 당시 스피르 수녀원과 매우 친밀한 관계를 유지하였는데, 자주 이곳을 방문하여 기도하곤 하였다. 평신도로서의 그녀의 삶에서 스피르 수녀원은 유일하게 영성의 향기를 느끼게 해준 피난처였다. 에디트는 자주 여성문제와 관련된 주제로 강의를 하러 갔고, 많은 회의에 참여하기도 하였다. 이외 당시 그녀는 엄청난 학문적인 작업들을 하였는데, 가톨릭으로 개종하기 이전에 영국 성공회의 신학자였던 헨리 뉴만(John Henry Newman)의 일기와 편지를 번역하였고, 토마스 아퀴나스의 진리론(*Questiones disputatx de veritate*)을 독일어로 번역하였다. 그녀가 토마스 아퀴나스의 철학에 관심을 가지게 된 것은 에리히 신부가 소개해준 프르치바라(Przywara) 신부의 권고 때문이었다. 명철한 예수회 신부였던 프르치바라 신부는 에디트로 하여금 자신만의 고유한 저술 작업을 할 것을 권고 하였는데, 이후부터 에디트는 토마스 아퀴나스 철학의 중요 개념에 대한 글을 쓰기 시작하였다. 『능력과 행동』이라는 저작을 마친 에디트는 그녀의 주요 저작인 『유한한 존재와 영원한 존재』라는 저술하기 시작하였다. 이 책은 후일 겔른의 가르멜 수녀원에서 완성하게 될 것이다. 하지만 이 저작들은 생전에 빛을 볼 수가 없었다. 에디트는 당시의 자신의 학문적 사명에 대해서 다음과 같이 기술하고 있다. "학문을 하느님을 위한 봉사로 한다는 것이 가능하다는 것을 알게 되었습니다. [......] 오직 이러한 이유로 나는 학문적인 저작들을 쓰기 시작하였습니다."[531]

1931년에 스파이어에서의 활동을 마치고 그녀는 다시 한 번 대학 강의를 위해서 가능성을 모색하였다. 브레슬라우 대학에서 잠시 「철학 강좌」를 맡았지만 사정상 여의치 않았다. 유대교인 가족들이 살고 있는 고향의 대학에서 가톨릭의 철학을 강의한다는 부담도 있었지만, 영적인 피난처였던 스파이어의 수녀원을 떠나 일상인들 사이에서 산다는 것이 그녀에게는 매우 고통스러운 것이었다. 에디트는 당시의 심정을 다음과 같이 고백하였다. "스피르를 떠나면서 수도원 밖에서의 삶이 무척 힘들 것이라는 사실을 알고 있었습니다. 하지만 이토록 고통스러울 줄은 미처 상상도 못했습니다."[532] 1932년에는 다시 뮌스터의 교육대학에서 「여성 교육법」과 「철학」을 강의를 맡게 되었다. 하지만 이미 당시에 독일에서는 나치가 정권을 장악하고 어둠의 소용돌이가 시작되고 있었다. 1933년 1월 30일 히틀러가 제국의 수상이 되고 그의 정책은 유대인에게 가혹하였다. 유대인 혈통이라는 에디트의 출신이 그녀의 대학 강의를 금지시켰다. 2월 25일 에디트는 뮌스트에서 마지막 강의를 하고 대학을 떠나야만 했다.

하지만 이러한 고뇌는 영적인 시선에서 보자면 섭리의 손길이기도 하였다. 왜냐하면 당시 에디트는 어느 면으로 보나 이미 관상생

531 출처: http://www.vatican.va/news_services/liturgy/saints

532 『성녀 에디트 슈타인』, 124쪽.

활을 위한 준비가 다 되었고, 어떤 면에서는 이미 관상의 삶 속으로 깊숙이 들어와 있었기 때문이었다. 그녀는 자신에게 일어나는 일들에 대해 하느님의 섭리의 손길을 느낄 수 있었다. “나는 이미 유대인들에 대한 탄압이 시작되었다는 소식을 들었습니다. 하지만 나는 지금 하느님께서 다시 한 번 나의 민족 위에 무거운 손길을 내미신다는 것과 그들의 운명이 곧 나의 운명이라는 것을 깨닫기 시작하였습니다.”[533] 1933년 5월 에디트는 쾰른의 가르멜에 입회하기 위해 떠났다. 면담이 있었고 다음날 입회 승낙이 있었다. 수도회에 입회를 결정한 뒤, 에디트는 다시 한 번 고향을 방문하였다. 에디트와 함께 시나고그를 방문한 어머니는 끝내 승낙한다는 말을 하지 못하였다. 그냥 눈물만을 흘리고 있는 백발이 된 어머니를 에디트는 가슴에 안았다.

다음날 에디트는 무거웠지만 매우 평화로운 마음으로 가르멜이 입회하였다. 에디트는 수도명으로 “데레사 베네딕타 아 크루제(십자가로 축복받은 데레사)”라는 이름을 선택하였다. 베네딕타 수녀에게 가르멜의 수도생활은 참으로 복된 시간들이었다. 그녀는 세상 그 어느 곳에서도 찾을 수 없었던 자신의 몫을 가르멜에서 발견한 것이다. 그녀는 리지외의 데레사 성녀의 영성을 특히 좋아하였고 오로지 하느님의 손길에 의탁하는 ‘단순성’을 자신의 것으로 하였다. 하지만 베네딕타 수녀의 지성적인 능력을 잘 알고 있는 원장 수녀는 그녀에게 다시 지성적인 일들을 명하였다. 이렇게 하여 그녀의 대부분의 대표적인 저작들이 이때에 완성되었다. 『성탄의 신비,

533 출처: http://www.vatican.va/news_services/liturgy/saints

Das Wiehnachtsgeheimnis』, 『유한한 존재와 영원한 존재, *Endliches und ewiges Sein*』, 『십자가의 학문, *Kreuzewissenschaft*』, 『교회의 기도, *Das Gebet der Kirche*』 등이 이때에 저술되었다.

1935년 4월 21일에 베네딕타 수녀는 유기허원을 하였는데, 당시 세상에서 들려오는 소식은 참으로 무거운 것이었다. 히틀러의 유태인 박해가 공개적으로 시작된 것이다. 하지만 그녀는 '영적인 체험은 밤에 이루어진다.'는 십자가의 성요한의 메시지를 굳게 믿었다. 그녀는 "가장 확실한 것은 하느님의 은총을 기다리기 위해 우리 자신에게서 모든 것을 비워 내는 것"[534]이라고 생각하였고, 닥쳐오는 위험 속에서도 내적인 평화를 유지하였다. 1936년 9월에 그녀의 어머니가 세상을 떠나자 언니 로제는 비로소 세례를 받을 수 있었고, 동생을 보러 왔다. 베네딕타 수녀는 1938년 4월 21일에 종신서원을 하였다. 바로 그때 옛 스승인 후설은 아리안인이 아니라는 이유로 프라이부르크 대학의 교수직을 잃고, 리오바의 베네딕트 수녀원에 피신해 있었다. 하지만 후설은 신비한 환시를 보고 4월 27일 세상을 떠났다. 그 환시란 "빛과 어둠을 보았고, 짙은 암흑을 보았으며, 다시 빛을 보았다"[535]는 것이었다. 옛 스승의 이 환시는 베네딕타 수녀에게 큰 위안이 되었다.

1938년 3월 10일 히틀러가 오스트리아의 빈에 입성한 뒤, 유대인에 대한 박해는 더욱 심해졌다. 유태인의 학살이 독일 전역으로 번져

---

534 『성녀 에디트 슈타인』, 170쪽.

535 『성녀 에디트 슈타인』, 177쪽.

갔다. 쾰른의 유태인 회당도 불태워졌다. 베네딕타 수녀를 염려한 원장 수녀는 그녀로 하여금 네덜란드의 에히트 가르멜로 피신시켰다. 그곳에서 베네딕타 수녀는 자신을 하느님께 속죄의 제물로 바칠 것을 허락하는 편지를 썼다. 편지글에서 그녀는 "가능하다면 또 다른 세계대전이 발발하지 않고서 그리스도의 적의 통치가 붕괴하게 하소서... 저는 오늘 당장이라도 저를 바치고 싶습니다. [......] 저는 제가 아무것도 아님을 알고 있습니다. 그러나 예수님께서 그것을 바라십니다."[536]라고 청하였다. 1939년 4월 19일 성 요셉 축일 날 베네딕타 수녀는 시 한 구절을 요셉 성인에게 바쳤는데, 여기엔 당시의 절망적인 마음이 고스란히 담겨 있다.

> 하늘은 무겁고 어둡게 우리를 짓누르네.
> 영원히 밤이란 말인가!
> 빛은 우리를 위해 다시는 빛나지 않을 것인가?
> 하늘에 계신 아버지는 우리를 버렸는가?
> 마치 악몽처럼 고통이 우리의 마음을 옥죄고 있네.
> 우리를 구원하기 위한 원탁의 기사는 전혀 없는 것일까?[537]

독일의 비밀경찰들이 베네딕타 수녀가 있는 수도원에까지 도착하였다. 그들은 언니 로제와 베네딕타 수녀에게 마에스트리히로 출두하라고 명하였다. 에히트 가르멜은 베네딕타 수녀를 중립국인 스위스로 보낼 계획을 세웠지만, 베네딕타 수녀는 언니 로제를 혼자 버

536 『성녀 에디트 슈타인』, 180쪽.

537 *Le scret de la croix*, p. 11.

려둘 수 없었다. 한두 차례 베네틱타 수녀는 게슈타포에게 호출되어 심문을 받았고, 강제수용소로 끌려갈 것이 분명했다. 원장 수녀는 불법적으로 베테딕타 수녀와 그의 언니 로제를 스위스로 보내려고 했으나, 베네틱타 수녀는 동료 수녀들이 보복당할 것을 알고는 거절하였다. 결국 1942년 8월 2일 베네딕타 수녀는 체포되어 수녀원을 떠났다. 당시 베네딕타 수녀는 이미 순교를 각오한 상태였다. 8월 5일 베스터보르크 수용소에 도착한 베네딕타는 원장 수녀에게 편지를 섰는데, 그 편지에는 "지금과 같은 상황에서는 아무런 시도도 하지 않는 것이 낫다고 생각합니다. [......] 참으로 십자가의 무게로 고통당하기 시작할 때만이 십자가의 학문(Scientia Crucis)을 얻을 수 있습니다. 처음부터 저는 이것에 대한 확신이 있었습니다."[538]라고 말하였다. 베네딕타 수녀는 8월 7일 아우슈비츠 수용소로 이송되었으며, 8월 9일에 독가스실에서 죽임을 당하였다. 그녀의 이름처럼 베네딕타 수녀는 민족의 학살이라는 엄청난 고통의 십자가 위에서 그리스도가 그러했던 것처럼 자신을 속죄의 제물로 바쳤던 것이다.

에디트 슈타인은 1987년에 교황 요한 바오로 2세에 의해 복녀로 선포되었고, 1998년 시성되었다. 1999년에는 시에나의 가타리나 성녀와 스웨덴의 비르지타 성녀와 함께 유럽의 수호성인으로 선포되었다. 시복식 때 교황 요한 바오로 2세는 그녀에 대해 다음과 같이 말하였다.

538 『성녀 에디트 슈타인』, 193–194쪽.

나치의 박해들 가운데서 십자가에 못 박히신 그리스도와 믿음과 사랑으로 일치하였던 이스라엘의 딸, 그리스도에겐 가톨릭 신앙인이요, 그의 민족에게는 한 유대인이었던 이스라엘의 딸이여![539]

2. 저작의 정신과 철학적 사상

1) 저작들

에디트 슈타인은 신비가이기도 하지만 이에 앞서 여성철학자였다. 학자로서 그녀의 학문적인 업적은 양적으로 질적으로 매우 심오하고 방대하다. 주로 독일어로 저작된 그녀의 저작을 프랑스어로 번역하여 소개하고 책만도 15권이 넘는다. 그녀의 저작들은 시기별로 주제가 나뉘고 있는데, 이는 그녀의 관심사가 시간의 흐름에 따라 변화하였기 때문이다. 그녀의 저작들에서는 항상 철학적인 것과 신학적인 것이 함께하고 있다고 말할 수 있겠지만 그럼에도 편의상 구분해 볼 수 있다. 크게 4가지 종류로 나누자면 '자신의 생애에 관한 것', '철학적 탐구에 관한 것', '철학과 신학의 연계 및 종합적인 것' 그리고 '신학적, 영성적인 저작들'로 나눌 수 있다. 물론 이외 여성에 관한 것, 교육에 관한 것들이 있지만 이는 그녀의 사상의 변화를 밀해 주는 본질적인 것들은 아니다. 이 4가지 영역에 준하여 중요한 몇 가지 저작을 소개하면 다음과 같다.

539 출처: http://www.vatican.va/news_services/liturgy/saints

• 『한 유대가족의 삶』 : 일종의 자서전이라고 할 수 있는 책이다. 이 책은 어린 시절의 기억과 추억들, 그리고 특히 유대인 가정의 삶을 전기식으로 다루고 있다. 1933년에 쓰여졌는데, 어린 시절부터 박사학위를 받기까지의 이야기를 전해 주고 있다. 이 책은 유다이즘을 옹호하는 글이라기보다는 유대인들의 삶과 그들의 신앙과 문화에 대해 증언하는 형식으로 되어 있다. 그리고 특히 그녀가 어린 시절부터 체험해 온 유대인의 삶에 대한 연관과 애착 등에 대해 부각하고 있다. 즉 유년시절의 에디트 슈타인의 정신과 사유를 알 수 있게 해주는 책이다. 자신의 생애와 관련하여 직접 쓴 유일한 책이다.

• 『공감의 문제』 혹은 『근원에 대한 추구』 : 박사학위 논문을 단행본으로 출간한 것인데, 출판사에 따라 (번역서의 경우) 두 가지의 다른 제목으로 출간되고 있다. 이 학위논문은 1916년에 저술되었는데, "타인에 의해서 언어화되기 이전의 체험된 것을 이해하는 것"에 대해서 다루고 있다. 이 주제는 근본적인 인류학의 문제를 연구하기 위한 전-단계의 연구로 그 방법론으로는 후설의 현상학적 방법을 사용하고 있다. 가장 철학적인 저작이라고 할 수 있다.

• 『유한한 존재와 무한한 존재』 : 이 책은 에디트 슈타인이 토마스 아퀴나스의 사상을 연구하면서 영감을 얻어 작성한 것인데, 인간존재와 신의 존재 사이의 관계성에 대해 탐구하고 있는 책이다. 인간은 자신의 존재의 지반에서 다른 존재를 발견하며, 이 다른 존재가 곧 자기 존재의 지반임을 알게 된다. 따라서 자기 자신을 근원적으로 알고자 할 때, 부딪히는 문제가 곧 신의 문제이고, 이는 곧 '영원한 존재'인 것이다. 철학과 신학이 함께하고 있지만, 에디트 슈타인의 「존재의 형이상학」이라고 할 만한 책이다.

• 『인간존재(인격적 존재)에 관하여 1』 : 뮌스터의 인류학 연구소에서 연구한 결과물이다. 인간의 본성, 인간의 본성에 존재하는 초월에 대한 욕구의 문제, 인간에 관한 크리스천이 비전 등을 후설의 현상학적 방법론으로 다루고 있다. 「에디트 슈타인의 인간학」이라고 할 수 있는 책이다.

• 『성탄의 신비』 : 자신이 체험한 그리스도의 존재에 대해서 그의 탄생을 모티브로 하여 묵상하고 있다. 일반적으로 다른 신비가들이라면 이를 '육화(肉化)의 신비'라고 할 것이다. 여기서 에디트 슈타인은 인류의 죄와 고통, 그리고 죽음에 대한 의미를 크리스천의 신앙에 입각하여 설명하고, 총체적인 인간성이 지향하는 길에 대해서 말하고 있다.

• 『십자가의 학문』 : 「신에 대한 앎의 길」이라는 부제가 있는 이 책은 '십자가의 성 요한'의 저작들을 읽고 묵상한 내용을 쓴 것이다. 자신의 신비적 체험을 이해하기 위해서 십자가의 성 요한의 어두운 밤이라는 모티브를 통해서 철학적이면서 신학적으로 종합한 것이라고 할 수 있다. 에디트 슈타인의 영성에서 그녀의 신비적 체험을 기술하고 있는 지성적으로 영적으로 가장 성숙한 대표작이라고 할 만한 것이지만, 불행히도 이 책은 미완성이다.

• 『구유와 십자가』 : 1931년에서 1941년 동안에 쓴 다섯 가지의 주제를 모은 것이다. 베들레헴에서 골고다까지 그리스도의 길을 인간성의 신비라는 차원에서 반성하면서 작성된 것이다. 영성적인 저작에서 명작이라고 할 수 있다.

• 『십자가의 비밀』 : 에디트 슈타인이 1935년부터 죽음의 직전까지 쓴 단편들, 묵상글, 찬미가, 기도, 시 등을 하나로 모아 책으로 만든 것이다. 특히 피정을 하면서 묵상한 단편들과 구약의 시편을 연상

케 하는 연작 시(詩)들이 신비가로서의 에디트 슈타인의 면모를 잘 보여주고 있는 책이다. 그녀의 내밀하고 비밀스런 신비적 삶을 이해하는 데 빼놓을 수 없는 책이다.

2) 인간에 대한 의문들

에디트 슈타인이 학문적 열정을 가지기 시작하면서 가지게 된 관심사는 곧 '인간'이었다. 인간이란 무엇인가? 라는 질문은 사실 가장 오래된 철학적 주제이면서 가장 보편적이고 영원한 철학의 주제라고 할 수 있다. 어떤 의미에서 모든 인문학은 이 주제를 중심으로 혹은 목적으로 탐구될 수밖에 없을 것이다. 에디트 슈타인이 대학 초년생 때에 심리학에 관심을 가진 이유가 바로 이것이었고, 그녀가 후설의 현상학에 관심을 돌린 이유도 이것 때문이었다. 크리스티안 펠드만(Christian Feldmann)은 이를 다음과 같이 진술해 주고 있다.

> 당시에는 심리학이 상대적으로 아직 미숙한 학문이라고 말할 수 있다. 에디트는 이 심리학에서 자신이 항상 지니고 있는 질문에 대한 대답을 기대하고 있었다. 그 질문들은 '도대체 인간은 왜 탄생하였는가?', '인간의 존엄성은 어디에서 주어지는 것일까?' 하는 것들이었다. 이러한 질문들은 그녀로 하여금 인간의 영혼에 관해 관심을 가지게 하였는데, 그녀의 눈에는 영혼에 관한 주제가 이러한 문제의 한 중심에 놓여 있다고 본 것이다. 그런데 그녀가 대답을 기대하였던 자연과학은 도처에서 권태를 야기하는 메커니즘만을 제공할 뿐이었다. 에디트는 심리학에 대해 깊이 실망하였다. [......] 후설이 괴팅겐에서 출간한 『논리학 논고』를 읽게 된 에디트는 마치 자신의 물음들에 답

해 줄 선물처럼 여겼다.[540]

그런데 자연과학에 실망한 에디트 슈타인에게 후설의 무엇이 그녀를 매료시켰고, 또 답을 줄 것 같았던 것일까? 후설 현상학의 근본 모토는 "현상 그 자체를 향하여"이다. 이는 당시 유행하였던 칸트식의 관념론에 대립하는 것이라고 할 수 있다. 칸트에게 있어서 인간의 의식은 '실재' 즉 '있는 그대로의 대상'에 도달할 수는 없기 때문에 모든 앎이란 인식하는 주체의 조건에 달려 있다. 그래서 진리란 인식하는 이성의 목적에 적합하게 가장 잘 체계화 된 것을 말한다. 이 경우 인식되어진 대상은 사라지고 남는 것은 이성이 체계화 한 관념적인 것만이 남는다. 이러한 사유를 좀 더 강하게 밀어붙이면 결국 '상대주의'로 나아갈 수밖에 없다. 모든 것은 인식하는 주관의 상대적인 조건에 달려 있기 때문이다. 하지만 후설은 관념론이 배제시킨 대상 그 자체에 우리의 의식을 고정시키고 있다. 즉 후설의 강의에서 에디트 슈타인을 매료시킨 것은 "사물 자체가 우리에게 말하는 바가 무엇인지를 밝히기 위하여 '사물 자체'를 향해 가려는 의지였다."[541] 이는 말하자면 인간의 인식 작용에 독립된 확고한 세계의 실재가 있고, 이 세계는 또한 인간의 의식에 대해서 열려 있다는 것이다. 그 어떤 궤변으로도 파괴할 수 없는 이 '세계의 실재'를 파악하고자 하는 것이 에디트 슈타인이 갈망했던 것이다.

540 Christian Feldmann, *Edith Stein; Juive, athée, moniale*, éd. de Saint-Augustin, 1998, p. 17.

541 『성녀 에디트 슈타인』, 55쪽.

후설의 현상학이 궁극적으로 지향한 것은 사물의 '본질에 도달하는 것'이었다. 즉 현상의 배후에서 현상의 원인이 되는 근본적인 것 혹은 근원적인 것에 도달하고자 한 것이었다. 후설은 이를 3가지 현상학적 환원을 통해서 가능하다고 믿었다. 1932년 에디트 슈타인은 쥐비시의 「토마스 아퀴나스 철학 학회」에서 이러한 후설의 이념을 다음과 요약하였다.

> 구성되는 모든 것의 최초의 원천, 즉 최초의 자아에 이르러야만 연구가 끝나게 될 것이다. 이 최초의 자아 안에서, 이 자아를 통하여 다른 모든 자아는, 자기들 행위와 목적과 더불어 원초적으로 구성된다. 참으로 절대적인 이 자아에로, 다른 모든 것을 구성하면서 스스로는 조금도 구성되지 않는 이 자아에로, 당신 생명을 구성하시면서 살고 계시는 신께로……,[542]

하지만 이러한 에디트 슈타인의 진술은 이미 후설의 현상학을 넘어선 것이다. 왜냐하면 후설의 현상학은 결코 세계의 실재의 근원에 존재하는 신적인 존재로 나아간 적이 없기 때문이다. 사실 후설의 현상학은 환원을 통해서 근원적 실재에 도달하는 대신에 현상을 이해하는 의식의 구조만을 발견하였을 뿐이다. 에디트 슈타인이 결국 후설을 떠나게 된 것은 바로 이러한 차이에 기인한다.

3) 현상학적 방법론과 철학자로서의 소명

에디트 슈타인이 후설을 떠나 독자적인 학문의 길을 모색하였지

---

542 『성녀 에디트 슈타인』, 55쪽.

만, 그녀의 학문적 작업에서 '현상학적인 방법'은 여전히 필수적인 것이었다. 그녀는 "현상학적 방법은 계시의 과정이다. 그 계시는 우리에게 주어진 그대로의 세계, 즉 행위와 행위 전체에 대한 묘사에서 출발한다."[543]라고 말하고 있다. 이러한 태도는 진리를 추구함에 있어서 왜곡하거나 빠뜨리지 않겠다는 정신의 성실성을 함의하고 있다. 인간을 탐구하되 철저하고 총체적으로 다루어야 한다는 것이 에디트 슈타인의 지론이다. 그녀는 『공감의 문제』에서 이를 분명히 밝히고 있다.

> 우리는 이제 딜타이가 다음과 같이 정확하게 말할 수 있었음을 알 수 있다 : "인문과학에서 탐구하는 이해의 능력은 인간존재의 총체이다." 오직 스스로 인격체로서, 감각의 통일체처럼 살아가는 자만이 다른 사람들을 이해할 수 있다. [......] 자아는 체험들의 개별적인 구조이다. 이 체험의 구조에 있어서 전문적인 이해란 환상의 요소를 인정하고 있다. 하지만 이를 인정하지 않고자 하는 위협은 항상 존재한다. 만일 우리 자신을 마치 관습들의 통일체처럼 고려해 버린다면, 우리는 특수성의 감옥 안에서 우리 자신을 열거할 수밖에 없을 것이며, 타인이란 수수께끼에 불과하거나 더욱 심각하게는 우리 자신의 이미지를 통해서 타인들을 만들어 내거나 혹은 '역사적 진리'라고 말하는 것처럼 그렇게 이들을 위조해 낼 것이다.[544]

대충한다는 것, 철저하고 엄밀하게 실재의 진면모를 고찰하지 않

---

543 『성녀 에디트 슈타인』, 56쪽.

544 *Zum Problem der Einfühlung*, IV §7. b). 출처: https://fr.wikipedia.org/wiki/Discussion:Edith_Stein

고, 그 최종적인 진리에로 접근하지 않으면서, 특수한 부분적인 현상을 통해 인간을 규정한다는 것은 '인간존재'에 대한 '환영'을 만들어내는 것이다. 특히 한 개인을 이해하고자 할 때 체험된 그의 총체적인 실존을 무시하고 외부로 드러나는 피상적인 현상들을 모아 어떤 이론의 틀 속에 넣어 이해한다는 것은 가장 나쁜 일이다. 그렇기 때문에 가능한 한 신중하고 총체적으로 모든 현상들을 종합적으로 묘사하는 이러한 현상학의 이념은 변치 않는 철학적 방법론이다. 에디트 슈타인의 시선에서는 이러한 방법론에 따라 최후까지 인간을 고찰한다면 결코 부정할 수 없는 진리에 도달하게 될 것이다. 그 진리는 유한한 인간존재의 지반에 위치하고 있는 영원한 존재에 대한 발견이다. 즉 인간의 실존은 절대자의 실존에 뿌리를 내리고 있는 것이다.

> 나는 나의 존재(être) 안에서 다른 한 존재(Être)를 만난다. 이 다른 존재는 비록 나의 존재도 아니고 지속적이지 않고 불안정하지만 나의 존재의 지반이자 지지자이다. 내가 내 존재의 깊숙한 곳에서 나 자신을 만나는 그곳에서 믿음을 통하여 나는 영원한 존재(l'Être éternel)를 긍정할 수가 있는 것이다.[545]

성 아우구스티누스가 '나의 내면에 존재하는 하느님'에 대해서 고백한 이후로 대부분의 신비가들이 이러한 내면에 존재하는 하느님의 현존을 추구하고 발견하였다. 성녀 시에나의 가타리나, 쟌느-귀용,

545 Edith Stein, *L'Être fini et l'Être éternel, essai d'une atteinte du sens de l'être*, éd. de Nauwelaerts, 1972, p. 64.

삼위일체의 엘리사벳 등 모두가 하나같이 하느님을 만나나기 위해 자신의 내면 깊숙이 내려갔고 그곳에서 하느님의 현존과 마주하였다. 하지만 신비가들이 만난 하느님의 현존은 지극히 개별적인 실전적 삶의 결실이었다. 누구도 이러한 내면적인 삶을 실제로 경험하지 않고서는 이러한 우리 내면에 존재하는 하느님의 현존에 대해서 실제적인 의미로서 공감할 수가 없다. 하지만 에디트 슈타인은 인간의 내면에 존재하는 신적 현존에 대한 긍정을 철학적인 탐구의 결과물로 제시하고 있다. 그녀는 체험된 초자연적인 것을 어떻게 보편적인 이성에 이해될 수 있도록 제시할 수 있는가를 고민하였고, 이를 자신의 고유한 언어로 해결하고자 하였다. 이는 그녀만의 고유한 사명이고 철학자로서의 사명이었다. 그래서 비록 관상수도자의 옷을 입고 있었지만 그녀는 여전히 철학자로서 남아 있었다고 할 수 있다. 신비가이자 동시에 철학자로서 마지막까지 남아 있을 수 있다는 것, 여기에 아무도 흉내낼 수 없는 그녀만의 독특한 고유성이 있는 것이다.

4) 인간성 그 깊은 곳의 신비

자신의 철학적 탐구의 출발점이 '인간에 대한 의문'이었던 것과 마찬가지고 에디트 슈타인은 마지막까지 인간에 대한 사랑, 인간성에 대한 연민을 지닌 진정한 휴머니스트였다. 에디트 슈타인에게 크리스천들이 사랑해야 할 이웃이란 말 그대로 '인간' 그 자체였고, 여기서 제외되는 대상은 아무도 없다. 말 그대로 보편적이고 무조건적인 사랑이 곧 그녀가 본 그리스도의 사랑이었기 때문이다. 그녀는 『구유와 십자가』에서 이를 다음과 같이 말하고 있다.

크리스천에게 있어서 이방인이란 있을 수 없다. 이웃은 항상 우리들 앞에 서 있는 그 사람이며, 우리를 가장 필요로 하는 그 사람이다. 그 사람이 가족이건 아니건, 공감을 가지든 아니든, 우리들의 도움을 받을 만한 도덕적인 사람이든 아니든, 그리스도의 사랑에는 한계가 없다. 그는 추한 사람이거나 더러운 사람이거나 불평하지 않았고 사랑하기를 멈추지 않았다.[546]

이러한 크리스천의 사랑은 단지 나의 의로운 정신이나 덕의 결과에 의한 '자비심' 때문이 아니다. 이는 인간 그 자체에 대한 그녀의 깊은 통찰과 인간성 그 자체에 대한 확신과 믿음 때문이다. 빠지의 마리아 마달레나가 '신을 보지 않고 인간을 알 수 없고, 인간을 보지 않고는 신을 알 수 없다'고 생각하였듯이 에디트 슈타인 또한 모든 인간은 본성적으로 신의 모습을 간직하고 있다고 본 것이다. 그녀에게 있어서 진리를 추구하는 모든 인간은 비록 그가 의식하지 못하더라도 신을 찾고 있는 사람들이다. "하느님의 자비가 눈에 보이는 교회의 울타리 안에 국한된다는 이러한 생각은 항상 나에게 이상하게 보였다. 하느님은 진리이시다. 따라서 진리를 추구하는 사람은 누구나, 그가 의식하든 않든 하느님을 추구하는 사람이다."[547] 이러한 에디트의 사유는 '익명의 크리스천'이라는 신학자 칼-라너의 말을 떠올리게 한다. 그리고 왜 그녀가 가톨릭으로 개종하기 이전의 자신에게 있어서 유일한 기도가 '진리를 추구한 것'이었다고 말하고 있는지 알 수 있게 한다. 가령 하느님의 존재를 전혀 믿지 못하는 누군가가 제단

546 Edith Stein, *La Crèche et la Croix*, éd. Ad Solem, 2007, p. 27.

547 Edith Stein, *la puissance de la Croix*, éd de Nouvelle Cité, Paris, 1982, p. 50.

앞에 꿇어, "하느님 진정 당신이 계신다면, 저에게 당신을 느낄 수 있도록 해주소서!"라고 외치고 있다면, 이는 기도가 될 수 없을까? 만일 이 사람이 제단 앞이 아닌, 자신의 방이나 사무실에서 그렇게 외쳤다면 기도가 아닐까? 만일 이 사람이 사물실의 다른 사람들의 시선을 의식하여 마음속으로만 그렇게 외쳤다면 기도가 아닐까?

인간은 신의 모상으로 창조되었다는 그 사실 때문에, 창조된 순간부터 누구나 '하느님을 그리워하고 추구하게' 되어 있다. 다만 그리워하고 추구하는 방법에 있어서 사람마다 다를 뿐이며, 이를 분명히 의식하거나 않거나 하는 것에서 개인마다 차이가 있을 뿐이다. 그렇기 때문에 에디트 슈타인은 인류의 길 자체가 그리스도에서 출발하여 그리스도에 도달하게끔, 그렇게 질서 지워져 있다고 본 것이다. "인류의 길은 그리스도로부터 출발하여 그리스도에게 도달한다. [......] 자연적인 모든 인간존재가 근원적으로 지향하는 최종 목적의 실현은 개별적인 자유로운 선물 안에서 신성한 삶에 참여하면서 이루어진다."[548] 에디트에게 있어서 자신의 세상에 대한 사랑이란 이러한 진리를 알지 못하는 사람에게 이를 깨닫게 해 주는 것이었다. 그래서 그녀는 한 벗에게 보낸 편지에서 "누군가 보다 더 심오하게 하느님 안에 들어갈수록 그는 또한 세상으로 더욱 깊이 나아간다. 즉 신성한 삶을 거기에 가져가는 것이다."[549]라고 적었던 것이다. 진리를 깨달은 사람, 하느님의 사랑을 깨달은 사람이 이웃을 위해서 할 수

548 *Être fini, être éternel*, p. 157.

549 1930년 3월 28일, A. Jaegerschmid에게 보낸 편지 중에서

있는 최상의 것은 오직 이웃도 이를 깨닫게 하는 것이다. 이외 일체의 외적인 행동들은 이를 위한 방편이나 수단에 지나지 않는다. 이는 마치 진정한 음악가의 제자에 대한 최고의 사랑이 제자로 하여금 진정한 음악가게 되도록 하는 것뿐인 것과 마찬가지다.

에디트는 자신이 깨달은 인간성의 심오함, 그 신비를 모든 사람들이 깨닫기를 바랐다. 이는 왜 그녀가 자신과 자기 민족을 죽이고자 하는 어둠의 폭행 앞에서 자신을 '속죄자'로 바쳤는가를 이해하게 하는 이유이다. 무신론자들은 인간이 신을 닮았다고 하는 이 단순한 진리를 결코 인정할 수가 없다. 이 불신의 근원은 사실 그들의 무신론에 있는 것이 아니다. 그것은 부정할 수 없이 체험하고 있는 인간성의 비참함 때문이다. 인간의 추잡하고 어두운 면들을 매일 같이 너무나 생생하게 보고 느끼기 때문에 이러한 이들이 신을 닮았다는 것을 결코 인정할 수가 없는 것이다. 하지만 이들은 어둠과 빛은 항상 상호적이라는 사실을 알지 못한다. 보다 악이 커진다는 것은, 보다 선이 파괴된다는 그 사실에서 성립한다는 것을 알지 못하고 있는 것이다. 인간성이 보여주는 극도의 잔악함은 곧 그만큼 인간성이 가졌던 선을 파괴하고 있다는 것을 의미한다. 지극한 선도, 지극한 악도 될 수 있는 이 인간성의 신비는 결코 인간의 지성이 다 이해할 수 없는 신비이다. 그래서 '인간이 신을 닮았다'는 이 단순한 진리는 변함이 없는 것이다.

5) 인간의 자유와 신의 은총

지상에서의 마지막 삶에서 에디트 슈타인은 이루 말할 수 없는 인간성의 비극을 겪었고, 이로 인해 자신이 사랑했던 유대민족과 자신의 일가족 전부가 비참하게 죽어가는 모습을 보아야 했다. 에디트 슈타인은 이러한 비극을 유발한 원인이 되는 '인간의 자유'와 '신의 섭리'에 대해서 깊이 고민하지 않을 수 없었다.

> 에디트는 인간존재의 구조에 관하여 다음과 같이 말하고 있다. "만일 인간이 자유롭게 이를 수용하고자 하는 의지가 없다면, 신의 은총은 영혼 안에 자리를 차지할 수가 없다." 이러한 무거운 진실의 의미는 원리적으로 인간은 자유의지로서 구원을 거부할 수가 있다는 것을 말한다. 그래서 에디트는 곧바로 다음과 같이 부언하고 있다. "하지만 그렇다고 해서 이러한 진리가 신의 은총에 한계가 있다는 것을 의미하지는 않는다. [......] 신의 자유는 인간의 자유를 무시하거나 제거하지 않는다. 어떤 의미에서 신의 자유는 인간의 자유의지를 사용한다고 볼 수 있다. 인간의 영혼에 있어서의 은총의 선물은 신성한 사랑의 자유로운 행위 때문이다. 이러한 선물에 있어서 한계가 있을 수 없다."[550]

전통적으로 늘 주어져 왔던 '자유와 은총'의 문제 제기는 에디트 슈타인에게 있어서 별반 다르지 않다. 은총은 분명 인간의 자유의지를 전제로 한다. 그런데 만일 인간의 자유의지가 절대적인 것이라면 구원의 역사란 신의 자비나 은총에 무게가 있지 않고 인간 편에 있게 되어 버린다. 이는 신의 무한한 사랑이나 자비를 무의미하게 만들면서 모순이 되어 버린다. 인간의 자유를 절대화 하면 신은 무능한 존재로 전락할 것이고, 신의 절대성을 강조하면 신은 전제군주처럼 되

550 *Edith Stein; Juive, athée, moniale*, p. 42.

어 버린다. 그래서 에디트는 신이 인간의 자유의지를 사용한다는 표현을 쓰고 있다. 다시 말하면 마치 선한 어머니가 어린이를 강제하지 않고 스스로 올바른 것을 선택하도록 상황을 고안하는 것처럼 그렇게 인간의 자유의지와 신의 사랑이 서로 게임을 벌이고, 사랑의 싸움을 하는 것과 같은 것으로 이해하는 것이다. 그리고 이러한 과정에서 신의 능력은 무한한 것이다. 그리하여 인간의 진정한 자유는 곧 신의 은총, 즉 신성한 섭리와 뜻을 자유롭게 선택하는 것에서 주어지는 것이다. 아마도 인간의 자유와 신의 은총에 대한 이보다 더 나은 이성적인 해명은 없을 것이다. 그래서 에디트 슈타인은 '세상의 자녀들의 자유'와 '신의 자녀들의 자유'라는 자유에 대한 두 가지 다른 개념을 정립하게 된다.

> 세상의 자녀들은 자유를 다음과 같이 정의하고 있다: 자유란 타인의 의지에 결코 복종하지 않는다는 것과 욕망의 추구와 지향성에 있어서 그 어떤 사람의 방해도 받지 않는다는 사태를 말하는 것이다. 이러한 자유에 대한 망상으로 인해 이들은 그들의 삶과 선을 파괴하는 피를 부르는 경쟁에 몰입하는 것이다. 하지만 신의 자녀들은 '자유'라는 용어를 통해 완전히 다른 것을 이해하고 있다: 중단 없이 신의 정신과 의지를 따르는 것이다. 이들은 자유를 방해하는 가장 큰 장애물들은 외적인 것이 아니라, 그들 자신의 내부에 있다는 것을 잘 알고 있다. 이성과 의지가 한 인간으로 하여금 그 자신의 유일한 스승이 되도록 내밀 때, 그는 자신이 얼마나 자신의 자유를 남용하고 자신의 자연적 욕망들의 노예가 되어 있는지 알지를 못하고 있는 것이다.[551]

551 *La Crèche et la Croix*, pp. 49–50.

이러한 에디트 슈타인의 두 개념은 성 아우구스티누스가 『신국론』에서 "자신을 사랑하여 신마저 미워하는 나라와 신을 사랑하여 자기 자신마저 미워하는 나라"라고 말하며 정립한 두 나라와 거의 유사한 것이다. 사르트르가 "인간은 자유이다"라고 선언하였을 때, 그는 이 '자유'라는 말을 통해서 일종의 절대적인 자유를 염두에 두고 있다. 그래서 자유를 가진 인간에게 있어서 한계란 있을 수 없다고 보았다. 하지만 이러한 생각은 잘못된 것이다. 왜냐하면 유한한 인간에게 있어서는 자유 역시도 유한하기 때문이다. 단적인 예로 악한 행위 앞에서 양심의 가책을 느끼고 갈등하거나, 큰 선행을 앞두고 망설이는 것은 모두 인간의 자유가 제한적이라는 것을 말해 주고 있다. 유한한 존재는 유한한 자유를, 무한한 존재는 무한한 자유를 지닌다. 상대적인 존재는 상대적 자유를 절대적인 존재는 절대적 자유를 가진다. 그렇기 때문에 인간이 자신의 자유의지를 행사함에 있어서 결코 신의 음성을 듣지 않고자 하는 그 순간에 인간은 스스로 절대자가 되고자 하는 오류에 빠진다. 이는 분명 자유의 남용이고 욕망의 노예가 된 것이다.

이러한 인간의 자유에 대한 에디트 슈타인의 사유는 십자가를 선택하는 인간의 자유에 대한 사유로 옮아간다. 그녀에게 있어서 세상의 죄악에 맞서 십자가를 스스로 선택하는 의로운 영혼들의 행위보다 더 명백한 신의 은총의 징표는 어디에도 없다. 그녀는 이를 『구유와 십자가』에서 다음과 같이 설명하고 있다.

> 순결한 영혼들은 죄인들에 대해서 어떠한 경멸의 감정도 가지지

> 않는다. 그들의 초자연적인 순수성의 힘은 그 어떠한 수치심도 두려워하지 않는다. 그리스도의 사랑이 그들을 가장 어두운 밤으로 내려가게 한다. 이 지상의 그 어떤 어머니의 기쁨도 죄악의 밤에 솟아오르는, 오를 수 있는 은총의 빛에 대한 영혼의 기쁨에 비할 바가 못 된다. 십자가는 바로 여기로 인도하는 길이다. 성모마리아가 은총의 어머니가 된 것은 바로 십자가 아래에서였다.[552]

평범한 신앙인들이 자주 오류에 빠지는 것은 그들이 하느님의 섭리를 무시하거나 자유의지를 잘못 사용하고 있기 때문이 아니다. 문제는 이들이 은총을 통해 자비와 선을 실천하고도 그 이후에 일어나는 자신의 내면의 문제를 해결하지 못하고 있기 때문이다. 세상에서 범해지고 있는 인간들의 추악한 모습들—거짓, 위선, 무고, 탐욕, 시기, 질투, 불의 등—을 보면서 분개하고, 이로 인해 자신의 처지가 십자가에 달리게 되는 것 같은 상황을 참을 수가 없는 것이다. 그렇기 때문에 더 이상 은총의 삶을 따르지 못하고, 마치 늘여 놓은 고무줄이 다시 제자리로 돌아가는 것처럼 그렇게 세속적인 사람들과 유사하게 되어 버리는 것이다. 이 경우 대개가 "나도 살아야 한다"거나 "나만이 억울하게 당할 수 없다"라며 정당성을 찾게 된다. 하지만 진정으로 하느님의 은총을 수용한 사람은 이와는 다르다. 이들은 스스로 십자가를 선택한다는 이 행위의 의미, 혹은 십자가를 지는 데서 가지게 되는 기쁨을 알고 있는 사람들이다. 스스로 십자가를 선택할 수 있다는 이 행위가 곧 은총의 결과이며, 가장 깊은 어둠 속에서 하느님의

552 *La Crèche et la Croix*, p. 90.

은총의 빛이 솟아나는 것을 체험하는 순간이기에 겉으로 보기엔 '나만이 죽는 것' 같고, '나만이 억울한 것' 같지만, 오히려 이러한 상황 속에서 이를 기쁘게 수용하는 자신의 영혼의 순수성과 하느님의 은총을 보면서 기뻐하고 행복해 할 수 있는 것이다.

물론 은총의 의미가 오직 십자가를 지는 것만을 의미하지 않는다. 무수한 종류의 은총이 있을 것이다. 하지만 에디트 슈타인에게 있어서 –인간의 본성이 이기적이고, 자기중심적이라는 이유 때문에– 스스로 기쁘게 십자가를 선택하는 행위보다 더 큰 은총의 징표는 없는 것이다. 십자가를 기쁘게 질 수 있다는 것은 세상 그 무엇보다 신의 현존과 일치하고 있는 자기 영혼의 초자연적인 순수성에 더 의미를 두고 있다는 것을 말하며, 이러한 영혼은 모든 인간이 궁극적으로 지향하는 그 목적지에 누구보다 가까이 접근해 간 영혼인 것이다.

6) 십자가의 고통과 속죄자로서의 순교

에디트 슈타인이 유대교에서 가톨릭으로 개종한 이유는 바로 십자가의 신비를 알았기 때문이다. 그리고 이를 알고 난 뒤 그녀의 모든 저작들의 제목에는 '십자가의 학문', '십자가의 능력', '십자가의 신비', '십자가의 비밀' 등 '십자가'라는 용어를 가지게 된다. '십자가'는 분명 그녀의 후기 사상을 대표하는 상징적인 용어이다. 그리고 이 용어에는 인간성의 깊은 비밀과 진리에 대해서 밝혀 주는 최종적인 단서가 숨어 있다. 다시 말해서 십자가의 신비를 알지 못하고서는 인간에 대해서 제대로 알 수가 없고, 그리스도교의 정수도 알 수가 없는 것이다.

십자가가 상징하는 것은 겸손과 고통, 그리고 사랑과 구원이다. 에디트 슈타인이 그리스도의 십자가에서 본 것은 우선 '에고'로부터의 그리스도의 완전한 헐벗음, 즉 '無가 되기'이다. "가난하고, 무화되고 십자가에 못 박히며, 하늘의 아버지에게서마저 버림받은 그리스도는 모든 것으로부터 헐벗었고, 자아의 모든 잔여물로부터 이탈하였고, 가장 내밀한 그의 존재 안에서 굴욕을 당하였다."[553] 이러한 '무가 되어 버리기'는 대다수의 신비가들이 추구한 것이며, 특히 십자가의 어두운 밤의 이미지로 상징화된 것이다. 그런데 에디트 슈타인의 시선에는 히틀러의 유대민족의 학살은 곧 하느님이 허락한 유대민족의 십자가였으며, 이는 또한 그리스도의 십자가 그것이었다. "하느님의 백성의 운명이 이미 시작되었다는 말을 들었습니다. 나는 이것이 그리스도의 십자가라는 것을 이해하는 사람들은 모든 이들의 이름으로 이들을 위해 힘써야 한다고 생각했습니다."[554] 그리고 그녀는 이러한 히틀러의 광기를 적-그리스도로 보았고, 이들과의 싸움은 곧 십자가를 지는 것이라고 생각하였다. "그리스도와 반-그리스도 사이의 투쟁은 아직 끝나지 않았습니다. 이 싸움에서 그리스도를 뒤따르는 사람들은 그 역할을 유지해야 합니다. 이들의 주요 무기는 십자가입니다."[555] 이러한 그녀의 생각은 단지 이성적인 사변으로 주어진 것이 아니다. 자신의 민족에게 드리워진 무거운 십자가를 함께 지면서 가

553 Edith Stein, *La Science de la Croix, Passion d'amour de saint Jean de la Croix*, éd. Cerf, 1998, p. 290.

554 *La Crèche et la Croix*, p. 70.

555 *La Crèche et la Croix*, p. 37.

지게 된 깨달음이었다. 그녀가 게쉬타포에게 체포되어 수용소에 감금되었을 때, 그녀가 원장 수녀에게 보낸 편지글 속의 감동적인 말, "참으로 십자가의 무게로 고통당하기 시작할 때만이 십자가의 학문을 얻을 수 있다."는 이 숭고한 말이 바로 그것을 증명해 주고 있다.

십자가는 고통을 상징한다. 하지만 이 고통은 그리스도가 인류의 죄를 속죄하기 위해서 기꺼이 지고 간 사랑의 극치이자 유일한 구원의 길이었다. 그리고 이러한 그리스도의 정신과 동일한 정신을 가지지 않고서는 결코 진정한 십자가를 질 수가 없다. 중세기의 은수자들은 고행을 수련의 방법으로 택하였다. 여기에는 고통을 적극적으로 수용한다는 의미가 내포되어 있다. 에디트 슈타인은 고통을 추구하는 두 가지 다른 사태에 대해서 구분하면서 십자가의 고통이 무엇인가를 설명하고 있다.

> 고통(douleur)에 대한 쾌락으로 고통(souffrance)을 추구하는 것과 속죄를 위해 요청된 고통은 완전히 다른 것이다. 전자는 단지 감각적인 즐거움을 추구하는 것으로, 자연적인 것에 반한다는 의미에서 감각적인 즐거움 중에서도 가장 나쁜 것이다. 반면 후자는 속죄와 정화의 의미로서의 고통에 대한 요청이며 영성적인 의미를 담고 있다. 이러한 의미에서 고통을 기꺼이 껴안는 행위는 영적인 눈이 열려 세계 안에 일어나고 있는 제 사건들 사이의 초자연적인 연계를 이해하는 사람에게서만 발생할 수 있다. 이러한 사람은 그리스도의 정신 안에서 사는 사람이 아니고서는 불가능하다.[556]

556 *La Crèche et la Croix*, p. 59.

십자가는 에디트 슈타인에게 하느님의 부르심이며, 사랑이며, 가장 순수한 성성의 길이었다. 인류의 악이 너무나 커서 도저히 신의 자비를 기대할 수 없을 것 같은 순간에도, 이와 비례하여 큰 사랑이 동시에 행해진다면 신은 인류에게 희망을 버리지 않을 것이다. 바로 그 사랑이 십자가를 자유롭게 지고자 한 에디트 슈타인의 성성의 발로였다. 역사상 누구도 이렇게 십자가 위의 그리스도에게 일치하고자 한 사람은 없었다. 가장 절망적인 순간에 가장 위대한 사랑의 빛을 발하게 한 신의 놀라운 섭리가 에디트 슈타인이라는 한 가난한 영혼을 통해 이루어진 것이다.

3. 에디트 슈타인의 정신과 현대 철학의 비전

에디트 슈타인은 신비가이자 철학자이기 때문에 그녀의 정신이 함의하고 있는 철학적 의의를 다시 말한다는 것은 무의미하기도 하다. 그럼에도 우리는 그녀의 정신에서 나타나는 철학적 관심사들에 대해 몇 가지 반성을 시도해 볼 수 있다. 즉 에디트 슈타인의 철학이 오늘날의 철학자들, 특히 그리스도교의 철학자들에게 던지는 빛이 무엇인가를 질문해 볼 수 있는 것이다.

에디트의 정신 안에는 현대 철학자 후설이 창시한 '현상학의 정신'이 자리를 잡고 있다. 이를 통해서 그녀는 피상적으로 볼 때는 불가능한 것 같은 토마스 아퀴나스의 철학과 후설의 철학을 종합하려고 시도하였다. 교회의 위대한 사상가와 그 시대의 철학과 대화할 수 있는 방법을 모색한 것이다. 이러한 시도는 곧 현상학적인 정신 때문에 가능한 것이다. 자기 시대의 철학적인 운동들과 교회의 전통이 가진 사유들 모두가 진리를 추구하는 인간정신의 한 현상들이기 때문이다. 이 둘 모두에 성실하면서 이를 통합적으로 생각하고자 한 주목할 만한 모범을 보여준 것이다.

마찬가지로 그녀는 '인간이 무엇인가'에 대한 질문에 대해서 항상 통합적으로 생각하였다. 교회의 전통적인 사유들을 항상 우리 시대의 분위기와 방법론을 통해서 다시 사유하고자 한 것이다. 하이데거가 1927년 『존재와 시간』을 출간하여 당시의 실존주의 철학과 존재론에 획을 긋는 업적을 낳았고, 세상은 그의 사상에 열광하였다. 하지만 에디트는 여기서 '니힐리스트'의 경향성을 통찰하였다. 왜냐하면 그의 존재의 의미 안에는 무한하고 신성한 것을 추구하는 인간의 심오하고도 본성적인 갈망이 제거되어 있었기 때문이었다. 그리하여 그녀는 자신의 인간에 대한 추구를 '존재로 향한 사유'에서 답을 구하기 시작하였다. 그 결과 나온 책이 『유한한 존재와 무한한 존재』였다. 에디트의 목적은 이성 안에 믿음을 기초하고자 한 것이 아니다. 다만 인간의 인격 안에는 씨앗의 형태로 영원성의 지평이 있다는 것을 증명하고자 한 것이다. 시대의 분위기가 아무리 바뀌고 세상이 아무리 변화하여도 결코 변하지 않는 것이 있다. 그것은 이러한 시대의 분위기와 세상의 변화를 야기한 인간 본성은 변하지 않을 것이며, 이 심오한 인간 본성의 깊은 곳에는 변치 않게 그 근원이자 지반으로 있는 신의 현존이다. 에디트 슈타인은 이를 밝히고자 하였고, 또 삶으로서 이를 증언하였다. 인간과 신의 이 피할 수 없는 관계성은 무수한 모습으로 나타나고 또 증거 될 수 있다. 이는 '영원의 철학(*Philosopia Perrenis*)'이 가진 영원한 주제일 것이다. 모든 그리스도교 철학의 근본적인 목적은 이를 밝히고 증언하는 것이라고 한다면, 에디트 슈타인은 그 중 가장 모범적인 철학자였다고 할 수 있을 것이다.

4장

시몬느 베이유(Simone Weil)

4장

시몬느 베이유 (Simone Weil)

1. 생애와 인물[557]

시몬느 베이유는 '에디트 슈타인'과 함께 사람들이 여성 철학자로 인정하고 있는 유일한 인물이다. 매우 사회적이고 정치적인 인물이기도 한 이 여성은 자신의 모든 철학적 탐구들을 영성적인 것에 뿌리를 내리고 추구하였기 때문에, 철학자의 모습 이면에 숨겨져 있는 신비가로서의 그녀의 모습은 그녀를 제대로 이해하기 위해서는 결코 외면할 수 없는 본질적인 면모이다. 고등학교 교사에서, 공장의 노동자로, 스페인 전쟁의 참전용사로, 마르크스주의자에서 가톨릭신자로, 정치적 비평가로 그리고 철학자로, 무엇보다 신비가로 살다간

557 여기 제시되는 구체적인 지명, 인명, 날짜 등은 다음의 3가지 서적에서 참조하였다. 전집인 *Œuvres de Simone Weil*, Éditions quarto Gallimard, 1999 & E. Piccard, *Simone Weil. Essai biographique et critique*, PUF, 1960 & 시몬느 베이유, 『중력과 은총 – 불꽃의 여자 시몬느 베이유의 사색 1』, 윤진 옮김, 사회평론, 1999.

시몬느 베이유는 분명 예외적인 여성이었고, 아무도 흉내낼 수 없는 '유일한 한 인격의 신비'를 보여준 여성이었다.

1909년 파리의 한 유대인 가정에서 태어난 베이유는 자신보다 3살 많은 오빠가 있는데, 그는 수학자 앙드레 베이유(André Weil)이다. 그녀의 아버지 베르나르 베이유(Bernard Weil)의 직업이 군의관이었기 때문에, 어린 베이유는 아버지를 따라 뇌프샤토, 망통, 마이엔느, 알제리, 샤르트르 그리고 라발 등 여러 도시에서 살게 되었다. 어머니 살로메 라인헤르츠는 유대교 전통의 집안이 아닌 것으로 알려져 있다. 베이유는 1919년에 라발(Laval)에서 라발 여자고등학교인 리세 페넬롱(Lycée)[558]에 다니기 시작하였지만, 1924~1925년까지 파리의 빅토르-뒤루(Victor-Duruy) 고등학교로 전학하여 여기서 철학자 흐네 르 센느(René Le Senne)의 강의를 즐겨 들었다. 1925년에는 앙리4세 고등학교에 입학하였는데, 여기서 3년 동안 철학자 알렝(Alain)의 지도를 받게 된다. 베이유는 같은 알렝의 제자로서 자신보다 한 해 선배인 시몬느 드 보부와르(Simone de Beauvoir)와 매우 친하게 되는데, 후일 프랑스의 유명한 문호이자, 철학자인 사르트르의 절친이기도 했던 보부아르는 베이유의 젊은 시절의 삶을 증언하는 매우 중요한 인물이기도 하다. 그녀는 『단정한 젊은 소녀에 대한 기억들(Mémoires d'une jeune fille rangée)』이란 책을 통해 젊은 베이유의 인물됨에 대해 말해 주고 있는데, 그 중 한 구절을 소개하면 다음과 같다.

558 리세(Lycée)는 우리나라의 '고등학교'에 해당함으로 '고등학교'로 번역하였음.

> 베이유는 그녀의 지성적인 명성과 그녀의 이상한 행동으로 인해 나의 호기심을 자극하였습니다. 당시 중국에서 큰 기근이 일어 중국 전역을 황폐하게 하였다는 소식이 들려왔는데, 이 소식을 접한 베이유는 눈물을 하염없이 흘렸습니다. 그녀의 눈물은 그녀의 철학보다도 훨씬 더 그녀에 대한 나의 존경을 유발하였습니다.[559]

베이유는 소녀시절부터 세상의 불행에 대해 매우 민감하였고 민족과 국경을 초월하는 보편적인 인간애가 천성처럼 주어져 있었던 것이다. 고등학교를 졸업한 베이유는 1928년에 프랑스의 영재학교라고 불리는 에꼴 노르말 슈페리외르(l'École normale supérieure)에 입학하였고, 여기서 철학을 전공하였으며 1931년에는 철학교사 자격증(l'agrégation)을 획득하였다. 이후 파리 근교의 지방도시에서 여러 고등학교를 거치며 교사생활을 하게 된다.

성인이 된 시몬느 베이유는 사회정의에 매우 관심이 많았고, 자신이 한 번 옳다고 결정한 것은 결코 양보하거나 타협하지 않는 자기 신념이 확고한 주체적인 특성을 나타내 보였다. 이러한 그녀의 성격은 1931년에 베이유는 쀠이(Puy)에서 실업과 낮은 임금에 맞서 투쟁하고 있는 노동조합원들 만났을 때, 주저함 없이 그들에 동참하게 하였다. 그녀는 이들과 함께 하기 위해 노조원이 되었고, 노조교사로서의 사명을 다하기 위해서 노동조합들의 연합을 주장하는 글을 「자유학교(L'École émancipée)」와 「프롤레타리아 해방(La Révolution prolétarienne))」에 발표하였다. 그리고 1932년부터 베이유는 니콜라

559 Simone de Beauvoir, *Mémoires d'une jeune fille rangée*, Paris, Gallimard, 2008. 재인용: https://fr.wikipedia.org/wiki/Simone_Weil

스 라자레비치(Nicolas Lazarévitch)의 중재로 알게 된 보리스 수바린(Boris Souvarine)의 「민주공산주의 서클」에서 활동하게 되는데, 이 그룹은 '반-스탈린 공상주의'를 지향하였다. 시몬느 베이유가 공산주의에 관심을 가진 것은 마르크스의 이론에 매력을 느낀 때문이었고, 이 때부터 이미 그녀는 민족과 국가를 초월한 인류 공동체라는 이상주의적 정치성향을 가지게 되었다. 1932년에 독일에서 나치즘이 유행하기 시작하자, 베이유는 나치당이 힘을 가지게 된 이유를 알기 위해서 몇 주 동안 독일에 머물기도 하였다. 파리로 돌아온 베이유는 독일의 나치당과 관련하여 미래의 위험을 알리는 여러 편의 글을 발표하였다. 1933년에는 소련에서 추방된 레프 트로츠키와도 긴밀한 친분을 가지고 사회주의 이념에 대해 논쟁을 하기도 하였다.

1934~1935년 사이에 베이유는 노동자들의 현실을 이해하기 위해서 교사생활을 잠시 그만두고 공장의 노동자로 일하였다. 시몬느는 알스톰(chez Alsthom) 전자회사, JJ 가르토(JJ Carnaud) 철강회사, 포르제 드 바스-엥드르(Forges de Basse-Indre) 철강회사, 르노(Renault) 자동차회사 등에서 일하였다. 베이유는 당시의 노동의 경험을 노트에 메모해 두었는데, 이는 후일 그녀로 하여금 『노동자들의 조건』이란 책을 쓰게 하였다. 1935년에 베이유는 건강히 매우 나빠졌고, 공장에서의 노동을 멈추어야 했는데, 당시 공장 근로자의 열악한 삶으로 얻은 두통은 그녀를 평생 동안 괴롭혔다. 시몬느는 다시 부르쥬(Bourges)의 여자고등학교에서 교사생활을 시작하였는데, 월급의 반 이상을 어렵게 생활하는 노동자들을 위해 제공하였다. 피카르는 당시의 시몬느에 대해 "그녀는 뿌이의 실업자들처럼 하루에 5프

랑으로 살아가기로 결심하였고 자신의 급여의 나머지 모두를 학급의 어려운 학생들과 노동자들을 위해 희생하였다."[560]라고 회상하였다. 1936년 베이유는 파업에 동참하였고, 국가 간의 평화협정에도 매우 열정적으로 참여하였다. 조르쥬 우르뎅은 시몬느를 다음과 같이 평하고 있다.

> 그녀는 아주 특이한 교사였다. 단순히 지식을 전달하는 것이 아니라, 자기가 가르치는 것에 대한 투철한 믿음을 가지고 있었던 것이다. 그때쯤, 베이유는 이미 타인에 대한 사랑이라는 소명으로 고통겪기 시작한다. 타인의 비참함을 함께 나누어야만 했고, 그렇게 해서 베이유는 짧은 인생 내내 불행의 동반자가 된다.[561]

1936년 8월에 스페인에서 군사 쿠데타가 일어나고, 젊은이들을 참수하는 소식을 접한 베이유는 스페인 내전에도 참전하게 되지만, 얼마 지나지 않아 발에 큰 화상을 입고 다시 프랑스로 돌아오게 된다. 이후 그녀는 프랑스와 독일이 합작하고 있는 정치-경제 잡지인 「새로운 노트들(Nouveaux cahiers)」의 출간에 협력하게 된다.

1937년 이탈리아 여행을 하면서 베이유는 가톨릭 종교와 접하게 된다. 레오나르도 다빈치의 최후의 만찬과 아시시의 성당의 모자이크 등은 그녀에게 종교적 영감을 불어넣었다. 1938년부터 시몬느 베이유는 조금씩 크리스천이즘을 비판하기 시작하는데, 역설적이게도 이 당시는 시몬느가 처음으로 신비적인 체험을 한 때이다. 베이유는

560 *Simone Weil*, Essai biographique et critique, pp. 16–17.

561 『중력과 은총 – 불꽃의 여자 시몬느 베이유의 사색 1』, p. 7.

자신의 체험들에 대한 이해와 가톨릭 신앙에 대해 알고자 사제들과 수도자들을 만나기 시작하였다. 도미니크회의 수도사제인 요셉-마리 빼렝(Joseph-Marie Perrin) 신부를 만나게 된 것도 이때인데, 빼렝 신부는 베이유가 종교와 신앙에 대해 이해하는데 매우 중요한 역할을 하게 된다. 하지만 그녀는 빼렝 신부의 권유에도 불구하고 가톨릭 신자가 되지는 않았다. 이미 자신만의 영성적인 삶을 시작하였지만, 특정한 종교의 체계 안으로 들어갈 수 없었던 것은 그녀의 타고난 자유로운 성향과 철학적 신념 때문이었다. 이에 대해 죠르주 우르뎅은 다음과 같이 증언하고 있다.

> 베이유는 정식으로 가톨릭 신자가 될 마음은 있었지만, 결국 세례를 받지 않는다. [......] 그 어느 것도, 아무 것도 배신할 수 없었기 때문이다. 교회가 감싸안지 않으려 하는 현실과 함께하기를 선택함으로써, 베이유는 교회 밖의 기독교인으로서 가난한자, 모욕 받는 자, 신을 부정하는 자들까지를 감싸안으려 했다. [......] 그녀는 그것을 말하고 글로 쓰면서 누군가가 지켜 나가야 하는 그 자리의 중요성을 증거 했다.[562]

빼렝 신부는 시몬느 베이유가 임종하기 직전에 세례를 받았다고 말한 바 있지만, 그 진위를 확인할 수는 없다. 하지만 베이유의 정신과 삶을 고려하면 그녀가 정식적으로 가톨릭에 귀의하였는가 아닌가 하는 것은 크게 중요한 것이 아니다. 왜냐하면 그녀에게 있어서 중요한 것은 '진실'과 '진리'이지, 이를 감싸고 있는 외관은 크게 중요한 것

562 『시몬느 베이유의 사색 1, 중력과 은총』, p. 8.

이 아니기 때문이다. 시몬느 베이유는 종교와 영성적인 삶에 관련된 자신의 내적인 삶에 대해서는 매우 비밀스러웠고 누구에게도 모든 것을 털어놓지 않았다. 그녀의 벗들이 그녀의 영성적인 삶의 깊이를 발견하게 된 것은 그녀가 죽은 이후였다. 사후에 출간된 『신의 사랑과 불행』, 『영적인 자서전』, 『어느 수도자에게 보낸 편지』, 『뿌리내리기』, 『중력과 은총』, 『신을 기다림』, 『초자연적인 앎』 등은 모두 그녀의 영성적인 특성과 깊이를 말해 주는 저작들이다.

1939년 2차 세계대전이 발생하고, 1940년 6월 13일에 파리 시가 독일군의 입성을 허락하자, 베이유는 가족과 함께 남쪽 항구 도시인 '마르세이유'로 피신한다. 베이유가 자신의 철학적 작업을 정식으로 시작한 것은 바로 이때부터이다. 그리스 철학자들과 특히 플라톤의 저작들에 대해 정리하고 이에 대한 해석과 주석을 달기 시작하였다. 이때의 작업은 전쟁이 끝난 이후 『그리스의 근원들 그리고 先-크리스천에 대한 영감들(*La Source grecque et les Intuitions pré-chrétiennes*)』이란 제목으로 1, 2권으로 출간되었다. 그리고 당시 베이유는 고대 인도 철학에 심취하기도 하였는데, 바가바드기타와 우파니샤드는 그녀의 애독서였고, 이러한 종교적 탐구는 그리스도교의 진리와 어우러져 그녀만의 독특한 영성을 형성하게 하였다. 당시에 행해졌던 다양한 철학적 반성들을 적은 그녀의 "까이에(Cahiers)"는 후일 1, 2, 3부로 출간된다.

전쟁 중에도 그녀는 프랑스의 독립을 위한 '레지스탕스 운동'에 적극 가담하였는데, 한편으로 에밀 노비스(Émile Novis)라는 가명으로 '자유프랑스紙'에 글을 썼고, 다른 한편으로는 리용(Lyon)의 예수회 사제들을 통해 결성된 레지스탕스에 협력하였다. 베이유의 레지스탕스 활동은, 1941년 새로 생긴 법으로 인하여, 그녀를 학교에서 제명시켰다. 학교를 떠난 베이유는 생계조차 어렵게 되자, 뻬렝 신부의 도움으로 구스타브 티봉(Gustave Thibon) 신부가 경영하는 농장에서 일을 하게 된다. 여기서도 그녀는 진정한 농부가 되고자 노력하였고 농장에서의 추억은 베이유에게 매우 소중한 경험이 된다. 하지만 독일군의 유대인 박해가 심해지자 시몬느는 부모님의 안전을 위해 그들을 미국으로 모셔갔다. 미국 당국은 시몬느에게 정치적 망명을 권유하며 시민권을 제시하였지만, 베이유는 이를 받아들일 수 없었다. 자신의 전 민족이 고통 받고 있는 상황에서 미국에서의 안락한 생활은 마치 죄를 짓는 것 같았고, 그녀의 양심이 이를 허락하지 않았다. 시몬느 베이유는 곧바로 미국을 떠나 프랑스의 독립운동을 위해 영국으로 갔다. 그곳에서 드골 장군(général de Gaulle)이 이끄는 '자유 프랑스'와 합류하고 이들을 위한 매체 활동을 전담하였다. 하지만 그녀의 타협할 줄 모르는 성격은 1943년에 그녀를 드골 장군의 조직에서 물러나게 하였다. 그녀는 프랑스로 잠입해 현지의 레지스탕스와 합류하고자 청했으나, 건강상의 이유와 유대인의 신분으로 인한 위험 부담이 너무 크다는 이유로 거절당하였다. 그리고 그해 8월 24일 베이유는 폐결핵으로 쇠약해진 상태에서 심부전증으로 세상을 떠났다. 당시 그녀의 나이는 43세였다.

2. 저작의 정신과 철학적 사상

1) 저작들과 평

일반인들에게는 시몬느 베이유의 '행동하는 여성'의 이미지가 너무나 강렬하여 그녀의 철학적 작업들에 대해서는 다소 과소평가된 점이 있다. 그녀의 생전이나 사후에 출간된 그녀의 저작은 무려 27권이나 된다. 이 중에서 여러 번 재출간된 도서들도 매우 많다. 그녀의 책을 출간된 연도순으로 나열하면 다음과 같다.

『독일의 인상(*Impressions d'Allemagne*)』, 1932 / 『철학의 교훈(*Leçons de philosophie*)』, 1933–1934 / 『자유의 원인과 사회적 억압에 대한 반성(*Réflexions sur les causes de la liberté et de l'oppression sociale*)』, 1934 / 『복종과 자유에 관한 명상(*Méditation sur l'obéissance et la liberté*)』, 1937–1938 / 『게오르그 베르나노스에 보내는 편지(*Lettre à Georges Bernanos*)』, 1938 / 『야만에 대한 반성(*Réflexions sur la barbarie*)』, 1939 / 『히틀러주의의 근원에 대한 반성(*Réflexions sur les origines de l'hitlérisme*)』, 1940 / 『일리아드 혹은 힘에 대한 시(*L'Iliade ou le poème de la force*)』, 1940–1941 / 『제조공장의 삶에 대한 체험(*Expérience de la vie d'usine*)』, 1941 / 『양자이론에 관하여(*A propos de la théorie des quantas*)』, 1942 / 『피타고라스의 저작들에 대한 주석(*Commentaires de textes pythagoriciens*)』, 1942 / 『신의 사랑과 불행(*L'Amour de Dieu et le malheur*)』, 1942 / 『영적인 자서전(*Autobiographie spirituelle*)』, 1942 / 『마르세이유에서의 노트(*Cahier de Marseille*)』, 1941–1942 / 『뉴욕에서의 노트(*Cahier de New York*)』, 1942 / 『어느 수도자에게 보낸 편지(*Lettre à un religieux*)』, 1942 / 『뿌리내리기(*L'Enracinement*)』, 1943 / 『중력과 은총(*La pesanteur et la grâce*)』, 1947 / 『신을 기다림(*Attente* de Dieu)』, 1942 / 『초자연적인 앎(La connaissance surnaturelle)』, 1942 / 『노동자의 조건(La condition ouvrière)』, 1951 / 『그리스적 원천(La source grecque)』, 1953 / 『억압과 자유(Oppression et Liberté)』, 1955 / 『런던에서의 글 그리고 마지막 편지들(Ecrits de Londres et dernières lettres)』, 1957 / 『역사적이고 정치적인 글(Ecrits historiques et politiques)』, 1960 / 『신의 사랑에 관한 자유로운 사유(Pensée sans ordre concernant l'amour de Dieu)』, 1962 / 『과학(학문)에 관하여(Sur la science)』, 1966.

불과 10여 년 동안 무려 27권의 책을 저술한 그녀의 저술 작업은 놀랍다. 게다가 그녀가 거의 한 해도 쉬지 않고 사회적 활동에 적극적으로 참여한 것을 고려하면 마치 '슈퍼우먼'이라는 생각이 든다. 마치 자신의 천재적 재능을 주체할 수 없어 젊은 시절에 완전히 불타버린 모차르트처럼 시몬느 베이유 역시 불꽃처럼 자신의 모든 것을 불태우고 아직 젊은 나이에 세상을 떠난 것이다. 그래서 시몬느 베이유에 대한 철학자들의 찬사는 지극히 당연해 보인다. 아래 글들은 철학자, 문호들이 여성 철학자이자 신비가인 시몬느 베이유에게 바치는 찬사들이다.

• **알베르트 까뮈**(Albert Camus)

시몬느 베이유가 제조공장들 안으로 피신하였다는 사실에 놀라는 사람들은 가장 겸손한 이 운명을 함께하고자 하였던가? 한 사회가 저항할 수 없을 정도로 거짓에로 치달을 때, 열정적인 심장을 가진 한 사람에게 있어서 유일한 위안은 특권들을 거부하는 것이다. '뿌리내리기(Enracinement)' 안에서 우리는 시몬느 베이유의 이러한 '포기'가 어디에까지 도달하는지를 볼 수 있을 것이다. 하지만 이 책 안에서 시몬느 베이유는 자신의 취향을, 아니 차라리 진리에 대한 미친 열정을 간직하고 있다. 만일 이것이 그녀가 가진 하나의 특권이라고 한다면, 이는 결코 휴식하지 않고 사람들이 인생 전체에 걸쳐서 지불하는 바로 그것이다. 이러한 진리에 대한 열정은 시몬느 베이유로 하여금 가장 자연스러운 편견들을 넘어서 자기 시대의 병이 무엇인지 이해하게 하며, 그 치유책이 무엇인지를 분별하게 한다.

어쨌든 나에게는 시몬느 베이유가 '뿌리내리기' 안에서 규정한 요청들을 고려하지 않고서는 유럽을 위한 '재-탄생'은 상상이 불가능한 것처럼 보인다. [......] 이처럼 시몬느 베이유가 말한 그토록 많은 심오한 것들이 진정한 위대함을 획득한다고 나는 생각한다. 명예로운 힘에 있어서 위대하고, 절망이 없는 그것에 있어서 위대하다. 이러한 것이 이 저술가의 덕이었다. 이처럼 그녀는 아직도 고독하다. 그러나 이 고독은 희망을 간직한 전달자로서의 고독이다.[563]

• 시오랑(Cioran)

시몬느 베이유에게는 한편으로는 회의론을 고수하는 자아에 대한 부정이 있고, 다른 한편으로는 성성(聖性)에 접근하였다. [......] 나는 그녀의 삶을 감탄과 격분 사이에서 읽었다. 그녀의 지성보다 더욱 나를 휘어잡은 것은 전례가 없는 오만함이었다. [......] 어제 저녁 헝가리의 시인 필두스키(Pildusky)와 시몬느 베이유에 대해 오랫동안 토론하였다. 그는 시몬느 베이유를 성녀(聖女)라고 생각하고 있었다. 나는 그에게 나 역시 그 만큼이나 그녀에 대해 감탄하고 있지만, 그녀가 성녀는 아니었다고 말하였다. 그녀는 너무나 많은 정열과 인내할 줄 모르는 성격으로 인하여 자기 문화의 근원인 구약성경을 경멸하

563 Simone Weil, *Bulletin de la NRF*, juin 1949 ; in *les Œuvres de Simone Weil*, Éditions quarto Gallimard, 1999, p. 1264.

고 있으며, 그럼에도 그녀가 (세상에 대해) 가지고 있는 경멸을 이 구약성경 안에 집약하고 있다고 말하였다. 나에게 있어서 시몬느 베이유는 현대의 '에제키엘'이거나 혹은 '여성 이사야'였다. [......] 에디트 슈타인과 시몬느 베이유, 이 두 놀라운 유대 여성들을 나는 좋아한다. 진리에 대한 그들의 목마름과 자기 스스로에 대한 철저한 엄격함이 나를 겸허하게 하고 있다.[564]

• 엠마누엘 레비나스(Emmanuel Lévinas)

사후에 출간된 시몬느 베이유의 저작들이 그녀의 지성을 전부 증언하지는 못하고 있는 것처럼, 그녀의 영혼의 위대함에 대해서도 완전히 증언하고 있지는 못하다. 그녀는 세상의 모든 고통들을 껴안으면서 마치 성녀처럼 살았다. 시몬느 베이유는 우리와 그녀 사이를 분리시키는 3가지 심연을 남겨 두고 죽었다. 우리는 이 중 하나만을 이해할 수 있을 뿐이다. 그런데 어떻게 그녀에 대해서 말할 수 있으며, 나아가 어떻게 그녀를 비판적으로 말할 수 있을 것인가? 사람들은 시몬느 베이유가 유다이즘에 대해 무지하였다고 비난하고 있지만, 나는 그녀가 유다이즘에 대해서 명예롭게(royalement) 무지하였다고 믿고 있다.[565]

• 프랑수와 모리악(François Mauriac)

에디트 슈타인과 시몬느 베이유, 이 두 구약의 딸들, 원자화 된 세기의 화장터의 연기 속에 나타난 이 두 여상주(女喪主)들은 프랑스와 독일의 사유하는 지성들 사이에서 그리스도가 선택한 여성들이다. 그리스도는 사람들이 악마에게 사로잡히자마자, 모든 악마들의 먹잇감으로 이 둘을 선택하였다. 하지만 살아계신 하느님으로부터 이들

564 Cioran, *Cahiers* (1957-1972), Gallimard, 1997, pp. 226, 372, 375, 474.

565 Emmanuel Lévinas, *«Simone Weil contre la Bible»*, Évidences, n° 2d, 1952. 재인용 : *Difficile Liberté. Essais sur le judaïsme*, Albin Michel, 1983.

을 선택하였다. 이 두 여성에게 있어서는 하느님을 기다리는 것이 문제가 아니라, 하느님의 현존이 문제였다. 세례를 받지 않은 시몬느 베이유는 가르멜의 성녀였던 에디트 슈타인만큼이나 관상적인 삶을 살았다. '결코 흔들리지 말아야 한다'는 시몬느 베이유의 말은 에디트 슈타인이 다른 수녀들이 놀랐을 만한 삶으로서 살았다.[566]

위의 철학자들의 말을 종합해 보면, 시몬느 베이유는 비록 엘리트 계층에 속해 있었지만, 자신의 기득권을 포기하고 가난하고 불행한 삶을 살고 있는 노동자들을 위해 헌신한 의로운 사람이었으며, 모든 고통 받는 이들의 고통을 껴안으면서, 이러한 사회적 고통의 원인이 되는 시대적 병폐를 강하게 질책하는 예언자의 모습을 취하고 있었다. 이러한 그녀의 정신은 결코 타협할 줄 모르는 이상주의자의 면모를 보여주었고, 이러한 면모는 그녀의 종교적인 체험을 고려한다면, 차라리 진리에 대한 순수성을 간직한 성녀의 이미지로 와 닿는다. 그리스도교에 밀접한 정신을 가지고 있었지만, 모든 사람들, 모든 종교의 사람들을 자신의 정신 안에 품기 위해서 제도적 교회 안으로 들어가기를 거부했던 자유로운 여성이었다.

현대를 사는 우리들, '2차 세계대전'이라는 비극을 전혀 겪지 않았고, 급격히 문화와 삶의 형태가 변화한 격동기를 겪지 않은 우리들에게 있어서, 철학자나 문호들이 말하고 있는 이러한 시몬느 베이유에 대한 평을 완전히 이해하기는 어려울 것이다. 하지만 우리들은 하나의 다른 의미에서 오늘날 여전히 세계적인 위기와 격동기를 겪고

566 François Mauriac, in *Le Figaro littéraire*, 23 mars 1963, in https://fr.wikipedia.org/wiki/Simone_Weil

있다. 그렇기 때문에 이들의 말은 충분히 우리들의 공감을 자아내고 있다.

2) 근원에 대한 추구와 『뿌리내리기』를 역설한 예언자[567]

시몬느 베이유는 현대 사회가 병처럼 지니고 있는, 위선, 거짓, 과장 진리에 대한 왜곡 등에 대한 감수성이 매우 민감하였다. 특히 자본주의가 전 세계적으로 퍼져 나가는 것에 대해서 매우 부정적인 태도를 보였는데, "돈이 스며드는 모든 곳에서 돈은 뿌리들을 파괴하고 만다."[568]라고 말하고 있다. 현대 사회에서 '자본'은 모든 것이며, 신을 대신하는 것이 돈이라고 본 것이다. 돈이 상징하는 것은 물질문명이다. 인간이 물질문명에 집착할수록 자신의 영혼을 상실해 간다는 이러한 사유는 현대인의 비극의 근원이 어디에 있는지를 말해 준다. 그래서 시몬느 베이유는 "영혼의 양식을 한동안 우리에게 이를 대신 할 수 있을 것 같은 환상을 주는 물질적인 양식과 구별할 줄을 알아야 한다."[569]라고 힘주어 말하고 있다.

그녀가 플라톤의 사상에 열정적으로 파고든 것은 이러한 현대 사회의 비극에 대한 자각에서였다. 알베르트 까뮈는 시몬느 베이유의 『뿌리내리기(*L'Enracinement*)』를 현대판 플라톤의 『티마이오스』라고 평

567 여기 소개하는 시몬느 베이유의 저작과 정신은 지면상 그리고 본 저술의 특성 상 '신비가'로서의 시몬느 베이유의 모습을 보여주고 있는 가장 대표적인 두 저술을 중심으로 소개하고 있다.

568 *L'Enracinement in les Œuvres de Simone Weil*, p. 1052.

569 Simone WEIL, *L'enracinement*, Paris, Gallimard, 1949, p. 17.

한 바 있는데, 플라톤은 이 책에서 '아틀란티스의 전설'을 비유로 하여 인간이 애초에 지니고 있던 '신의 성향' 혹은 '신과의 유사성'을 상실하면서 추한 모습으로 바뀌어 가는 종말을 예견하고, 인간을 종말로 이끄는 욕망과 쾌락의 지배를 의미하는 '히브리스'를 이성 및 지성을 회복하면서 제거하여야 한다고 역설하고 있다.

당시 대다수의 실존주의자들과 마찬가지로 현대의 기계 · 기술문명에 대한 시몬느 베이유의 생각은 매우 회의적이었다. 그녀는 현대문명에 대해 "현대의 문화는 매우 협소한 환경 안에서 발전하였다. 이 문화는 기술을 지향하고 기술에 의해 영향 받고 있다. 이 문화는 전 문화를 통해 조각나 버렸다."[570]라고 말하고 있다. 그녀는 과거의 철학적, 신학적 전통이 간직하고 있는 지혜와 진리에 대해 목말라하면서, 현대인들이 이를 점차 상실해 가고 있음에 대해 매우 가슴 아파 하였다. 그렇기 때문에 시몬느 베이유는 오직 지성적인 노력만으로는 현대인의 불행을 해결할 수가 없다고 본 것이다.

> 권리, 개인들, 민주주의, 자유를 보호하기 위해 마련된 훈육들을 넘어서, 현대인의 삶 안에서 불의나 거짓말, 그리고 추함의 모습으로 영혼들을 파괴하는 것들을 구별하고 제거하는 것을 목표로 하는 다른 어떤 것을 고안하여야 한다.[571]

이 다른 것은 곧 새롭게 뿌리를 내리는 작업이며, 이 뿌리는 곧 '신성함'이다. 시몬느 베이유에게 있어서 이러한 신성함에 뿌리를 내

570 *L'Enracinement in les Œuvres de Simone Weil*, p. 1053.

571 Simone WEIL, *Écrits de Londres*, Paris, Gallimard, 1957, p. 44.

리지 못하고 오직 지성적인 노력을 통해 고안한 모든 체계들은 일종의 '병'이라고 생각하였다. 전통과의 완전한 차단은 그녀에게 있어서 심각한 도덕적인 병이며, 결국 무책임성과 우상에 봉착하고 말 것이라 본 것이다. 당시 유행하였던 전체주의나 독일의 나치즘은 이러한 진리를 증명해 주는 일종의 역사적 교훈이라고 생각한 것이다. 그렇기 때문에 시몬느 베이유에게 있어서 미래의 비전에 대해 고민하는 현대인에게 있어서 가장 시급한 과제는 새로운 뿌리들을 다시 창조하는 것이었다. 그녀는 초자연적인 것에 대한 사랑이 없는 인간의 자유란 완전히 공허한 것이고, 단순한 추상일 뿐이며, 실제로 실현할 가능성이 전혀 없는 것으로 보았다. 이러한 그녀의 사유는 단지 이성적인 추론의 결과가 아니었으며, 자신의 삶 안에서 깊이 체험된 결과였다. 그녀는 『신을 기다림』에서 "내 생애에 있어서 처음으로 나보다 더 큰 힘이 나에게, 무릎을 꿇도록 요청하는 것을 체험하였다."[572] 라고 고백하고 있다. 인간이 자신의 품격을 떨어뜨리지 않고 무릎을 꿇을 수 있는 것은 인간보다 더 위대한 존재일 수밖에 없다. 시몬느 베이유는 바로 이 존재를 만난 것이다. 시몬느 베이유의 『뿌리내리기(*L'Enracinement*)』의 서문을 쓴 적이 있는 호베르 샹아비에(Robert Chenavier)에는 이러한 시몬느 베이유의 체험을 마치 플라톤의 동굴의 우화에서 "동굴 속에서 세상으로 나온 현자"의 체험에 비유하면서 다음과 같이 말하고 있다. "시몬느 베이유는 진리에 대해서 무관심한 세상 사람들 때문에 죽거나 스스로 죽음으로 나아갈 것이다." 그리고

572 Simone WEIL, *Attente de Dieu*, Édition Livre de vie, 1977, p. 43.

그는 다음과 같이 시몬느 베이유의 예언자적인 모습을 그리스도에 비유해 묘사해 주고 있다.

> 이스라엘의 의인의 침묵, 부당하게 대접받고, 불의하게 판단되기에 입을 열지 않는... 그리스도의 침묵, 일종의 신성한 협정, 자신과 하느님과의 하나의 계약, 이는 이 지상에서 침묵의 진리라고 단죄하고 있다. 하지만 누구도 자신의 나라에서는 예언자가 아닌 것이다.[573]

하지만 이러한 시몬느 베이유에 대한 평은 약간은 주관적인 측면이 있다. 시몬느 베이유가 종교적인 것 혹은 영적인 것에 대해서 구체적으로 그리고 명시적으로 밝히지 않은 것은 이를 이해하지 못하는 세상 사람들이 두려워서가 아니었다. 그것은 절대적인 진리, 혹은 신적인 것은 인간의 언어로 제대로 표현이 불가능하다는 신비가의 진실 때문이었고, 또한 진정한 사랑은 말을 필요치 않기 때문이다. 그녀의 이러한 생각은『중력과 은총』에서 잘 드러나고 있다.

3) 절대에 대한 추구,『중력과 은총』

시몬느 베이유의 신비가로서의 이미지는『중력과 은총』에서 가장 순수하게 드러나고 있다. 만일 우리가 어느 특정한 도그마의 틀을 넘어서 가장 일반적이고 보편적인 차원에서 신비주의를 규정하고자 한다면 다음과 같은 사전적인 정의를 내릴 수 있을 것이다. 즉 "신비주

573 http://www.causeur.fr/simone-weil-prophete

의자란 비합리적인 포착을 통하여 하나의 최상의 실재의 질서(l'ordre de réalité supérieure)에 도달하는 이를 말한다."[574] 사실 베르그송 역시도 신비가란 "실재 그 자체"에 근접한 사람이라고 생각하고 있다. 이러한 신비가에 대한 규정은 그리스도교의 신비가들에게 여전히 적용될 수 있다. 왜냐하면 그리스도교의 신비가들은 이 세계 내에 현존하는 신의 현존을 발견한 사람들이고, 실재의 최상의 질서란 곧 '신이 세계를 지탱하고 있는 질서'를 의미하기 때문이다. 시몬느 베이유 역시 이 세계에서 인간이 통찰하는 가장 최상의 단계는 초자연적인 질서를 발견하는 것에 있다. 다만 그녀는 인간이 마주하는 초자연적인 이 무엇을 '신의 현존'이라는 이름을 붙이지 않을 뿐이다.

> 초자연적인 것은 하나의 빛이다. 만일 사람들이 이를 대상으로 여긴다면, 이는 이 빛을 저속하게 하는 것이다.[575]

> 지성은 실행된다는 사태 자체로부터 소멸되는 것이다. 나는 진리에 도달하기 위해서 노력할 수가 있다. 그러나 진리가 내 앞에 있을 때, 나는 여기서 아무것도 아닌 것이 된다.[576]

아마도 시몬느 베이유가 말하는 이 빛으로서의 진리를 다른 말로 표현하자면 그것은 '절대'일 것이다. 왜냐하면 이 진리에 대해서는 어떠한 인간의 이성적 언어의 규정을 넘어서는 것이기 때문이며, 어떤

574 Jacqueline RUSS, *Dictionnaire de Philosophie*, Mystique, Définition générale, Bordas, Paris,1991, p. 186.

575 Simone WEIL, *La pesanteur et la grâce*, Paris, Plon, 1984, p. 132.

576 *La pesanteur et la grâce*, p. 131.

의미에서 인간이 기존에 알고 있었던 모든 것을 '포기'하게 하는 것이기 때문이다. 그녀는 이러한 초자연적인 실재를 발견하는 것은 가장 순화된 주의집중이라고 생각하면서 이러한 주의집중을 '지성의 겸손함'이라고 표현하고 있다. "지성의 영역 안에서, 인간성이 지니고 있는 겸손의 덕이란, 주의집중 외 다른 것이 아니다."[577] 그래서 그녀는 "절대적으로 순화되어진 주의집중은 기도이다"[578]라고 말하고 있다.

시몬느 베이유가 『중력과 은총』에서 강조하고자 하는 것은 일종의 신적 현존의 절대적인 초월성이다. 이 초월성은 인간의 실존에 있어서 완전히 단절되었다거나 혹은 지성의 능력이 근접불가능하다는 의미에서의 초월성이 아니라, 이러한 신적 현존의 나타남이 결코 인간의 지성에 완전히 포착되거나, 인간의 언어로 표현할 수 있는 어떤 것이 아니라는 점에서의 초월성이다. 그래서 시몬느 베이유는 체험된 이러한 신적인 현존을 특정 종교의 교의를 통해서 해명하는 것을 거부하는 것이다. 그래서 그녀는 신의 문제에 관련된 것을 세상의 문제를 해결하는 방식으로 다룰 수 없음을 분명히 하고 있다.

> 우리가 이 세상에 존재하는 한, 우리들은 이 세상의 문제에 대해 최선의 태도를 취해야 할 것이며, 그 태도는 신의 문제를 해결하는 그러한 것에 속하는 문제가 아니라고 생각합니다.[579]

---

577 *La pesanteur et la grâce*, p. 130.

578 *La pesanteur et la grâce*, p. 119.

579 빼렝 신부에게 보낸 베이유의 편지글 중에서. 정소림, 『시몬느 베이유 – 내 영혼 다 태워서』, 청조사, 1999, p. 220.

그럼에도 불구하고 신비가로서의 시몬느 베이유는 매우 크리스천적이다. 그녀의 신비주의의 중심에는 다른 모든 가톨릭의 신비가들과 마찬가지로 '사랑'이 있다. 그녀에게 있어서 사랑은 진리를 살게 하는 유일한 힘이다. 그녀는 사랑과 동정심의 차이를 말하면서 사랑은 절대에까지 내려가게 하는 힘이라고 말하고 있다.

> 너무나 엄청난 불행에 빠진 인간은 동정조차 받지 못한다. 오히려 혐오감, 두려움, 경멸을 불러일으킨다. 동정심이란 어느 정도까지는 내려가지만, 그 이하로는 내려가지 않는다. 그렇다면 사랑은 어떻게 해서 그 아래로까지 내려가는가?[580]

타협할 줄 몰랐던 그녀의 삶의 형식을 단지 낭만주의적이거나 이상주의자의 모습으로 바라본다는 것은 사실상 시몬느 베이유의 정신을 제대로 이해한 것이 아니다. 진리의 빛이 현존하고 이를 맞이하였을 때, 그녀는 오직 순수한 것, 절대적인 것만을 지향하였다. 그래서 그녀에게 있어서 진정한 사랑이란 삶과 죽음마저도 초월할 만한 그 무엇이었다. "베이유의 삶이 고통과 고뇌의 삶일 수밖에 없었다면, 그녀는 마치도 구약의 예언자들처럼, 자기 스스로에 대해서 절대적으로 진실하면서 곧 神 앞에서 진실된 자가 되고자 했기 때문이었을 것이다. 실재에 대한 절대적인 수용, 이는 베이유에 있어서 곧 '사랑'인 것이다. 그녀는 동정심과 사랑의 경계를 바로 이 실재에 대한 절대적인 관심에 두고 있다."[581] 이는 키르케고르가 '대충이라는 말은

---

580 『시몬느 베이유의 사색 1, 중력과 은총』, p. 20.

581 이명곤, 「기독교적 소크라테스 주의, 시몬느 베이유」, 『동서철학연구』, 제29집, 한국동서

그리스도교에서는 군소리에 불과하다'고 할 때의 그 성실성을 말하는 것이다. 그래서 시몬느 베이유에게 있어서 진리에 대한 성실성과 사랑이라는 말은 사실 동의어이다. 이러한 사랑의 시선으로 보게 될 때, 인간에 대한 무한한 신뢰와 희망을 가지게 되는 것이다.

> 탄생부터 무덤에 이르기까지, 모든 인간들의 가슴 깊숙이는, 그네들이 행한 죄악, 고통들, 감시당한 것들 등의 모든 경험들에도 불구하고 정복될 수 없이, 사람들이 그에게 행한 악한 것보다는 선한 것들에 도달하는 어떤 것이 있다. 모든 인간존재들 안에, 모든 것에 앞서 神性(sacré)한 어떤 것은 바로 이것이다.[582]

인류 역사에 대한 그녀의 예연적인 낙관주의는 바로 이러한 인간성에 대한 신뢰에서 기인한다. 인류가 아무리 죄악으로 물들었어도, 인간성의 깊은 곳에는 결코 없애 버릴 수 없는 신성한 무엇이 내재해 있는 것이다. 에디트 슈타인과 마찬가지로 시몬느 베이유 역시 세계 속에 만연하는 악의 현존을 결코 부정하지 않았다. 신의 창조행위에 대한 베이유의 생각은 매우 진보적이다. 그녀는 세계에 만연하는 악과 고통의 문제를 변신론을 통해 해결하고자 하지 않고, 악과 고통도 창조행위의 결과라고 말하고 있다. "신은 가능한 최선의 세계를 창조한 것이 아니라, 모든 단계의 선과 악을 포함하는 세계를 창조했다. 우리는 지금 그 세계가 최악의 상태로 있는 지점에 있다. 이 지점

철학회, 2003, 74쪽.

582 *Ecrit de Londres*, p. 13.

을 넘어서면 악이, 죄 없는 순결이 되는 단계가 된다."[583] 이러한 생각은 일종의 헤겔식의 변증법을 통하여, 정-반-합의 과정을 거쳐 마침내 창조의 완성에 도달하게 된다는 설명처럼 보이지만, 반드시 그러한 것은 아니다. 세계 내의 명백한 악의 현존에 대한 시몬느 베이유의 해명은 사랑의 역사(役事)에 있다. 그녀는 악의 존재 역시 하느님의 창조의 일부라고 생각하고 있다. 그녀는 이를 『신의 사랑에 관한 자유로운 생각』에서 다음과 같이 말하고 있다. "산출되는 악을 통하여 신을 사랑해야 한다. 왜냐하면 산출되는 모든 것은 실재이며, 모든 실재의 이면에서는 신이 계시기 때문이다."[584] 사실 모든 악의 근원인 죄는 일종의 사랑의 굴절이다. 사람들이 돈과 권력을 사랑하기에 정의를 저버리고, 최고를 사랑하기에 약한 자를 짓누른다. 마찬가지로 자신의 가족을 사랑하기에 타인의 선을 갈취하고, 자신을 사랑하기에 진리를 저버린다. 바로 이러한 죄가 악의 실재를 유발하는 것이다. 이것은 인간의 자연적인 본성이 이루는 것이지만 또한 이것이 창조의 질서이기도 하다. 시몬느 베이유는 이러한 창조의 질서에서 악의 현존이 오히려 보다 큰 사랑을 유발한다고 믿었다. 가장 큰 악의 현존이 오히려 인간과 신과의 무한한 거리를 메우는 진정한 사랑, 최상의 사랑의 형식, 완전한 사랑을 가능하게 하는 것을 본 것이다.

> 하느님은 사랑의 모든 형상들을 창조하였다. 하느님은 모든 가능한 거리에 있어서의 사랑을 가능하게 하는 존재들을 창조하였다. 하

583 『시본느 베이유의 새색 1, 중력과 은총』, 126쪽.

584 *Pensées sans ordre concernant l'anour de Dieu*, Éitions Gallimard, 1962, p. 29.

> 느님은 그 스스로 그 어떤 존재도 이루지 못한 최상의 간격, 무한의 간격의 사랑을 이루었다. 하느님과 하느님 사이의 이 무한의 거리, 그 어떤 인간도 접근하지 못한 최상의 고통, 놀라운 사랑, 이는 곧 십자가에 못 박힌 그 사랑이다.[585]

시몬느 베이유는 비록 세례를 받지 않았다 하더라도 분명 그리스도교의 핵심을 알고 있었고, 이를 삶 안에서 실천하고자 하였다. 이러한 의미에서 그녀는 신학자 칼-라너가 말한 '익명의 크리스천'에 가장 근접한 인물이라고 할 수 있다.

4) 순수성과 사랑의 신비가, 『신의 사랑에 대한 자유로운 사유』

신비가로서의 시몬느 베이유의 이미지가 가장 잘 부각되고, 그녀의 사유가 가톨릭의 다른 여성 신비가들과 어깨를 나란히 할 만큼 잘 드러나고 있는 곳은 『하느님의 사랑에 대한 자유로운 사유』에서이다. 이 책에서 시몬느 베이유는 인류가 겪고 있는 불행의 원인에 대해서 매우 잘 분석하면서, 세계 내의 신의 현존이 가지는 의미와 인간 영혼이 신의 현존과 일치하는 방법들에 대해서 잘 설명하고 있다. 그리고 여기서 은총의 '수동성'에 대한 의미를 잘 분석해 주고 있다.

이 책에서 시몬는 베이유는 개개인의 삶 안에 만연하고 있는 불행의 의미와 원인에 대해서 분석하고 있는데, "궁극적인 목적의 부재(不在)는 모든 인간조건에서의 불행"[586]으로 보고 있다. 이는 파스칼이

585 *Pensées sans ordre concernant l'anour de Dieu*. p. 66

586 *Pensées sans ordre concernant l'anour de Dieu*. p. 16.

말하고 있는 '신이 없는 인간의 불행' 그것과 다른 것이 아니다. 하지만 시몬느 베이유의 설명은 파스칼보다 훨씬 더 구체적이고 섬세하다. 베이유에게 있어서 궁극적인 목적의 부재는 반드시 하느님을 뜻하지만은 않는다. "불행은 삶에 있어서 뿌리를 상실한 것에서 주어진다."[587] 시몬느 베이유는 불행이 어디에서 오는가를 분석하면서 사람들이 불행에 대해서 오해를 하고 있는 것을 잘 통찰하고 있다. 사람들은 흔히 고통 당할 때 불행하다고 생각하지만, 고통과 불행은 엄연히 다른 것이다. 불행은 자신의 뿌리를 상실하고, 세상과 사회의 노예가 될 때에 일종의 '자기-부재'의 감정에서 발생하는 것이며, 이는 문학적으로 말해 '영혼을 반쯤 상실한 상태'를 말한다. 그리고 '고통'이란 다양한 차원과 다양한 범주에서 주어질 수 있는데, 그것이 어떠한 고통이라 할지라도, 순수한 영혼에게는 고통만으로 영혼에 상처를 낼 수가 없다. 그렇기 때문에 어떤 영혼들은 지극한 고통 중에서도 '행복감'을 지닐 수도 있는 것이다. 오히려 시몬느 베이유는 순수한 이들에게 있어서 '고통' 속에서 영혼이 그 자신을 발견하고 신을 소유할 수 있는 능력을 발휘한다고 보았다.

> 그런데 하느님이 영혼들에게 고통을 통해 진정한 자기-자신을 파악하고, 여기서 최고의 스승(신)을 소유할 수 있는 능력을 부여하였다는 것은 놀라운 일이다. 다양한 경우의 불행 안에서 불행만을 보는 사람은 그의 영혼을 반쪽만 간직한 사람이다.[588]

587 *Pensées sans ordre concernant l'anour de Dieu*. p. 62.

588 *Pensées sans ordre concernant l'anour de Dieu*. p. 63.

에디트 슈타인에서와 마찬가지로 시몬느 베이유에게 있어서 '고통'은 그것을 통해 인간의 영혼이 신의 현존을 맞이하게 되는 계기가 된다. 왜냐하면 신의 현존이 완전히 부재하는 것 같은 최상의 불행 안에서, 오히려 가장 완전한 방법으로 신의 현존이 가능할 수 있기 때문이다. 그녀는 그리스도의 십자가 사건을 이러한 방식으로 이해하고 있다. "여기 지상에서는 우리들의 육체적 성향으로 인해 하느님의 우리에게 결코 완전하게 현존하지지 않는다. 우리는 하느님의 현존이 거의 부재하는 것 같은 극단적인 불행 안에 존재할 경우도 있다. 그런데 바로 이때가 이 지상에서는 유일하게 완성의 가능성이 있다. 바로 이 때문에 십자가는 우리들의 유일한 희망인 것이다."[589]

영혼과 하느님과의 일치에 대한 시몬느 베이유의 사유는 '순수성'에 집중되어 있다. 그녀에게 있어서 순수성(pureté)이란 '신적인 것' 외 아무것도 썩어 있지 않은 영혼의 특성을 말하는 것이다. 하느님과 만난 영혼 안에 유발되는 것은 따라서 '순수성'이다. 이러한 생각은 상당히 유대교적인 사유이나, 그럼에도 대다수의 신비가들이 하느님과의 일치 이전에 영혼의 정화과정을 거쳤다는 것을 고려하면 가톨릭의 신비가들과 거의 일치하고 있다. 인간에게 있는 악의 현존이 사랑으로 변화하는 것도 바로 이 순수성을 통해서이다.

> 여기 지상에서는 완전히 순수한 것은 하느님의 현존 외 다른 것이 아니다. 만일 어떤 것이 하느님이 아니라면, 그것은 순수한 것이 아

---

589 *Pensées sans ordre concernant l'anour de Dieu*, p. 68.

닐 것이다. 만일 하느님이 이 지상에 현존하시지 않았다면 우리들은 결코 구원될 수 없을 것이다. 영혼 안에 하느님과의 이러한 접촉과 순수성이 유발하는 곳에는 영혼이 지니고 있던 모든 악이 공포들은 그 자체 신성한 순수성(la pureté divine)을 위한 사랑으로 변한다. 바로 이러한 이유로 마리아 마달레나는 모든 것에 앞서 사랑에 대해 관심을 기울인 것이다.[590]

시몬느 베이유는 고통과 악의 불가분한 성격을 파악하고, 이 둘을 분리할 수 있는 것은 바로 신의 현존이 유발하는 순수한 사랑이라고 보았다. 그녀는 이를 '초자연적인 작용(opération surnaturelle)'이라고 부르면서 진정한 '후회(repentir)' 혹은 회개라고 부르고 있다. 사실이 그러하다. 진정한 회개의 순간에 우리는 비록 마음속의 고통을 제거할 수는 없겠지만, 이 고통은 더 이상 '죄'나 그 결과로 파생된 '악'과는 무관한 것이 된다. 다시 말해 고통 중에서도 순수한 어떤 것을 간직하면서 기쁨을 느낄 수가 있는 것이다. 지극한 고통 중에서도 '기쁨'을 가질 수 있다는 것, 이것이 곧 신의 현존이 인간실존에게 유발하는 놀라운 효력이다.

그런데 이러한 신의 현존을 맞이하는 신비적인 사건은 시몬느 베이유에게 있어서 절대적으로 '수동적인 것'이다. 그녀는 이를 '태양에너지'에 비유하여 설명하고 있다.

이 태양에너지는 우리가 찾으러 갈 수 있는 것이 아니다. 우리는 단지 이것을 수용할 수 있을 뿐이다. [......] 이 태양에너지는 우리들

590 *Pensées sans ordre concernant l'anour de Dieu*, p. 15.

의 나쁜 영혼들의 어둠들과 여기서 형성되는 유일한 에너지이며, 도덕적 중력에 반하는 악의 경향성을 없애는 은총의 이미지이다.[591]

태양에너지처럼 하느님의 은총도 오직 수용할 수밖에 없다는 것은 인간은 스스로의 노력으로 이 은총을 획득할 수가 없다는 것을 말한다. 인간의 노력이 필요한 경우는 오직 이 은총이 주어진 다음에야 가능하다. 그래서 "인간에게 도달하는 신의 사랑이란 이해 불가능한 것"[592]이며, 사실 시몬느 베이유에게 있어서 '창조'도 신의 사랑이며, 내가 존재한다는 그 사실도 곧 신의 사랑이다. "나의 실존 그 자체가 마치 신의 피흘림(déchirement)이며, 사랑의 피흘림"[593]인 것이다. 세상에 만연하는 악의 존재는 일종의 피흘림이며, 이 피흘림은 곧 우리가 사랑해야만 하는 것이다. 악을 사랑하는 것이 아니라, 악을 통하여 신을 사랑하고, 신이 그러하였듯이 존재하는 모든 것을 사랑하면서 창조의 행위를 완성해 가는 것이다. 이러한 사랑 안에서 가장 부각되는 것은 곧 신에게 순명하는 '수동성'이다.

신비가들의 삶은 곧 은총의 세계이며, 이 세계에서 인간은 수동적이다. 엄밀히 말해서 이 세계에서는 능동적인 노력이라는 것은 요구되지 않는다. 다만 순명하고, 기다리고, 고통을 인내하고, 신의 섭리를 따르는 것뿐이다. 시몬느 베이유는 이러한 존재의 가장 이상적인 모델로서 '십자가에 못 박힌 그리스도'를 들고 있다. "그리스도의

591 *Pensées sans ordre concernant l'anour de Dieu*, p. 16.

592 *Pensées sans ordre concernant l'anour de Dieu*, p. 29.

593 *Pensées sans ordre concernant l'anour de Dieu*, p. 29.

못박힘은 여기서 모델이다. 비록 외적으로 볼 때는 순명의 행위 역시 커다란 능동성을 동반하는 것 같지만, 사실상에 있어서 영혼 안에는 오직 수동적인 고통의 인내만이 있을 뿐이다."[594] 사실 인간과 세상을 위한 진정한 헌신은 결코 인간의 능력만으로는 부족하다. 왜냐하면 본성적으로 자기-자신을 사랑하도록 되어 있는 인간은 스스로 완전한 희생적 사랑을 할 수도 없거니와 인간의 미래란 마치 나비효과처럼 하나의 작은 행위는 다양한 연쇄작용을 통해 어떤 결과를 유발할지 누구도 예측할 수 없기 때문이다. 그렇기 때문에 진정 세상을 사랑하고자 하는 사람은 신의 섭리를 수용하고 따르는 것 외에 더 좋은 방법이 없다. 그래서 은총은 세상을 진정으로 사랑하고자 하는 사람에게 반드시 필요한 것이다. 시몬느 베이유는 이러한 사실을 잘 알고 있었다.

> 한 인간이 신으로부터 벗어나게 되면, 그는 단순히 중력에 넘겨지고 만다. 그는 자신이 이것을 원하고 저것을 선택한다고 하지만, 그는 하나의 사물에 불과하고, 아래로 떨어지는 돌과 같다. 만일 우리가 진정으로 신중하게 인간사회의 영혼들을 주시한다면 초자연적인 빛이 소멸한 모든 곳에서 사람들이 돌이 아래로 떨어지는 것만큼이나 눈멀고 구체적이고 기계적인 법칙들에 복종하고 있음을 볼 수 있을 것이다.[595]

반면 만일 우리가 진정으로 신적인 현존을 맞이하고 우리의 영혼

594 *Pensées sans ordre concernant l'anour de Dieu,* p. 30.

595 *Pensées sans ordre concernant l'anour de Dieu,* p. 69.

이 신의 현존과 일치하고 있다면, 우리들 본성의 중력을 벗어나, 지상의 기계적인 법칙들을 벗어나 우리가 진정으로 갈망하는 것을 성취할 수 있을 것이다. 왜냐하면 "이 지상에서 사람들이 헛되이 추구하는 모든 것은 하느님 안에서는 완벽하게 실재이며, 불가능한 우리들의 모든 갈망들은 하느님과 우리들 사이의 간격의 징표"[596]에 불과한 것이기 때문이다.

하느님의 은총과 섭리에 있어서 하느님의 선재성에 대한 시몬느 베이유의 사유는 그리스의 3대 비극작가 중 한사람인 아이스쿨로스의 명언을 통해 잘 표현해 주고 있다. "수직적인 상승은 인간에게 금지되어 있다. 하지만 우리가 오랫동안 하늘을 바라보고 있다면, 하느님이 내려오실 것이며, 우리를 들어 올리실 것이다. 에쉴러(Eschyle)[597]가 '신성한 것은 노력하지 않는다.'고 말했듯이 하느님은 우리를 쉽게 들어 올리신다. 구원의 문제에 있어서 다른 모든 노력들보다 더 획득하기 어려운 '손쉬움'이 있다."[598] 시몬느 베이유는 비록 외견상 '행동하는 여성'으로 비춰지고 있지만, 그녀의 내밀한 영혼의 사정에 비추어 보자면 매우 명상적이고 내적인 인물이었음을 알 수 있다. 특히 『신을 기다림』에서 그녀는 진정한 신앙인이 어떠해야 하는지, 이들의 첫째가는 덕목이 무엇인지에 대해서 잘 말해 주고 있는데, 여기에서도 그녀의 신비가로서의 이미지가 돋보이고 있다. 아래

596 *Pensées sans ordre concernant l'anour de Dieu*, p. 68.

597 Eschyle(에쉴러): 소포클로스, 에우리피데스와 함께 그리스 3대 비극 작가 중의 한 사람으로서, 그리스 이름으로는 '아이스쿨로스(Αἰσχύλος)'라 불린다.

598 *Attente de Dieu*, Éitions Fayard, 1966, Éition numéique, Quéec, 2007, p. 135.

인용문은 그녀가 오늘날의 그리스도인들에게 던지는 일종의 예언적 메시지라고 볼 수 있을 것이다.

> 오늘날의 크리스천이즘은 이러한 측면에 있어서 그들의 적들에게 많이 오염된 것 같다. 하느님을 추구하는 은유에서 오직 근육적인 의지의 노력만을 상기시키고 있는 것이다. 파스칼은 이 은유를 과거로부터 물려받은 재산으로 간주하고 있다. 이는 사실이다. 하지만 그는 어떤 관점에서 작은 실수를 범했는데, 그것은 진정한 믿음(la foi)과 자기암시(autosuggestion)를 혼동하였다는 것이다. [......] 복음서의 우화들 안에서 인간을 찾는 것은 하느님이시다. 복음서의 어떤 곳에서도 인간에 의해서 하느님이 추구되는 기획은 없다.[599]

이러한 시몬느 베이유의 사유에는 다분히 유다이즘의 영향이 엿보이고, 또 어느 정도 과장된 면이 있지만, 충분히 진리라고 할 만한 것들이다. 그녀는 오늘날의 교회가 너무 인간적인 것에 치우치면서 '먼저 하느님 나라를 구하라'는 이 정신을 상실하고 있는 점을 에둘러 말하고 있는 것 같다. 인간이 아무리 선한 의지로 세상의 일에 관여한다 하더라도 만일 신의 현존을 상실하고 신의 섭리를 제대로 감지하지 못한다면 그 '좋은 일'이란 것이 한갓 동정심에 지나지 않고, 나아가 위선적인 몸짓으로 끝나버릴 수 있다는 것은 언제나 경험할 수 있는 것이기 때문이다.

599 *Attente de Dieu*, Éition numéique, p. 136.

3. 시몬느 베이유의 사상과 현대 철학의 비전

시몬느 베이유는 신비가이지만 여성철학자 이기도 하다. 그렇기 때문에 그녀의 정신이 함유하고 있는 철학적 지평의 의미를 다시 도출할 필요는 없을 것이다. 다만 그녀의 사상이 안고 있는 중요한 몇 가지 관점들에 대해서 현대사조에 유용한 빛을 길어낸다는 차원에서 그 의미를 도출해 볼 수 있을 것이다. 그녀의 사상에서 도출해 볼 수 있는 중요한 의미는 크게 3가지로 분류할 수 있겠는데 보편성, 실천적 지성, 다원주의에 대한 긍정 등이다.

1) 모든 대립하는 것을 껴안는 보편성의 빛

시몬느 베이유의 사상은 기존의 그 어떤 철학적 체계의 범주에도 위치시킬 수 없는 독특한 것이다. 그녀의 사유 안에는 가장 오래된 그리스의 철학자들의 사유도 번득이고 있으며, 플라톤의 이원론이나 중세의 그리스도교적 사유도 매우 진하게 풍기고 있으며, 키르케고르 식의 실존주의적 측면도 매우 강하게 드러나고 있다. 나아가 신비주의는 그녀의 사상의 출발점이자 종착점처럼 보인다. 이러한 그녀의 사유는 베르그송이 그렇게 생각하듯이 일체의 닫힌 도덕이나 닫힌 사상적 체계를 용납하지 않고 항상 열려 있고, 항상 새로운 것을 수용하고자 하는 관용의 정신을 가지고 있다. 특히 기존의 전통적인 사유와 가치를 던져버리고 완전히 새로운 것을 추구하고자 하는 푸코식의 구조주의와는 달리, 시몬느 베이유의 사상에는 과거의 전통적인 철학적 유산들이 고스란히 녹아있으면서도 현대적 새로움을 간직하고 있다. 이러한 그녀의 정신은 물론 진리에 대한 그녀의 깊은 체험에 기인한다. 그녀가 진리라고 말할 때 이 진리는 인류의 역사에서 진리라고 불리는 다른 모든 진리들의 근원이 되는 빛 그 자체 혹은 신성한 빛을 말한다. 그래서 그녀는 진리란 곧 빛이라고 말하고 있다. 이 빛은 다른 모든 법칙이나 원리들의 근원이 되는 것이며, 이러한 법칙이나 원리들을 이해할 수 있도록 지성을 비추는 그러한 빛이기에 인간의 지성이 규정할 수 없는 신성한 빛이다. 따라서 진리는 어느 특정한 사상이나 특정한 종교의 전유물이 될 수 없는 것이며, 서로 대립하는 사상을 모두 포괄할 수 있는 그러한 빛으로서의 진리이다. 오직 이러한 빛 안에서만 우리가 악이라고 부르는 것의 실재도 사랑할 수 있고, 이를 통해서 우리의 사랑을 보다 더 큰 사랑으로 변모시키는 것이다. 이러한 시몬느 베이유의 사유는 참으로 보편적인 것이다. 이 정신은 존재하는 모든 철학들, 모든 사상들에게 그 의의나 가치를 긍정할 수 있으며, 모든 종류의 종교에서도 이를 긍정할 수 있는 그러한 것이다. 우리는 이러한 시몬느 베이유의 보편적인 진리를 '철학적 지혜의 순수성'이라고 부를 수 있을 것이다. 그 어떤 특수한 목적이나 도그마의 사상에 안주하지 않고 끊임없이 대립하는 것을 일치시키고, 악을 선으로 변모시키면서 분리된 것들을 통일성 안에 질서 지우는 이러한 정신은 아마도 현대 사회가 가장 필요로 하는 그러한 철학적 지혜일 것이다.

2) 모범주의를 의미하는 실천적 지성

철학자로서의 시몬느 베이유의 정신에는 사유와 행위의 일치라는 소크라테스적 정신이 잘 나타나 있으며, 절대적으로 의미 있는 것을 살아간다는 실존주의의 성실성이 잘 나타나 있다. 이러한 정신은 철학을 단지 '학문'으로 생각하는 것이 아니라, 살아 있는 지혜를 추구한다는 '철학함'으로 이해하는 것이다. 자신이 통찰하고 있는 진리에 대한 확고한 신념을 가지고 있었고, 이를 짧은 생애였지만 전 생애에 걸쳐 실천에 옮겼던 '시몬느 베이유'는 진리와 오류가, 진실과 거짓이, 또 선과 악이 모호하게 섞여 있는 현대의 정신에 확실히 신선한 빛을 던지고 있다. 이는 소크라테스 이래 볼 수 없었던 진정한 철학자로서의 면모이자, 현대를 살아가는 우리에게 하나의 도덕적인 척도를 제공하는 일종의 '모범주의'를 보여주고 있다. 즉 그녀를 통해서 사람들은 철학이 인간의 현실적인 삶에 내밀하게 관여하고, 진정 철학적 의미에 있어서 구원을 가져다주는 학문임을 알 수 있게 되었다는 것이다. 국내의 한 논문에는 이러한 시몬느 베이유의 정신을 「시몬느 베이유의 '기독교적 소크라테스 주의'」라고 명명하고 있다.[600] 그녀에게 있어서 "진리에 대한 요청은 그 어떤 것보다도 신성한 것"[601]이며, 진리를 추구하는 것이 철학자의 유일한 존재 이유이며, 살아가는 이유가 된다. 바로 이러한 것이 직업으로서가 아닌 소명으로서의 철학자의 모습인 것이다.

---

600 이명곤, 「시몬느 베이유의 '기독교적 소크라테스 주의'」, 『동서철학연구』, 한국동서철학회, 제 29호, 세종출판사. 2003, 69–92쪽.

601 *L'enracinement*, p. 53.

3) 사상적·종교적 다원주의에 대한 긍정

그리스도교의 사상에 매우 심취하고 그 핵심에 근접해 갔지만 결국 세례를 받지 않고 제도적인 가톨릭교회에 입문하지 않은 것은, 진리란 어떤 특정한 범주에 속하지 않는다는 그녀의 신념 때문이었다. 이러한 태도는 현대 사회에서 쟁점이 되고 있는 다원주의에 대한 성찰을 야기하고 있다. 세계화와 더불어 현대 사회는 그 어느 때보다 다원주의를 요청하고 있다. '문화적 다원주의', '정치적 다원주의' 등이 그것이다. 하지만 철학이나 종교에서 다원주의라는 말은 여전히 애매모호한 용어이며, 쉽게 수용하기 어려운 개념이다. 인간은 한 번 생각을 가지게 되면, 좀처럼 바뀔 수 없으며, 자기 것을 고집하는 것이 사유의 특성이라고 스피노자가 말하였듯이, 철학자들에게 있어서 자신의 사상과 대립하거나 반대되는 사상을 수용하거나 인정한다는 것은 매우 어려운 것이다. 더욱이 인생의 근본적인 것 혹은 절대적이고 궁극적인 것을 추구하는 종교적 영역에서는 '다원주의'를 말한다는 것은 거의 금기시 하고 있다.

하지만 시몬느 베이유가 그렇게 생각하고 있듯이 근원적인 것이나 궁극적인 것은 이 지상의 삶에서는 다만 추구되어질 수 있을 뿐 소유할 수 있는 것이 아니라고 한다면, 즉 우리는 이러한 진리에로의 도상에 있을 뿐이고, 과정 중에 있다는 것을 긍정한다면, 다원주의도 가능한 것이다. 마치 프리즘을 통한 태양빛이 다양한 색깔을 방산하듯이, 하나의 유일한 진리가 인간의 사유라는 프리즘을 통해 다양하게 나타나고 있다고 수용할 수가 있는 것이다. 가브리엘 마르셀 역시

'그의 실존을 증명할 수 있는 것은 신이 아니며, 신이 될 수도 없다.' 고 말한 바 있는데, 이는 인간의 지성에 대한 신의 초월성을 말하고 있는 것이다. 이는 종교적인 의미에서 인간 지성의 겸손을 의미한다. 시몬느 베이유는 진리가 지성 앞에 나타나게 되면, 지성은 아무것도 아닌 것이 된다고 하였다. 아무것도 아닌 지성이 진리를 어떤 체계 속에 넣어 정립할 수는 없을 것이다. 이러한 사유는 진리는 다양한 외관을 가지고 나타날 수 있으며, 그러기에 자신의 사상, 자신의 종교가 아닌 것에서도 진리가 존재할 수 있다는 것을 의미한다. 세계관이나 가치관이 동일하지 않아도, 선과 인간의 행복이라는 동일한 목적을 지향하는 그 지향점에 있어서 모든 종교, 모든 사상은 일치할 수 있다. 모든 사상이, 모든 종교가 정도의 차이를 달리하여 초월적이고 신성한 진리의 어떤 부분을 비춰주고 있는 거울이라고 생각하는 것, 그리하여 그 어떤 것도 제거해야 할 적으로 생각하지 않고, 그 어느 것도 사랑해야만 하는 형제의 범주에서 제외시키지 않는다는 것, 이것이 시몬느 베이유가 그녀의 삶과 정신을 통해서 보여주고 있는 예언자적 메시지일 것이다.

5장

마르트 로뱅(Marthe Robin)

5장
마르트 로뱅(Marthe Robin)

1. 생애와 인물[602] – 고통과 사랑의 순교자 –

마르트 로뱅은 1902년 4월 13일 프랑스의 드롬(Drôme)지방의 샤토뇌프-드-갈로르(Châteauneuf-de-Galaure)에서 태어났다. 한 평범한 농부 집안의 딸이었던 이 소녀는 어린 시절부터 병약하였으며, 16세 때에는 갑작스럽게 마비 증세를 앓기 시작하였다. 26세 되던 1927년부터는 전신에 마비가 와서 오직 침대에서만 생활하게 되었다. 이후 1981년 79세의 나이로 사망할 때 까지 50년 이상을 오직 침

602 여기 제시하는 마르트 로뱅의 생애에 관련된 이름, 연도, 증언, 사건들 등은 다음 3권의 책과 야후 프랑스의 마르트 로뱅의 전문 사이트에서 참조하였다. 그리고 가급적 이 자료들 중 공통된 정보만을 선택하였으나, 기존의 정보가 없는 이름이나 지명은 가급적 프랑스 원어 발음을 한역하였다. 레이몽 페레, 『마르트 로뱅의 삶, 마르트의 비밀』, 노현희 옮김, 햇빛출판사, 2007. 레이몽 페레, 『마르트 로뱅의 생애, 십자가와 기쁨』, 안응렬 옮김, 성 요셉 출판사, 1983. Raymon Peyert, B. Galichet, P. vignon, C. Gaillard, *Vénérable Marthe Robin*, éd. de Un Seul Coeur, 2014 & 인터넷 사이트 : http://www.martherobin.com/site/vie

대에 누워서만 생활하였다. 하지만 마르트 로뱅은 그녀의 병과 신비적인 현상들로 인하여 생전에 전 세계적으로 10만 명 이상의 사람들의 방문을 받았다. 그리고 그녀의 장례식에는 그녀의 죽음을 애도하며 함께한 사람들이 무려 7,000명이 넘었고, 사후에는 20세기의 가장 위대한 신비가들 중 한 사람으로 인정되고 있다. 2014년 11월 7일에는 프란치스코 교황으로부터 '복녀(vénérable)'로 인정받았으며, 현재는 시성조사 중이다. 초등교육도 다 마치지 못하고 그 어떤 특별한 교육도 받은 적이 없었던 한 농촌의 처녀가, 소녀시절부터 죽기 전까지 무려 50년 이상을 오직 침대에만 누워 지낸 이 불행한 인물이 20세의 가장 위대한 신비가 중 한 사람으로 인정받게 된 이유는 무엇일까? 이를 이해한다는 것은 신비가의 역사 중 가장 독특하고 가장 예외적인 한 인격을 발견하는 것이며, 또한 신의 섭리의 무한한 신비 앞에 한 발짝 다가서는 것이 될 것이다.

비록 병약하였지만 매우 쾌활하였고, 총명하였으며, 꿈이 많았던 어린 마르트는 26세에 참으로 무거운 삶의 십자가를 지게 된다. 하지만 이 십자가는 마치 '에디트 슈타인'에게 있어서 그러했던 것처럼 은총의 서막이기도 하였다. 마르트 로뱅에게 있어서 고통은 곧 하느님의 현존과 함께 하는 시간들이었고, 이 고통으로 하여금 무수한 삶의 결실을 가지게 된 것이다. 무엇보다 그녀의 영성이 바로 이 고통과 더불어 시작되고 열매 맺게 될 것인데, 그녀의 실존이 바로 이 고통 안에서 새롭게 의미를 가지게 될 것이다. 이 새로운 의미란 이 고통과 더불어 자신의 고유한 신비적인 삶을 가지게 된다는 것이었다. 그녀의 고통이 신비적인 삶이 될 수 있었던 것은 그녀가 가졌던 그 고통들이 그리스도의 고통과 연결되어 있다는 것이며, 또한 그리스도의 그 고통을 자신의 고유한 육체 안에서 되산다는 것을 의미한다. 물론 이를 증거 하는 것은 그녀가 50년 동안 말 그대로 아무것도 먹지 않고, 오직 성체를 영하는 것과 간혹 하루에 물 한 컵 정도 마시는 것으로 생명을 연장하였다는 기적적인 사건들과 그녀가 하느님으로부터 받은 예언적 메시지들, 그리고 그녀의 내밀한 영신사정들에 대한 신학자들의 긍정 등이다.

> 마르트의 말이 빛을 발하는 것은, 바로 그 말이 무엇보다도 자신의 삶, 삶의 신비 자체이기 때문입니다. 마르트는 그녀의 삶에서 드러났던 모든 기이한 현상들에 대해 절대로 언급하지 않았습니다. 그녀가 지녔던 오상(五傷), 사랑의 열정으로 찬 그녀의 수난, 그녀가 먹지도 못하고, 마시지도 못하고, 잠자지도 못하고, 오로지 성체(聖體)로만 살았다는 이러한 사실에 대해 절대로 말하지 않았습니다. 이는 사랑하는 주님과의 내밀한 관계 안에서 자신이 깊이 살았던 비밀이었습니다.[603]

마르트는 자신에게 다가오는 사람들에게 설명 불가능한 내적인 힘과 빛을 방산하였는데, 이는 오직 그녀가 기도와 영성체 등을 통해 하느님과의 내밀한 일치를 유지하였기 때문에 가능한 것이었다. 마르트 로뱅을 "나의 영원한 누이(Ma seur eternelle)"라고 불렀던 사제 삐에르 비뇽(Pierre Vignon)은 그녀가 겪었던 신비적 현상들에 대해서 다음과 같이 증언하고 있다.

---

603 『마르트 로뱅의 삶, 마르트의 비밀』, 16쪽.

> 신비적 현상들이 나타났을 때, 마르트는 자신의 실존이 그 안에 잠겨 있는 그리스도의 현존과 초자연적인 세계를 알아볼 수 있는 사제에게 자리를 양부하였다. 사제는 이 현시를 메모하였고, 마르트의 예외적인 너그러움을 통하여 이 현시를 주시하는 것을 허락하였다. 사제는 마르트의 실존에 현시되는 신의 현존 앞에서 거부할 수 없이 다가가게 되었다.[604]

자신의 주된 생애를 오직 침대 위에서 사지가 완전히 마비된 채 지낸 마르트 로뱅의 삶에 있어서 외적인 활동이나 그녀가 쓴 글 등에 대해서는 기술할 것이 거의 없다.[605] 그 만큼 단순한 삶이었다. 하지만 그녀의 내면적인 삶은 파란만장한 사건들이 지나갔고, 그를 방문하였던 수많은 사람들이 겪은 놀라운 체험은 그 어떤 신비가들보다 다양하고 풍요로운 내적 삶의 여정을 보여주고 있다. 마르트 로뱅의 단순하지만 그의 풍요롭고 신비한 실존은 그를 방문하였던 사람들과의 대화나 그녀에게서 나타는 신비적 현상을 목격한 사람들의 증언을 통해서만 알 수 있을 뿐이다. 하지만 생전에 그녀를 방문한 수많은 사람들 중에는 신앙인, 무신론자, 회사원, 교사, 죄수들 등 온갖 부류의 사람들이며, 뿐만 아니라 신부, 주교, 철학자, 문학가, 정치가

---

604 *Vénérable Marthe Robin*, p. 95.

605 마르트는 몸이 마비되기 전인 1925년에 「바침의 문서」라는 글을 섰는데, 처음 쓴 것과 이것을 고쳐서 두 번째 쓴 것이 존재한다. 그리고 전신마비가 오기 전인 1927년까지 쓴 일종의 일기장인 공책이 발견되었는데, 이후로도 1930년까지 마르트는 최소한 일기를 쓸 수 있는 정도의 육체적인 자유를 가지고 있었다. 이 외에도 그 후의 그녀의 글들, 시나 찬미가 등은 그녀가 전신 마비로 아무것도 할 수 없었음을 감안하면 모두 마르트를 대면한 사람들이 받아 적은 것이거나, 혹은 사후 증언자들의 증언에 의한 것이라고 보는 것이 타당할 것이다.

등 다수의 저명한 사람들도 포함되며, 시복 조사를 위해 제출한 증언에 관한 서류는 1000페이지가 넘는다. 그리고 최근 출간된 그녀의 삶에 밀접하게 연관된 주요 인물들 일기나 기록들을 모아 책으로 엮은『복녀 마르트 로뱅(*Vénérable Marthe Robin*)』은 무려 200페이지가 넘는다. 마르트 로뱅의 삶에 관한 이러한 증언들이 지니는 의미는 무엇일까? 이들이 공통적으로 그리고 궁극적으로 말하고자 하는 것은 무엇일까? 영적으로 혹은 정신적으로 마르트를 만난 사람들의 다양한 증언들 가운데 이를 크게 4가지의 유형으로 분류하면 다음과 같다.

- 아주 어린 시적부터 고통에 마주하면서 시련을 극복하였고, 프랑스의 국경을 넘어 모든 대륙에 도달한 희망에 대한 보편적인 메시지를 전파하였다. 전신 마비를 가졌음에도 행복의 빛을 방산하였고, 그녀의 기쁨의 비밀을 자신을 방문한 각각의 개인에게 나누어 주었다.

- 마르트 로뱅은 심오하게 인간적이었고, 각각의 개인들을 수용할 줄 알았다. 자신의 고통에 대해서는 전혀 나타나지 않게 하였고, 자신에게 맡겨진 알려지거나 비밀스러운 의도들을 위해서 기도하고 보여주었다.

- 마르트는 단순한 신앙인으로서 지극한 겸손함으로 성성(sainteté)을 보여주었고, 각각의 개인들에게 매우 가까이 있는 하느님의 현존을 증언하였다.

- 마르트는 건강한 감각을 지녔고, 제 사물들에 대한 지적인 이해와 유머가 풍부하였으며, 건전한 질문들을 할 줄 알았다. 그녀는 자신

의 인생의 전반에 걸쳐서 교회의 개혁과 새로운 공동체의 탄생과 다양한 소명들의 솟아남에 용기를 주었다.

마르트 로뱅이 보여주는 놀라운 것은 그녀가 생전에 가졌던 신비적 현상이나 기적들이 아니었다. 비록 이러한 현상들이 하느님의 신비로운 섭리를 설명해 주는 데 있어서 빼놓을 수 없는 소중한 것들이지만, 진정한 기적은 그를 만난 수많은 사람들의 삶이 변화하였고, 그녀를 통해서 신의 현존과 신성한 섭리를 생생하게 느낄 수 있었다는 그 사실에 있다. 마르트 로뱅이 행한 업적 중 가장 눈에 보이는 것은 「사랑의 집(Foyers de Charité)」[606]이라는 공동체를 건립한 것이었다. 이 공동체는 1936년 리용(Lyon) 교구의 대수도원 원장이었던 게오르그 피네(l'Abbé Georges Fine) 신부가 마르트 로뱅을 만났을 때, 마르트가 그에게 하느님의 계시를 전달하면서 창립되었다. 현재는 40여 개국이 넘는 나라에 이 공동체가 형성되어 있으며, 누구나 원하는 사람들이 이곳에 와서 영적인 피정을 가지고, 내적인 삶을 새롭게 하고 있다. 이 공동체는 생전에 마르트가 사람들에게 베푼 그 자비를 계속 이어가고 있는 것이다.

사람들은 도무지 설명할 수 없는 마르트 로뱅의 현상에 대해서 일종의 '기적'으로 바라볼 수 있겠지만, 만일 무신론자이거나 전혀 믿음이 없는 사람이라면 이러한 현상을 단지 그 원인을 과학적으로 밝

---

606 '자비의 집(Foyers de Charité)'이라는 이 용어는 프랑스 말을 그대로 직역하면 "사랑의 집" 혹은 "사랑의 가정"이라고 번역된다. 한국어 번역서에는 역자에 따라 "자비의 집"과 "사랑의 가정" 두 가지로 으로 번역되고 있다. 여기서는 이 둘을 절충하여 "사랑의 집"이라고 번역하여 사용하였다.

히지 못한 '희귀병'이거나 '집단 히스테리 현상'으로 치부할 수도 있을 것이다. 하지만 위의 증언들은 이러한 식의 설명이 얼마나 '실재'와 동떨어진 것인지를 알 수 있게 한다. 왜냐하면 신비적 현상이란 말 그대로 인간의 오감이나 지성의 힘만으로는 그 전말을 충분히 파악할 수 없는 것을 말하며, 어떤 알 수 없는 현상이 진정 신으로부터 비롯된 것인가 아닌가 하는 것은 누구도 분명하게 증명할 수가 없는 것이기 때문이다. 만일 이를 증명하는 유일한 방법이 있다면, 그것은 이를 체험한 사람이 산출한 그 삶의 결과들일 것이다. 그 삶의 결과란 곧 자신을 접한 사람들의 놀라운 변화이다. 마르트는 오직 침대에 누워서 사람들의 방문을 맞이하였는데, 그녀를 만난 사람들 중에는 '내면의 고통을 치유'하거나, '회개를 하여 새사람'이 되거나, 자신의 삶 안에 함께하는 '하느님의 현존을 깊이 깨닫게' 되거나, 나아가 마르트 로뱅을 자신의 삶에서 영적인 어머니로 모시게 된 사람도 있다. 수를 헤아릴 수 없는 이러한 사람들의 내적인 변모가 바로 '부정할 수 없는 기적'인 것이다. 진정 효험 있는 약이란 의사들이 인정하는 것이 아니라 병을 낫게 하는 것이 듯, 진정한 기적은 학자들이 인정하는 것이 아니라 삶을 실제로 변화시키는 무엇이다. 이러한 사실들은 마르트 로뱅의 삶이 "밀알 하나가 떨어져 썩지 않으면 그대로 남아 있을 것이요, 썩으면 수많은 열매를 맺을 것"이라는 복음서의 말을 가장 모범적으로 보여준 '사랑의 순교'였음을 증언하고 있다.

2. 감동적인 증언들 그리고 마르트 로뱅의 신비적 정신

1) 빛으로의 길잡이

마르트 로뱅의 존재가 가지는 의미는 '빛의 길'이라는 것이다. 그녀 스스로 "고통 받고 있는 사람들은 그리스도에게로 오십시오. 왜냐하면 그는 부서진 마음을 치유하기 때문입니다."라고 말하고 있듯이 그녀의 삶은 곧 그리스도가 그 안에 함께 사는 삶이었다. 다시 말하면 누구나 그녀의 실존과 접하였을 때 공통적으로 느끼는 것이 "이러한 고통 중에서 어떻게 살아야 하는가?"에 대한 답을 얻고, 살아갈 수 있는 영적인 힘을 제공받았다는 것이다. 아래 증언들은 마르트 로뱅의 사후에 정신적으로 혹은 영적으로 그녀의 실존 혹은 정신과 만난 이들이 체험한 생명의 빛에 대한 증언들 중 몇 개이다.[607]

- 나는 소위 '중독자들의 구역'이라 불리는 방에 투옥된 아주 심한 형을 받은 내가 담당하는 죄수를 마르트 로뱅에게 맡겨드리기 위해 왔습니다. 감옥에서 특별한 치유를 해보기 위해서였습니다. '사랑의 집'에 도착했을 때, 나는 수감 중인 그 죄수를 위해서 무엇인가를 사주고자 하는 생각이 들었습니다. 그리고 한 권의 책이 눈에 들어왔습니다. 책의 표지에는 마르트의 얼굴 사진이 있었습니다. 나는 책의 내용도 알지 못한 채 그 책을 사서 내가 담당한 그 죄수

607 여기 제시하는 5가지 증언은 마르트 로뱅의 전문 사이트인 다음의 프랑스의 인터넷 사이트에서 제공하고 있는 것이다. http://www.martherobin.com/site/merci/essentiels/temoignages

에게 주었습니다. 이야기는 여기서 시작됩니다. 어느 날 저녁 그 죄수는 더 이상 약물 치유를 하지 않기로 결심하였습니다. [......] 며칠 뒤 간호사가 그 죄수에게 물었습니다. "왜 최근 며칠 동안 전혀 약을 복용하지 않는지요?" 그리고 그 죄수는 다음과 같이 대답했습니다. "나는 더 이상 약이 필요하지 않습니다. 저는 지금 매우 친근한 안내자를 가지고 있습니다. 그 여자의 이름은 마르트 로뱅입니다." 간호사는 며칠 동안 간수에게 그 죄수를 보다 가까이 감시하게 하였습니다. 그 죄수를 유심히 살핀 간수는 다음과 같이 말하였습니다. "그는 매일 밤 이상한 책을 한동안 읽다가 잠이 들었는데, 전혀 요동하지 않고 마치 천사처럼 잠들었습니다." [......] 그 사실이 알려지자 많은 죄수들이 그 책을 빌려달라고 하였지만 그 죄수는 거절하였습니다. 그리하여 그 책을 여러 권 복사하여 원하는 죄수들에게 나누어 주었습니다. 많은 죄수들이 그 책을 읽고 변화하기 시작하였습니다. 그러자 교도소의 소장은 직접 마르트의 생가가 있는 '사랑의 집'을 방문하기로 하였습니다. 사랑의 집을 직접 방문한 소장은 돌아오는 길에 마르트 로뱅의 초상화가 있는 포스트를 10개 정도 사 가지고 와 원하는 수감자들에게 나누어 주었습니다. 그리고 며칠 뒤, 교도소 방들에는 다양한 방법을 마르트 로뱅의 초상화가 마치 꽃이 피듯이 여기 저기 그려져 있었습니다.

어느 날 교도소 소장은 마르트 로뱅의 사진을 교도소의 입구에 붙여 놓았습니다. 그리고는 다음과 같이 말하였습니다. "만일 어느 날엔가 이 여성이 성인이 된다면, 이 여성이 곧 우리들의 수호성인이 될 것이다."

-교도관 카롤리나(Carolina V)의 증언-

• 나는 내 아들을 만나러 갔습니다. 객실에서 그는 나에게 라디오에서 마르트 로뱅에 관한 프로그램을 들었고, 교도소의 한 신부가 마르트 로뱅의 사진을 가지고 있다는 얘기를 하였습니다. 이렇게 해서 나는 마르트 로뱅의 생애에 대해서 읽게 되었습니다. 얼마나 놀라운 삶에 대한 증언이든지요! 우리는 이틀 동안 법원의 공판을 지켜보았습니다. 전혀 불안함도 없고, 두려움도 없이 희망을 가득안고서 말입니다. 내 아들과 나는 각자 이것이 어디서 온 것인지 궁금해 하면서 말입니다. 사실 자신의 아들이 피의자 석에서 고발당하고 있는 것을 본다는 것은 가슴이 찢어지는 듯한 아픔입니다. 하지만 이 고통이 하나의 커다란 평화로 변모하였고, 특히 이러한 상황 속에서 평화 속에 머물 수 있다는 사실이 기적이라고 할 수 있겠지요. 시민들 중 그 누구를 향해서도 적개심이 없었고, 오히려 증언하려고 들려 있는 손은 그들을 향해 "당신들은 사랑받고 있습니다"라고 말하고 있는 듯 했습니다. 법원의 판결은 4년 형을 구형하였습니다. 당시 예상할 수 없는 선처였습니다. 저는 당시 제가 지녔던 그 평화가 마르트 로뱅에게 한 기도의 결과였다는 것을 알고 있습니다.

-H.J.의 증언-

• 나는 의도적인 살인으로 감옥에 수감되었습니다. 이로 인하여 법은 저에게 30년 형을 구형하였습니다. 저의 삶은 절망적이었습니다. 하지만 저는 한 사제를 통하여 마르트를 만나게 되었습니다. 나는 너무나 많은 어리석은 일들을 하였습니다. 하지만 이제 내 마음은 성모마리아의 중재로 인해 항상 하느님에게로 향하였습니다. 나는 매일 마르트의 그 '침묵의 기도'를 하고 있으며, 비밀스럽게 나 자신을 마르트에게 맡깁니다. 마르트는 하늘에 있는 저의 친구입니다.

-윌리엄(William) G.의 증언-

• 내 딸은 2001년 4월에 자동차 사고로 세상을 떠났습니다. 당시 그 아이는 23살을 바라보고 있었고 빛이 났습니다. 나는 고통으로 인하여 망가졌습니다. 그런데 어느 날 한 친구가 『마르트 로뱅의 삶』이란 책을 빌려 주었습니다. 이 책을 모두 읽고 난 다음, 마르트가 삶을 산 그 장소를 직접 방문하기로 하였습니다. 나는 매우 빨리 나의 딸이 세상을 떠난 그 사실에서 행복을 알게 되었습니다. 오늘날 저는 내 딸의 행복을 확신하고 있습니다. 그리고 나의 삶에 새로운 의미를 준 마르트의 도움의 손길을 증언하지 않을 수 없습니다.

—H. G., 게르(Gers)의 증언—

• 나는 인간적인 차원에서 그리고 영성의 차원에서 '사랑의 집'에서 피정을 하면서 많은 도움을 받았습니다. 그리고 이 도움에 감사해야할 사람은 마르트 로뱅입니다. 큰 가족적인 문제로 인하여 나의 남편은 알콜 중독자가 되었고, 정신착란까지 있었습니다. 나는 돈도 없고, 직장도 없었으며, 육체적으로 정신적으로 완전히 피폐해졌습니다. 게다가 아이들까지도 포기하여야 할 처지였습니다. 당연히 신앙생활도 멈추었습니다. [......] 10년 동안 고독과 싸웠습니다. 1년 전부터 그리스도는 저에게 분명한 징표를 보여주었음에도 저는 항상 제 문제로 되돌아오면서 이를 거부하였습니다. 따라서 주님은 마르타에게 중재할 것을 부탁하였습니다. 주님께서 스스로 저에게 하시지 못한 일을 마르트는 쉽게 하였습니다. 내가 오늘날 여전히 살아 있고, 주님과 화해를 하였던 것은 바로 마르트의 덕분이었습니다. 이를 위해서는 사실 두 권의 책으로 충분하였습니다. '사랑의 집'에서 피정을 하기 전에 이 책들을 통해서 마르트를 만났기 때문입니다. 나는 마르트에 대해서, 그녀가 리지외의 데레사에 대해서 한 말을 인용해서 다음과 같이 말하고자 합니다. "그녀는 나를 선택하였습니다. 그녀는 나의 정복자입니다." 모든 차원의 모

든 것이 화려하고 감각적인 것에 집중되어 있는 이 시대의 마지막에 있어서, 마르트 로뱅의 비밀스러움은 특기할 만합니다. 그녀가 활동하는 것은 바로 이 영혼들의 비밀 안에서입니다. 미디어의 계획들에 대해서는 전혀 관심이 없지만, 그녀의 밀도 높은 영적인일들은 놀랍습니다.

-혼(Rhône) 지역의 마리 프랑수와(Marie-Françoise)의 증언-

위의 증언들은 대개 마르트가 죽은 이후에 일종의 영적인 방식으로 마르트를 만난 사람들의 증언이다. 어떤 식으로든지 마르트를 접한 사람들은 하나같이 마르트의 삶과 정신이 자신들에게 미친 놀라운 영향에 대해서 말하고 있다. 이와 유사한 증언들은 헤아릴 수 없이 많다. 우리는 여기서 마르트 로뱅의 삶에서 무엇이 이들에게 이토록 놀라운 영향을 미치게 하였는가 하는 궁금증을 가지게 된다. 바로 이것이 마르트가 가진 그 고유한 영성의 핵심이며, 어쩌면 우리는 여기서 현대적 영성에 대한 비전을 볼 수 있을 것이다.

2) 마르트 로뱅의 사명과 영성

마르트는 일찍이 자신의 인간적인 불행한 삶에 대해 자각하고 있었다. 원인을 알 수 없는 병들, 그리고 온몸이 마비되어 가는 고통들, 자신의 인간적인 삶이 조금씩 소멸하고 있는 그 비극들. 하지만 이러한 비극에 맞서 마르트는 자신의 존재에 대한 의미를 추구하기 시작하였다. 마르트는 불행한 자신의 삶을 승화시키고자 하였다. 그녀는 자신의 일기에 다음과 같이 썼다.

너는 투쟁을 하라고 태어났는데, 무엇 때문에 편안함을 찾고 있느냐? 네가 고통을 겪으라고 태어났는데, 왜 행복을 찾고 있느냐?[608]

그리고 그녀는 내적인 음성을 듣게 된다. "너에게는 바로 고통이 내 몫이 될 것이다."[609] 이러한 음성이 하느님으로부터 온 것인지 혹은 자신의 영혼의 목소리인지 알 수 없지만 그녀는 이를 따른다. 뒤이어 들려오는 음성은 그녀의 나머지 삶을 결정하는 것이다. "하느님께 모든 것을 드려야 한다."[610] 마르트는 주저함 없이 "네"라고 대답한다. 그리고 그녀는 하느님께 자신을 바치는 일종의 봉헌서약인 「맡김의 문서」를 작성하게 된다.

주님, 나의 하느님, 당신께서 보잘 것 없는 당신 종에게 모두를 요구하셨으니,
모든 것 취하시고 받으옵서소!
오늘 저는 당신께 남김없이, 되돌려 받음 없이 저 자신을 맡기나이다.

[......]

오! 사랑의 하느님, 저의 기억과 그 기억이 지닌 모든 추억도 당신이 가져가십시오.
저의 지력(智力)도 가지시어,
오직 당신의 더 큰 영광만을 위해 사용되도록 하십시오.
저의 의향도 모두 가지소서.

608 1930년 9월 14일자 일기 중에서, 『마르트 로뱅의 삶, 마르트의 비밀』, 55쪽.

609 마르트 로뱅의 삶, 마르트의 비밀』, 55쪽.

610 마르트 로뱅의 삶, 마르트의 비밀』, 56쪽.

가지소서. 저의 몸과 그 모든 감각 기능을, 저의 정신과 모든 지적 능력을,
저의 마음과 그 모든 애정을.

[......]

당신으로부터 오는 것, 괴로움, 아픔, 기쁨, 위로, 냉담함, 포기, 저버림,
멸시, 모욕, 노동, 고통, 시련 등 이 모두를 저는 사랑으로 받아들입니다.

[......]

어느 날 제가 당신의 저에 대한 지고하신 뜻에 불충실 할 수밖에 없게 된다면,
또 당신의 사랑의 길을 저버려야 된다면,
오! 주님, 바라건대, 제가 차라리 즉시 죽음을 당하는 은총을 내리소서!

[......]

위의 봉헌서약에 대한 의미는 자신을 절대적으로 포기한다는 '비움'의 의미이다. 이 비움은 모든 신비가들이 최고의 이상적인 경지로 생각한 자아의 소멸인 '無化'이다. 자신은 완전히 죽고, 이제 하느님의 의지를 실천하는 것만이 오직 자신의 삶의 의미가 되는 그러한 단계이다. 다른 신비가들이 평생을 통해 이루어 낸 그 일을 마르트는 엄청난 육체적인 시련을 통해 단김에 이루어 낸 것이다. 이후 마르트 로뱅에게는 그리스도의 현존이 뚜렷하게 나타나게 된다. 오상의 흔적이 나타나고, 그리스도의 환시가 주어지고, 팔다리는 완전히 마비

되고 육체적인 고통은 더욱 커진다.[611]

우리는 여기서 하나의 근본적인 질문을 던져볼 수 있다. 마르트가 엄청난 육체적인 고통을 가져야 했고, 이를 완전히 하느님의 사랑의 도구가 되고자 승화시키는 이러한 삶은 매우 감동적이긴 하지만, 과연 이러한 일들이 애초에 하느님이 계획하신 섭리인가? 아니면 순전히 마르트가 자유의지로 이를 스스로 선택하고 기획한 것인가? 만일 마르트 로뱅이 그렇게 생각하듯이 모든 것이 하느님이 애초에 계획하신 것이라면, 이러한 하느님의 계획이 한 인격체에게 있어서 무엇을 의미하는가? 인간은 누구나 행복하기 위해서 살아갈 권리가 있다. 그런데 어떤 사람이 고통당하기 위해서 산다는 것이 정당한 것인가? 신이 한 영혼을 세상에 창조하면서 고통을 당하기 위한 소명을 주는 것이 과연 있을 수 있는 일인가? 우리는 이러한 질문에 대해서 완전한 답을 내릴 수도 없고 판단을 할 수도 없다. 누구도 인간성의 총체적인 지평, 전 인류적 역사 안에서 가지는 모든 의미들을 다 이해할 수가 없을 것이기 때문이다. 유일한 답이 있다면 그것은 '사랑'은 모든 것에 답할 수 있는 것이라는 것뿐이다. 이 사랑은 자기 자신에 대한 사랑을 완전히 배제한 세상을 구원하기 위한 복음적 사랑이요, 인류에 대한 자기 헌신적 사랑이다. 그리스도가 행했던 그 십자가의 고통이 오직 순수한 인류애를 의미하듯이, 마르트 로뱅은 "죄로 손상된 이 세상을 구하기 위해서 그리스도와 한 몸이 되는 것"[612]

611 마르트 로뱅에게 나타난 그리스도의 오상의 흔적과 그리스도의 환시에 대해서는 『마르트 로뱅의 생애, 십자가와 기쁨』, 118–124쪽을 참조 바람.

612 『마르트 로뱅의 삶, 마르트의 비밀』, 60쪽.

을 선택한 것이다. 자신의 너무나 큰 고통을 무의미하게 고통당하는 것이 아니라, 세상을 구원하기 위한 신성한 사랑의 고통으로 승화시키는 것, 이것이 바로 마르트 로뱅이 지닌 매우 희망적이고 낙관적인 정신이다.

우리는 마르트의 이러한 결정들이 하느님의 섭리인지, 한 의로운 영혼의 자유로운 선택인지, 아니면 마르트의 이러한 자유로운 선택이 곧 하느님의 사랑의 징표인지, 이러한 질문에 답하고자 시간을 허비할 필요는 없을 것이다. 왜냐하면 모든 것은 선택하는 자의 그 정신과 그 결과에 달려 있기 때문이다. 그리고 이는 마르트가 이러한 고통과 무화의 길을 선택한 이후에 일어난 변화들이 이 모든 것을 설명해 준다. 폴 에루(Paul Héroult) 고등학교의 교사였고, 후일 '샤를르 드 푸코 재속형제회'의 일원이 된 앙제 마테이(Ange Mattei)는 마르트에 대한 공식 보고서를 쓰기 위해서 1949년 7월에 마르트를 방문하였다. 마르트에 대한 그녀의 증언은 놀라운 것이었다. 그 일부를 소개하면 다음과 같다.

> 나는 말을 할 수가 없었다. 강한 감동을 지닌 채, 아주 멀리서 들려오는 듯한 목소리, 아주 오랜 고통에서 깨어나는 듯한 사람의 목소리가 속삭이듯 말했다. [......] 그 어두컴컴함 속에서 내가 무엇을 보았노라고 감히 말한다면, 면류관으로 가시관을 쓰신 *Ecce Homo*(이 사람을 보라), 바로 살아계신 예수님이었다. [......] 속마음을 다 이야기하는 친밀감이 점점 깊어감에 따라, 나는 다음과 같은 사실을 알아차리게 되었다. 그녀가 온 세상에 완전히 통째로 현존하기에, 세상 전체가 외부의 모든 빛에 완전히 닫혀 있는 이 비좁은 방에 그대로 현존한다는 사실을. 생명의 강렬한 힘과 맑은 샘물로 이룬 강줄기, 즉

> 힘, 기쁨, 빛, 초자연적 지력(智力) 등 이 모든 것이 더 이상 사람의 몸이라고 할 수 없는 이 몸에서, 시체같이 굳어버린 이 몸에서 생명력이 솟구쳐 분출해 흐른다는 사실을 알게 되었다.[613]

우리는 위의 증언에서 '마르트가 온 세상에 완전히 통째로 현존한다'는 표현에 주목해 볼 필요가 있다. 어떻게 평생을 좁은 골방에 갇혀 지낸 한 사람이 온 세상에 현존할 수 있다는 것인가? 이는 바로 신적 현존과 하나 되지 않고서는 불가능한 일이다. 여기서 우리는 그리스도의 사랑이 온 세상에 현존하시며, 세상 모든 사람들에 대한 깊은 연민을 지고 있다는 것을 알 수 있다. 마르트에게 있어서 자신의 실존과 온 세상 사람들의 실존을 연결해 주는 그 매듭은 곧 '고통' 혹은 '십자가'였다. 마르트는 세상의 고통에 대해 다음과 같이 말하고 있다. "어떤 생애를 막론하고 그것은 하나의 고난입니다. 그리고 어떤 영혼이든지 각자가 자기 자신의 생애의 잔을 조용히 마셔야 하는 겟세마니 동산입니다." 그렇다. 이 세상이 천국이 아닌 이상, 이 세상에 고통이 없을 수 없다. 모두는 자신만의 기쁨과 환희, 그리고 고난과 고통을 가지고 산다. 그런데 현대 사회의 특징, 그것은 모든 사람들이 자신이 마셔야 할 이 고통의 잔을 외면한다는 것이다. 현대인들이 육체적이든 정신적이든 고통을 피하고자 애를 쓸수록 고통에 무기력하다. 고통을 외면할수록 작은 고통에도 괴로움은 커진다. 그래서 현대 사회는 외적인 화려함에 비례하여 도처에 고통도 만연하는 것이다. 마르트 로뱅은 바로 이러한 현대인의 고통에 깊이 동참하고

---

613 『마르트 로뱅의 삶, 마르트의 비밀』, 140쪽.

계시는 그리스도를 만난 것이며, 그분의 고통에 완전히 동화된 것이다. 바로 여기에 마르트 로뱅의 독특한 영성인 '십자가의 기쁨'이라는 역설적인 현대적 영성이 있다.

사실 현대 문명이라는 것, 현대의 첨단 기술이라는 것은 마치 고통을 피하게 해주는 도구들과도 같다. 어떤 사람들이 고통을 피하는 만큼 다른 어떤 사람이 더 많은 고통을 당한다. 하지만 고통은 피할 수 있는 것이 아니다. 인간의 세상이란 고통을 통해서만 영적으로 성장하는 것이기 때문이다. 그녀가 가지고 있는 것은 아무것도 없다. 있다면 고통뿐이다. 하지만 바로 이 고통을 통해서 그녀는 고통 받고 있는 모든 세상 사람들과 하나된 것이다. 그리고 그 한 중심에 세상의 고통을 깊이 감싸안고 있는 하느님이신 그리스도가 있다. 그리스도의 현존은 아무것도 아닌 그녀에게 모든 것이 되게 하였다. 그녀에게는 '진정한 생명'이 분출하고 있었다. 시간과 공간을 초월하여 전 세계와 소통하는 이 생명의 순환이 아무것도 아닌 마르트의 영혼에 충만하게 현존하고 있었던 것이다.

에디트 슈타인은 '보다 하느님의 현존에로 자신을 투신할수록, 보다 세상으로 깊이 나아가야 한다'고 말하였는데, 마르트 로뱅은 고통이라는 매듭을 통해서 고통 받고 있는 온 인류에게 현존할 수 있었다. 바로 진정한 의미의 보편적인 사랑이다. 이 사랑에는 국경도, 인종도, 종교도, 교의적 사상도 모두 초월하는 진정한 의미의 신적 사랑이 깃들어 있다. 그리스도를 통해 전 인류를 구원하고자 하였던 하느님의 신성한 의지가 마르트라는 아주 보잘 것 없는 영혼을 통해서 드러내신 것이 곧 마르트 로뱅의 삶의 영성적인 의미였던 것이다.

3. 마르트 로뱅의 정신과 현대 철학의 비전

1) 악과 고통의 형이상학적 의미

마르트 로뱅의 영성에 있어서 고통은 그 본질을 형성하고 있다. 다시 말해 마르트가 하느님의 현존과 하나 되고, 그녀의 실존이 온 세상에 현존할 수 있었던 것은 곧 '고통'이라는 매개체를 통해서이다. 마르트 로뱅에게 있어서 '고통'은 곧 영성의 시작이요, 그 본질을 형성하고 있다. 마찬가지로 실존주의가 현대 철학의 출발점이라면, 현대 철학의 출발점은 어떤 의미에서 인류의 비극과 고통에 대한 자각과 반성에서 출발한 것이 된다. 즉 현대 철학은 인류의 가장 큰 비극이자 가장 큰 고통이었던 2차 세계대전의 이후에, 고통에 대한 심오한 형이상학적 반성을 하면서 시작한 것이다. 실존주의는 세계의 비극과 고통에 대해 반성하고 여기에서 어떤 의미를 산출하거나, 세계를 보는 새로운 시선을 산출하고자 노력하였다. 그 중에서 우리는 '악과 고통의 형이상학적인 의미'를 추구한 철학자를 발견할 수 있는데, 프랑스의 유신론적 실존주의자인 루이 라벨이다.

일반적으로 사람들은 고통을 부정적인 것으로 고려하고 있다. 육체적인 것이든 정신적인 것이든 고통을 선호하는 사람은 없다. 그리고 고통을 긍정적으로 볼 때도 고통 자체가 좋은 것이라기보다는 고통을 통하여 삶의 의미나 깨달음을 가지기 때문이지 고통 자체가 좋은 것이라고 생각하지 않는다. 하지만 철학자들 중에는 고통을 일종의 필요악처럼 '존재와 삶'에 있어서 필연적인 요소처럼 고려하면서 긍정적인 의미를 부여하는 이들도 있다. E. 시오랑은 "도스토옙스키는 '고통은 의식의 유일한 원인이다'라고 말하였다. 사람들은 두 가지 부류로 나뉠 수 있는데, 이를 이해한 사람이거나 그렇지 않은 사람들이다."[614]라고 말하면서 고통이 가지는 긍정적인 의미를 의식을 유발하는 것으로 고려하였다. 루이 라벨에게 있어서도 '고통'의 긍정적인 의미는 바로 '의식'을 일깨우는 고통의 역할에 있다.

> 의식은 고통 받고 있을 때보다 더 날카롭고 분명한 적이 없다. 즐거움은 의식을 흩뜨리고 잠들게 한다. 고통은 의식을 일깨우는 타격이며, 의식의 가장 민감한 부분을 휘어잡는다. 하지만 이 고통은 악의 첫 계시이다. 악은 결코 고통과 무관하게 존재하지 않는다.[615]

라벨은 고통이 의식을 일깨우고 분명하게 하는 원인처럼 고려하고 있지만, 그렇다고 고통을 그 자체로 '좋은 것'처럼 고려하고 있지는 않다. 왜냐하면 고통은 '악'의 결과이기 때문이다. 철학자 라벨의 악에 대한 반성은 '악의 기원이 마치 창조 그 자체에 파생되는 어떤 필연적인 것'처럼 고려하고 있다. 그는 악을 유발하는 인간들의 죄를 마치 신이 이를 허락한 것처럼 고려하고 있으며, 그렇기 때문에 악은 순수하게 부정적인 것으로 보지 않고, 이것을 통하여 무엇인가 긍정적인 것을 유발할 수 있는 계기처럼 고려하고 있다.

악의 기원과 여기에 동반되는 인류의 고통에 관하여서는 우리가

---

614 E. M. Cioran, *Des larmes et des saints*, éd. de l'Herne, 1986, p. 116.

615 Louis Lavelle, *Le mal et la souffrance*, Paris, Plon, 1940, p. 5.

전쟁에 대해 책임을 묻고자 원하는 그러한 것에 국한되어서는 안 된다. 왜냐하면 민족들이 이를 따랐고, 신도 이러한 그들의 계획을 허락하였기 때문이다. 그들의 육체와 영혼으로서 전쟁에 참여하였던 모든 이들은 가장 정열적으로 마치 가장 바보스러운 것처럼 고통에 도달한다. [……] 내가 선으로 변모시켜야 하는 것은 악 그 자체이다. 이 악에 침투하고 이를 변모시킬 수 있는 의미를 제공하는 것은 곧 고통에서이다.[616]

형이상학적인 차원에서 악의 존재는 어쩌면 어떤 것이 창조되기 위한 조건이라고 해야 할 것이다. 왜냐하면 악이 전혀 없는 것이라면 이는 신 자체를 말하는 것이며, 따라서 악을 전혀 가정하지 않고서는 '창조 행위' 자체가 불가능할 것이기 때문이다. 따라서 철학적으로 볼 때, '원죄'라는 것은 '피조된 존재의 악의 가능성'을 말하는 것이라고 볼 수 있다. 마르트 로뱅이 "어떤 생애를 막론하고 그것은 하나의 고난"이라고 하였을 때, 그 이유를 묻는다면 아마도 '모든 인간이 죄의 가능성을 지니고 있기 때문'이라고 할 것이다. 마찬가지로 루이 라벨은 고통의 원인인 악을 제거하여야 한다고 생각하지 않고 이를 변모시켜야 한다고 생각하고 있다. 그리고 그 유일한 방법은 정신적인 고독을 통하여 신의 현존이 인간과 세계에 현존하게 하는 것이라고 보고 있다.

이 정신적인 현존이 고통을 수용하기 위해서 고독이 충분히 심오할 때, 우리에게 악을 제거하기 위해서 고독이 충분히 순수할 때, 다

616 *Le mal et la souffrance*, p. 6.

른 존재의 모든 실재를 수용하기 위해서 충분히 광대할 때 우리에게서 이웃의 현존을 발견할 수 있을 것이다. [......] 만일 우리가 우리들의 감각에 제공된 세상만을 보는 시선을 가지고 있다면, 하느님 그 자체로 마치 무한한 고독(le Solitaire infini)으로, 완벽한 분리(le parfait Séparé)로서 그리고 영원한 부재(l'éternel Absent)로서 규정되어야 할 것이다. 이렇게 된다면 악과 고통이 이 세계를 점령하게 될 것이고, 더 이상 치유할 방도가 없을 것이다. 따라서 오직 이러한 악과 고통을 변모시킬 수 있어야 한다. 우리들의 주의가 보다 명철하고 보다 통찰적이고 우리들의 선한 의지가 보다 순수하고 보다 믿음을 가질 때, 이 신적 고독이 우리들의 고유한 고독을 채울 것이며, 이 절대적인 분리가 우리들의 분리를 구원할 것이다. 이 절대적인 부재 안에서 우리는 우리 자신에 있어서와 세계에 있어서의 절대적인 현존을 발견할 것이다.[617]

위 진술에는 악과 고통, 그리고 의식에 관한 루이 라벨의 사상이 집약되어 있다. 악은 고통을 유발하고, 고통은 우리를 우리들의 이웃, 그리고 신의 현존으로부터 분리시킨다. 그리고 이러한 분리는 '고통'을 수용하기보다는 거부하는 것에서 주어진다. 사실 이웃과의 분리는 이웃을 사랑하지 못하고 경멸할 때이다. 정신적으로 볼 때, 모든 분리란 곧 사랑의 부재를 말한다. 영성적인 삶이란 우리와 세계에 현존하는 신의 존재를 통찰할 수 있게 하는 눈을 준다. 우리가 신의 현존을 통찰할 수 있고, 그리하여 신의 현존을 수용할 수 있다는 것은 곧 세상의 육체적인 시각에서 벗어날 때이다. 그래서 '정신적인 고독'은 영성적인 삶에 있어서 출발점과도 같다. 세상을 모두 껴안을

617 *Le mal et la souffrance*, p. 7.

수 있기 위해서 세상을 초월하는 것이다. 바로 이러한 영적인 초월을 통하여 비로소 신의 현존으로 우리 자신을 채울 수 있다. 라벨은 이러한 신의 현존을 맞이하는 것이 곧 악과 고통을 변모시키는 유일한 방식으로 고려하고 있다. 그런데 마르트 로뱅은 이를 보다 직접적으로 말하고 있다. 교회의 미래와 관련하여 교회의 사상이 어떻게 되어야 할 것인가를 묻는 질문에 대해 마르트는 다음과 같이 답하였다.

> 초자연적인 것(le surnaturel) 안에 존재해야 합니다. 시간적인(세상의) 문제들은 이를 다룰 사람들이 반드시 있을 것입니다. 초자연적인 것과 함께 악마는 이빨을 잃을 것입니다. 반면 다른 것들로는 악마가 모든 측면에서 우리를 옭아 맬 것입니다.[618]

악과 고통을 없애거나 혹은 변모시키기 위해서 교회는 무엇을 해야 하는가? 사람에 따라서는 세상에 만연하는 고통을 당장 '조금이라도 들어주는 것'이라고 할 수 있다. 하지만 이는 마치 병을 치유하기보다는 병이 유발한 증상을 조금 완화시켜 주는 것에 불과하다. 증상을 완전히 없애는 유일한 방법은 병을 치유하는 것 이외에 다른 것이 없다. 그렇기 때문에 교회는 먼저 초자연적인 것, 즉 하느님의 현존 안에 존재하여야 하는 것이다.

2) 세상의 고통을 껴안는 보편적 사랑

윤리학자인 에릭 베이유(Eric Weil)는 "악마의 목적은 하느님의

618 *Vénérable Marthe Robin*, p. 136.

목적보다 덜 체계적이지 않다."[619]라고 말하였는데, 이는 오늘날의 신앙인들에게 큰 교훈을 주고 있다. 만일 하느님의 섭리가 매우 정교하고 세심하다고 한다면, 우리는 하느님의 섭리에 큰 신뢰를 가지고 의탁할 수 있을 것이다. 하지만 우리가 간과해서 안 될 것은 '악마의 계략' 역시도 매우 정교하고 세심하다는 것이다. 악마가 악마처럼 보이면 아무도 악마를 가까이하지 않을 것이다. 하지만 아무도 악마를 악마로서 본 사람은 없다. 악은 항상 선의 형상을 하고 다가오기 때문이다. 그렇기 때문에 세상의 가치들, 세상의 이론들로 세상에 만연하는 악의 현존을 대항할 수는 없다. 마르트 로뱅이 '세상의 것들로는 악이 모든 측면에 옭아 맬 것'이라고 한 것도 이러한 의미이다. 중요한 것은 신의 현존을 발견하고, 신의 현존을 수용하며, 신의 현존과 함께 사는 것이다. 그럴 때라야만이 우리는 또한 다른 모든 사람들, 세상의 모든 것에 현존할 수 있고, 우리에게 현존하는 타인과 세계를 또한 발견할 수 있을 것이다.

현대에 있어서 보다 증가하는 현대인의 고통을 근원적으로 치유하는 유일한 방법이 있다면, 그것은 모든 사람 모든 것에 현존할 수 있는 영적인 실존을 가지는 것이다. 이는 또한 보편적인 사랑이라고 말할 수 있는 것이며, 가장 신의 사랑에 근접하는 것이다. 그의 도덕성이 어떠하던, 그의 가치관이나 사상이 어떠하던, 그의 종교가 무엇이든 이 모든 것을 초월하여 그가 고통 속에 신음하고 있다는 이 한

619 Eric Weil, *Le Formalisme en éthique et l''éthique matériale des valeurs*, tr. fr. Paris, Gallimard, 1955, p. 49.

가지 사실에서 그의 고통에 깊이 참여하며, 그를 감싸고 그를 구원에로 인도하고자 하는 것, 이것이 바로 마르트 로뱅이 우리에게 던지는 메시지일 것이다. 우리는 여기서 시몬느 베이유가 자신의 생애와 저작들을 통해서 주장했던 그 보편적 진리가 마르뜨 로뱅의 삶에서 진정으로 육화되고 있음을 볼 수 있다. 마르트 로뱅이 창립한 '사랑의 집'이 가진 정신도 바로 이런 것이다. 레이몽 페레 신부는 칼 라너의 말을 통해 이를 잘 말해 주고 있다.

> 신학자 칼 라너(Karl Rahner)는, 1984년 그가 죽기 얼마 전에, "우리가 살고 있는 상황이 너무나도 불확실하고 문제가 많아, 번성하는 오아시스를 많이 만드는 것이 더 좋지 않을까? 그렇게 하면서 인간적인 관점으로 볼 때, 사목적이고 교회론적인 차원의 사막들이 중간 지역으로 넓게 수많이 생기게 된다 하더라도, 번성하는 오아시스가 더 좋지 않을까?"라고 자문하기도 했다. 로마 교황청 평신도 부총장인 코르데스(Cordès) 주교는 샤토 뇌프에서 다음과 같이 말하였다. "칼 라너가 '사랑의 집'에 대해 알고 있었는지 확실하지 않으나, '사랑의 집'이 어떠해야 하는지를, 교회 안에서 어떤 것이어야 하는지를 그는 너무 잘 표현했다."[620]

오는 날 여전히 마르트가 살았던 샤토 뇌프의 '사랑의 집'에는 수많은 사람들이 순례를 가고 있다. 서로 다른 문화, 서로 다른 종교를 가진 사람들이, 신앙인과 무신론자들이 마르트에게 자신들의 고통을 치유하고 삶의 길을 밝혀줄 것을 청하며 기도하고 있다. 이는 고통

620 『마르트 로뱅의 삶, 마르트의 비밀』, 136쪽.

받고 있는 모든 이에게 그 고통을 통해 깊이 현존하시는 신의 현존을 말해 주는 것이다.

5부

존재의 신비와 신비주의의 현대적 비전

1장

신비주의에 대한 예견의 가능성과 조건들

1장
신비주의에 대한 예견의 가능성과 조건들

세계와 인간을 바라보는 신비주의적 관점은 철학이 시작된 그때에 이미 시작되었다고 할 수 있다. 희랍의 초기 철학자인 파르메니데스는 세계에 이러저러한 '사물들'이 생겨난 것을 '존재의 기적'이라고 불렀다. 그 이유는 태초에 우주 안에는 서로 구분될 수 없는 무수한 존재들이, 무한하고 영원불변하는 형태로 있었을 뿐이라고 보았기 때문이다. 이러저러한 사물들이 생겨난 것을 기적이라고 말한다는 것은 아마도 이러한 사물들의 생겨남이 눈에 보이지 않는 신성한 힘에 의한 것이기 때문이라고 본 것일 것이다. 이러한 사유는 초기 철학자들, 가령 아낙시만드로스는 이 우주 안에 '아페이론(to apeiron)'이라는 '무한자'를 상정하게 하였다. 그리고 후일 플라톤은 이러한 모든 존재의 근원으로서 '선의 이데아'를 상정하였고, 아리스토텔레스는 '우주의 제일 원인'이라는 것을 논증하기도 하였다. 플로티노스에 오면 보다 신비주의적인 방식으로 '일자(一者)'와 이로부터 모든 것이 흘러나온다는 '유출설(*emanatio*)'을 주장하게 된다. 사실 눈에 보이고 구체적인 질료적인 세계의 존재 이유를 감각 경험과 인간의 지성적 인식을 넘어서는 '신성한 존재'로부터 구한다는 것은 철학적으로 보면 전형적인 '형이상학적 사유'이다. 하지만 만일 어떤 식으로든지 인간의 영혼이 이러한 초월적이고 신성한 존재와의 교감과 소통을 하게 되고, 유한한 인간의 정신과 무한한 존재와의 관계성이 성립되면 그 순간에 이러한 형이상학은 '신비주의'가 된다. 희랍의 철학자들의 형이상학적 세계관은 그들의 세계관의 근저에 절대자 혹은 무한자 같은 초월적인 존재를 긍정하고 있다는 차원에서 신비주의적인 시선을 가졌다고 말할 수 있겠지만, 그럼에도 이들에게 이러한 신비주의적 관점이 '현실의 삶'이 된 것은 아니다. 무한자나 초월자로서의 신적 존재가 인간의 영혼에 직접 관여하면서 한 영혼의 인생의 의미가 되고, 현실의 삶의 가장 중요한 계기로서 작용하게 된 것은 중세의 '신비가들'에게서였다.

통상 '신적 현존'으로 말해지는 이러한 무한자의 현실 세계 안으로의 개입은 신비가들의 영혼을 통해서이다. 그 이유는 분명치 않지만 모든 신비가들은 어느 날 자신들의 영혼을 건드린 신의 현존을 직감하고, 세상의 삶으로부터 물러나 신적 현존을 맞이하게 된다. 어떤 이들은 환시나 계시의 형태로, 어떤 이들에게는 자신들의 내면 깊숙이 존재하는 신의 현존으로, 또 어떤 이들은 자신들의 영혼을 연옥 불로써 정화하는 방식으로, 또 어떤 영혼에게는 세계의 고통 속에 함께하는 신의 사랑으로, 또 어떤 영혼에게는 교회의 타락을 질책하거나 인류의 미래에 대한 매우 희망찬 메시지를 알려 주는 예언의 형식으로 신의 현존을 체험하였다. 신의 현존은 참으로 다양한 방식으로 신비가들의 영혼과 교감을 하고 말을 건네고 그들의 삶을 일반인들의 삶과는 전혀 다른 길로 인도하였다. 그리고 신비가들의 이러한 예외적인 삶은 이들을 통해서 신이 이 인류의 역사적 행보에 직접 관여하고 있다는 구체적인 증거가 되고 있다. 이러한 신비가들의 모습은 매우 다양한 방식으로 나타나고 있지만, 그럼에도 역사의 흐름에 따라 나타나는 신의 현존은 최소한의 일정한 패턴을 보여주고 있다는 것도 사실이다. 이는 시대와 사회적 상황에 절실한 일종의 사도적 요청에 응답하는 방식으로 나타나는 것이라고 말할 수 있다. 그리고 이러한 일정한 패턴을 분석하다 보면, 우리는 현재와 미래의 삶에 있어서 신적 현존이 어떠한 모습으로 나타날 것이며, 또 어떠한 모습의 신비가들이 출현할 수 있을 것인지를 예측할 수도 있을 것이다. 이러한 예측이 곧 '신비가들에 대한 현대적 비전'이다. 이러한 예측이 예측이라는 차원에서 진리라고는 말할 수 없겠지만, "은총은 자연적 법칙을 따라서 온다"는 토마스 아퀴나스의 말을 감안한다면, 경험적 사실들을 바탕으로 하여 지성적 숙고를 통한 이러한 예측이 부질없는 것만은 아닐 것이다. 우리는 여기서 이러한 현재와 미래의 신비가들의 모습에 대한 예측이 가지는 의의를 몇 가지 차원에서 말해 볼 수 있을 것이다.

그 첫 번째 의의는 현재와 미래의 잠정적인 신비가들로 하여금 자신들의 신비적인 삶을 잘 준비할 수 있는 길을 마련한다는 점이다. 신과 인간 영혼의 신비적인 삶 역시도 인간 사이의 관계와 마찬가지로 상호적인 것이며, 일방적인 것이 아니다. 아무리 신의 은총이 충만하다고 해도 이를 수용하는 영혼들이 존재하지 않는다면 신의 은총은 현실 사회의 측면에서 항상 '가능태'로서 남아 있을 뿐이다. 신의 은총이 인류와 세상을 위해서 실재가 되기 위해서 반드시 매개체라고 할 수 있는 신비가들이 존재하여야 하며, 이는 신비적인 영혼들의 자유로운 선택이라는 결단을 요구한다. 바로 이러한 예비적 신비가들의 자유로운 열림을 위해 우리는 현대에 있어서 신비가들의 모습이 어떠해야만 하는지, 또 어떤 형식의 신비적인 삶이 가능한 것인지를 말하지 않으면 안 되는 것이다.

두 번째 의의는 세계와 인간에 대한 진리를 증거 하는 데 있어서 시대적 분위기와 상황에 적합한 방식으로 재현하여야 한다는 점이다. 헤겔은 '철학이란 시대의 딸'이라고 말한 바 있는데, 이 진술이 전적으로 사실은 아니라 하더라도, 분명 의미 있는 진술이다. 모든 진리라고 할 만한 것은 그 시대의 시대적 분위기나 절박한 요청들과 무관하지 않기 때문이다. 신비가들의 메시지들은 어떤 관점에서 보자면 말할 수 없는 것을 말하고, 보여줄 수 없는 것들을 보여주는 것이다. 그들이 체험하고 살았던 그 영적인 지평은 우리들이 발을 딛고 있는 현실세계와는 완전히 다른 것이다. 하지만 그렇기 때문에 그들은 자신들의 시대에 그 누구도 제공하지 못한 그들만의 무엇을 제공하고 있는 사람들이다. 그들은 자신들의 시대에 가장 필요한 것을, 자신들의 사회가 요청하고 있는 그 영적인 요구들에 답할 수 있는 그 무엇을 제공하기 위해서 말할 수 없는 것을 말하고, 볼 수 없는 것을 보여주고자 노력하였다. 바로 그 때문에 가끔은 목숨을 걸기도 하였다. 이와 마찬가지로 그들이 체험하였던 그 동일한 신적 현존과 섭리에 대해서 오늘날의 신비가들은 오늘날의 언어, 우리 시대의 정신적인 분위기에 적합한 방식으로 재현하지 않으면 안 되는 것이다.

세 번째 의의는 진리에 대한 철학적 탐구의 중단 없는 노력의 일환이다. 가브리엘 마르셀은 체험된 증언에 대한 고려 없이는 '신학이나 종교철학'이 그 지반을 가질 수가 없다고 말한 바 있다. 사실이 그러하다. 사랑이나 우정, 그리고 종교 등 삶의 실천적인 문제는 체험된 개인들의 경험을 전제하지 않는다면 공허한 것에 불과하고 아무리 탄탄한 이론도 작은 하나의 논리적인 반박으로 전체적인 체계가 일순간 무너질 수도 있다. 신비가들의 체험은 우리들에게 일종의 세계와 인간을 바라보는 새로운 지평을 제공하고 있다. 시간에 상대성 원리가 작용하듯이 신비주의를 대면하면서 비로소 세계나 우주의 진리에 대해서 상대성의 원리가 작용한다는 것을 알게 된다. 그것은 세계란 결코 인간의 지성이 모두 이해하거나 하나의 지평에서 전체를 조망할 수 없는 신비라는 것이며, 이 신비는 이를 조망하는 지성의 지평이 무엇인가에 따라서 매우 다른 모습으로 자신을 드러낸다는 것이다. 그렇기 때문에 우주와 세계를 바라보는 지성의 지평 혹은 그 중심축이 무엇인가에 따라서 세계는 너무나 다른 모습, 다양한 모습으로 나타나는 것이다. 지성이 파악한 이 다양한 세계의 모습 중에 그 어느 것도 최종적인 진리라거나 절대적인 진리라고 할 수 없는 것이며, 또한 절대적인 오류라고도 할 수는 없는 것이다. 인간지성이 발견한 세계와 인간에 대한 진리는 '최종적인 진리' 혹은 '절대적인 진리'에 견주자면 항상 상대적인 것이며, 항상 새로운 방식, 새로운 관점에서 관조할 수가 있다. 특히 기계 기술문명이 고도로 발전하여 형이상학적인 향기가 완전히 사라져 버린 것 같은 현대 사회에서 신비가들의 신비적인 체험은 가장 강력한 인간의 형이상학적인 진리에 대한 증서가 되고 있는 것이다.

이상의 세 가지의 의의는 왜 신비주의에 대한 철학적 탐구가 계속되어야 하는지를 말해 주고 있으며, 또한 철학자들이 신비주의에 대한 미래의 모습들에 대해서 말해 주지 않으면 안 되는지를 해명해 주고 있다. 하지만 신비주의가 본질적으로 인간의 지성을 넘어서는 것에 대해 다루고 있다는 측면에서 그 근거가 되는 신비가들의 체험들을 전혀 고려하지 않는 미래에 대한 예견이란 매우 불완전하고 지성적인 유희로 끝나버릴 수도 있다. 그렇기 때문에 지난 신비가들의 모습과 그들이 제공해 준 체험들을 근거로 하여 조심스럽게 제한적으로 현대와 미래의 신비주의에 대해서 언급할 수밖에 없을 것이다.

2장

신비가들의 역사와 현대적 신비주의의 윤곽

2장
신비가들의 역사와 현대적 신비주의의 윤곽

역사 속에 등장한 신비가들의 삶을 파노라마식으로 간략히 요약해 본다는 것은 역사에 따른 신비가들의 모습이 어떻게 변화하였고 또 발전하였는가 하는 점을 이해하게 한다. 우선 중세의 신비가들에게서 가장 분명하게 부각되는 점은 신적 현존이 인간의 역사 안에 구체적인 모습으로 현시되고 인간의 영혼에 다가왔다는 점이다. '빙겐의 힐데가르트'나 '시에나의 가타리나' 등은 환시가들이라고 할 수 있다. 환시가란 신이 자신의 의지나 뜻을 환시의 형식으로 이들의 영혼에 직접 계시한 것이다. 환시가들은 일종의 초월적인 세계와 인간의 영혼이 직접 대면한 사건이라고 할 수 있으며, 신비주의에 있어서 가장 원초적인 신비적 체험에 해당한다. 그리고 아시시의 글라라와 앙베르의 하데비히 등은 모두 신적 현존을 맞이하기 위해서 끝임 없이 노력하고 기다렸던 신비가들이다. 신적 현존을 맞이하기 위해서 이들은 자신들의 전 실존을 관상과 기다림에 헌신하였던 이들이며, 이들의 삶은 인간이(인간의 영혼이) 신의 현존과 인격적인 관계성을 가지는 존재임을 증거 한 신비가들이다. 그리고 노르비치의 쥴리안과 시에나의 가타리나는 비록 그 성격은 반대되지만 모두 신이 의지를 전달하는 예언자의 역할을 하였다. 이러한 중세의 신비가들의 신비적 체험의 특징들은 인간의 영혼이 구체적이고 실제적인 방식으로 신의 현존과 만나고 또한 이에 대한 간절한 기다림의 형식으로 전개된다. 그리고 신과의 만남은 곧 신의 계시를 전달하게 하는 전달자의 역할을 하게 하였다.

근대의 신비가들은 중세의 신비가들과는 그 모습이 한층 정화된 모습으로 나타나고 있다. 그것은 예외적인 기적이나 환시 등의 모습보다는 보다 영혼의 내면적인 삶이라는 형식으로 나타나며, 그 결과도 예언자적 모습보다는 이웃을 위한 헌신이나, 사랑의 삶을 강조하는 방식으로 나타나고 있다. '아빌라의 데레사', '빠지의 마리아 마달레나' 그리고 '잔느-귀용'은 모두 저술가들의 모습을 띄고 있는데, 이들은 하나같이 '영성과 관상'의 삶에로 나아가는 방법론들에 대해서 저술하고 있으며, 모두 '내적인 삶' 혹은 '내면성'을 강조하고 있다. 이 과정에서 자신에 대한 앎과 세속적 삶에서 물러나 내면으로 향하는 삶의 방식을 매우 강조하고 있다. 특히 아빌라의 데레사는 『영혼의 성』을 통해서 한 영혼이 신적 현존을 만나러 가는 그 과정을 자신의 내면으로 가장 깊숙이 나아가는 것과 동일시하였다. 신적 현존을 맞이하기 위한 인간 영혼의 공통된 조건처럼 이들은 '내면의 정화'를 강조하고 있는데, 25년 동안 실제로 연옥의 불을 통해서 자신의 영혼을 정화하였던 '제노바의 가타리나'의 경우는 영적 여정에 있어서의 '정화'에 대한 상징적인 모습을 보여주고 있다. 그리고 이러한 영성의 여정에서 한결같이 강조하는 것은 또한 이웃에 대한 사랑의 실천이다. 캐나다의 원주민들을 위해 평생을 헌신한 '육화의 마리아'는 이러한 이웃에 대한 사랑을 상징적으로 보여주고 있다. 정화와 내적인 삶, 그리고 사랑의 실천이라는 '가장 보편적인 영성적 삶의 모습'이 정착되고 있는 시기가 곧 근대 시기의 신비가들의 모습이라고 할 수 있다.

현대로 오면 신비가들의 모습이 보다 다양하고 포괄적이며 과도기적인 모습을 띄고 있다고 할 수 있다. 우선 현대의 신비가들에게서 드러나는 가장 일반적인 경향은 신적 사랑의 범주가 가톨릭교회라는 테두리를 넘어 전 인류에게로 향하고 있다는 보편성이다. 리지외의 데레사는 누구나 갈 수 있는 '작은 길'이라는 보편적인 영성의 길을 마련하였고, 시몬느 베이유와 마르트 로뱅은 범주를 초월하는 보편적인 사랑의 실천을 보여 주었다. 말 그대로 '보편적'이라는 그리스도교적 이념이 현실적으로 실현되게 한 것이다. 하지만 또한 삼위일체의 엘리사벳은 과거의 신비가들보다 더욱 강한 초월적 세계에 대한 체험과 이에 대한 현대적 해석을 시도하고 있다. 반면 에디트 슈타인과 마르트 로뱅은 '인류가 겪고 있는 고통'에 대한 깊은 공감과 함께 그리스도의 고통을 체험하면서 인류의 고통에 현존하는 신의 현존을 생생하게 체험하였다. 이는 자녀의 고통에 동참하면서 함께 고통 받는 모성적인 고통이며, '육화(incarnation)'의 의미가 가장 현실감 있게 나타나는 것이라고 할 수 있다. 현대의 신비가들은 한편으로 교회의 사랑의 범주를 전 인류에게로 열어제치면서, 다른 한편으로는 초월적 세계가 이 지상의 세계와 겹쳐지는 신의 육화에 대한 강한 메시지를 전달하고 있다.

이러한 신비가들의 역사적인 과정은 다음과 같은 부정할 수 없는 사실을 말해 주고 있다. 첫째, 신비가들에게 나타나고 있는 신적 현존은 비록 개별적이고 인격적인 관계성이라는 형식으로 나타나고 있지만 항상 보편적인 교회나 인류의 삶에 빛을 제공한다는 방식으로 나타난다는 것이다. 둘째, 이와 관련하여 전통적인 그리스도교의 관점에서 신비가들의 신비적 체험은 '인류의 구원의 역사'라는 전체적인 역사적 과정과 무관하게 이루어지는 것은 없으며, 모든 신비가들은 어떤 식으로든 이 전체적이고 총체적인 구원의 역사에서 중요한 위치를 차지하면서 빼놓을 수 없는 자신만의 역할을 수행하고 있다는 점이다. 셋째, 신의 현존이 나타나는 방식이 보다 포괄적이고 일반적인 차원–세계의 진리를 계시하는 방식 등–에서 보다 구체적이고 실제적인 방식–인간의 역사적 삶의 현실에 참여하거나, 개인의 내밀한 실존의 의미에 참여하는 방식–으로 나타나고 있다는 점이다. 이는 말하자면 신비가들의 신비적인 체험은 우주나 세계의 위대함에서 출발하여 점차 인류의 행보에로 그리고 개개인의 삶 혹은 개별적 존재의 신비나 가치를 더욱 밝혀 주는 형식을 취하고 있다는 점이다. 넷째, 세계 내에서의 신적 현존이 나타나는 방식이 매우 구체적이고 실제적인 방식으로, 즉 현실적인 인간의 삶의 한 중심에서 나타나고 있다는 점이다. 이는 철학적 지평에서 보자면 인간과 세계에 대해서 초월적인 존재가 보다 현실적으로 상대적인 세계와 일치하고 있다는 점이다. 다시 말해서 무한자와 유한자, 절대적 존재와 상대적 존재 사이의 무한한 거리가 점차 소멸되면서, 초월적인 세계와 현실 세계가 서로 겹쳐지고 일치하고 있다는 것을 의미한다. 이는 결과론적으로 영성적 삶이 선택된 특수한 영혼들에게 한정된 것이기보다 일반적이고 보편적인 인간의 삶에로 확대되고 있음을 의미하는 것이다. 그리고 다섯째, 이러한 초월적 세계와 상대적 현실세계의 일치는, 특히 현대의 신비가들에게 있어서, 인류의 고통이라는 윤리도덕적인 죄의 결과 안에서 현실적으로 현존하는 신의 실제적인 고통을 통해서 드러나고 있다.

이러한 역사적 흐름에 대한 관조는 우리로 하여금 현대나 미래 사회에 있어서 등장하게 될 신비가들에 대한 비전, 즉 신비가의 삶에 나타나는 신의 현존의 방식에 대해 몇 가지 조건을 유추하는 것을 가능하게 한다. 그 조건들은 ① 신비가들의 신비적 삶은 어떤 식으로든지 그리스도교적 구원의 역사에 중요한 역할을 수행한다는 의미를 담고 있으며, ② 인류의 보편적인 역사에 빛을 주고자 한다는 것이며, ③ 보다 구체적이고 내밀한 개별자들의 삶 안에 직접 관여하면서 개개인이 인간에 대한 신비나 가치를 더욱 밝혀 주는 형식이 될 것이다. 그리고 ④ 신비적 삶이 특수하게 선택된 영혼들에게서가 아니라 보다 일반적이고 일상적인 영혼들의 삶 안에서 이루어질 것이며, 이는 인간 사회 그 안에 현존하는 신의 현존에 대해 더욱 분명한 방식으로 제시하면서 이 지상의 현실 세계와 초월적인 세계의 일치를 보다 분명하게 드러내는 방식으로 나타날 것이다. 마지막으로 ⑤ 특히 현대 사회가 당면하고 있는 증가하는 인류의 불행과 고통에 대한 강한 연민이나 사랑이라는 형식으로 나타날 것이다. 어떤 면에서 인류의 고통이 커질수록 이에 비례하여 신적 현존도 보다 강하고 분명하게 나타날 것이라고 말할 수도 있을 것이다.

이러한 현대적 신비주의의에 대한 추론은 어떤 관점에서는 예측이라기보다는, 이미 발생하고 있는 사실들에 대한 긍정이라고 볼 수도 있다. 우리는 이미 앞선 여러 장의 끝부분에서 "신비가들의 정신에 대한 철학적 함의"라는 제목으로 현대의 철학자들에게 있어서 이러한 신비가들의 정신과 유사한 것이 하나의 다른 방식으로 나타나고 있음을 살펴보았다. 이는 또한 이러한 신비가들의 정신이 어떻게 철학적으로 이해되고 발전될 수 있는 것인지를 말해 주는 것이다. 이러한 고찰은 사실상 과거의 신비가들의 정신이 오늘날 현대의 정신적 분위기 안에서 새롭게 나타나게 될 때의 그 모습을 예견하고 있는 것과 다른 것이 아니다. 이러한 조건 속에서 우리는 현대의 철학자들, 특히 가톨릭의 영성과 밀접한 관련을 가진 철학자들의 정신에서 그 신비주의적인 면모를 드러내고 있는 것을 모아, 위에서 언급한 현대 신비주의의 5가지 조건들에 적합한 방식으로 그 윤각을 그려볼 수가 있을 것이다. 여기서 우리가 다루어 볼 가톨릭의 철학자들[621]은 쟈크 마리텡, 엠마누엘 무니에, 루이라벨, 삐에르 떼이야르 드 샤르뎅 등이 될 것이다.

---

621 여기서 다룰 철학자들은 프랑스의 현대 가톨릭 철학자들이다. 각각의 철학자들은 현대 토미즘, 사회철학, 실존주의, 과학철학을 대표할 만한 가톨릭철학자들인데, 사실 이러한 선택은 임의적인 것이다. 어떤 철학자를 선택하는가 하는 것은 중요한 것이 아니며, 다만 현대의 신비주의에 대한 철학적 비전을 가지기 위해서 각 분야를 대표할 만한 철학자들을 선택한 것뿐이다. 스페인, 이태리, 독일의 철학자들 중에서도 이러한 분야를 대표할 만한 사람이 많이 있겠지만, 언어적 한계와 본인의 전공을 고려하여 프랑스 철학자들을 선택하였다. 프랑스는 가톨릭 국가로서 가톨릭 영성이나 종교적 실천과 관련된 철학적 분야가 상대적으로 강하므로 유익한 선택이라고 할 수도 있을 것이다.

3장

인격화의 길과 사회적 신비주의

3장

인격화의 길과 사회적 신비주의

앞서 언급한 현대적 신비가들의 조건들 중에서 ①과 ②의 조건들은 현대의 새로운 신비주의는 특수한 이론이나 사상 체계에 대한 배타성을 거부하고 보다 보편적이고 포괄적인 인간성의 지평에서 자신의 역할을 수행할 것임을 말해 주고 있다. 그리고 ③의 조건은 이 새로운 신비주의는 개개인의 인격적인 신비에 더욱 깊이 침잠할 것임을 말해 주고 있다. 현대 가톨릭철학에서 이러한 개인의 인격의 신비에 대해서 보다 깊이 관여하고 있는 두 철학자는 쟈크 마리텡(Jacques Maritain)과 엠마누엘 무니에(Emmanuel Mounier)를 들 수 있을 것이다. 인간의 인격에 대한 이 두 철학자들의 사유는 개개인이 지니고 있는 인격은 곧 신성한 무엇이 발현하는 장소처럼 고려하고 있다는 점이다. 이에 대한 두 철학자들의 진술은 아래와 같다.

• 한 인격체(une personne)는 자유의 중심이다. 그는 사물들, 우주, 신 앞에서 다른 인격체와 담화하고 지성과 감성을 통해서 소

통하고 있다. 그것이 아무리 복잡하다고 하더라도 인격성(개별성, personnalité)의 의미는 무엇보다 먼저 존재론의 질서에 있다. [......] 인격성의 형이상학적인 뿌리는 사람들이 실체(substance)라고 부르는 그것이다. [......] 나의 인격은 행위 하기 이전에 존재한다. 그리고 이 인격은 그의 실존을 마치 그의 본성처럼 일종의 절대적인 방식으로 그리고 소통 불가능한 것으로 소유하고 있다.[622]

- 개인주의(individualisme)의 첫 번째 근심은 개인을 자기 자신의 중심에 위치시키는 것이라면, 인격주의(personnalisme)의 첫 번째 근심은 인격의 열려진 지평들 안에서 개인을 다시 정립하기 위해서 자신의 중심에 위치시킨 이 중심을 허물어뜨리는 것이다.[623]

위 진술 중 자크 마리텡의 진술은 한 개인의 인격이라는 것은 선천적으로 주어진 것이며, 절대적인 어떤 것임을 강조하면서 인격의 존재론적인 특성을 강조하고 있다. 인격이 존재하는 모든 것과 소통하는 것이라는 측면에서 인격이란 감각적 활동, 심적 활동, 지성적 활동 등 모든 생명현상이 집약되고 수렴되는 한 개인의 존재와 삶의 중심축처럼 고려되고 있다. 그렇기 때문에 한 개인의 인격 그 자체는 소통이 불가능한 절대적인 지평에 있다. 따라서 만일 이러한 절대적 지평에 있는 한 인격의 근원에 대해 질문한다면 이는 곧 신일 수밖에 없다. 그리고 한 인격의 진정한 가치와 의미 역시도 신과의 관계성을 전제하지 않고서는 생각할 수가 없다. 모든 인간이 자신의 인격을 소

622 Jacques Maritain, *Les degrés du savoir*, Paris, Desclée, 1932, pp. 457–458.

623 Emmanuel Mounier, *Le Personnalisme*, Paris, PUF, 1961, p. 35.

유하고 있다는 이유만으로 전 우주보다 소중한 이유가 바로 여기에 있다. 한 개인의 인격에 대해서 생각한다는 것은 곧 신성과 관계된 한 개인의 개별성에 대해서 생각한다는 것이다. 한 개인의 인격은 곧 초월성의 징표이며, 영적인 삶 혹은 신비적인 삶은 필연적으로 한 개인의 개별성 혹은 인격성에 대한 사유와 불가분한 것이다. 따라서 만일 과거의 신비가들이 인류의 역사나 교회의 역사 안에서 신의 현존과 섭리를 발견하였다면, 현대의 신비가들은 모든 개별적인 인격들 안에서 신의 현존과 섭리를 발견하는 그러한 사람들일 것이다.

그런데 쟈크 마리텡은 이러한 인격은 이미 완결된 어떤 것이 아니라 "자유를 획득하듯이 실현해야만 하는 것"[624]으로 보고 있다. 쟈크 마리텡은 현대 철학자들이 인간본성에 대해서 "막대함(inexhaustibilité) 혹은 비-규정성(non-détermianablité)"[625]으로 말하고 있는 것은 바로 인간의 인격이 지니는 무한 혹은 신성의 특성에서 비롯한다고 말하고 있다. 이러한 비-규정적인 인격이 유한성과 규정성이라는 구체적인 모습을 통해 실현하여야 하는 것이 모든 인간의 공통된 사명이다. 그리고 엠마누엘 무니에는 이러한 '인격의 구체적인 실현'의 과정에 그의 모든 시선을 집중하고 있다. 그는 한 개인의 인격이 실현되는 것은 자신을 둘러싸고 있는 역사적 사회적 사건과 환경을 통해서, 그리고 한 개인이 관계를 맺고 있는 모든 것과의 관계성을 통해 이루어진다고 보고 있다. 위의 엠마누엘 무니에의 진

624 *Les degrés du savoir*, p. 460.

625 *Les degrés du savoir*, p. 463.

술은 이러한 인격의 관계성을 강조하기 위해 개별성과 대립되는 인격성의 의미를 부각시키면서 인격의 '사회적 특성'을 강조하고 있는 것이다. 엠마누엘 무니에는 인격의 사회성을 강조하기 위해서 인격의 개별적인 특성(individualité)을 '도약'을 위한 '필요조건'처럼 고려하고 있다. "개별적인 인격은 오직 보다 잘 도약하기 위해서만 자신에로 칩거한다. 침묵과 피안의 가치들은 바로 이러한 생동하는 체험에 있어서 정립된다."[626] 그렇기 때문에 인격의 개별성은 인격의 '충분조건'은 될 수가 없다. 전통적인 의미의 '내면성'과 '피안'은 보다 새롭게 도약하기 위해서 열려져야 한다. 이 열림의 의미는 자신의 인격성 안에서 환경적, 사회적, 역사적 특성들을 모두 포괄하는 것이며, 이러한 총체적인 '자아'를 감싸안으면서 무한자, 즉 신의 현존으로 나아가는 '자아'이다. 그렇기 때문에 진정한 영성가 혹은 신비가가 된다는 것은 곧 '인격화의 길(la voie de la personnalisation)'로 나아가는 것을 말한다.

이 인격화의 길은 두 가지 의미를 포함하고 있다. 하나는 나의 인격이 나와 관계하고 있는 모든 것, 일체의 것에 대한 관계성을 통해 형성된다는 것이며, 이는 다른 말로 나의 영혼이 발견해야 할 신의 현존이 바로 이 총체적인 세계 존재와의 관계성 안에서라는 말이다. 다른 하나의 의미는 인격화의 길이란 곧 '나의 관계하는 이 총체적인 세계 존재' 그 자체를 '인격화' 한다는 것을 의미하고 있다. '세계를 인격화'한다는 것, 이는 곧 이 세계 존재 안에 현존하는 신의 현존을 맞이한다는 것과 다름이 아니다. 마치 아시시의 프란치스코가 풀 한 포

626 *Le Personnalisme*, p. 48.

기, 꽃 한 송이에서 신의 현존을 맞이하였듯이, 오늘날의 신비가들은 리지외의 데레사나 마르트 로뱅이 그러했던 것처럼 아주 보잘 것 없는 한 개인의 인격 안에서조차 신의 현존과 신성한 섭리를 발견하고 맞이하는 그러한 사람들이다. 엠마누엘 무니에는 특히 불의와 폭력으로 인해 고통과 절규가 가중되고 있는 사회적 삶 안에서의 인격화를 강조하고 있다. 우리는 이미 이를 '사회적 신비주의'라고 규정한 바 있다. '인격화의 길'과 '사회적 신비주의'는 동전의 양면과 같은 것이다. 보다 인격화의 길로 나아갈수록 신비가는 '사회적 특성'을 띨 수밖에 없을 것이며, '사회적 신비주의'가 강해질수록 인간과 세계에 대한 '인격화'가 깊어질 수밖에 없는 것이다.

4장

악과 고통의 의미, 그리고 전-우주적인 인격화

4장
악과 고통의 의미, 그리고 전-우주적인 인격화

현대 사회의 특징 중 하나가 고통이 증가하고 있다는 것이다. 사실 어떤 면에서 증가하는 것은 고통뿐만이 아니라 인간이 느끼는 모든 정서적인 가치들이 동시에 증가한다는 것이 맞을 것이다. 이러한 현상은 세계와 인류의 역사가 '진보'한다고 이해할 때 필연적인 것이다. 하나의 과일이 익는다는 것은 과일 안에 있는 모든 요소들이 증가하는 것을 의미하기 때문이다. 그렇기 때문에 악과 고통의 증가는 어떤 의미에서 당연한 것이거나 혹은 피할 수 없는 것이다. 그래서 루이 밀레(Louis Millet)는 『형이상학』에서 "악과 고통 앞에 서 있는 우리에게, 이는 해결해야 할 문제로서 나타나는 것이 아니라, 신비를 품고 있는 것으로 나타나고 있다."[627]라고 말하고 있다. 어떤 것이 신비라는 것은 아직은 그 실체나 전말이 완전히 알려지지 않는 것임을

627 Louis Millet, *La métaphysique*, Paris, PUF, 1996, p. 55.

말하고 있다. 형이상학적 지평이나 종교적 지평에서 고통이 악의 결과라는 것은 익히 알려져 있다. 하지만 이 고통의 의미가 정확히 무엇인가 하는 것은 아직 분명히 밝혀지지 않고 있다. 실존주의자인 루이 라벨은 인류가 행한 전쟁마저도 신이 이를 '허락한 것'[628]이라고 말하면서, "내가 선으로 변환시켜야 할 것이 곧 이 악 자체이며, 고통에 침투하고 고통을 변모시킬 의미를 가지게 되는 것은 이 고통 자체에서"[629]라고 말하고 있다. 고통을 외면하고서는 고통의 의미를 발견할 수 없다. 어차피 인류와 개인이 겪고 있는 삶의 고통들이 피해갈 수는 없는 것이라면, 우리는 이 고통을 겸허하게 수용하면서 그 의미를 발견하고 이로써 이 고통의 원인이 되는 악을 변모시켜야 한다.

> 가장 비참한 고통은 항상 우리를 유혹하는 악으로부터 벗어날 수 없다는 그것이다. 그런데 만일 우리들의 구원이 외부 세계로부터 온다고 한다며, 그럼에도 이를 실현하는 것은 바로 이 세계 안에서 이다.[630]

위의 라벨의 말은 구원의 의미를 이해하는 데 있어 매우 의미심장하다. 인간됨의 조건이 '악과 고통'을 동반하는 것이라고 한다면, 인간은 스스로 구원에 이를 수는 없다. 하지만 그럼에도 라벨은 플라

---

628 "악과 여기에 동반되는 고통의 기원에 대해서 생각하면서 우리는 이들의 책임을 전쟁 그 자체에 전가할 수는 없다. 왜냐하면 백성들이 이 전쟁을 따랐고, 지주 신(神)마저도 이들의 계획을 허락하였기 때문이다." Louis Lavelle, *Le mal et la souffrance*, Paris, Plon, 1940, version numérique par Pierre Palpant, p. 6.

629 *Le mal et la souffrance*, p. 6.

630 *Le mal et la souffrance*, p. 84.

톤처럼 악과 고통이 만연하는 이 세계를 단죄하지는 않는다. 왜냐하면 구원이 시작되는 곳은 곧 이 세계 안에서이기 때문이다. 악은 단죄의 대상이 아니라 변모의 대상이고, 고통은 제거시켜야 할 대상이 아니라 여기서부터 구원이 시작되는 역설의 장소여야 한다. 이러한 변모와 새로운 시작은 떼이야르 드 샤르뎅(P. T. de Chardin)으로 하여금 '우주의 인격화'로 이해된다.

> 인격화에 대한 장애가 많았음에도 불구하고 인격화는 진전되고 있다. 한편으로는 인견적인 존재로서의 우주가 되어 가고 다른 한편 우주가 인격화를 이루는 것이다. 인간의 인격화부터 우주 전체의 인격화는 오메가 안에서 완성된다.[631]

보다 인격화된다는 것은 보다 궁극적인 지점(오메가 포인터)으로 나아간다는 것이다. 왜냐하면 이 궁극적인 지점은 또한 '인격성'의 근원이었던 신의 존재를 의미하기 때문이다. 오직 신만이 순수하게 그리고 절대적으로 '인격(Personne)'인 것이며, 엄밀히 말해 인간은 이 인격을 닮은, 즉 어느 정도 인격인 것이다. 그래서 떼이야르 드 사르뎅은 인류의 진화 혹은 우주의 진화를 "생명의 초-창조(sur-création) 혹은 재탄생(re-naissance)"[632]이라 명명하고 있다. 바로 이러한 초-창조와 재탄생이 이루어지는 매듭은 곧 '고통'이다. 그리스도의 고통은 곧 인류의 도약을 의미한다. 만일 고통이 전혀 없이도 '인격화의 길'

631 떼이야르 드 샤르뎅, 『인간 현상 이해』, 떼이야르 드 샤르뎅 연구회 옮김, 대건인쇄출판사, 2009, 195쪽.

632 『인간 현상 이해』, 130쪽.

이 가능했다면 신은 그리스도의 고통을 허락하지 않았을 것이다. 우주의 인격화란 어떤 의미에서 우주 안에 있는 '절대적 인격'으로서의 신의 현존을 최상으로 드러내는 것이다. 여기서 우주란 "닫혀 있고 비-인격적인 우주가 아니라, 미래의 저편으로 열려 있고, '신성한 중심(un Centre divin)' 위에 있는 그러한 우주"[633]인 것이다. 이러한 세계는 절대적인 인격으로서의 신의 모습을 닮은 상대적인 인격으로서의 세계에서-즉 어느 정도 인격으로서의 세계에서-, 이 세계 안에 잠들어 있는 이 '가능태'로서의 인격성을 극대화한 세계인 것이다. 이러한 사유를 사제 필립은 '초자연적 실재론'이라고 부르고 있다.

> 어느 정도 진지하게 된 영성적인 삶 안에서는 순수한 집중이 사물과 사건을 투명하게 하고, 또 믿음이 밝혀 주는 새로운 눈을 통해 모든 상황에 있어서 실재를 분명히 인식하고자 한다. 이는 궁극적으로 자신 스스로 참된 존재가 되기 위한 지속적인 노력처럼 나타나게 된다. 신비 그 자체는 이 '초자연적인 실재론(réalisme surnaturel)'의 단순한 개화[開花]에 불과하다.[634]

이제 현재와 미래에 존재하게 될 신비가의 모습이 어떠할 것인지 간략히 요약해 보자. 우리 시대와 미래의 신비가들은 사상이나 철학적 도그마가 한계지우는 그 어떤 울타리도 넘어서고자 할 것이며, 보편적인 인간성의 지평 안에서 신의 섭리와 현존을 통찰하고자 할 것이다. 이러한 영혼들은 어떤 의미에서 모든 인류가 동일한 신의 자녀

633 P. T. de Chardin, *Être plus*, paris, Seuil, 1968, p. 147.

634 Fr. Philippe (OCD), *La présence à Dieu et à moi-même*, éd. du Seuil, 1949, p. 7.

들임을 선포하는 예언적 기능을 수행하면서 세계와 인류 역사에 나타나는 '존재의 신비'를 끊임없이 밝혀 주고자 하는 그러한 영혼들일 것이다. 이 존재의 신비는 한편으로는 세계와 인간성이 품고 있는 비밀과 신비를 끊임없이 밝혀 주면서, 다른 한편으로는 끊임없이 이 세계 안에 보다 분명하게 나타나는 신적 현존을 구체적인 방식으로 드러내 주는 그러한 방법을 취할 것이다. 모든 영혼들, 특히 현대적 사회악이 유발하는 고통에 신음하는 영혼들의 내면 깊이 현존하는 신적 현존과 사랑에 대해서 민감하며, 이들의 고통에 동참하면서 세계 속에 만연하는 악을 변모시키고자 할 것이다. 이들은 "지상에서 인간들이 겪는 그 어떤 지옥이나 낙원도 우리 스스로가 만든 지옥과 낙원 이외에는 없다."고 생각하면서 끊임없이 악을 선으로 환원하는 노력을 게을리하지 않을 것이다. 이러한 노력들은 과거의 선택받은 위대한 영혼의 모습이 아니라, 인간 사회 곳곳에 숨겨져 있는 평범한 모습의 영혼으로 나타날 것이며, 이들로 인하여 인간 사회는 단순히 만들어진 구조가 아니라, 살아 있는 인격체의 모습으로 변모할 것이다. 이들로 인하여 증가하는 악과 고통이 선과 생명에로 도약하는 계기로 변모하면서 인류는 가장 큰 위로를 받게 될 것이다. 아마도 우리는 이러한 현재와 미래의 신비가들을 떼이야르 드 샤르뎅이 예언한 바 있는 미래 사회의 의인들, 즉 미래 어느 날 갑자기 존재하게 될 무수한 성인들의 모습과 유사할 것이라 상상해 볼 수 있는 것이다. 현대 사회에 증가하는 악과 고통이 아무리 짙다 하여도, 미래 사회에 닥칠 불행이 아무리 크다 하여도, 이러한 고통과 불행은 어디까지나 육체적인 것이고 심리적인 것일 뿐이다. 본질적으로 정신적이고 영적인 지평의 삶을 지향하는 인간의 영혼은 항상 이러한 어둠 안에서 신비로운 기쁨을 지닌 신비가들의 실존을 생각할 수 있으며, 그런 한 희망과 평화를 낙관할 수 있을 것이다. 이들은 "언젠가 도래하게 될 새로운 땅과 새로운 하늘에 우리가 지니고 가야할 것은 곧 '땅의 기쁨'이다."라고 외치며, 언제나 흥미진진한 인류의 미래상을 그려보는 그러한 사람들일 것이다.

부록

본 저서에 소개된 여성 신비가들 연표			
중세	빙겐의 힐데가르트 (1098~1179)	수녀 원장, 환시가, 저술가, 성녀	신으로부터 온 환시를 통해서 신적 진리를 설파하고 예언자적 소명을 실천함. 우주적 생명사상을 설파.
	아시시의 글라라 (1194~1212)	수녀 원장, 창립자 관상가, 성녀	절대적 청빈과 관상의 삶을 통해, 관상수도자의 모범을 보임.
	앙베르의 하데비히 (약, 13세기 중기)	베긴, 여류시인 영성가	신적 사랑의 성장과정과 완전한 자유, 기다림의 미학을 실천
	노르비치의 쥴리안 (1342~1416)	평신도 은수자, 환시가, 저술가	신적 사랑에 대한 계시들과 낙관적인 구원론 예언
	시에나의 가타리나 (1347~1380)	평신도(3회원), 성녀 활동가, 교회박사 오상의 성흔	자신에 대한 앎, 사랑과 생명의 나무, 교회사, 정치사에 획을 그은 인물, 예언자적 메시지.
근대	제노바의 가타리나 (1447~1510)	미망인, 평신도 봉사자 저술가, 성녀	연옥의 정화에 대한 체험, 완전히 신적 의지에 의탁한 25년간의 기적적인 삶.
	아빌라의 데레사 (1515~1582)	수녀 원장, 창립자, 저술가, 성녀, 교회박사	개혁 가르멜의 창시자로서 가장 다양한 신비체험과 탈혼(extase)을 체험, 완전한 덕을 향한 영적 여정
	빠지의 마리아 마달레나 (1566~1607)	수녀, 저술가 탈혼, 성녀	전통 가르멜의 대표적 성녀로서 그리스도의 수난과 신비적 결혼에 대한 계시 저술
	육화의 마리아 (1599~1672)	미망인, 수녀 선교사, 성녀	미망인에서 수녀가 됨. 캐나다 퀘벡의 위르쉴린 공동체의 창립자로 사회적 신비가로 알려져 있음.

	잔느-마리 귀용 (1648~1717)	미망인, 은수자 저술가, 영적지도자	평신도로서 탁월한 영적 정시에 오름. 누구나 손쉽게 영성의 길을 갈 수 있는 많은 저술을 남김.
현대	**리지외의 데레사** (1873~1897)	수녀, 현대적 신비가, 성녀, 교회박사	단순성과 겸손함으로, 누구나 갈 수 있는 영성의 '작은 길'을 마련한 가장 현대적인 영성가.
	삼위일체의 엘레사벳 (1880~1906)	수녀, 저술가 신비주의, 복녀	초월적인 세계에 대한 심오한 깨달음. 창조, 신적 현존, 합일 등 고전적인 영성의 현대적 해석
	에디트 슈타인 (1891~1942)	수녀, 여성철학자 순교자, 성녀	유대교에서 가톨릭으로 개종한 여성 철학자. 가톨릭 사상을 현상학적으로 조명. 아우슈비츠에서 순교
	시몬느 베이유 (1909~1943)	여성철학자, 교사 사회 활동가, 저술가	기독교적 소크라테스주의자. 그리스도교의 정신을 사회에서 탁월하게 실천. 프랑스 독립운동 시 사망.
	마르트 로뱅 (1902~1981)	평신도, 고통과 사랑의 순교자, 복녀	약 50년간 병상에 고통 받으며, 오직 성체만으로 살아온 기적의 삶. 고통에 대한 탁월한 이해. '사랑의 집' 창립자.

참고 문헌

※ 독자들의 편의를 위해 참고 문헌은 각 신비가들 별로 따로 제시하고 있으며, 여기 제시하는 문헌들은 모두 이 책에서 직접 인용된 자료들임.

「빙겐의 힐데가르트」

로버트 패리시, 『떼이야르 드 샤르댕의 신학』, 이홍근 옮김, 분도출판사, 2001.

루이 라벨, 『성인들의 세계』, 최창성 옮김, 가톨릭출판사, 1997.

쟝 라크르와, 『현대 프랑스 사상의 파노라마』, 정성진 옮김, 탐구당, 1985.

키르케고르, 『들의 백합 공중의 새』, 표재명 역, 종로서적, 1980.

______, 『사랑의 役事』, 하, 임춘갑 역, 종로서적, 1982.

______, 『죽음에 이르는 병』, 김용일 옮김, 계명대학교출판부, 2006.

______, 『불안의 개념』, 임춘갑 옮김, 도서출판 치우, 2011.

Aquinatis Thomae, *Summa Theologiae*, I, Marietti Editori, 1952.

______, *Summa Theologiae*, I–II, Marietti Editori, 1952.

______, *Summa Theologiae*, II–II, Marietti Editori, 1952.

______, *Questiones disputatae de Veritate*, q. 10, *De Mente*, paris, J. Vrin, 1998.

Bergson, *Le rire*, Paris, PUF, 1900.

Hildegarde de Bingen, *Les causes et les remèdes*, trad., Pierre Monat, 2005.

______, *Le Livre des oeuvres divines*, trad. Bernard Gorceix, Paris, Albin Michel, 1982.

Joseph Beaude, *La Mystique*, Paris, Cerf, 1990.

Marie-Madeleine de Pazzi, *OEuvre*, t. I, trad. par Dom Anselme Bruniaux,

Victor Palmé, Libraire– diteur, 1873.
Régine Pernoud, *Hildegarde de Bingen*, Editions du Rocher, Paris, 1995.
Thierry Gosset, *Femmes Mystiques Époque médiévale*, Paris, La Table Ronde, 1995.
______, *Femmes mystiques - époque moderne*, Paris, La table ronde, 1996.

「아시시의 글라라」

라이나티 수녀 C. A., 『성녀 글라라』, 익산 성 글라라 수녀원 옮김, 가톨릭 출판사, 2003.
에리히 프롬, 『소유냐 존재냐』, 차경아 옮김, 까치, 2005.
재속프란치스코 한국 국가형제회, 『아씨시의 성녀 글라라 전기와 시성 조사 증언록』, 이재성, 이상선 옮김, 재속프란치스코 국가형제회 출판부, 2003.
칼 야스퍼스, 『철학적 신앙』, 신옥희 옮김, 이화여자대학교 출판부, 1995.
키르케고르, 『사랑의 役事』, 하, 임춘갑 역, 종로서적, 1982.
______, 『죽음에 이르는 병』, 김용일 옮김, 계명대학교출판부, 2006.
______, 『이것이냐 저것이냐』, 임춘갑 옮김, 도서출판 치우, 2012.
______, 『관점』, 임춘갑 옮김, 도서출판 치우, 2011.
프란치스칸 사상 연구소, 『아씨시 프란치스코와 클라라의 글』, 프란치스코 출판사, 2014.
Aquinatis Thomae, *Summa Theologiae*, II–II, Marietti Editori, 1952.
Catherine Savey, *Claire et sa postérité*, *Auteur d'Un brûlant désir d'aimer*, Éd. du Cerf, 1994.
Louis Lavelle, *L'erreur de Narcisse*, Paris, Grasset, 1939.
Pancratius P., *Het privilegie der armoede*, *dans Franc*, leven, XXII, 1939.
The Catholic Encyclopedia, www.khight.org/advent

「앙베르스의 하데비히」

루돌프 옷토, 『聖 서러움의 意味』, 길희성 옮김, 분도출판사, 1987.
J. 라크르와, 『현대 프랑스 사상의 파노라마』, 김진성 옮김, 탐구당, 1985.
André Gozier, *Hadewijch d'Anvers, béguine et mystique: Le pavement de saphir*,

Editions L'Harmattan, 2010.
Charles Juliet, *Hadewijch d'Anvers une femme ardente*, Editions Points, 2012.
Jean de la Croix (St.), *La Nuit obscure*, Paris, Seuil, 1984.
Thérèse d'Avila, *obiographie, in OEuvres complètes*, Paris, Fayard, 1692.
Thierry Gosset, *Femmes mystiques - époque médiévale*, Paris, La table ronde, 1996.

「노르비치의 쥴리안」

Julienne de Norwich, *Julienne de Norwich Écrits Mystiques*, Introduction de Ivan Marcil, dition du carmel Toulouse, 2007.
_______, *Le livre des révélations*, Présentation et traduction par Roland Maisonneuve, Paris, Cerf, 1992.
_______, *Revelations de l'Amour Divin à Julienne de Norwich*, *recluse du XIVe siecle*, traduites par Dom G. Meunier, moine benedictin, Maison Alfred Mame et Fils, 1925.
Pancratius P, *Het privilegie der armoede*, dans Franc. leven, XXII, 1939.
The Catholic Encyclopedia, www.khight.org/advent.

「시에나의 가타리나」

매리 엔 파툴라, 『시에나의 가타리나의 가르침』, 성도미니꼬 선교 수녀회 옮김, 분도출판사, 1997.
시에나의 가타리나, 『대화』, 성찬성 옮김, 바오로딸, 2010.
이브라겡, 『정관의 경로』, 이영직 옮김, 분도출판사, 1976.
Augustini St., *Confessionum,* Lib. 4, Paris, Librairie Garnier Freres, 1950.
_______, *Cantique spirituel*, I, tra. Dom Chevalier O. S. B., éd. Desclée, 1930.
Forest Aimé, *L'avènement de l'âme*, Paris, Beauchesne, 1973.
Joachim Bouflet, *Les stigmatisés*, paris, Cerf, 1996,
Lodovico Ferretti o. p., *Catherine de Sienne*, Éditions Cantagalli, 1998.
Rassam J., *La Métaphysique de st. Thomas*, PUF, Paris, 1968.
Tierry Gosset, *Femmes mystiques époques médiévale*, La table ronde, 1995.

Thomae Aquintis, *Summae Theologiae*, II–II, q. 180, a. 8, ad. 3. Marietti, Italy, 1952.

「제노바의 가타리나」

가브리엘 마르셀, 『존재의 신비 I』, 이문호, 이명곤 옮김, 누멘, 2010.
단테 알리기에리, 『신곡』, 유빌 옮김, 미리언셀러, 2011.
레이몽 뻬레, 『마르뜨 로뱅의 생애, 십자가와 기쁨』, 역자의 말, 성 요셉 출판사, 1983.
키르케고르, 『사랑의 役事』, 하, 임춘갑 역, 종로서적, 1982.
_______, 『죽음에 이르는 병』, 김용일 옮김, 계명대학교출판부, 2006.
Abbé L. Jaud, *Vie des Saints pour tous les jours de l'année*, Tours, Mame, 1950.
Catherine de Gênes, *La vie*, in http://voiemystique.free.fr
_______, *La grande Dame du pur amour*, paris, édition Desclée de Brouwer, 1960.
_______, *Traité du purgatoire*, in Le R. P. Bruno de J.–M., directeur des Études carmélitaines, in http://voiemystique.free.fr
Gabriel Marcel, *Homo Viator*, Paris, APGM, 1998.
Louis Lavelle, *La conscience de soi*, Paris, Grasset, 1951.
_______, *De l'Acte*, Paris, Aubier, 1992.
Madame Guyon, *Le moyen court*, éd. Millon, 1995.
Tierry Gosset, *Femme mystiques Époque moderne*, Paris, La Table Ronde, 1996.
L'audience générale du pape Beno t XVI, Mercredi 12 janvier 2010.

「아빌라의 데레사」

아빌라의 데레사, 『천주자비의 글』, 서울 가르멜 여자 수도원 옮김, 분도출판사, 2007.
_______, 『영혼의 성』, 최민순 옮김, 바오로딸, 2009.
_______, 『완덕의 길』, 최민순 옮김, 바오로딸, 2008.
Emmanuel Renault, *Ste Therese d'Avila et l'expérience mystique*, Tardy Quercy, 1981.

Thérèse d'Avila, *Œuvres complètes*, t. 1, Paris, Le Cerf, 1995.
_______, *des Poésies*, trad. O. Bournac, éd. Lethielleux, 1912.
Thierry Gosset, *Femmes mystiques - époque moderne*, Paris, La table ronde, 1996.
이명곤, 「생명의 원리로서의 영혼의 이해에 관한 중세의 두 지평」, 『중세 철학』, 제 11 호, 한국중세 철학회, 2005.
_______, 「아빌라의 데레사 『영혼의 성』」, 『지중해지역연구』, 제16권, 제3호, 지중해지역원 부산외국어대학교, 2014.
Paul VI, *Homélie du Doctorat de Ste Thérèse d'Avila*, 27 septembre 1970 – Basilique Saint–Pierre de Rome.

「빠지의 마리아–마달레나」

Gabriel Marcel, *Les hommes contre l'humain*, Edition Universitaire, 1991.
Gianfranco Tuveri, *La sainte flamme sur les pas de sainte Marie-Madeleine de Pazzi*, éd. de Parole et Silence, 2008
Levinas, *Autrement qu'être ou au-delà de l'essence*, Paris, LGF, 1990.
Marie–Madeleine de Pazzi, *Les Quarante jours*, in http://voiemystique.free.fr
_______, *Avis spirituel : Tous les devoirs et toutes les vertus de la vie religieuse*, trad. Jean–Antoine Sollazzi, Clermont–Ferrand, Librairie catholique, 1865.
Thierry Gosset, *Femmes mystiques époque moderne*, Paris, La Table Ronde, 1996,
D. Barsotti, *Riflessioni* (07, 12), transcription, Careggi 2005.
http://voiemystique.free.fr

「육화의 마리아」

Dom G. Oury, *Marie de l'Incarnation*, Les presses de l'université Laval, Québec, 1973.
Marie de l'Incarnation, *Ecrits spirituels et historiques*, Paris–Québec, I & II, éd. de Dom A. Jamet, 1929.
_______, *Correspondances*, Solesmes, éd. de Dom G. Oury, 1971.

Mounier Emmanuel, *Le personnalisme*, Paris, PUF, 1961.
_______, *Manifeste au service du personnalisme*, paris, éditions du Seuil, 2000.

「리지외의 데레사」

리지외의 데레사, 『성녀 소화데레사 자서전』, 안응렬 옮김, 가톨릭출판사, 1987.
루이 라벨, 『성인들의 세계』, 최창성 옮김, 가톨릭출판사, 1997.
_______, 『자아와 그 운명』, 이명곤 옮김, 누멘, 2008.
Denis Huisman, *Dictionnaire des Philosophes*, Paris, PUF, 1993.
Guy Gaucher, *Histoire d'une vie, Thérèse Martin*, Paris, Cerf, 2015.
Thérèse de Lisieux, *Œuvres complètes*(전집), Cerf, 1992.

「삼위일체의 엘레사벳」

쟝 라크르와, 『현대프랑스 사상의 파노라마』, 김진성 역, 탐구당, 1985.
플라톤,『파이돈』, 박종현 옮김, 서울: 서광사, 2003.
_______, 『국가 · 正體』, 박종현 역주, 서광사, 2007.
_______, 『파이돈』, 최현 옮김, 범우사, 2010.
필리퐁 신부, 『삼위일체의 복녀 엘리사벳 그 생애에서 본 영성』, 부산 가르멜 여자 수도원 옮김, 서울, 가톨릭 크리스챤, 2006.
Cioran E. M., *Des larmes et des saints*, trad. par Sanda Stolojan, éd. de l'Herne, 1986.
Elisabeth de la Trinité, *La grandeur de notre vocation*, in http://elisabeth-dijon.org
_______, *Les Souvenirs*, in http://elisabeth-dijon.org
_______, *Laisse-toi aimer*, in http://elisabeth-dijon.org
_______, *Le Ciel dans la foi*, in http://elisabeth-dijon.org
Ferlay Philippe, *Paix et silence, Au désert avec Élisabeth de la Trinité*, paris, Cerf, 2010.
Hans Urs Von Balthasar, *Elisabeth de la Trinité et sa mission spirituelle*, trad. par A. H. Jeanne, Paris, Seuil, 1959.
Pascal, *Pensées*, Paris, GF-Flammarion, 1976.

Philipon Michel-Marie, op, *La doctrine spirituelle d'Élisabeth de la Trinité*, Paris, Descl e de Brouwer, 2007.
Un Chartreux, *Amour et silence*, éd. du Seuil, 1951.

「에디트 슈타인」

수자와 카오리, 『에디트 슈타인 사랑과 진리의 불길』, 최경식 옮김, 분도출판사, 2003.
장 드 파브레그, 『성녀 에디트 슈타인』, 대구 가르멜 여자 수도원 옮김, 가톨릭출판사, 2012.
Christian Feldmann, *Edith Stein; Juive, athée, moniale*, éd. de Saint-Augustin, 1998.
Edith Stein, *Le scret de la croix*, trad. par Sophie Binggeli, Paris, Cerf, 1998.
_______, *L'Être fini et l'Être éternel, essai d'une atteinte du sens de l'être*, éd. de Nauwelaerts, 1972.
_______, la puissance de la Croix, éd de Nouvelle Cité, Paris, 1982.
_______, La Science de la Croix, Passion d'amour de saint Jean de la Croix, éd. Cerf, 1998.
_______, La Cr che et la Croix, éd. Ad Solem, 2007.
http://www.vatican.va/news_services/liturgy/saints

「시몬느 베이유」

시몬느 베이유, 『중력과 은총 - 불꽃의 여자 시몬느 베이유의 사색 1』, 윤진 옮김, 사회평론, 1999.
정소림, 『시몬느 베이유 - 내 영혼 다 태워서』, 청조사, 1999.
Cioran, *Cahiers* (1957-1972), Paris, Gallimard, 1997.
Emmanuel Lévinas, *Difficile Liberté, Essais sur le judaïsme*, Albin Michel, 1983.
Jacqueline RUSS, *Dictionnaire de Philosophie*, Bordas, Paris, 1991.
Piccard E., *Simone Weil, Essai biographique et critique*, PUF, 1960,
Simone de Beauvoir, *Mémoires d'une jeune fille rangée*, Paris, Gallimard, 2008.
Simone WEIL, *L'enracinement*, Paris, Gallimard, 1949.

______, *Écrits de Londres*, Paris, Gallimard, 1957.
______, *Pensées sans ordre concernant l'anour de Dieu*, éd. Gallimard, 1962.
______, *Attente de Dieu*, Édition Fayard, 1966.
______, *Attente de Dieu*, Édition Livre de vie, 1977.
______, *La pesanteur et la grâce*, Paris, Plon, 1984.
______, *Œuvres de Simone Weil*, Éditions quarto Gallimard, 1999.
이명곤, 「기독교적 소크라테스 주의, 시몬느 베이유」, 『동서철학연구』, 제29집, 한국동서철학회, 2003.
François Mauriac, *in Le Figaro littéraire*, 23 mars 1963.
Simone Weil, *Bulletin de la NRF*, juin 1949.
https://fr.wikipedia.org/wiki/Simone_Weil

「마르트 로뱅」

레이몽 페레, 『마르트 로뱅의 삶, 마르트의 비밀』, 노현희 옮김, 햇빛출판사, 2007.
______, 『마르트 로뱅의 생애, 십자가와 기쁨』, 안응렬 옮김, 성 요셉 출판사, 1983.
Cioran E. M., *Des larmes et des saints*, éd. de l'Herne, 1986.
Lavelle Louis, *Le mal et la souffrance*, Paris, Plon, 1940.
Raymon Peyert, B. Galichet, P. vignon, C. Gaillard, *Vénérable Marthe Robin*, éd. de Un Seul Coeur, 2014.
Weil Eric, *Le Formalisme en éthique et l''éthique matériale des valeurs*, tr. fr. Paris, Gallimard, 1955.
http://www.martherobin.com/site/vie

「신비주의의 현대적 비전」

떼이야르 드 샤르뎅, 『인간 현상 이해』, 떼이야르 드 샤르뎅 연구회 옮김, 대건인쇄출판사, 2009.
Chardin (P. T.), *Être plus*, Paris, éd. du Seuil, 1968.
Lavelle Louis, *Le mal et la souffrance*, Paris, Plon, 1940.
Maritain Jacques, *Les degrés du savoir*, Paris, Desclée, 1932.
Millet Louis, *La métaphysique*, Paris, PUF, 1996.

Mounier Emmanuel, *Le Personnalisme*, Paris, PUF, 1961.

Philippe Fr., (OCD), *La présence à Dieu et à moi-même*, paris, éd. du Seuil, 1949.

찾아보기

용어

ㄱ

ㄴ

ㄷ

ㅁ

ㅂ

ㅅ

ㅇ

ㅈ

ㅊ

ㅋ

ㅌ

ㅍ

ㅎ

인명

ㅇ

ㅈ

ㅋ

ㅌ

ㅍ

ㅎ